國家古籍整理出版專項經費資助項目

感　謝
美國圖書館信息資源委員會的未編書課題
和謝琰先生及家人慷慨資助本項目

This book is generously sponsored by
the grant of CLIR Hidden Collection Program
& Yim Tse Family fund.

沈志佳　劉　靜 主編

Lush Leaves Blossoming Flowers
Newly Cataloged Chinese
Ancient and Rare Books
at UW and UBC

花 葉 婆 娑

華盛頓大學和不列顛哥倫比亞大學
古籍珍本新録

上　册

中　華　書　局

圖書在版編目 (CIP) 數據

花葉婆娑：華盛頓大學和不列顛哥倫比亞大學古籍珍本新録 / 沈志佳，劉靜主編．—北京：中華書局，2018.7
ISBN 978-7-101-13172-7

Ⅰ. 花… Ⅱ. ①沈… ②劉… Ⅲ. ①古籍—善本—圖書館目録—美國②古籍—善本—圖書館目録—加拿大
Ⅳ. Z838

中國版本圖書館 CIP 數據核字 (2018) 第 071049 號

書　　名　花葉婆娑——華盛頓大學和不列顛哥倫比亞大學古籍珍本新録（全二册）
主　　編　沈志佳　劉　靜
責任編輯　張　進
出版發行　中華書局
（北京市豐台區太平橋西里 38 號　100073）
http://www.zhbc.com.cn
E-mail:zhbc@zhbc.com.cn
印　　刷　三河弘翰印務有限公司
版　　次　2018 年 7 月北京第 1 版
2018 年 7 月北京第 1 次印刷
規　　格　開本 889×1194 毫米　1/16
印張 44¼　字數 852 千字
印　　數　1-300 册
國際書號　ISBN 978-7-101-13172-7
定　　價　460.00 元

花葉婆娑——華盛頓大學和不列顛哥倫比亞大學古籍珍本新録

編委會

主　　編：沈志佳　劉　靜

分卷主編：

卷　　一：姚伯岳　沈志佳

卷　　二：武亞民　劉　靜

目　　録

卷一　美國華盛頓大學古籍珍本新録

卷二　加拿大不列顛哥倫比亞大學古籍珍本新録

序一：國際合作揭示海外中文珍藏

美國華盛頓大學（UW 或“華大”）圖書館和加拿大不列顛哥倫比亞大學（UBC）圖書館“發現近代中國——UW和UBC的中文典藏”國際合作項目於2014年6月啓動，到2016年5月圓滿結束。爲慶賀該項目所取得的優異成績，介紹兩館新編珍貴古籍以饗學界，中華書局願意出版《花葉婆娑——美加兩校中文珍本新録》一書。我很高興爲本書做序，慶祝這一國際合作的成功。該項目榮獲2013年梅隆基金會“圖書館情報學資源委員會”（Council on Library and Information Resources，CLIR）資助，是CLIR首次頒獎的兩項國際合作項目之一。

經過兩年的努力，項目團隊超額完成各館一千種原始圖書編目的任務，完成的編目數據全部輸入OCLC WorldCat 數據庫，將這批珍貴典籍首次揭示給全世界的讀者。本項目收益頗豐，除編目外，在發展社區關係、館藏保護及員工培訓等方面也取得很大的成績。“發現近代中國——UW和UBC的中文典藏”是國際合作的典範。本書由CLIR的微額贈款資助，爲項目提供了一個很好的機會來推廣新編館藏，分享國際合作的成功經驗。我們感謝CLIR的資助以及中華書局的鼎力支持，使此書得以出版。

華盛頓大學是北美最早開設亞洲教學課程的大學之一。1909年，華大校董事會任命赫伯特·高文（Herbert H.Gowen）博士爲華大第一個亞洲研究教授並擔任新成立的東方學系主任。一百多年來，通過教師和圖書館員堅韌不拔的共同努力，華大不僅建立了東亞研究的優秀學術教學中心，而且還建成了世界一流的東亞圖書館，爲當地、全美國以及世界範圍的東亞研究提供資源和服務。中文研究館藏是其優秀館藏之一。1937年華大獲得洛克菲勒基金會的資助，首次正式採購一批中國書籍，標誌着華大東亞圖書館的成立，迄今已經走過八十年的歷程。當第一代華大東亞研究學者退休後，他們的私人研究收藏通過捐贈和購買成爲東亞圖書館的一部分。東亞圖書館的館藏反映了華大百年東亞教學與研究的歷史。比如高文教授的藏書、蕭公權教授和衛德明（Hellmut Wilhelm）教授的藏書都已成爲東亞圖書館的核心館藏。除教授們的私家藏書之外，圖書館還做過幾次重要的採購。例如，1956年東亞圖書館購入約瑟夫·洛克（Joseph Francis Rock）的中文藏書，其中包括中國西南地區地方志大約一千餘種。二十世紀八十年代初，東亞圖書館又從香港的萬有圖書公司一次購入其全部庫存共十萬多卷，創下了華大圖書館歷史上最大的一次性採購紀録。但是由於中文古籍特藏專業人員的缺乏，這些採購的特藏和古籍部分很長時間得不到編目，在CLIR項目之前長期不爲人知。

CLIR項目編目的館藏包括明代後期（1397—1644）到二十世紀七十年代出版的豐富多彩的書籍拓片和書畫資料。其中有一千多種珍稀古籍和拓片、近三百種稀見的木魚書和粵劇唱本、一百二十幅中國畫、一批稀見的民國出版物及二十世紀初中國憲政運動活動家伍憲子（1881—1959）的檔案資料。CLIR編目項目的成功也爲這批寶貴資料的數字化作了必要的準備。

CLIR項目爲UW和UBC圖書館之間的合作提供了非常好的機會。作爲北美地區東亞圖書館的重鎮，UW和UBC圖書館各自都有大量未編目的中文館藏。兩大東亞圖書館所處地理位置較近，兩校的教授和研究生交流頻繁，成爲圖書館的共同讀者。兩校圖書館之間有着悠久的合作歷史，圖書館員工作聯繫密切，相互切磋專業。二十世紀七十年代，中文善本圖書館員李直方先生出版了《華盛頓大學遠東圖書館藏明版書録》，並在UBC圖書館協助編目該館的蒲坂善本藏書。CLIR項目是兩館又一次的成功合作。除了每月的遠程視頻會議和每日電子郵件及電話交流外，UW和UBC圖書館團隊之間還多次進行實地互訪和考察交流。通過雲端硬盤分享工作文件，兩館編目和技術部門的圖書館員密切溝通，確保高質量的編目和員工培訓。

CLIR項目更促進了與中國圖書館界的國際合作。在北京大學圖書館館長朱强教授的大力支持下，項目邀請到北京大學圖書館的中國古籍編目專家姚伯岳教授擔任兩校項目團隊的核心成員。姚教授針對現行中文古籍編目描述部分的規則提出建議，通過解讀文本，檢驗紙張、墨水、版型和收藏章等要素來評估古籍的年代和版本。他比對不同的版本和副本，調查相關的書目記録和來源，在更廣泛的歷史背景下調研文本傳播，編目了數百種古代中國書籍。由於北大的參加，CLIR項目所編目的記録，已經全部輸入到高校古文獻資源庫系統中。這個系統是包含中國各主要大學中文古籍善本在内的在綫聯合目録。項目加入該系統，大大方便了中國學者對CLIR項目這批海外古籍的發現和利用，也爲我們提供了有效的交流平臺，爲UW及UBC與中國的大學圖書館、研究機構和出版社未來的合作創造有利條件。

總之，CLIR資助的UW和UBC合作項目，向世界揭示了北美地區兩家重要東亞圖書館中沉默已久的珍貴館藏，使世界各地的學人都能够查詢訪問到這批重要資料。我代表華盛頓大學圖書館衷心感謝CLIR的資助，使得這個重要項目得以完成。我們感謝合作夥伴UBC和北京大學圖書館，珍惜我們一起攜手努力的難忘經歷，以及共同取得的寶貴合作經驗。“發現近代中國——UW和UBC的中文典藏”項目的成功，爲我們進一步合作打下更堅實的基礎。我們期待未來更加廣泛而密切的國際合作，並歡迎更多的合作夥伴。

麗莎貝絲·A.·威爾遜

（美國華盛頓大學圖書館館長）

2017年1月於西雅圖

Collaborate Internationally to Make Hidden Chinese Collections Discoverable for Scholars Worldwide

I am delighted to write the foreword to celebrate the achievements of the collaborative project of University of Washington (UW) Libraries and the University of British Columbia (UBC) Libraries, "Discovering Modern China: UW and UBC Collections" to catalog the hidden collections at both libraries. This project to catalog hidden collections at both libraries is one of the first of two international collaborations receiving a grant from the Council on Library and Information Resources (CLIR).

After two years of hard and excellent work, the project teams at both universities successfully completed the project on May 31, 2016, exceeding the goal of creating 1000 original cataloging records of rare Chinese language materials each from UW and UBC libraries. These records have been entered into OCLC WorldCat database, making these hidden treasures discoverable for the first time to users worldwide. In addition, the project has realized significant benefits in many other areas such as community outreach, preservation, and staff training. " Discovering Modern China:UW and UBC Collections" sets an exemplary model in international collaboration. This book, supported by a micro-grant from CLIR, gives the project an excellent opportunity to promote the newly uncovered hidden collections and to share the successful experience of the project. We thank CLIR for the micro-grant and Zhonghua Book Company for publishing this book.

The University of Washington is one of the pioneering institutions in teaching about Asia. In 1909, the UW Board of Regents appointed Dr. Herbert H. Gowen UW's first faculty member of Asian studies to chair the new Department of Oriental Subjects. Over more than one hundred years, through heroic endeavors of faculty and librarians, not only has UW built an excellent academic program of East Asian studies, but also a world-class East Asia Library providing collections and services to the East Asian studies communities locally, nationally and internationally. Our Chinese studies collection is one of these collections. Marked by its first official acquisition of Chinese books with a grant from a Rockefeller Foundation in 1937, UW Libraries now traces the history of its EAL back eighty years. When UW's first generation of East Asian studies faculty retired, their private research collections became part of the EAL through donations and purchases. The EAL's collections thus reflect the 100 years of teaching and research about East Asia at the University of Washington. Some of the major faculty collections were

the Herbert H. Gowen collection, Kung-chuan Hsiao collection, and Hellmut Wilhelm collection. In addition to faculty collections, the library also made several significant purchases, which now form the core collections of the East Asia Library. In 1956, the EAL purchased Joseph Francis Rock's Chinese collection, including about one thousand titles of local gazetteers of southwest China. In the early 1980s, the EAL purchased an entire warehouse of more than 100, 000 volumes from the Universal Bookstore in Hong Kong, setting a record of the largest one-time purchase in the history of UW Libraries. Some of the most special materials of these acquisitions, however, remained un-cataloged thus hidden from users until the CLIR grant.

The UW collections cataloged through the CLIR project consist of very diverse materials dating from the Ming Dynasty (1397—1644) through the 1970s. Materials cataloged include over 1000 rare Chinese ancient books and rubbings, more than 300 rare "wooden fish" books (Cantonese song lyric books) and Cantonese operas, 120 scrolls of Chinese paintings, rare Chinese Republic Period publications and archives such as the papers of Wu Xianzi (1881—1959), an activist in the Chinese Constitutional Movement of the early 20th century. The CLIR cataloging project also has prepared these invaluable research materials for future digitization.

The CLIR project has brought a unique opportunity for collaboration between UW and UBC libraries. Among the top East Asian collections in North America, UW and UBC each hold a wealth of hidden Chinese collections. Moreover, these major East Asian collections are located in geographic proximity and share primary users. UW and UBC libraries have a long history of working together. The staff has enjoyed a close professional relationship. In the 1970s, Chih-Fang Li , a UW Chinese rare book librarian who published an annotated bibliography of UW holdings of the Ming Dynasty prints, also worked at UBC on its Puban collection. The CLIR project has proven to be another successful collaboration. The UW and UBC teams conducted site visits in addition to monthly skype meetings and daily email and phone exchanges. The two teams shared project documents via Google Drive; and our technical services librarians communicated closely to ensure high quality cataloging and to provide staff training.

The project also has engendered new international collaborations. We invited Professor Boyue Yao, a Chinese rare-book expert and cataloger from Peking University Library, to serve as core staff both for UW and UBC. Professor Yao advised on the key elements of the pre-modern Chinese materials for catalog description and assessed rare imprints by decoding the texts and examining, such elements as layout, paper, ink, and ownership seals. He compared different editions and copies; surveyed relevant bibliographic records and provenances: investigated textual transmission in a wider historical context,

and cataloged hundreds of ancient Chinese books. With Peking University's participation, our cataloging records created through the CLIR project are now also included in the online union catalog of Chinese Ancient Books and Documents at Chinese Universities, thus making them more discoverable to scholars in China. We now have an effective platform for promoting future opportunities for collaboration between UW and UBC with universities, research institutions, and publishers in China.

The CLIR-funded collaborative project of UW and UBC has revealed long-hidden treasures of two esteemed Chinese collections in North America, making them accessible to scholars and students worldwide. On behalf of the UW Libraries, I thank CLIR for this timely and significant grant, which has made possible this noteworthy project and successful international collaboration. I thank our partners, UBC and Peking University libraries, for the memorable and rewarding experience of working together. The success of "Discovering Modern China: UW and UBC Collections" has given us a strong foundation as we look forward to more collaborations with our partners in the future.

Lizabeth A. Wilson

Seattle

January 2017

序二：讓珍貴藏書嘉惠學林

我非常高興能寫一些話來慶祝“發現近代中國”這一國際合作項目。本項目由總部設在華盛頓的“圖書館情報學資源委員會”（CLIR）資助，由美國華盛頓大學（UW）圖書館和加拿大不列顛哥倫比亞大學（UBC）圖書館聯合承辦。

在過去的一百年中，UBC圖書館有着收藏中文書籍和提供學者服務的光輝歷史。其亞洲圖書館以1959年從澳門購入的蒲坂藏書爲基礎。經過將近六十年，一代又一代的館員勵志進取，不斷擴大中文館藏，並致力於使本校藏書能够爲校内以及全世界的學者們所使用。傑出的中文收藏以及與之相伴的用户服務吸引了世界各地的學生和學者，並且支持着中國以外最大的中國學高等教育項目。本館三十萬册中文收藏中有大約六萬册中文古籍文獻，包括兩千種孤本或善本古籍、石刻拓片特藏。這些珍稀文獻，或由一般社會人士捐贈，或依靠捐款從亞洲購入。其研究價值長期以來不爲人知，由於需要廣博的學識、專業知識和大量的時間，部分中文特藏爲鑒定和詳細著録等待了幾十年。而現在我們使其可資利用，爲此我們十分激動。

在一個聯繫日益緊密的世界中，合作是各項活動成功的關鍵。我很榮幸地列出幾個近期的相關國際項目。我們在2012年與北京大學（PKU）圖書館達成了一項開創性的協議，雙方共享知識與專業技能。我們在2013年與UW圖書館的同事們一起成功提交了一份申請CLIR“未開發藏書及檔案編目”項目資助的方案。我們還開啓了與“中國數字圖書館”（CADAL）以及廣東省立中山圖書館合作承辦的數字化項目。

2008年，梅隆基金會（Mellon Foundation）資助CLIR 發起了一個“未開發藏書及檔案編目”項目的全美國徵選活動。直到2014年，還没有任何加拿大組織有資格申請這些經費。自2014年起，加拿大的圖書館可以與美國的組織合作，UBC很榮幸能成爲第一家從這個項目中獲得資助的加拿大高校。這也是2014年CLIR資助的僅有的兩個國際合作項目之一。這個項目包括對以前未公開的藏於UW圖書館和UBC圖書館的中文特藏的鑒定和編目。資助項目達到了預期的目標，即爲來自兩館的孤本、善本以及特藏創建了兩千條網上書目數據。同時，此項目也已進入了最後的評估、推廣階段。本館所藏蒲坂、景頤齋、宋學鵬和龐鏡塘藏書中的抄本、稀見刻本和拓片都被鑒定並詳細著録；大約一百種中國古代藝術圖册被編目；UBC所藏孤本秘籍被加入了OCLC WorldCat數據庫；來自李樂天和司徒旄藏書的海外中文教育資料以及來自梁覺玄醫生藏書的中醫文獻也都作爲CLIR“未開發藏書及檔案編目”項目的一部分全部完成編目。在CLIR的

資助下，我們發掘了這些珍貴藏品並使其可供學者與學生們在研究、教學和學習中使用。

我要祝賀在此項重大工程中工作的CLIR工作組、UBC亞洲圖書館以及技術服務與古籍特藏部，祝賀他們迄今所取得的成就。我也想要感謝PKU圖書館館長朱强博士和UW圖書館麗莎貝絲·A.·威爾遜（Lizabeth A. wilson Wilson）館長，感謝他們一直以來對此國際合作項目的慷慨支持。

我們現在進入到了此項目的最後階段，即促進合作，推進CLIR"未開發藏書及檔案編目"項目的發展目標，從而最大程度的聯繫學術與其他社會團體。我希望這份出版物能够到達加拿大和北美以外對這些未公開的珍寶感興趣的人手中。除了提昇UBC亞洲圖書館的中文善本收藏以外，這個成功的合作項目還產出了一部爲本項目而彙集的敝館珍稀藏品的書目。我們還計劃加入一百多種書的詳細描述和圖片，這些圖片主要來自於龐鏡塘藏書，這批藏書在2010年由龐鏡塘的孫輩方志豪（Paul Fang）、Lisa Fang 及Julia McKeough捐贈。這將是在CLIR項目資助下的全部龐鏡塘藏書和拓片的首次公開展現，這也將使這批隱居半個多世紀的特藏能够嘉惠學林。

我確信，此項目的成果將持續產生積極的和不斷增加的影響，並使每一個對中國歷史與文獻遺產感興趣的人獲益良多。

英格麗·帕倫特

（加拿大不列顛哥倫比亞大學圖書館館長）

2016年6月28日

Maximizing Connections to Scholarly Communities

I am delighted to write a few words in celebration of the international collaborative project called "Discovering Modern China", a collaboration of the University of Washington Libraries & the University of British Columbia Library made possible by a grant from the Council on Library & Information Resources (CLIR), headquartered in Washington DC.

UBC Library has a proud history of collecting and providing services for the past 100 years. Its Asian Library was founded on the Puban Collection acquired from Macau in 1959. Through a journey of almost sixty years, generations of librarians have strived for excellence by enriching the Chinese rare book collection and working to connect it with scholars on campus and all over the world. The outstanding Chinese collection and accompanying user services attract students and scholars from all parts of the world, and support the largest China related post-secondary teaching program outside of China. The collection of 300,000 Chinese materials consists of about 60,000 Chinese ancient items, including 2,000 unique or rare books and special collections of manuscripts and rubbings from stone inscriptions. These rare collections were donated by community members or purchased from Asian sources with donated funds. Their research value has been largely unknown and we are very excited that we are now able to make them accessible. Some special Chinese collections waited for decades for authentication and full bibliographic description which require extensive knowledge, expertise and time to process.

In an increasingly connected world, collaboration is key to successful initiatives. I am honoured to list a few recent related international projects. We entered into an innovative agreement in 2012 with Peking University Library （PKU） to share knowledge and expertise with our PKU colleagues. We submitted a successful proposal with UW colleagues for a CLIR Hidden Collection grant in 2013. We have also started digitization projects with the China Academic Digital Associative Library（CADAL） and with Sun Yat-Sen Library of Guangdong Province.

In 2008, the Mellon Foundation provided funds to CLIR to create a national competition for Cataloging Hidden Special Collections and Archives program. Until 2014, no Canadian institution was eligible to apply for these grants. As of 2014, Canadian libraries could partner with a U.S. institution and UBC Library is honoured to be the first Canadian university to receive funding support from the program. This also marks one of only two international collaborative efforts supported by CLIR in 2014. The project involves the identification, authentication and cataloguing of previously inaccessible Chinese special collections and archives held at the UW and UBC libraries. The grant funded project has reached the proposed goal of creating 2,000 online bibliographic records from both libraries for unique or rare items, and has entered into the project's last stage of evaluation and promotion. At UBC, the manuscripts, rare books and rubbings from Puban, Jing Yi Zhai, Song Xuepeng and Pang Jingtang Collections have been identified and described in detail; about 100 of the ancient Chinese fine art albums are catalogued and the UBC unique holdings have been added to OCLC WorldCat; Overseas Chinese education materials from Lok-Tin Lee and Seto More Collections and Chinese traditional medical materials from the Dr. Leung Collection are also fully catalogued as part of the CLIR Hidden Collection Project. With the CLIR grant, we "unearthed" these treasures and made them accessible to benefit scholars and students in their research, teaching and learning.

I want to congratulate our CLIR Project Working Group, staff of the UBC Asian Library, Technical Services and Rare Books & Special Collections Division on this momentous project, and the work they have achieved to date. I would also like to thank Mr. Zhu Qiang, Director of Peking University Library and Dean Lizabeth A. Wilson of University Libraries at UW for their consistent and generous support for this international collaborative project.

We now move on to the last stage of the project to promote collaboration and further the goals of the CLIR Cataloging Hidden Collections program to maximize connections to scholarly and other user communities. I hope this publication will reach out to the people outside of Canada and North America who are interested in these hidden treasures. Besides promoting the Chinese rare book collection at UBC's Asian Library, this successful collaborative project has also produced a bibliography of the rare titles compiled for the project. We plan to include in this bibliography detailed description and some images mainly from the Pang Jingtang Collection which was donated by Pang's grandchildren, Mr. Paul Fang, Ms. Lisa Fang and Ms. Julia McKeogh, to UBC in 2010. This will be the first time that the entire Pang Jingtang Collection's books and rubbings will be publicly showcased in line with CLIR's objectives to maximize connections to scholarly communities.

I am confident that the results from this project will continue to have positive and increasing impacts and benefits for everyone interested in Chinese history and documentary heritage.

Ingrid Parent

June 28, 2016

序三

北京大學（PKU）圖書館與美國華盛頓大學（UW）圖書館和加拿大不列顛哥倫比亞大學（UBC）圖書館有着長期的友好往來，甚至還與這兩所圖書館簽有戰略合作協議。我和UW東亞圖書館沈志佳館長、UBC亞洲圖書館中文部劉静主任都是很好的朋友。沈館長曾任美國華人圖書館協會（CALA）的主席，今年又被選爲北美東亞圖書館學會（CEAL）的候任主席和北美中國研究圖書館員學會的主席，在北美東亞圖書館界有很高的聲譽。劉静主任也曾主政UBC亞洲圖書館多年，在加拿大乃至北美東亞圖書館界發揮着非常重要的作用。

2014年，UW東亞圖書館和UBC亞洲圖書館聯合向美國梅隆基金會資助的圖書館情報學資源委員會（CLIR）申請的“發現近代中國——UW和UBC的中文典藏”項目獲得批准，這是該項目主持人沈志佳館長、項目協同主持人劉静主任多年持續努力的結果，得之匪易！兩校圖書館儘管有較爲豐富的中國古文獻收藏，但由於缺乏相應的專業人員來鑒定整理，所以還有許多古文獻没有編目，尚未爲世人所認知和利用。這次申請到CLIR項目後，兩位主持人隨即與我聯繫，希望北京大學圖書館派人支援。鑒於北京大學圖書館與兩館的長期友好關係及合作協議，我們派出本館古籍部的編目總校姚伯岳研究館員前往UW東亞圖書館幫助編目整理館藏古文獻；期間，姚伯岳還到UBC亞洲圖書館作爲古籍顧問逗留兩個月，幫助鑒定疑難版本。經過一年多的緊張工作，項目順利完成，UW東亞圖書館藏古文獻也基本得到全面的編目整理。

還有一件意外之喜，就是兩校圖書館出於項目進行的需要，同時加入了設在北京大學圖書館的中國高等教育文獻保障系統（CALIS）的重點建設項目“高校古文獻資源庫”，分别成爲“高校古文獻資源庫”在美、加的第一個成員館。該項目的圓滿實施，稱得上是國際合作整理高校圖書館藏中國古文獻的一個很好的嘗試和優秀範例！我很高興與美、加這兩所高校圖書館的朋友們一起分享成功的喜悦。

現在，中華書局要爲美國華盛頓大學東亞圖書館和加拿大不列顛哥倫比亞大學亞洲圖書館聯合出版一部該項目所整理的館藏中國古文獻編目整理著作，這是項目成果的結集，也是戰果的擴大，有利於海内外讀者集中、深入且直觀地瞭解兩校圖書館的中國古文獻收藏，也有助於將古籍整理保護的視綫和行爲延伸到海外，讓這些珍貴的中華文化遺産在全世界生根、開花、結果！我樂見其成！是爲序。

朱　强

（北京大學圖書館館長）

2016年11月6日於燕園

Foreword

In May 2014, Zhijia Shen, Director of the East Asia Library at the University of Washington (UW) in the United States, emailed me that her library and the Asian Library of the University of British Columbia (UBC) Libraries in Canada had jointly received a Mellon Foundation grant from the Council on Library and Information Resources (CLIR) for their collaborative project entitled "Discovering Modern China—UW and UBC Collections". This grant funding will enable the two libraries to catalog and make accessible their rare and special collections of Chinese ancient books and documents. As the result of many years' efforts on the part of the project Principle Investigator (PI) Zhijia Shen and Co-PI Jing Liu, Chinese Studies Librarian of the Asian Library at UBC, this is truly great news. Despite the rich collections of ancient Chinese books and documents in both libraries, many of these collections were not cataloged thus were unknown to the rest of the world. This situation was caused by the lack of professional expertise to handle ancient Chinese prints. In her email, Director Shen brought forth a request for help from Peking University Library (PKU), asking us to send an expert. Considering the traditionally friendly and collaborative relations between PKU and the two libraries, although PKU was understaffed in cataloging, the leadership of PKU decided to send Professor Boyue Yao, Research Librarian and Principle Cataloger/Chief Editor of the Department of Rare and Ancient Books, to the United States and Canada to assist in this important project.

From March 2015 to July 2016, Professor Yao went to UW East Asia Library to help catalog and collate ancient books and documents, participating in the CLIR project as the ancient book expert and cataloger. During his stay, Professor Yao also spent two months as an expert consultant to UBC's Asian Library, helping identify difficult versions and editions of ancient books. After seventeen months of intense work, the project was successfully completed, and the ancient book and document collections of UW East Asia Library were comprehensively cataloged and organized. The two libraries cataloged over two thousand original titles, making them discoverable to users worldwide.

In this process, there was also an unexpected achievement, that is, in response to the project needs, UW and UBC libraries joined a key construction project of the China Higher Education Document Guarantee System (CALIS) led by PKU, "The Database of Resources of Ancient Chinese Books and Documents Held at Chinese Universities." UW and UBC became the CALIS project's first U.S. and Canadian member libraries respectively, thus also opened the door of internationalization for the CALIS project. Therefore, the full implementation of this project can be regarded as a good example of the cooperation between China and the North American university libraries in collating ancient Chinese books and documents. I congratulate the success of this project and I am very pleased that PKU can contribute to this achievement.

Now, Zhonghua Book Company will publish two volumes of illustrated annotations of a selected collection of the newly cataloged ancient Chinese books and documents for the UW East Asia Library and the UBC Asian Library respectively. This publication reflects the achievements of this project and is conducive for readers in and outside China to obtain anin-depth and visual understanding of the collection of ancient Chinese materials at the libraries of both UW and UBC. This also helps extend the vision and practice of collation and preservation of Chinese ancient books overseas, so that the precious Chinese cultural heritage can take roots and bloom in the world. I am very happy to see the success.

Qiang Zhu

November 6, 2016

On the campus of Peking University

葉嘉瑩的推薦信

我很高興寫這封信來支持華盛頓大學圖書館和不列顛哥倫比亞大學圖書館的合作項目，此項目旨在爲兩館收藏的尚未加工的中文善本古籍編目，而這些古籍大多出版于中國的現代轉型時期，因此項目以“發現近代中國：——UW和UBC的中文典藏”命名。此項目對學術、教學和學習的影響將會有世界性的意義。

在過去的六十年裏，我曾在加拿大、美國和中國臺灣地區教授中國古典詩詞。我的學術著作曾經對現代的古典詩詞研究有一些影響。盡管不列顛哥倫比亞大學蒲坂藏書的大部分已經編目，但由于舊目録中很多條目的信息有限，因此時而會産生一些混亂。學者們難以知道他們是否獲得了他們需要的正確版本。過去，我很幸運得到特殊的許可能够參觀圖書館收藏的“隱匿的寶藏”——那些未曾編目因而被假定爲不存在的特殊藏品。我很高興從劉静女士那裏得知不列顛哥倫比亞大學在最近的一次搬遷中鑒定出了更多隱匿的寶藏，這些寶藏構成了本項目的大部分内容。瀏覽了劉静女士帶給我的目録之後，我瞭解到了這些資料的學術價值，也很樂意見到它們被妥善編目並可以盡快爲大衆所發現。新收入的龐鏡塘藏書和衛挺生藏書中有很多獨一無二的藏品，其他圖書館難以見到。但是，它們並未被完全而準確地編目。以我的學術眼光來看，本合作項目對國際學術和文化合作的影響是顯而易見的。

不列顛哥倫比亞大學圖書館和華盛頓大學圖書館地理位置接近，兩館都藏有大量的有關聯而未經編目的出版物並且大多是清朝晚期和中華民國早期集中于珠江三角洲的文獻。不列顛哥倫比亞大學藏有大量廣東作家創作的文學作品、藝術作品、中醫古籍和課本——這些課本是研究早期近代中國教育的一手材料。顯然，處于不列顛哥倫比亞大學和華盛頓大學合作項目核心的這些藏書具有不可估量的國際價值。這些藏書以前分散各處而且缺少必要的經費進行妥善的編目，因此，這些無價的藏書長期以來一直不被外界所知，也不能被學者們使用。

這兩所圖書館所提出的合作項目極具創新意義。它會爲我們使用這些隱匿的寶藏提供方便，並提高學術研究使用的機會。通過來自中國的文獻學專家的專業協助，此項目對于那些瀕臨損毁的古籍善本，也是一個難得的和經濟的機會得到檢視和評估，從而得到妥善修復和編目。

我强烈支持不列顛哥倫比亞大學圖書館和華盛頓大學圖書館提出的合作項目，並希望在我的研究和教學中使用這些特殊的隱匿的藏書。如果需要我提供任何信息，請隨時與我聯繫。

葉嘉瑩

2013年7月24日

Letter of Recommendation

I am very happy to write this letter in support of the collaborative proposal of the University of Washington Libraries (UW) and the University of British Columbia Library (UBC) to catalogue their hidden collections of Chinese books published during China's modern transition—Discovering Modern China: University of Washington and University of British Columbia Collections. The impact of this project on research, teaching and learning would be internationally significant.

In the past six decades, I have taught classical Chinese poetry in Taiwan, Canada, and the US. My scholarly works have had some influence over the modern study of classical Chinese poetry. Although most of the UBC's Puban Collection has been catalogued, confusion occurs as its many records contain minimal information. Scholars have no way to tell if they have the right versions that they need. In the past, I was very fortunate to have special permission to view the accumulated "hidden treasures"—the uncataloged special items that many have assumed to be non-existent. I was delighted to hear from Ms. Jing Liu, that UBC had identified a lot more hidden treasures during a recent move, which comprise the majority of the proposed collection. Browsing through the list that Jing brought to me, I understand the scholarly importance of these materials and would love to see all of them properly cataloged and discoverable by users soon. The newly acquired Pang Jingtang and Wei Tingsheng collections include unique literary works that are not available anywhere else; however, they are only incompletely and inaccurately listed. From my scholarly viewpoint, the impact of the proposed project on international research and cultural collaboration is obvious.

Geographically located in proximity to each other, the UBC and UW libraries are institutions that hold substantial and related collections of uncataloged publications. They are mostly from the late Imperial and early Republic periods and focus on the Pearl River Delta. UBC has extensive literary works by Guangdong authors, fine arts collection, traditional medicine books as well as textbooks, which are primary sources for understanding early modern Chinese education. Clearly, the collections at the heart of the proposed UBC and UW collaboration represent immeasurable international value. Scattered as they are and lacking the necessary funding for proper cataloging, such invaluable collections remain hidden and unknown to the world, not to mention inaccessible to scholars.

The proposed collaboration between the two institutions is truly innovative. It will provide access to these hidden treasures and enhance the opportunities of research and scholarship. By sharing the expertise of the visiting Chinese rare book scholar, the project will offer an opportunity to assess these rare and at-risk materials for proper handling and cataloging in a manner that is both cost and time effective.

I strongly support the proposed collaborative project of the UBC and UW libraries and look forward to using these special hidden collections for my teaching and research. Should I be able to provide any more information, please do not hesitate to contact me.

Sincerely,

Florence C. Y. Yeh

(Chia-ying Yeh)

July 24, 2013

“發現近代中國——UW和UBC的中文典藏”項目介紹

在北美地區以東亞研究見長的一流圖書館中，美國華盛頓大學（UW）圖書館和加拿大不列顛哥倫比亞大學（UBC）圖書館是兩大重要的地區性、全國性和國際性的東亞信息與研究基地。經過半個多世紀的館藏發展，這兩所圖書館建立起傑出的館藏，包括中文孤本、善本、檔案以及其他的特殊資料。然而，由於資金和專業人員的缺乏，許多特藏資料仍未編目。

在2013年，UW和UBC聯合獲得著名的Council on Library and Information Resources（CLIR，圖書館信息資源委員會）“未開發藏書及檔案編目”項目的獎助，開展了爲期十八個月的項目，名稱爲“發現近代中國：華盛頓大學與不列顛哥倫比亞大學的中文典藏”。本項目的目標是揭示這些不爲人知的珍貴館藏，使它們得以爲全世界範圍的讀者和學人利用。本項目也是最早的兩項由CLIR資助並且有加拿大的大學圖書館參與的國際合作項目之一。該項目使得兩所大學可以在項目計劃和資源分享、人員交換及培訓、館藏、技術和讀者服務共享等方面充分合作，使我們能够邀請亞洲圖書館的專業人員參加項目。項目計劃由兩館編目兩千條原始條目，即在北美尚無其他圖書館著録的稀有文獻條目，並將其載入OCLC WorldCat和“中國高等教育文獻保障系統”（China Academic Library and Information System，簡稱CALIS）的“高校古文獻資源庫”（Union Catalog of Rare Books）中。項目完成了幾千條編目，增進了公衆對這些珍貴館藏的瞭解和使用，爲兩家機構以及全世界的學人提供了極大的便利。在這樣一種國際合作的努力中，過程與結果同等重要。合作，自始至終都是項目的核心。

一、鑒定不爲人知的珍藏

UW和UBC圖書館收藏的孤本、善本最初都來自於個人、家族、學者或者收藏家。許多特藏是在二十世紀早期中國的動亂年代經過多種途徑來到兩館的。然而，因爲没有編目，這些書都未加整理地置於書庫中， 使獲取和使用受到了極大的限制。一直以來，親臨書庫瀏覽是唯一的利用方式。

兩館項目涉及的中文藏書，都很特殊，各有所長。例如，UW圖書館藏有稀見的歷史文檔和諸如木魚書之類的稀見特藏，而UBC圖書館因一些引人注目的私藏綫裝書而知名。兩館的收藏皆包括豐富的孤本、善本，並公認具有很大的研究價值。在爲本項目製訂計劃的時候，我們聯繫了曾經翻閱並受益於這些不爲人知的珍貴典籍的世界知名學者。由于曾在兩校任職，他們對這些藏書比較熟悉，其學術研究也從這些藏書中獲益良多。這些來自於美國、加拿大、中國的學者，不僅熱情支持本項目，還幫助我們選擇書籍和製訂計劃。他們中的一些人目前正在領導國際性研究計劃。看到我們開展國際合作以向全世界公開我們的收藏，他們非常高興。

我們的CLIR 項目由三個階段組成。第一階段（從2014年6月1日到2014年11月30日）主要是僱用和訓練學生助理來搜檢藏書，招聘編目人員和善本書專家顧問，同時裝配設備，確定工作空間。第二階段（從2014年12月1日到2016年3月31日）集中進行編目和藏書的評估工作。第三階段（從2016年4月1日到2016年5月31日）主要從事項目評估工作。

通過第一階段工作， 我們搜檢了數量巨大的未編目材料，以期找出稀有的、有很高研究價值的藏書。我們聘用中國研究和歷史系的研究生參與了書目的搜檢與分類，編製了稀見古籍的收藏清單，標示出了對這批書籍進行文獻保護的需求。第一階段工作，篩選出數量可觀的古籍善本，以供CLIR古籍專家顧問評估鑒定。項目第二階段中，編目和鑒定工作同時進行。兩館團隊積極合作交流切磋有關編目方面的疑難問題，有針對的進行技術培訓，取得不菲的成果。各館順利完成項目指標，並對北美編目規則針對中文古籍文獻的特點提出建設性修改意見。第三階段，我們總結項目經驗成果，一方面歸納我們學到了什麽，同時計劃項目結束後下一步的工作。並成功申請到CLIR的小型獎助，着手編輯項目成果，出版此書，以饗讀者。

二、積極合作應用北美編目規則合理處理中文古籍的編目問題

UW和UBC項目團隊嚴格按照"研究型圖書館組織"（Research Library Group，簡稱RLG）所製定的《機讀格式中文善本古籍編目準則》以及"合作編目項目與資源描述與存取標準的聯合規則"（Program for Cooperative Cataloging Resource Description and Access，簡稱RDA）進行編目。該聯合編目規則旨在整合英美編目規則與歷史悠久的中文古籍善本編目傳統與實踐之間的分歧，從不同角度體現了我們的國際合作模式。北美東亞圖書館界已經把這些整合的標準用於MARC 21機讀格式。我們項目沒有采用RDA的編目新規則以免造成更多混亂，而是謹慎地通過在機讀編目數據中混合加入RDA字段和關係，來實現可持續性與可互相操作性。

UW東亞圖書館技術服務主管和CLIR項目古籍編目咨詢專家一起總結了從本項目的善本古籍編目實踐中產生的問題和意見，提交給了"東亞圖書館理事會"（Council on East Asian Libraries）的"技術處理委員會"（Committee of Technical Processing）。

三、交流是成功的關鍵

UW和UBC項目團隊各自從本館的未公佈藏書中挑選孤本、善本資料來編製原始書目記録。通過交流，建立了明確的工作範圍及工作流程。兩個團隊可以在一天之內互相訪問並監督收

藏情况和工作空間設置。我們通過Skype定期舉行遠程會議並進行即時通訊和圖像共享。兩個團隊都設立了項目網站以公佈項目狀態的報告、激動人心的發現和學術活動。我們還使用谷歌雲端硬盤來分享工作文檔。儘管我們遵循各自圖書館的編目規範，但是我們也會爲了最佳的實踐方案而進行激烈的討論。合作的經驗交流提高了雙方的工作質量。我們創立的良好的文檔記録將會成爲後續工作與合作的重要參考。

四、機構間的專業知識共享

UW東亞圖書館有一個强大的技術服務部，由技術嫻熟的圖書編目館員負責；館長有中國史研究背景和豐富的國際合作經驗。爲了確保高質量的工作，UW通過遠程通訊及親身到訪爲CLIR工作人員提供培訓。培訓與技術工作流程都有完備的文件，可在UW東亞圖書館的技術服務部網站上獲取。此項目聘請中國頂尖專家學者作爲項目核心成員。著名的中文古籍專家、北京大學（PKU）圖書館姚伯岳教授作爲CLIR項目的中文古籍編目館員和專家顧問加入我們項目。於2015年1月開始，姚教授在UW東亞圖書館進行爲期十三個月的工作，並在2015年4—5月擔任UBC亞洲圖書館的中文古籍善本專家顧問。原遼寧省圖書館館長助理、經驗豐富的中文古籍館員武亞民老師，擔任UBC方面CLIR善本古籍編目員，於2014年12月開始工作。這些知名的中文古籍編目專家，爲我們CLIR項目帶來了豐富的專業知識與技能。

爲擴大項目對編目的影響，UW和UBC圖書館技術部負責人討論了在美國國會圖書館的“名稱規範協作項目”（Name Authority Cooperative Program，簡稱NACP）中進行培訓，使本項目能够貢獻規範名稱的記録。事實上，CLIR項目已經使得我們超出開發中文古籍館藏的各種夥伴關係。更廣泛的説，它加强了這兩家圖書館在收藏與保護、數字化、人員交换、資金申請等方面的聯繫與合作。

雖然套録編目未納入我們CLIR項目中，但數量龐大，UW與UBC圖書館都面臨如何處理套録編目的難問。爲了項目，兩家圖書館都對OCLC WorldCat系統中未見收録的所有孤本和珍稀資料進行了清查、揀選並開列清單。加拿大的UBC，必須遵守工會規定；爲保護工會會員的工作不受侵犯，套録編目工作只能由作爲工會成員的圖書館職工來做，而不允許由較廉價的學生助理或者非工會成員參與。由於亞洲圖書館没有中文套録編目職員的編制，所以那些須作套録編目的中文書籍只得束之高閣。這是一項嚴峻的挑戰。圖書館需要另辟蹊徑來處理因CLIR項目而産生的套録編目問題。

UW在處理套録編目方面的經驗爲我們的工作提供了很好的樣板。在第一階段，UW團隊爲CLIR“未編藏書及檔案編目”項目製訂了一項同步計劃。當搜檢這些未編特藏時，經過嚴格訓練的學生助理和非專業編目人員即進行了套録編目。經過套録編目的資料隨即進入流通環節並供館際互借。得益於UW東亞圖書館强大的技術服務部門，搜檢、挑選以及套録編目都順利融合進工作流程，各種衛星項目也得以創立，以服務於核心的CLIR項目。這種融合型的工作環境使得項目影響最大化，從而超額完成了每館一千種中文善本古籍編目的目標。

五、資源全球共享

感謝來自北京大學圖書館的CLIR項目專家顧問姚伯岳教授，UW和UBC圖書館的CLIR項目得以加入中國高等教育文獻保障系統（CALIS）的古籍聯合目録，即中國高校古文獻資源庫。UW和UBC兩所大學圖書館是它的首批海外成員。中國頂尖的二十五所高校圖書館都是中國高校古文獻資源庫成員。而這一系統的許多檢索記録是OCLC WorldCat中所没有的。重要的目録信息都能從中國高校古文獻資源庫聯合目録中便捷獲取，從而爲我們的原始編目服務。其具體古籍信息的定製界面也非常友好。其記録可以在CN MARC和MARC 21之間互相轉换。加入中國高校古文獻資源庫聯合目録不僅加快了CLIR項目的編目速度，而且使中國學者可以直接獲取我們新編珍本的信息。與此同時，也使得UW和UBC的教授與學生們得以直接檢索瀏覽50萬條在綫數據和27萬幅書影，利用中國大陸及港澳地區的二十五所最佳科研圖書館的館藏善本信息資源。

如上所述，UW-UBCCLIR項目充分利用了我們圖書館的能力和資源，通過國際合作來克服工作中的衆多困難。項目新編了數百條善本和孤本古籍,貢獻了諸多條目，並因而啓動若干文獻保護修復計劃。我們發現了不少珍本，部分卷帙分藏在中國的圖書館，一部分則收藏於我們的圖書館。例如，UBC所藏的一部善本缺失數册，原以爲已經徹底散佚，而現已確定它們藏於北京大學圖書館。這些館藏善本的譜系及其幾百年來的遞藏歷史已經引起了教授與研究生們的研究興趣。現在，原本合一收藏而之後散落各處的書籍有望被鑒定出來，並最終通過電子形式合璧。現在項目已經完成，我們期望原始收藏者所作的努力與初衷能爲我們所體會，儘管其間跨越了漫長的時空距離。這一項目使得UW和UBC的未編館藏進入了一個全新的世界，獲得新生並成爲長久的遺産。

六、國際合作的挑戰

國際合作的成效和影響是巨大而深遠的。然而，國際合作也充滿了挑戰。在與不同國家和地區的政策、法規打交道，與不同行政和組織機構，以及報告系統進行溝通的過程中，我們遇到了不少障礙。例如，我們從臺灣大學選聘了一位富有經驗的編目人員，但没能幫她拿到加拿大的工作許可。我們焦慮地等待姚伯岳教授的簽證獲批，整個申請過程非常的繁複並且時間非常之長，以至於拖延了他抵達的時間，因而使項目推遲。當UBC團隊在訪問UW之後，邀請姚教授到UBC作一日訪問時，他遇到了來自邊境移民官的棘手問題。類似情況不勝枚舉。

CLIR項目促使我們發現和揭示館藏珍本，將其提供給讀者。更重要的是，它爲我們提供了學習如何展開國際合作的難得機會。隨着圖書館與信息服務的日益全球化，國際合作的需求也將越來越大。希望我們在項目中所獲得的經驗與教訓能對將來世界範圍内CLIR項目的申請與參與者有所裨益。

沈志佳
（美國華盛頓大學東亞圖書館館長）
劉　靜
（加拿大不列顛哥倫比亞大學
亞洲圖書館中文部主任）
2018年2月27日

International Collaboration to Reveal Hidden Rare Chinese Materials

Among the top libraries specializing in East Asian studies in North America, the University of Washington (UW) Libraries and University of British Columbia (UBC) Library serve as major regional, national, and international bases of information and research about East Asia. Through more than half a century of collection development, the two libraries have built outstanding collections including unique Chinese rare books and other special materials. Many of these special materials, however, are yet to be cataloged, due to the lack of funding and staff expertise.

In 2013, UW and UBC received jointly a grant of Cataloging Hidden Special Collections and Archives from Council of Library and Information Resources (CLIR) to conduct an 18-month project entitled Discovering Modern China: University of Washington and University of British Columbia Collections to catalog these hidden treasures and make them discoverable to users worldwide. This project is also one of the first ever two international collaborative efforts funded by CLIR and the first involving a Canadian university library. The grant has enabled UW and UBC to collaborate in project planning and resource sharing,staff exchange and training, and sharing collection and user services about these hidden materials. The CLIR project also enabled us to receive expert consultation and personnel support from academic libraries in Asia. As a result, UW and UBC libraries created 2,000 original bibliographic records in OCLC WorldCat and the Union Catalog of Rare Books of China Academic Library and Information System (CALIS),an Academic Library Consortium in China. The project has created thousands of records and increased the awareness of and access to these treasures, and benefits not only the scholars of the two institutions but also users worldwide.An internationally joint effort as such, its work process is just as important as the result. International collaboration has been the core of this project from the very beginning through various stages to its successful conclusion.

1. Identifying Hidden Treasures for the Project

UW and UBC library collections contain rare and unique materials originally owned by private families, scholars, and collectors. Many of them came to our libraries via various routes in the early 20th century, during China' s troublesome times. Access to these collections has been extremely limited, materials have been kept in storage and were not organized;on-site browsing was the only method of access.

The Chinese collections of the two institutions identified for this project complement each other with their own uniqueness. For example, the UW collections include rare historical archives and unique special collections such as the "wooden fish" books, whereas the UBC collections are known for several noteworthy private collections of traditional thread-stitch bound rare books. Both collections are rich in the traditional thread-stitch bound books and recognized for their significant research value. To propose and plan for this project, we connected to the world-renowned scholars who browsed and benefited from the hidden treasures in the two libraries. The scholars from the United States, Canada, and China not only gave strong recommendations in support of our grant application but also helped with selection and planning. Some of them are leading international research teams and excited to see that we are also taking an international collaborative approach to unveil the hidden treasure to the world.

The project had three phases: Phase I (6/1/2014—11/30/2014) focused on hiring and training student assistants to search collections; hiring project catalogers and rare-book consultant; and setting up equipment and space for the project. Phase II (12/1/ 2014—3/31/2016) focused on cataloging and collection assessment. Phase III (4/1/2016—5/31/2016) focused on project evaluation.

Through the work of Phase One, the project searched numerous uncataloged materials to identify unique and highly valuable titles. We employed and engaged graduate students of Chinese studies to sort and create inventory list of unique titles, and identify their preservation needs. For both institutions, Phase One yielded a significant number of rare books for our CLIR consultant librarian to evaluate. Cataloging and assessment took place simultaneously during Phase II. This part of the project involved much communication, training, discussions and exchange of ideas between the teams of the two libraries. The result was impressive in cataloging production and contributions to cataloging rules and practices. In Phase III, we summarized what we have learned from the project and identified the next steps after the project. We received a micro-grant which has enabled us to publish the results of this highly successful international collaboration.

2. Collaboration in Applying Cataloging Guidelines and Rules Cataloging Chinese Ancient Books

The UW and UBC project teams follow closely the Research Library Group (RLG) Cataloging Guidelines for Creating Chinese Rare Book Records in Machine-Readable Format as well as the PCC RDA hybrid bibliographic records guidelines. Created to reconcile Anglo-American cataloging rules with cataloging practices of centuries-old traditional Chinese rare books, these guidelines set an international collaborative model ahead of us. The East Asian library community in North America has been working to apply these rules to the MARC 21 format. As we intended not to confuse the guidelines with the new cataloging rules of RDA (Resource Description and Access).We have been mindful, however, about maximizing sustainability and interoperability by adding hybrid RDA fields and relationships in the online bibliographic records created for the project.

The Head of Technical Services of UW East Asian Library working with the CLIR project consultant prepared questions and comments derived from the rare book cataloguing practices of the project, and submitted them to the Committee of Technical Processing of Council on East Asian Libraries.

3. Communication is the Key to Success

Both the UW and UBC project teams selected unique and rare materials from the hidden collections to create original bibliographic records. We established a clear scope of work and workflow through close communication. The two teams took day trips to visit each other in their libraries to inspect the collection conditions and work space setup. We took advantage of communication technology to conduct regular Skype meetings and instant messaging and image sharing. Both teams launched the project websites and posted project status reports, exciting discoveries and scholarly engagement activities. We also used Google Drive to share working documents. While following our own library' s cataloging local policies, we conducted lively discussions and debates about best practice. The collaborative experience has enhanced the quality of our work in general; the well documented working papers became important reference for future efforts and collaboration.

4. Sharing Staff Expertise between Our Institutions

UW East Asia Library had a very strong Technical Services unit led by its head of Technical Services.Trained in Chinese history, the UW EAL director is experienced in international scholarly engagements. To ensure high quality work of the project, UW provided training for all CLIR project staff via telecommunication and in person visits. Training and technical workflow were fully documented and made available on the project website (https://staffweb.lib.washington.edu/units/east-asia-library/procedures/clir-chinese-cataloging-project/clir-project-workflow). The project also enlisted international expertise and shared it between both institutions. Professor Boyue Yao, a Chinese rare-book librarian of Beijing University Library in China, joined the CLIR project at the East Asia Library of UW starting January 6th for a 13-month appointment as the CLIR project librarian for Chinese rare-books and cataloging. He also joined the UBC Library as a Chinese rare-book consultant for two months in April and May 2015. Mr. Ya Min Wu, former assistant director of Liaoning Provincial Library in China, was appointed CLIR rare book cataloger at UBC for twelve months between December 2014 and November 2015. Both are Chinese rare-book experts well-known to the profession in China. Their participation brought in-depth knowledge and expertise to our CLIR project.

To maximize the significant impact of the CLIR project on cataloging, the principal catalogers in central technical services of UW and UBC Libraries discussed NACO training for the project to contribute name authority records. As a matter of fact, this project has started partnership beyond Chinese hidden collections, and enhanced communication and collaboration between the two libraries in many more areas, such as preservation and conservation, digitization, staff exchange, training, and future grant proposals, etc.

Although copy cataloging is not part of the CLIR project, both UW and UBC libraries encountered tough decision-making about how to deal with copy cataloging during the project. Both institutions searched, selected, and inventoried all the unique and rare materials that had no holdings showing in OCLC WorldCat database for this project. At UBC, the responsibilities of copy cataloging belong to union member catalogers, and cannot be handled by student assistants or non-union personnel. Since there are not any Chinese copy catalogers on the staff, UBC library has to leave those books behind locked doors. It is a challenge and the library needs to come up with a new strategy to tackle the copy cataloging resulting from the CLIR project.

The UW experience in handling copy cataloging provides a good model. A parallel plan was developed for the CLIR hidden collection project. While searching for hidden treasures, copy cataloging was performed by well-trained student assistants and paraprofessionals. Copy-cataloged materials go right into circulation and become available for interlibrary loan requests. Thanks to the strong technical service unit at the UW East Asia Library, searching, selecting, and copy cataloging are smoothly integrated in the workflow and satellite projects were created in support of the core CLIR project. In such an integrated working environment, the impact of the CLIR project has been optimized, and the result reached way beyond the proposed original cataloging of 1000 Chinese rare books.

5. Resource Sharing Worldwide

Thanks to Professor Yao, CLIR project librarian and rare-book consultant from Beijing University Library, the UW-UBC CLIR project joined CALIS Rare-books Union Catalog. Thus UW and UBC libraries became its first members outside China. This CALIS system has twenty-five top Chinese academic libraries as its members.Many records in the system are not available in OCLC WorldCat; valuable bibliographical information can be easily derived from a similar edition in the CALIS union catalog for our original cataloging. Its customized interface for rare-book specific information is user-friendly. Records can be converted between CN MARC and MARC 21. Joining CALIS Union Catalog not only speeded up the cataloging for our CLIR project, but also effectively promoted our newly unveiled hidden treasures to scholars in China. Meanwhile, UW and UBC professors and students have also gained access to the Chinese rare-book collections held by twenty-five top academic libraries in Mainland China, Hong Kong, and Macau through the half million online rare-book records and over 270,000 images.

The UW-UBC CLIR project has optimized our libraries' capacity and resources to accomplish difficult tasks via international collaboration as demonstrated above. The project cataloged hundreds of unique and very rare titles, contributed authority records, and triggered several conservation plans. We had discovered rare sets with some volumes held in libraries in China and others held in our libraries. For example, a rare book set held at UBC reported a few volumes missing, which had been considered being lost permanently, but now identified at Beijing University Library. The genealogy of the rare books and their collecting history in the past centuries have instantly attracted research interests from the professors and graduate students. The possibility also exists that scattered volumes of original collections away from their home towns may be identified and brought together virtually. Now the project is completed, and we are hopeful that some of the efforts of the original collectors will be realized, albeit across long time span and wide distance. The CLIR project has allowed our hidden collections at UBC and UW to enter a new world, gain new life, and enjoy continuity of the heritage.

6. Challenges of International Collaboration

The benefit of our international collaboration through the CLIR project is profound and long-lasting; however, international collaboration also can be very challenging. We have run into obstacles working with different laws, policies, and regulations of different countries and communicating within different administrative and organizational structures and reporting systems. For example, we had selected a seasoned cataloguer from Taiwan to serve as the project librarian on the UBC team;however, we were unable to obtain her work permit to work in Canada. We anxiously waited for Professor Yao' s application for a Canadian visa, which ended up being more complex than we had expected and took much longer time. The visa issue delayed his arrival in Seattle thus also delayed the project. When the UBC team brought Professor Yao over for a one-day visit after a team visit at UW, however, he ran into tough questions from immigration officers at the border.

The CLIR project has provided us an invaluable learning opportunity about international collaboration. As libraries and information services become increasingly globalized, there will be more need for international collaborations. We hope that the lessons learned and experiences gained from our CLIR international collaborative project will benefit future CLIR applications and projects.

Zhijia Shen & Jing Liu

Philadelphia

February 27, 2018

卷一

美國華盛頓大學古籍珍本新録

美國華盛頓大學東亞圖書館中文古文獻的收藏與整理

姚伯岳　沈志佳

華盛頓大學（University of Washington，簡稱UW或華大）位於美國西北部華盛頓州的西雅圖市，創建於1861年，是世界頂尖級的研究型大學，也是美國西部歷史悠久、規模較大的大學之一。UW圖書館有總、分館共十六個，館藏紙本文獻八百萬册（件），在北美高校圖書館中排名第十五。作爲分館之一的東亞圖書館堪稱美國西部收藏中日韓圖書數據的重鎮。2015年紙本館藏總量達到六十八萬册（件），館藏中文古文獻也頗具規模。但長期以來，由於缺乏相應的專業人員，相當一部分中文古文獻没能得到正規的編目整理，華大東亞圖書館所藏中文古文獻的構成、數量、來源等情況猶如一團迷霧，無從窺其全貌。於2014年開始進行的"發現近代中國——UW和UBC的中文典藏"項目使這一局面得到根本改觀，不僅將館藏中文古文獻基本整理完成，而且也大致搞清了這些文獻的數量和來源等情況，現將研究結果縷述如下。

一、華盛頓大學東亞圖書館中文古文獻的收藏及來源

華大東亞圖書館收藏中文圖書的歷史，可追溯到1909年UW聘請赫伯特·高文（Herbert H. Gowen）首次開設亞洲研究課程並創辦東方學系，高文爲首任系主任。當時没有中文圖書，教學研究所需的中文圖書是由該系教師們把自己的藏書出借給圖書館供師生使用。1937年，UW圖書館從洛克菲勒基金會（Rockefeller Foundation）得到一筆資金贊助，購買了一批中文書籍，此爲東亞圖書館中文藏書的開始。次年，哥倫比亞大學（Columbia University）又捐贈了兩千册中文圖書。這些書被集中存放在UW的主圖書館蘇塞羅圖書館（Suzzallo Library）中的一個房間，起名叫東方學會議室（Oriental Seminar Room），供有關師生閱覽。1945年，華盛頓大學遠東和俄國學院（UW Far Eastern and Russian Institute，FERI）成立，並獲得洛克菲勒基金會資助，購買中、日、俄文圖書。1947年，UW圖書館在上述藏書基礎上成立遠東圖書館（The Far Eastern Library），Dr. Ruth Krader爲首任館長，此時收藏規模僅爲二万八百册（件）。1950年，遠東圖書館遷入Thomson Hall的地下室。上世紀五十年代，入藏洛克博士（Joseph Francis Rock）的部分藏書，以及高文教授原藏的一批中文古文獻。六十年代，購進衛德明（Hellmut Wilhelm）教授

之中文古籍1346種[1]。1976年，遠東圖書館改名爲東亞圖書館（The East Asia Library），並搬遷到目前所在的高文樓（Gowen Hall），圖書館空間大大增加，購書量快速增長。八十年代初，時任華大東亞圖書館館長的盧國邦先生以十萬美元將香港萬有圖書公司的全部庫存一次性收購，共十萬餘册，其中包括不少中文古籍，同時還包括萬有圖書公司購進的陳凡私人藏書數萬册。此外，歷年來還陸續接受了一些私人捐贈，如蕭公權、房兆楹等著名學者所藏的中文古籍等。

圖1　華盛頓大學東亞圖書館讀者閱覽室

粗略計算，目前華大東亞圖書館所藏中文古文獻應在三千種以上，類型包括中文古籍、拓片、書信、輿圖等。但由於其中一部分存放在總館，東亞圖書館的一部分中文古籍仍與中文普通書混合典藏，還没有做到全部中文古籍的集中典藏，所以尚未統計出一個準確的數字。

下面分述華大東亞圖書館中幾個重要的收藏來源。

1. 衛德明教授收藏的中國古籍

華大東亞圖書館藏中文古籍中最主要的來源之一，就是上世紀六十年代購入的衛德明所藏中國古籍1346種，其中僅明版書就有上百種，無論在數量上還是在質量上都極大地提昇了UW圖書館中文古籍收藏在美國的地位。

---

① 此數據根據華大東亞圖書館保存之衛德明贈書清單。

衛德明（Hellmut Wilhelm, 1905—1990）①，德裔美籍漢學家，以研究中國歷史、文學、哲學而著稱。其父衛禮賢（Richard Wilhelm, 1873—1930）是在國際上享有盛譽的漢學家。衛禮賢著述甚多，其最具代表性的成就就是對《易經》的翻譯。

圖2　衛德明（Hellmut Wilhelm）

圖3　衛禮賢（Richard Wilhelm）

衛德明1905年出生在中國青島，並在那裡接受了早期教育。第一次世界大戰後，他隨父母遷回德國。他深受父親影響，醉心于中國文化，並於1932年獲得柏林大學漢學研究的博士學位，隨後返回中國。1933年至1937年，他在國立北京大學德國語言文學專業任教，同時爲德國和瑞士報紙作通訊記者。此後他長期主持中德學會的工作。1948年，他離開中國赴美，進入華盛頓大學遠東斯拉夫語言文學系（The Department of Far Eastern Slavic Languages and Literature）任教，直到1971年退休。

衛德明的研究領域遍及中國哲學、歷史、政治、宗教以及文學等各個方面。他的博士論文是關於顧炎武的研究。他對清代禁燬書頗感興趣，對錢謙益的研究非常深入。在中國期間，他講授關於中國歷史、中國社會結構和政治思想等方面的課程，並發表和出版了一系列的論文和著作。他曾協助其父翻譯《易經》，他在中國期間所做的關於《易經》的系列講座也被編訂爲《變幻：易經八講》一書，於1944年在德國出版，1960年又由貝恩斯翻譯爲英文，成爲西方人學習《易經》的指南。在UW任教期間，他是美國漢學界的領軍人物，世界各地的學子慕名前來追隨他獲得深造。

衛德明既是學者也是藏書家，他繼承了父親衛禮賢的藏書②，加上他本人的長期搜集，中文古籍收藏數量很大而且質量較高。他極力支持圖書館中文藏書的建設，並於上世紀六十年代將

① 此文衛德明的資料和圖片主要來自“Sinological Profiles/Hellmut Wilhelm”.［2016-12-1］. https://www.umass.edu/wsp/resources/profiles/wilhelmh.html

② 華大東亞圖書館現藏清抄本《經餘必讀》内葉就鈐有衛禮賢的藏章“Ex Libris R. Wilhelm 尉禮賢希聖印”。

他從中國帶來的全部中文古籍出售給了當時的華大遠東圖書館。這批書成爲後來華大東亞圖書館最重要的中文古籍收藏。

2. 洛克博士收藏的中國地方志

華大東亞圖書館藏中文古籍的另一重要來源是洛克博士的收藏。

約瑟夫·洛克(Joseph Charles Francis Rock, 1884—1962),美國探險家、植物學家、地理學家、語言學家、納西文化研究家。出生於奥地利維也納,1902年大學預科畢業後,開始漫游歐洲和北非。1906年至美國,1911年進入夏威夷大學,主要從事植物學研究工作,建立了當地第一座植物標本館,並在1911至1920年間擔任館長。1913年加入美國國籍,1919年成爲夏威夷學院植物學教授。從1922年起曾六次到中國,以美國《國家地理》雜志撰稿人和攝影家及美國農業部與哈佛大學植物研究所派出學者的身份,到雲南各地及滇緬邊境和四川、甘肅、青海、西藏考察,拍攝生物資源照片,測繪地形地圖,搜集並帶走大量生物標本和文物資料。洛克撰寫發表了大量關於中國西南地區景物和民情的文章及照片。希爾頓那部著名的小説《消失的地平綫》(又名《失落的境界》),就是在洛克探險記録的影響和啓發下寫成的。從此,人間仙境香格里拉名滿天下。1944年,洛克從中國回到美國,成爲哈佛燕京學社的研究員。他也曾漫游北京、上海、南京等地。1946年,他最後一次來到中國,1949年7月返回美國。二十世紀五十年代中期,定居夏威夷,直到1962年12月5日去世。

約瑟夫·洛克被稱爲"西方納西學之父",在中國停留的二十七年間,共收集了大約八千册納西族東巴文經書,這些經書後來分别收藏在歐美的各大圖書館。他對東巴教儀式和東巴文文本的研究持久深入,發表了數十種相關論著。其早期主要著作爲兩卷本的《中國西南古納西王國》(*The Ancient Na-khi kingdom of South-West Chin*a, 1947),列爲《哈佛燕京叢刊》第八卷。晚期的《納西語英語百科辭典》(*A Na-khi English Encyclopedic Dictionary*)爲納西族象形文字研究的權威之作,在納西學和東巴文的研究史上有着極爲重要的地位和價值,被列爲《羅馬東方叢書》第二十八種,第一部於1963年、第二部於1972年出版。

除東巴文經書外,洛克還收集了大量的中文圖書文獻,這些圖書文獻後來被他轉售給美國各大圖書館和研究機構,主要是美國國會圖書館、哈佛大學、夏威夷大學、卡耐基梅隆大學亨特學院以及華盛頓大學的圖書館等。

UW圖書館入藏的洛克藏書是1954年購入的,數量達數千種之多。其中的英文和其他西文圖書當時很快就被編目上架,入藏到蘇塞羅圖書館,納入到UW圖書館的藏書體系中。其中的中文文獻則主要是中國的地方志和拓片,當時撥歸華大東亞圖書館典藏。1967年由樓珍希先生(Joseph Dzen-His Lowe)編輯的《華盛頓大學中國地方志目録》記録華大東亞圖書館藏民國以前的方志

圖4　約瑟夫·洛克
(Joseph Charles Francis Rock)

總計爲883種，約萬卷以上，其中包括洛克所藏①。這部分地方志直到1990年10月到1991年12月間，借助美國聯邦政府教育部資助的"清人詩文集清代地方志整理編目"項目，纔全部完成計算機編目。洛克原藏地方志由於無法查到當時的購書清單，所以一時還不能明確其數量，估計約有數百種。這批書大多鈐有"駱博士印"篆體朱文印章，印章四周有鳥獸圖案，應該是納西族東巴象形文字，印章下方有英文署名"J.F.ROCK"。華大東亞圖書館這批洛克原藏中國地方志，有許多是風格頗爲統一的抄本，這些抄本紙張潔白，墨色新鮮，很有可能是洛克在中國雇人抄寫完成的。對華大東亞圖書館這批洛克搜集的中國地方志進行深入研究，將是今後一個有益的課題。

洛克收藏的中國拓片大約有四十多種，因爲找不到懂專業的人來編目，所以一直放在東亞圖書館的倉庫裡。2005年其中的一箱約十六件被人們發現後，移送到蘇塞羅圖書館的特藏庫收藏。遺留在東亞圖書館的二十餘件拓片，則在2015年的CLIR項目中被整理編目。

3. 整批購進的原香港萬有圖書公司庫存書

1981—1984年間，時任華大東亞圖書館館長的盧國邦先生將香港萬有圖書公司全部庫存總計十萬册以上的圖書，以十萬美元的價格一次性收購，其中包括萬有圖書公司代爲購進的陳凡私人藏書數萬册。

陳凡（1915—1997），字百庸，筆名周爲、徐克弱、張恨奴、陳衆一等，1915年12月26日出生於廣東三水，《大公報》著名的左派記者、詩人、武俠小説作家，性情剛直，嫉惡如仇，多才多藝，

① Joseph Dzen-His Lowe, *A catalog of the Official Gazetteers of China in the University of Washington*, Zug Sweizerland: Inter Documentation Company AG, 1967.

圖5　陳凡

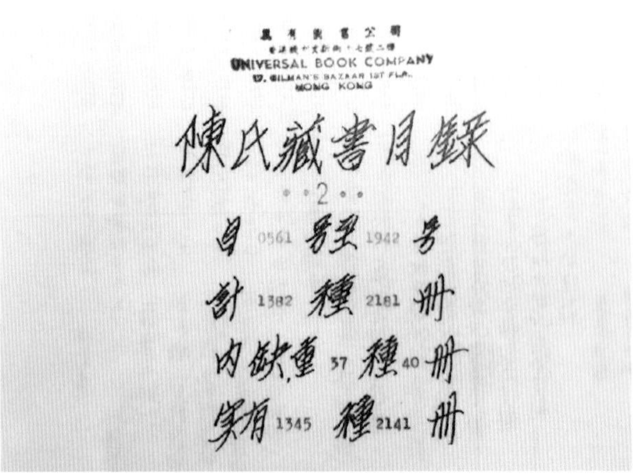

圖6　萬有圖書公司開列的陳凡部分藏書目録

交游廣泛。1941年考入桂林《大公報》做記者，先後派駐重慶館、上海館、廣州辦事處等處，1949年後赴香港任《大公報》采訪主任、副總編輯等職，長期主持香港《大公報·藝林》副刊。上世紀八十年代中期退休，1997年9月30日在香港去世。主要著作有散文集《海沙》《無華草》《燈邊雜筆》，新體詩集《往日集》，舊體詩詞集《壯歲集》，新聞報告集《轉徙西南天地間》《一個記者的經歷》《走馬人間數十年》等，以"百劍堂主"筆名寫武俠小説《風虎雲龍傳》，用"陳上校"筆名撰《金陵殘照記》，編有《齊白石詩文篆刻集》《黃賓虹畫語録》等[①]。

陳凡晚年體弱多病，可能是因爲無力打理藏書，故將其藏書通過香港萬有圖書公司整體售予華大東亞圖書館。香港萬有圖書公司現名萬有圖書貿易公司，爲徐炳麟（1909—1991）于1955年創立，早期主要爲歐美各大學東亞圖書館、美術館供應所需圖書，兼營舊書的買賣業務。華大東亞圖書館上世紀八十年代初一次性購買萬有圖書公司庫存書的同時，也整體收進了陳凡的藏書。陳凡的這批藏書購進時不僅編有完整的目録，而且目前所見的綫裝書中，還都貼有印着英文"Chen Fan Collection/University of Washington Library"字樣的藏書票，如《陳後山陸放翁生日詩録》二卷、《元倪雲林書詩真迹》、《元俞紫芝臨樂毅論真迹》、《金匱藏畫評釋》、《新體廣注唐詩三百首讀本》六卷等。這説明陳凡藏書進入華大東亞圖書館時，是與從萬有圖書公司購進的其他圖書區别對待的。

除陳凡的藏書外，這批書中還有許多原爲嶺南藏書名家如東莞莫伯驥五十萬卷樓、廣州徐信符南州書樓、澳門姚鈞石蒲坂書樓、鄧芬藕絲孔居等收藏的中文綫裝書，很多是用萬年紅紙裝襯前後書衣，呈現出典型的廣東藏書特點。如明正統十二年（1447）刻本宋代曾鞏撰《南豐先生元豐類稿》五十卷續附一卷鈐有"廣東肇陽羅道關防""有斐齋圖書""退一步齋藏書圖

① 陳凡的生平資料主要參考下列文獻：祝淳翔《陳凡與香港〈大公報·藝林〉始末》，載《東方早報·上海書評》2013年7月7日。許禮平《筆端風虎雲龍氣——説百劍堂主陳凡》，載《舊日風雲》，生活·讀書·新知三聯書店，2015年。

記”“藕絲孔居”“東莞莫伯驥號天一藏書之印”“東莞莫氏五十萬卷樓”等印，該書是華大東亞圖書館藏版刻年代最早的中文古籍善本。抄本《懷古田舍詩鈔》二卷一册，書衣鈐有“徐氏南州書樓寄託”字樣及編號之印記；抄本《黄牡丹詩箋注》書衣有“南州書樓藏”墨筆。清康熙内府刻本《欽定篆文六經四書》卷端鈐“蒲坂書樓”“鈞石所藏金石書畫印”“民國庚辰”等印。清康熙四十九年（1710）朱昌辰等刻本《韋齋集》十二卷，卷端鈐“鄧芬”“藕絲孔居”等印。明崇禎十三年（1640）烏程閔齊伋刻本《孫職方集》《劉拾遺集》、清抄本《綱山集》八卷等書也均鈐有上述二印。由此看來，這實在是一次頗具眼光、物有所值的購藏行動。

這批書很多是廣東版本。其中廣州出版的書就有數十種，如清光緒三十二年（1906）廣州陶氏愛廬刻本《夢溪筆談》二十六卷《補筆談》三卷《續筆談》十一篇，清道光二十二年（1842）廣州雲梯閣刻本《四書不二字音釋》，民國三年（1914）廣州石經堂石印本《五千字字課》等。這些書雖然在内容上地方特點不鮮明，但反映了清末民初廣州的圖書出版水平，有其獨特研究價值。

還有一些是在東莞、潮安、香港等地出版的，内容上則有濃厚的地方特色，如民國十一年（1922）東莞祖坡吟館鉛印本《羊石吟社詩册》，民國二十三年（1934）潮安麗新印刷所鉛印本《庸叟日記菁華》五卷首一卷，民國八年（1919）香港奇雅印務局刻本《仙桂重芳册（陳嘉謨暨夫人梁氏）》，民國二十一年（1932）香港永新公司鉛印本《筌蹄詩草》六卷，1956年香港東南書局鉛印本《金匱藏畫評釋》等等，都是居住其地人士的著作。

作者或内容與廣東有關的也不少，如何惠群等撰《嶺南即事》，趙長齡撰《廉洋平賊記》，梁士詒撰《廣東鄉試硃卷（光緒己丑恩科）》，伍朝樞編輯之《伍秩庸（伍廷芳）博士哀思録》，吴趼人撰《我佛山人滑稽談》，張之洞撰《憶嶺南草木詩十四首》等。

總之，從香港萬有圖書公司購進的這批書廣東地方特色最爲濃厚。這也成爲今天華大東亞圖書館藏中文古籍的一個突出特色。

4. 教授學者的捐贈

華大東亞圖書館所藏中文綫裝書中有不少是名家所贈，這類書大都貼有藏書票。如《佩文韻府》一百零六卷附《拾遺》一百零六卷、《佩文詩韻釋要》五卷，這兩部書前都貼有UWL的藏書票，印有英文“From the collection of Professor Kung-chuan Hsiao”，説明是晚年在華大任教的著名學者蕭公權教授的贈書。清乾隆四十四年（1779）松桂讀書堂刻本《李義山詩集箋注》十六卷、清乾隆四十八年（1783）北京武英殿刻本《春秋經傳集解》三十卷卷首附考證等古籍善本也是蕭公權教授的贈書。

還有一批書，都貼有藏書票，題“THE GIFT OF MR. LLOYD LOCK”，應爲MR. LLOYD LOCK的贈書。如《音注小倉山房尺牘》八卷、《齊東野語》二十卷、《遺山先生新樂府》四卷、《樊山書牘》二卷、《疑雲集》、《簡齋詩外集》、《靈素提要淺注》十二卷、《醫方集解本草備要合編》、《增廣正續驗方新編》二十一卷等。

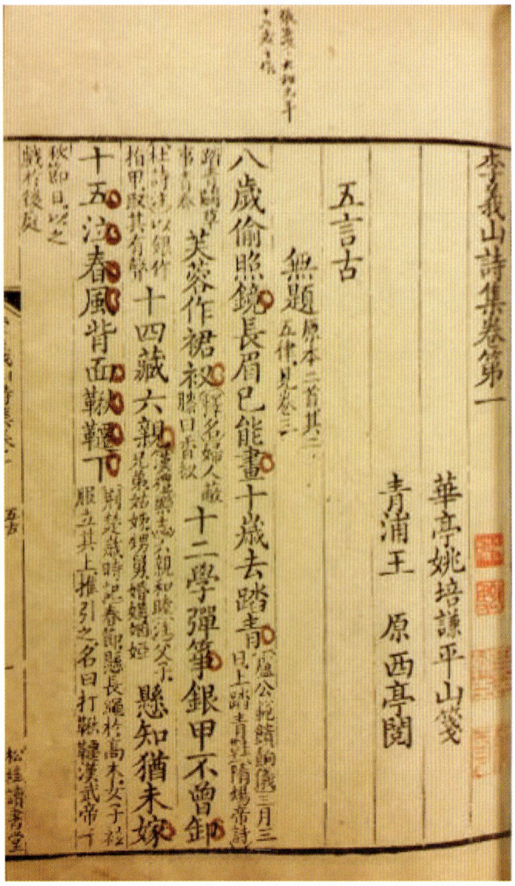

圖7　蕭公權教授原藏清乾隆四十四年松桂讀書堂刻本《李義山詩集箋注》十六卷

圖8　MR. LLOYD LOCK贈書上粘貼的藏書票

一些墨筆題記顯示其爲在美居留的中國學者的藏書，如《鄭板橋道情詞墨迹》（複印件）一書，書衣墨筆題書名並題詞“兆楹學兄惠存/陳雲豹敬贈”。蓋此書原爲房兆楹所藏。房兆楹是恒慕義主編之著名的《清代名人傳記》一書最重要的作者，是國際知名的中國史專家。

還有一個非常重要的捐贈者就是高文（Herbert H. Gowen, 1864—1960）教授。

赫伯特·高文1864年出生於英格蘭的雅茅斯，1886年在坎特伯雷的聖奥斯汀學院畢業，之後在英國、夏威夷、加拿大的各個教堂擔任各級神職。1897年來到美國西雅圖任教區主持人，1909年開始在UW授課，並擔任華大東方學研究系首任系主任直到1929年，1944年7月1日纔最後退休，1960年在西雅圖去世。

高文教授是美國著名的歷史學家、漢學家，撰寫出版了《中國簡史》《日本簡史》《印第安文學史》《宗教史》等著作，發表學術論文一百五十多篇，是歐美許多學術團體的成員，在國際學術界享有很高聲譽。今天華大東亞圖書館所在的高文樓（Gowen Hall）就是以他的姓命名的。

高文教授最突出的捐贈是拓片，華大東亞圖書館藏開封一賜樂業教寺的猶太教三大碑都是他捐贈的。還有一些日本和韓國拓片也極有可能是高文教授的捐贈。

圖9　赫伯特·高文
(Herbert H. Gowen)

二、華盛頓大學東亞圖書館中文古文獻的整理

1. 前期的整理

華大東亞圖書館的清人詩文集收藏比較豐富，蘇精早年就編有《西雅圖華盛頓大學東亞圖書館清代文集目録初稿》，惜未能正式出版。1975年，美國舊金山中國數據中心有限公司（Chinese Materials Center, INC.）出版了李直方編撰的《華盛頓大學遠東圖書館藏明版書録》，共著録館藏明版書138種。其中最早者爲弘治刻本，而以常熟毛晉汲古閣刻書爲最多，計65種。該書按照經、史、子、集、叢書五大類編排，對每部書的著録體例是書名、卷數、册數、作者、出版事項、卷端原題、版式、序跋名稱、藏印、考核（主要著録參考書目）。作爲書志來講，著録内容甚簡；但較之一般的書目記録，著録詳細程度則過之，且每書均有英文的作者、書名和内容介紹，更是該書録的一大特點。

在長期的典藏過程中，華大東亞圖書館盡其所能地對其所藏中文古籍進行了編目整理，大多數館藏中文古籍都有卡片目録，一半以上的中文古籍在OCLC（Online Computer Library Center）上有MARC格式的電子記録。

1990年10月至1991年12月，華大東亞圖書館申請到美國聯邦政府教育部提供的特别經費，實施了"清人詩文集與清代地方志整理編目"項目，將館藏清人詩文集1302種、清代中國地方志1727種，合計共3029種中文圖書采用MARC格式編目，録入到OCLC的書目數據庫中，其中三分之一以上爲中國綫裝古籍。該項目負責人爲汪玨女士，主要編目員爲孫燕言女士等，前後幾任館長盧國邦、劉應淑、周明之也都爲此項目耗費了心血①。

① 汪玨，《罕見的錢謙益遺著及其他清季善本詩文集——介紹西雅圖華盛頓大學東亞圖書館藏書之一》，載《"國立中央"圖書館館刊》，新25卷第2期，1992年12月，第151-162頁。

除編目外，華大東亞圖書館還與臺灣“中央圖書館”合作，於2010年1月到2012年12月間，進行了一次較有規模的館藏中文古籍的數字化掃描工程。整個項目歷時三年，共掃描中文古籍382種、3483卷、236424幅書影，其中很多是衛德明教授原藏書，絶大多數爲善本，其中僅明刻本就有78種，最早版本爲明正德五年（1510）刻本《鮑明遠集》十卷。此外還有11種清抄本。

2. “發現近代中國——UW和UBC的中文典藏”項目

2014年，華大東亞圖書館和加拿大不列顛哥倫比亞大學（The University of British Columbia, UBC）亞洲圖書館聯合向美國梅隆基金會資助的圖書館情報學資源委員會（Council on Library and Information Resources, CLIR）申請的“發現近代中國——UW和UBC的中文典藏”項目獲得批准，華大東亞圖書館館長兼中文研究館員沈志佳擔任項目主持人，UBC亞洲圖書館中文研究館員劉靜女士爲協同主持人。應該項目請求，北京大學（PKU）圖書館派出古籍編目總校姚伯岳教授前往這兩個圖書館，作爲項目古籍專家顧問兼古籍編目員，幫助完成該項目的實施。其間在華大東亞圖書館工作一年有餘。

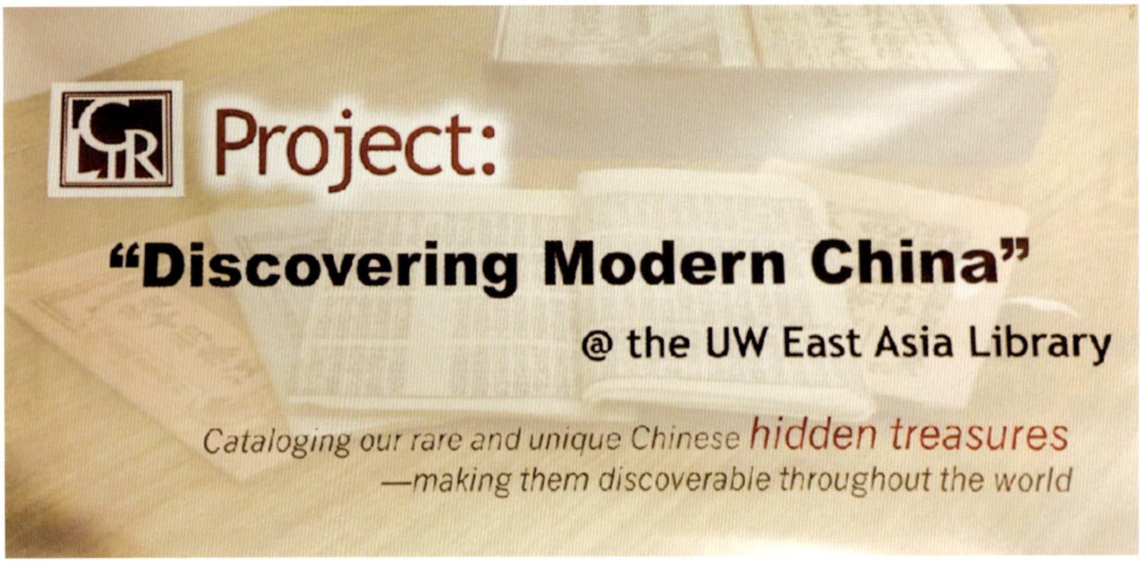

圖10 “發現近代中國——UW和UBC的中文典藏”項目華大東亞圖書館海報

CLIR項目中華大東亞圖書館的目標是向OCLC書目數據庫提交一千條OCLC中没有的館藏原始編目記録，編目範圍涵蓋館藏各類中文古文獻（古籍、輿圖、拓片、書畫、書信等）、廣東木魚書、民國版圖書等。具體的著録工作是在OCLC和CALIS高校古文獻資源庫兩個編目系統上完成的，也就是説，每一種原始編目都分别有MARC21和基於Dublin Core的中國古籍元數據格式兩種不同格式的書目記録。

截至2016年7月底項目完成，華大東亞圖書館共計提交館藏各類古文獻編目記録929條，詳情如下：

文獻類型	種數（種）	數量（册 / 件）
善本古籍	49	328
普通古籍	646	4199
拓片	74	148
書畫	154	229
輿圖	4	12
書信	2	4
合計	929	4920

此外，還提交館藏木魚書記録261條、粵劇劇本40條、晚清民國版非綫裝圖書記録110條，總共提交原始編目記録1340條。

華大東亞圖書館實施CLIR項目的另一大收穫是，在提交OCLC上没有的原始編目記録的同時，還對館藏未編目古籍進行了全面的整理。通過在OCLC上檢索，在進行原始編目之後，將其他館藏古籍未編書，分别用套録（copy）、提昇（enhance）、判定爲副本（duplicate）等方法，進行了編目整理。該項工作情况列表如下：

加工類型	套録	提昇	副本	總計
種數	403	161	342	906

這樣一來，華大東亞圖書館的CLIR項目，實際變成了對館藏未編目古籍全面徹底的編目整理，取得了超出項目預期的成果。

稍感遺憾的是，由於時間關係，尚有135種館藏古籍，雖在OCLC上經檢索確認爲没有書目記録，但没來得及在項目結束前完成原始編目，只能對這些書做大致分類統計，詳情如下：

版本類型	種數	册數
刻本	29	79
石印本	32	141
影印本	20	68
鉛印本	45	150
鈐印本	1	1
稿本	2	2
抄本	2	2
曬印本	1	1
朝鮮鉛印本	1	1
和刻本	1	1
拓本	1	1
合計	135	447

遺留的未及編目的這批書雖然數量不大，但是品種豐富，版本類型基本齊全，非常適合用作UW東亞系、歷史系、中國研究中心等教學單位關於中國文獻學教學的實習用書，亦可發揮其獨特的價值和作用。

三、華盛頓大學東亞圖書館中文古文獻的重點簡介

1. 古籍

華大東亞圖書館的鎮庫之寶是清乾隆十三年（1748）内府精寫精校本《御製盛京賦》二十册[①]。

圖11　清乾隆十三年寫本《御製盛京賦》外觀及滿漢文龍書内葉

清乾隆八年（1743），乾隆皇帝到盛京（今瀋陽）祭奠祖先，心情激動，寫了一篇感情真摯、文辭華麗的《御製盛京賦》，共三千三百九十餘字，盛贊盛京這座清代開國皇帝建立的第一個都城。十三年，乾隆皇帝指授臣工，將該賦擬製三十二體滿、漢文篆書，由武英殿刊刻印行，分裝三十二册，這個刻本目前海内外也僅有少數圖書館有收藏。但在刻本之前，還有一個寫本。該寫本共六十四册，三十二體滿、漢文篆書，每種篆體滿、漢文各爲一册。華大東亞圖書館藏有滿、漢文十體共二十册，另有二十一體計四十二册藏遼寧省圖書館，還有一體二册不知遺失何處。UW圖書館所藏滿、漢文十體分别爲奇字篆、大篆、穗書、蝌蚪書、鳥書、鵠頭書、麟書、龜書、龍書、金錯書。每册半葉五行，行七字，每個篆字右側有楷體小字釋文；四周雙邊，白口，無魚尾，版框爲朱色，滿文正文中常貼有黄簽校正文字。

該寫本爲孤本，其中遼寧省圖書館所藏二十一體四十二册已於2014年影印出版，但華大東亞圖書館所藏二十册仍秘諸深閨，少爲世人所知。

華大東亞圖書館所藏中文古籍的另一寶物是261種木魚書。木魚書是明末至民國時期流行於珠江三角洲地區的一種民間説唱曲本，屬彈詞系統，龍舟歌、南音等都可歸屬此類。廣州中山大學黄仕忠教授等人費十多年心血調查訪求編撰而成的《現存廣東木魚書、龍舟歌、南音、解心叙録》[②]，著録也不過455種。而華大東亞圖書館所藏的這批木魚書，内容集中，數量較大，品相完好，受到海内外有關學者的高度重視。

---

① 詳見沈志佳、施懿超《華盛頓大學珍藏之一：清乾隆十三年内府精寫精校本〈御製盛京賦〉》，收入《天禄論叢》，廣西師範大學出版社，2017年。

② 程焕文、沈津、王蕾主編，《2014年中文古籍整理與版本目録學國際學術研討會論文集》，廣西師範大學出版社，2015年，第76–155頁。

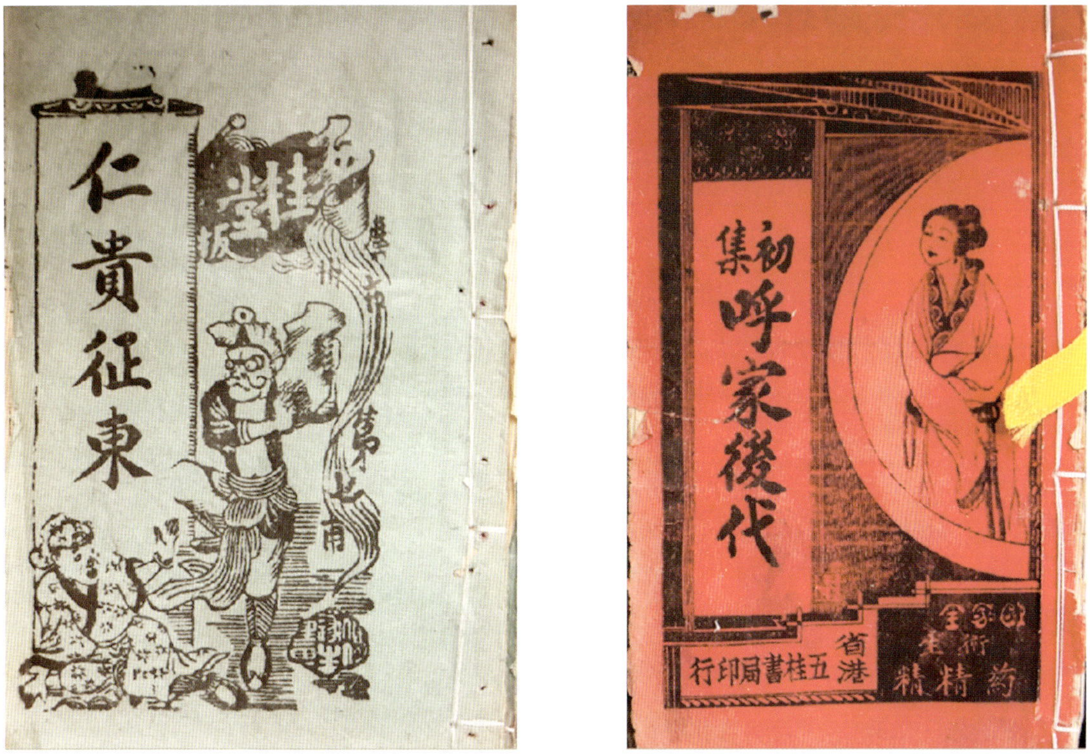

圖12　華大東亞圖書館藏木魚書

華大東亞圖書館藏明版書比較豐富。李直方先生編撰的《華盛頓大學遠東圖書館藏明版書録》共著録館藏明版書138部，這些明版書大多來自衛德明教授的收藏。

現知館藏版本最早的中文古籍是明正統十二年（1447）刻本宋代曾鞏撰《南豐先生元豐類稿》五十卷續附一卷。該書綫裝八册，半葉十一行，行二十一字，四周單邊，版心黑口，雙魚尾。這個版本也是這部書在明代的第一個刻本。該書很有可能是上世紀八十年代初一次性購進香港萬有圖書公司全部庫存圖書時獲得的，所以没有出現在李直方先生1975年編撰出版的那部書中。

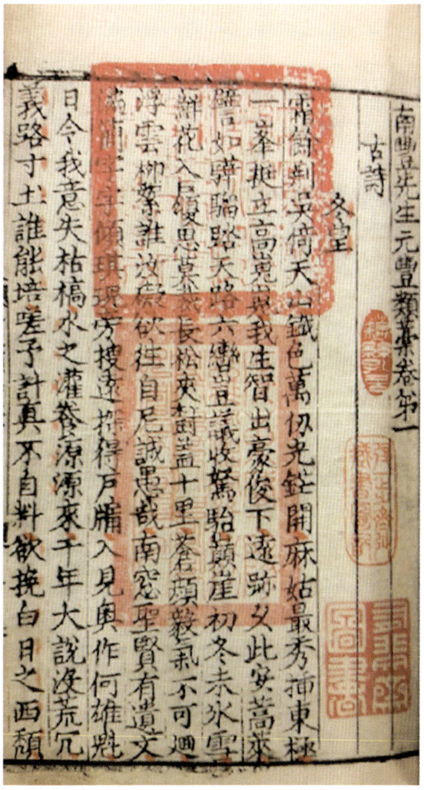

圖13　明正統十二年刻本《南豐先生元豐類稿》五十卷續附一卷

2015年CLIR項目編目時，又新發現五部明版書，即明萬曆沈氏尚白齋刻本（約1573—1620）《眉公筆記》二卷（二册）、明崇禎刻本《輟畊録》三十卷（八册）、明天啓崇禎間常熟毛晉汲古閣刻本《松陵集》十卷（五册）、明萬曆十七年（1589）劉思誠刻本《顔魯公文集》十五卷《補遺》一卷附《年譜》《行狀》《神道》《碑銘》《舊史本傳》《新史本傳》《後序》（四册）、明末天德堂刻本（約1605—1644）《朱文公校昌黎先生文集》存卷六至二十二（四册）。

綜上所述，現知華大東亞圖書館藏明版書至少144部，實際數量應該還多。

華大東亞圖書館藏清代善本也不少。2010年1月到2012年12月間與臺灣“中央圖書館”合作掃描的382種中文古籍中，清乾隆以前刻本就有105種。最近CLIR項目的編目中，新發現的就有康熙刻本11種、乾隆刻本13種。如清康熙四十九年（1710）朱昌辰刻本《韋齋集》十二卷，作者朱松是朱熹的父親，鈐印衆多，流傳有序；清康熙刻本《西堂樂府》六種、清康熙四十四年（1705）北京王士禛刻本《香祖筆記》十二卷、清乾隆二年（1737）趙侗斆刻本《趙裘萼公剩藁》四卷等書，均刻印精美，版本珍貴。據估算，華大東亞圖書館的清代乾隆以前的刻本數量應該在200種以上。

華大東亞圖書館的普通古籍中也常有罕見的品種和版本。如衛德明原藏的光緒二十年（1894）刻本《甲午大吉詩編》一卷《續編》一卷，是當年杭州地方紳士給慈禧太后祝壽的一部詩集，其中還有八千卷樓主人丁丙的賀詩。因爲書中所收的一百多首詩，每句開頭的字組合起來，都是“甲午大吉”四字，故以此作爲書名。此書大概是因爲隨後的中日甲午戰争没有得到流傳，UW所藏爲僅見的一部。

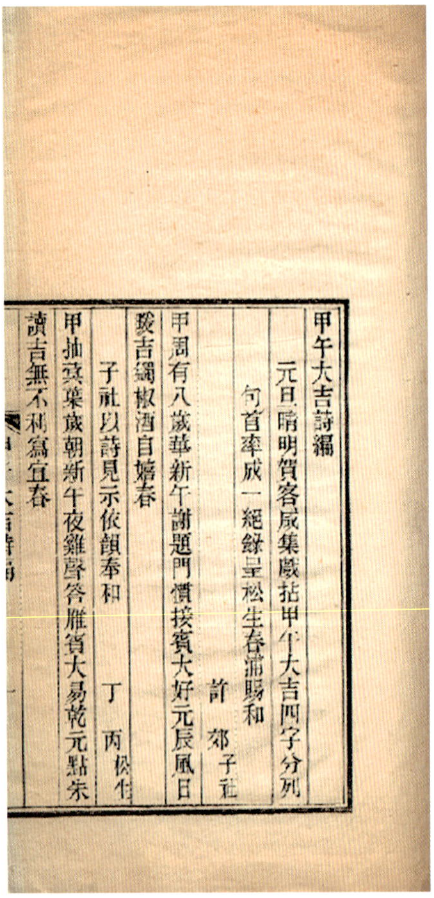
甲午大吉詩編
元旦晴明賀客辰集戲拈甲午大吉四字分列
句首率成一絶録呈松生吞湍賜和
許郊 子社
甲周有八歲華新午謝題門慣接賓大好元辰風日
發吉綢椒酒自嬉春
子社以詩見示依韻奉和
丁丙 松生
甲抽荑葉歲朝新午夜雞聲答雁賓大易乾元點朱
讀吉無不利寫宜春

圖14 清光緒二十年刻本《甲午大吉詩編》一卷《續編》一卷

清光緒三十四年（1908）唐縣劉永詩刻本《選緑齋詩鈔》三卷《詩餘》一卷。作者韓德玉（1847—1899），號浣雲，又號選緑齋主人，清末唐縣劉傳祁（字永詩）之妻。婦女著作是當前古籍整理和學術研究的熱門話題，此書目前僅知蘇州圖書館有收藏，海外此本爲僅見。

彩色木刻套印本中，也有一些比較罕見的珍品，如清末（約1821—1911）木版彩印之《貴州百苗圖》，他處均未見著録和收藏。貴州苗圖一類書許多圖書館藏有彩繪本，但木版彩印之本卻極爲少見。華大此本，爲我們提供了珍貴的樣本。

清嘉慶五年（1800）木活字本《歷代繼統紀年總録》三卷六册，清乾嘉時湯棫撰，爲自唐虞至明末三千年間之中國歷史大事記。該書不見任何書目有著録。

華大東亞圖書館的稿抄本收藏也值得一提。例如這次CLIR項目的編目中，就發現了民國三十六年（1947）周明泰編纂的稿本《幾禮居所藏戲曲文獻目録》二册。

周明泰（1896—1994），字志輔，别號幾禮居主人，祖籍安徽至德縣(今東至縣),近代著名實業家周學熙長子,周馥嫡孫。酷愛戲曲,與民國時著名京劇演員交往甚密。他熟悉梨園掌故,廣泛搜集戲曲文獻,並高薪聘人用特製箋紙工楷抄録清内府所藏戲曲傳奇各書,是民國時期的藏書大家,所藏與馬廉、齊如山相頡頏。曾任北洋政府總統府秘書、内務部參事等,亦從事實業。1949年由上海移居香港,後定居美國華盛頓州,潛心學術。生平撰著有《〈都門紀略〉中之戲曲史料》《道咸以來梨園繫年小録》《五十年來北平戲曲史料》《清昇平署存檔事例漫抄》《近百年的戲曲》《元明樂府套數舉略》《幾禮居雜著》《幾禮居隨筆》《讀曲類稿》《枕流答問》《續劇説》《續曲類稿》《明本傳奇雜録》《續封泥考略》《後漢縣邑省併表》《三國志世系表》《三曾年譜》《易卦十二講》《續易卦十二講》等。生前將其戲曲藏書全部捐贈上海合衆圖書館(後歸上海圖書館),唱片收藏捐贈中國京劇院。1994年5月28日在美國逝世。

華大東亞圖書館收藏的二册《幾禮居所藏戲曲文獻目録》,係周明泰親手編訂録寫。該書藍格,框高19.8釐米,寬11釐米,單黑魚尾,半葉八行,行二十餘字不等,小字雙行。蓋其書雖在1949年離滬赴港時委託合衆圖書館顧廷龍館長代爲保管,但目録卻隨身攜帶一直到美國。這部稿本何時進入UW圖書館已無從知曉,但反映出周明泰晚年或身後可能與華大產生過某種交集。

除《幾禮居所藏戲曲文獻目録》外,此次CLIR項目編目中,還發現了其他一些稿本,如《瀛鷗詞稿》一册、《陸恩長牘文彙抄(光緒二十九年至三十一年)》一册、《維西縣志稿》五册等。這些稿本均未見正式出版,有較高參考價值。

華大東亞圖書館藏中文古籍抄本數量較大,是其一大特色。如清抄本中有宋蒲積中編《古今歲時雜咏》十二册,宋崔與之撰《崔清獻公全録》二册,清戴名世撰《孑遺録》一卷一册,清蘇了心撰《周易本義補》四卷三册,《湖北江西江寧軍營欽奉上諭及奏摺各稿》二十二册,清薩迎阿、奕山撰《新疆龍堆奏議》四卷六册,清湯鵬撰《善後事宜三十條》一册,清崔永安等稟《湖田墾務卷宗》二册,《御定六壬直指》二卷七册,《各省官兵花名册》十册,等等。

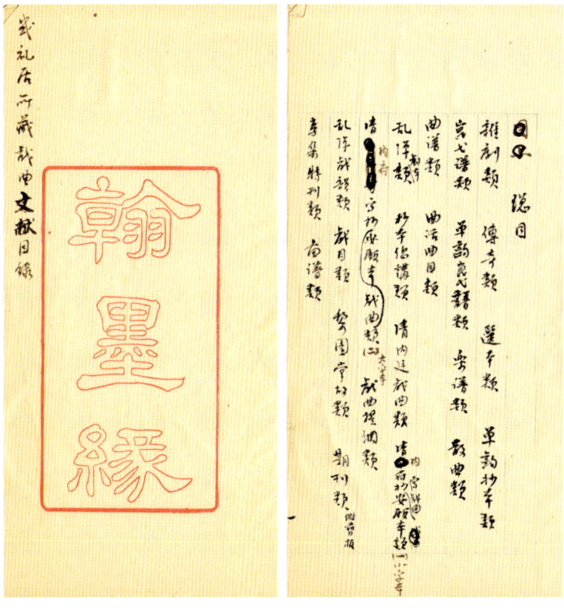

圖15　民國三十六年(1947)周明泰稿本《幾禮居所藏戲曲文獻目録》

中文古籍中,除中國古籍外,還有一些和刻本、朝鮮本、越南本等。和刻本如日本元禄八年(1695)神雒書肆、甘節堂、汲古齋刻本《杼山集》十卷四册,朝鮮本如朝鮮光武年間(1897—1907)抄本《孫武子直解》三卷二册,越南本如越南維新五年(1911)河内刻本《中學越史撮要》五集四册。

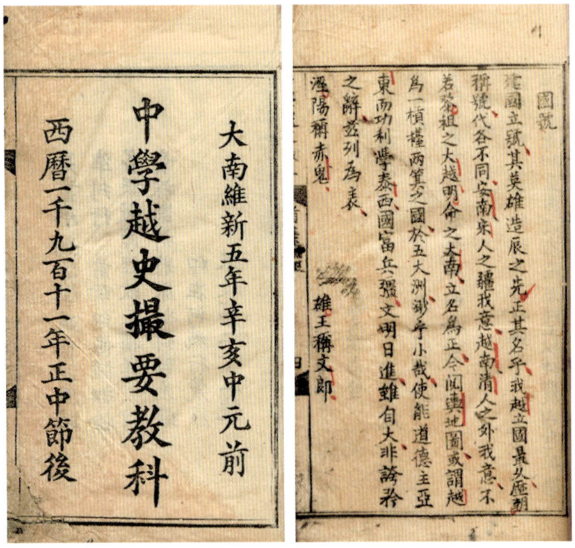
大南維新五年辛亥中元前
中學越史撮要教科
西曆一千九百十一年正中節後

國號
建國立號其英雄造辰之先正其名乎我越立國最久歷朝稱號代各不同安南宋人之龗我意越南清人之外我意不若祭祖之大越明命之大南立名為正令閱輿地圖或謂越為一橫搓兩箕之國於五大洲渺乎小哉使能道德主亞東而功利學泰西國富兵强文明日進雖自大非誇矜之辭茲列為表
涇陽稱赤鬼
雄王稱文郎

圖16　越南維新五年（1911）河内刻本《中學越史撮要》

鉛印本、石印本、油印本出版年代雖然較近，但華大東亞圖書館所藏之本中，多有罕見或極具參考價值者。

如未見各家著録的清光緒三十三年（1907）鉛印本《奏辦吉林外國語學堂暫行章程》，從版本上講好像並不起眼，但其内容極其珍罕。書中許多内容可以和稍後的《京師大學堂章程》相印證，對於中國近代教育史的研究有重要價值。

清光緒鉛印本《論摺彙存》，中國國内高校圖書館中收藏數量最大的是北京大學圖書館，爲1004册。但華大東亞圖書館藏該版本爲1110册，内容從光緒十七年（1891）五月至光緒三十二年（1906）十二月，數量超過北大。

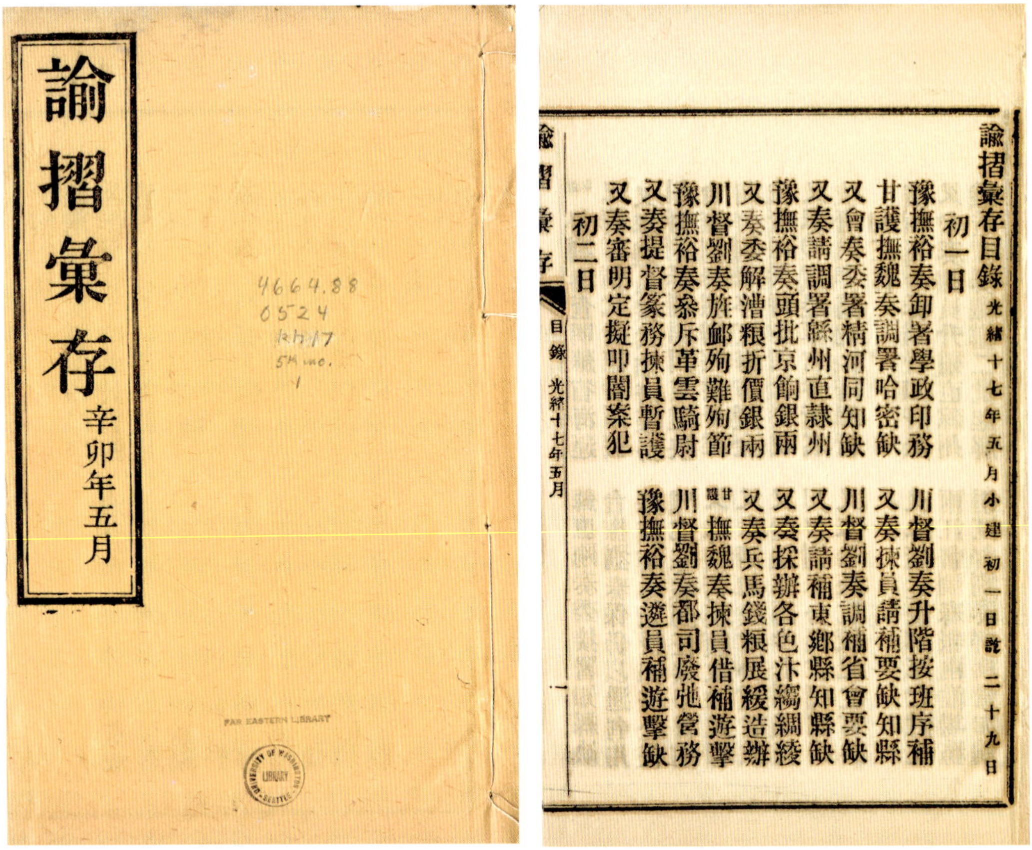
論摺彙存
辛卯年五月

論摺彙存目錄　光緒十七年五月小建初一日訖二十九日
初一日
豫撫裕奏卸著學政印務
甘護撫魏奏調署哈密缺
又會奏委署精河同知缺
又奏請調署綿州直隸州
豫撫裕奏頭批京餉銀兩
又奏委解漕糧折價銀兩
川督劉奏旌䘏殉難殉節
豫撫裕奏參斥革雲騎尉
又奏提督篆務揀員暫護
又奏審明定擬叩閽案犯
川督劉奏升階按班序補
又奏揀員請補要缺知縣
川督劉奏調補省會要缺
又奏請補東鄉縣知縣缺
又奏採辦各色汴綢綾
又奏兵馬錢糧展緩造辦
甘護撫魏奏揀員借補遊擊
川督劉奏都司廢弛營務
豫撫裕奏遴員補遊擊缺
初二日

圖17　清光緒鉛印本《論摺彙存》

《悟善社詩文集》，民國八年（1919）北京悟善社油印本。悟善社是民國初年出現的帶有宗教色彩的秘密結社，創辦者爲四川人唐焕章，又稱“世界六聖宗教大同會”。該教教義稱此教融合儒家、佛教、道教、天主教、基督教、伊斯蘭教六大宗教爲一體。教主唐焕章自稱是創世以來繼孔子、釋迦牟尼、耶穌、穆罕默德等人之後的世界第七大教主。這部《悟善社詩文集》爲國内外僅見，對於瞭解中國近現代邪教組織的宗旨和活動方式、内容等有一定的幫助。

2. 拓片

華大東亞圖書館藏全部拓片現知共74種，由於缺乏相關編目人員，長期未能編目。另有16種拓片收藏在總館的特藏部，也未編目，由於一時難以找出，故此次實施CLIR項目，僅對東亞館藏這74種予以編目整理，采用RDA編目規則將記録提交到OCLC，現在世界各地的讀者都可以檢索到這些記録。

華大東亞圖書館藏的這些拓片大致可分爲三個來源：

一是民國期間拓自陝西西安碑林，這部分數量最大，有43種，但來源不詳。

二是民國時搜集自雲南各地，這部分大約有20餘種，原本應該是洛克博士的收藏。收藏在總館特藏部的16種拓片，也是洛克博士原來的收藏。

三是高文教授原藏的開封一賜樂業教寺的猶太教三大碑；還有3種日本拓片、1種韓國拓片，很有可能也是高文教授的收藏。

華大東亞圖書館拓片總體數量雖然不是很大，但有幾個特點比較突出：

（1）圖像多。如民國三十二年（1943）昆明鄧教坤造像《太上老君聖像》，清康熙三年（1664）刻《吴道子繪觀音像》，清康熙六十年（1721）刻《關聖帝君像》，明末清初刻（約1628—1661）《明崇禎麗江處士和青墓前之浮雕金童玉女》，清風顛和尚繪清刻《達摩圖》二幅，清刻《福禄壽三星圖》，清刻《關中八景圖》，清刻《關中八景》之《驪山晚照》《草堂煙霧》，民國二十八年（1939）昆明刻《漢祠老柏詩圖》，清光緒七年（1881）刻《彭玉麟爲俞樾繪俞樓紅梅圖》，唐代刻《唐墓石槨綫刻畫像石》十六幅等。這些拓片大多捶拓於民國年間，紙質、品相皆好。

（2）大幅面碑刻多。如唐永徽四年（653）刻《大唐皇帝三藏聖教序及記》，唐咸亨三年（672）刻《大唐三藏聖教序並心經》，唐會昌元年（841）刻《玄秘塔碑》，唐龍朔三年（663）刻《道因法師碑》，唐天寶二年（743）刻《隆闡法師碑》，唐建中二年（781）刻《大秦景教流行中國碑》，唐元和元年（806）刻《唐故招聖寺大德慧堅禪師碑》，唐開元二十四年（736）刻《大智禪師碑》，唐長慶二年（823）刻《梁守謙功德銘並序》，明嘉靖二十五年（1546）七月刻《大觀堂修造記》，明萬曆十六年（1588）鍾化民刻《正己格物説》，清康熙刻《康熙臨米芾書李白送友人尋越中山水詩碑》《康熙御筆草書七律詩碑》《康熙賜川陝總督佛倫詩碑》，清雍正（約1724—1735）刻《雍正皇帝賜岳鍾琪詩碑》，清道光十七年（1837）刻《洪瑚璉祝文碑》等，這些碑刻碑高都在兩米左右。

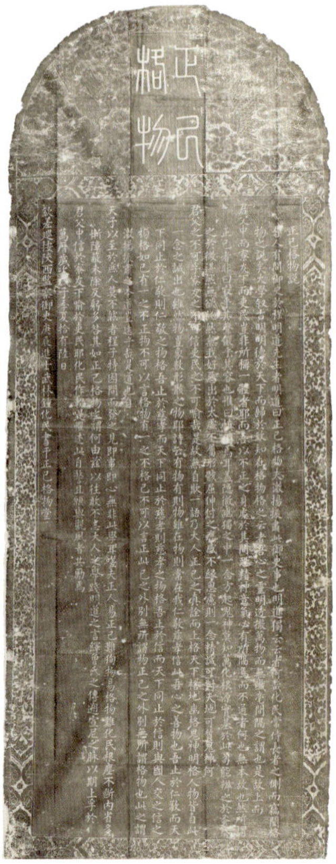

圖18　明萬曆十六年（1588）鍾化民刻《正己格物説》（民國拓本）

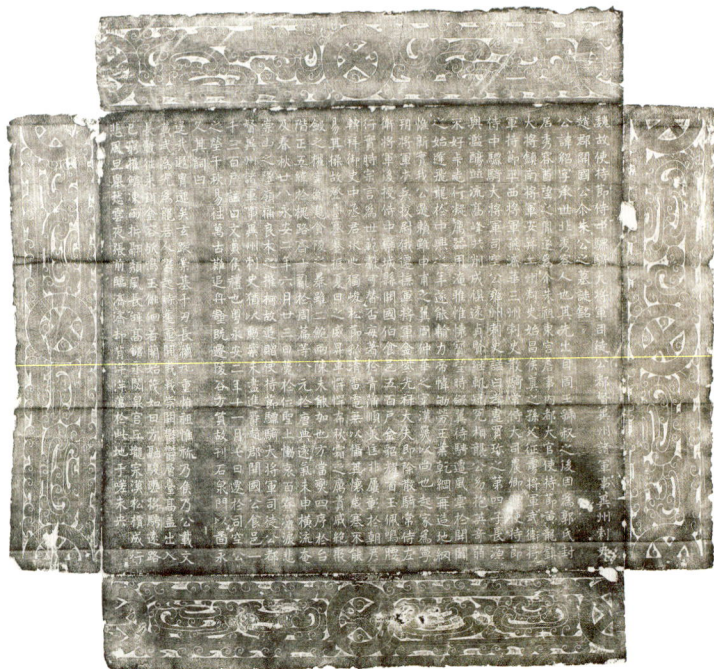

圖19　北魏永安二年（529）洛陽刻石《爾朱紹墓誌》（民國拓本）

（3）墓誌所占比例較大。74種拓片中，墓誌有12種之多，其中北魏墓誌10種：《元羽墓誌》《元悦墓誌》《元暉墓誌》《爾朱紹墓誌》《爾朱襲墓誌並蓋》《元天穆墓誌》《侯剛墓誌並蓋》《王悦及妻郭氏墓誌》《元誨墓誌蓋》《笱景墓誌蓋》；五代後梁墓誌1種：《石彥辭墓誌蓋》；北宋墓誌1種：《安守忠墓誌蓋》。

（4）雲南地方碑刻多且較爲罕見。按刻立年代羅列如下：

《昆明玉案山筇竹寺聖旨碑》，元仁宗愛育黎拔力八達撰，元延祐三年（1316）昆明玄堅和尚立石。

《温泉庵記》，明高宗敬撰並書，明永樂十年（1412）雲南大理楊禾鐫。

《大觀堂修造記》，明李元陽撰並書，明嘉靖二十五年（1546）大理劉琳等立石。

《萬德宫記》，明木高撰，明嘉靖三十五年（1556）雲南麗江刻石。

《明崇禎麗江處士和青墓前之浮雕金童》《明崇禎麗江處士和青墓前之浮雕玉女》，明末清初（1628—1661）立石。

《升庵先生像及贊》，清范承勳撰，清康熙二十八年（1689）昆明范承勳立石。

《升庵先生祠落成敬紀詩二首》，清許弘勳撰，清康熙二十八年（1689）昆明立石。

《山中逸趣叙》，題明徐宏祖撰並書，清至民國（1644—1949）麗江立石。

《白沙金剛大定二剎碑記》，清管學宣撰，清乾隆八年（1743）雲南白沙鎮管學宣刻石。

《雲南鶴麗鎮鳴音汛帝閣新建石碑記》，清陶宣撰，清嘉慶二十年（1815）雲南鶴麗鎮陶宣刻石。

《普濟寺大喇嘛紀略》，清李樾撰，清道光十七年（1837）麗江普濟寺立石。

《雲南麗江知府勘定田畝界址告示碑》，清王氏撰，清光緒元年（1875）雲南麗江閔士達等立石。

《漢祠老柏詩圖》，吴翼翬撰並書，民國二十八年（1939）昆明立石。

《老子像》，胡應祥繪像，民國三十二年（1943）昆明鄧教坤造像。

《中甸南面四百里乾巖房端峰摩巖》，端峰撰並書，明至清（1368—1911）摩崖。

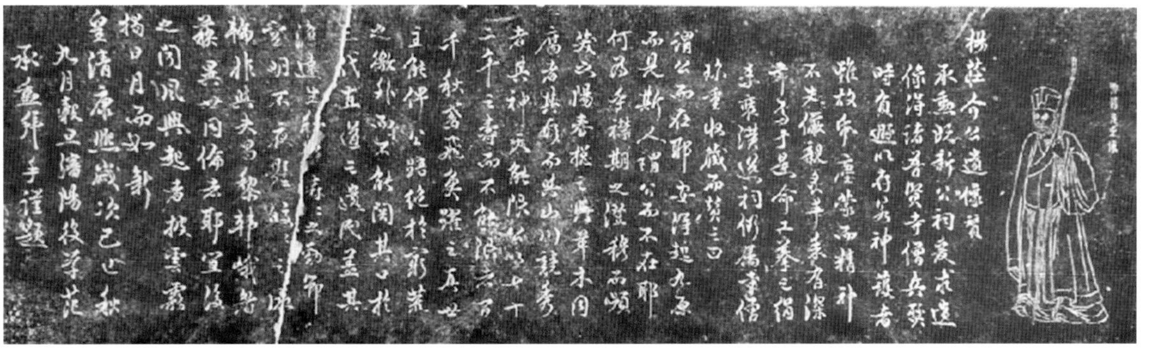

圖20　清康熙二十八年（1689）昆明范承勳立石之《升庵先生像及贊》（民國拓本）

《端峰乙巳五言詩刻摩崖》，題乙巳年三月摩崖。

這些拓片雖然捶拓時間都在民國，但碑刻時間卻元、明、清、民國皆有，反映了雲南各地歷朝各代不同的碑刻乃至摩崖的真實面貌，其中一些碑刻可能今已不存，則更屬珍貴罕見。

（5）開封一賜樂業教寺的猶太教三大碑拓片俱有，這是古代猶太人在中國生活歷史的最直接説明。這三大碑分别是：

明弘治二年（1489）五月吉日開封金瑛、金禮立石之《重建清真寺記》

明正德七年（1512）七月甲子日開封尊崇道經寺立石之《尊崇道經寺記》

清康熙十八年（1679）三月開封趙承基立石之《祠堂述古碑記》

"一賜樂業"是希伯來文，即"以色列"的古音譯。北宋年間，一批猶太人從西方來到東京汴梁，進貢西洋布于皇帝，皇帝下旨："歸我中夏，遵守祖風，留遺汴梁。"允許他們在開封居住

圖21 明弘治二年（1489）立石之《重建清真寺記》（清末拓本）

並保留信仰和風俗。金世宗大定三年（1163），開封猶太人在闠市區建起一座猶太會堂，以後歷朝各代不斷重修翻建，寺名也不斷改换，先後有“清真寺”“尊崇道經寺”“一賜樂業教寺”等名稱。自明末以來，中外學者對開封一賜樂業教關注甚殷，多所研究，其中以陳垣先生1923年所著《開封一賜樂業教考》一文最具代表性。上述三大碑則爲開封一賜樂業教的研究提供了最初的記録數據，現在已被妥善保存在開封博物館。

（6）日本、韓國拓片雖數量不大，但頗具代表性。

館藏日本拓片首推日本天平勝寶五年（753）日本奈良藥師寺立碑的《佛足石歌碑》。該拓片約拓於二十世紀上半葉，品相完好，卷軸裝一幅。紙幅高188釐米，寬62釐米；墨紙高151釐米，寬49釐米。正書，碑文分兩節，上節十一行，下節十行，行約三十八字。

佛足石指刻有釋迦牟尼足掌印、以表千輻輪等妙相之石。又稱佛脚石、佛足迹。當年佛將入滅，於摩揭陀國留足迹。後人相傳見佛之足跡而參拜，如同參拜生身之佛，可滅除無量之罪障。唐初王玄策出使印度，曾圖寫佛足石歸國，遂流傳各地乃至日本。日本現存最古的佛足石收藏在奈良藥師寺。依其銘文所記，乃天平勝寶元年（749）所造。天平勝寶五年（753）又在佛足印之側鐫刻二十一首詩歌頌揚佛祖，用萬葉假名記音，世稱《佛足石歌碑》。今二者皆爲日本國寶。

館藏日本另外兩幅拓片是藤田東湖撰並書的《回天詩史》《瓢兮歌》，二者都是明治時期刻石和拓印，有可能是高文教授的收藏。

藤田東湖（1806—1855），名彪，號東湖，是日本江户時代末期的著名思想家，尊王倒幕運動的先驅，對日本近代思想的發展有很大影響。《回天詩史》是他所作最著名的一首詩。詩作於甲辰年（1844），重録於己酉年（1849），詩後有跋，落款爲虎文藤田彪。拓片未裝裱，高130釐米，寬62釐米。行草，八行，行二十二字，小字行三十三字。《瓢兮歌》亦生動地抒發了藤田東湖的人生志趣。拓紙高126釐米，寬32釐米。行草，正文八行，行二十三字，詩文下刻瓢圖，最下有日本慶應丁卯（三年，1867）青山季跋，十四行，行九字。

圖22　百濟義慈王時期（641–660）立石之《砂宅智積碑》（韓國近代拓本）

韓國拓片有百濟義慈王時期（641—660）立石的《砂宅

智積碑》，拓紙高108釐米，寬34釐米，未托裱；正書，四行，行十四字。該碑發現於1954年，花崗巖製，僅存殘碑高約一米，碑上殘留文字共五十六字："甲寅年正月九日，奈祗城砂宅智積，慷身日之易往，慨體月之難還；穿金以建珍堂，鑿玉以立寶塔；巍巍慈容，吐神光以送雲；峨峨悲貌，含聖明以……"甲寅年即百濟義慈王十四年（654），很可能就是此碑的刻立之年。砂宅智積當時官職是百濟國的大佐平，大致相當於宰相。此碑刻爲現存百濟碑刻中最佳者，其體格與北魏造像題記同，而無其獷率，方整清和，楷法差備，氣息與隋碑爲鄰里，書法史上評價很高。

3. 書畫

此次實施CLIR項目，對華大東亞圖書館所藏書畫做了比較徹底的清理和編目，共計整理編目各類書畫154種，其中大多數是1949年以後北京榮寶齋、上海朵雲軒、天津美術出版社、杭州浙江美術學院水印工廠製作的木版水印作品。木版水印書畫雖然是印刷品，但由於製作工藝複雜，手工操作性强，印刷量小，所以也是價值不菲的珍貴文獻。刻印工序大體可分勾描、刻版、印刷三步，有時一幅畫分色多達一千餘版。華大東亞圖書館藏《猴神（永樂宮壁畫部分）》、清石濤《聽泉圖》、清金農《墨梅》等木版水印圖畫，均酷似原作，可以説是木版水印工藝的代表作。

絹本的原樣複製千百年來一直是個空白，除了手工臨摹，無他法可想。但1949年新中國成立後，榮寶齋發明了印絹上水法，攻克了絹畫印製的技術難關。華大東亞圖書館所藏的北京榮寶齋新記印唐周昉繪《簪花仕女圖》、宋佚名繪《宋人射獵圖》、明王仲玉繪《陶淵明像》等，都

圖23　北京榮寶齋新記木版水印唐周昉繪《簪花仕女圖》

是在絹上進行的木版水印，更是惟妙惟肖，精彩絶倫。

此次CLIR項目在編目整理華大東亞圖書館藏書畫時，意外發現其中竟有一幅張大千所繪水墨畫原作《雲林生古木竹石》。該畫畫面右上方墨筆題“雲林生古木竹石/戊子三月過渝州寫似/大千張爰”，下鈐朱印二枚“張爰之印”“大千”。圖外左下方有墨筆小字題“曾約重來啖荔枝，春花落盡别經時；風流前輩差堪擬，不屬雲林更有誰。/大千于春初入蜀，約期重游香港，期期不來，詩以寄意。/國英先生吟正/三十八年六月十二日馬鑒於老學齋”。下鈐陰文朱印“馬鑒”。馬鑒是民國時著名的寧波“五馬”兄弟之一，時任香港大學文學院院長。張大千的原作加上馬鑒的跋語墨蹟，使得該幅作品更顯珍貴。

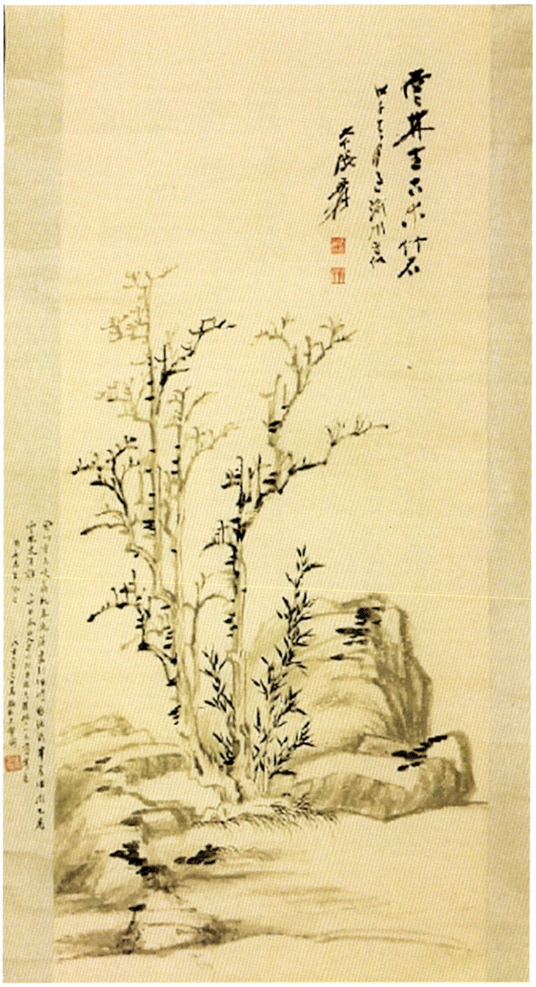

圖24　張大千繪水墨畫原作《雲林生古木竹石》

華大東亞圖書館所藏書法墨蹟不多，其中較珍貴的有《戴季陶贈鏞聲先生楷書條幅》《吴敬恒贈鏞聲先生篆書條幅》《盛朗卿先生七言對》等。

4. 書信

華大東亞圖書館藏古人書信原件目前只發現兩種，但書信内容集中，且經整理，皆粘裱在硬紙上，總數近百通。

第一件《錢宫詹時賢通札》書信共七開，皆爲乾隆年間錢大昕友人如秦蕙田、袁枚、盧文弨、顧修等人的來信。前有墨筆題書名四開，落款題“潛盦主人藏/周世恒題”，左側鈐印“邃清池館”“孫心盦又號西橋”“汝南仲氏”。

第二件《陳法孫嘉淦致李元直書札合集》中，陳法書札共三十五開一册，孫嘉淦書札共四十七開，分裝二册。時間從康熙末年至乾隆初年。陳法、孫嘉淦都是清代名臣。收信人無姓名，從信中透露出的信息來看爲山東人，陳、孫二人皆稱之爲“年長兄”，應與孫嘉淦、陳法同於康熙五十二年（1713）中進士。查康熙五十二年癸巳恩科山東進士中，與信中内容最相符合的人物就是李元直。

李元直（1686—1758），原名元真，避雍正皇帝諱改爲元直，字象先，號愚村，山東高密人，康熙五十二年進士，選翰林庶吉士。三年後授翰林編修。雍正七年（1729），考選四川道監察御史。爲人剛介，直言敢諫，蒞任僅八個月，即上諫章數十道，直聲震臺垣，被人褒呼爲“戇李”。不久奉命巡視臺灣，訪察時弊，問民疾苦，革除陋規數十項，卻被督撫誣劾“侵官”，降三級罷官。

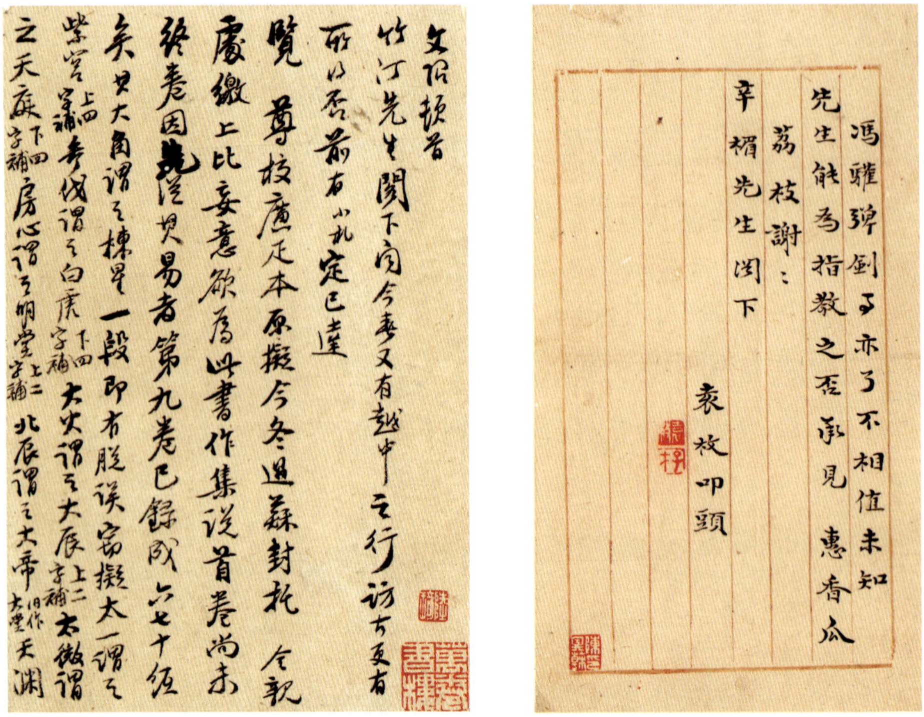
文弨頓首
竹汀先生閣下：聞今春又有越中之行，訪古更有
所得否？前有小札，定已達
覽。尊校《廣雅》底本，原擬今冬遇蘇封托令親
處繳上。比妄意欲為此書作集說，首卷尚未
終卷，因先從其易者第九卷已錄成六七十紙
矣。其大角謂之棟星一段，即有脫誤，竊擬太一謂之
紫宮（上四字補）、參伐謂之白虎（下四字補）、大火謂之大辰（上二字補）、太微謂
之天庭（下四字補）、房心謂之明堂（上二字補）、北辰謂之大帝（旧作大堂）、天淵

馮驩彈劍，子亦了不相值，未知
先生能為指教之否？承見惠香瓜
荔枝，謝謝。
辛楣先生閣下
袁枚叩頭

圖25 盧文弨、袁枚致錢大昕書信

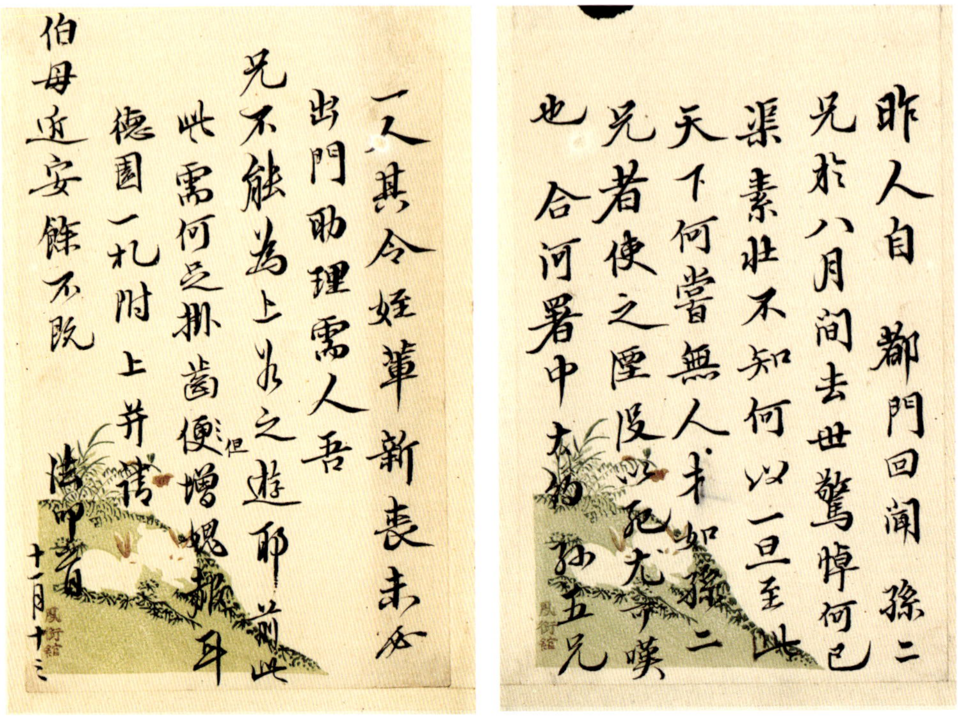
昨人自鄰門回，聞孫二
兄於八月間去世，驚悼何已。
渠素壯，不知何以一旦至此。
天下何嘗無人，才如孫二
兄者，使之湮沒以死，尤可嘆
也。合河署中有孫五兄

一人，其令姪輩新喪，未必
出門助理需人，吾
兄不能為上客之遊耶？前此
所需何足掛齒，但便增愧赧耳。
德園一札附上，并請
伯母近安。餘不既。
法叩首
十一月十三

圖26 陳法致李元直書札

遂絶意仕途，怡志林泉，居家二十餘年卒，《清史稿》有傳。元直與孫嘉淦、陳法、謝濟世交，以古義相互砥礪，時稱“四君子”。

這批書信的發現是一件大事，將爲清代政治、學術的研究提供新的資料，而其本身也具有較高的文物價值。

5. 輿圖

華大東亞圖書館藏中文地圖大多爲民國時期印製，收藏中國古代地圖不多，今人據清代彩色手繪長卷影印複製的《黄河圖》《臺灣地圖》雖非原件，亦彌足珍貴。二圖均長達七八米，極其精美壯觀。

另有兩幅朝鮮地圖，其中清末朱墨藍三色彩繪本《大東輿地全圖》，是當時的朝鮮全國地圖，描繪非常精細，很有研究價值。另一幅1864年雕版墨印的《首善全圖》，描繪的是當時的朝鮮京城（今首爾），也有一定參考價值。

四、結　語

客觀而言，華大東亞圖書館及其前身一直以來雖没有刻意大量收藏中文古文獻，但幾十年來的種種機緣，最終造就了該館的中文古文獻收藏規模，使之與UW在美國高校中的排名和地位頗相吻合。經過數代華大東亞圖書館人的積極努力，特别是此次CLIR項目的集中整理，該館所藏中文古文獻的編目任務基本完成。今後將努力實現館藏中文古文獻的集中典藏，改善保存條件，修復破損文獻；編製館藏中文古文獻總目和古籍善本書志；繼續館藏珍貴中文古文獻的數字化掃描工作，建立全文圖像數據庫，對全世界讀者開放使用，爲擴大UW在全球的影響添上精彩一筆！

展望未來，任重而道遠，只有努力前行！

輟畊録三十卷　R0028

〔元〕陶宗儀撰

明崇禎(1628—1644)刻本，清初廣文堂刷印。綫裝，八册一函。

框19.9×13.5釐米，10行21字，白口，無魚尾，左右雙邊。

内封鐫“廣文堂藏板”。香港中文大學圖書館藏同一版本著録爲明崇禎三年至十二年(1630—1639)常熟毛氏汲古閣刻本，蓋其先爲明毛晉汲古閣刻版，後書版轉移至廣文堂，故此本應爲明崇禎常熟毛晉汲古閣刻、清初廣文堂後印本。

鈐印“黄陂胡朝宗改庵之印”。

陶宗儀(約1329—約1410)，字九成，號南村，元末明初浙江台州人。元至正八年(1348)赴進士試落第，逢元末亂起，歸鄉不得，旋入贅松江，開館授徒，終身不仕。耕讀之餘，于元代典章故事、風俗人情隨手札記，據説多記於樹葉之上。晚年由其門生加以整理，得其中精萃五百八十餘條，分類彙編成《輟畊録》三十卷，“積葉成書”的典故即來源於此。

南村陶宗儀訂
輟畊録
廣文堂藏板

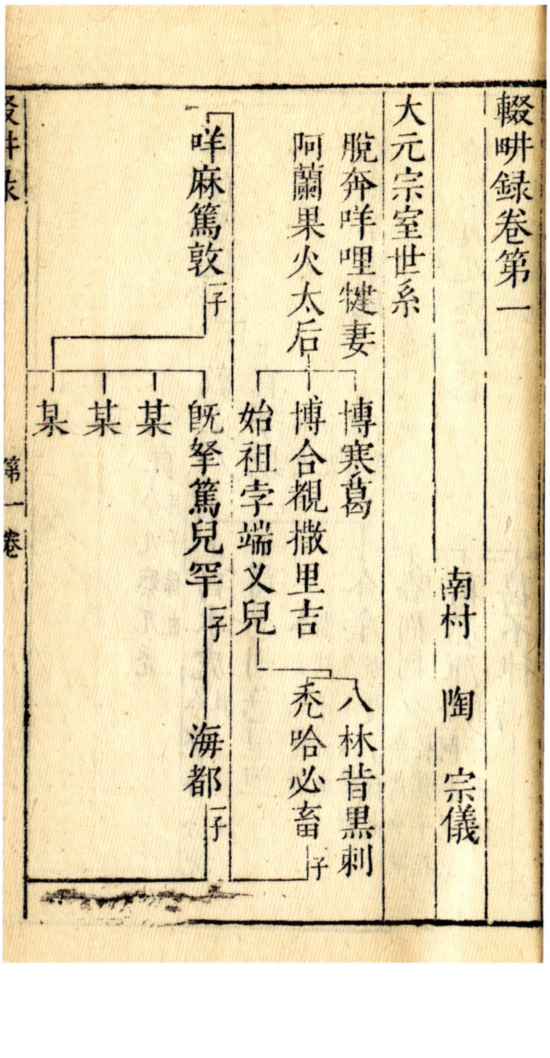
輟畊録卷第一
南村　陶　宗儀
大元宗室世系
脱奔咩哩犍妻
阿蘭果火太后
博寒葛
博合覩撒里吉
始祖孛端叉兒
八林昔黒剌
禿哈必畜子
咩麻篤敦子
既拏篤兒罕子
海都子
某　某　某
輟畊録　第一卷

眉公筆記二卷　R0024

〔明〕陳繼儒撰

明萬曆（1573—1620）沈氏尚白齋刻本（修版），綫裝，二册一函。

框12.6×20釐米，8行18字，白口，無魚尾，四周單邊。

書根題“陳眉公筆記”，爲《尚白齋鐫陳眉公寶顔堂秘笈》之一種。

版面字體風格不完全一致，不避清諱，應係明末後印本。

陳繼儒（1558—1639），字仲醇，號眉公、麋公，又號白石山樵。明末松江府華亭縣（今上海市松江區）人，諸生。廿九歲時，取儒生衣冠焚棄之，絶意科舉仕進，杜門著述。工詩善文，短文小詞，皆有風致；書法蘇、米，兼能繪事，擅墨梅、山水，點染精妙，空遠清逸。其人博聞强識，于經、史、諸子、術伎、稗官及釋、道等書，無不研習。藏書頗富，廣搜博采，或手自抄校。得唐顔真卿《朱巨川告身》真迹卷，遂以寶顔堂爲堂號。編刻有《寶顔堂秘笈》五集四百五十七卷。著作有《陳眉公全集》《小窗幽記》《妮古録》等。明代“四大家”，一説即沈周、文徵明、董其昌和陳繼儒。《明史》有傳。

眉公筆記卷一

華亭陳繼儒著
繡水張　昞校

三月茶笋初肥梅風未困九月蓴鱸正美秫酒新香勝客晴窓出古人法書名画焚香評賞無過此時

潤州鶴林寺有馬素塔唐人詩因過竹院逢僧話即此地也元章愛其松石沉秀誓以來生

松陵集十卷　R0045

〔唐〕陸龜蒙、皮日休撰

明天啓崇禎間（1621—1644）常熟毛晉汲古閣刻本，綫裝，五册一函。

框19.3×13.5釐米，8行19字，白口，左右雙邊，版心上鎸書名，中鎸卷次，下鎸“汲古閣”。

書末毛晉未署年，“識語”言刻書事。

書中有朱筆圈點。第五册册尾經修補。

鈐印“藕絲孔居”“順德馬賓甬藏書”。

陸龜蒙（？—881），字魯望，唐蘇州吴縣人，自號江湖散人、甫里先生，又號天隨子。進士不第，游幕江浙之間。後歸里務農。藏書萬卷，著有《笠澤叢書》四卷。與皮日休爲友，耕讀之餘，二人常一起游山玩水，飲酒賦詩，唱和之作編爲《松陵集》十卷。

皮日休（約838—約883），字逸少，後改字襲美，號鹿門子，又號閑氣布衣、醉吟先生、醉士等，襄陽竟陵（今屬湖北省天門市）人。咸通八年（867）進士，歷任蘇州刺史從事、著作佐郎、太常博士。後參加黄巢起義，曾任黄巢“大齊”政權翰林學士，黄巢失敗後不知所終。詩與陸龜蒙齊名，世稱“皮陸”。文有《皮子文藪》十卷傳世。

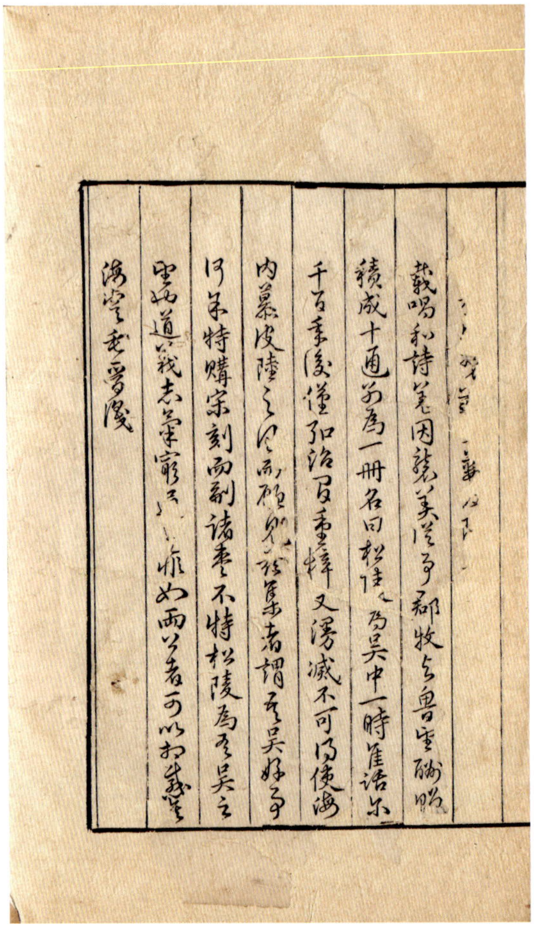

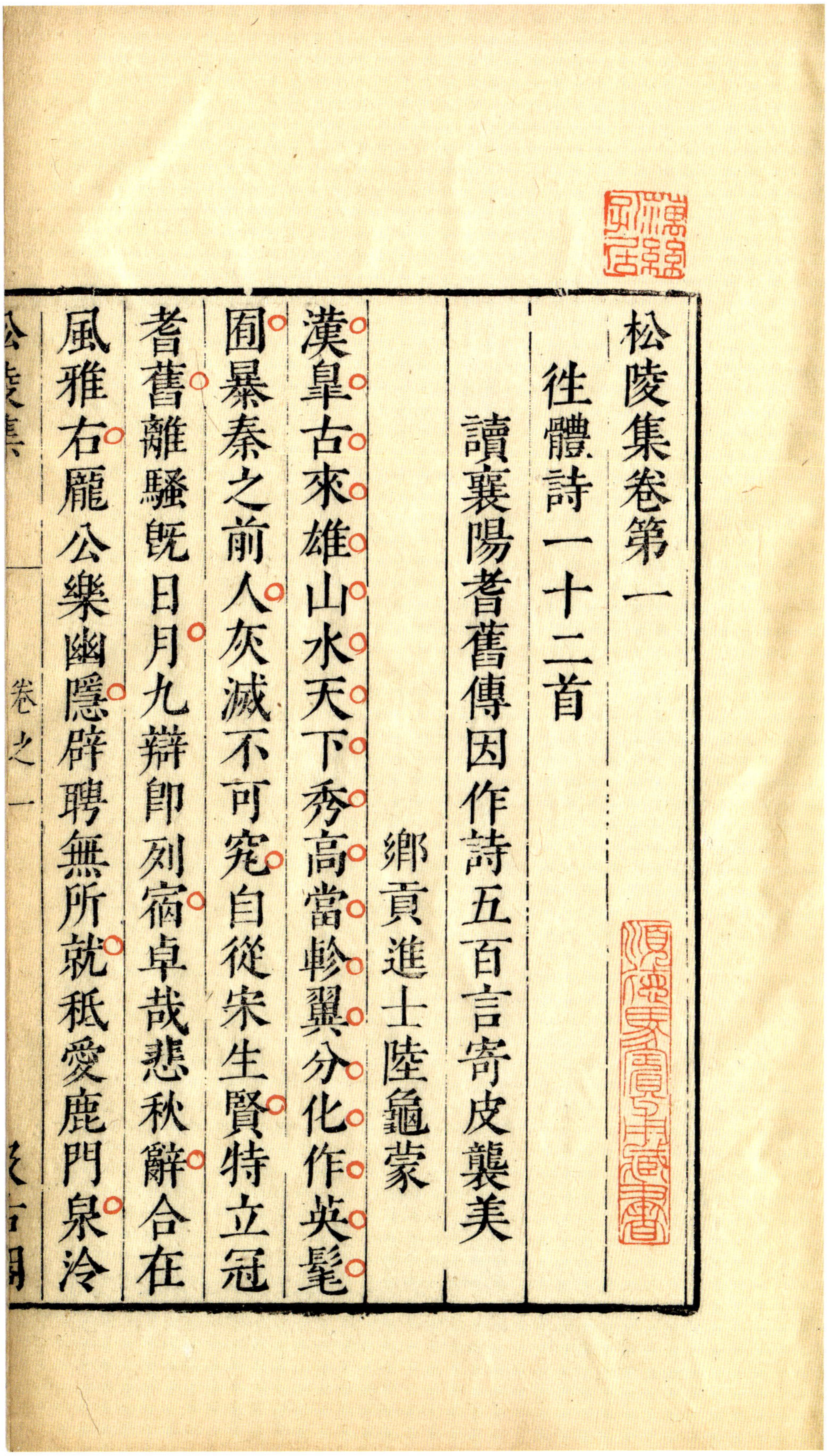

松陵集卷第一

往體詩一十二首

讀襄陽耆舊傳因作詩五百言寄皮襲美

鄉貢進士陸龜蒙

漢臯古來雄山水天下秀高當軫翼分化作英髦
囿暴秦之前人灰滅不可究自從宋生賢特立冠
耆舊離騷既日月九辯即列宿卓哉悲秋辭合在
風雅右龎公樂幽隱辟聘無所就秪愛鹿門泉冷

松陵集　卷之一

顔魯公文集十五卷補遺一卷年譜行狀神道碑銘舊史本傳新史本傳後序　R0047

〔唐〕顔真卿撰

明萬曆十七年（1589）劉思誠刻本，綫裝，四册一函。

框19.1×13.8 釐米，10行20字，白口，單黑魚尾，左右雙邊。

版心題名“魯公文集”。卷端鐫“山海劉思誠刊”，係據明嘉靖間都穆刻本翻刻。版刻年據《〈顔魯公文集〉版本源流考》一文。

顔真卿（709—784），字清臣，别號應方，京兆萬年（今陝西西安）人，唐開元二十二年（734）進士。安史之亂時，任平原太守，起義軍抗擊叛軍。唐代宗時官至吏部尚書、太子太師，封魯郡公，人稱“顔魯公”。興元元年（784），被朝廷派出曉諭叛將李希烈，遇害。書法精妙，創“顔體”楷書，與柳公權、歐陽詢、趙孟頫並稱爲“楷書四大家”。又與柳公權並稱“顔柳”。

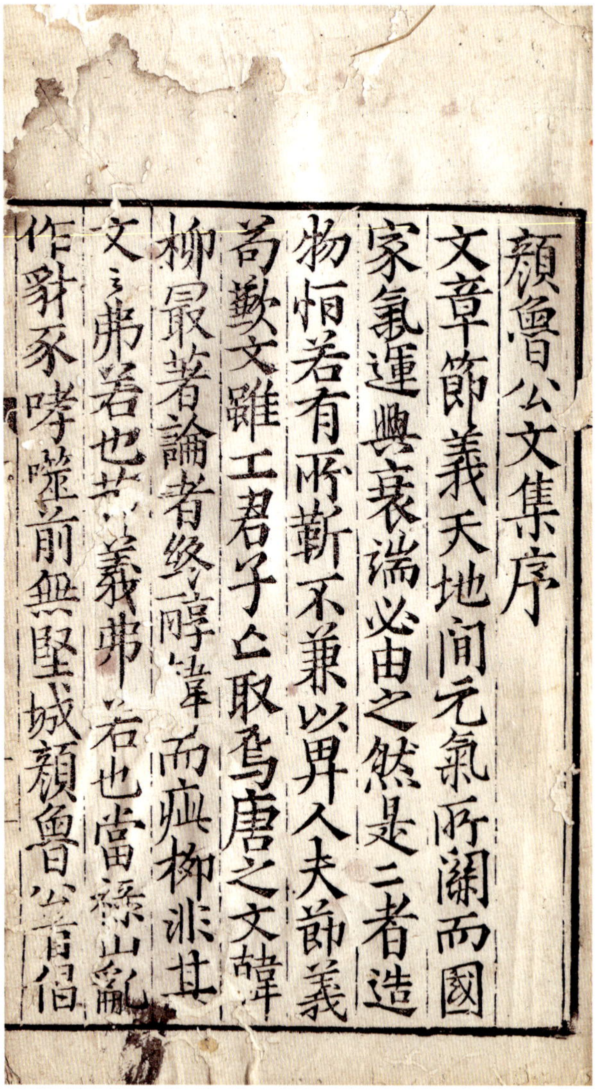
顔魯公文集序
文章節義天地間元氣所關而國
家氣運興衰端必由之然是二者造
物恒若有所靳不兼以畀人夫節義
苟歉文雖工君子亡取焉唐之文韓
柳最著論者終醇韓而疵柳非其
文之弗若也其義之弗若也當祿山亂
作豺豕哮噬前無堅城顔魯公首倡

顔曾公文集

山海劉思誠刊

卷之一

奏議

請復七聖謚號狀

謹按禮記曰先王謚以尊名節以一惠故行出於已而名生於人使夫善者勸而惡者懼也而虞夏之質殷周之文至矣而禹湯文武之君咸以一字爲謚言文則不稱武言武則不稱文豈聖德所不優乎蓋群臣稱其至者是以子不得議父臣不得議君天子崩

朱文公校昌黎先生文集 R0049

〔唐〕韓愈撰　〔宋〕朱熹考異　〔明〕朱吾弼重編

明末天德堂刻本（約1605—1644），綫裝，四册一函。

框22×14.7釐米，9行18字，小字雙行同，白口，單黑魚尾，四周雙邊。

版心題名“韓文考異”。原書爲文集四十卷、外集十卷、遺文一卷、傳一卷，此本存卷六至二十二。

版本據北京大學圖書館同版藏本記録。

韓愈（768—824），字退之，河南河陽（今河南省孟州市）人，唐貞元八年（792）進士，官至吏部侍郎。其郡望爲昌黎，故世稱“韓昌黎”或“昌黎先生”。唐代古文運動的宣導者，位居“唐宋八大家”之首。

朱熹（1130—1200），字元晦，又字仲晦，號晦庵，晚稱晦翁，謚文，世稱朱文公，出生于南劍州尤溪（今屬福建省三明市），祖籍婺源，南宋紹興十八年（1148）進士，官至焕章閣侍制兼侍講。其理學思想影響深遠，成爲元、明、清三朝的官方哲學。

韓集自中唐趙德、李漢編纂《文録》《文集》以來，傳本衆多，但至朱熹始有定本。《韓文考異》爲朱子晚年所作，是朱熹一生學問見識的集中體現，也是韓集整理校勘之功的集大成者。

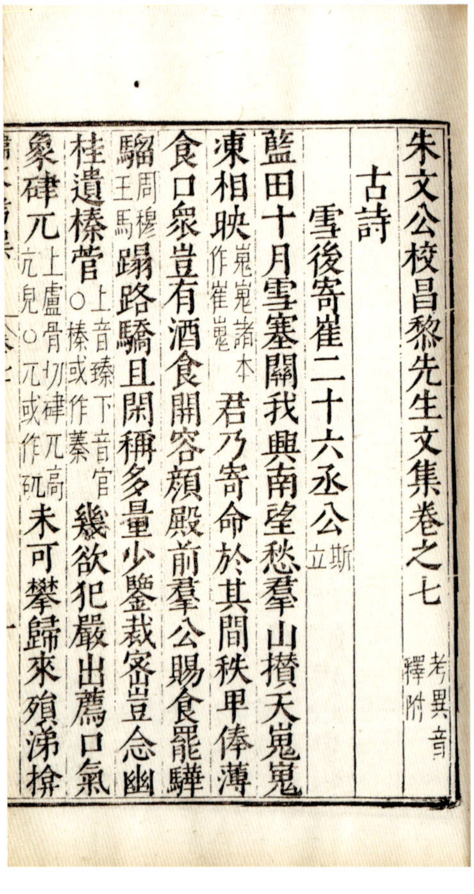
朱文公校昌黎先生文集卷之七　考異音釋附
古詩
雪後寄崔二十六丞公 立斯
藍田十月雪塞關我興南望愁羣山攢天嵬嵬凍相映 嵬嵬諸本作崔嵬 君乃寄命於其間秩甲俸薄食口衆豈有酒食開容顔殿前羣公賜食罷驊騮 周穆王馬 蹋路驕且閑稱多量少鑒裁密豈念幽桂遺榛菅 上音臻下音官○榛或作蓁 幾欲犯嚴出薦口氣象硉兀 上盧骨切硉兀高皃○兀或作矹 未可攀歸來殞涕揜

朱文公校昌黎先生文集卷之六　考異音釋附

古詩

符讀書城南

樊曰城南公別墅符公之子孟東野詩有嘉符郎詩有遊城南韓氏庄之作按公墓誌及登科記公子曰昶登進士第在長慶四年此云符疑爲昶之小字也

木之就規矩在梓匠輪輿人之能爲人由腹有詩書詩書勤乃有不勤腹空虛欲知學之力賢愚同一初同一或作一同非是由其不能學所入遂異閭兩家各生子提孩巧相如提或作啼非是巧或作兩少長聚

韋齋集十二卷　R0002

〔宋〕朱松撰

清康熙四十九年(1710)朱昌辰等刻本,綫裝,四册一函。

框17×13釐米,9行18字,黑口,四周單邊,雙黑魚尾。

與《玉瀾集》一卷(宋朱槔撰)、《蜀中草》二卷(清朱昇撰)合刻。

各卷之末均鐫“廿世孫昌辰、景辰謹訂”字樣。卷十二之後有昌辰康熙庚寅年(四十九年)刻書跋。

鈐印“萬松園”“蒹葭樓”“藕絲孔居”“思舊閣”“陳蘭甫”“順德馬賓父藏書記”“羅氏六湖”“順德馬氏文庫”“鄧芬”。

朱松(1097—1143),字喬年,號韋齋,徽州婺源人,南宋理學家朱熹之父。宋重和元年(1118)進士,歷任政和縣尉、尤溪縣尉、石井鎮監、著作郎、吏部郎等職,後因反對宋金議和,改主台州崇道觀。朱松爲北宋末年著名理學家,係在泉州開講理學第一人。其詩平和淡泊,清新流暢;其文切實明白,文風温婉。《四庫全書》收録《韋齋集》十二卷。

朱槔,字逢年,朱松之弟。朱昇,字方庵,清初浙江海寧縣人,朱昌辰祖父。

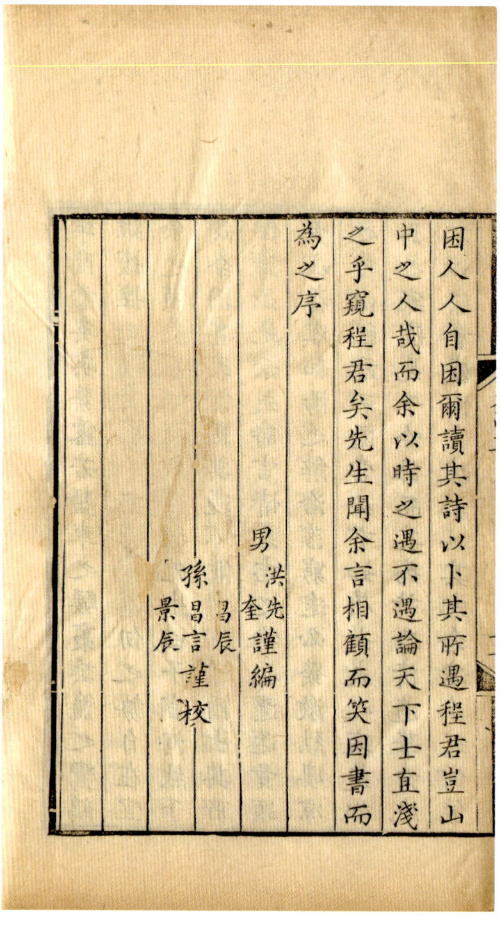

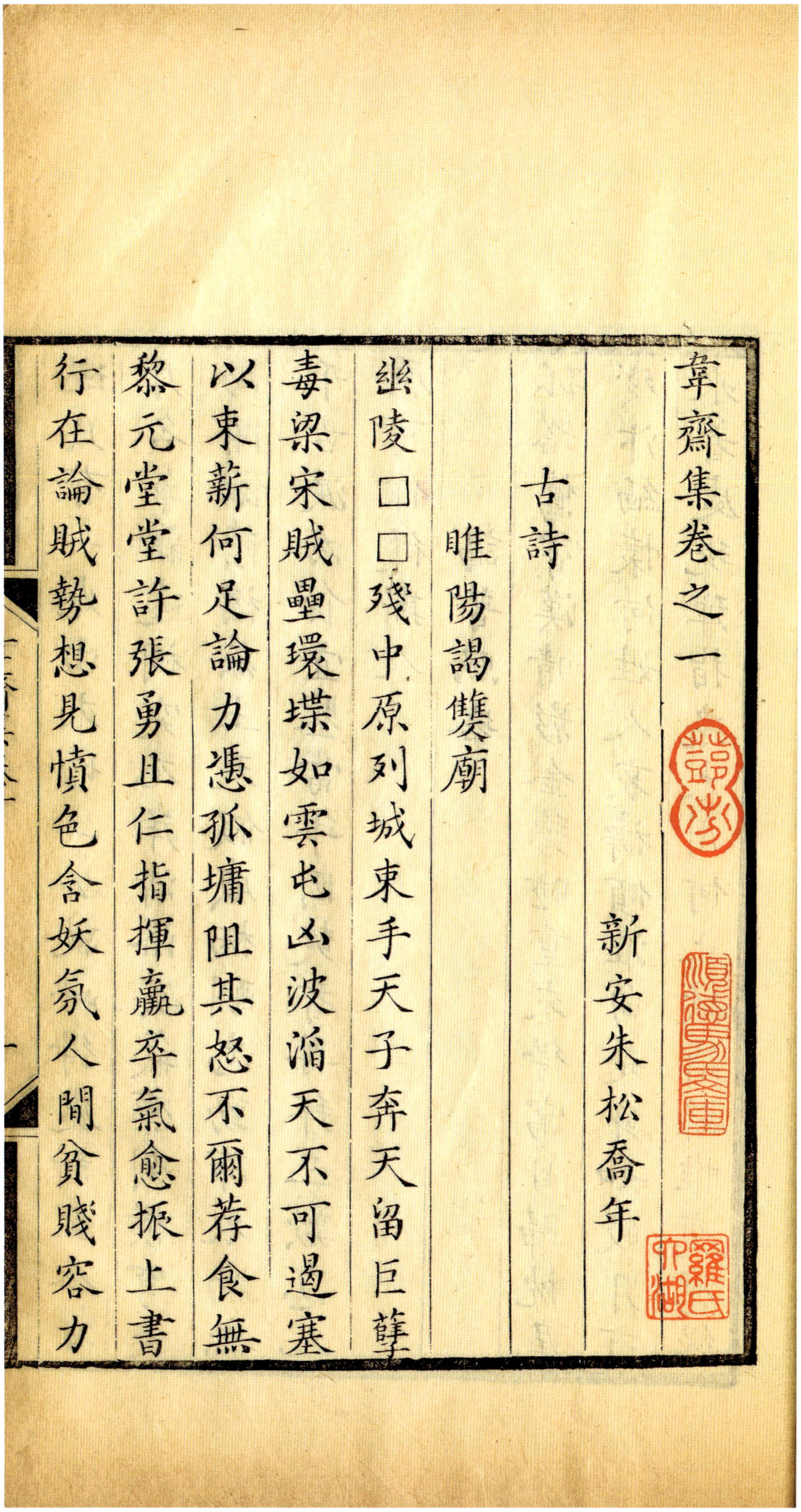
韋齋集卷之一

新安朱松喬年

古詩

睢陽謁雙廟

幽陵□□殘中原列城束手天子奔天留巨孽
毒梁宋賊壘環堞如雲屯凶波滔天不可遏塞
以東薪何足論力憑孤墉阻其怒不爾荐食無
黎元堂堂許張勇且仁指揮羸卒氣愈振上書
行在論賊勢想見憤色含妖氛人間貧賤容力

香祖筆記十二卷　R0003

〔清〕王士禛撰

清康熙四十四年（1705）北京王士禛刻本，綫裝，四册一函。

框16.1×13.3釐米，10行19字，小字雙行同，白口，單黑魚尾，左右雙邊。

刻書年據書前康熙乙酉（四十四年，1705）宋犖序。

每册卷端鈐朱文長方印“水西氏圖書印”。

王士禛（1634—1711）），字貽上，號阮亭，又號漁洋山人，山東新城（桓臺）人。清順治十五年（1658）進士，官至刑部尚書。繼錢謙益之後主盟詩壇，與朱彝尊並稱“南朱北王”。詩論創“神韻”説，於後世影響深遠。好爲筆記，有《池北偶談》《古夫於亭雜録》《香祖筆記》等。

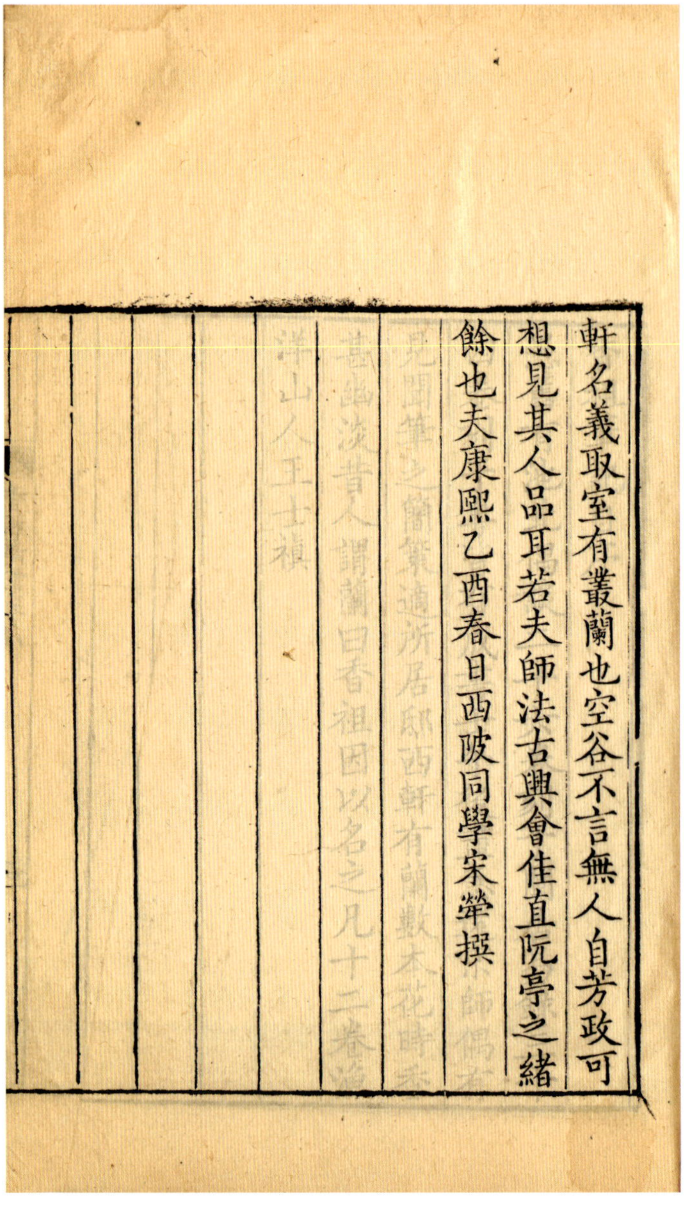

軒名義取室有叢蘭也空谷不言無人自芳政可
想見其人品耳若夫師法古興會佳直阮亭之緒
餘也夫康熙乙酉春日西陂同學宋犖撰

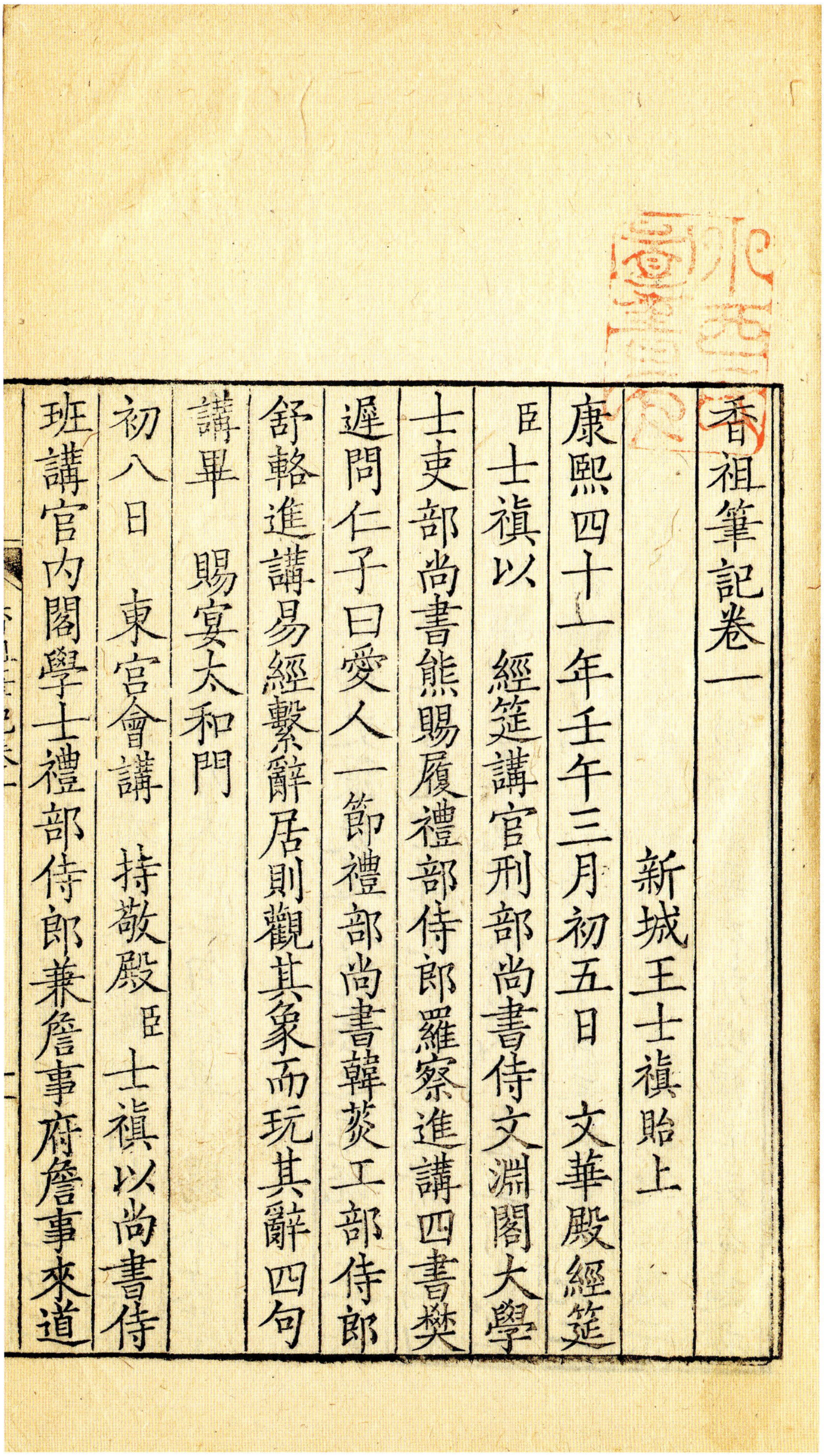

香祖筆記卷一

新城王士禛貽上

康熙四十一年壬午三月初五日　文華殿經筵

臣士禛以　經筵講官刑部尚書侍文淵閣大學

士吏部尚書熊賜履禮部侍郎羅察進講四書樊

遲問仁子曰愛人一節禮部尚書韓菼工部侍郎

舒輅進講易經繫辭居則觀其象而玩其辭四句

講畢　賜宴太和門

初八日　東宮會講　持敬殿臣士禛以尚書侍

班講官内閣學士禮部侍郎兼詹事府詹事來道

長白山録一卷補遺一卷　R0010

〔清〕王士禛撰

清康熙刻後印本（約1697—1722），綫裝，一册一函。

框16.3×13.3釐米，10行19字，黑口，單黑魚尾，左右雙邊。

本書爲《漁洋山人著述》之一種。

此長白山在山東省鄒平縣西南。書後《長白山録補遺》卷末有康熙丁丑（三十六年，1697）識語。版已模糊，印較後。

鈐印"水西氏圖書印"。卷端框外有英文鉛筆題記。

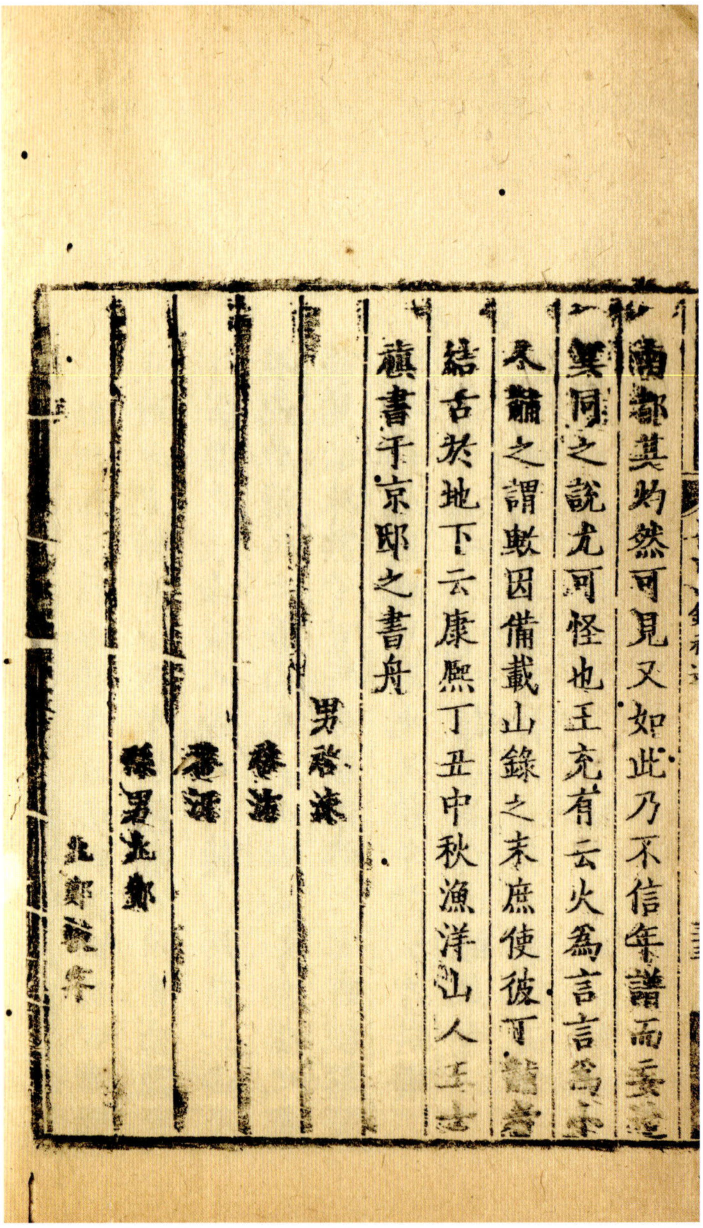
[illegible]鄰其灼然可見又如此乃不信年譜而妄[illegible]
異同之說尤可怪也王充有云火爲言言爲[illegible]
本論之謂歟因備載山錄之末庶使後丁讀者
結舌於地下云康熙丁丑中秋漁洋山人王士
禛書于京邸之書舟
男啓涑
啓汸
啓[illegible]
孫男兆鄴
[illegible]較字

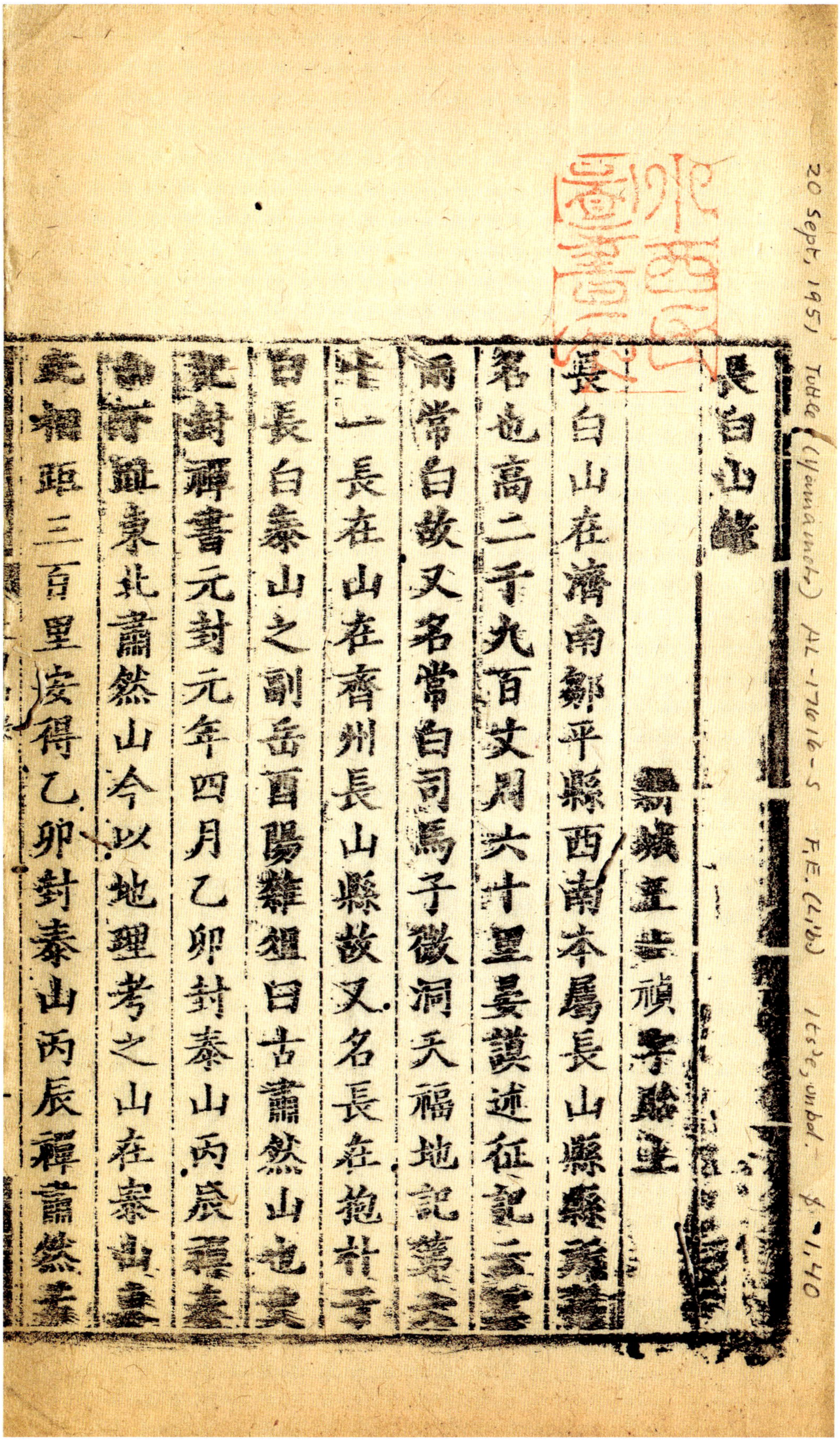

長白山錄

新城王士禛字貽上

長白山在濟南鄒平縣西南本屬長山縣縣以山名也高二千九百丈周六十里晏謨述征記云山而常白故又名常白司馬子微洞天福地記第六十一長在山在齊州長山縣故又名長在抱朴子曰長白泰山之副岳酉陽雜俎曰古蕭然山也史記封禪書元封元年四月乙卯封泰山丙辰禪泰山下阯東北肅然山今以地理考之山在泰山東北相距三百里安得乙卯封泰山丙辰禪肅然乎

西堂樂府六種　R0005

〔清〕尤侗撰

清康熙（1662—1722）刻本，綫裝，二册一函。

兩節欄，上欄鐫批評文字，下欄爲正文。框20.2×14.3釐米，10行21字，白口，單黑魚尾，四周單邊。

尤侗（1618—1704），字展成，號悔庵、艮齋、西堂，明末清初詩人兼戲曲家，《清史列傳》有傳。此書收傳奇《鈞天樂》及雜劇五種：《讀離騷》《吊琵琶》《桃花源》《黑白衛》《李白登科記》（一名《清平樂》），約作於順治十三年（1656）至康熙七年（1668）間。

鈐印“八束童印”“束”。另鈐朱紅圓印“昭和女子大學/36.8.10/圖書館”“昭和女子大學印”。

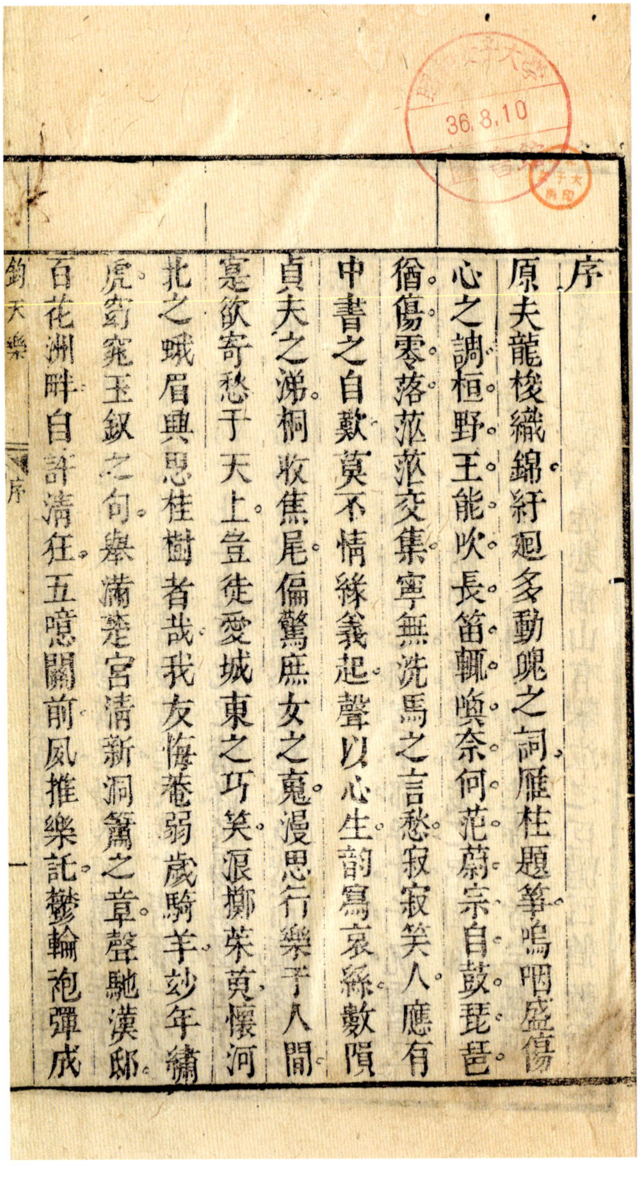
序
原夫龍梭織錦紆廻多動魄之詞雁柱題箏嗚咽盛傷
心之調桓野王能吹長笛輒喚奈何范蔚宗自鼓琵琶
猶傷零落菀菀交集寧無洗馬之言愁寂寂笑人應有
中書之自歎莫不情緣義起聲以心生韵寫哀絲數隕
貞夫之淚桐收焦尾偏驚庶女之寃漫思行樂于人間
寔欲寄愁于天上豈徒愛城東之巧笑淚擲萊萸懷河
北之蛾眉與思桂樹者哉我友悔菴弱歲騎羊齠年繡
虎窈窕玉釵之句舉滿楚宮清新洞簫之章聲馳漢邸
百花洲畔自許清狂五噫關前夙推樂託鬱輪袍彈成
鈞天樂　序　一

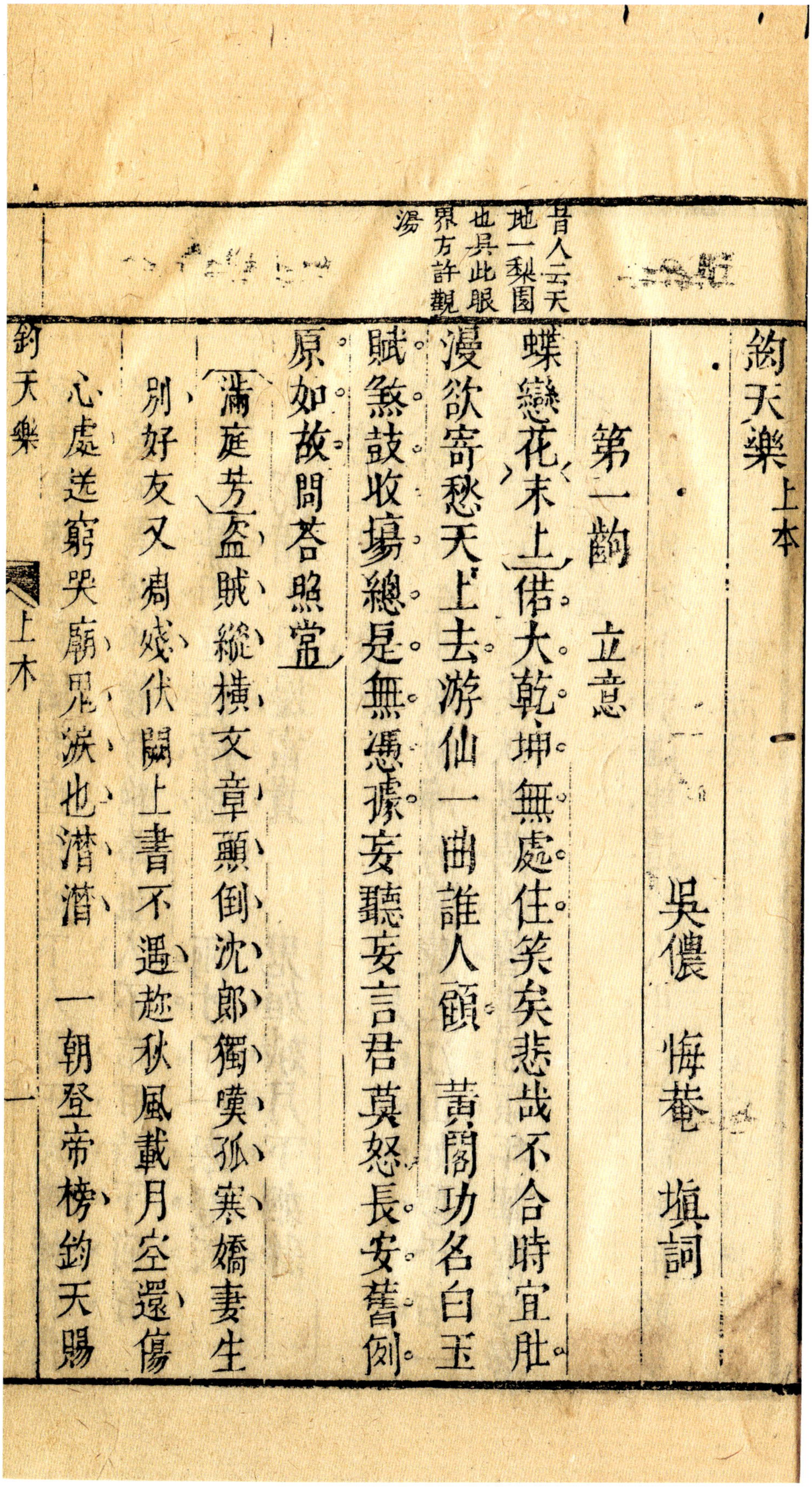

昔人云天地一梨園也具此眼界方許觀湯

鈞天樂　上本

吳儂　悔菴　塡詞

第一齣　立意

蝶戀花　末上　偌大乾坤無處住笑矣悲哉不合時宜肚漫欲寄愁天上去游仙一曲誰人顧　黃閣功名白玉賦鰲鼓收場總是無憑據妄聽妄言君莫怒長安舊例原如故問答照常

滿庭芳　盜賊縱横文章顛倒沈郎獨嘆孤寒嬌妻生別好友又凋殘伏闕上書不遇趁秋風載月空還傷心處送窮哭廟涙也潸潸　一朝登帝榜鈞天賜

鈞天樂　上本　一

侍側紀略一卷　　R0012

〔清〕廉有聲手録　〔清〕范鄗鼎删定

清康熙十年（1671）山西范鄗鼎五經堂刻本，綫裝，一册一函。

有肖像；框 19.6×12.1 釐米，9行24字，白口，無魚尾，四周雙邊。

版刻年據書前康熙十年范鄗鼎序。

此書爲辛全之傳記。辛全（1588—1636），字復元，號天齋，山西絳州人，明末著名學者。

書衣墨筆題“迂齋藏書”。鈐印“子郁”“子豫之印”。

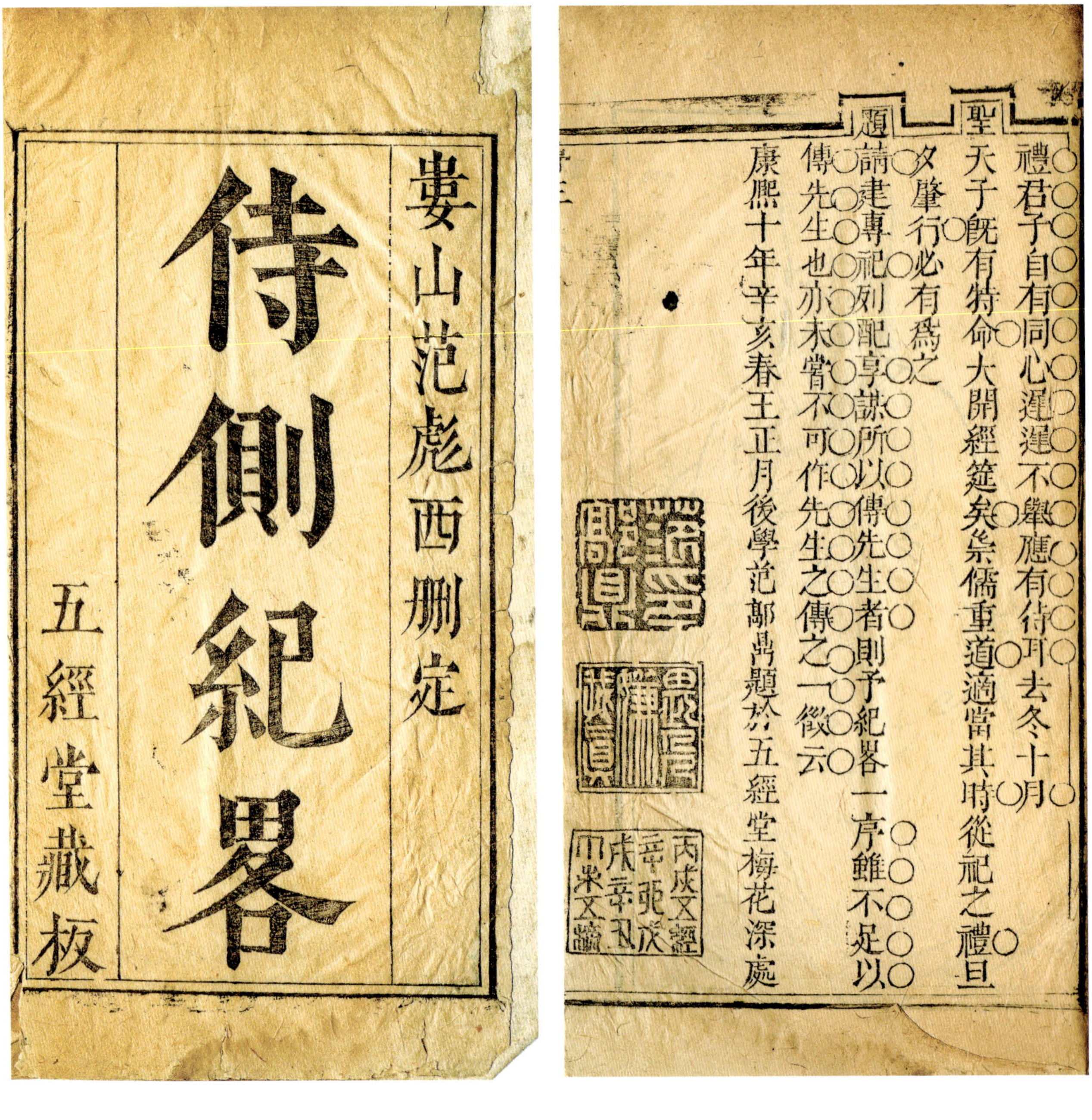
婁山范彪西删定
侍側紀畧
五經堂藏板

禮君子自有同心運遲不舉應有待耳去冬十月
聖天子既有特命大開經筵矣[illegible]儒重道適當其時從祀之禮旦
夕肇行必有爲之
題請建專祀列配享諸所以傳先生者則予紀畧一序雖不足以
傳先生也亦未嘗不可作先生之傳之一徵云
康熙十年辛亥春王正月後學范鄗鼎題於五經堂梅花深處

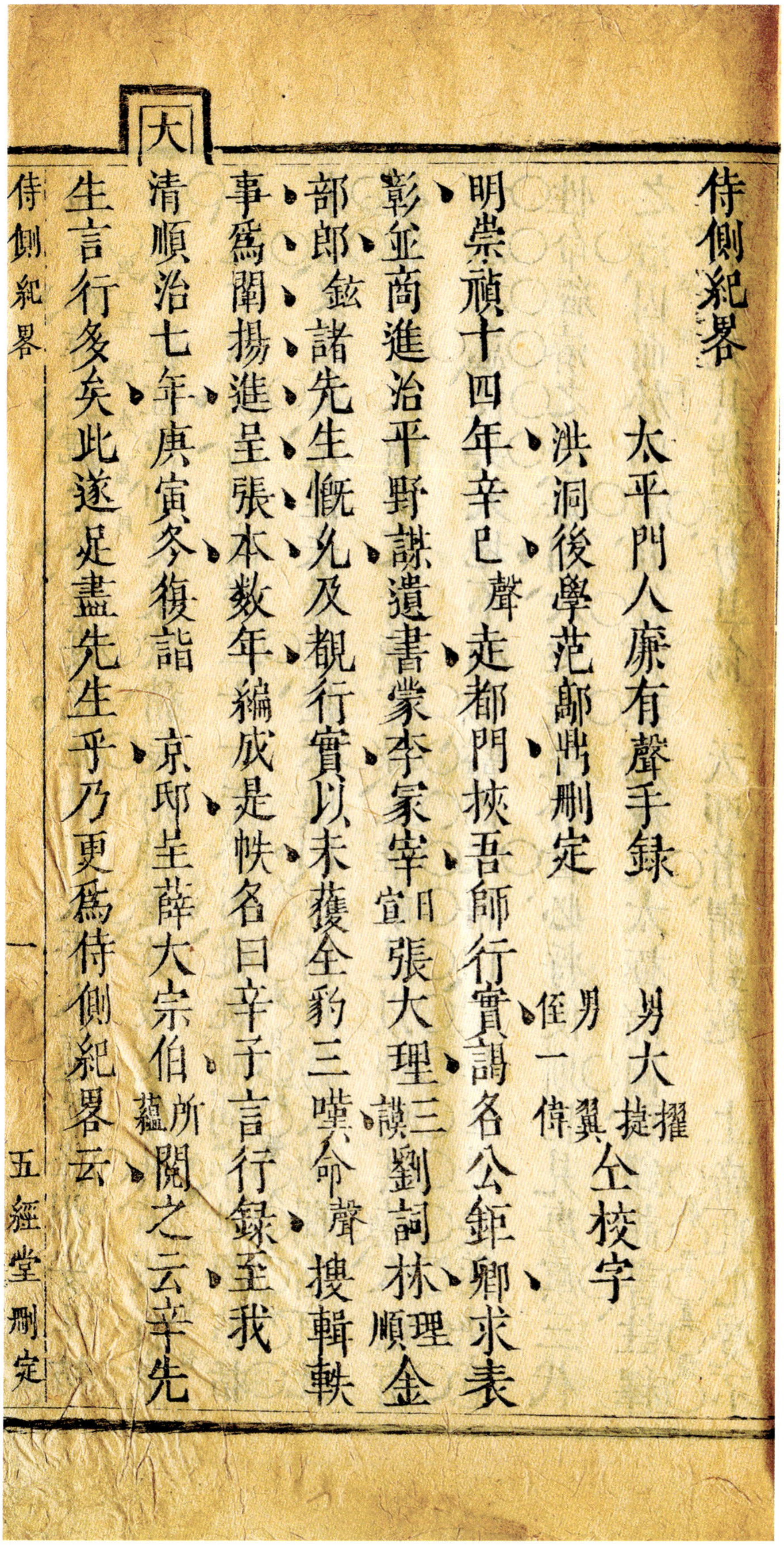
大

侍側紀畧

太平門人廉有聲手録　男大擢　大提

洪洞後學范鄗鼎删定　男翼　侄一偉　仝校字

明崇禎十四年辛巳聲走都門挾吾師行實謁各公鉅卿求表彰並商進治平野謀遺書蒙李冢宰日宣張大理三讀劉詞林理順金部郎鉉諸先生慨允及覩行實以未獲全豹三嘆命聲搜輯軼事爲闡揚進呈張本数年編成是帙名曰辛子言行録至我

清順治七年庚寅冬復詣京邸呈薛大宗伯所藴閲之云辛先生言行多矣此遂足盡先生乎乃更爲侍側紀畧云

侍側紀畧　一　五經堂删定

擬古樂府二卷　　R0018

〔明〕李東陽撰　〔明〕陳建通考

清康熙五十七年（1718）留芳堂刻本，綫裝，一册一函。

框17.9×12.9釐米，9行20字，白口，單黑魚尾，左右雙邊。

内封鐫“東莞陳清瀾先生通考/樂府通考/茶陵西涯李東陽著 留芳堂藏板”。版刻年據不列顛哥倫比亞大學亞洲圖書館藏本著録。

鈐印“時還讀我書齋”“晝夢廬”“陳夢存”。

李東陽（1447—1516），字賓之，號西涯，湖南茶陵人，明英宗天順八年（1464）進士，官至太子太師、吏部尚書、華蓋殿大學士，爲朝廷重臣。書法各體皆長，而於篆、隸造詣尤高。主持文壇數十年，其詩文典雅工麗，爲茶陵詩派核心人物。

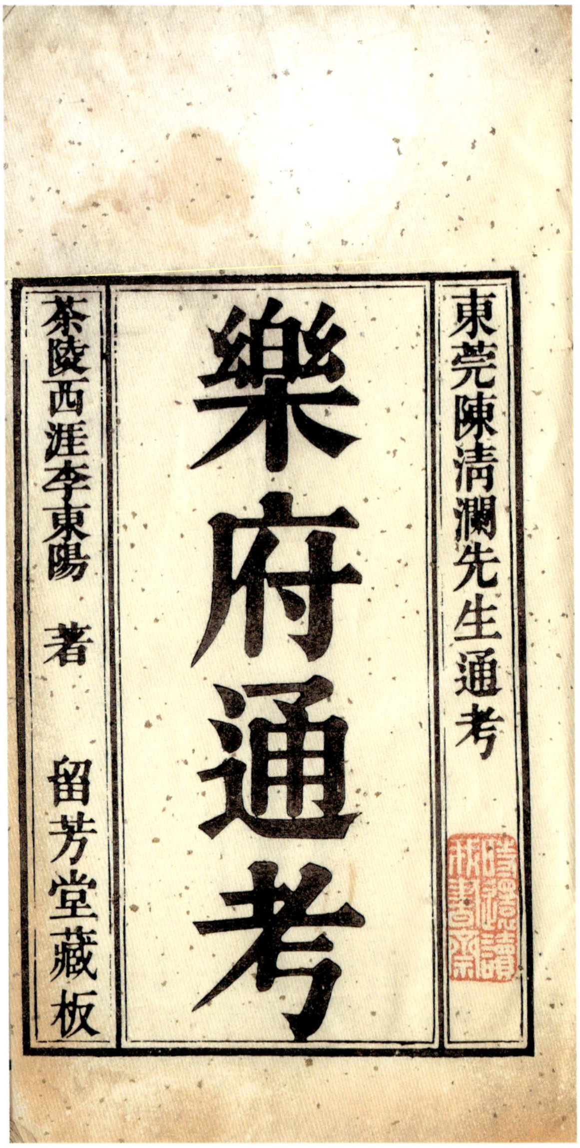

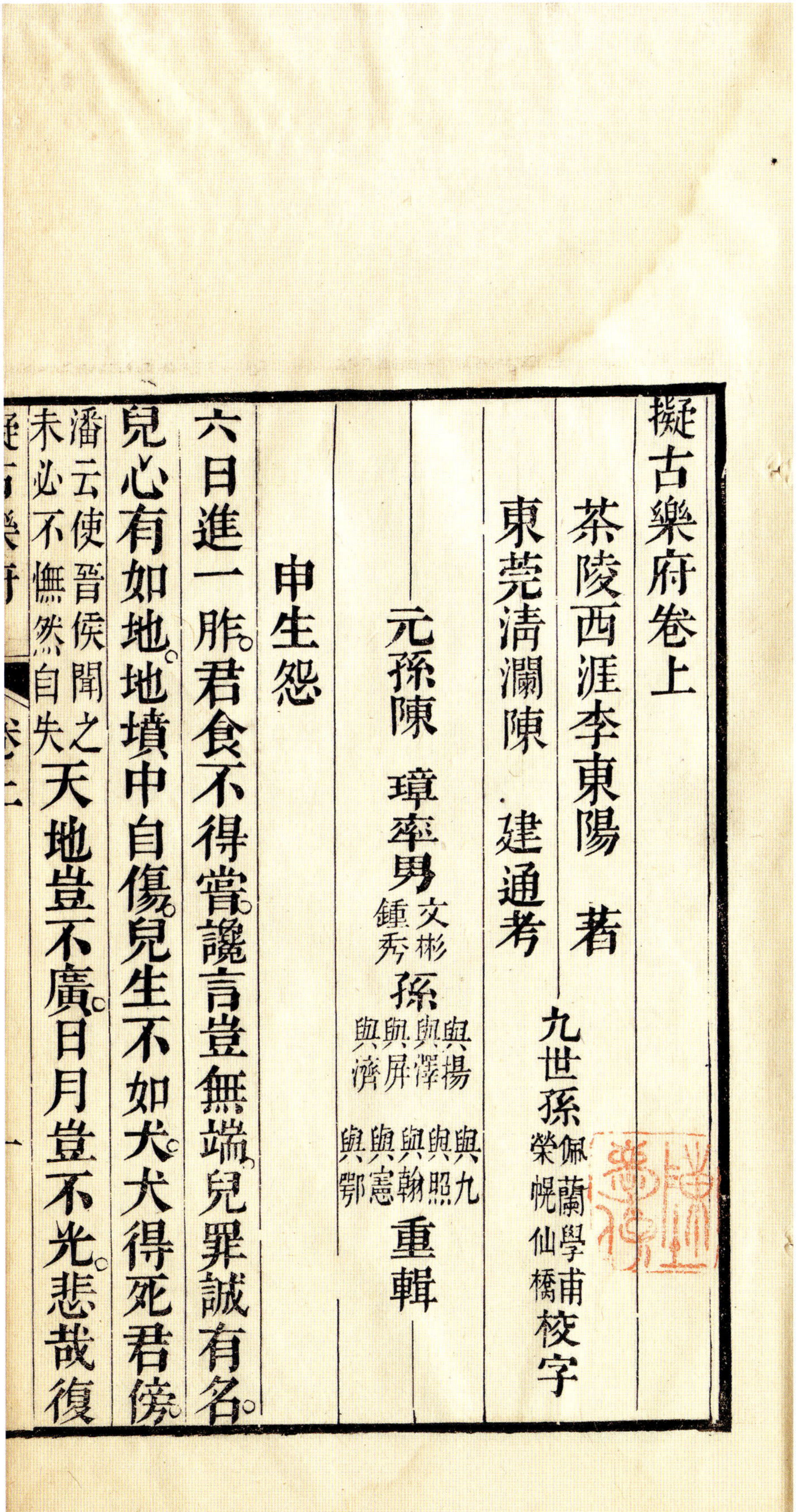

擬古樂府卷上

茶陵西涯李東陽　著

東莞清瀾陳　建通考　九世孫佩蘭學甫榮熀仙橋校字

元孫陳　璋率男文彬鍾秀孫與揚與澤與屏與濟與九與照與翰與憲與鄂重輯

申生怨

六日進一胙。君食不得嘗。讒言豈無端。兒罪誠有名。兒心有如地。地墳中自傷。兒生不如犬。犬得死君傍。潘云使晉侯聞之未必不憮然自失天地豈不廣。日月豈不光。悲哉復

擬古樂府　卷上　一

欽定篆文六經四書　R0036

〔清〕李光地等奉敕纂

清康熙（1662—1722）内府刻本，綫裝，七册一函。

框22.6×15.6釐米，8行12字，白口，單白魚尾，左右雙邊，全書通用篆文書寫。

書名據《故宫所藏殿版書目》。《六經》即《周易》《尚書》《毛詩》《周禮》《儀禮》《春秋》，《四書》即《大學》《中庸》《論語》《孟子》。本館存三種，册一至二爲《周易》，册三至四爲《尚書》，册五至七爲《毛詩》。

鈐印“蒲坂書樓”“鈞石所藏金石書畫印”“民國庚辰”。可知爲姚鈞石蒲坂書樓原藏書。

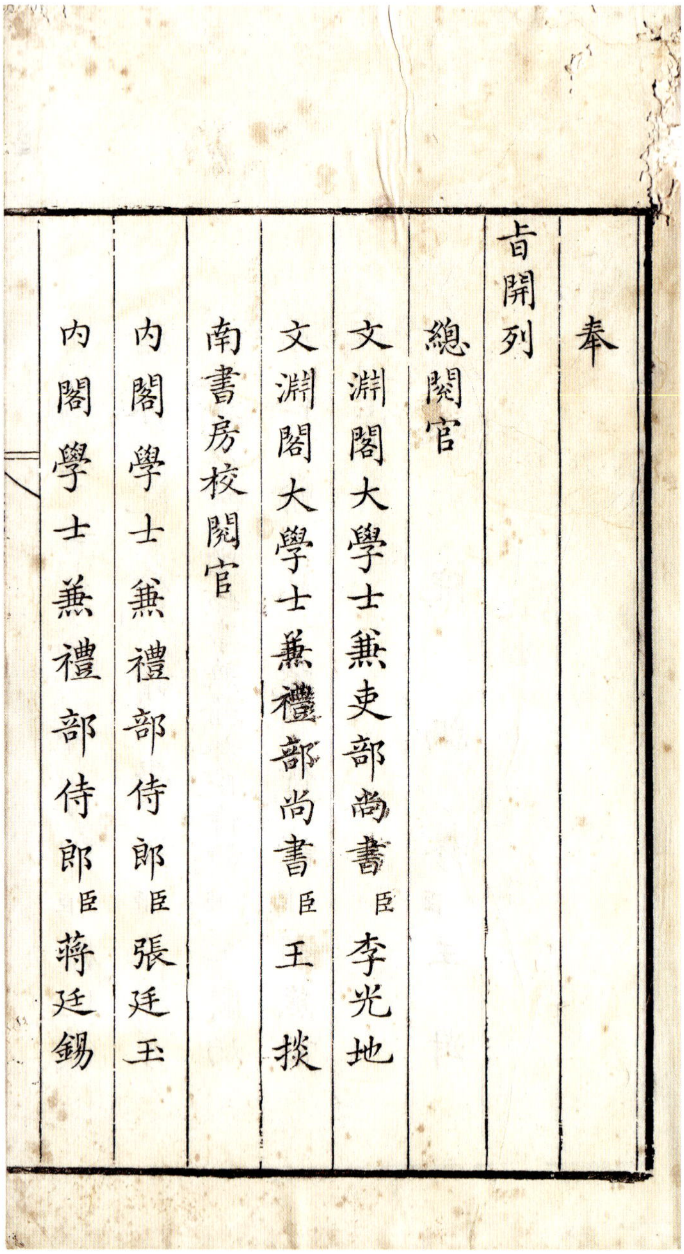

奉

旨開列

總閱官

文淵閣大學士兼吏部尚書臣李光地

文淵閣大學士兼禮部尚書臣王掞

南書房校閱官

内閣學士兼禮部侍郎臣張廷玉

内閣學士兼禮部侍郎臣蔣廷錫

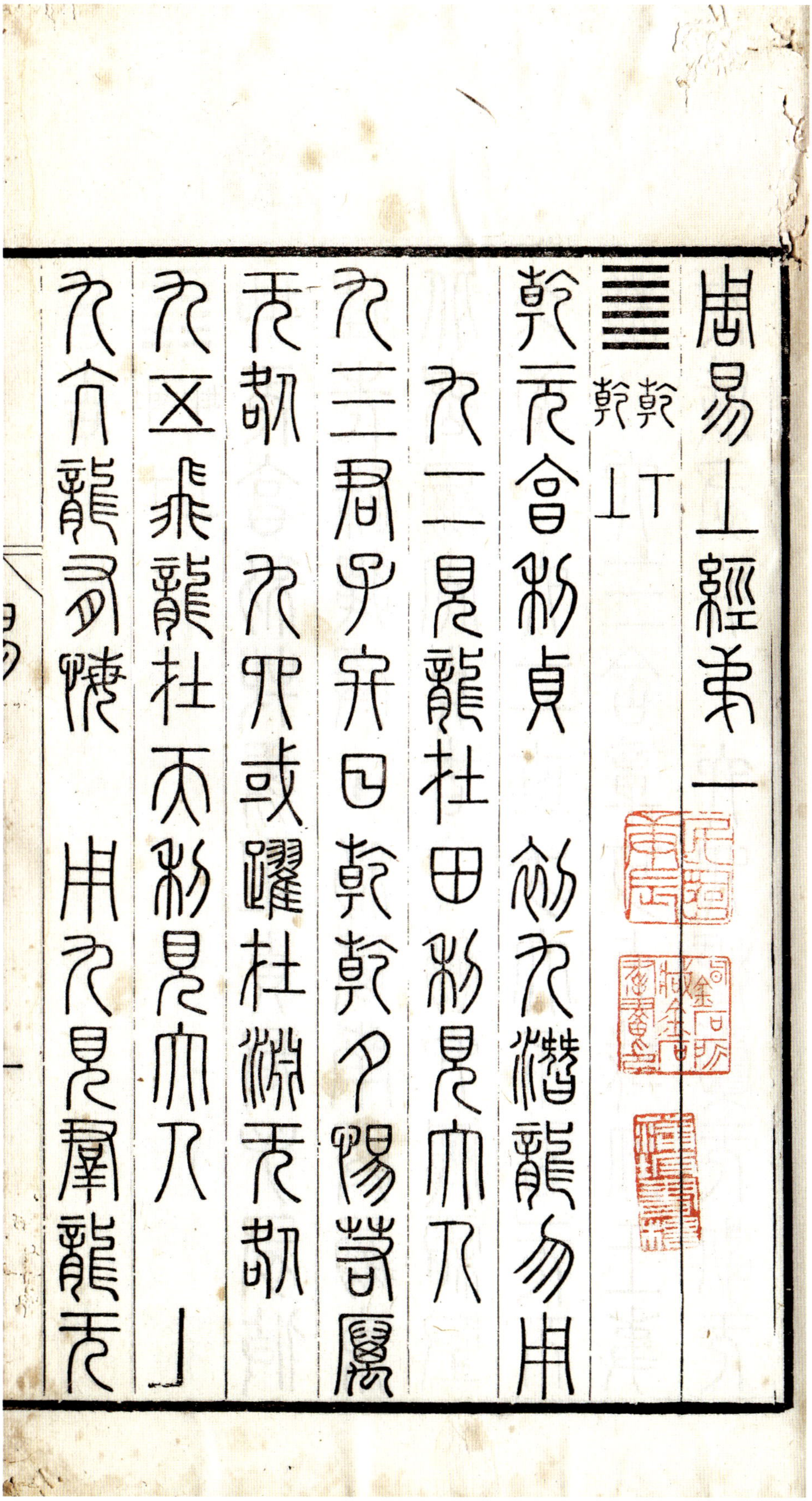
周易上經第一

☰ 乾下乾上

乾元亨利貞　初九潛龍勿用

九二見龍在田利見大人

九三君子終日乾乾夕惕若厲

无咎　九四或躍在淵无咎

九五飛龍在天利見大人

上九亢龍有悔　用九見羣龍无

明詩綜一百卷　　R0046

〔清〕朱彝尊編　〔清〕汪森等輯評

清康熙刻（約1705—1722）、乾隆末年杭州清來堂吴氏印本（約1781—1795），綫裝，二十四册三函。

框18.7×14.4釐米，11行21字，小字雙行31字，白口，單黑魚尾，左右雙邊。

書前印《欽定四庫全書提要·明詩綜一百卷》，後有康熙四十四年（1705）朱彝尊序，内封面鐫“西泠清來堂吴氏藏版”，右下角鈐朱記“浙省/亦西齋/加工選料/監造書籍”。不避乾隆諱字，係據康熙間舊版重印者。

鈐印“皖湖葉氏珍藏”。

朱彝尊（1629—1709），字錫鬯，號竹垞，晚號小長蘆釣魚師，又號金風亭長，浙江秀水（今嘉興市）人。清康熙十八年（1679）舉博學鴻詞科，授翰林院檢討，充《明史》纂修官，後辭官歸里，潛心著述。其詩與王士禛齊名，稱“南朱北王”。此書收録明代詩人以及明遺民共3400餘人的作品。並附詩人小傳以及其友汪森、朱端、張大受等人的分卷輯評，於詩人求全圖備，評論公允，資料豐富，頗爲後人所重。

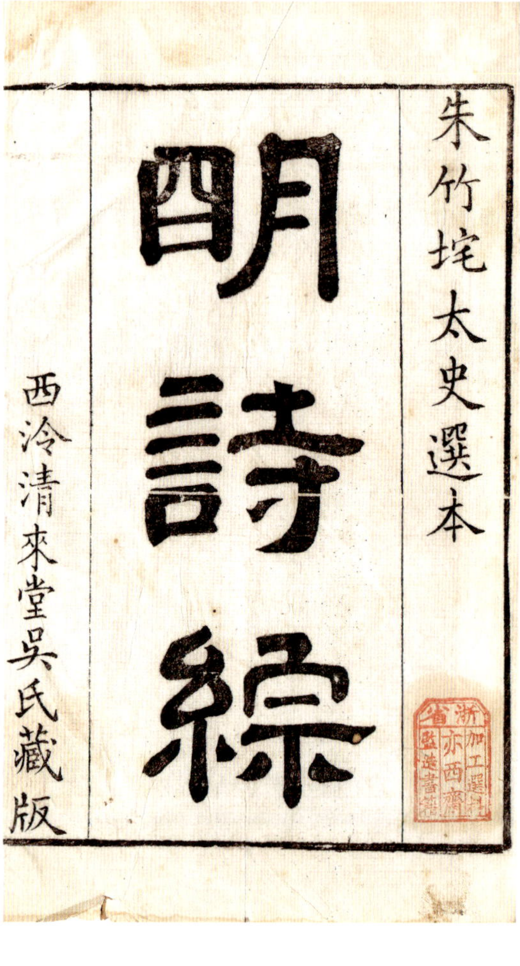

小長蘆　朱彝尊　錄

休陽　汪森　緝評

太祖高皇帝 三首

帝諱元璋姓朱氏字國瑞濠之鍾離東鄉人元至正十一年辛卯起兵丁未稱吳元年戊申建元洪武在位三十一年崩葬孝陵（在應天府治東北鍾山之陽）永樂元年上尊謚曰聖神文武欽明啓運俊德成功統天大孝高皇帝廟號太祖嘉靖十七年改上尊謚曰開天行道肇紀立極大聖至神仁文義武俊德成功高皇帝有御製詩集五卷

趙裘萼公剩藁四卷　R0004

〔清〕趙熊詔撰

清乾隆二年（1737）趙侗斆刻本，綫裝，二册一函。

框20.4×14.6釐米，12行24字，黑口，四周雙邊，雙黑魚尾。

著者據書前肖像題名。版刻年據書前其子侗斆乾隆二年識語。

卷端鈐印“許氏星臺藏書”。

趙熊詔（1663—1721），字侯赤，一字裘萼，江蘇武進人。康熙四十八年（1709）舉進士第一，授編修，官至翰林院侍讀，丁父憂歸，哀毁過甚卒於家。生平篤恩義，工詩文，後於天文算學也用力頗深。此書原附刊于其父趙申喬撰《趙恭毅公剩藁》八卷之後。

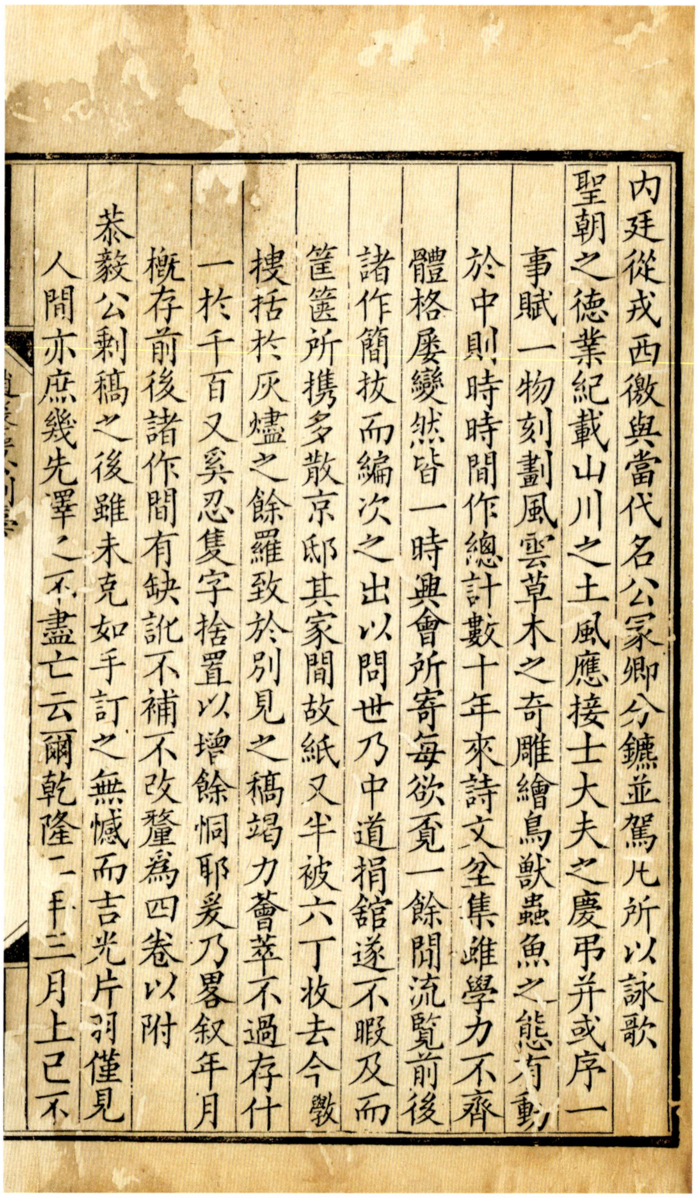
内廷從戎西徼與當代名公家卿分鑣並駕凡所以詠歌
聖朝之德業紀載山川之土風應接士大夫之慶弔并或序一
事賦一物刻劃風雲草木之奇雕繪鳥獸蟲魚之態有動
於中則時時閒作總計數十年來詩文全集雖學力不齊
體格屢變然皆一時興會所寄每欲覓一餘閒流覽前後
諸作簡拔而編次之出以問世乃中道捐館遂不暇及而
筐篋所攜多散京邸其家間故紙又半被六丁收去今數
捜括於灰燼之餘羅致於別見之稿竭力薈萃不過存什
一於千百又奚忍隻字捨置以增餘侗耶爰乃畧叙年月
概存前後諸作間有缺訛不補不改釐爲四卷以附
恭毅公剩稿之後雖未克如手訂之無憾而吉光片羽僅見
人間亦庶幾先澤之不盡亡云爾乾隆二年三月上巳不

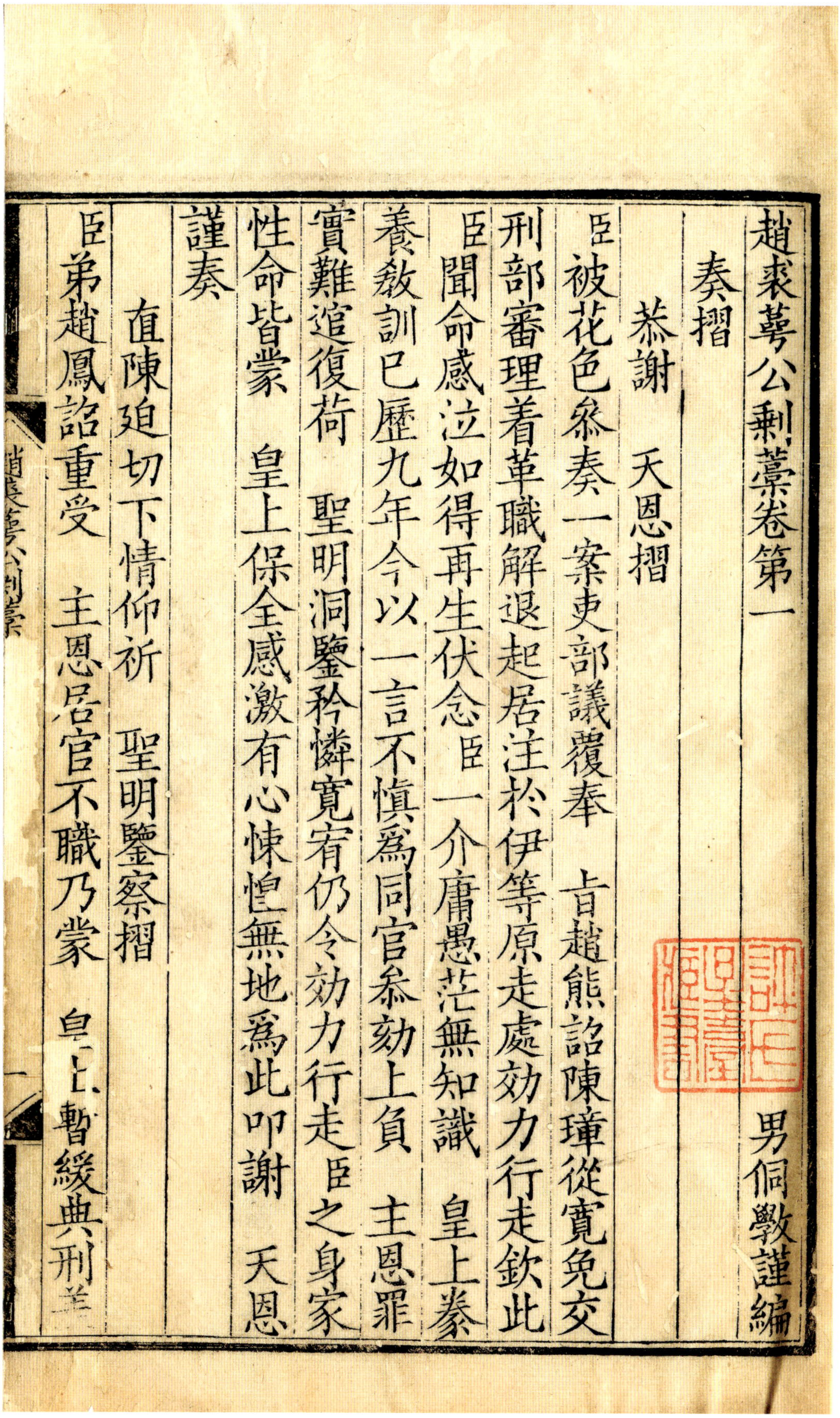
趙裘萼公剩藁卷第一　　男侗斆謹編
奏摺
恭謝天恩摺
臣被花色叅奏一案吏部議覆奉　旨趙熊詔陳璋從寬免交
刑部審理着革職解退起居注於伊等原走處効力行走欽此
臣聞命感泣如得再生伏念臣一介庸愚茫無知識　皇上豢
養教訓已歷九年今以一言不慎爲同官叅劾上負　主恩罪
實難逭復荷　聖明洞鑒矜憐寬宥仍令効力行走臣之身家
性命皆蒙　皇上保全感激有心悚惶無地爲此叩謝　天恩
謹奏
直陳迫切下情仰祈　聖明鑒察摺
臣弟趙鳳詔重受　主恩居官不職乃蒙　皇上暫緩典刑并
趙裘萼公剩藁　一

春秋經傳集解三十卷卷首附考證　　R0011

〔晉〕杜預注

清乾隆四十八年(1783)北京武英殿刻本,綫裝,十六册二函。

框20.1×13.6釐米,8行17字,小字雙行同,白口,雙黑魚尾,四周雙邊,有書耳紀年。

《仿宋相臺五經》之一種。書衣題名"春秋左氏傳",版心題名"春秋"。

卷首附《春秋年表》一卷,《春秋名號歸一圖》二卷(後蜀馮繼先撰)。

鈐印"國立四川大學附設存古書局經售書籍圖記""吾長見笑於大方之家"。書前貼有UWL的藏書票,印有英文"From the collection of Professor Kung-chuan Hsiao",係蕭公權教授贈書。卷首一册與正文十五册原分二處,此次編目合併。

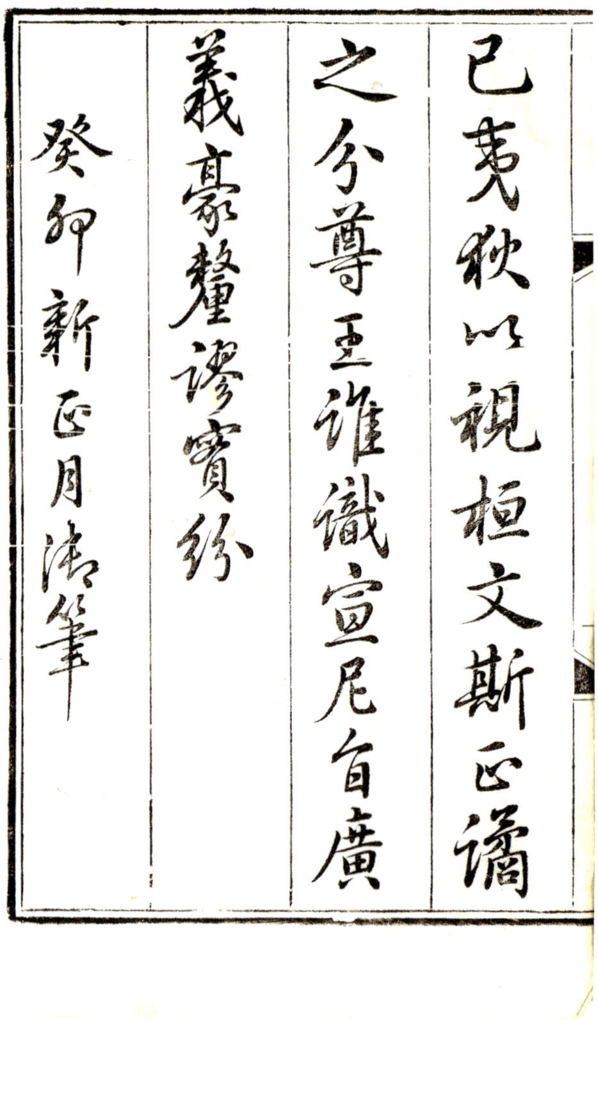

周文王
周平王

春秋名號歸一圖卷上

周一之五 魯五之十五 齊十五之廿一 晉廿一之卅三

◎周 姬姓黃帝苗裔后稷之後也武王伐紂而有天下至幽王爲犬戎所殺謂之西周平王東遷洛邑謂之東周即春秋之始也今據經傳有異呼者合而録之

文王 太王之子也見序 文王昌 桓六註 周文王 僖十九年文 文王並同 皇祖文王 哀二

周桓公 周公黑肩 隱六桓五桓十八

王子克 莊王弟 子儀 並同桓十八

詞科掌録十七卷詞科餘話七卷　　R0025

〔清〕杭世駿編輯

清乾隆（1736—1795）杭氏道古堂刻本，綫裝，八册一函。

框16.8×11.8釐米，11行21字，粗黑口，單黑魚尾，左右雙邊。

内封鎸“道古堂藏板”。

杭世駿（1696—1773），字大宗，號堇浦，浙江仁和（今杭州）人，雍正二年（1724）舉人，乾隆元年（1736）舉博學鴻詞科，授翰林院編修，充武英殿纂修，乾隆八年（1743）獲罪罷歸。生平著述甚富，工書畫，善寫梅竹，詩與厲鶚齊名。《詞科掌録》記載乾隆間博學鴻詞科數百名“與試未中”徵士的生平著述，並對徵士各類詩文進行評價賞析，是研究清代博學鴻詞科的一本重要文獻。

詞科掌録

道古堂藏板

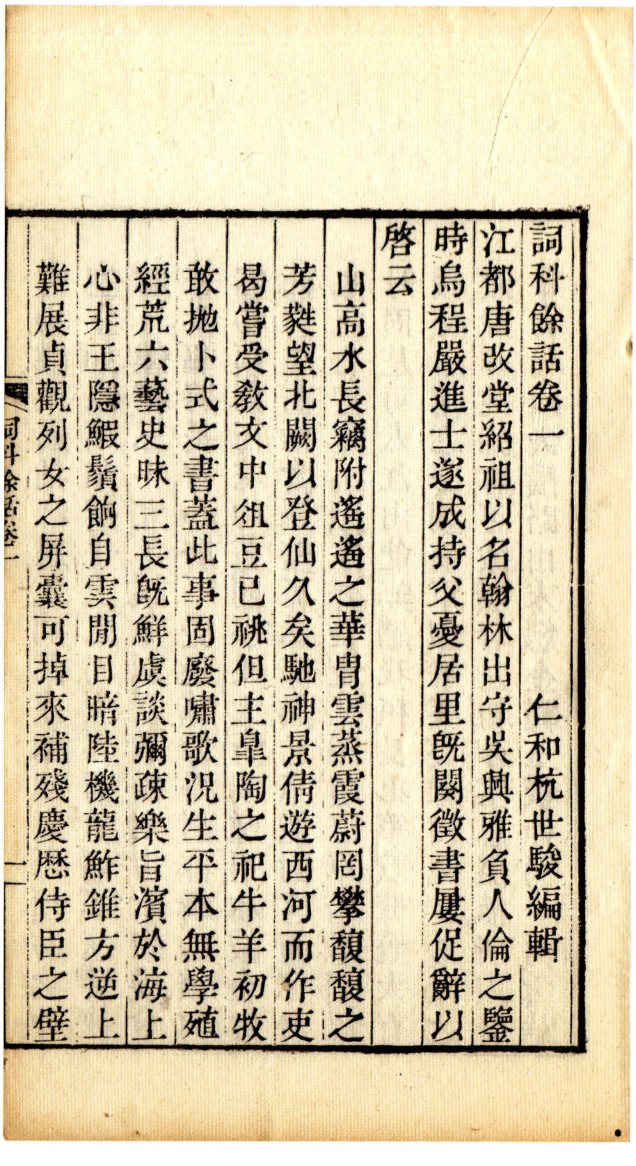
詞科餘話卷一　　　　仁和杭世駿編輯

江都唐改堂紹祖以名翰林出守吳興雅負人倫之鑒
時烏程嚴進士遂成持父憂居里既闋徵書屢促辭以
啓云
山高水長竊附遙遙之華胄雲蒸霞蔚罔攀馥馥之
芳蕤望北闕以登仙久矣馳神景倩遊西河而作吏
曷嘗受教文中俎豆已祧但主皐陶之祀牛羊初牧
敢拋卜式之書蓋此事固廢嘯歌況生平本無學殖
經荒六藝史昧三長既鮮虞談彌疎樂旨濱於海上
心非王隱鯢鬚餉自雲間目睛陸機龍鮓錐方逆上
難展貞觀列女之屛囊可掉來補殘慶歷侍臣之壁

詞科餘話卷一　一

詞科掌錄卷一　　仁和杭世駿編輯

山陰胡天游稚威一字雲持己酉副榜貢生禮部尙書溧陽任公所薦其座主也藻耀高翔才名爲詞科中第一所作若文種廟銘靈濟廟碑安頤先生碑任御史趙總兵兩墓志遜國名臣贊序柯西石宕記皆天下奇作使李文饒權載之執筆不能過也以持服不與試丁巳補考鼻血大作納卷而出識與不識皆爲搤擥云

太學石鼓歌

鼓聞禹作鳴獨周周人有鼓不自雷鼓靡石很字龢噩荒醒怪夢三千秋我常聆之未得識璧宮東序遙相求重扉深屋冏以扃意嚴濡脫帶牛[illegible]偷耦居二五

心齋十種　R0026

〔清〕任兆麟撰輯

清乾隆四十六年至五十三年（1781—1788）任兆麟刻本（遞刻彙印），綫裝，八册一函。

框17.3×13.2 釐米，9行17字，白口（《弦歌古樂譜》《綱目通論》爲上黑口），單黑魚尾，左右雙邊。

有抄配。版心下方或鐫“忠敏家塾”，或鐫“同川書院”。

子目十種：《夏小正》四卷，清乾隆五十一年（1786）刻；《石鼓文》一卷，清乾隆五十三年（1788）刻；《尸子》三卷附録一卷，清乾隆五十三年刻；《四民月令》一卷，清乾隆五十三年刻；《襄陽耆舊記》三卷，清乾隆五十三年刻；《文章始》一卷，清乾隆五十年（1785）刻；《壽者傳》三卷，清乾隆五十年刻；《孟子時事略》一卷，清乾隆五十三年刻；《心齋集》一卷附《弦歌古樂譜》一卷，清乾隆四十六年（1781）刻；《綱目通論》一卷，清乾隆四十六年刻。

任兆麟，原名廷鱗，字文田，號心齋，清乾嘉間江蘇震澤人，嘉慶元年（1796）舉孝廉方正。其人博聞敦行，勤於著述，工詩古文，爲王鳴盛、錢大昕所重。

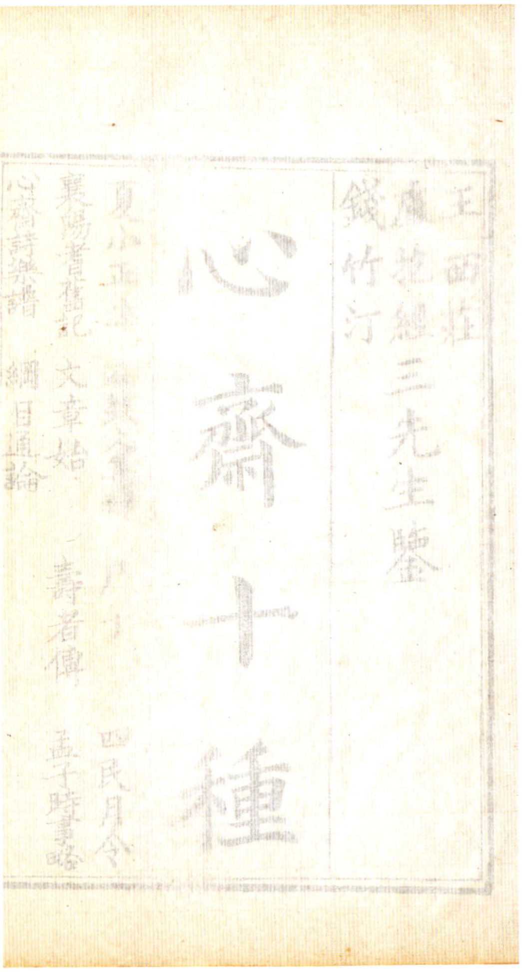

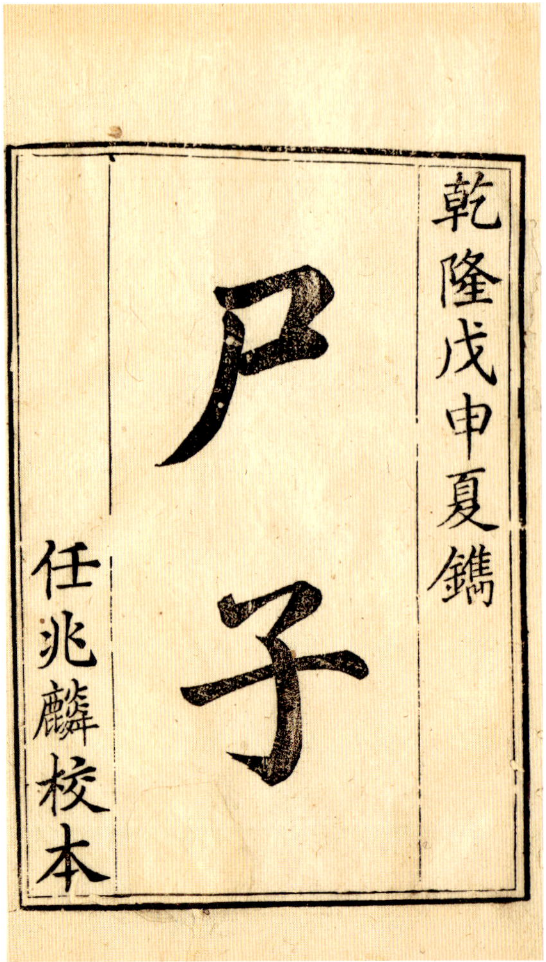

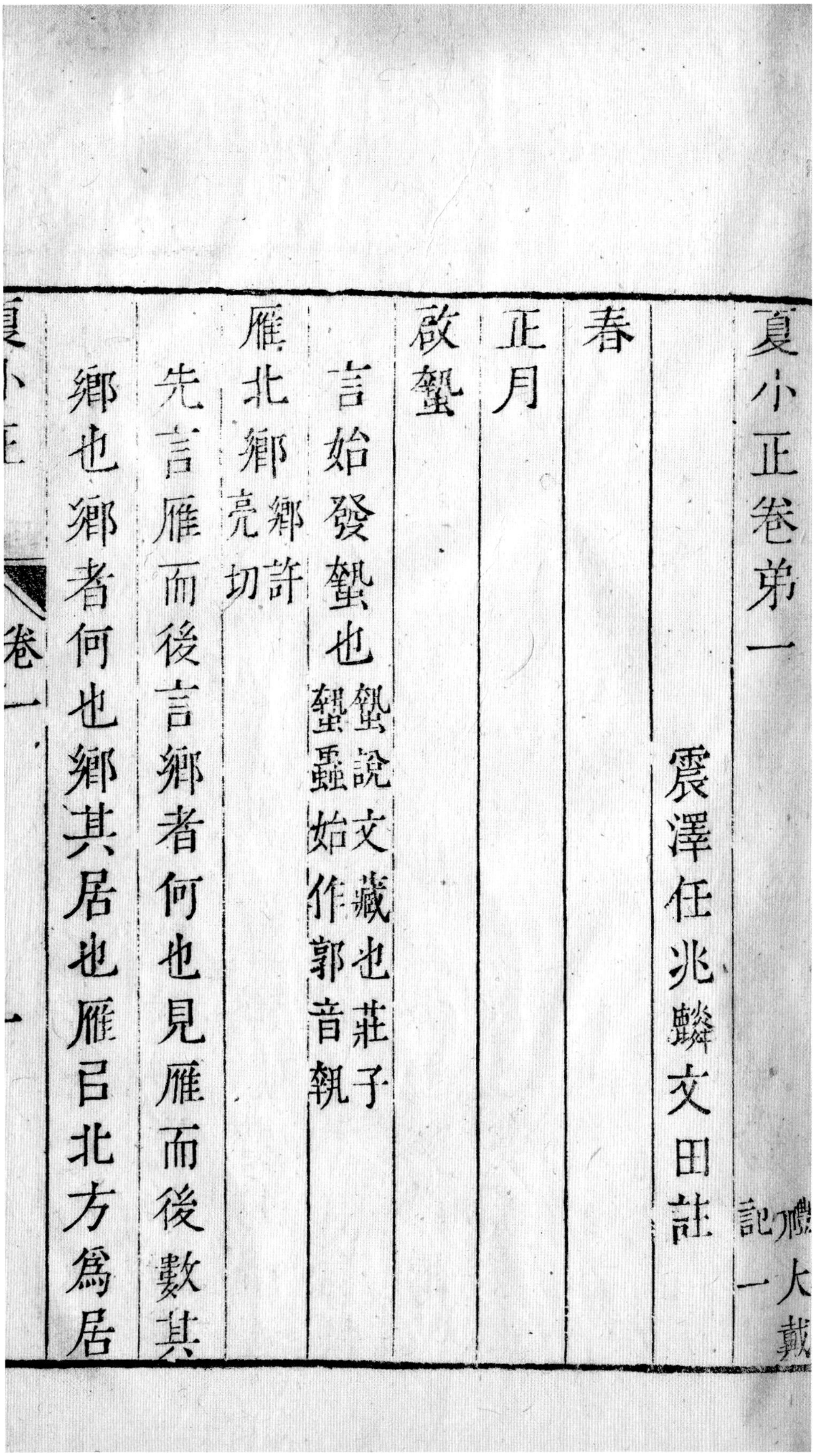

夏小正卷弟一　大戴禮記一

震澤任兆麟文田註

春

正月

啟蟄

言始發蟄也蟄說文藏也莊子蟄蟲始作郭音執

雁北鄉鄉許亮切

先言雁而後言鄉者何也見雁而後數其

鄉也鄉者何也鄉其居也雁㠯北方爲居

夏小正　卷一　一

集異記一卷續齊諧記一卷　R0008

（集異記）〔唐〕薛用弱　（續齊諧記）〔南朝梁〕吴均撰

清乾隆七年（1742）刻本，綫裝，一册一函。

框19.5×13.5釐米，10行20字，白口，單黑魚尾，四周單邊。

此二種爲叢書《秘書二十一種》（清汪士漢輯）之零種。

汪士漢，字隱侯，清代徽州人。所輯《秘書二十一種》，彙編先秦漢魏六朝唐宋名著，初刊于康熙初年，至乾隆七年（1742），其後人爲之重刊。

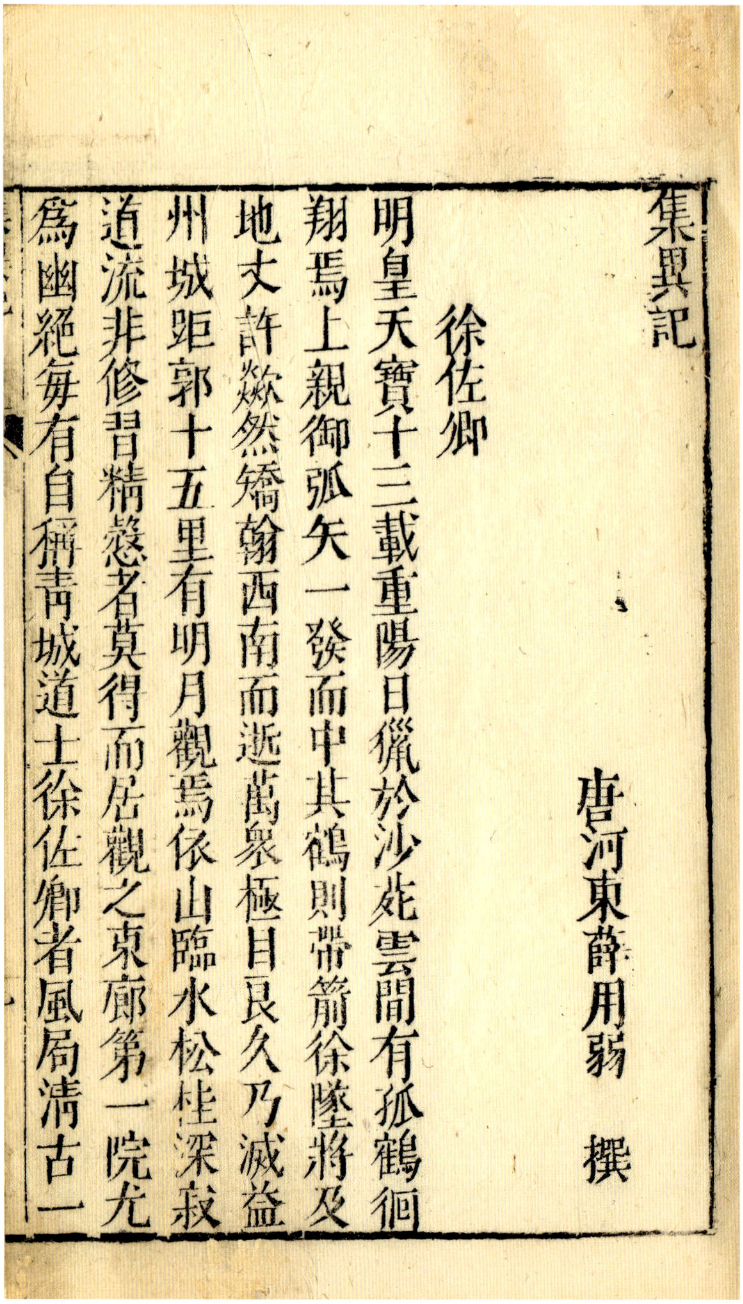
集異記
唐河東薛用弱　撰
徐佐卿
明皇天寶十三載重陽日獵於沙苑雲間有孤鶴徊
翔焉上親御弧矢一發而中其鶴則帶箭徐墜將及
地丈許欻然矯翰西南而逝萬衆極目良久乃滅益
州城距郭十五里有明月觀焉依山臨水松桂深寂
道流非修習精慤者莫得而居觀之東廊第一院尤
爲幽絶每有自稱青城道士徐佐卿者風局清古一

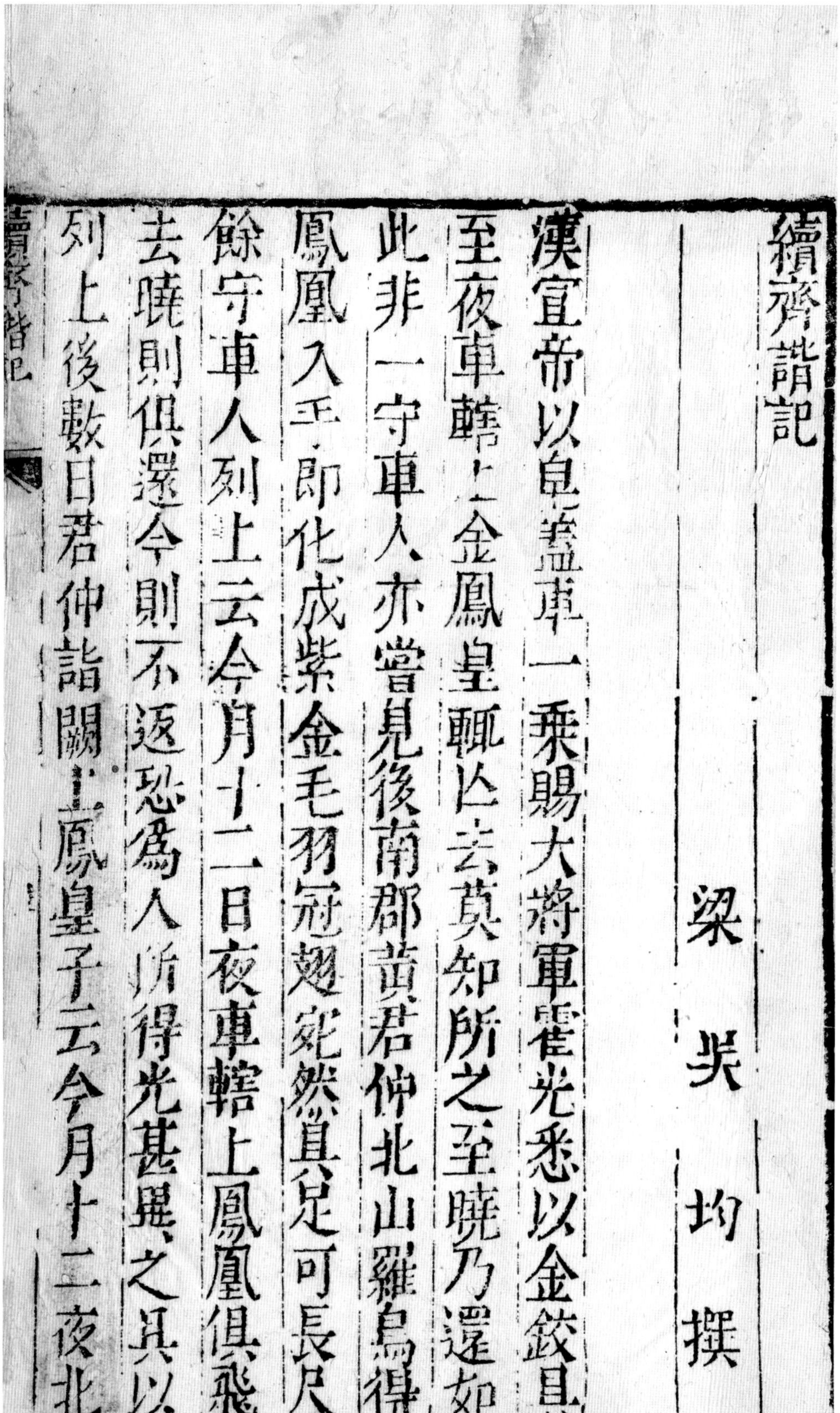

續齊諧記

梁　吳　均　撰

漢宣帝以皁蓋車一乘賜大將軍霍光悉以金鉸具至夜車轄上金鳳皇輒亾去莫知所之至曉乃還如此非一守車人亦嘗見後南郡黄君仲北山羅鳥得鳳凰入手即化成紫金毛羽冠翅宛然具足可長尺餘守車人列上云今月十二日夜車轄上鳳凰俱飛去曉則俱還今則不返恐爲人所得光甚異之具以列上後數日君仲詣闕上鳳皇子云今月十二夜北

續齊諧記

玉茗堂還魂記二卷五十五齣　R0039

〔明〕湯顯祖撰

清乾隆五十年（1785）冰絲館刻本，綫裝，六册一函，有插圖。

框20.8×13.3釐米，9行20字，白口，四周單邊，版心上鐫書名及卷次，下鐫“冰絲館”。

《還魂記》又名《牡丹亭》。内封面題“清暉閣原本/乾隆乙巳年　冰絲館增圖重梓”，卷端題“清暉閣原本/快雨堂 冰絲館重刊”，書前有“重刻清暉閣批點牡丹亭凡例”。

鈐印“藕絲孔居”“陳蘭甫”“仍度堂”“崇曜”“羅氏六湖”“誦先”“萬松園”“鄧芬”“居廉印”“蒹葭樓”“麗情軒抱琴子閱”“藕絲孔居曾藏書籍”“藕絲孔居藏書記”。此書爲鄧芬藕絲孔居原藏書。

此本刻印極其工緻，紙墨精良。文字依明清暉閣本，但爲避清朝之諱，多有删節；圖則悉依明萬曆四十五年（1617）原本翻刻，共計四十幅。

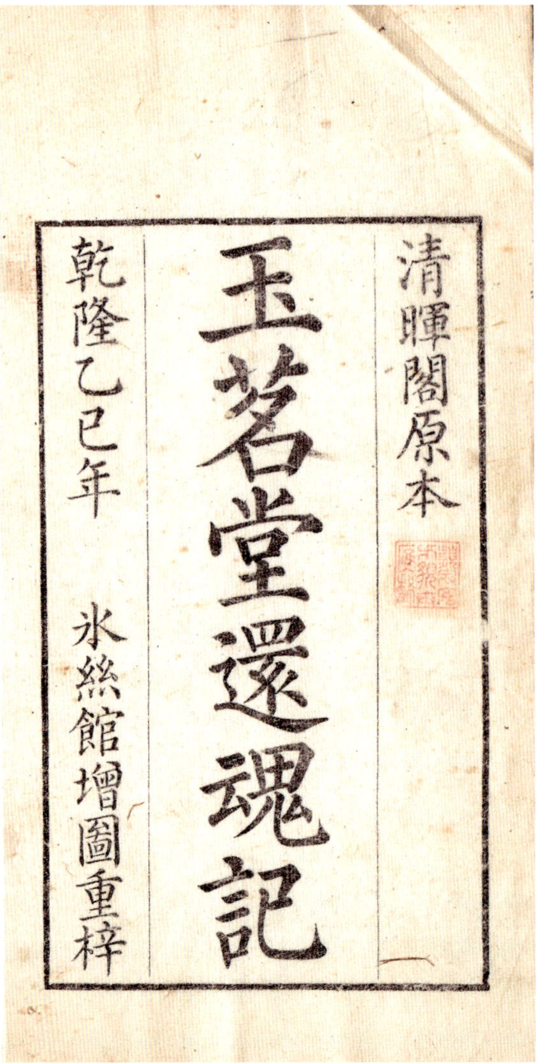

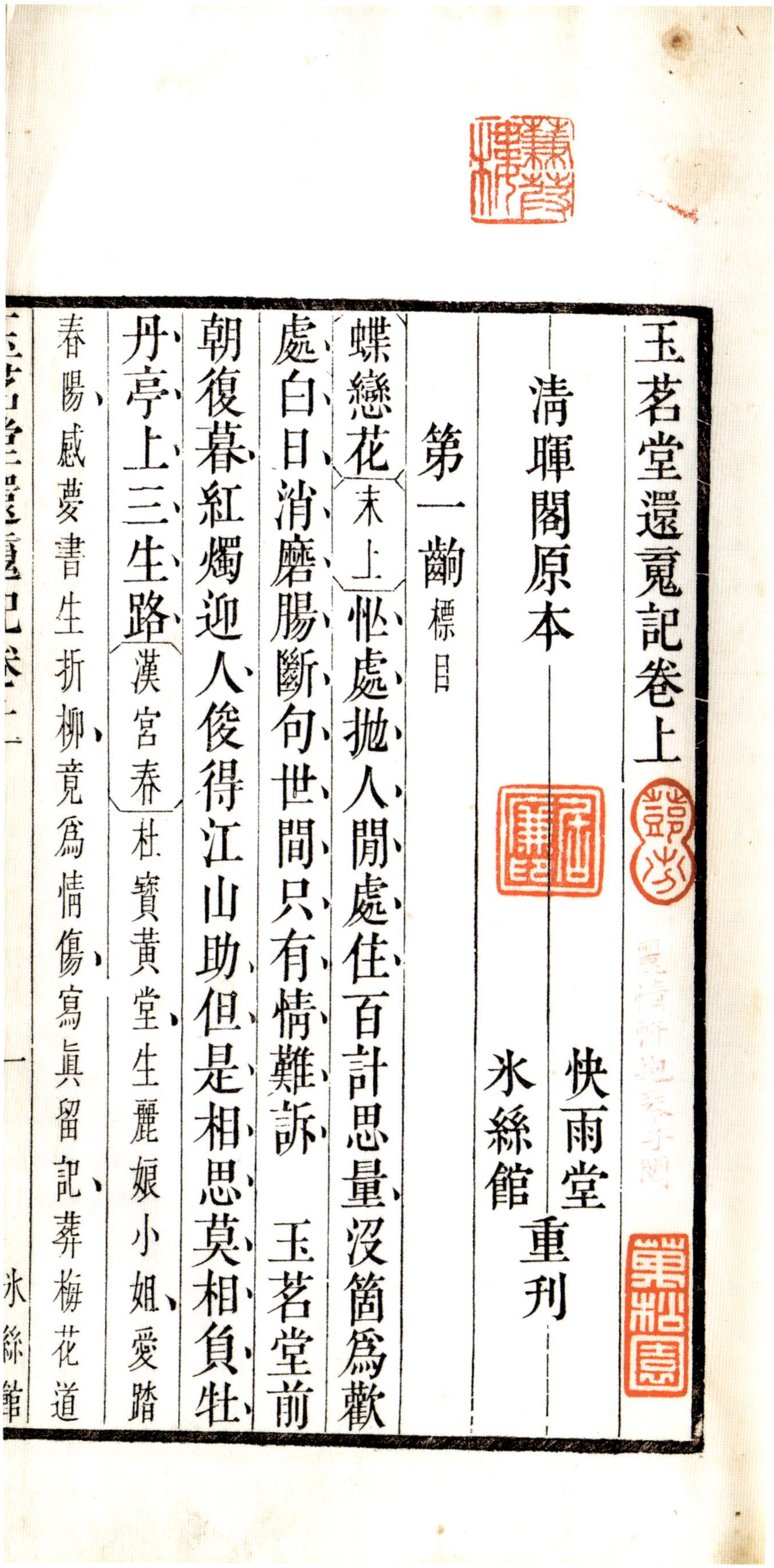

玉茗堂還魂記卷上

清暉閣原本　　快雨堂
　　　　　　　冰絲館　重刊

第一齣　標目

蝶戀花（末上）忙處抛人閒處住。百計思量。沒箇爲歡處。白日消磨腸斷句。世間只有情難訴。　玉茗堂前朝復暮。紅燭迎人。俊得江山助。但是相思莫相負。牡丹亭上三生路。

漢宮春　杜寶黃堂。生麗娘小姐。愛踏春陽。感夢書生折柳。竟爲情傷。寫眞留記。葬梅花道

玉茗堂還魂記卷上　一　冰絲館

禹貢指南四卷　R0038

〔宋〕毛晃撰

清乾隆四十三年（1778）杭州府署刻本（袖珍本），綫裝，二册一函。

框12.9×9.9釐米，9行21字，左右雙邊，白口，單黑魚尾，版心上鐫書名，中鐫卷次。

此本爲浙江翻刻《武英殿聚珍版叢書》之一種。

鈐印“茅津高氏鑒藏”“松屏書庫”“好古堂圖書記”“孝經樓”。

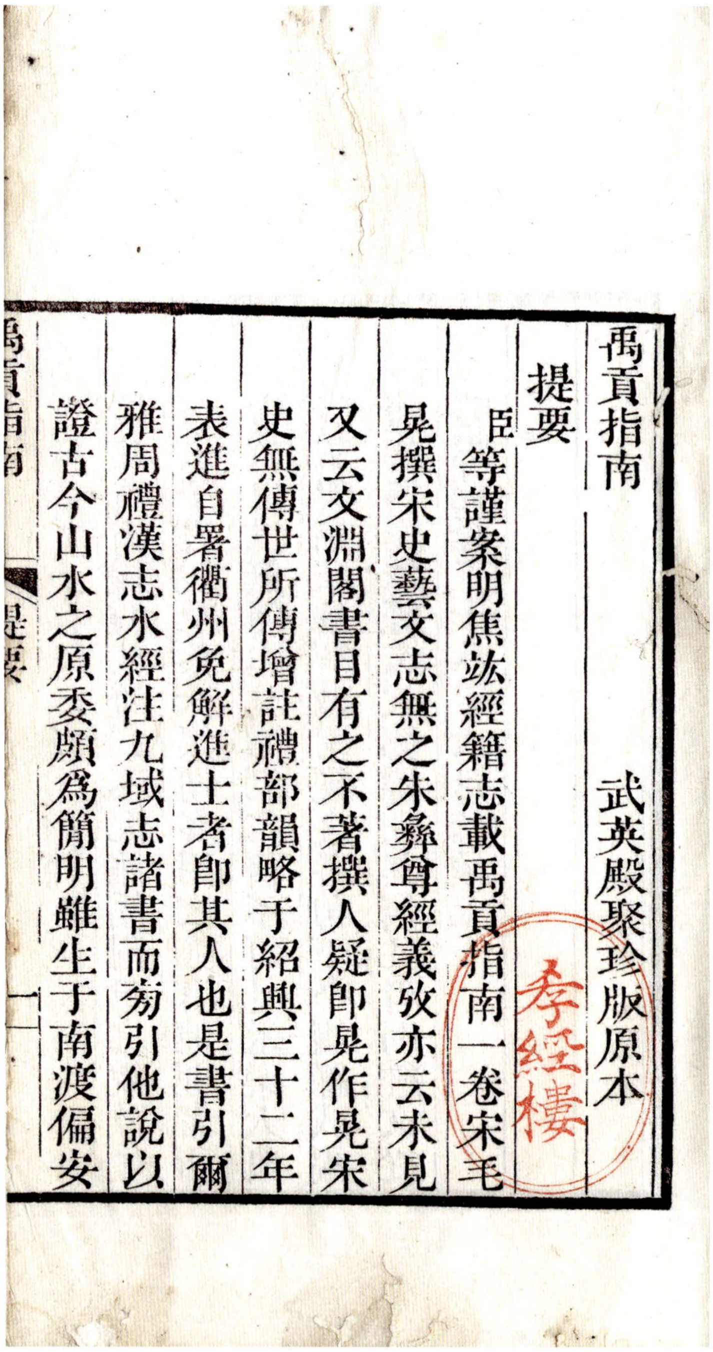
禹貢指南　　武英殿聚珍版原本

提要

臣等謹案明焦竑經籍志載禹貢指南一卷宋毛晃撰宋史藝文志無之朱彝尊經義攷亦云未見又云文淵閣書目有之不著撰人疑即晃作晃宋史無傳世所傳增註禮部韻略于紹興三十二年表進自署衢州免解進士者即其人也是書引爾雅周禮漢志水經注九域志諸書而旁引他說以證古今山水之原委頗爲簡明雖生于南渡偏安

禹貢指南　提要　一

孝經樓

禹貢指南卷一

宋　毛　晃　撰

冀州

爾雅兩河閒曰冀州郭璞注曰自東河至西河李巡注曰兩河閒其氣清厥性相近故曰冀冀近也　周禮職方氏河內曰冀州謂其在三河之內蓋東河之西西河之東南河之北也　案禹貢導河積石自積石而下南流謂之西河至于華陰折而東經厎柱山又東逕孟津東過洛水之北皆東流謂之南河至于

御纂醫宗金鑑三十卷外科十卷　R0044

〔清〕吴謙、劉裕鐸總修

清乾隆刻本（約1742—1795），綫裝，四十册十函。

《内科》框11×10.1釐米，無行格，11行19字，白口，單黑魚尾，左右雙邊；《外科》框11×9.5釐米，10行19字，有行格，餘同内科。

《醫宗金鑑》爲内科，外科全名《金鑑外科》。内科分三十卷三十册，與外科十卷十册同印，罕見。書中不避"弘"字，應係地方翻刻本。

此書爲醫學叢書，于乾隆初年由供奉内庭太醫、太醫院右判吴謙與康雍乾三朝御醫、院使劉裕鐸奉敕主編，後收入《四庫全書》之中，爲同類書籍中最爲簡明、完備、實用者，對北方中醫學影響深遠。

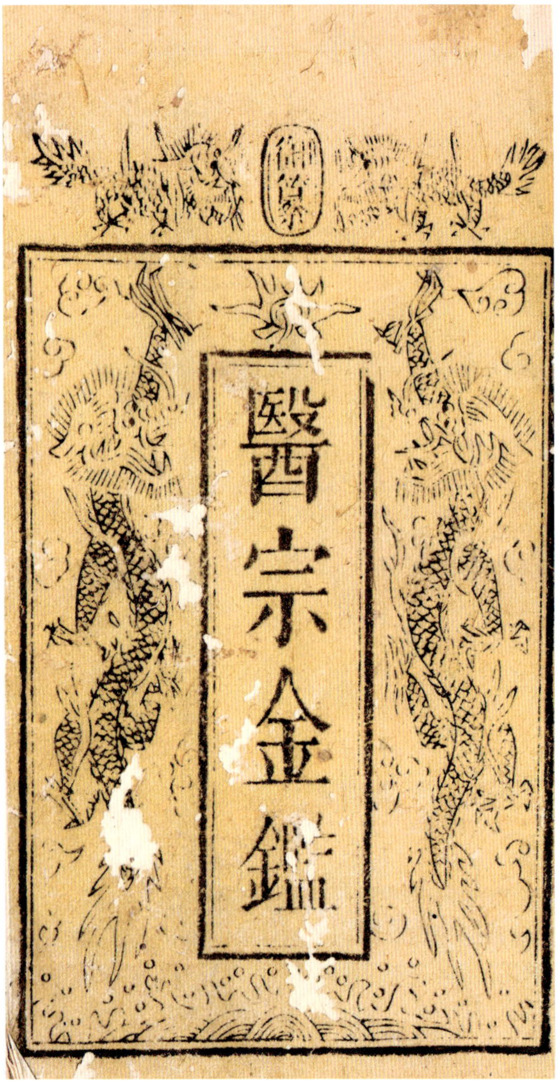

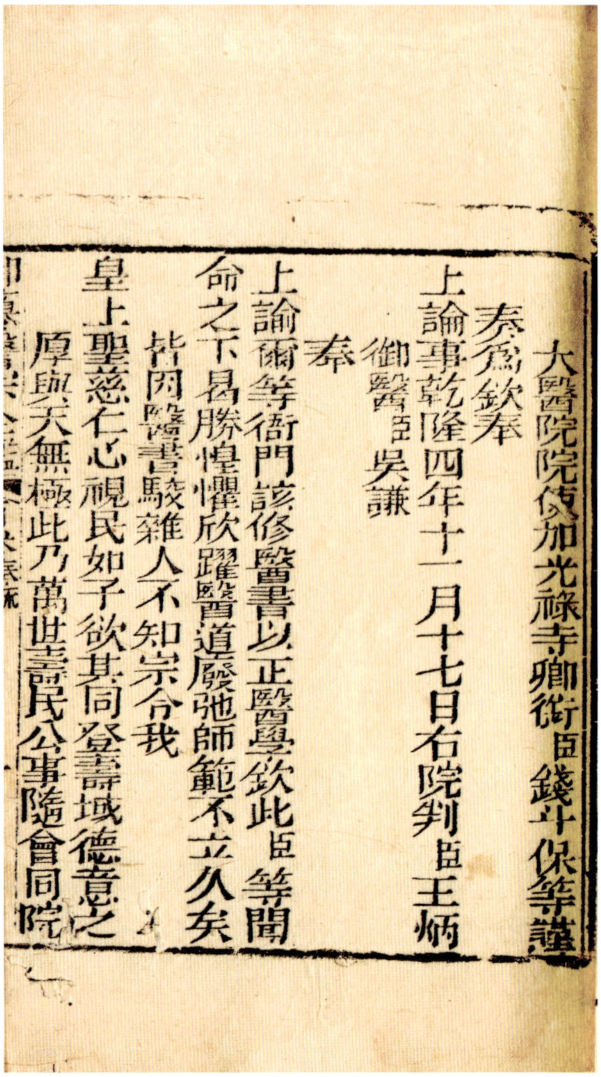
太醫院院使加光祿寺卿銜臣錢斗保等謹
奏爲欽奉
上諭事乾隆四年十一月十七日右院判臣王炳
御醫臣吳謙
奏
上諭爾等衙門該修醫書以正醫學欽此臣等聞
命之下曷勝惶懼欣躍醫道廢弛師範不立久矣
皆因醫書駁雜人不知宗今我
皇上聖慈仁心視民如子欲其同登壽域德意之
厚與天無極此乃萬世壽民公事隨會同院

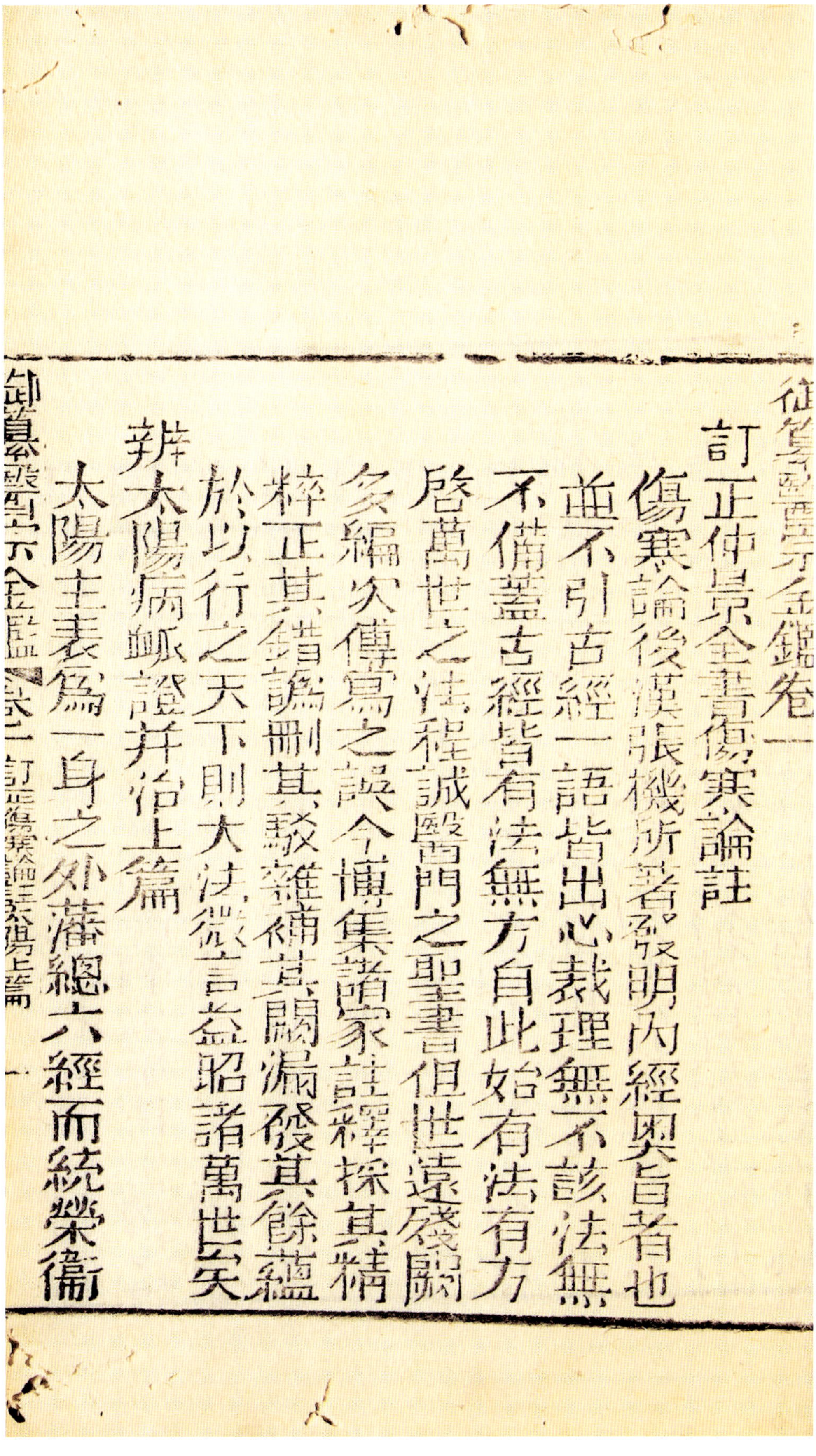

御纂醫宗金鑑卷一

訂正仲景全書傷寒論註

傷寒論後漢張機所著發明內經奧旨者也並不引古經一語皆出心裁理無不該法無不備蓋古經皆有法無方自此始有法有方啓萬世之法程誠醫門之聖書但世遠殘闕多編次傳寫之誤今博集諸家註釋採其精粹正其錯譌刪其駁雜補其闕漏發其餘蘊於以行之天下則大法微言益昭諸萬世矣

辨太陽病脉證并治上篇

太陽主表爲一身之外藩總六經而統榮衛

御纂醫宗金鑑　卷一　訂正傷寒論註太陽上篇　一

四體合璧文鑑三十二卷　R0029

〔清〕佚名撰

清（1644—1911）刻本，綫裝，四册一函。

原書三十二卷，此本僅存前四卷。

滿、漢、蒙、藏四種文字對照。正文首列滿文詞語，右側列蒙文譯詞，再次列藏文譯詞，藏文譯詞左下角列漢文譯詞，漢文譯詞右側標注滿文切音字。

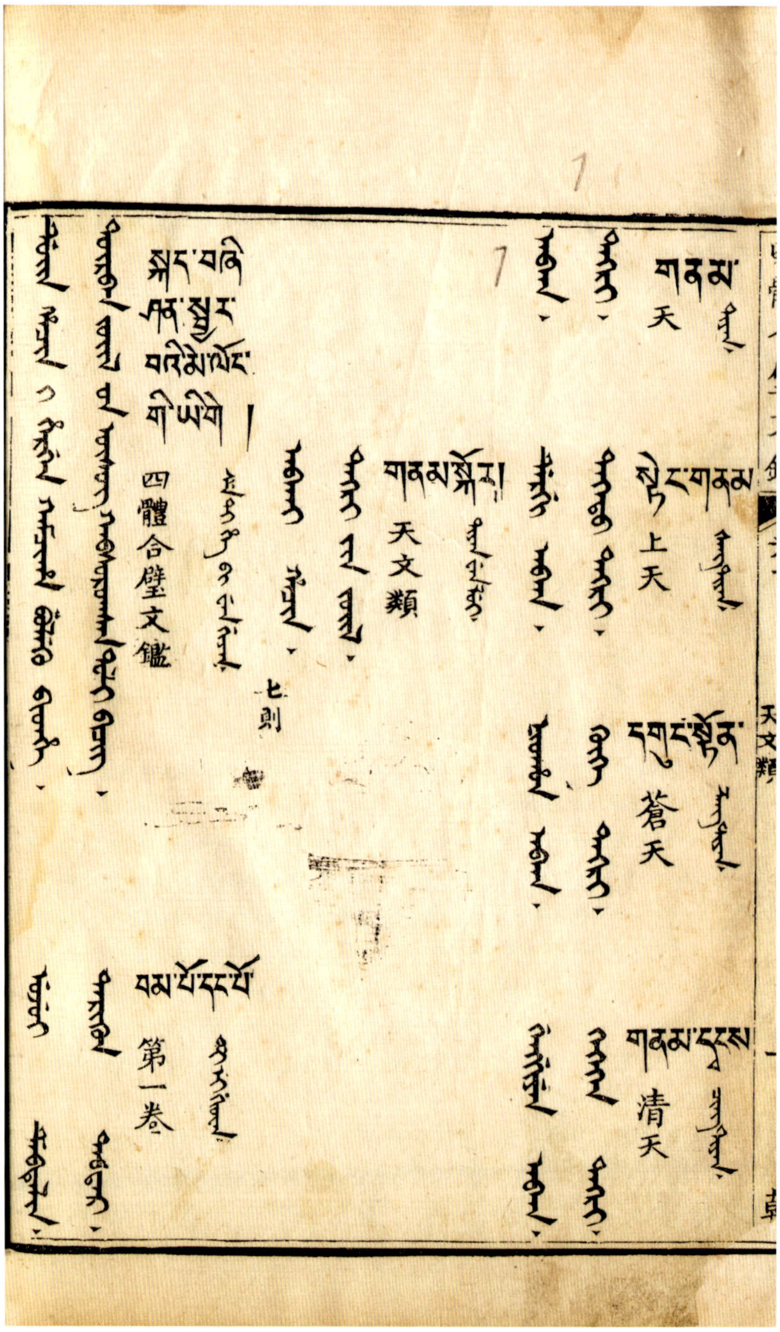

陸恩長牘文彙抄：光緒二十九年至三十一年　R0021

〔清〕陸恩長編撰

清光緒三十二年（1906）陸恩長稿本，紙捻裝，一册一函。

紅格，10行，白口，單黑魚尾，版心下鎸“大豐製”。

陸恩長，字壽峰，清末曾任駐德使館參贊等職，民國初任湖南省特派交涉員、長沙關監督等職。

書名本館自擬，係光緒二十九年至三十一年（1903–1905）陸恩長公牘文。書衣墨筆題“巡警章程/上雲帥條議/癸卯甲辰乙巳”。

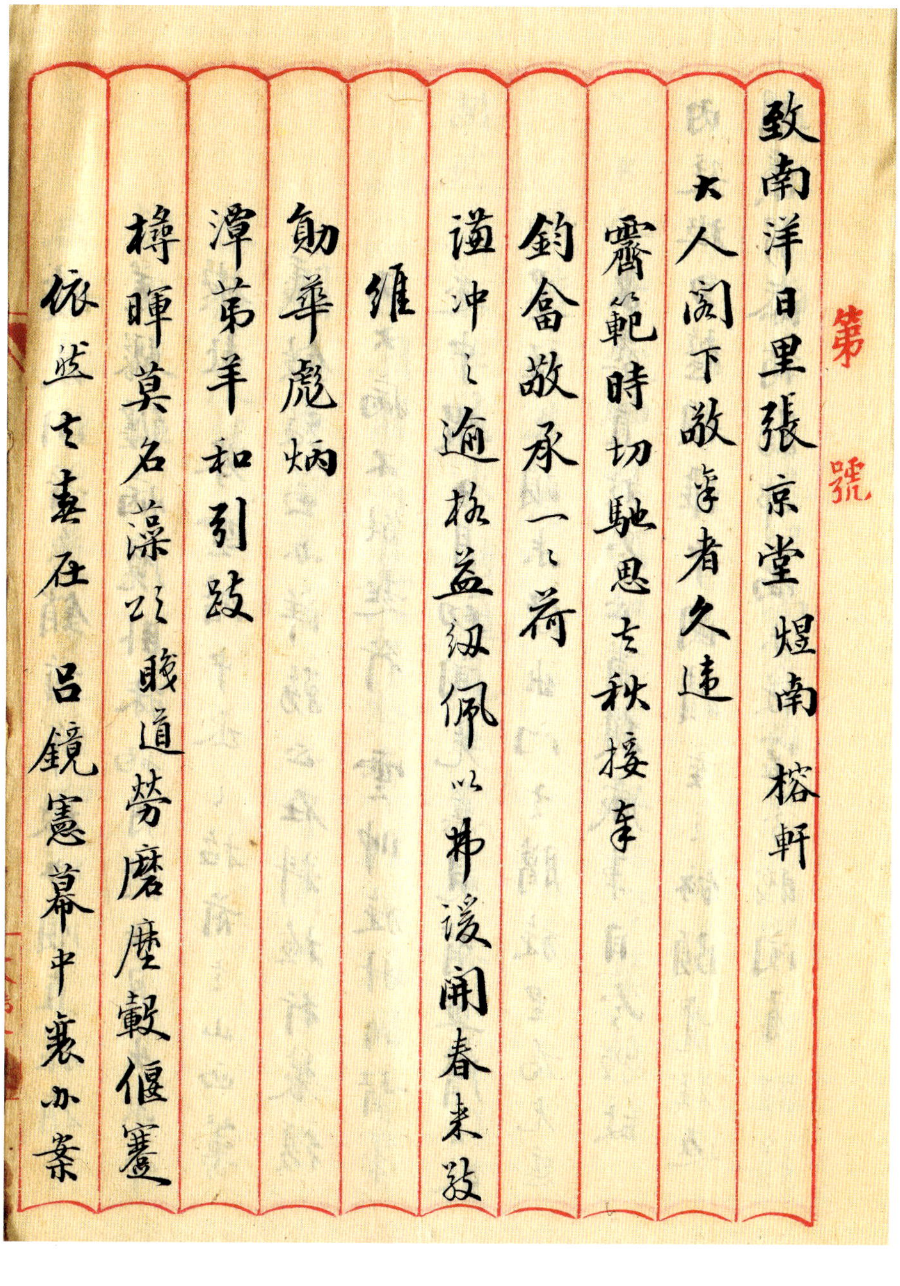
第　號

致南洋日里張京堂煜南　榕軒

大人閣下啟者久違

霽範時切馳思之秋接奉

鈞函敬承一一荷

道沖之適格益級佩以帶後開春來致

維

勛華彪炳

潭第平和引致

檮暉莫名藻以賤道勞磨歷觳偃蹇

依然之甚在　呂鏡憲幕中襄辦案

維西縣志稿不分卷　R0033

佚名纂修

民國稿本（約1938—1949），綫裝，五册一函。

紅格，10行21字，版心上方印“雲南通志官用紙”，黑口，單黑魚尾，四周雙邊。

原書無書名，書名本館自擬。内容爲民國間雲南省維西縣所修之縣志，記事至民國戊寅（二十七年，1938）。内容大略分爲沿革、職官、人物、種族、地圖、大事記。此書未見正式出版。

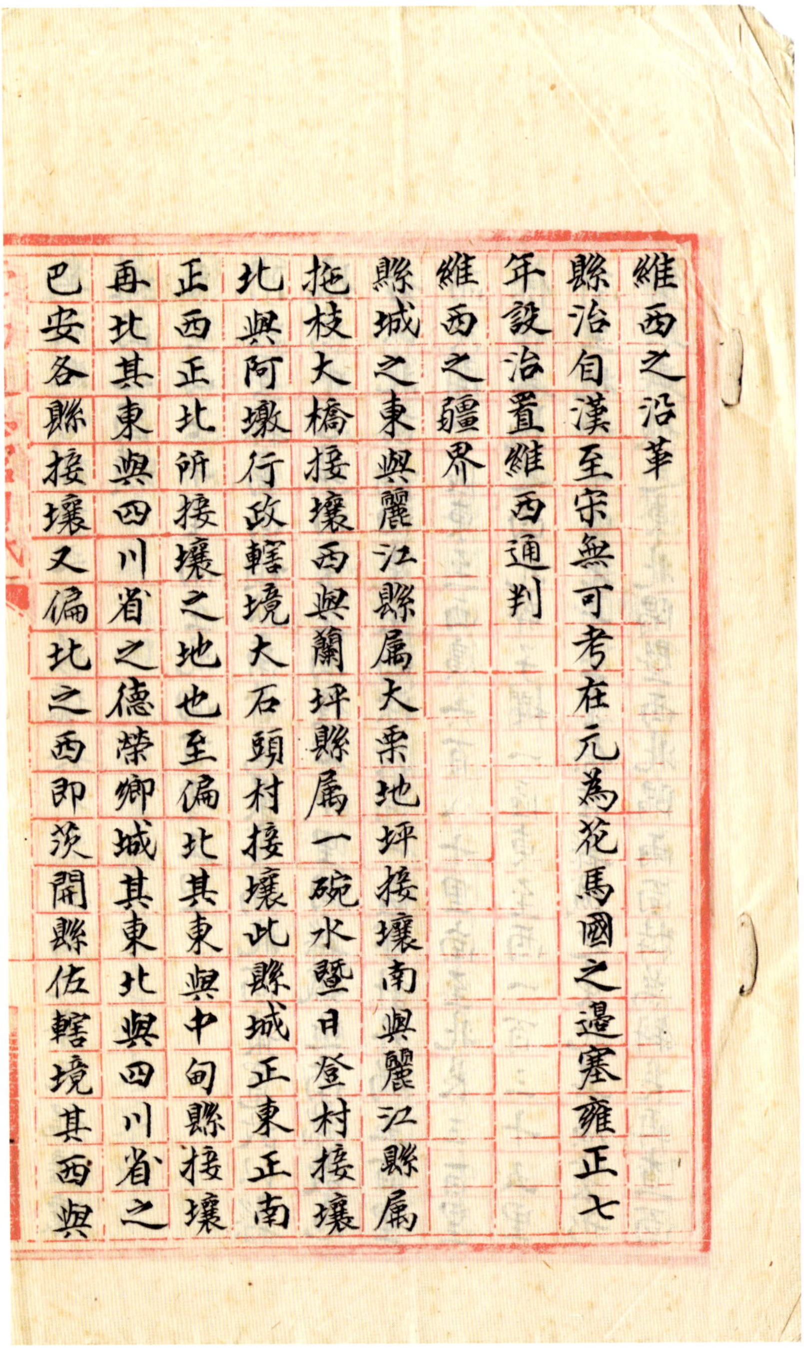

維西之沿革
縣治自漢至宋無可考在元為花馬國之邊塞雍正七
年設治置維西通判
維西之疆界
縣城之東與麗江縣屬大栗地坪接壤南與麗江縣屬
拖枝大橋接壤西與蘭坪縣屬一碗水暨日登村接壤
北與阿墩行政轄境大石頭村接壤此縣城正東正南
正西正北所接壤之地也至偏北其東與中甸縣接壤
再北其東與四川省之德榮鄉城其東北與四川省之
巴安各縣接壤又偏北之西即茨開縣佐轄境其西與

幾禮居所藏戲曲文獻目録　R0037

周明泰編纂

民國三十六年（1947）周明泰稿本，綫裝，二册。

藍格，框19.8×11釐米，8行20餘字不等，小字雙行，單黑魚尾。

周明泰（1896—1994），字志輔，别號幾禮居主人，祖籍安徽至德縣（今東至縣），近代著名實業家周學熙長子，周馥嫡孫。酷愛戲曲，與民國時著名京劇演員交往甚密。他熟悉梨園掌故，廣泛搜集戲曲文獻，並高薪聘人用特製箋紙工楷抄録清内府所藏戲曲傳奇各書，是民國時期的藏書大家，所藏與馬廉、齊如山相頡頏。曾任北洋政府總統府秘書、内務部參事等，亦從事實業。1949年由上海移居香港，後定居美國華盛頓州，潛心學術。生平撰著有《〈都門紀略〉中之戲曲史料》《道咸以來梨園繫年小録》《五十年來北平戲曲史料》《清昇平署存檔事例漫抄》《近百年的戲曲》《元明樂府套數舉略》《幾禮居雜著》《幾禮居隨筆》《讀曲類稿》《枕流答問》《續劇説》《續曲類稿》《明本傳奇雜録》《續封泥考略》《後漢縣邑省併表》《三國志世系表》《三曾年譜》《易卦十二講》《續易卦十二講》等。1994年5月28日在美國逝世。

此書目中最晚紀年爲民國三十六年（1947），係由周明泰親自編纂手書而成。蓋其書雖在1949年離滬赴港時委託合衆圖書館顧廷龍館長代爲保管，但目録卻隨身攜帶，一直到美國。周氏生前將其戲曲藏書全部捐贈上海圖書館，唱片收藏捐贈中國京劇院。這部稿本何時進入華大圖書館已無從知曉，但可以反映出周明泰晚年和華盛頓大學可能産生過某種交集。

武礼居所藏戲曲文献目録
翰墨緣

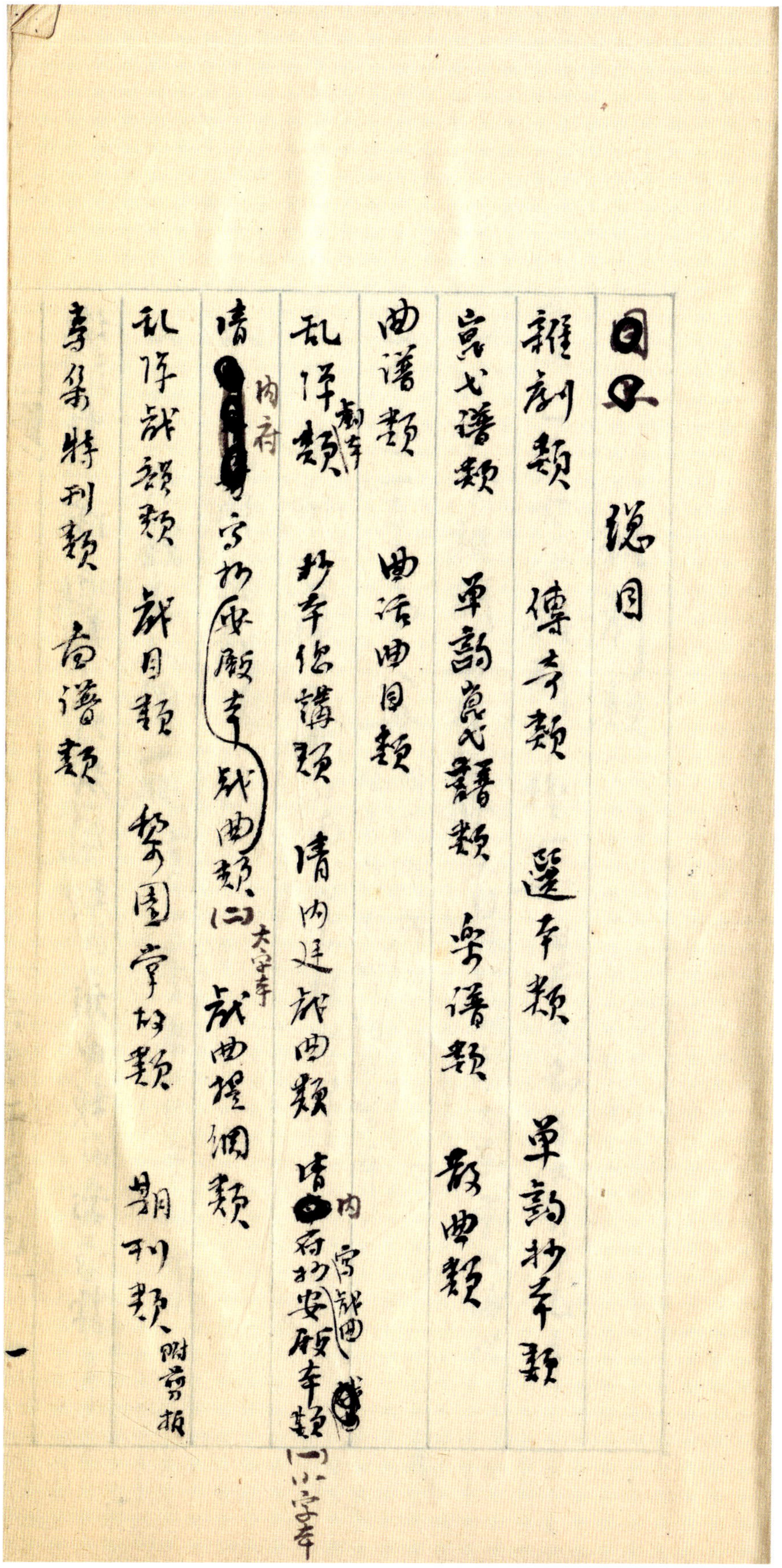
目次　總目

雜劇類　傳奇類　選本類　單齣抄本類

崑弋譜類　單齣崑弋譜類　宮譜類　散曲類

曲譜類　曲話曲目類

亂彈類（劇本）　抄本總講類　清內廷戲曲類　清內府抄安殿本類（一）（宮戲曲）小字本

清內府宮抄殿本戲曲類（二）大字本　戲曲提綱類

亂彈戲類　戲目類　梨園掌故類　期刊類附剪報

專集特刊類　畫譜類

湖田墾務卷宗　B0124

〔清〕崔永安等稟

清宣統元年（1909）抄本，綫裝，二册一函。

題名據書衣。此卷宗係山東湖田墾務。書衣又題“己酉秋七月”，爲宣統元年。

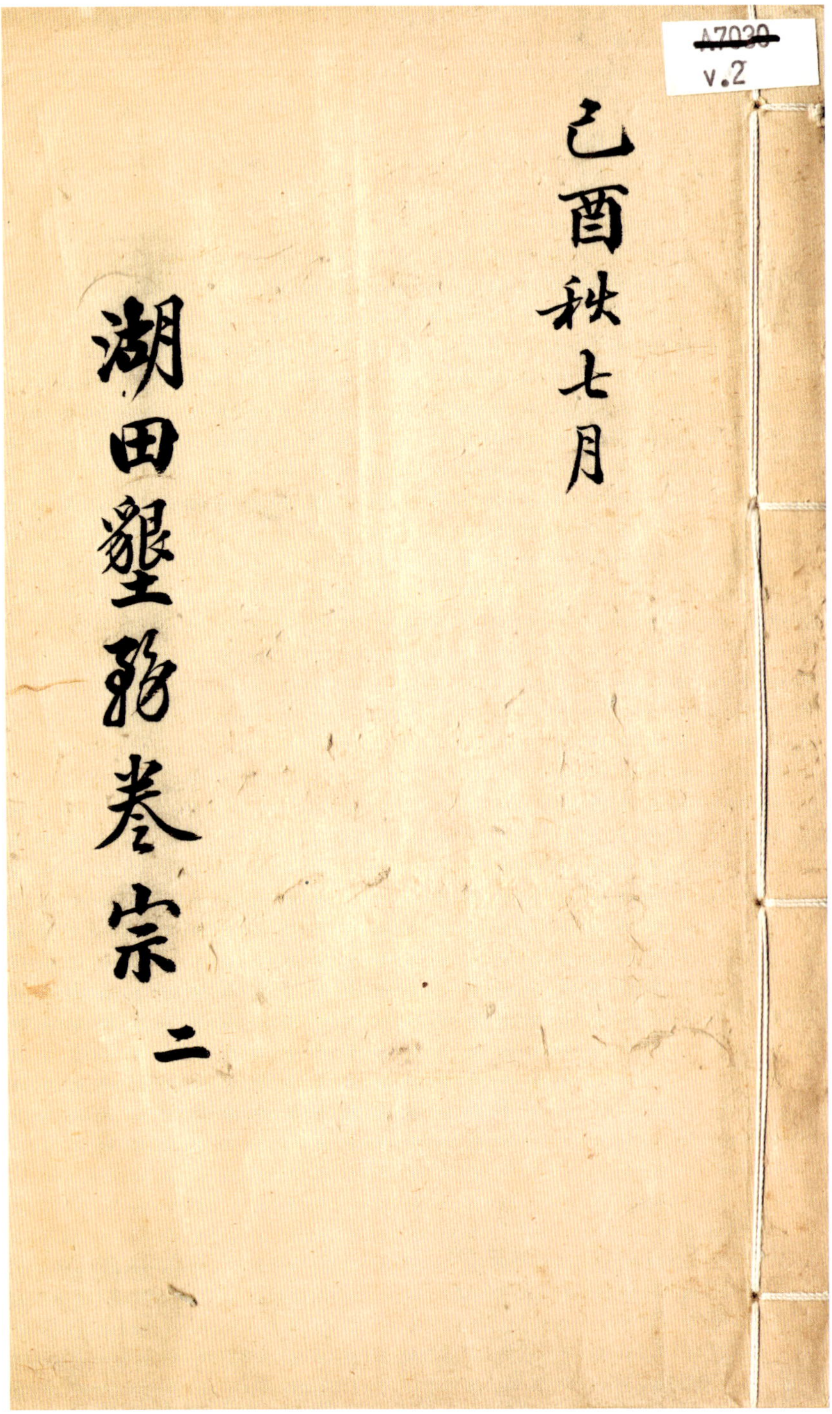

運河道崔永安稟稿

敬稟者竊查東省濱運各湖或爲濟運水櫃或以蓄洩積潦異漲之水保衛民田例禁私墾由來久矣第以今昔異勢滄海桑田不無變易溯自頻年以來每逢伏秋盛漲山泉河坡之水滙注於湖挾沙帶泥積銖累寸歷年既久湖漸淤飽以致沿邊一帶盡成膏壤民間視爲官荒轉生覬覦其間良懦者畏事退縮豪强者任意兼并始則偷種繼則搶割逞兇滋事輙由此起徒有當官禁墾之名

善後事宜三十條　R0022

〔清〕湯鵬撰

清末抄本（約1842—1911），毛裝，一册一函。

框18.8×11.8 釐米，紅格，8行20字，白口，單黑魚尾，版心下印“四寶齋”，四周雙邊。

湯鵬（1801—1844），字海秋，自號浮邱子，湖南益陽人，清道光年間著名的思想家、文學家，與同時期的龔自珍、魏源、張際亮同被譽爲“京中四子”。此條陳又名《夷務善後三十策》，時湯鵬任户部江南司郎中，對第一次鴉片戰争之後的朝廷應該采取的善後舉措做了全面的論述。

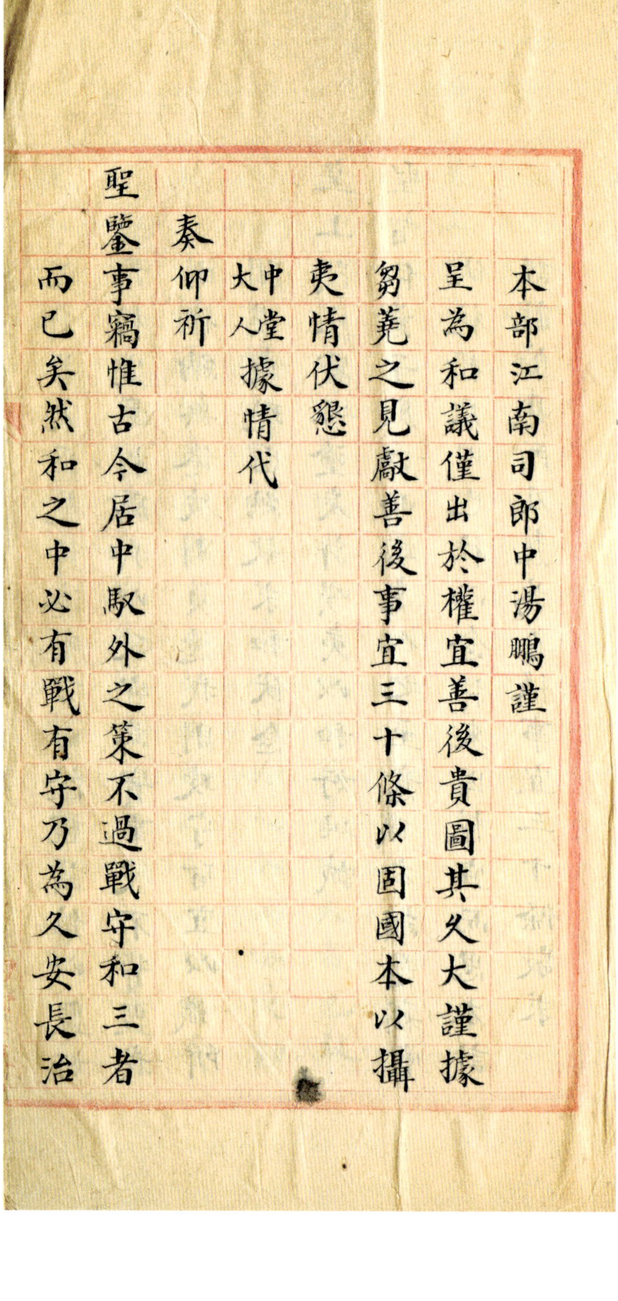

本部江南司郎中湯鵬謹

呈為和議僅出於權宜善後貴圖其久大謹據

芻蕘之見獻善後事宜三十條以固國本以攝

夷情伏懇

中堂大人據情代

奏仰祈

聖鑒事竊惟古今居中馭外之策不過戰守和三者

而已矣然和之中必有戰有守乃為久安長治

制必能使其屬國與國莫敢誰何此亦醫家
以毒攻毒之法似可參互變化而善用之
一海疆各口岸宜令地方官妥為安插暎夷寓
防閑於廣大之中也夫種枳棘則敗良木養
稂莠則傷嘉禾 職聞暎夷於廣東福建浙江
江蘇均請中國給與口岸其勢不得不令夷
人入吾疆域之中雜於編氓之内第暎夷本
志只在通商而又言語不同飲食嗜好不同

談往二卷　B0400

〔清〕花村看行侍者録

清道光二十四年（1844）北京品石山房木活字本，綫裝，一册一函。

8行20字，白口，單黑魚尾，四周雙邊。

《叢書十二種》（又名《崇正叢書十種》）之一種。此書記明末崇禎年間事。

内封鐫“道光甲辰年鐫 品石山房存板/叢書十二種”。書前有叢書輯者葉晴峰道光二十四年序。

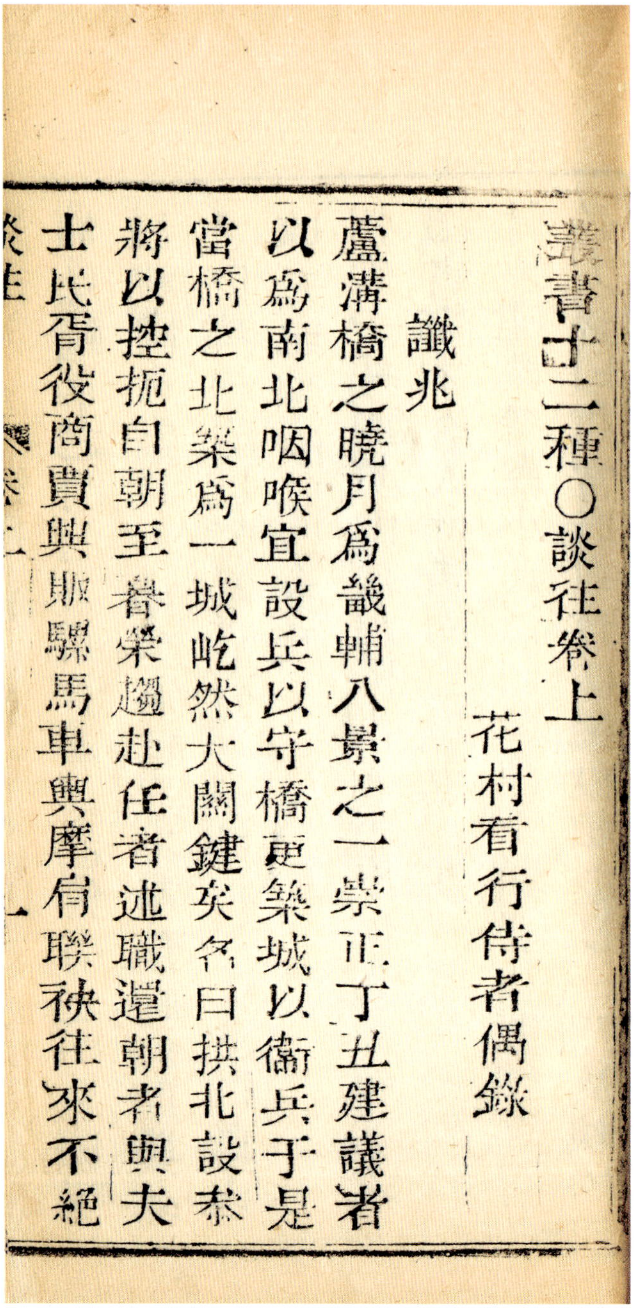
叢書十二種〇談往卷上
花村看行侍者偶錄
讖兆
蘆溝橋之曉月爲畿輔八景之一崇正丁丑建議者
以爲南北咽喉宜設兵以守橋更築城以衛兵于是
當橋之北築爲一城屹然大關鍵矣名曰拱北設叅
將以控扼自朝至暮策趨赴任者述職還朝者與夫
士民胥役商賈與販騾馬車輿摩肩聯袂往來不絶
談往　卷上

名山集七種　B0485

錢振鍠撰編

民國二十四年至三十六年（1935—1947）木活字本，綫裝，四册一函。

錢振鍠（1875—1944），字夢鯨，號謫星，後更號名山，並以號行，晚年别署藏之、庸人等，江蘇常州菱溪人，清光緒二十九年（1903）進士，授刑部主事。宣統元年（1909）丁父憂歸里，從此不求仕進，在家鄉設館授徒，創建並維持常州寄園書院近二十年。著述頗豐，詩文俱佳，人稱江南大儒，書法更爲近代大家。一生愛國愛鄉，賑災救難，造福一方，道德文章，遐邇聞名。

子目：《名山五集》十卷、《名山語類》三卷、《名山乙亥存稿》四卷、《謫星文草》四卷、《錢氏家語》、《良心書》、《課徒草三刻》。

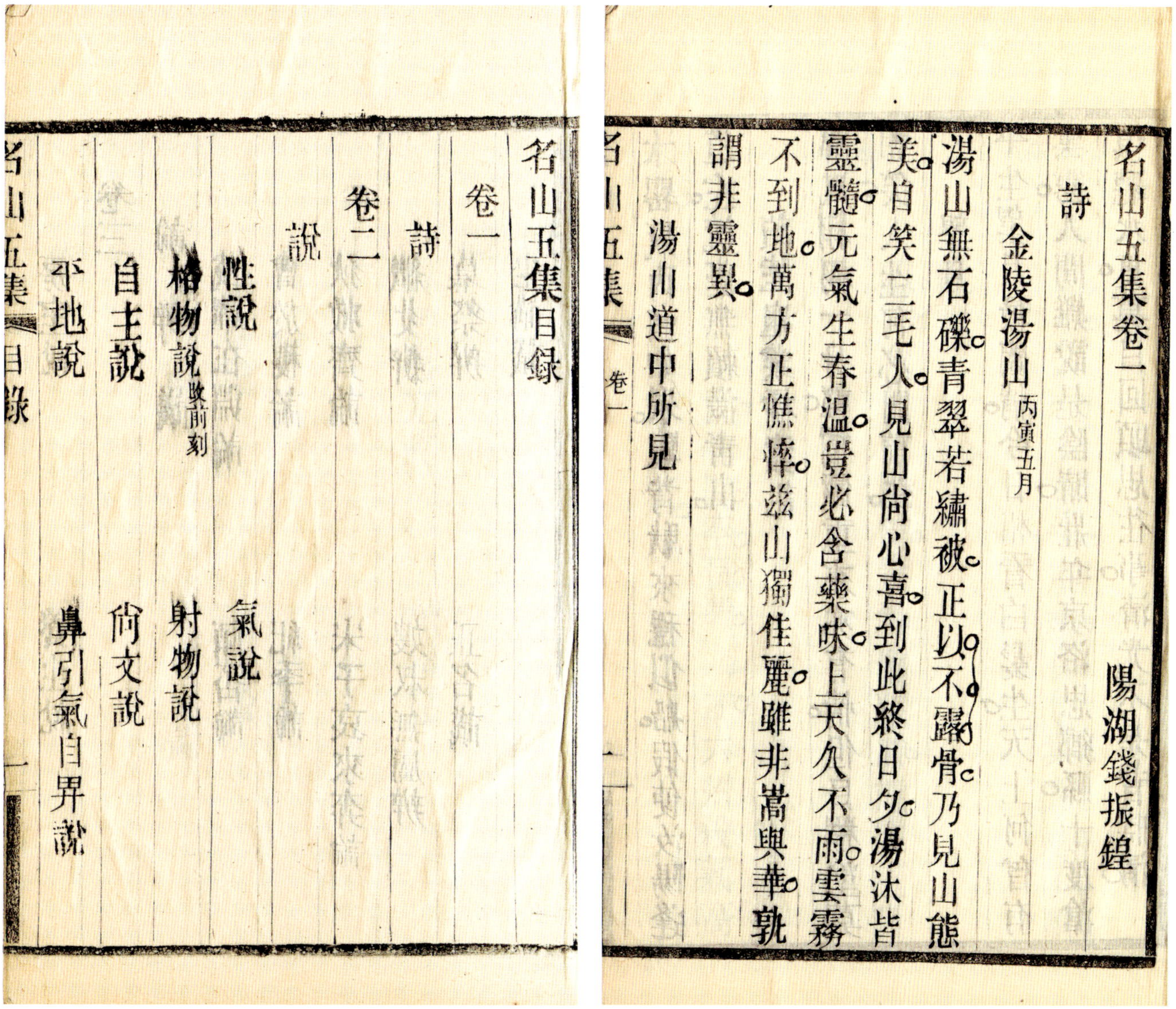

名山五集目録

卷一

詩

卷二

說

性說　氣說

格物說改前刻　射物說

自主說　尙文說

平地說　鼻引氣自昇說

名山五集　目録　一

名山五集卷一　陽湖錢振鍠

詩

金陵湯山丙寅五月

湯山無石礫。青翠若繡被。正以不露骨。乃見山態美。自笑一毛人。見山尙心喜。到此終日夕。湯沐皆靈髓。元氣生春温。豈必含藥味。上天久不雨。雲霧不到地。萬方正憔悴。茲山獨佳麗。雖非嵩與華。孰謂非靈異。

湯山道中所見

名山五集　卷一　一

金淵集六卷　R0034

〔元〕仇遠撰

清乾隆武英殿木活字本（約1774—1795），綫裝，四册一函。

框19.4×12.7釐米，9行21字，白口，單黑魚尾，四周雙邊，版心上鐫書名，中鐫卷次。

此書爲《武英殿聚珍版叢書》之一種。目録首葉下鐫“武英殿聚珍版”。

鈐印“鄧芬”“藕絲孔居”。

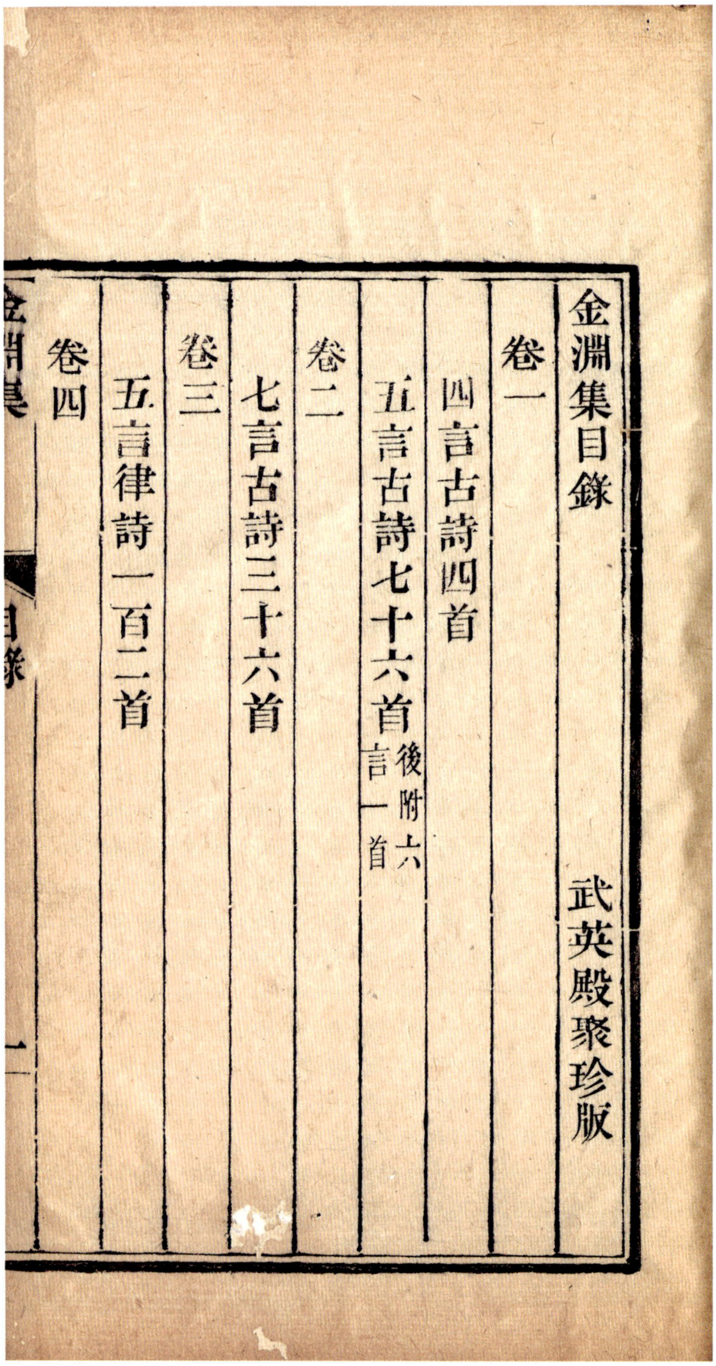

金淵集卷一

元　仇遠　撰

四言古詩

晨入東寺閱藏行香

明星未高緐霜已肅娟娟落月猶挂茅屋我馬遑遑我車僕僕晨入緇林坐閱梵牘字奇義奥了不可讀空玄無象奚事耳目簡書期程軒冕桎梏顧影自哂未能免俗名教眞樂言語縠粟何時式微知足不辱

養鴈

歷代繼統紀年總録三卷 R0007

〔清〕湯棫撰

清嘉慶五年（1800）湯棫木活字本，綫裝，六册一函。

框21×13.8釐米，9行18字，四周雙邊，版心白口，無魚尾。

鈐印“何天保印”“花好月圓人壽”“春華秋實之居”“□□大學藏書”。

湯棫，號樸堂，清乾嘉間江蘇興化人。

此書采用編年體，將從盤古開天地直到明朝滅亡的中國歷史大事依序陳述羅列。此書不見各家著録，此版又係木活字印本，是一部極其罕見的古代奇書。

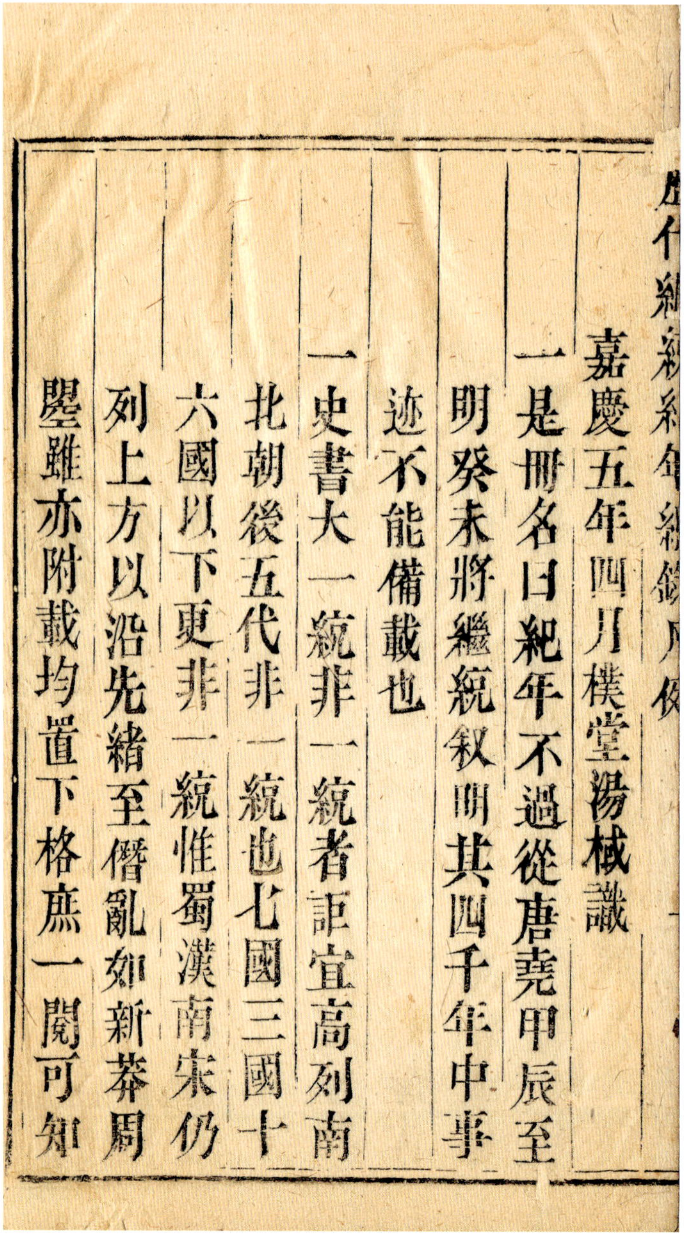

歷代繼統紀年總録凡例

嘉慶五年四月樸堂湯棫識

一是册名曰紀年不過從唐堯甲辰至明癸未將繼統叙明其四千年中事迹不能備載也

一史書大一統非一統者詎宜高列南北朝從五代非一統也七國三國十六國以下更非一統惟蜀漢南宋仍列上方以沿先緒至僭亂如新莽周曌雖亦附載均置下格庶一閱可知

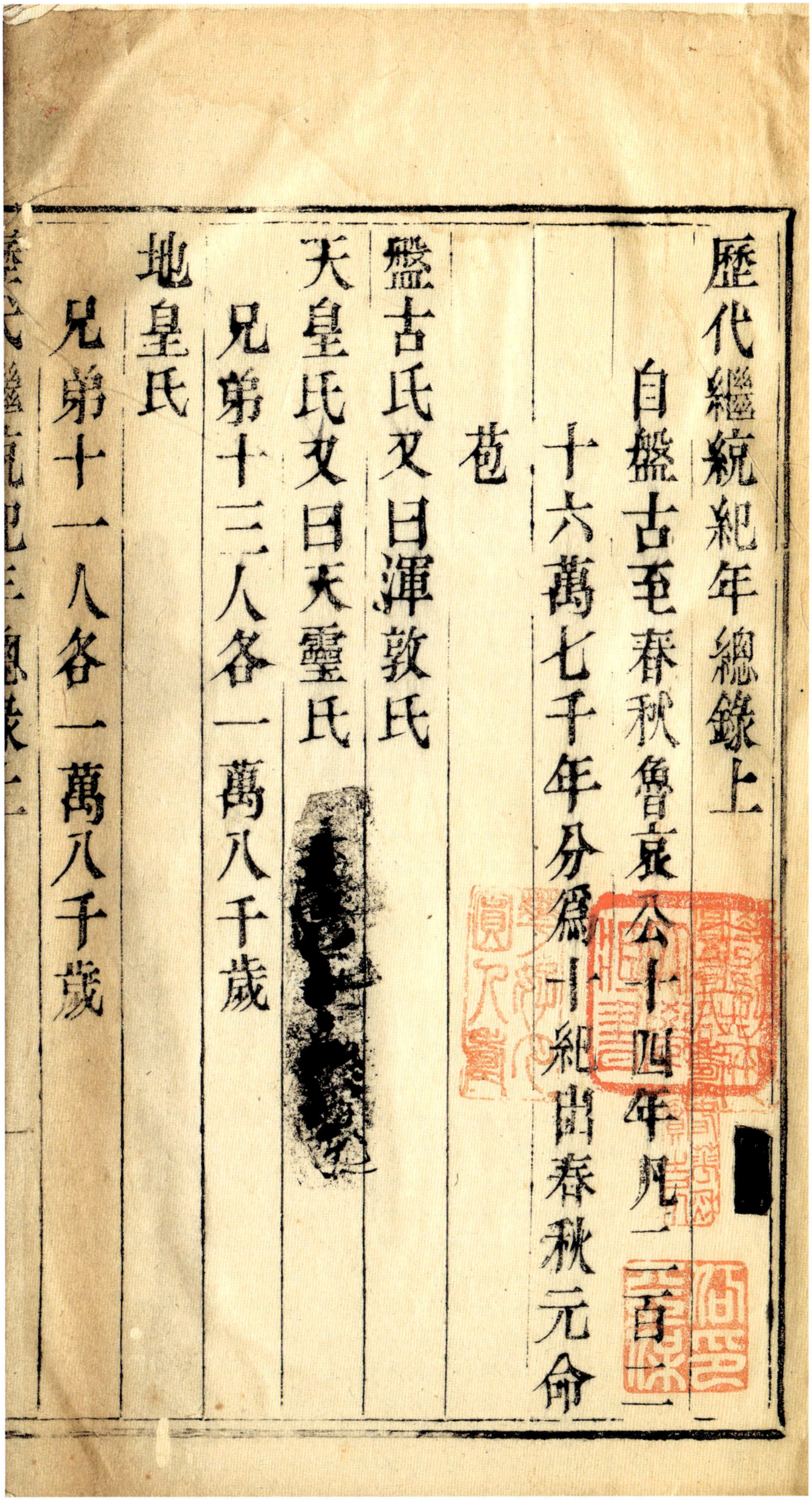

歷代繼統紀年總錄上

自盤古至春秋魯哀公十四年凡二百二十六萬七千年分爲一紀尚春秋元命苞

盤古氏又曰渾敦氏

天皇氏又曰天靈氏

兄弟十三人各一萬八千歲

地皇氏

兄弟十一人各一萬八千歲

銅板音學五書二種十三卷　R0015

〔清〕顧炎武撰

清道光二十六年（1846）廣州林春祺福田書海銅活字本，綫裝，六册一函。

框16×11.2 釐米，8行19字，白口，綫魚尾，四周雙邊，版心上鐫各種書名，中鐫卷次，下鐫“福田書海”四字。

書名據版心題名。内封背面牌記題“福田書海銅活字板福建候官林氏珍藏”。書前有林春祺撰《銅板叙》。序前題名《顧氏音學五書》，實際僅二種：《音論》三卷、《詩本音》十卷。

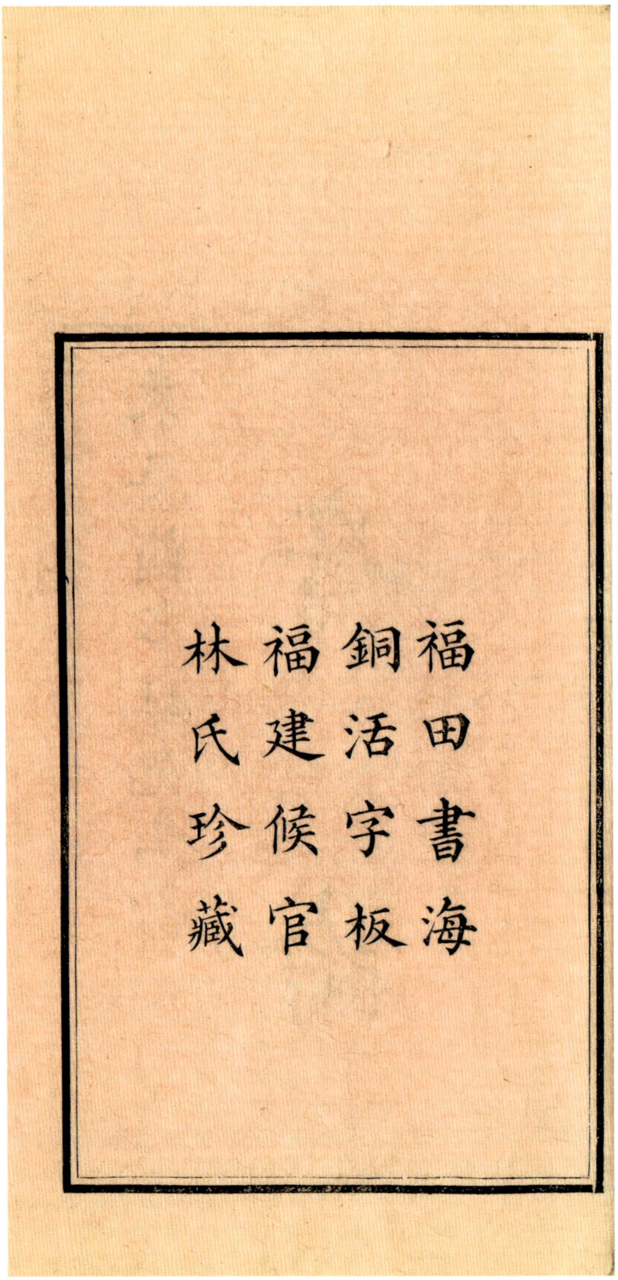

銅板音論卷上　音學五書一

古曰音今曰韻

詩序曰情發於聲聲成文謂之音箋云聲謂宮商角徵羽也聲成文者宮商上下相應按此所謂音卽今之所謂韻也然而古人不言韻

梁劉勰文心雕龍曰異音相從謂之和同聲相應謂之韻元周伯琦六書正譌曰單出爲聲成文爲音音和爲韻

詩經繹參四卷　B0305

〔清〕鄧翔撰　〔清〕孔廣陶等校刊

清同治六年（1867）廣州刻朱墨套印本，綫裝，四册一函。

内封背面牌記鐫"同治丁卯孔氏藏板"，書前有同治著雍執徐（戊辰，1868）蔣益澧序。

孔廣陶（1832—1890），字鴻昌，一字懷民，號少唐，别稱少唐居士，廣東南海人，孔子第七十代孫，清末著名藏書家、刻書家。藏書處稱"三十三萬卷書堂""嶽雪樓"，與"粤雅堂"伍崇曜、"海山仙館"潘仕成、"萬木草堂"康有爲，合稱"廣東四大藏書家"。喜刻名家書籍，抄書數百種，以校勘精審見稱。

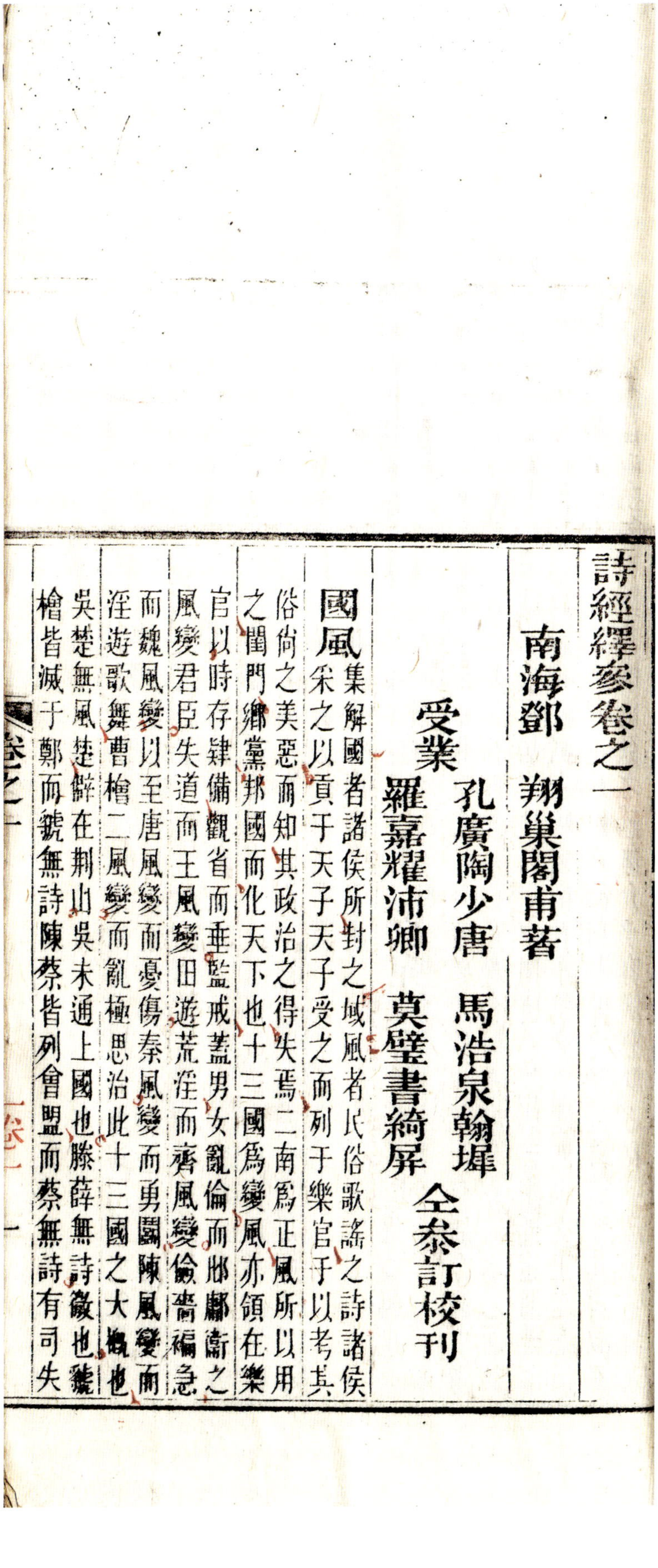
詩經繹參卷之一

南海鄧　翔巢閣甫著

受業　孔廣陶少唐　馬浩泉翰墀
　　　羅嘉耀沛卿　莫璧書綺屏　仝叅訂校刊

國風集解國者諸侯所封之域風者民俗歌謠之詩諸侯采之以貢于天子天子受之而列于樂官于以考其俗尚之美惡而知其政治之得失焉二南爲正風所以用之閨門鄉黨邦國而化天下也十三國爲變風亦領在樂官以時存肄備觀省而垂監戒盖男女亂倫而邶鄘衛之風變君臣失道而王風變田遊荒淫而齊風變儉嗇褊急而魏風變以至唐風變而憂傷秦風變而勇鬪陳風變而淫遊歌舞曹檜二風變而亂極思治此十三國之大槩也吳楚無風楚辭在荆山吳未通上國也滕薛無詩微也虢檜皆滅于鄭而虢無詩陳蔡皆列會盟而蔡無詩有司失

卷之一　一

史通削繁四卷　B0471

〔唐〕劉知幾原撰　〔清〕紀昀删定　〔清〕浦起龍注删

清道光十三年（1833）廣州兩廣節署刻廣州翰墨園朱墨套印本，綫裝，四册一函。

内封背面牌記鐫“道光十三年冬栞於兩廣節署”，左下方鐫“粵東省城翰墨園藏板”。

清後期廣州翰墨園刻書甚多，其中很多是套印本。朱墨本如據葉樹藩海録軒本翻刻之《昭明文選李善注》六十卷，據聽雨齋本翻刻之《唐賢三昧集箋注》三卷、《蘇文忠公集》五十卷、《陶淵明集》八卷首一卷末一卷、《史記菁華録》六卷、《文心雕龍》十卷、《史通削繁》四卷等，三色套印本有據秀野堂本翻刻之《昌黎先生詩集注》十一卷，四色套印本有《重刊補注洗冤録集證》六卷，五色或六色套印本爲五家評本《杜工部集》。兩廣總督盧坤以兩廣節署名義出版的各種套印本，都是交付翰墨園刻印的。翰墨園可稱是清末套版印刷的突出代表。

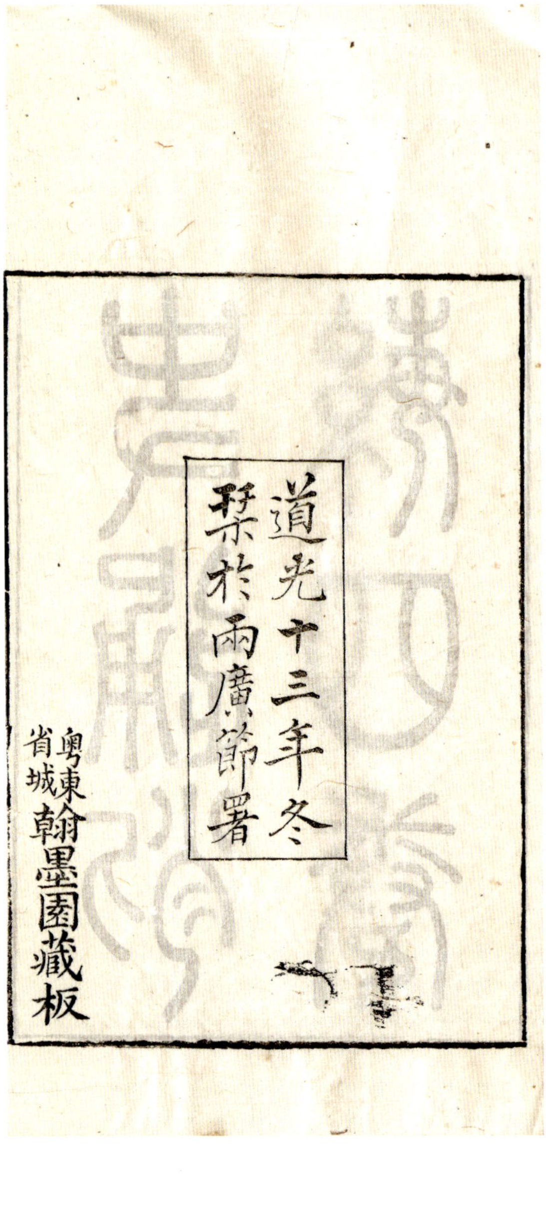

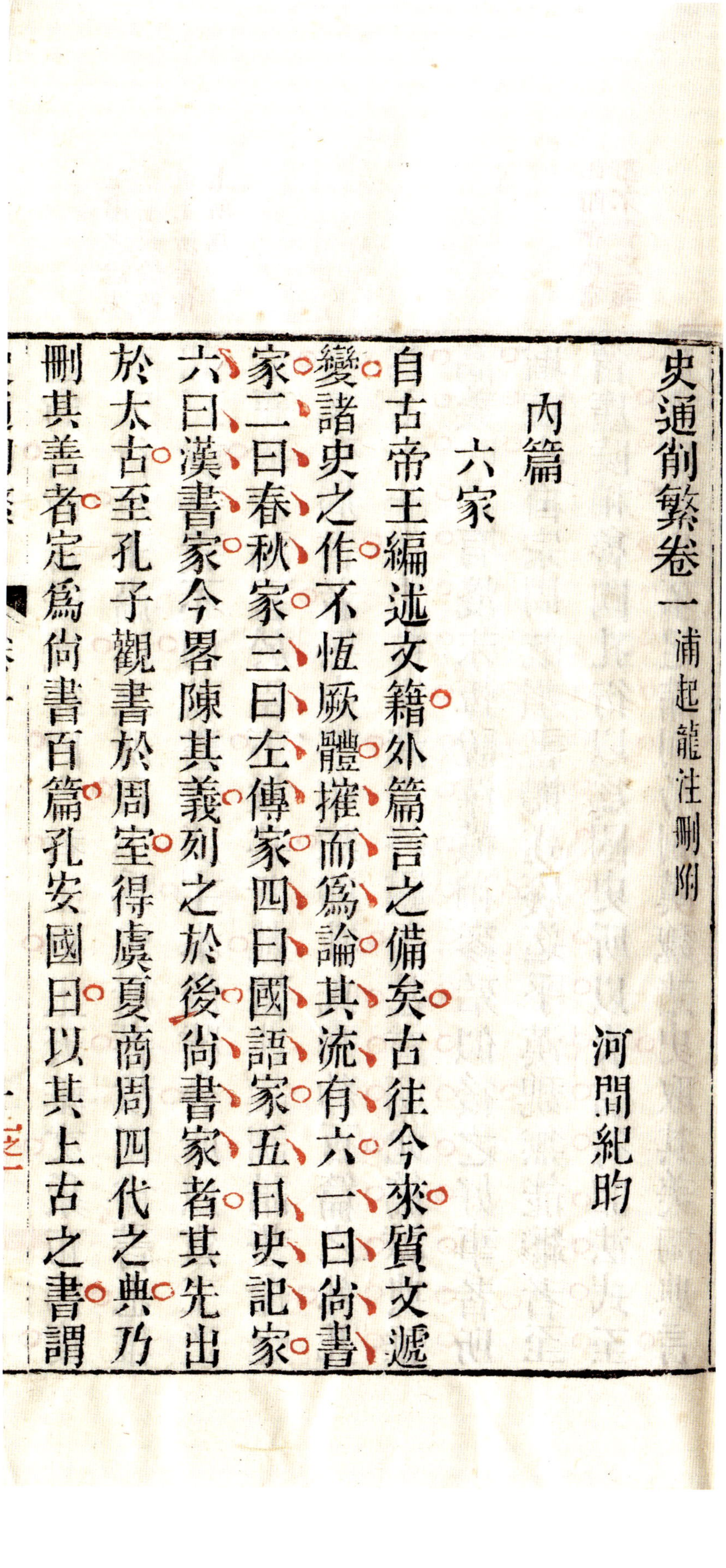

史通削繁卷一　浦起龍注刪附

河間紀昀

內篇

六家

自古帝王編述文籍外篇言之備矣古往今來質文遞變諸史之作不恒厥體搉而爲論其流有六一曰尚書家二曰春秋家三曰左傳家四曰國語家五曰史記家六曰漢書家今畧陳其義列之於後尚書家者其先出於太古至孔子觀書於周室得虞夏商周四代之典乃删其善者定爲尚書百篇孔安國曰以其上古之書謂

六朝文絜四卷　　B0505

〔清〕許槤評選

清光緒三年（1877）廣東西腴仙館刻朱墨套印本，綫裝，一册一函。

内封背面鐫“光緒丁丑西腴仙館仿聚珍版”。

許槤（1787—1862），初名映漣，字叔夏，號珊林、樂恬散人，室名紅竹草堂、古韻閣、行吾素齋，浙江海寧人。道光十三年（1833）進士，官至山東平度知州。致力文字之學，治《説文解字》頗有創建；又工詩文，善　篆隸書法，且兼通醫學。《海寧州志稿》卷二十八有傳。其編訂《六朝文絜》，選評精當，流傳甚廣，此套印本刻印亦佳。

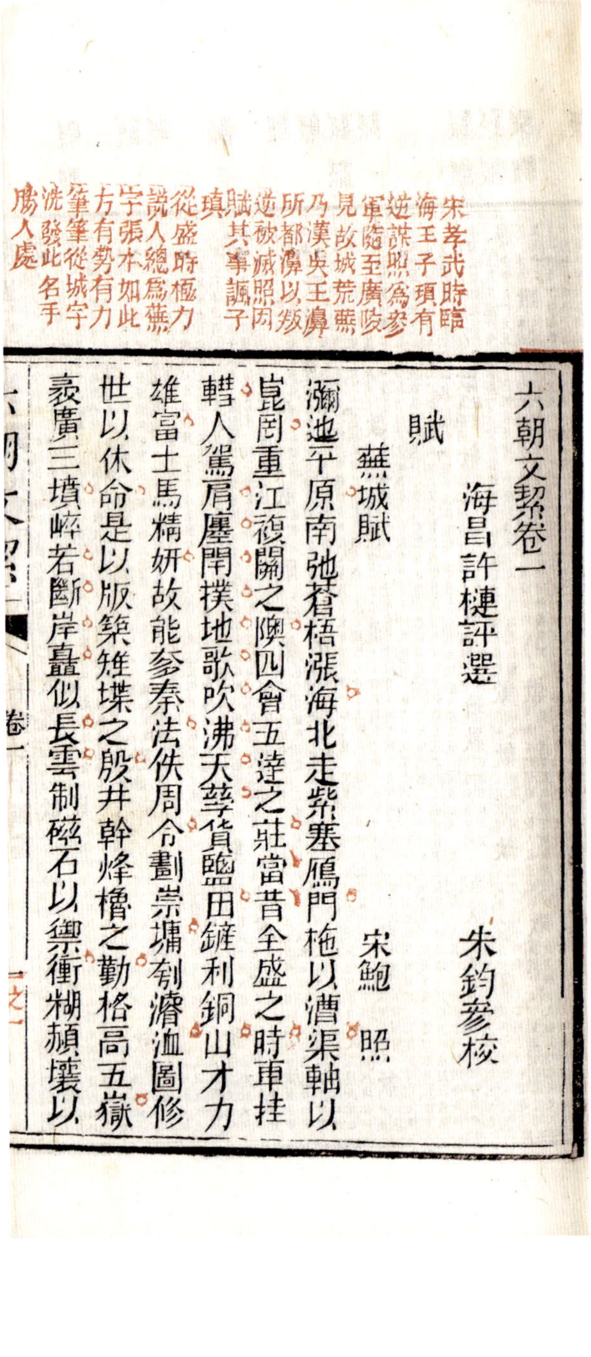
宋孝武時臨海王子頊有逆謀照爲參軍隨至廣陵見故城荒蕪乃漢吳王濞所都濞以叛逆被滅照因賦其事諷子頊
從盛時極力說入總爲蕪字張本如此方有勢有力筆筆從城字洗發此名手勝人處

六朝文絜卷一　海昌許槤評選　朱鈞參校

賦

蕪城賦　宋鮑照

瀰迆平原南馳蒼梧漲海北走紫塞鴈門柂以漕渠軸以崑岡重江複關之隩四會五達之莊當昔全盛之時車挂轊人駕肩廛閈撲地歌吹沸天孳貨鹽田鏟利銅山才力雄富士馬精妍故能參秦法佚周令劃崇墉刳濬洫圖修世以休命是以版築雉堞之殷井幹烽櫓之勤格高五嶽袤廣三墳崪若斷岸矗似長雲制磁石以禦衝糊頳壤以

芥子園畫傳　R0017

〔清〕沈心友輯　〔清〕王槩、王蓍、王臬繪

清嘉慶五年（1800）金陵芥子園刻彩色套印本，綫裝，五册一函。

存初集之卷二、三、五，二集之《青在堂蘭譜》《青在堂梅譜》。

《蘭譜》書首末葉鐫"嘉慶庚申清和月金陵芥子園重鐫珍藏"。

《芥子園畫傳》木刻彩色套印本全套爲四集。康熙十八年（1679）出版初集五卷，内容爲山水。康熙四十年（1701）出版二、三集：二集四卷，内容爲蘭竹梅菊；三集四卷，内容爲花卉翎毛草蟲。嘉慶五年仍以芥子園名義重新刊刻了前三集，並將清朝畫家丁皋的人物繪畫技法增編爲第四集，彌補了前三集人物繪畫技法不足的遺憾。

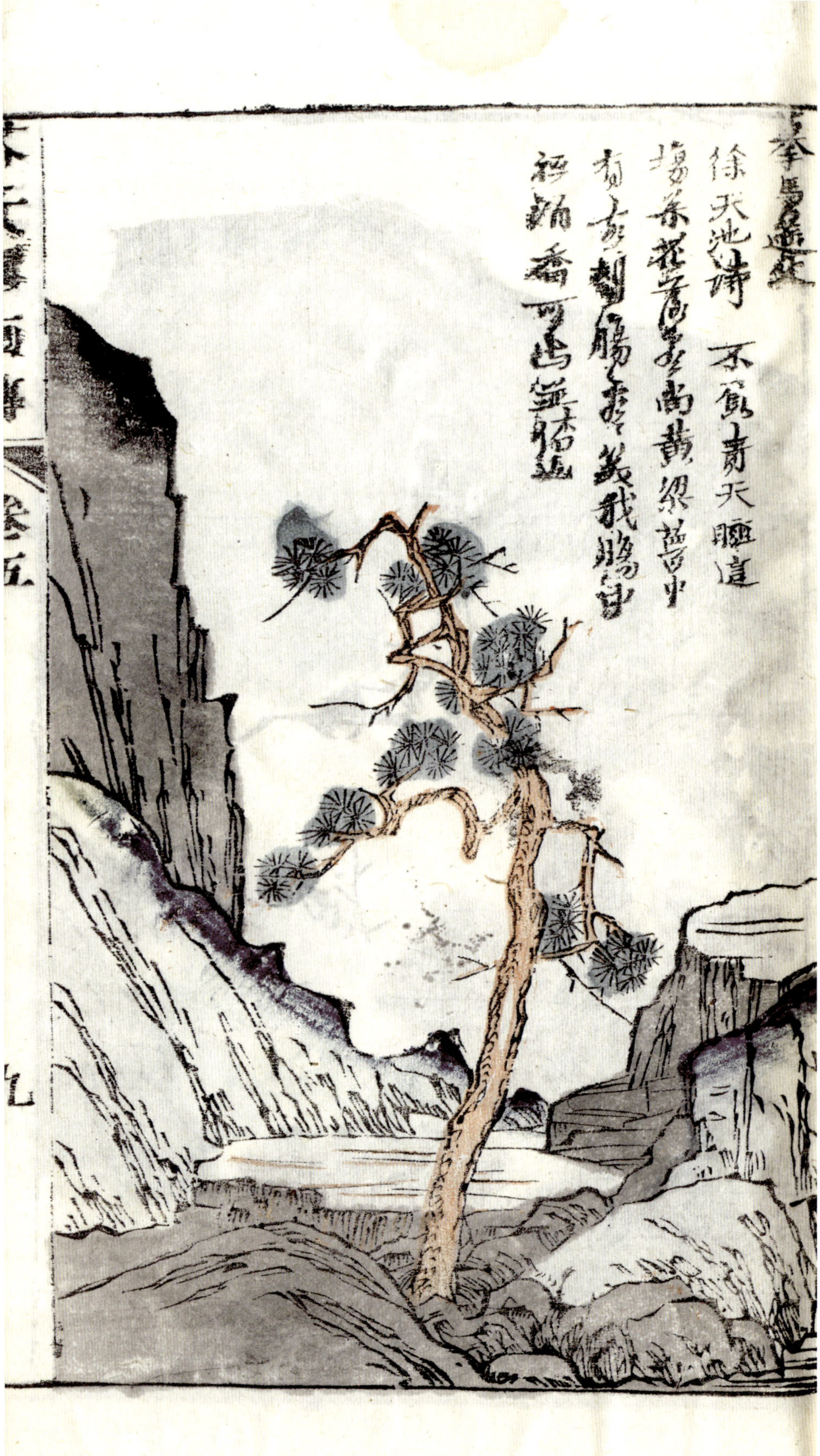
徐天池詩

貴州百苗圖　R0019

〔清〕佚名編繪

清末刻彩色套印本（約1821—1911），綫裝，一册一函。

無版框。圖及圖説爲一至七十四，缺第七十四圖及圖説。書中避道光諱。

書衣墨筆題“貴陽佩文閣藏本”，並有佩文閣橢圓形朱印圖記。

此書未見他處著録和收藏。貴州苗圖一類書許多圖書館藏有彩繪本，但木版彩印之本極爲少見。

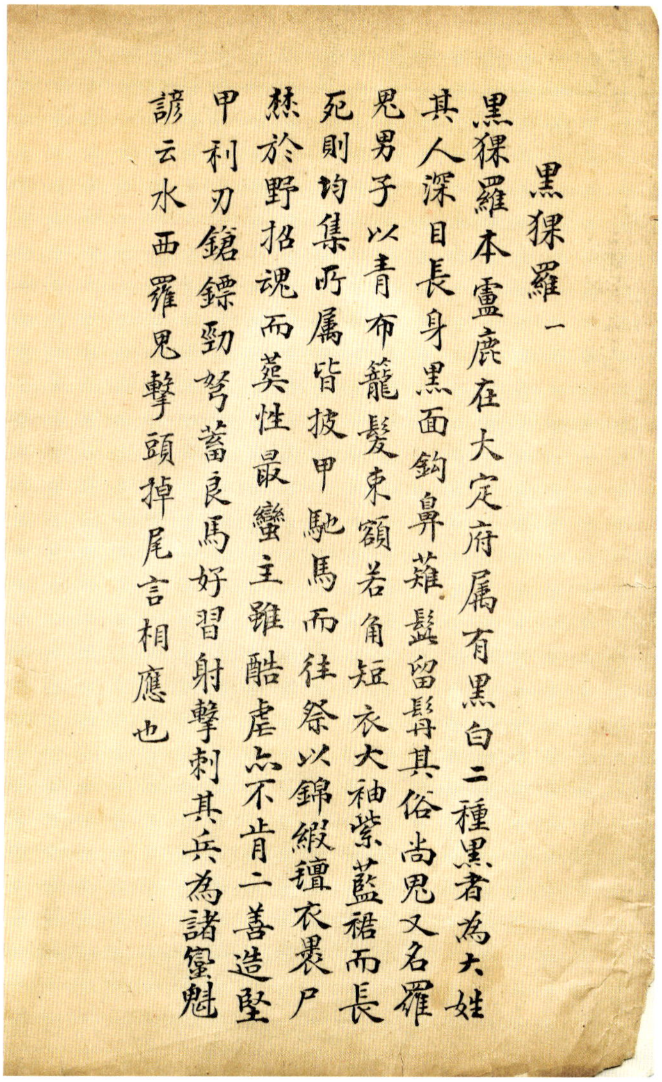

黑猓羅一

黑猓羅本盧鹿在大定府屬有黑白二種黑者為大姓其人深目長身黑面鈎鼻薙鬚留髯其俗尚鬼又名羅鬼男子以青布籠髮束額若角短衣大袖紫藍裙而長死則均集所屬皆披甲馳馬而往祭以錦緞纏衣裹尸焚於野招魂而葬性最蠻主雖酷虐亦不肯二善造堅甲利刃鎗鏢勁弩蓄良馬好習射擊刺其兵為諸蠻魁諺云水西羅鬼擊頭掉尾言相應也

甲午大吉詩編一卷續編一卷　B0001

〔清〕許郊等撰

清光緒二十年（1894）杭州許郊刻本，綫裝，一册一函。

書後有光緒二十年許郊刻書跋。這是1894年初杭州地方紳士給慈禧太后祝壽的一部詩集，其中還有八千卷樓主人丁丙的賀詩。因爲書中所收的一百多首詩，每句開頭的字組合起來，都是“甲午大吉”四字，故以此爲書名。此書大概是因爲隨後的中日甲午戰争，没有得到流傳，華盛頓大學所藏爲僅見的一部，爲衛德明原藏書。

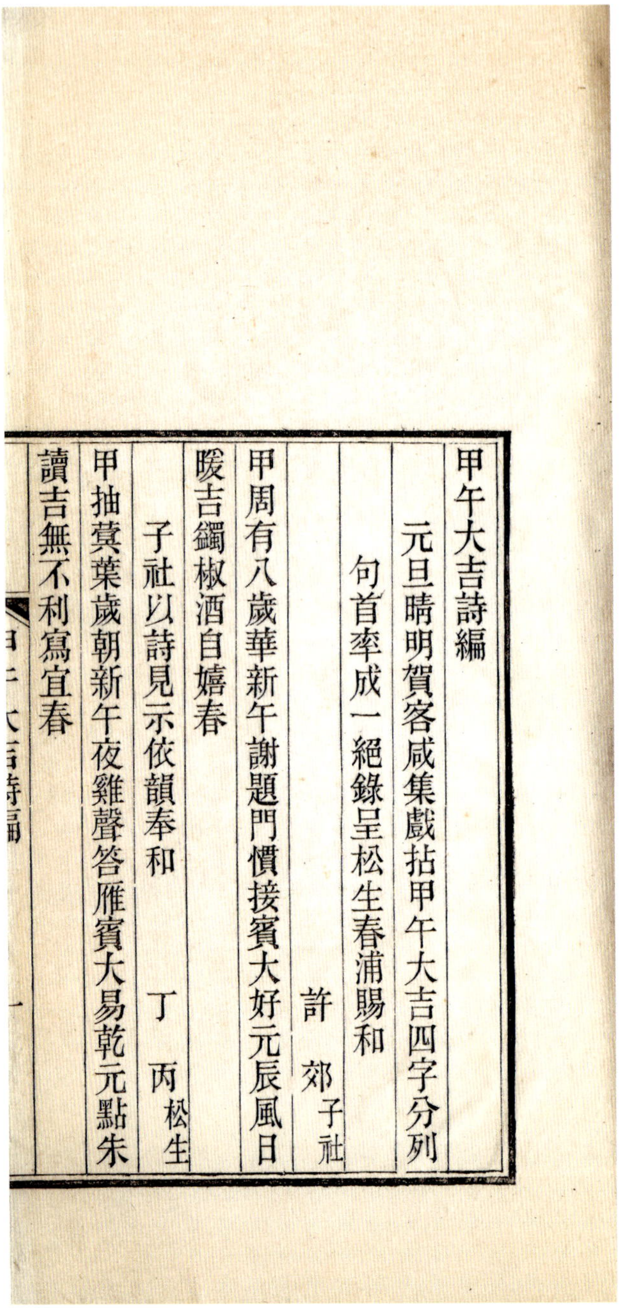
甲午大吉詩編
元旦晴明賀客咸集戲拈甲午大吉四字分列
句首率成一絕録呈松生春浦賜和
許　郊 子社
甲周有八歲華新午謝題門慣接賓大好元辰風日
晙吉斸椒酒自嬉春
子社以詩見示依韻奉和　丁　丙 松生
甲抽蓂葉歲朝新午夜雞聲答雁賓大易乾元點朱
讀吉無不利寫宜春
甲午大吉詩編　一

光緒二十年歲陽在甲歲陰在午恭逢
皇太后六旬萬壽之慶鈞鈐明延嘉生乾亨坤慶均
禧於九垓所謂祥源應節啟福緒逐年新者於今歲
見之矣許君子社出武林之華族爲文壇之耆宿於
正月元旦展魚子之箋試麟角之筆得七言絕句一
首以甲午大吉四字冠每句之首而以新賓春三字
爲韻吉人之詞與物爲春一時丁松生徵君修甫和
甫孝廉楊春浦外翰諸吟侶屬而和者數十人得詩
百數十首鉤心鬬角因難見巧可謂極才人之能事

憶嶺南草木詩十四首　B0112

〔清〕張之洞撰

清末刻本（約1889—1911），綫裝，一册一函。

内封題名“南皮張孝達尚書憶嶺南草木詩十四首”。

張之洞（1837—1909），字孝達，號香濤，直隸南皮人，清同治二年（1863）中進士，一甲第三名，授翰林院編修，歷任教習、侍讀、侍講、内閣學士、山西巡撫、兩廣總督、湖廣總督、兩江總督、軍機大臣等職，官至體仁閣大學士，與曾國藩、李鴻章、左宗棠並稱“晚清中興四大名臣”。光緒九年至十五年（1883—1889）任兩廣總督，期間在廣州創辦廣雅書局和廣雅書院，對廣東文化建設頗多貢獻。

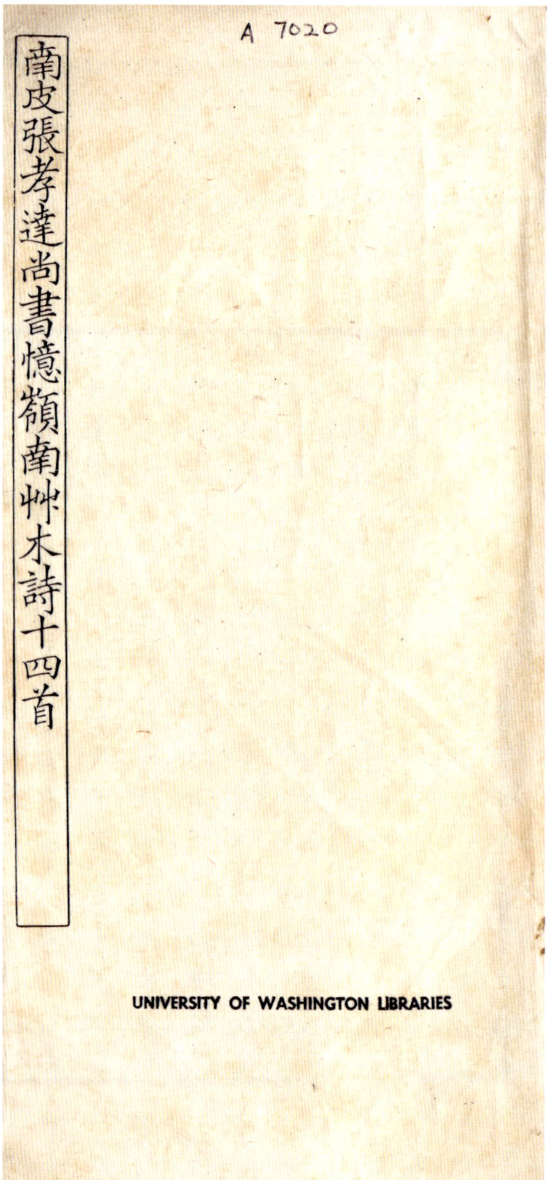

憶嶺南草木詩十四首

廣益堂雙松

南海氣麗厚卉木四時好歲奏壽民婦常有百齡老挺挺後彫姿不寒孰知實平生有篤嗜謂勝桃李姣移根扶胥口（自黃浦北牛山移来）礁大枝未繚廣庭闢坦夷不使雜樹繞龍性生已具森然蓄鱗爪櫸柳及楊梅難較年大小此堂晝沈沈幕僚戚文藻敬事屏戲談攻關無枉道增此兩畏友峩冠強哉矯坐對穆清風塵牘紛如掃不憾成器晚自由種不早贊皇念寺竹平安

選緑齋詩鈔三卷詩餘一卷　B0101

〔清〕韓德玉撰

清光緒三十四年（1908）唐縣劉永詩刻本，綫裝，一册一函。

内封題書名“選緑齋遺詩弍卷詞集附”，背面牌記鎸“光緒戊申季春刊於唐縣”。書衣有光緒戊申年墨筆題識。

韓德玉（1847—1899），號浣雲，又號選緑齋主人，唐縣劉永詩（名傳祁）妻。

此書目前僅知蘇州圖書館有收藏，海外此本爲僅見。

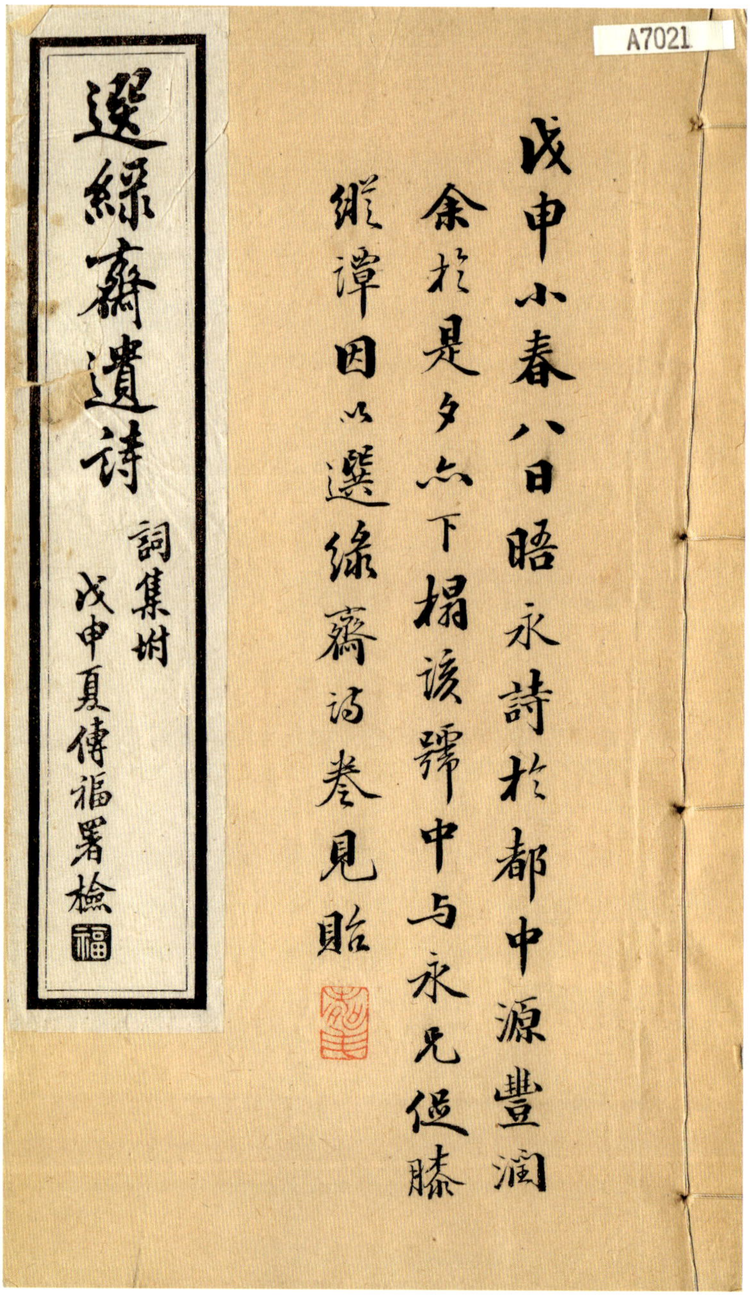

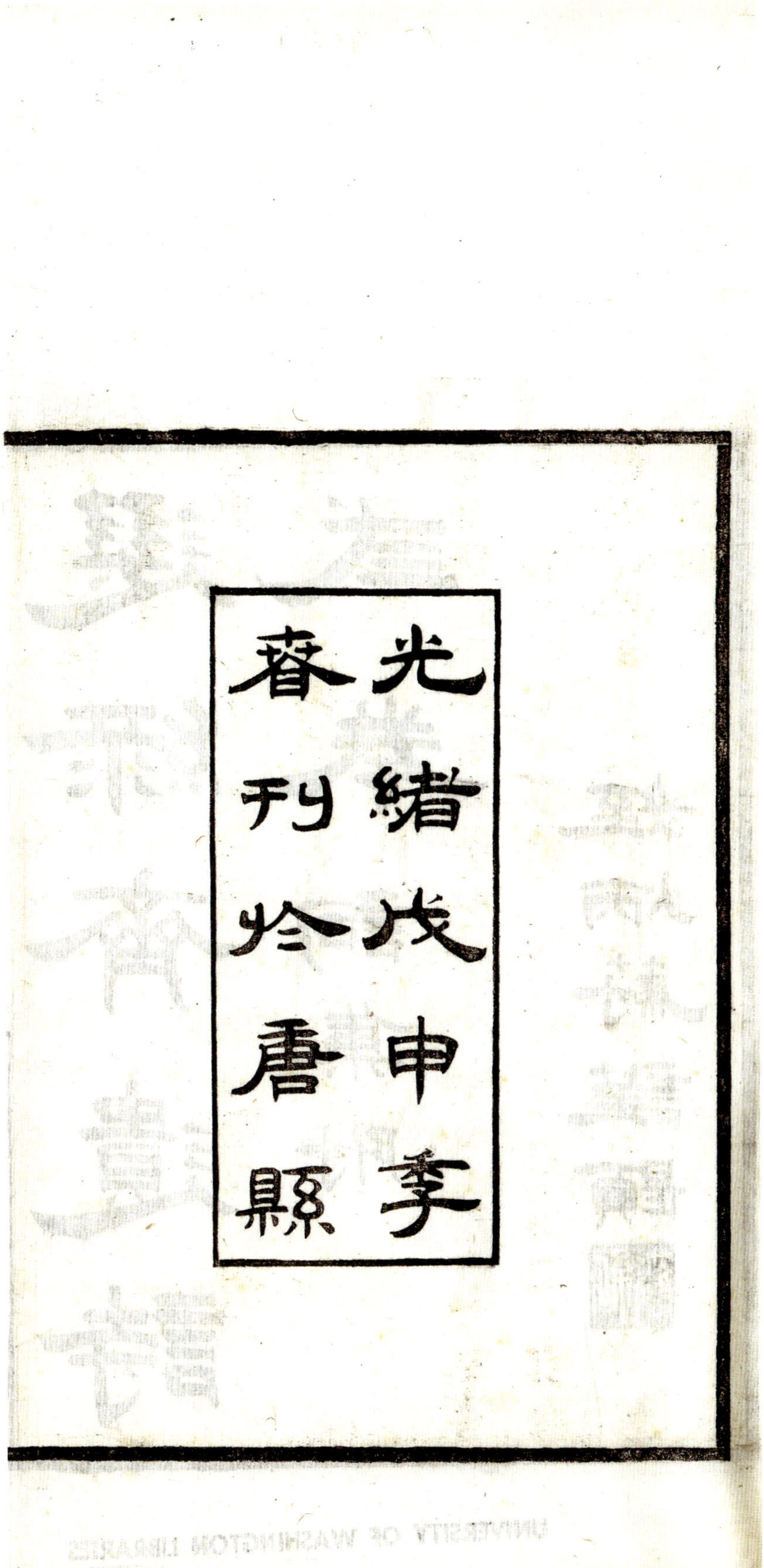

光緒戊申季
春刊於唐縣

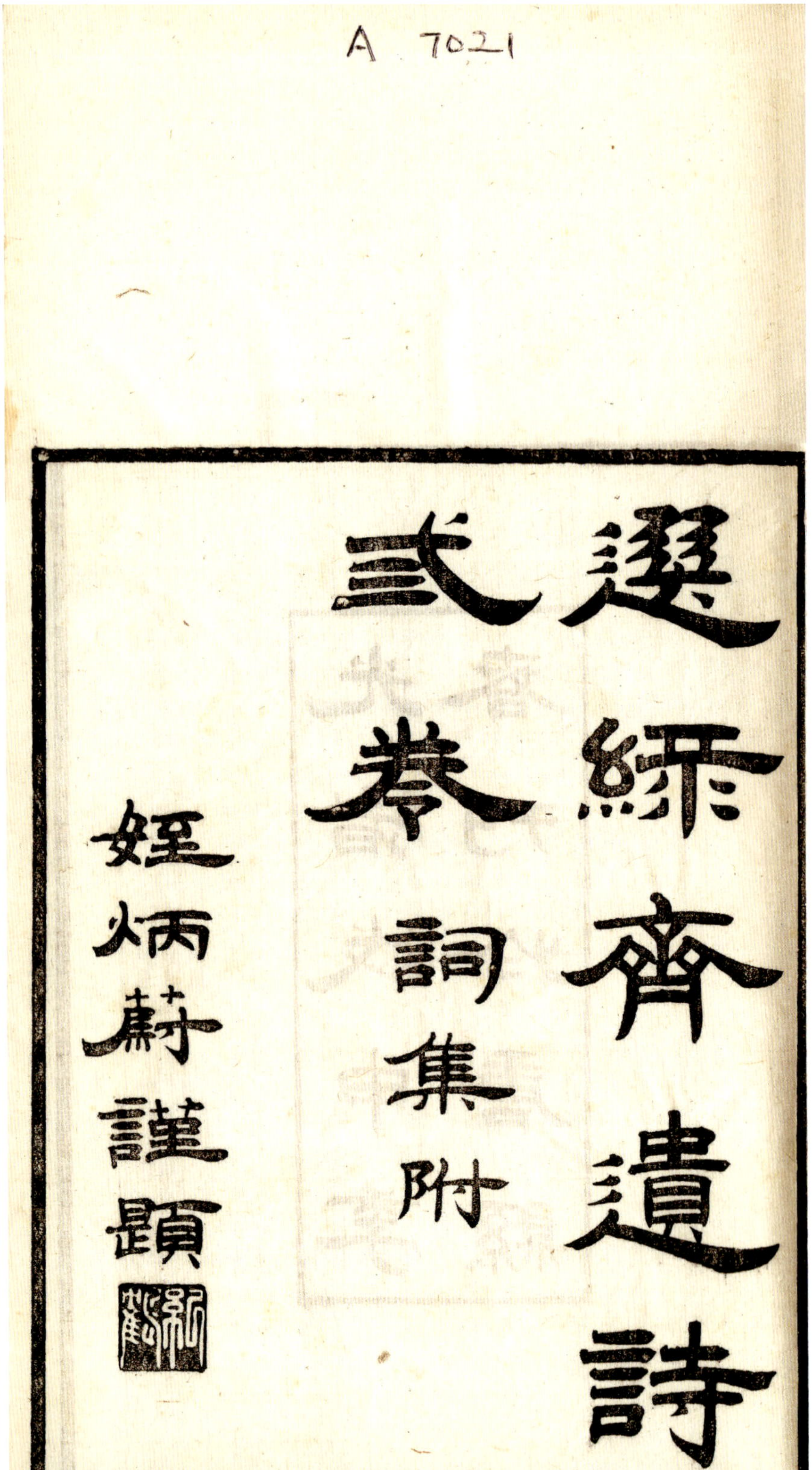

選綠齋遺詩

弍卷 詞集附

姪炳蔚謹題

選綵齋詩鈔卷一

長洲浣雲女史韓德玉

繡餘集

古劍

沈鬱豐城久霜鋒半蘚侵終宵騰虎氣陰雨激龍吟玉匣封何古銀花蝕已深一朝逢薛燭拂拭慨雄心

風箏

巧製飛鳶放碧天好風引處快騰騫三春得路能離俗一氣淩霄竟欲仙綵線拂來絲歷亂竹琴譜處韻纏綿

廣東鄉試硃卷：光緒己丑恩科　　B0536

〔清〕梁士詒撰

清光緒十五年（1889）廣州經史閣刻本，綫裝，一册一函。

框16.9×12.3釐米，9行25字，白口，四周雙邊，單黑魚尾，版心上方鐫“廣東鄉試硃卷”。

此書内容爲梁士詒鄉試硃卷及齒録。卷端鐫“廣東鄉試硃卷 光緒己丑 恩科”，末葉卷尾鐫“粤東桂香街經史閣刷印”。

梁士詒（1869—1933），字翼夫，號燕蓀，廣東省三水縣人，清光緒十五年（1889）舉人，光緒二十年（1894）進士，官至署理郵傳部大臣。入民國後，任袁世凱總統府秘書長等職，爲袁世凱帝制運動的主謀。民國十年（1921）十二月至十一年（1922）一月，曾短暫擔任中華民國國務總理。

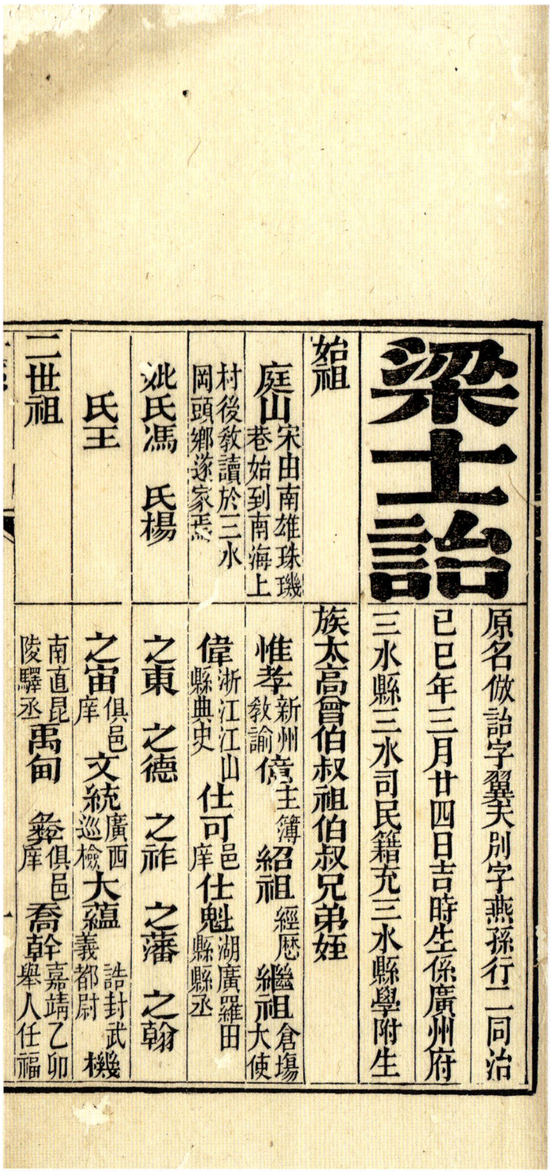
梁士詒
原名做詒字翼夫別字燕孫行二同治
己巳年三月廿四日吉時生係廣州府
三水縣三水司民籍充三水縣學附生
始祖 族太高曾伯叔祖伯叔兄弟姪
庭山 宋由南雄珠璣巷始到南海上村後教讀於三水岡頭鄉遂家焉 惟孝 新州教諭 倚 主簿 紹祖 經歷 繼祖 倉場大使
妣氏馮 氏楊 偉 浙江江山縣典史 仕可 邑庠 仕魁 湖廣羅田縣縣丞
之東 之德 之祚 之藩 之翰
氏王 之宙 俱邑庠 文統 廣西巡檢 大蘊 義都尉 誥封武 機
二世祖 南直昆陵驛丞 禹甸 鑫 俱邑庠 喬幹 嘉靖乙卯舉人任福

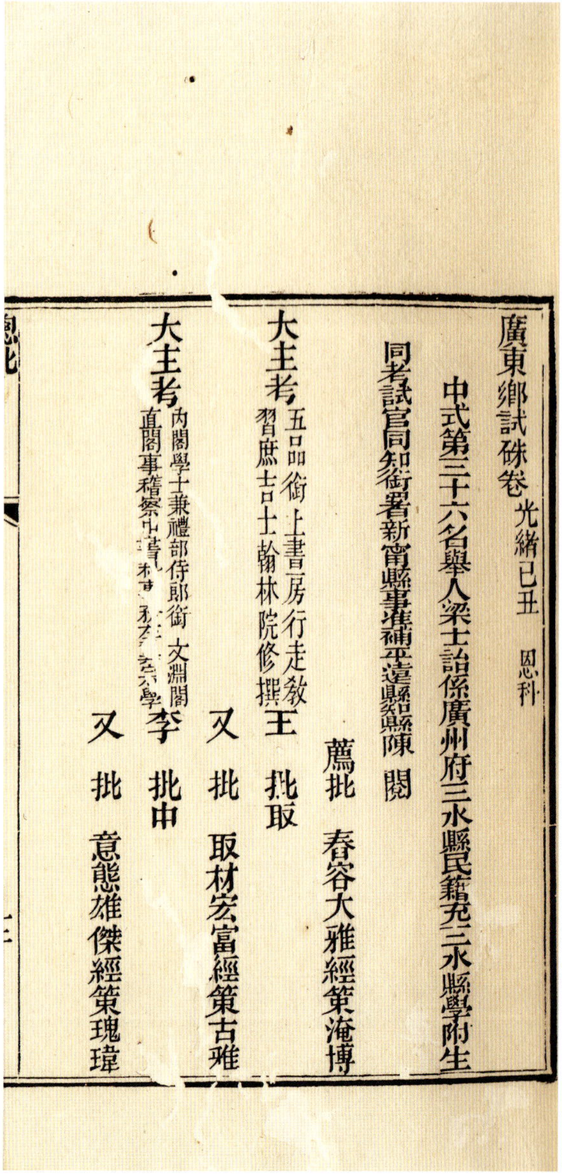
廣東鄉試硃卷 光緒己丑 恩科
中式第三十六名舉人梁士詒係廣州府三水縣民籍充三水縣學附生
同考試官同知銜署新甯縣事準補平遠縣知縣陳 閲
薦批 春容大雅經策淹博
大主考 五品銜上書房行走教習庶吉士翰林院修撰王 批取
又批 取材宏富經策古雅
大主考 內閣學士兼禮部侍郎銜文淵閣直閣事稽察中書科事務[illegible]學李 批中
又批 意態雄傑經策瑰瑋

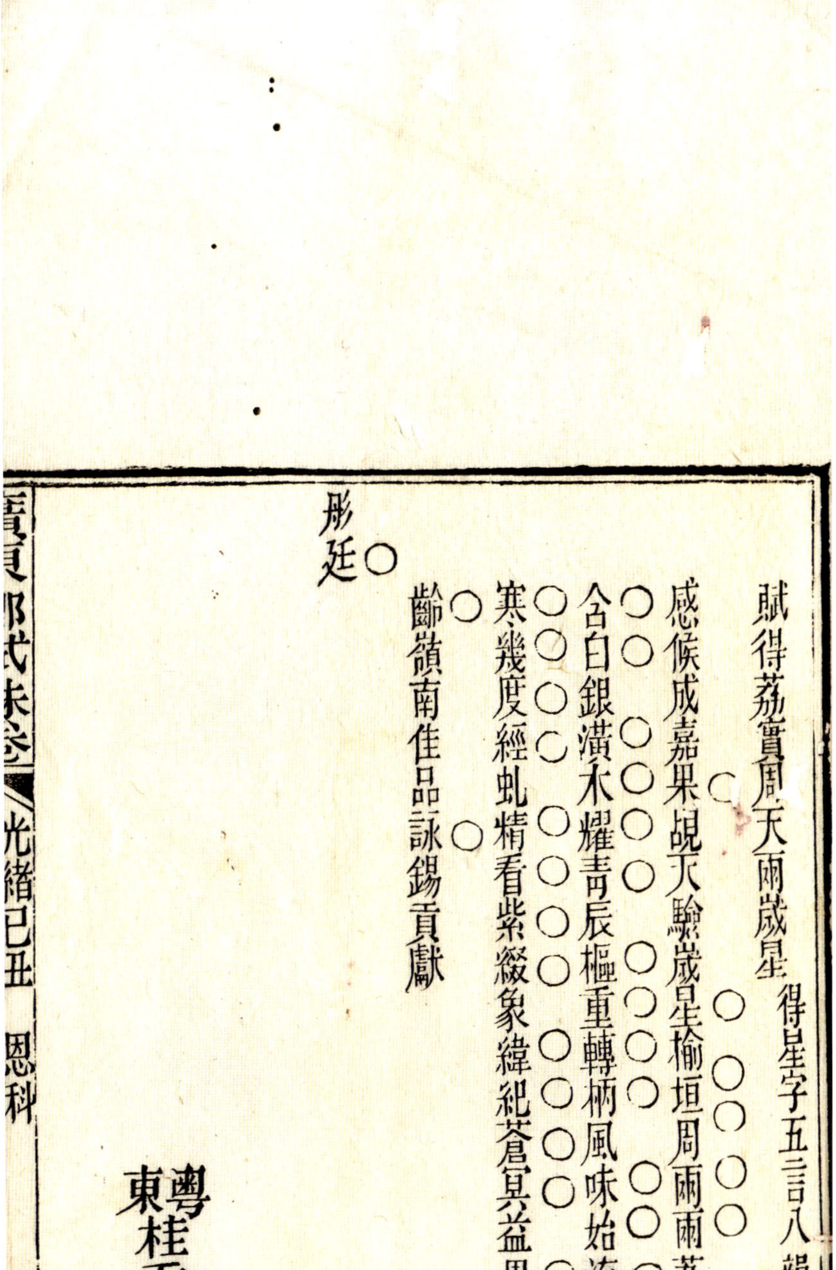

賦得荔實周天兩歲星　得星字五言八韻　梁士詒

感候成嘉果覘天驗歲星榆垣周兩兩荔實已零零珠顆瓤
含白銀潰木耀青辰樞重轉柄風味始流馨手植前番記芒
寒幾度經虬精看紫綴象緯紀蒼冥益胃嘗三百關心憶廿
齡嶺南佳品詠錫貢獻
彤廷

粵東桂香街經史閣刷印

直省鄉試硃卷　光緒己丑　恩科　十七

奏辦吉林外國語學堂暫行章程　B0136

〔清〕達桂等奏

清光緒三十三年（1907）鉛印本，綫裝，一册一函。

清光緒三十三年吉林將軍達桂創設吉林外國語學堂，專習英、法、俄、日、德五國語言文字，每科定額三十名，並於學習語言文字之暇研究各國現行政要、歷來交涉成案等。此書少見，其内容可以和同時的《京師大學堂章程》相印證，對於中國近代教育史的研究有重要價值。

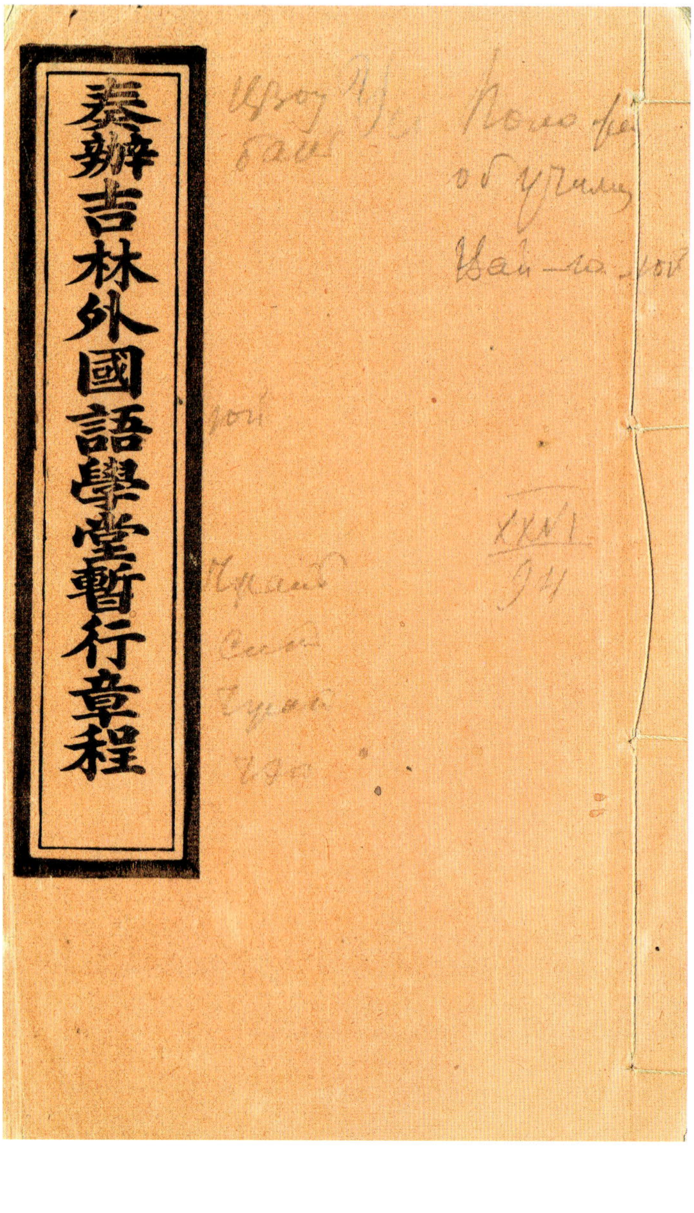

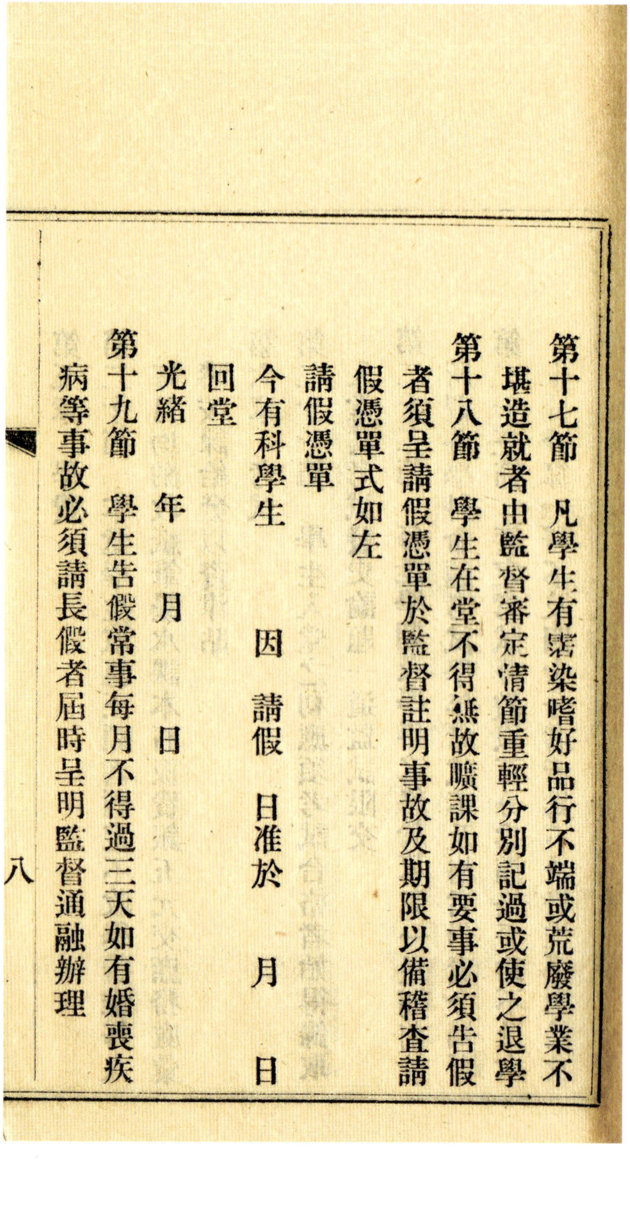

第十七節　凡學生有習染嗜好品行不端或荒廢學業不堪造就者由監督審定情節重輕分別記過或使之退學

第十八節　學生在堂不得無故曠課如有要事必須告假者須呈請假憑單於監督註明事故及期限以備稽查請假憑單式如左

請假憑單

今有　科學生　　因　　請假　日准於　月　日

回堂

光緒　年　月　日

第十九節　學生告假常事每月不得過三天如有婚喪疾病等事故必須請長假者屆時呈明監督通融辦理

八

欽命署理吉林等處地方將軍兼理打牲烏拉揀選官員等事世襲騎都尉達
吉林副都統賞戴花翎成　跪
奏爲吉林創設外國語學堂以培譯材而開風氣恭摺仰祈
聖鑒事竊吉林地居邊徼風氣夙稱錮塞於歐亞方言素未講究
每當因公交際僅憑舌人傳述俾通款曲惟若輩本無學識
凡外情之誠僞虛實瞢焉無知而詞氣輕重緩急往往頓失
本旨甚且逞其簧鼓顛倒是非轉啟外人疑忌者或亦有之
稍一不慎大局誤矣況近年鐵軌暢行又復廣開商埠外人
來此游歷多通我國語言彼此相形能無見絀茲於省城設
立外國語學堂專習英法日俄德五國語言文字飭派前翰
林院編修貴鐸爲監督遴選本省資稟穎悟暢通中學之旗
民子弟由衿紳保送飭取志願書考驗入堂肄業該堂分設

諭摺彙存：光緒十七年五月至光緒三十二年十二月　　B0641

清光緒鉛印本（約1892—1907），綫裝，一千一百一十册一百七十八函。

内容自光緒十七年（1891）五月至光緒三十二年（1906）十二月，大約每月一函六册，每年十二函七十二册。光緒十七年缺函一至四；十九年爲十二函七十三册；十八年、二十一年、二十四年均爲十三函八十册；二十年、二十二年、二十三年、二十五年均爲七十四册；二十六年缺函六至十二，存五函三十册；二十七年缺函一至三，存四函五十五册；三十二年爲十三函七十八册。

《諭摺彙存》是清代民間報房出版《京報》時派生附出的一種刊物。它僅存在於光緒年間（1875—1908）。是報房爲擴大業務、增加收入計，將内閣發抄限於篇幅未能在《京報》上刊出而又刊發過的，彙總起來，每月出一函若干册，首册按日列出目録，然後按日刊載宫門抄、上諭、奏摺（含硃批），其中奏摺占絶大部分。

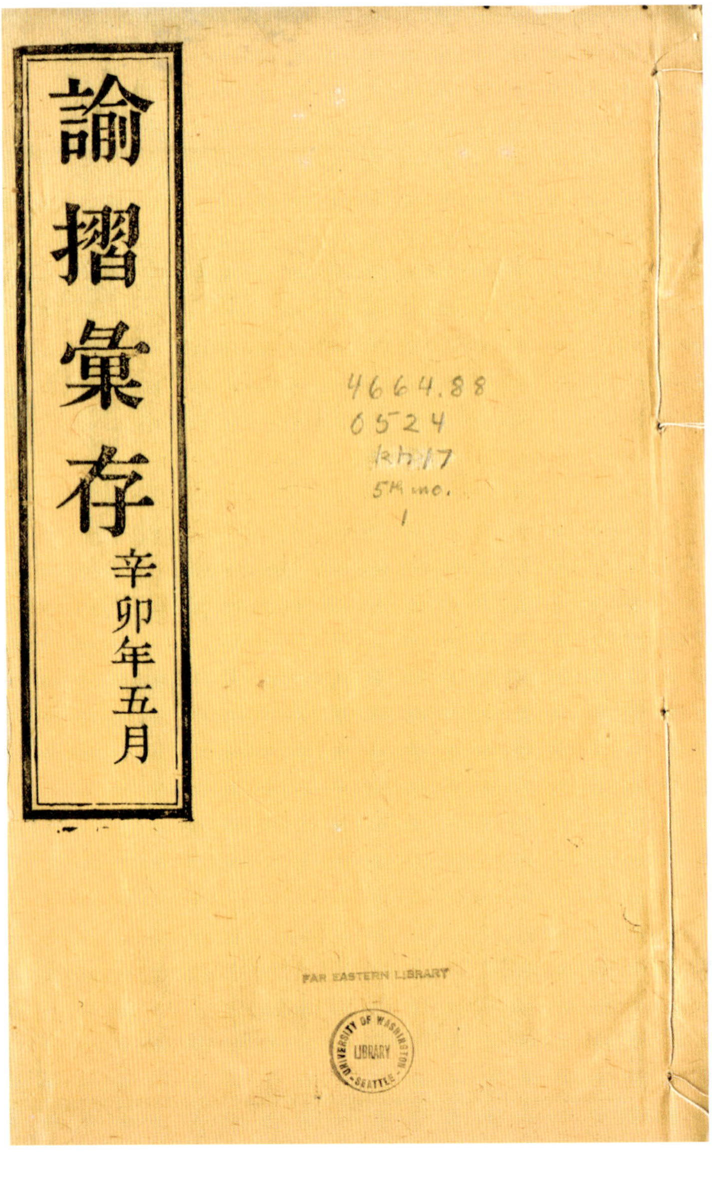

諭摺彙存目錄　光緒十七年五月小建初一日訖二十九日

初一日

豫撫裕奏卸署學政印務
川督劉奏升階按班序補
甘護撫魏奏調署哈密缺
又奏揀員請補要缺知縣
又會奏委署精河同知缺
川督劉奏調補省會要缺
又奏請調署緜州直隸州
又奏請補東鄉縣知縣缺
豫撫裕奏頭批京餉銀兩
又奏採辦各色汴綢綾
又奏委解漕糧折價銀兩
又奏兵馬錢糧展緩造辦
川督劉奏旌䘏殉難殉節
甘護撫魏奏揀員借補遊擊
豫撫裕奏參斥革雲騎尉
川督劉奏都司廢弛營務
又奏提督篆務揀員暫護
豫撫裕奏遴員補遊擊缺
又奏審明定擬叩閽案犯

初二日

秘遊隨録　B0483

〔清〕陳汝楨撰

清光緒三十二年（1906）廣東陳汝楨石印本，綫裝，一册一函。

陳汝楨，字作屏，廣東番禺縣人，曾於光緒三十一年三月至十一月自費赴秘魯考察，此書即此次考察之筆記。

内封印“光緒丙午冬鐫”。

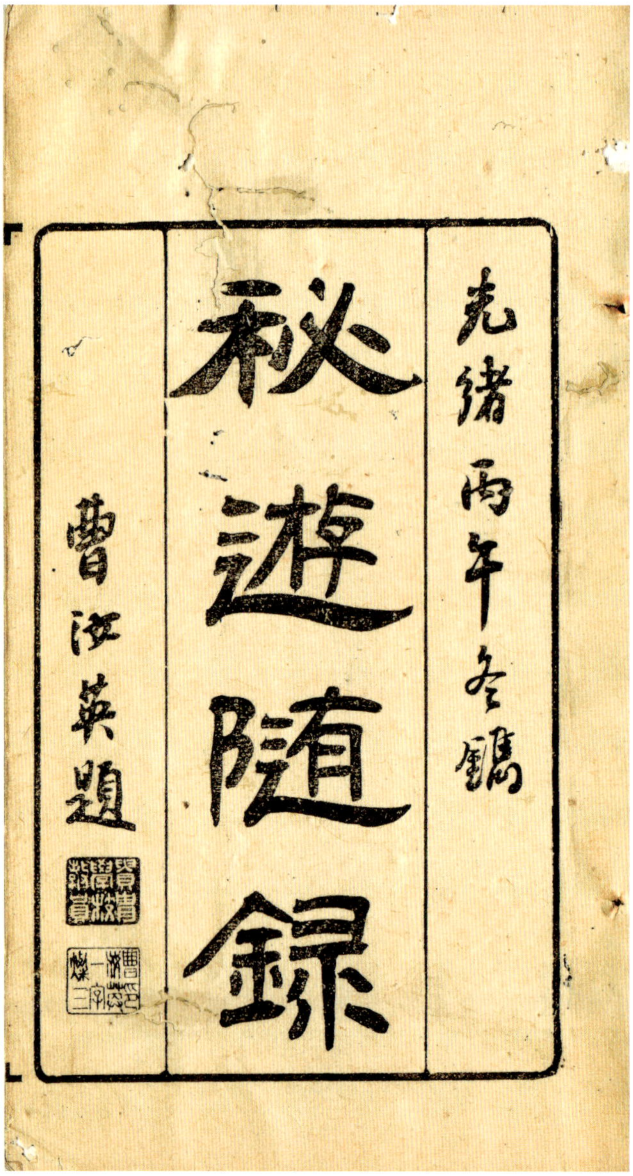
光緒丙午冬鐫

秘遊隨録

曹汝英題

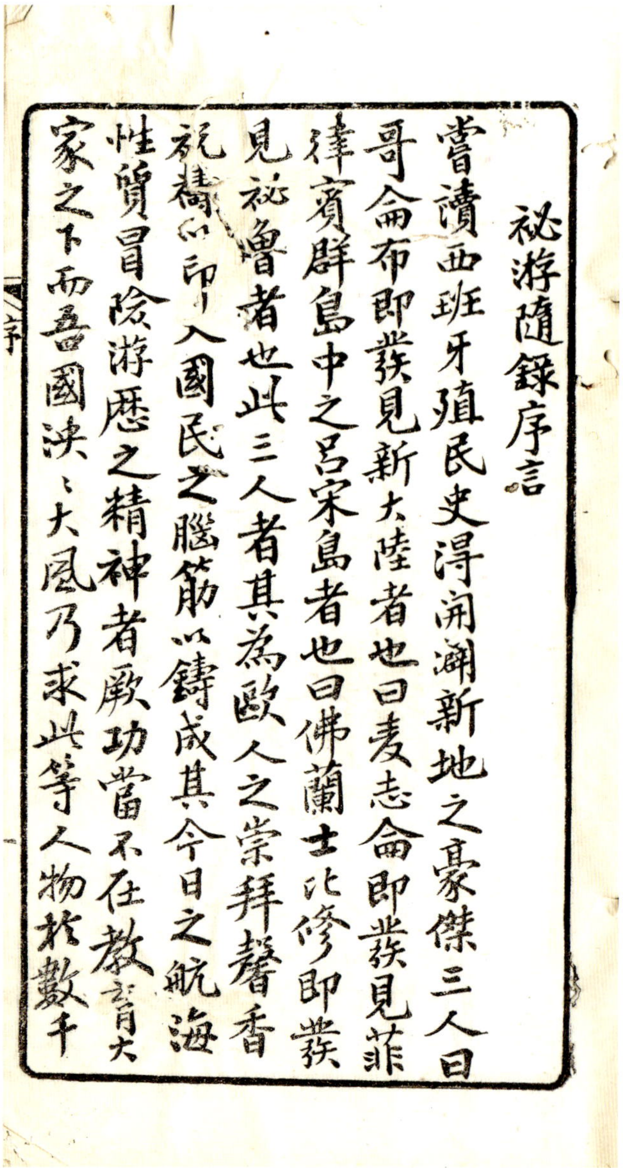
秘游隨録序言

嘗讀西班牙殖民史得開闢新地之豪傑三人曰哥侖布即獲見新大陸者也曰麦志侖即獲見菲律賓群島中之呂宋島者也曰佛蘭士比修即獲見秘魯者也此三人者其為歐人之崇拜馨香祝禱以印入國民之腦筋以鑄成其今日之航海性質冒險游歷之精神者厥功當不在教育大家之下而吾國泱泱大風乃求此等人物於數千

秘遊隨錄

(一)由港至秘之介休

光緒三十一年二月汝楨由家晃南孝廉稟請自備資斧遊歷美日秘考察商務情形三月奉到護照是月由香港乘利濟公司輪船往秘船名連諾士行程四十五日於五月抵秘計水程一萬零四十三咪每咪合華里三里三途中所經各埠地界未有停止每日在舟中偕船主巡視一週或與吾鄉人話粵中細事毋足記也惟航路向地球之東

四淫齋四卷　B0064

〔清〕嘯天氏編

清末（1907—1911）石印本，綫裝，一册一夾。

版心題名“繪圖四淫齋”，書前有光緒丁未（三十三年，1907）新會龍度四郎序。

此書以筆記小説體裁，勸戒人們不要沾染嫖娼、賭博、酗酒、説謊這四大惡習，揭露批判清末廣東社會的黑暗面。

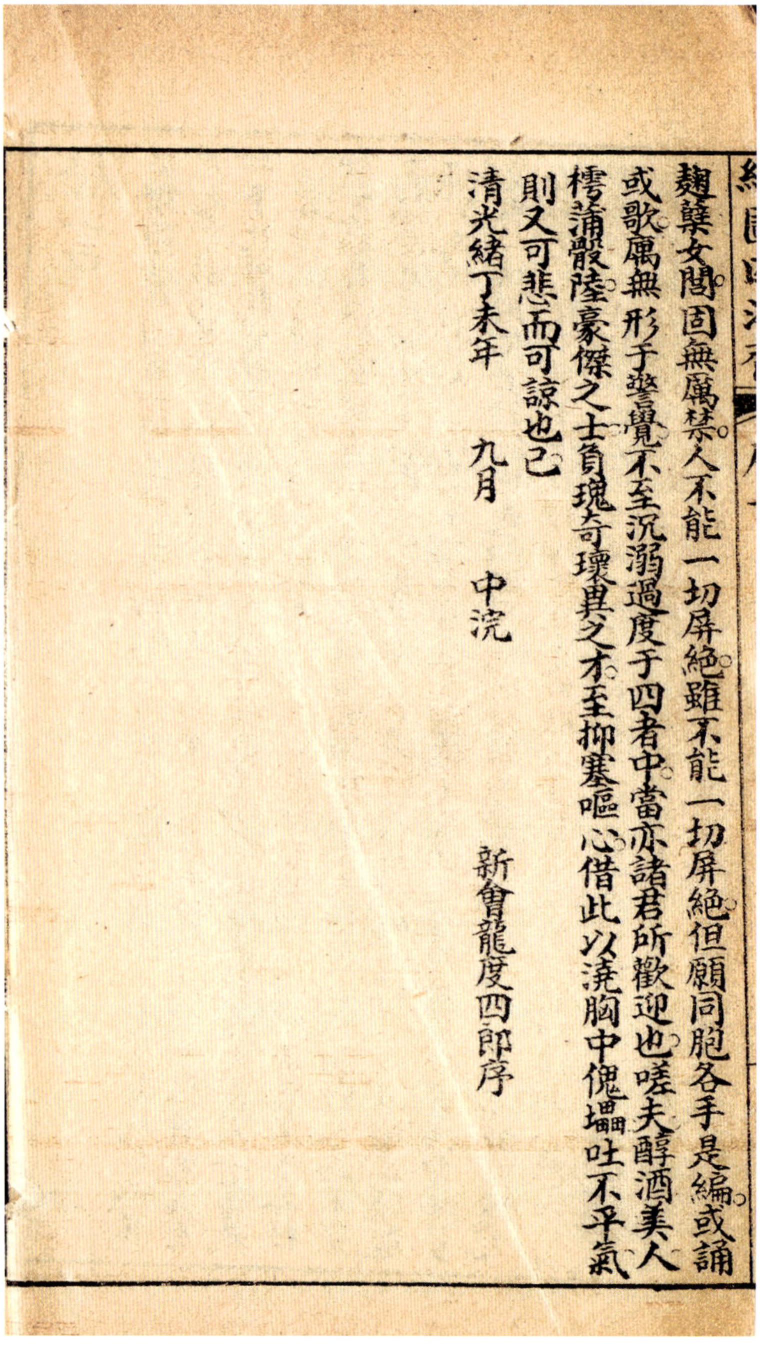

麴蘗女閭固無厲禁人不能一切屏絶雖不能一切屏絶但願同胞各手是編或誦
或歌厲無形于警覺不至沉溺過度于四者中當亦諸君所歡迎也嗟夫醇酒美人
樗蒱骰陸豪傑之士負瑰奇瓌異之才至抑塞嘔心借此以澆胸中傀壘吐不平氣
則又可悲而可諒也已
清光緒丁未年　九月　中浣　新會龍度四郎序

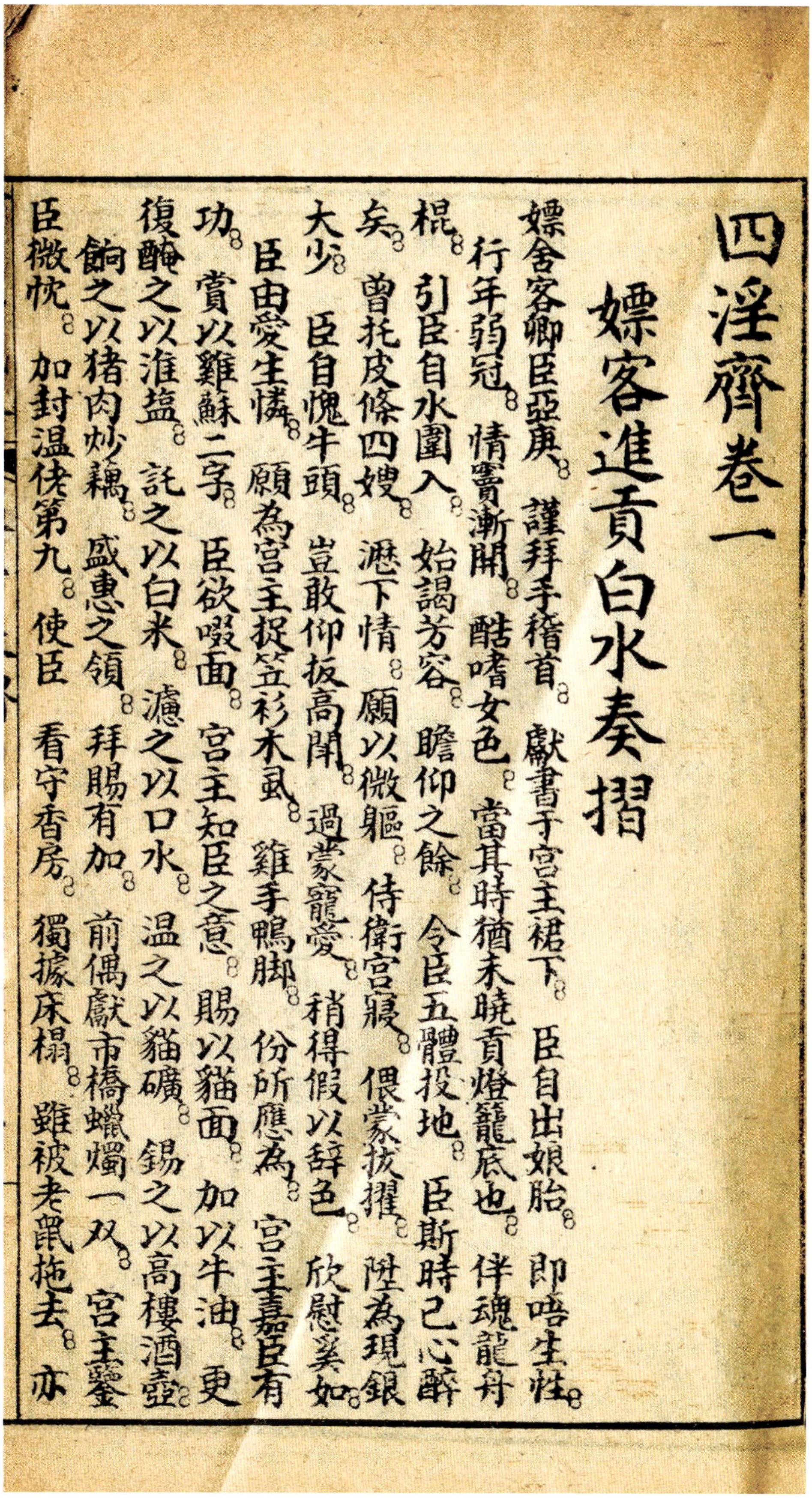

四淫齊卷一

嫖客進貢白水奏摺

嫖舍客卿臣亞庚。謹拜手稽首。獻書于宮主裙下。臣自出娘胎。即唔生性。行年弱冠。情竇漸開。酷嗜女色。當其時猶未曉貢燈籠底也。伴魂龍舟棍。引臣自水圍入。始謁芳容。瞻仰之餘。今臣五體投地。臣斯時己心醉矣。曾托皮條四嫂。懸下情。願以微軀。侍衛宮寢。倶蒙拔擢。陞為現銀大少。臣自愧牛頭。豈敢仰扳高開。過蒙寵愛。稍得假以辭色。欣慰奚如臣由愛生憐。願為宮主捉笠衫木虱。雞手鴨脚。份所應為。宮主嘉臣有功。賞以雞蘇二字。臣欲啜面。宮主知臣之意。賜以貓面。加以牛油。更復醃之以淮盐。託之以白米。濾之以口水。温之以貓礦。錫之以高樓酒壺餉之以猪肉炒藕。盛惠之領。拜賜有加。前偶獻市橋蠟燭一双。宮主鑒臣微忱。加封温佬第九。使臣看守香房。獨據床榻。雖被老鼠拖去。亦

嶺南即事十集　B0611

〔清〕何惠群等撰

清末廣州石印本（約1885—1911），綫裝，二册一函。

内封上方横題“影印善本校對無訛”，豎分三欄題“諸名家戲墨/嶺南即事雜譔/廣州學院前麟書閣石印”。書中有光緒十一年（1885）紀年。

何惠群，字和先，號介峰，廣東順德羊額人，清嘉慶九年（1804）廣東鄉試解元，嘉慶十四年（1809）進士，授浙江新昌知縣，不忍催科逼糧，託病辭歸，長居廣州講學。所作粵謳俚詞，風靡閭巷。此書主要記載廣東各地民情風俗、傳聞逸事，以及羊城竹枝詞等，實在是妙趣横生的方言民俗文學。

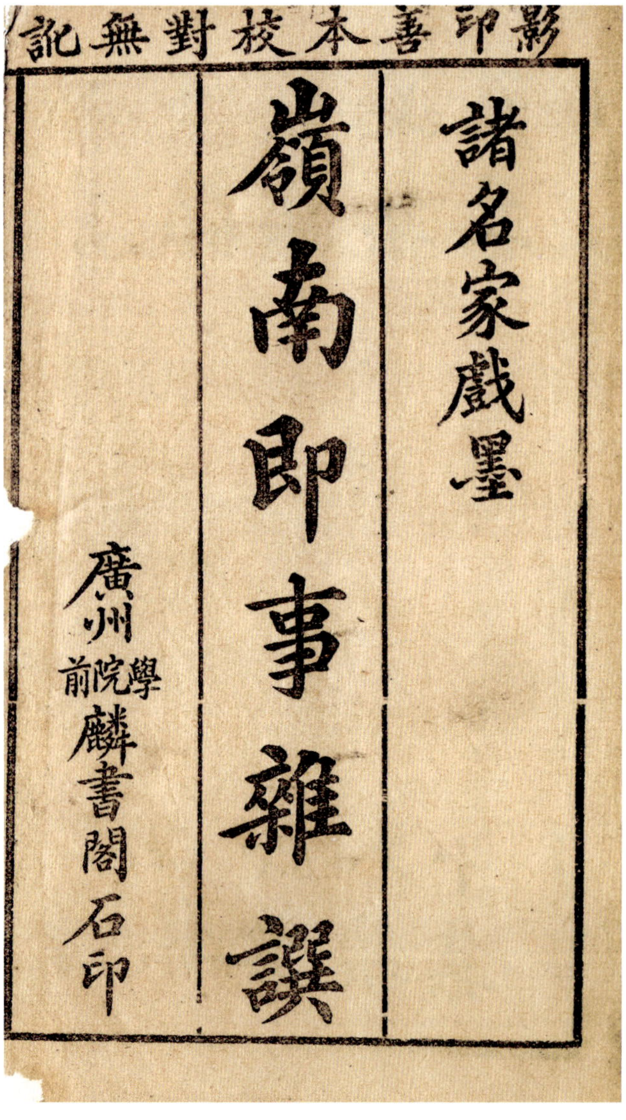
影印善本校對無訛
諸名家戲墨
嶺南即事雜譔
廣州學院前麟書閣石印

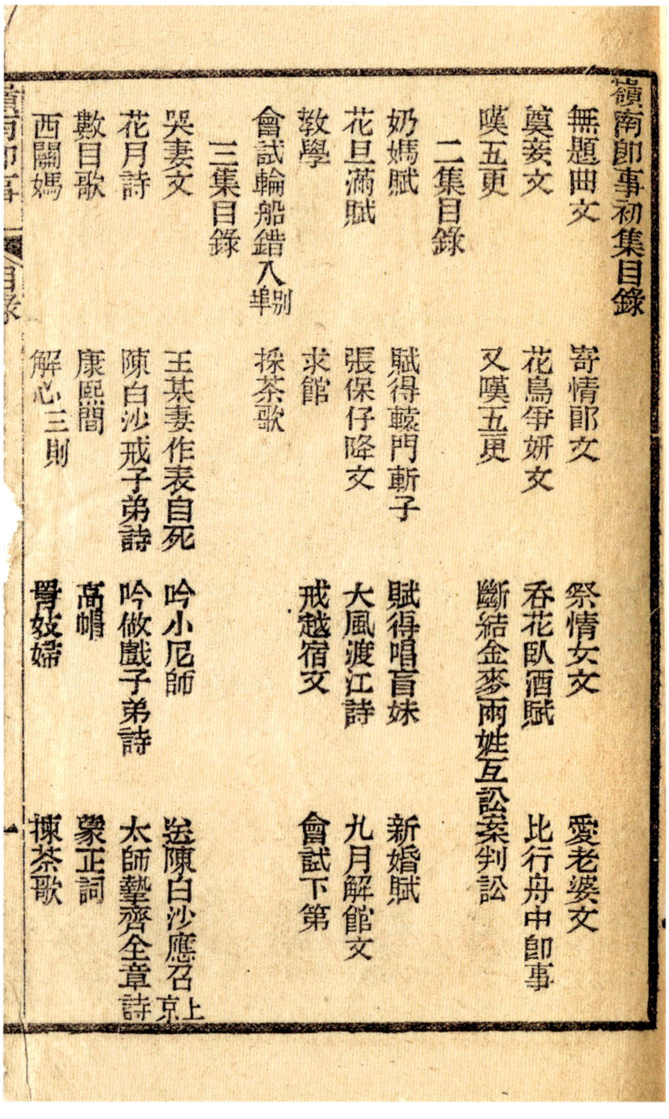
嶺南即事初集目錄
無題曲文　寄情郎文　祭情女文　愛老婆文
奠妾文　花鳥爭妍文　吞花臥酒賦　比行舟中即事
嘆五更　又嘆五更　斷結金麥兩姓互訟案判訟
二集目錄
奶媽賦　賦得藏門斬子　賦得唱盲妹　新婚賦
花旦薦賦　張保仔降文　大風渡江詩　九月解館文
教學　求館　戒越宿文　會試下第
會試輪船錯入埠別　採茶歌
三集目錄
哭妻文　王某妻作表自死　吟小尼師　送陳白沙應召上京
花月詩　陳白沙戒子弟詩　吟做戲子弟詩　太師摯齊全章詩
數目歌　康熙問　高帽　蒙正詞
西關媽　解心三則　罵妓婦　揀茶歌

無題曲文并序

順德何太史惠羣著

粤自青天碧海嫦娥也解相思玉露金風天女亦傷離別從未有紅粧少女翻成碧草王孫琴彈折柳之聲雲空楚岫曲度落梅之韻月冷秦簫者也乃自丁年結友乙夜談心半傷鏡匣分釵雁南燕北休説粧臺倚玉鶴別鴻離任他宫築水晶難留趙燕郎今簪翹琥珀莫説潘妃好因翻作惡因佳耦偏成怨耦去日苦多來日少安能遍買金釵別時容易見時難長是淚垂銀燭每欲身添鳳翼飛入蓬山俾得影伴蟾輝同居瑤闕我聞如是輒喚奈何騷客情傷英雄氣短眞恨筆非似劍永斷情波究難字可成珠平塡怨海爲憐舊雨略繪雌風自笑雕蟲敢誇祭獺雪張緒風流之恨寫江淹惜別之心已知駡蝶嗔鶯徒爲無益對此羈凰旅鶴未免有情嗟乎吾非好事僕本恨人琴斷一絃簫吹兩度心已灰而成燭恨不織而如絲自悲夢裏烟花珠沈玉碎休管人間風月藕斷絲連然而宫人談天寶不禁感慨繫之商女唱後庭亦復誰能遣此客中送客同病未免相憐愁裏添愁生離較悲死別於是情傷北渭編成長恨之歌顰效東施擬續無題之曲若得詩傳老嫗犀亦通心賦誦宫娥花能解語遂令南都螺黛脊換金丹也看北部臙脂歡諧玉案且歌下里貽笑大家雕草無

軍中必要　B0340

吴佩孚選編

民國八年（1919）吴佩孚油印本，綫裝，一册一函，有地圖。

書名據書衣所題。目録前題"軍歌目録"，書前序後落款"孚威將軍陸軍第三師師長吴佩孚選編"。

書衣貼簽圓珠筆題"房杜藏書"。

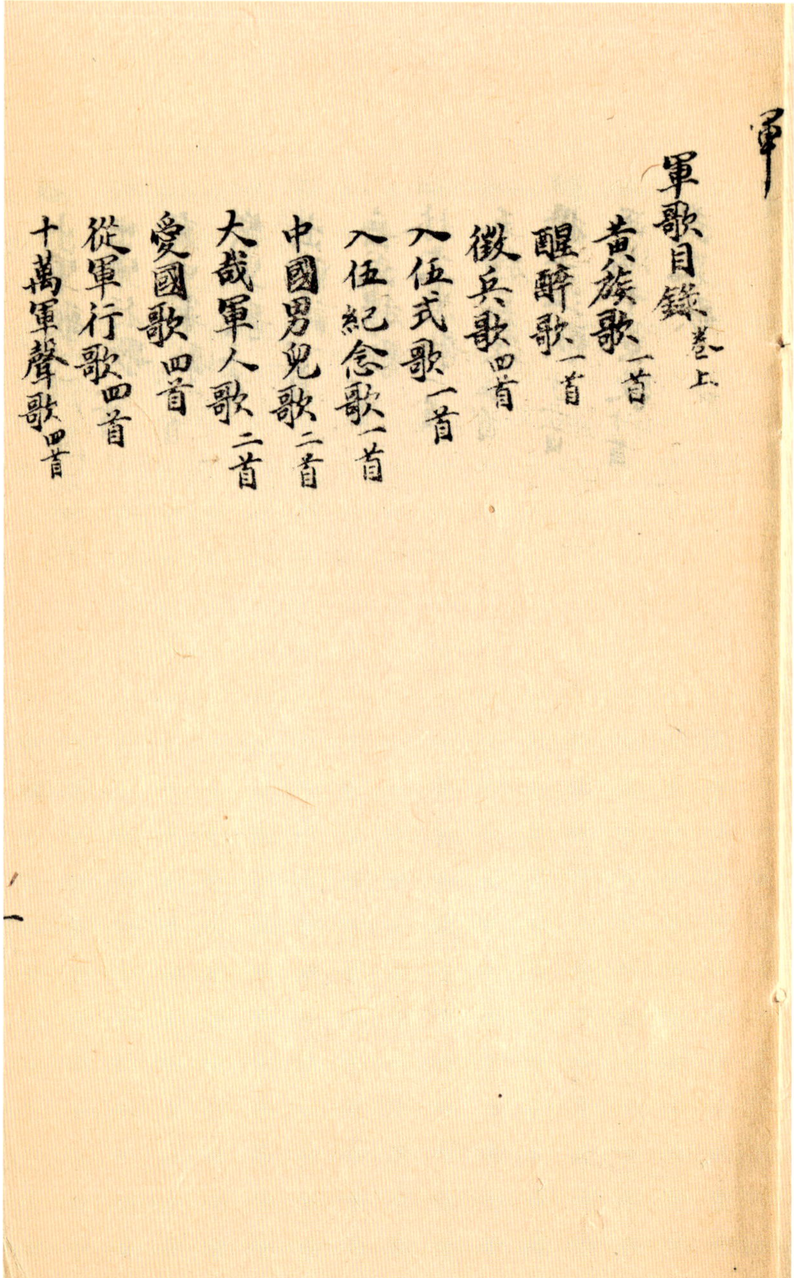

軍

軍歌目錄 卷上

黃族歌一首

醒醉歌一首

徵兵歌四首

入伍式歌一首

入伍紀念歌一首

中國男兒歌二首

大哉軍人歌二首

愛國歌四首

從軍行歌四首

十萬軍聲歌四首

一

付梓。以供研究。亦欲使軍歌為軍中訓練之一助也。是為序。

孚威將軍陸軍第三師師長吳佩孚選編

中華民國八年十月　日

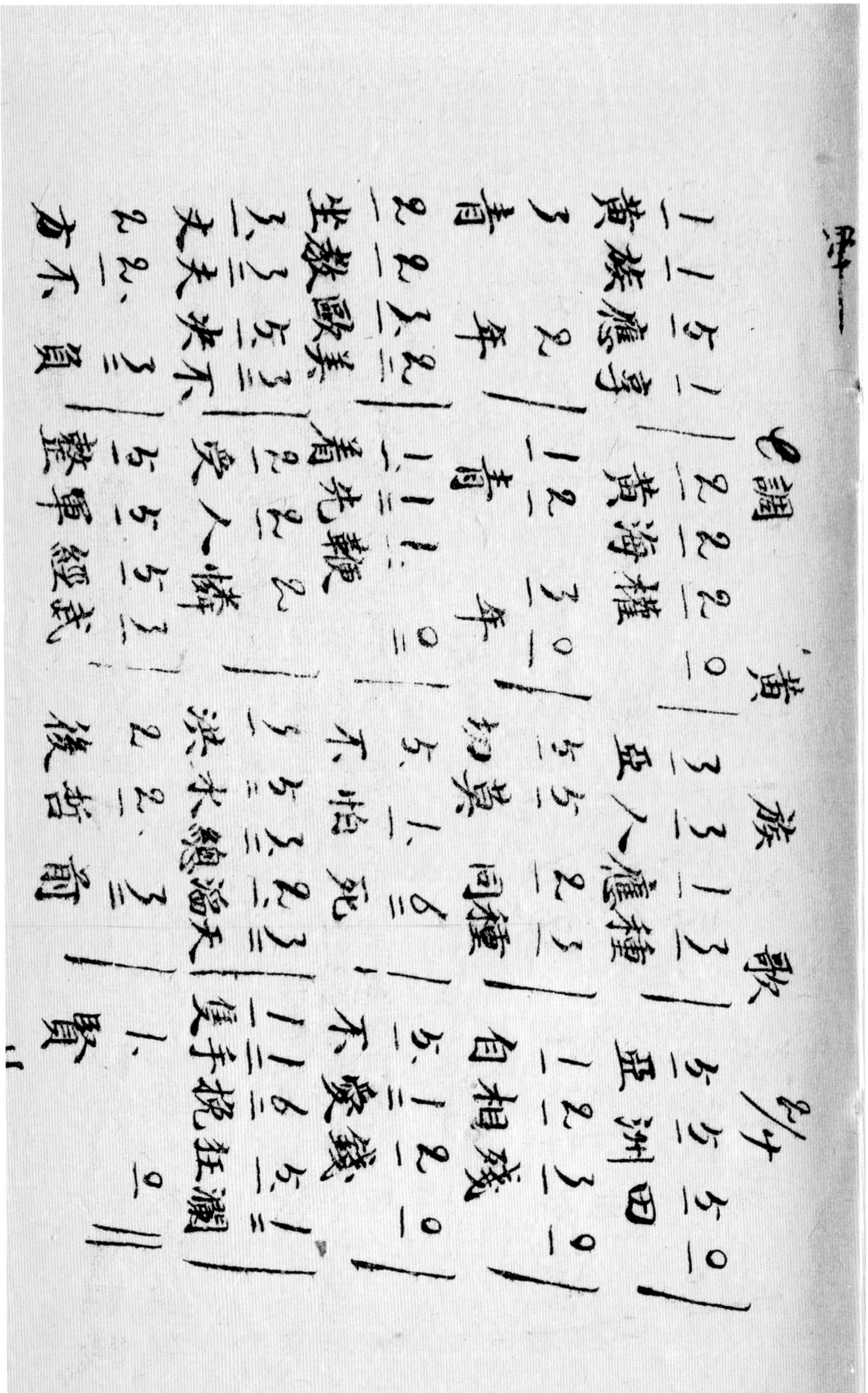
黃族歌

緒言

古人事蹟。托後人筆墨而益彰。後人精神。藉古人詩歌而益奮。誦南征詩。覺毛伯之雄威。炳耀耳目。讀正氣歌。覺文山之浩氣。充塞兩間。今之視昔。上下數百年。誦其詩而讀其詞。尚振起無數奮發心。則當時之親出其口者。激昂慷慨。聲淚所及。不更有掃盡腥羶之勢也耶。第古人詞歌。類多深奧。施之於今。多難了解。施之軍中。尤難普通。而近世坊間售本。又多淺陋卑鄙。殺伐之氣。俚俗之語。實足令人生厭。是編戊午年起。己未告竣。余或出自搜採。或獨抒機杼。共得百餘歌譜。體裁俱備。而聲調悠揚。義意頗遠。讀之不覺振奮尚武精神。喚起從軍興味。觸動愛國思想。而軍人經長時間之困憊後。歌詠之餘。尤能使精神活潑。腦筋舒暢。頓減少其疲乏焉。用特

杼山集十卷 R0023

〔唐〕釋皎然撰

日本元禄八年（1695）日本神雒書肆、甘節堂、汲古齋合刻本，綫裝，四册一函。

框18.3×13.5釐米，8行19字，白口，無魚尾，左右雙邊；正文有片假名旁注。

内封鐫“元禄八年龍集乙亥仲春穀日/杼山集/神雒書肆、甘節堂、汲古齋仝鐫”。

鈐印“清潭”。

皎然（730—799），俗姓謝，字清晝，湖州人，唐代著名茶僧、詩僧，茶道之祖，在佛學、文學等方面亦造詣高深。現存皎然詩四百七十首，多爲與顔真卿、韋應物、陸羽等人唱和之作，情調閑適，語言簡淡。因其久任吴興杼山妙喜寺住持，故以杼山名其集。皎然在近代日本影響很大。

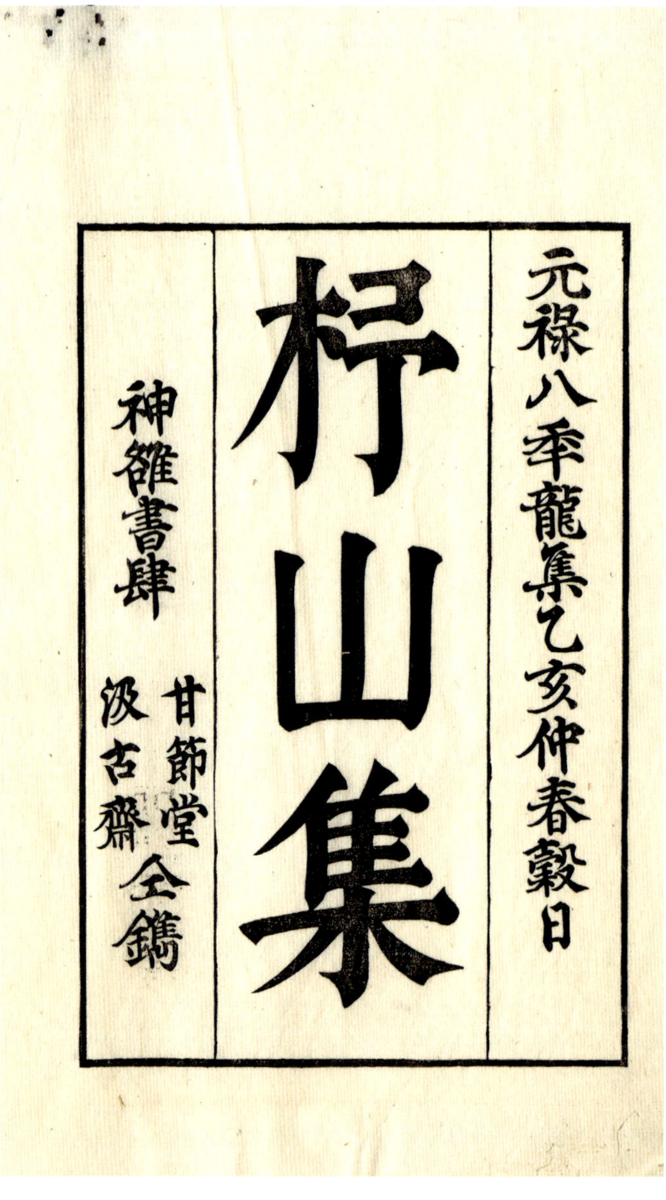

杼山集卷第一

吳興釋皎然清晝撰

五言奉酬于中丞使君郡齋臥病見示一首

宿昔祖師教了空無不可枯槁未死身理心寄行坐仁公施春令和風來澤我生成一草木大道無負荷論入空王室明月開心胸性起妙不染心行寂無蹤若非禪中侶君爲雷次宗比聞朝端名今貽郡齋作眞思凝瑤瑟高情屬雲鶴抉得驪龍珠

孫武子直解三卷　R0020

〔明〕劉寅撰

朝鮮光武（1897—1907）抄本，綫裝，二册一函，五眼裝。

本書是明劉寅撰《武經七書直解》中的一種，底本應是明刻本。書衣内面有墨筆“光武七年八月日”“朔寧人”等字樣，均係朝鮮年號和地名。

劉寅，字拱辰，山西崞縣（今原平市）人，洪武四年（1371）進士，官至兵部侍郎，入鄉賢祠，乾隆《崞縣志》有傳。

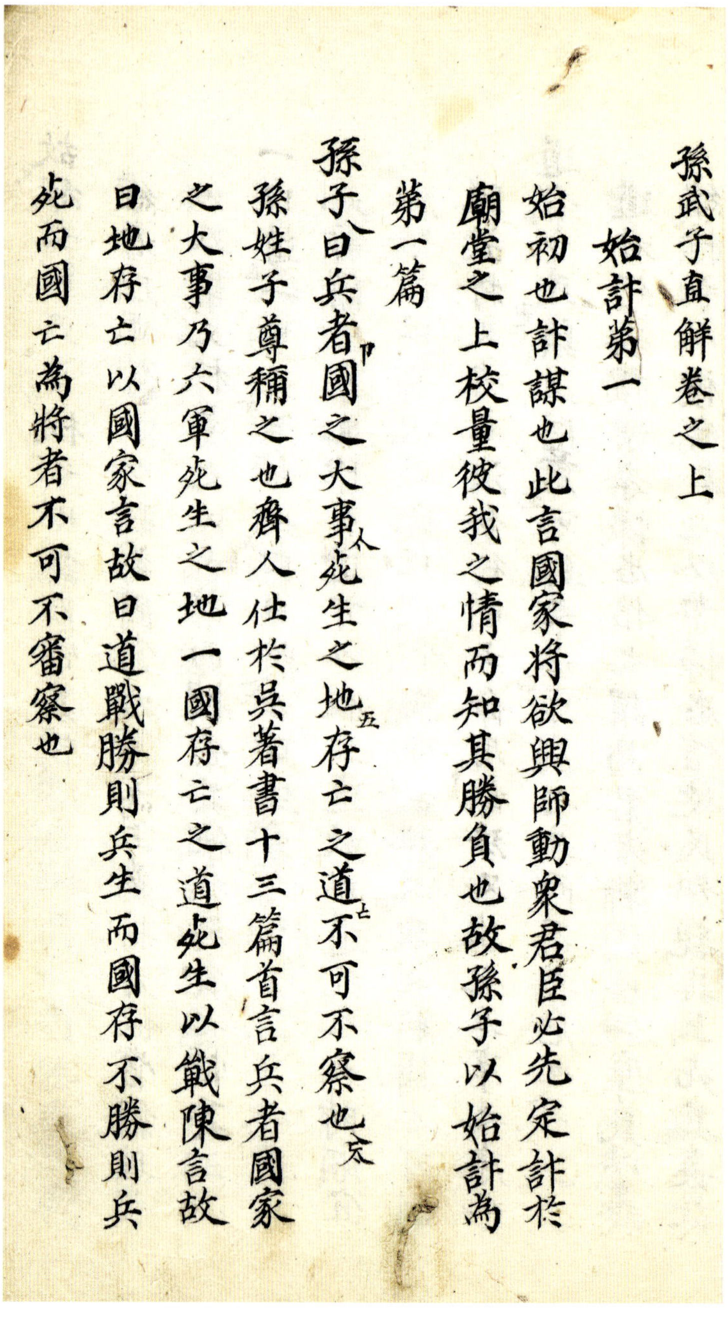
孫武子直解卷之上
始計第一
始初也計謀也此言國家將欲興師動衆君臣必先定計於
廟堂之上校量彼我之情而知其勝負也故孫子以始計爲
第一篇
孫子曰兵者國之大事死生之地存亡之道不可不察也
孫姓子尊稱之也齊人仕於吳著書十三篇首言兵者國家
之大事乃六軍死生之地一國存亡之道死生以戰陳言故
曰地存亡以國家言故曰道戰勝則兵生而國存不勝則兵
死而國亡爲將者不可不審察也

中學越史撮要五集　R0014

〔越南〕吴甲豆撰

越南維新五年（1911）河内刻本，紙捻裝，四册一夾。

框20.2×13.1釐米，8行22字，無行格，白口，對黑魚尾，四周單邊；正文有朱筆句讀。

分首、春、夏、秋、冬五集。内封題“大南維新五年辛亥中元前/中學越史撮要教科/西曆一千九百十一年正中節後”。

吴甲豆（1853—？），號三清觀道人，别號事事齋，越南河内青威縣人，越南阮朝成泰三年（1891）考中河南場舉人，歷任懷德府教授、南定省督學等職，官至國史館總裁。越南吴家文派傳人，著有《皇越龍興志》等多部越南經典著作。本書爲其代表作之一，簡述自涇陽王至成泰年間的越南歷史。越南本裝訂獨特，類似中國古籍之毛裝，用單股粗綫或紙捻在一二和三四、五六孔間分别繫紮；紙質略粗，顔色近似奶黄色。越地潮濕，古籍不易保存，加之品種、産量均少，流傳至今者罕見。

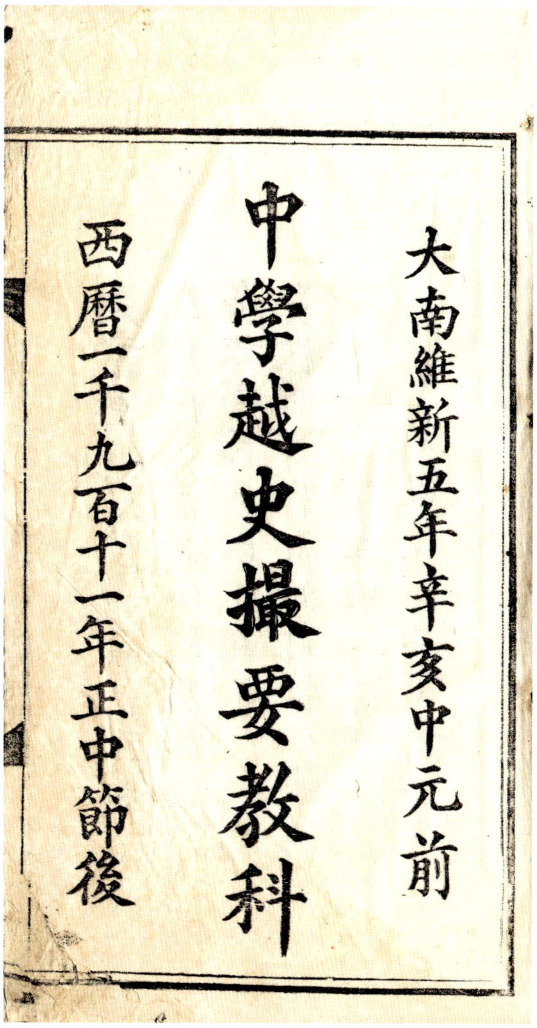

錢宫詹時賢通札七通　R0041

〔清〕秦蕙田、袁枚、盧文弨等撰

清乾隆（1736—1795）稿本，綫裝，一册一函。

書信共七開，皆爲乾隆年間錢大昕友人之來信。前有墨筆題名四開，落款題“潜盦主人藏/周世恒題”，左側鈐印“邃清池館”“孫心盦又號西橋”“汝南仲氏”。

書信鈐印“陸琦”“萬松居士”“陳其幹印”“錢唐君”“萬卷書樓”。

錢大昕（1728—1804），字曉徵，號辛楣，又號竹汀，晚號潜研老人，江蘇嘉定人（今屬上海）。乾隆十六年（1751）乾隆皇帝南巡，因獻賦獲賜舉人，官内閣中書。十九年（1754）中進士，歷官翰林院侍講學士、詹事府少詹事、提督廣東學政等。乾隆四十年（1775）丁憂歸里，居鄉三十年，潜心授業治學，聲播海内外，被當時學人推爲“一代儒宗”。

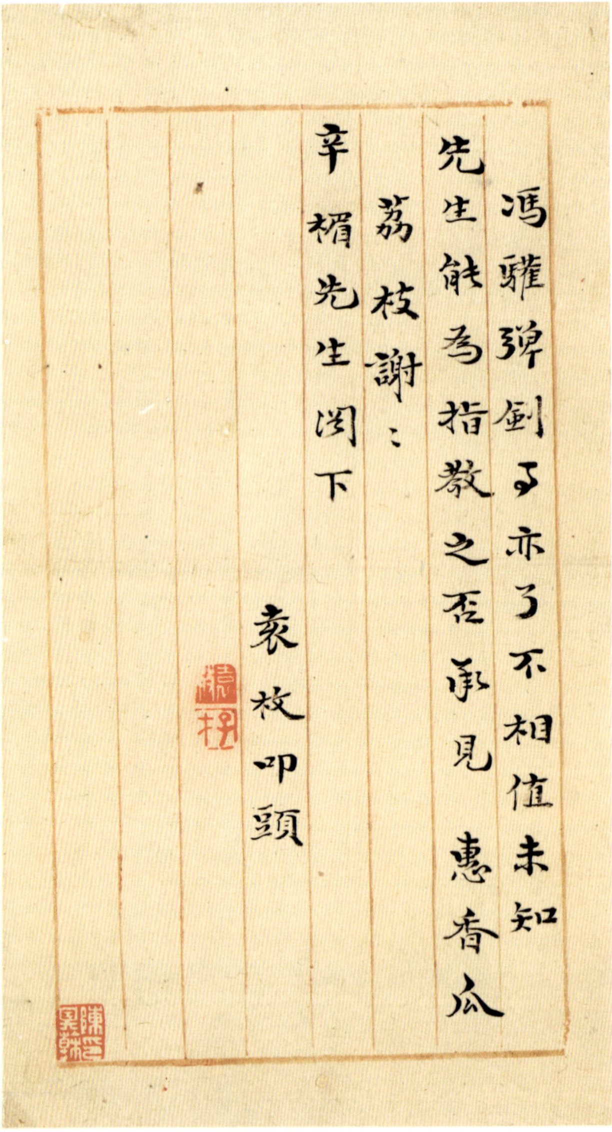
馮驩彈劍子亦了不相值未知
先生能爲指教之否承見　惠香瓜
荔枝謝謝
辛楣先生閣下
袁枚叩頭

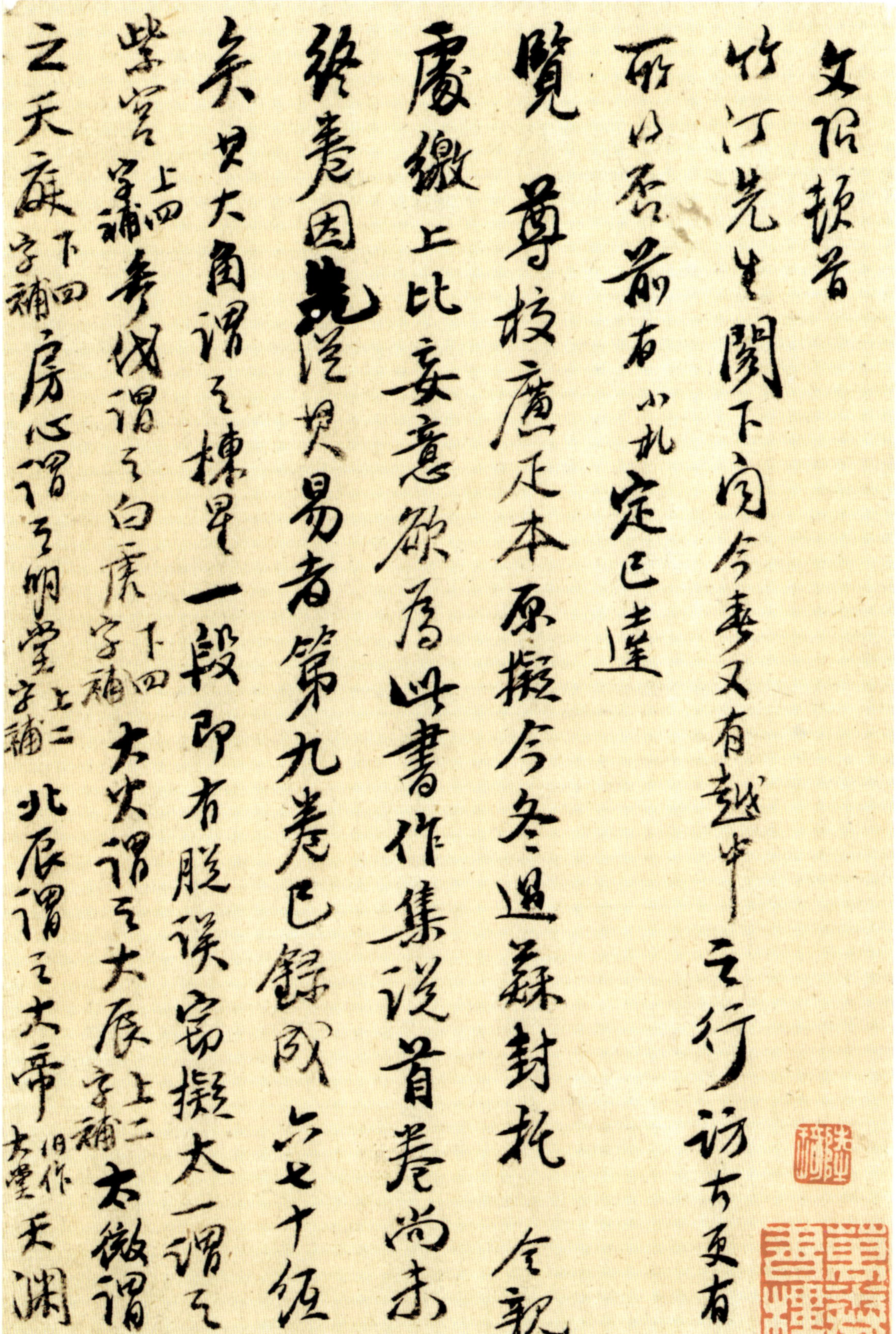
文弨頓首
竹汀先生閣下：向今春又有越中之行，訪古更有所得否？前有小札，定已達覽。尊校廣疋本原擬今冬過蘇封托，今覩處繳上。比妄意欲爲此書作集說，首卷尚未終卷，因先從更易者，第九卷已録成六七十紙矣。其大角謂之棟星一段，即有脫誤，竊擬太一謂之紫宮（上四字補），參伐謂之白虎（下四字補），大火謂之大辰（上二字補），太微謂之天庭（下四字補），房心謂之明堂（上二字補），北辰謂之太帝（舊作太星），天淵

陳法孫嘉淦致李元直書札合集 R0042

〔清〕陳法、孫嘉淦撰

清稿本(約1713—1745),摺裝,三册三函。

書信皆粘裱在硬紙上,陳法書札共三十五開一册;孫嘉淦書札共四十七開,分裝二册。時間從康熙末年至乾隆初年。收信人無姓名,從信中透露出的信息來看爲山東人, 陳、孫二人皆稱之爲“年長兄”,應與孫嘉淦、陳法同於康熙五十二年(1713)中進士。查康熙五十二年癸巳恩科山東進士中,與信中内容最相符合的人物就是李元直。

李元直(1686—1758),原名元真,避雍正諱改爲元直,字象先,號愚村,山東高密人,《清史稿》有傳。與孫嘉淦、陳法、謝濟世交,以古義相勖,時稱“四君子”。

孫嘉淦(1683—1753),字錫公,又字懿齋,號静軒,山西興縣人,歷官國子監司業、順天府尹、工部侍郎、刑部侍郎、吏部侍郎、都察院左都御史、刑部尚書、吏部尚書、直隸總督、宗人府府丞、工部尚書、協辦大學士等。以直言敢諫、秉公斷案而著稱。

陳法(1692—1766),字世垂,一字聖泉,晚號定齋,貴州安平(今平壩縣)人。歷任刑部河南司郎中、登州知府、山東運河道、江南廬鳳道、淮揚道、大名道等。所著《河幹問答》一書,總結歷代治河經驗,對後世治理黄河、淮河、運河有重要參考價值。乾隆十年(1745),因爲上司辯誣被革職發配新疆,後遇赦歸里,潛心治學,主講貴山書院廿餘年。

陳法書信鈐印“不能言而能不言”“海鶴園”“河上勞人”“晚翠軒”“晚香軒”“打破兩關”“以儒雅爲官”。

孫嘉淦書信鈐印“孫嘉淦印”“錫公”“志在山水”“泠然善心”“石橋居人”“東山居士”“習静軒”。

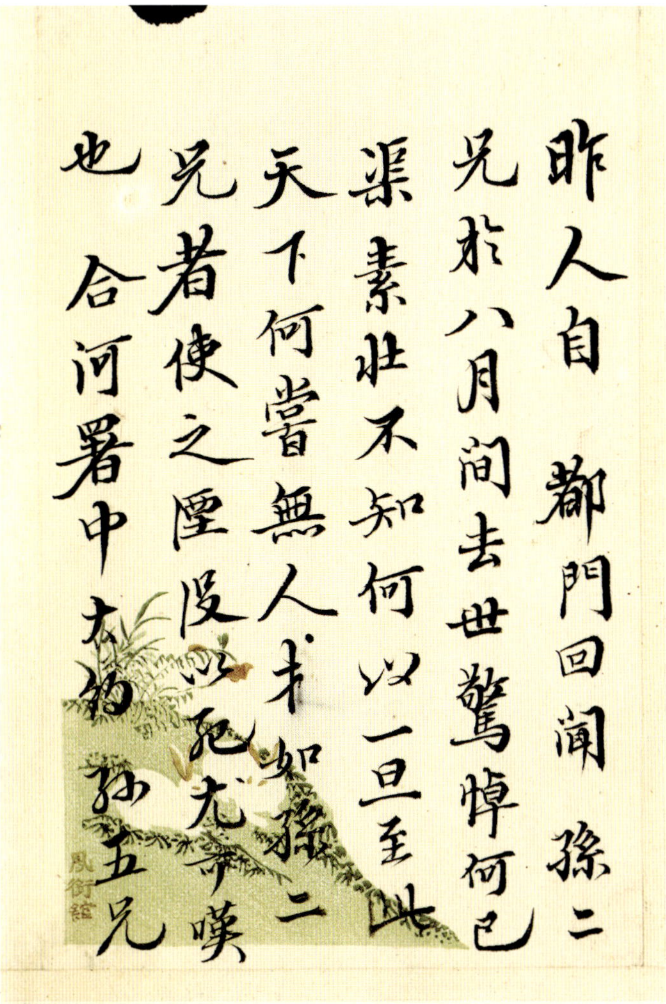

昨人自　鄰門回聞　孫二
兄於八月間去世驚悼何已
渠素壯不知何以一旦至此
天下何嘗無人肯如孫二
兄者使之湮沒以死尤可嘆
也　合河署中大約孫五兄

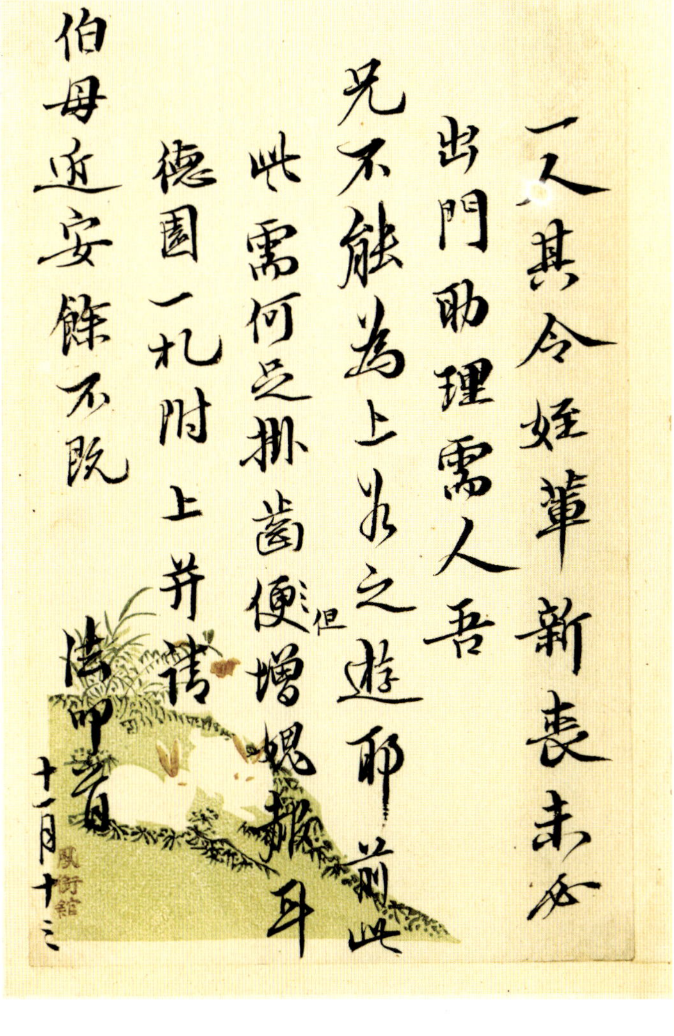

一人其令姪輩新喪未必
出門助理需人吾
兄不能為上客之遊耶前此
此需何足挂齒便(但)增愧赧耳
德園一札附上並請
伯母近安餘不既
浩叩首
十一月十三

元暉墓誌　T0004

北魏神龜三年（520）洛陽刻石，原刻，民國拓本。

摺葉，一幅，未托裱，拓紙尺寸102×104釐米；正書，31行，行31字，有方界格，側刻四神。

首題“魏故使持節侍中都督中外諸軍事司空公領雍州刺史文憲元公墓誌銘”。

1926年河南洛陽陳凹村出土，于右任舊藏，原石現藏陝西西安碑林博物館。

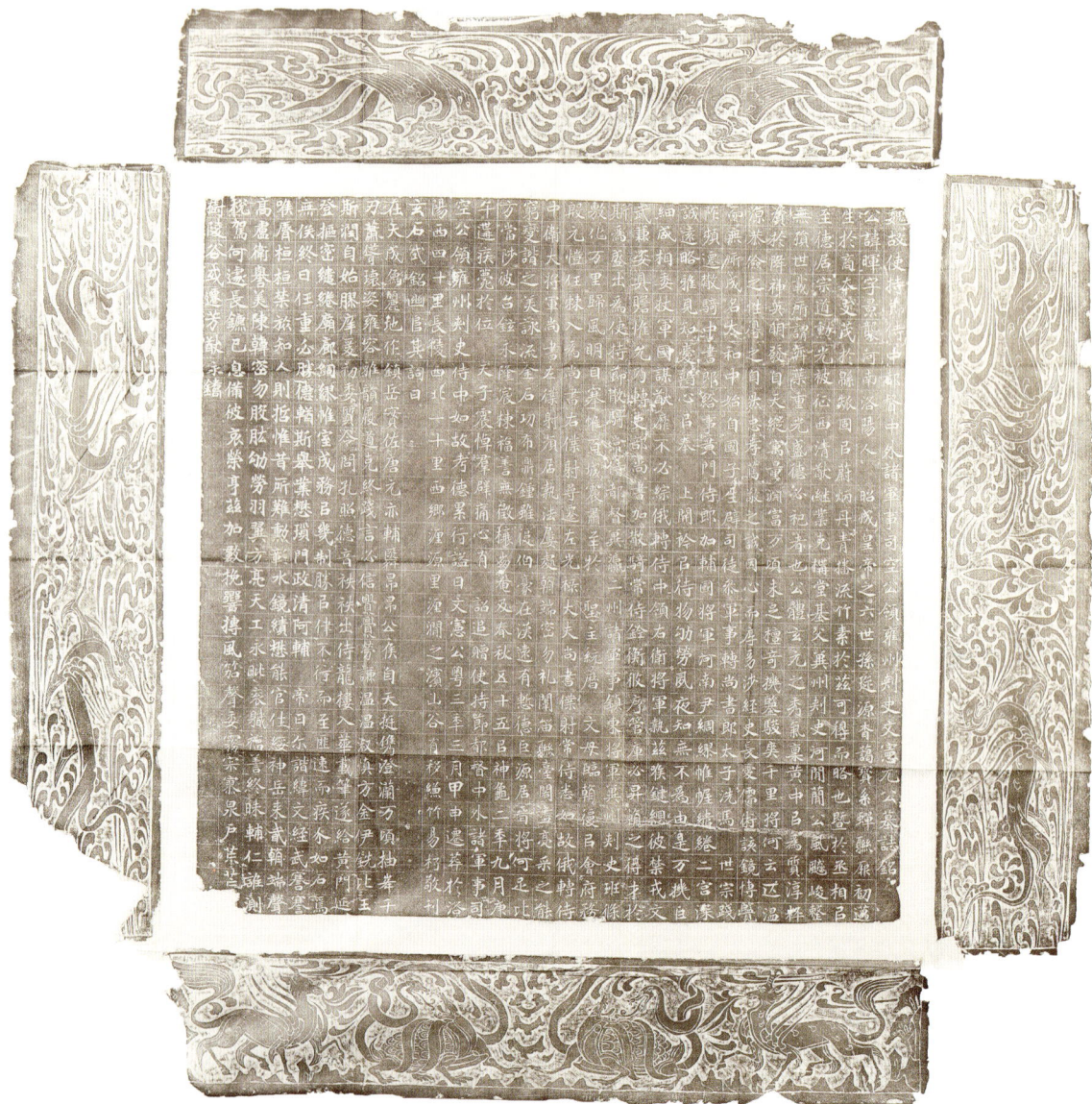

爾朱紹墓誌　T0005

北魏永安二年（529）洛陽刻石，原刻，民國拓本。

摺葉，一幅，未托裱，拓紙尺寸90×100釐米；正書，29行，行26字，有方界格，側刻圖案。

首題“魏故使持節侍中驃騎大將軍司徒公都督冀州諸軍事冀州刺史趙郡開國公爾朱公之墓誌銘”。

1928年河南洛陽十里頭村出土，于右任舊藏，原石現藏陝西西安碑林博物館。

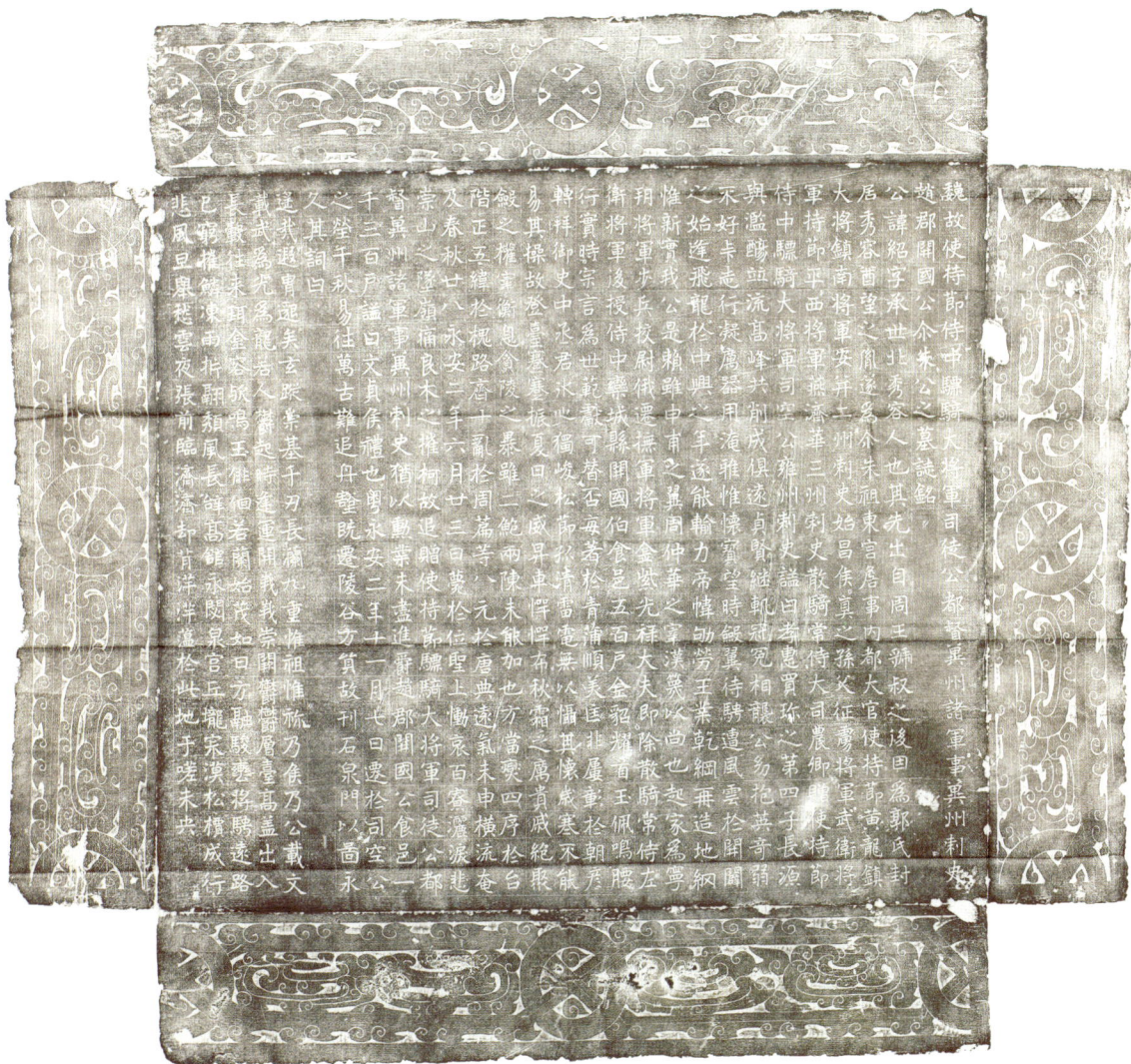

正己格物説　T0010

〔明〕鍾化民撰並書

明萬曆十六年（1588）西安鍾化民立碑，原刻，民國拓本。

摺葉，一幅，未托裱，拓紙尺寸220×85釐米。正書，16行，行50字，碑額篆書，2行，行2字。

額題“正己格物”。

原碑現藏陝西西安碑林博物館。

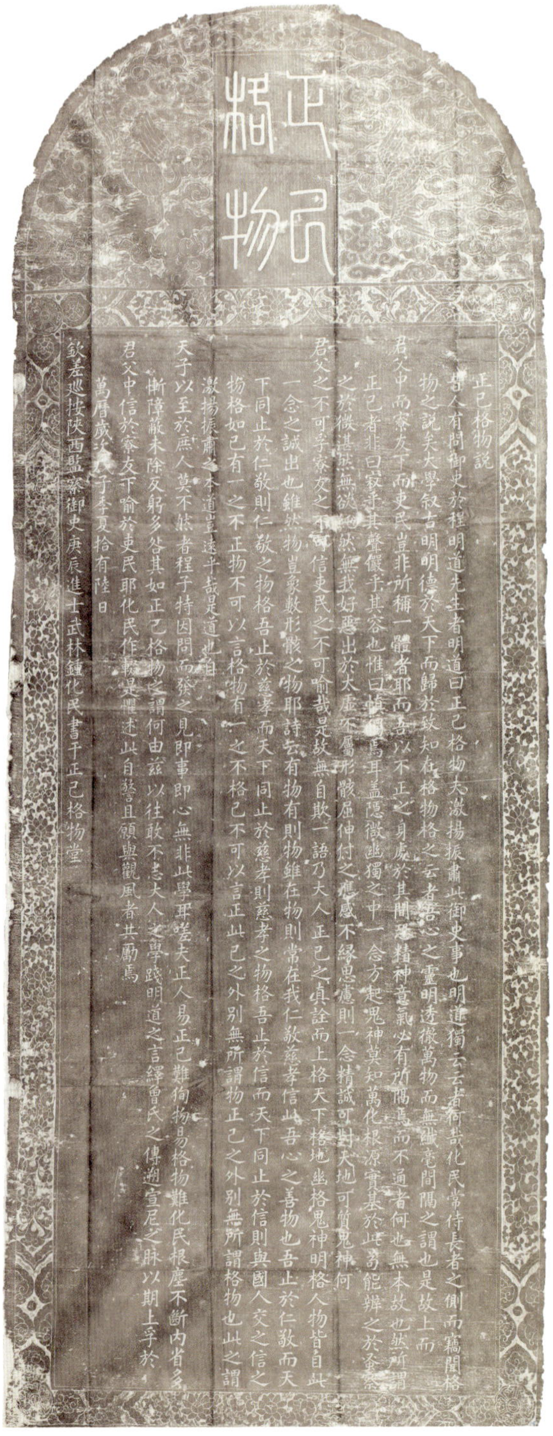

崇禎皇帝賜楊嗣昌詩碑　T0021

〔明〕思宗朱由檢撰並書

明崇禎十三年（1640）立碑，原刻，民國拓本。

摺葉，一幅，未托裱，拓紙尺寸168×90釐米。草書，4行，行9字。

原碑現藏陝西西安碑林博物館。

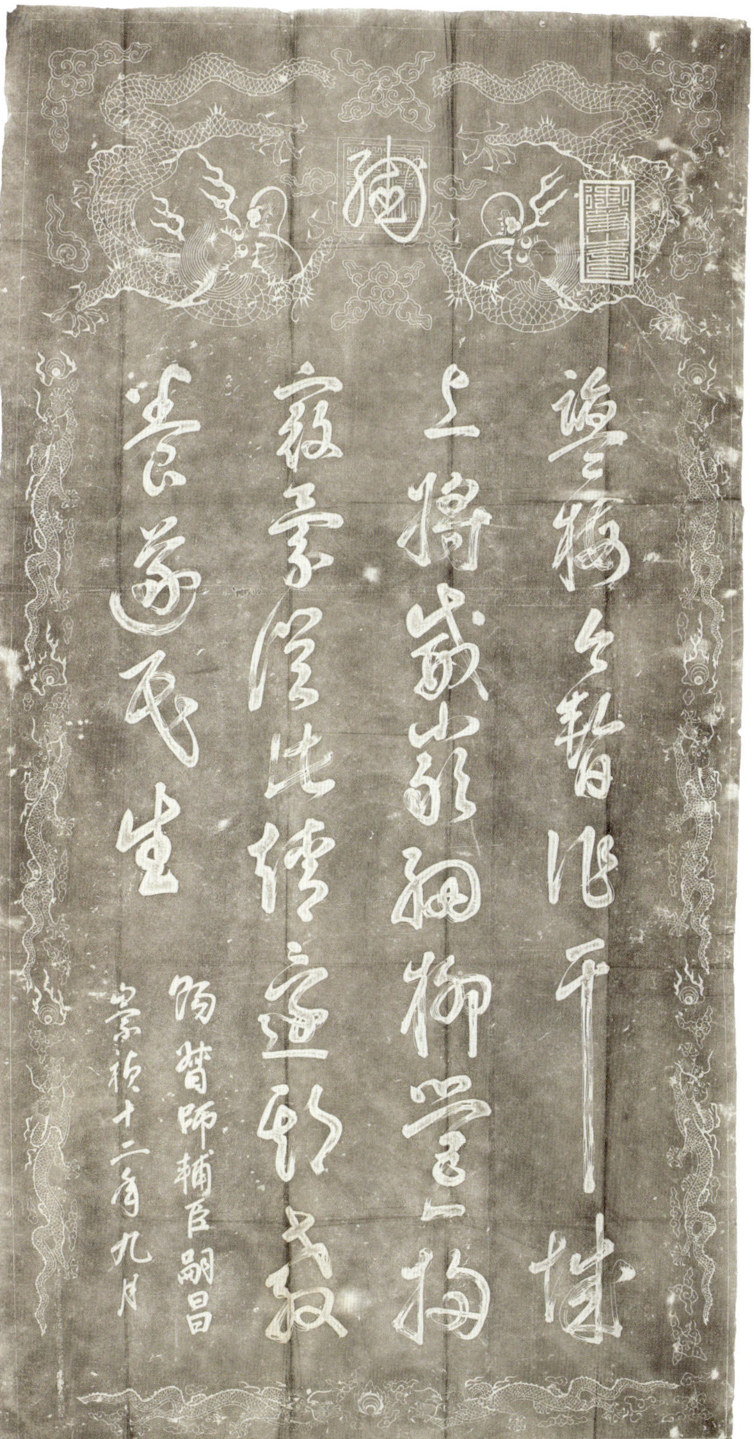

康熙御筆草書七律詩碑　T0022

〔清〕聖祖玄燁書

清康熙（1662—1722）刻石，原刻，民國拓本。

摺葉，一幅，未托裱，拓紙尺寸200×80釐米。草書，4行，行16字。

康熙臨米芾書李白送友人尋越中山水詩碑　T0020

〔清〕聖祖玄燁書

清康熙（1662—1722）立石，原刻，民國拓本。

摺葉，一幅，未托裱，拓紙尺寸200×82釐米。行書，6行，行16字。

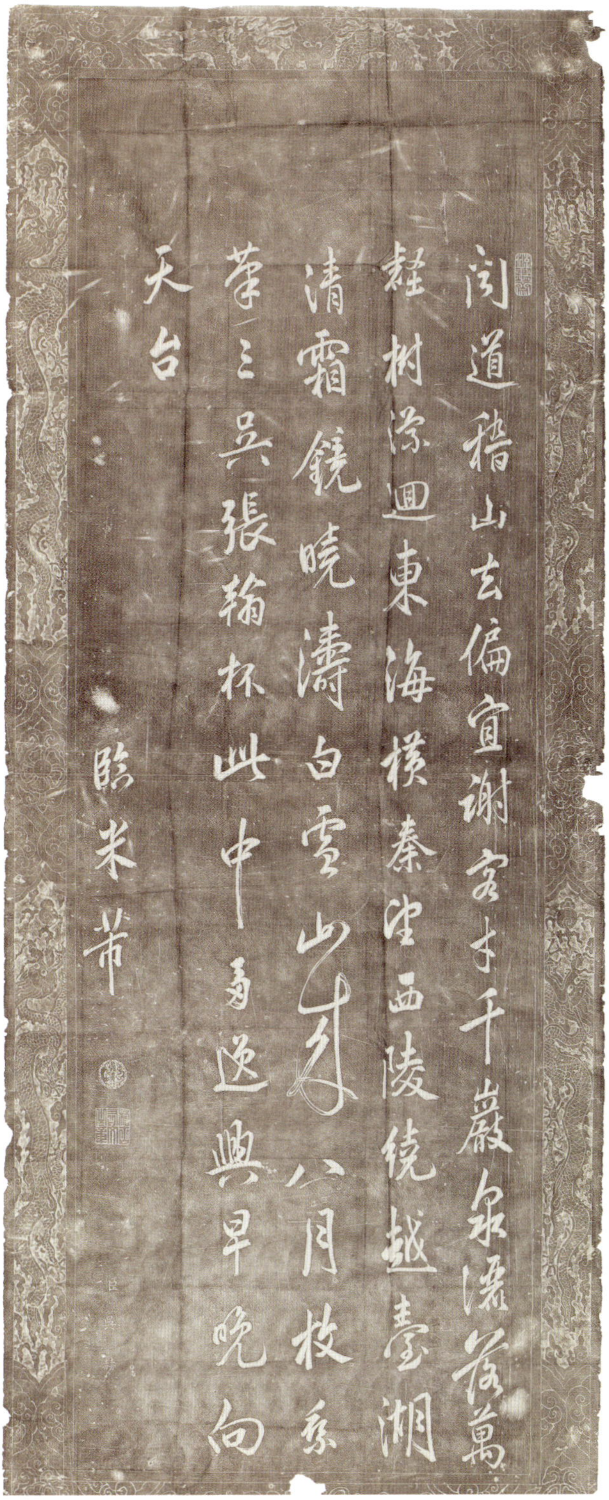

康熙賜川陝總督佛倫詩碑　T0027

〔清〕聖祖玄燁撰並書

清康熙三十二年（1693）西安佛倫刻石，原刻，民國拓本。

摺葉，一幅，未托裱，拓紙尺寸197×82釐米。正書，9行，行5字。

雍正皇帝賜岳鍾琪詩碑　T0014

〔清〕世宗胤禛撰並書

清雍正（1723—1735）立碑，原刻，民國拓本。

摺葉，一幅，未托裱，拓紙尺寸200×82釐米。正書，6行，行22字，額缺。

原碑現藏陝西西安碑林博物館。

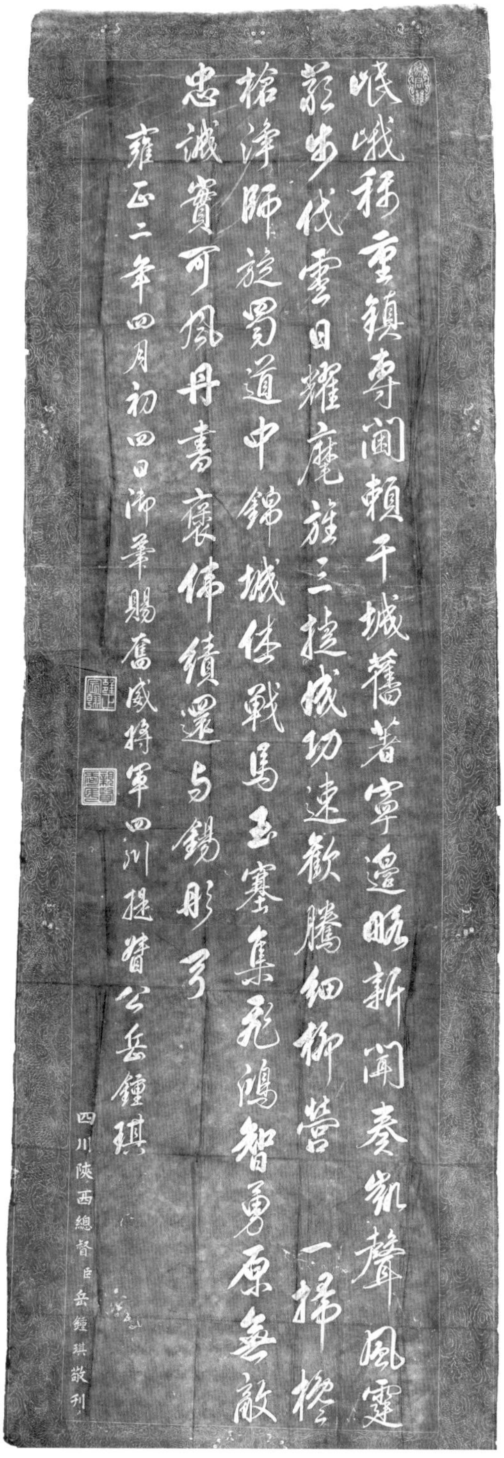

嘉靖御注宋儒范浚心經程頤四箴　T0026

〔宋〕程頤、范浚撰　〔明〕世宗朱厚熜注

明嘉靖七年（1528）西安立石，原刻，民國拓本。

摺葉，六幅，未托裱，拓紙尺寸（92—95）×（135—140）釐米，正書。

《嘉靖聖諭》，76行，行28字；《范浚心經》，13行，行8字，注14行，行15字；《程子視箴》，6行，行8字，注17行，行15字；《程子聽箴》，5行，行8字，注28行，行15字；《程子言箴》，8行，行8字，注21行，行15字；《程子動箴》，6行，行8字，注28行，行15字。

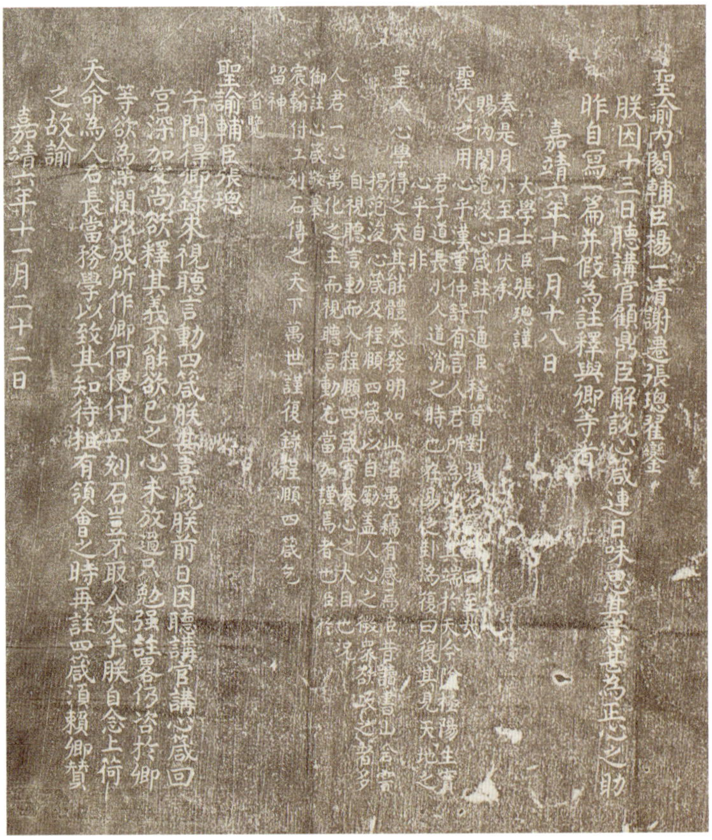

（局部）

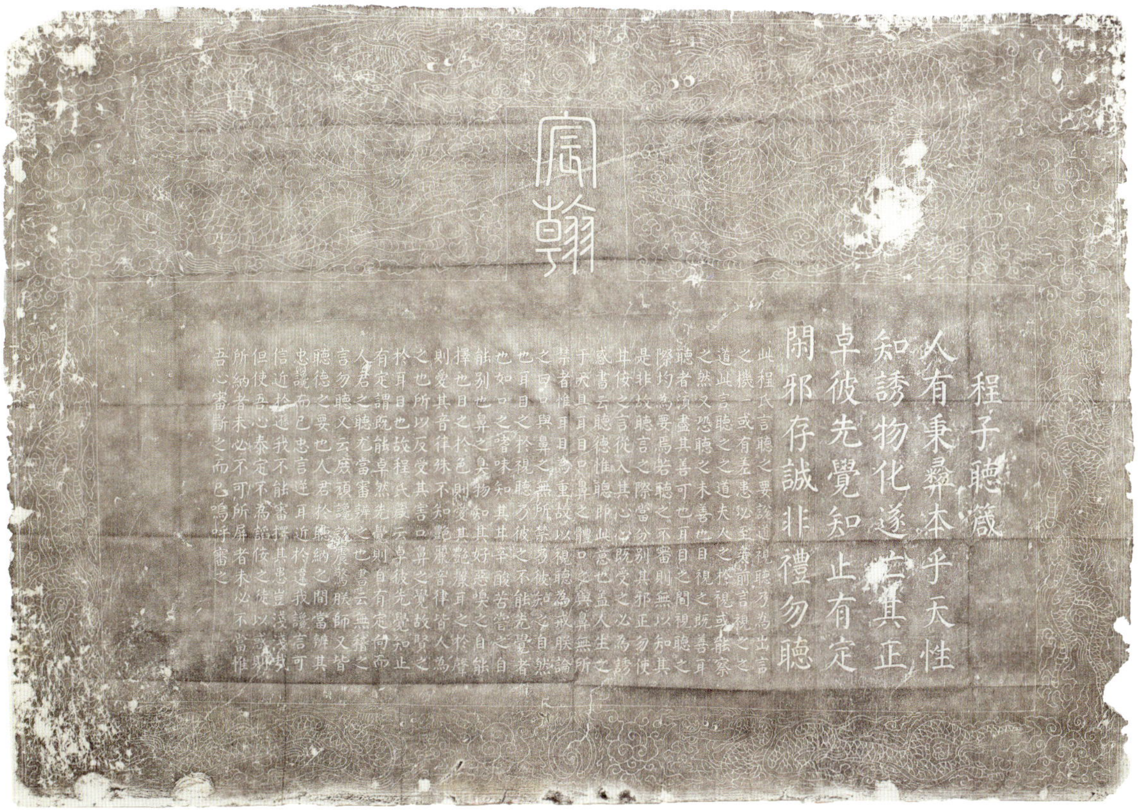
宸翰
程子聽箴
人有秉彝本乎天性
知誘物化遂亡其正
卓彼先覺知止有定
閑邪存誠非禮勿聽

聖諭

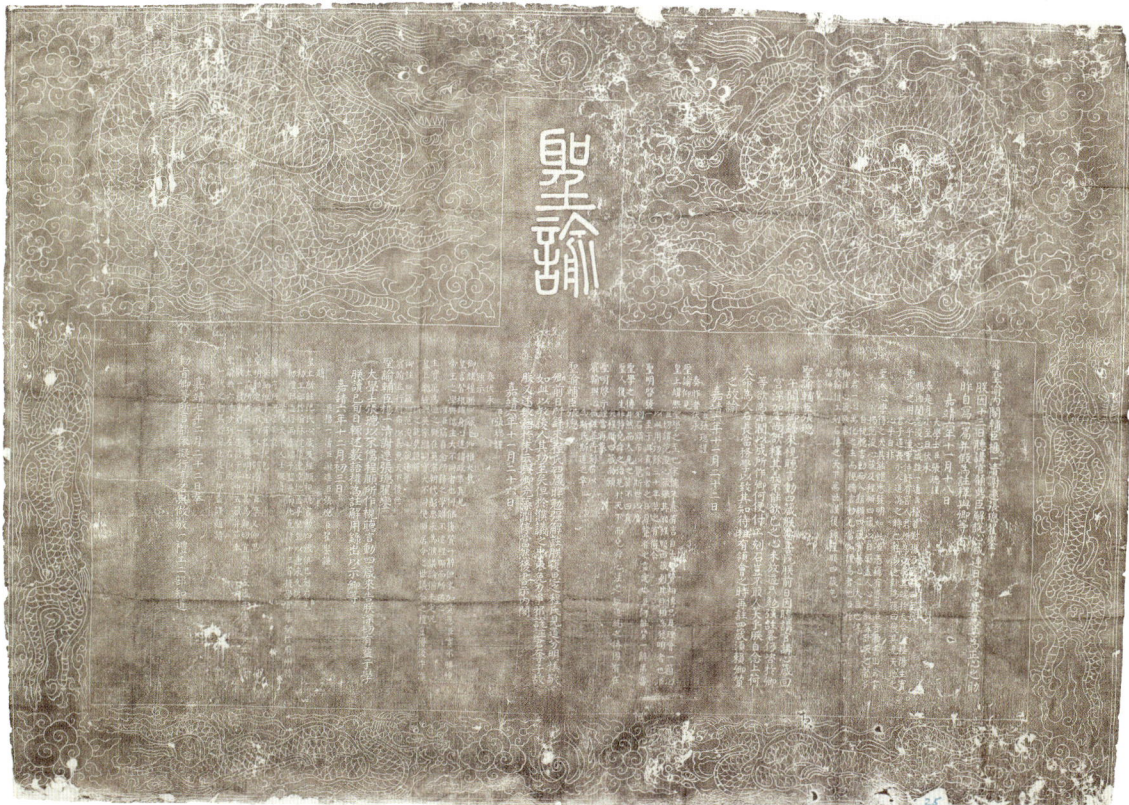

玄秘塔碑　T0011

〔唐〕裴休撰　〔唐〕柳公權書並撰額　〔唐〕邵建和、邵建初鐫

唐會昌元年（841）西安刻石，原刻，民國拓本。

摺葉，一幅，未托裱，拓紙尺寸235×180釐米。正書，額缺，側有紋飾。

首題“唐故左街僧録内供奉三教談論引駕大德安國寺上座賜紫大達法師玄秘塔碑銘並序”。

碑原在陝西西安安國寺，現藏西安碑林博物館。

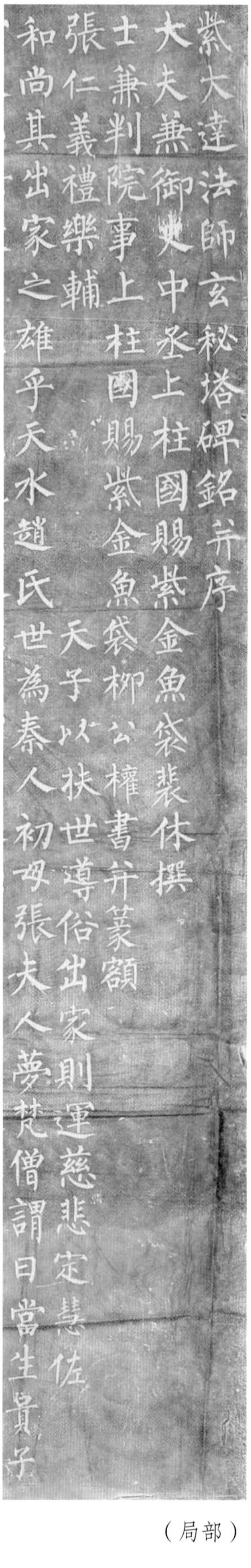

（局部）

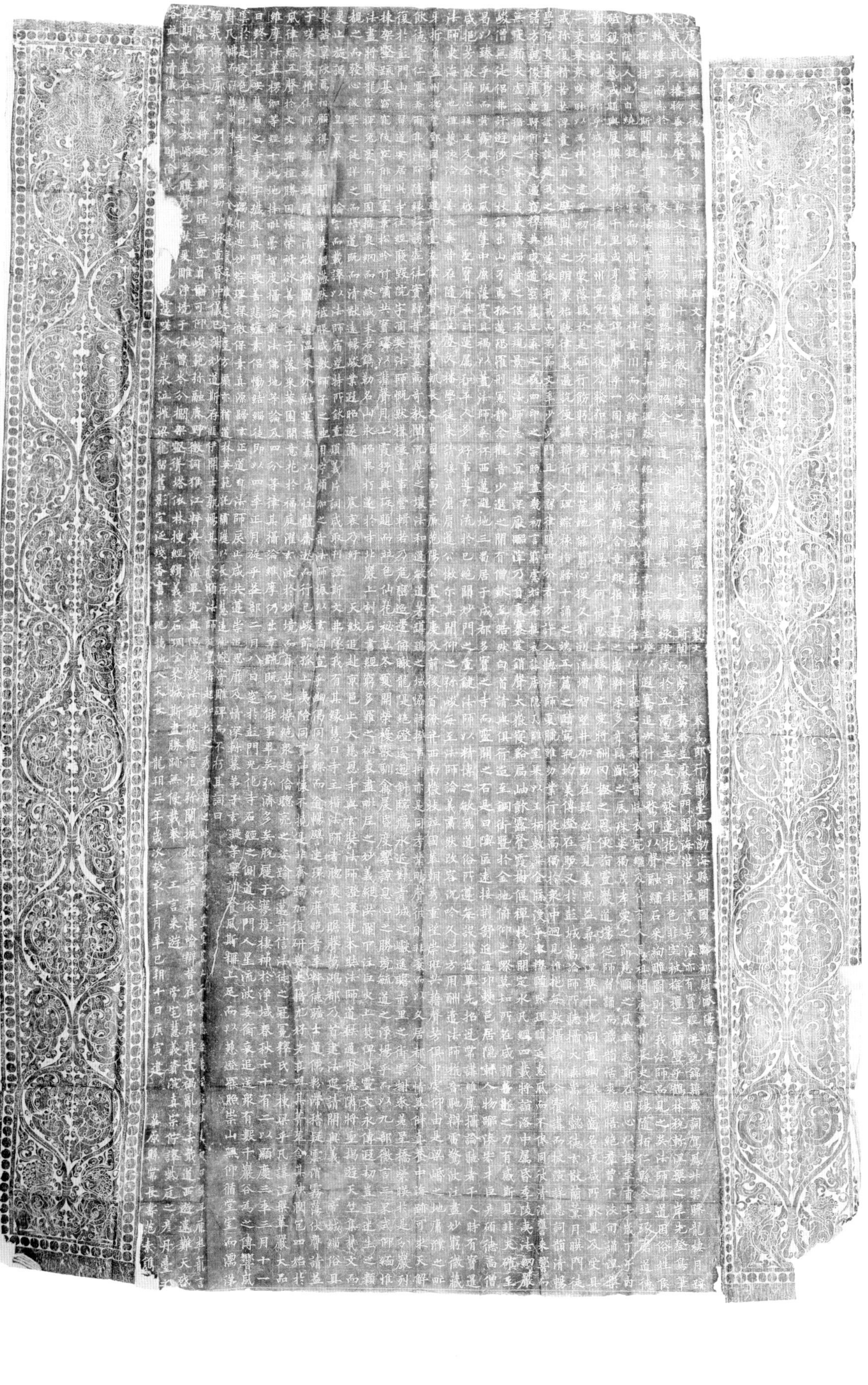

道因法師碑　T0012

〔唐〕李儼撰　〔唐〕歐陽通書　〔唐〕常長壽、范素鐫

唐龍朔三年（663）西安立石，原刻，民國拓本。

摺葉，一幅，未托裱，拓紙尺寸210×147釐米。正書，額缺，側有紋飾。

首題"大唐故翻經大德益州多寶寺道因法師碑文並序"。

碑原在陝西西安懷德坊慧日寺，北宋初移入文廟，後移西安碑林博物館。

（局部）

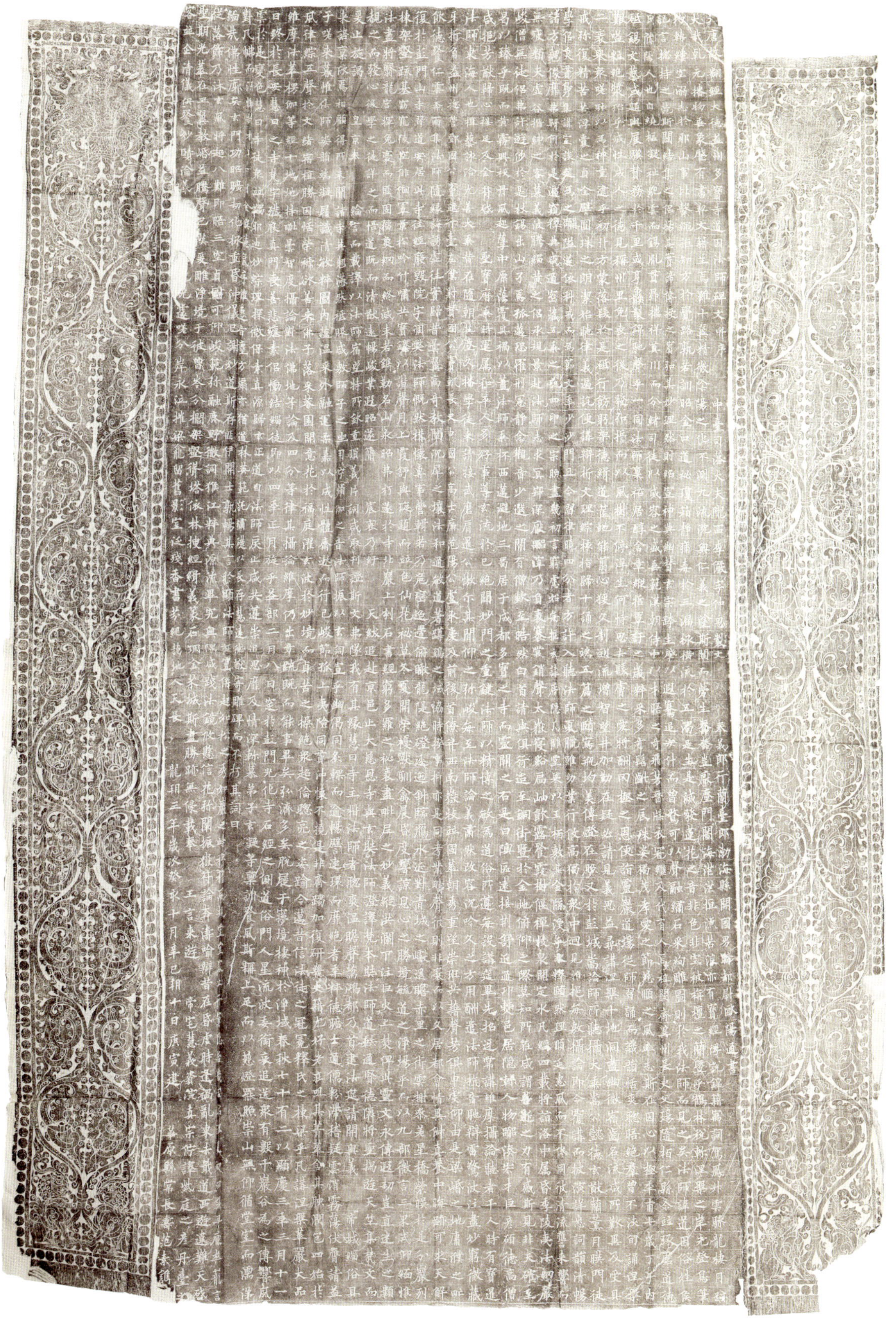

隆闡法師碑　　T0013

〔唐〕思莊撰

唐天寶二年(743)西安立石,原刻,清末拓本。

摺葉,一幅,未托裱,拓紙尺寸156×140釐米。行書,34行,行65字,額缺,側有紋飾。

首題"大唐實際寺故寺主懷惲奉勅贈隆闡大法師碑銘並序"。

碑原在陝西西安實際寺,現藏西安碑林博物館。

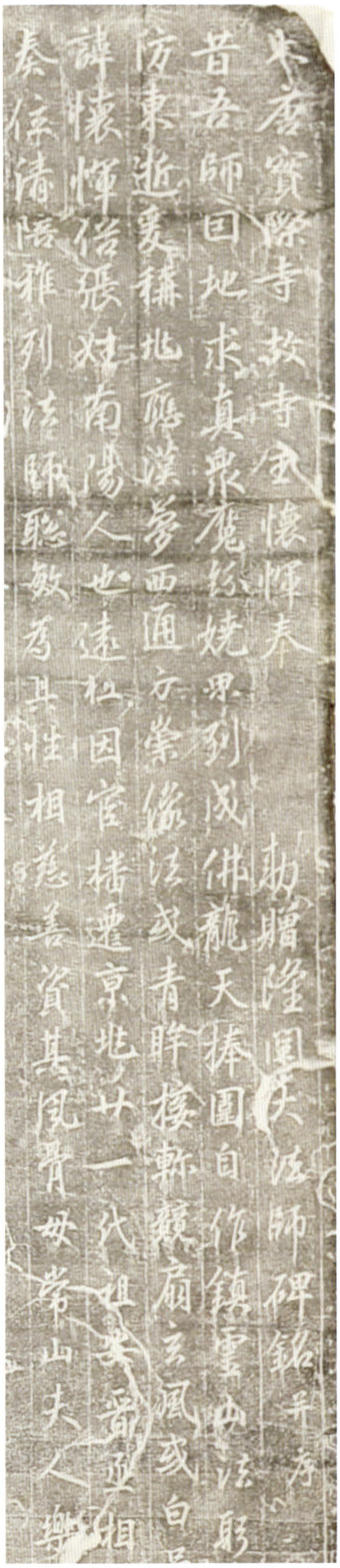

(局部)

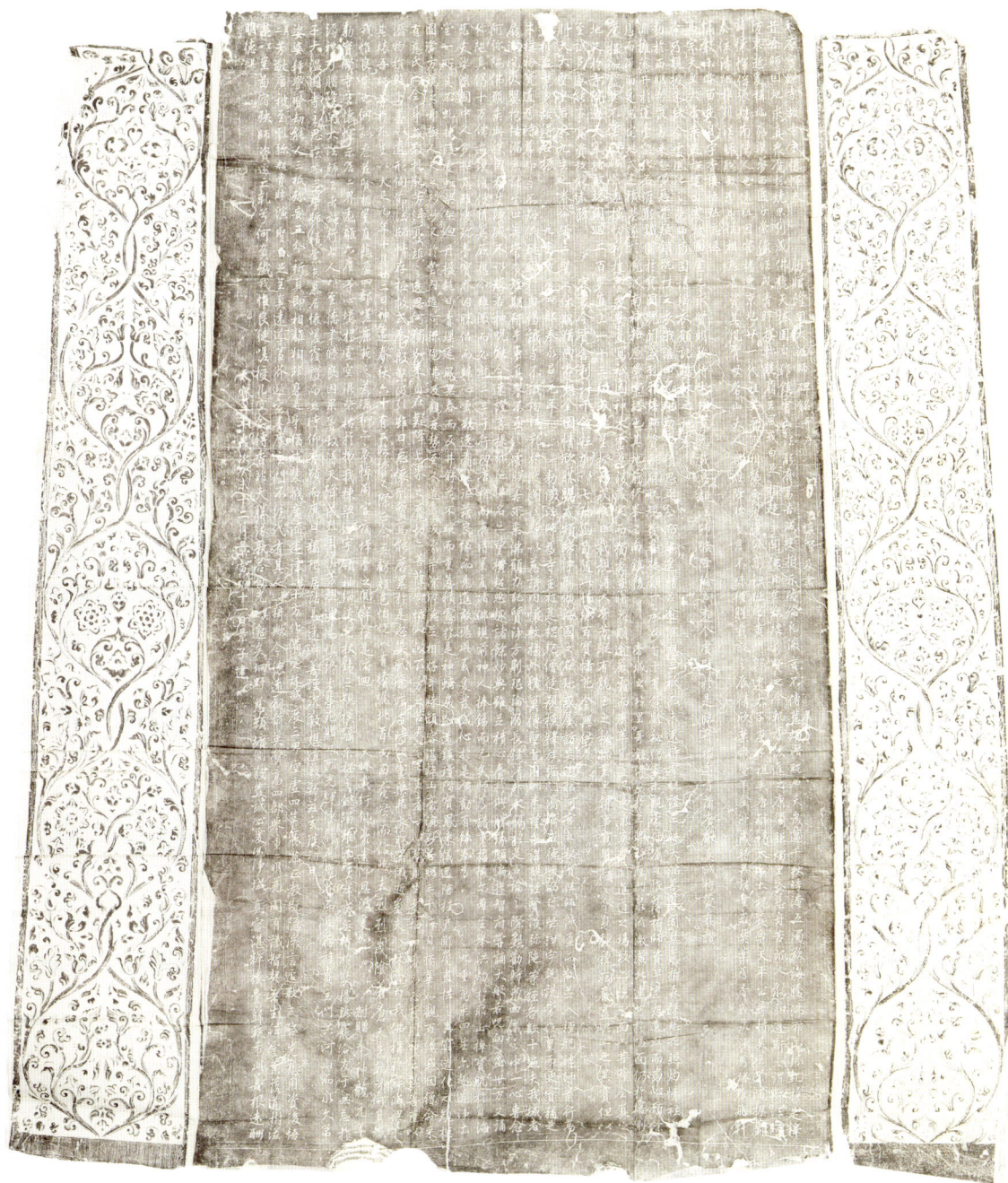

雲南鶴麗鎮鳴音汛帝閣新建石碑記 T0043

〔清〕陶宣撰

清嘉慶二十年（1815）雲南鶴麗鎮陶宣刻立，原刻，民國拓本。

卷軸裝，一軸一盒。軸面尺寸189×69釐米，拓紙尺寸122×57釐米。正書，14行，行54字。

首題“新建石碑”。鶴麗鎮設置於清康熙七年（1668），今爲雲南大理州鶴慶縣。清代千總、把總所統率的緑營兵營及其駐防巡邏的地區稱“汛”。

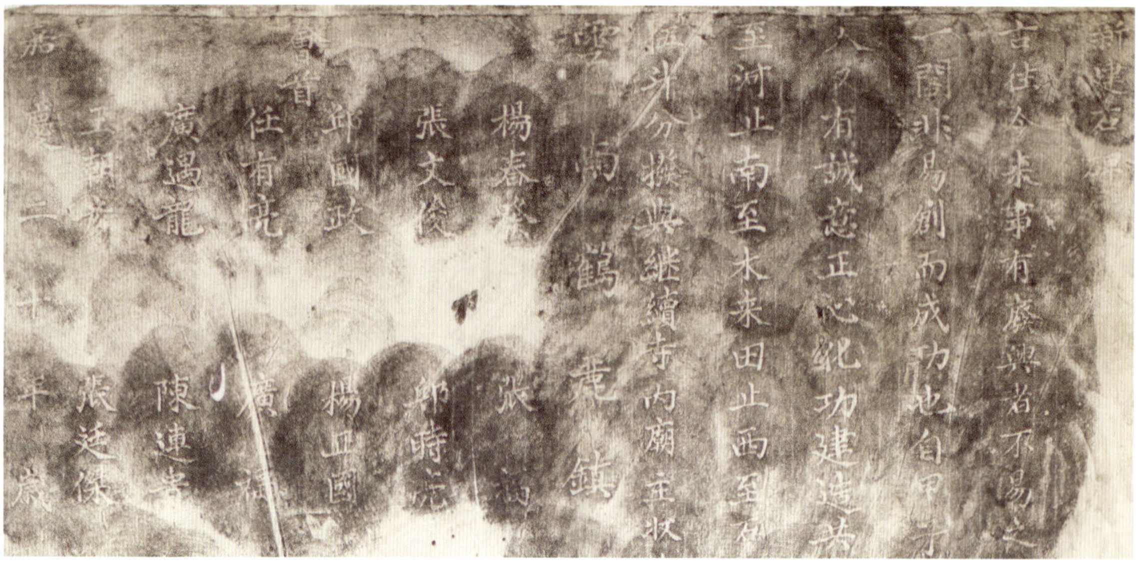

（局部）

光緒元年閔氏立約碑　T0044

〔清〕閔士達等撰

清光緒元年（1875）雲南麗江閔氏刻立，原刻，民國拓本。

卷軸裝，一軸一盒。軸面尺寸165×63釐米，拓紙尺寸79×51釐米。正書，17行，行40字。

額題“永遠遵守”。

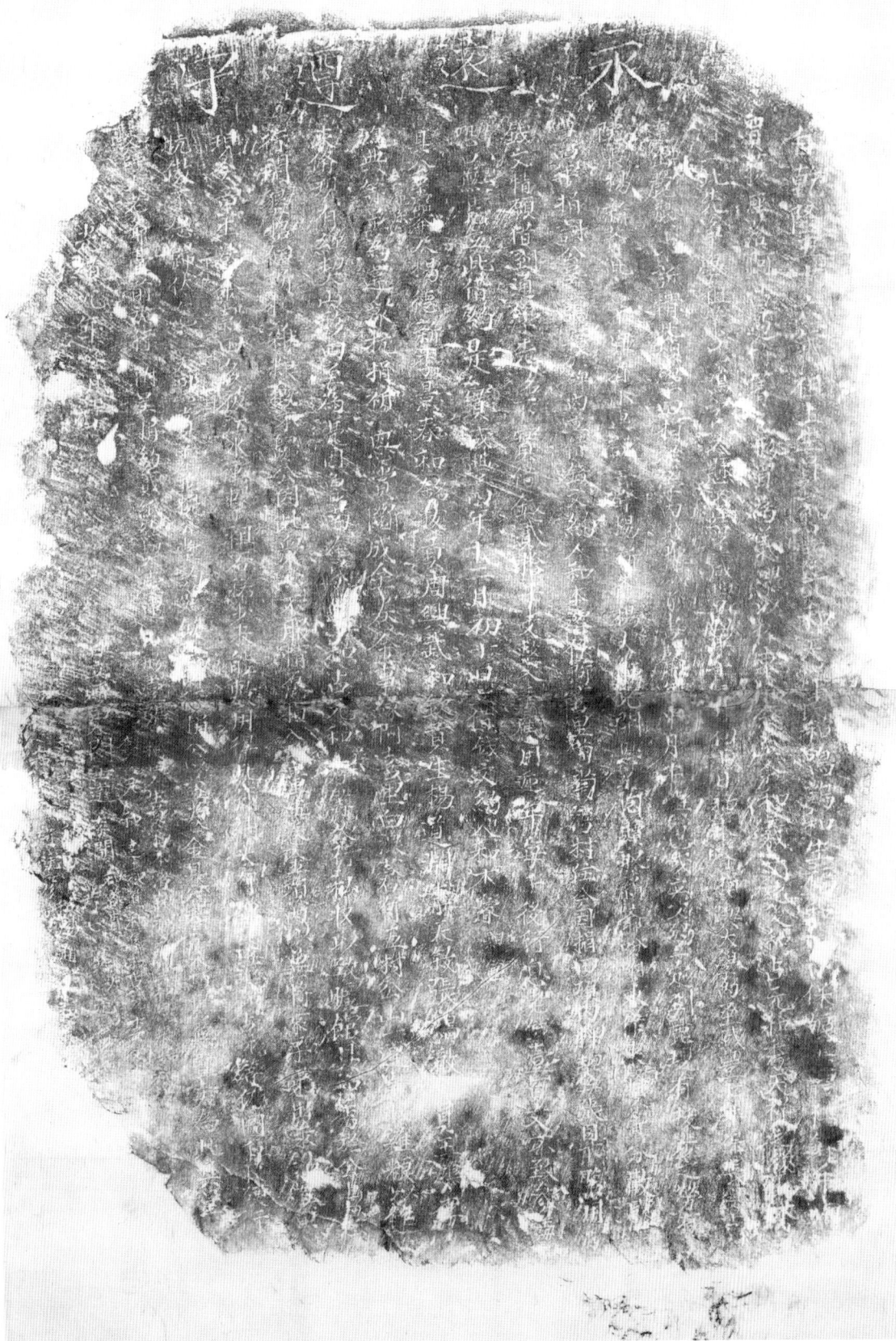

雲南麗江知府勘定田畝界址告示碑　T0045

〔清〕王氏撰

清光緒元年（1875）雲南麗江閔士達等立石，翻刻，民國拓本。

卷軸裝，一軸一盒。軸面尺寸199×80釐米，拓紙尺寸136×68釐米。正書，18行，行46字。

額題“永遠碑記”。清乾隆三十五年（1770）知府王氏原刻，光緒元年（1875）閔士達等重刻。

永遠碑記

署雲南麗江府正堂加三級紀録六次王

乾隆三十五年十月

光緒元年十月十六日

白沙金剛大定二刹碑記　T0046

〔清〕管學宣撰　〔清〕趙弘書丹

清乾隆八年（1743）雲南麗江白沙鎮管學宣刻石，原刻，民國拓本。

卷軸裝，一軸一盒。軸面尺寸216×67釐米，拓紙尺寸153×56釐米。正書，18行，行56字。

額題“永垂不朽”。白沙鎮位於雲南麗江城北約十公里，因地表多白色沙粒而得名，曾經是麗江政治、經濟、商貿和文化的中心，也是麗江第一大家族即麗江土司木氏家族的發祥地。

管學宣，江西安福人，字未亭，號武門，清乾隆初年任雲南麗江知府。在任期間重視農業，興修水利，發展經濟，尤其重視文化建設，培育人才，極大地促進了麗江“改土歸流”的進程，麗江社會風貌因此得到很大改善。

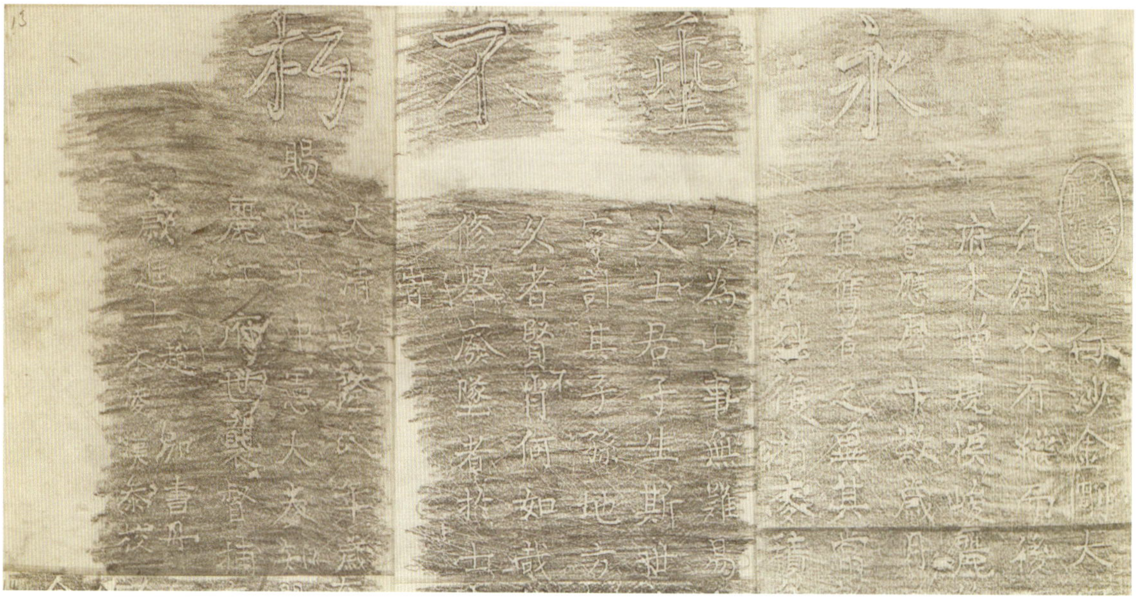

（局部）

昆明玉案山筇竹寺聖旨碑 T0048

〔元〕仁宗愛育黎拔力八達撰

元延祐三年（1316）昆明玄堅和尚立石，原刻，民國拓本。

卷軸裝，一軸一盒。軸面尺寸193×74釐米，拓紙尺寸127×63釐米。正書，21行，行67字。

筇竹寺在雲南昆明西郊玉案山上，距城區十二公里，始建於唐宋年間，是佛教禪宗傳入雲南的第一寺。元延祐三年（1316），元仁宗頒賜聖旨給該寺住持玄堅（1254—1319），封玄堅爲“頭和尚”，對筇竹寺的殿堂、土地、財産予以保護，令地方官府豁免徭役，不徵賦稅，並賜存《大藏經》。玄堅以蒙古、漢文字將聖旨刻於石碑，正面是漢字白話文，首題“筇竹寺聖旨碑”，背面爲直書蒙古文。碑現在筇竹寺大雄寶殿内。

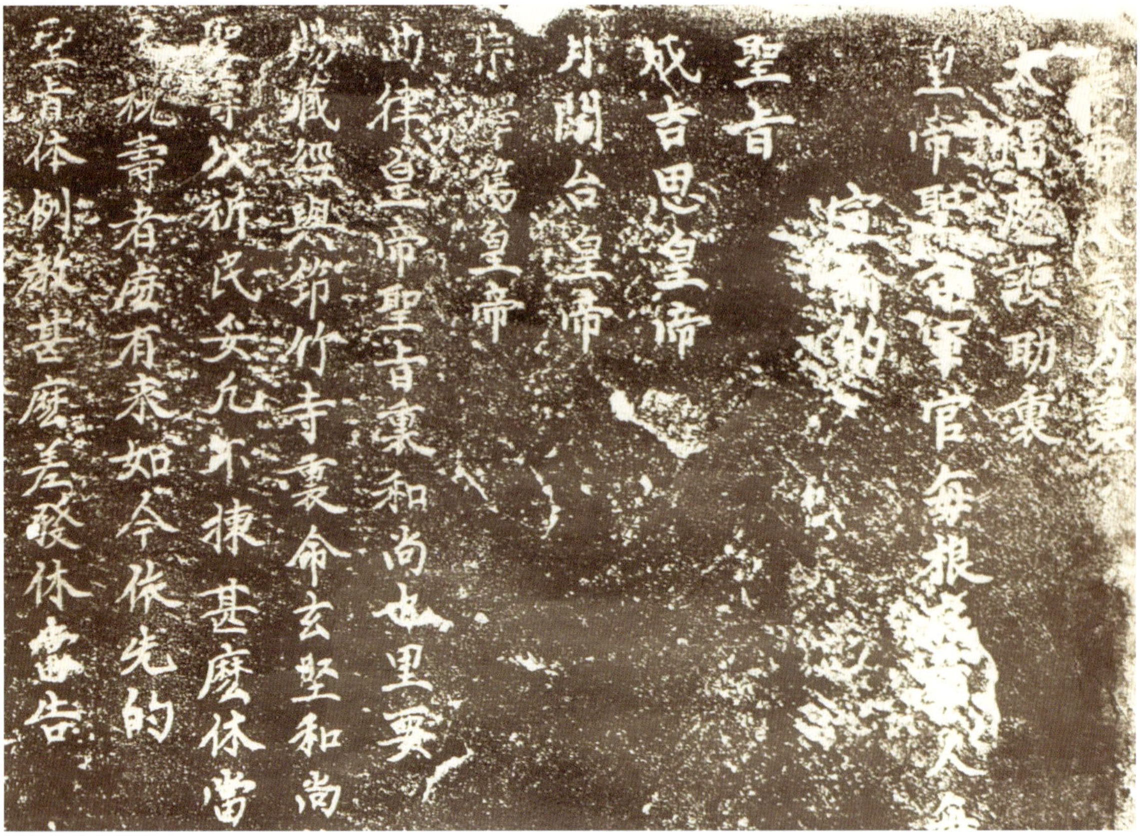

（局部）

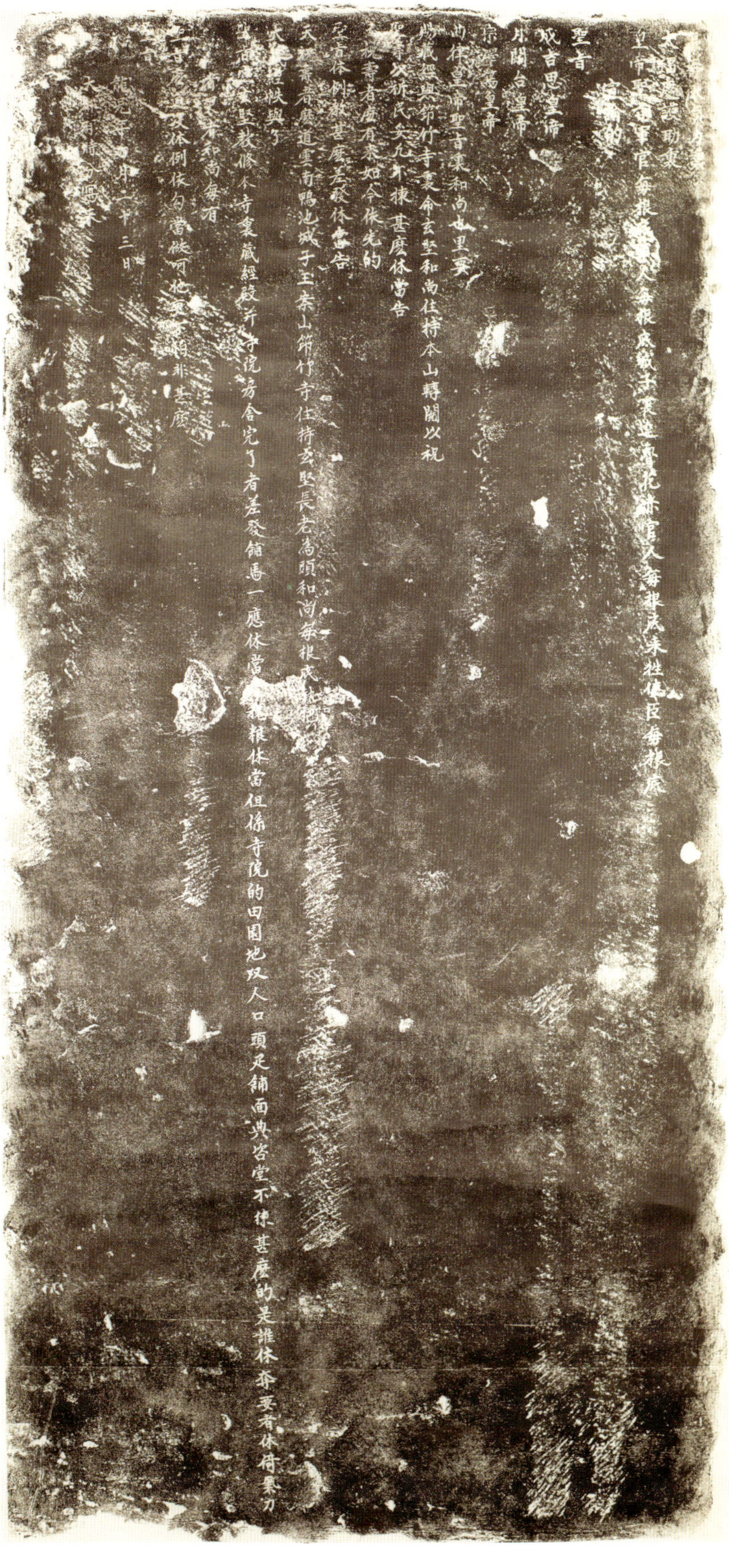
[illegible]助衆
皇帝聖旨軍官每根底[illegible]人每根底城子裏達魯花赤官人每根底來往使臣每根底
[illegible]宣諭的
聖旨
成吉思皇帝
月闊台皇帝
[illegible]皇帝
曲律皇帝聖旨裏和尚也里[illegible]
賜藏經與節竹寺裏命玄堅和尚住持本山轉閱以祝
聖壽以祈民安凡不揀甚麼休當告
祝壽者麼有來如今依先的
聖旨體例裏不揀甚麼差發休當告
天祝壽者麼道雲南鴨池城子王泰山節竹寺住持玄堅長老爲頭和尚每根底執把[illegible]
聖旨[illegible]堅教修本寺裏藏經殿并寺院房舍完了者差發鋪馬一應休當[illegible]糧休當但係寺院的田園地土人口頭疋鋪面典當堂不揀甚麼的是誰休奪要者休倚氣力
大[illegible]根與了
有[illegible]者和尚每有
[illegible]麼道又体例勾當做呵他每[illegible]非甚麼
[illegible]旨
龍兒年[illegible]月二十三日
大[illegible]有時[illegible]寫來

温泉庵記　T0050

〔明〕高宗敬撰並書　〔明〕清源篆額

明永樂十年(1412)九月雲南大理楊禾鐫石，原刻，民國拓本。

卷軸裝，一軸一盒。軸面尺寸158×55釐米，拓紙尺寸54×43釐米。正書，23行，行27字。

原石在今雲南大理三營鎮，當地地熱資源豐富。

溫泉菴記　雅安高棠撰并書
鼓山住持清源[illegible]
三營川大理郡之屬邑也舊名蒙統和環川四面皆好[illegible]
曰石碑坪居人之墳墓在焉坪之西數十武溫泉湧出上茅[illegible]
如鼎釜可畏可憎土人遂為沐浴故人所坪之上茅[illegible]
守之址尤存坪之南美田數千百頃村邑與軍屯間[illegible]
沃壤閣陽翁傍幼以習藝軍伍居京洪武十八年乙丑[illegible]
十年丁卯遭土寇悖亂人民潰散田上荒蕪迨十余年後[illegible]
每遇丑未假遠近咸奉聚於坪所交易物貨宣然燁然積[illegible]
和歲豐長幼持齋念佛者比屋皆然後乃捐己之資伐材構宇[illegible]
陶老肖以佛像殿為莫高遂因溫泉而額其名于以祝[illegible]
聖壽于以祈保田穀而乘引流種對蔬以周垣雜植花木蹊鑿[illegible]
沿可濯纓老山民亦不流[illegible]暫栖焉味不爵不上然歌唱[illegible]
一醫四時之景態恒新翫熏之魚鐘不怠遊為冠可觀[illegible]之[illegible]
延土僧晨夕以事香火于焉少有祈禱後應威父[illegible]息[illegible]供
田土歲收谷麥以資食用以延住永雲水[illegible]
知府高氏常加贊歎其用心可謂勤且篤矣為居手紀其塋
數并記刻之歲月言石素無文但備其述其換緊若其長
之為教如天之大如日之明遠寡區而本事者阿曾千萬今
之外荒徼之域乃能資修建化上夷而均其[illegible]書[illegible]同享
福其亦可嘉也已然則天之[illegible]蠻蒿其子孫於悠久長
是為記　從無字法進闔之是學者建安縣仙化坊人永樂十年歲
歲[illegible]秋九月吉日立石　鐫者沙[illegible]揚禾

萬德宮記　T0052

〔明〕木高撰　〔明〕舒鳳鐫文

明嘉靖三十五年（1556）六月九日雲南麗江木高立石，原刻，民國拓本。

卷軸裝，一軸一盒。軸面尺寸1175×54釐米，拓紙尺寸89×42釐米。正書，16行，行41字。

萬德宫又名木家院，在今麗江市古城區開南街道漾西社區西林瓦村，是明代麗江木氏土司的行宫。由土司木高在明嘉靖三十五年（1556）建造。明崇禎十二年（1639），徐霞客受土司木增邀請，在萬德宫爲其第四子教授中原文法，並與木增結爲生死之交，傳爲千古佳話。

萬德宮記
佛即天也夫即君也
君壽天下安矣夫
矣仁義興禮樂
子子孫孫世官
君報本育民樂道夫
佛天保佑冥神默助
同久矣是哉也
大孝釋迦牟尼文佛
義也所謂大能
克基乎天地君
北岳之崇尊
文峯之陽萬
如月之初如
大明嘉靖三十五
中憲大夫世襲

（局部）

即天地之門君也

昌爵天下安秩大下妻

子孫後世當斯士世斗斯

佛天保佑鬼神黙助加官增禄

同父矣是盛也健比萬為思

義山祈謂大能弘道非道弘人

亥基千夫地君子道長小人道消矣

北岳之崇尊五岳中重崖古今

大峯之陽萬真之宮

姻月之初如日之東其善雲仍

大明嘉靖三十八年龍集丙辰六月九日吉時麗沼軍民府

盆士吉宗古昌

升庵先生祠落成敬紀詩二首　T0057

〔清〕許弘勳撰

清康熙二十八年（1689）昆明刻石，原刻，民國拓本。

卷軸裝，一軸一盒。軸面尺寸44×106釐米，拓紙尺寸33×57釐米。行書，14行，行8至9字。

楊慎（1488—1559），字用修，號升庵，四川新都人。正德六年（1511）中狀元，官翰林院修撰、經筵講官。嘉靖三年（1524），因“大禮議”受廷杖，謫戍雲南，並終老於此。隆慶元年（1567）追謚“莊介”，天啓時改謚“文憲”。明代記誦之博，著述之富，推楊慎爲第一。在滇南三十年，對當地文化風氣有重要深遠的影響。

升庵祠坐落在昆明西山山麓高嶢村，背靠西山，面臨滇池，原爲楊慎在滇之寓所“碧嶢精舍”，明萬曆年間（1573—1619）布政使劉之龍改建爲“太史祠”以紀念之。清康熙二十八年（1689），雲貴總督范承勳重修；咸豐七年（1857）重建，改名“升庵祠”；1988年1月公布爲省級第三批重點文物保護單位，改名爲“楊升庵紀念館”。

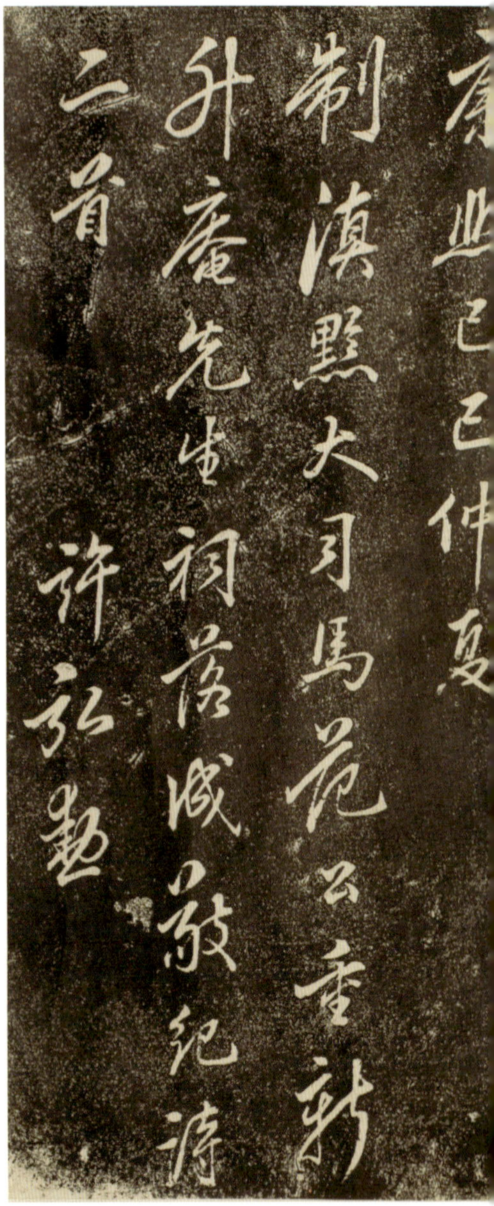
制滇黔大司馬范公重新
升庵先生祠落成敬紀詩
二首
許弘勳

聖庭爭大禮扨覺撙
紳室宪請原叅峯芶
芳猶省云攙门手父志
詥跣滧官裹贏阳千
秋没高嵿廊祀崇
昱帝常親会怤爲誰
迴村雲憍常郵三庭議
反喁三元岺令法牧兑
生逋荃宛侣丰新宇
一赊相長髙春

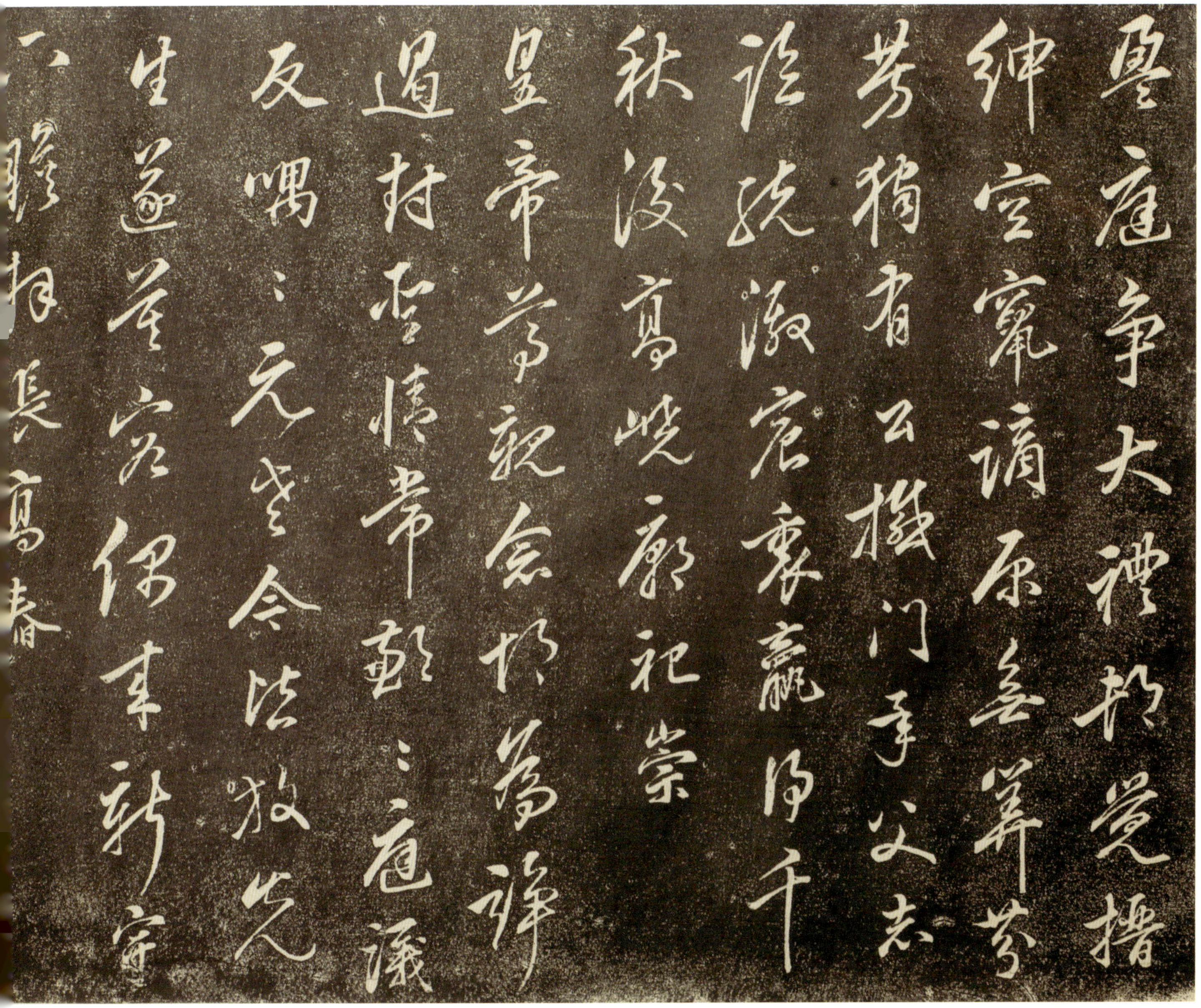

升庵先生像及贊　T0053

（清）范承勳撰

清康熙二十八年（1689）後立石，原刻，民國拓本。

卷軸裝，一軸一盒。軸面尺寸45×159釐米，拓紙尺寸33×113釐米。行書，29行，行10字。

又名《楊莊介公遺像贊》。拓片右首爲楊慎像，其後爲范承勳撰贊。

范承勳（1641—1714），字蘇公，號眉山，又號九松主人，遼寧撫順人，隸漢軍鑲黄旗，清初大學士范文程第三子，康熙二十五年（1686）任雲貴總督，歷官至兵部尚書加太子太保。

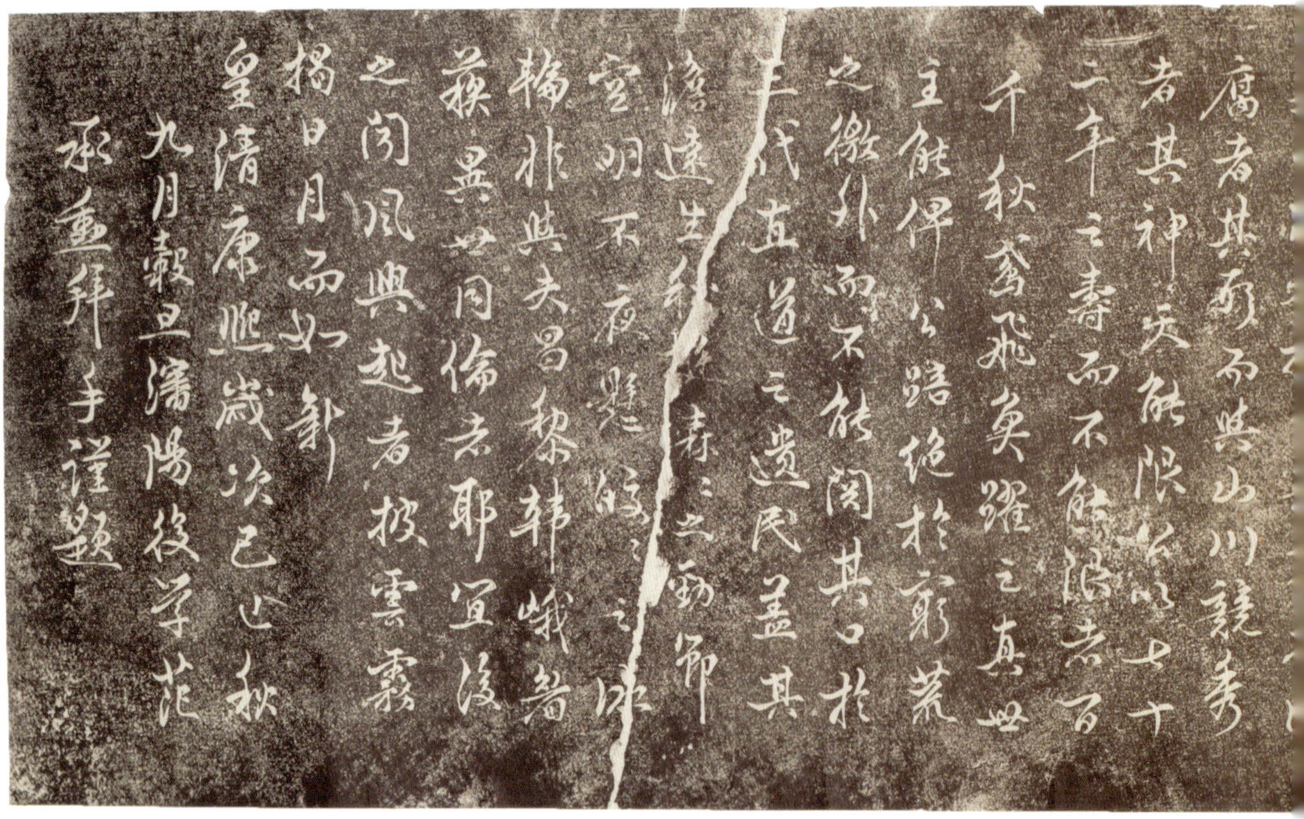

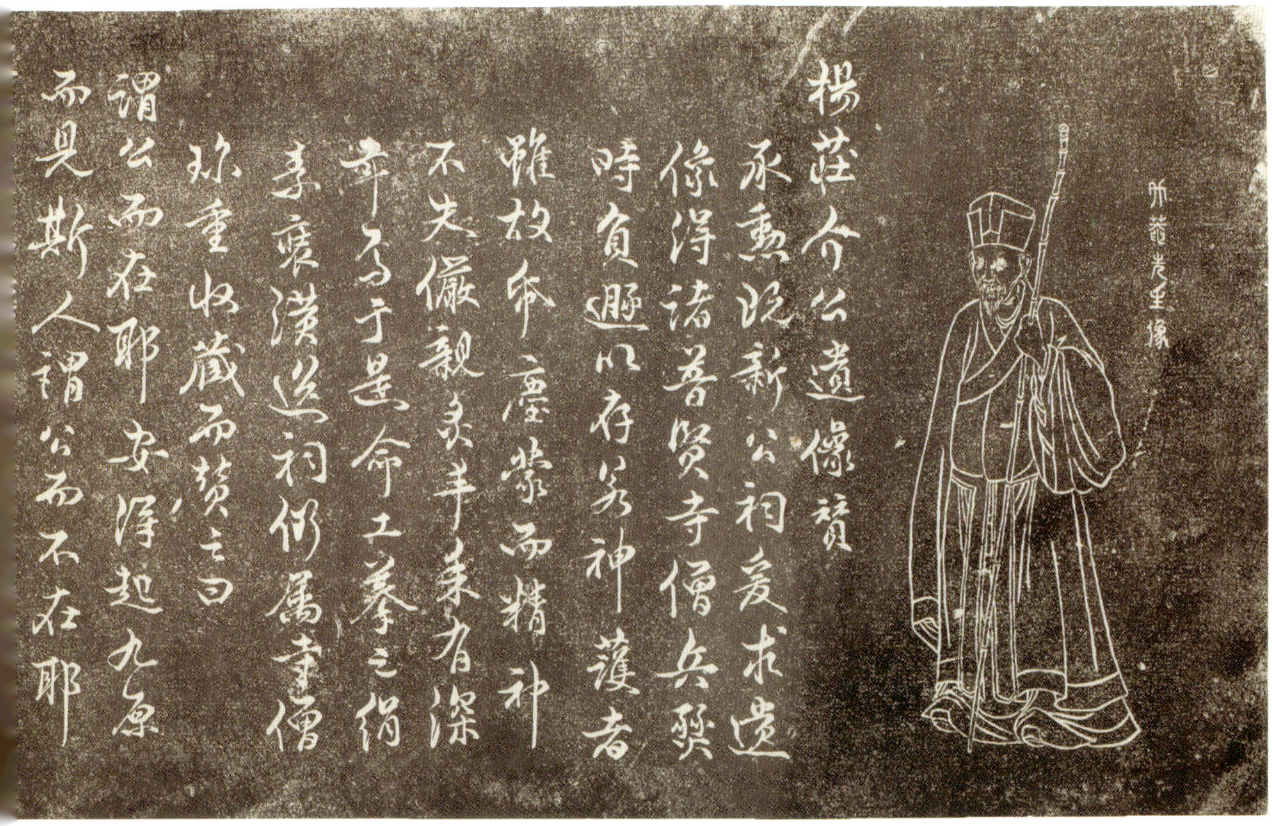
介菴先生像
楊莊介公遺像贊
承熏既新公祠爰求遺
像得諸普賢寺僧兵燹
時負遯以存爲神護者
雖敝帋塵蒙而精神
不失儼覩象手兼有深
意爲予是命工摹之絹
素裝潢送祠俾屬寺僧
永垂收藏而贊之曰
謂公而在耶安得起九原
而見斯人謂公而不在耶

明崇禎麗江處士和青墓前之浮雕金童及玉女　T0051&T0055

明末清初(約1628—1661)雲南麗江刻石,原刻,民國三十一年(1942)麗江周汝誠拓本。

卷軸裝,二軸二盒。軸面尺寸151×36釐米,拓紙尺寸65×24釐米。

《金童》拓片右上方有捶拓人墨筆題記“明崇禎麗江處士和青墓前之浮雕金童/拓於金□山喜祇園古墓叢中”,《玉女》拓片左上方有捶拓人墨筆題記“明崇禎麗江處士和青墓前之浮雕玉女/拓於金□山喜祇園古墓叢中/卅一年元旦周汝誠識”。

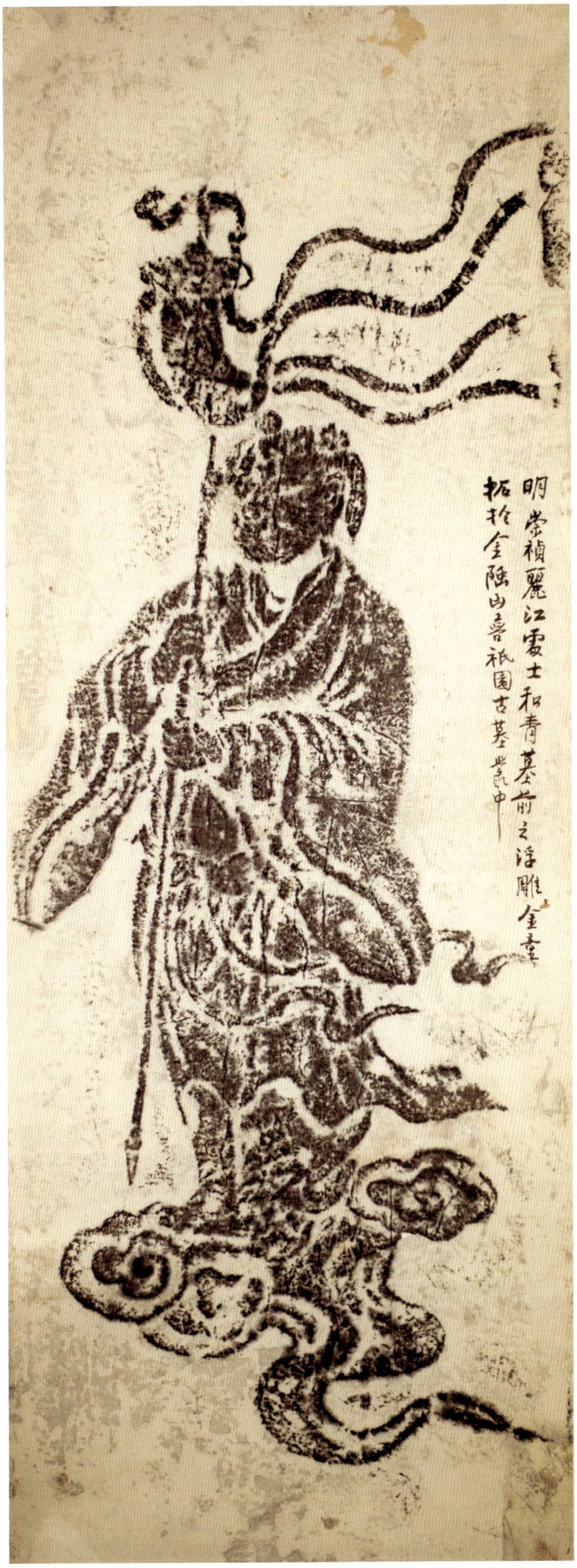
明崇禎麗江雲士和青墓前之浮雕金童
拓於金陵山普祇園古墓叢中

老子像　T0047

胡應祥繪像　顧視高撰並書　陳碩甫刻

民國三十二年(1943)昆明鄧教坤造像，原刻，民國拓本。

卷軸裝，一軸一盒。軸面尺寸189×71釐米，拓紙尺寸104×59釐米。正書，7行，行50字。額題“太上老君聖像”。碑在雲南昆明。

胡應祥(1865—1951)，字雲龕，昆明人，著名畫家，傳承雲南地方畫風，描繪山水、人物、花鳥、蟲草，無所不精；尤擅長人物寫真和臨摹古人，惟妙惟肖，享譽一時。

顧視高(1877—1943)，字仰山，號漁隱，雲南昆明人，清光緒二十九年(1903)進士。三十二年赴日本入東京法政大學學習法律、政治、經濟諸科。回國後，被清廷授予編修、侍講等銜，任貴胄學堂教習、資政院議員等。1913年回昆明任雲南法政學校校長。

鄧教坤(1887—？)爲道教長春派第十六世傳人，昆明黑龍潭龍泉觀方丈，1931年起任昆明市道教會會長，1959年仍在世。

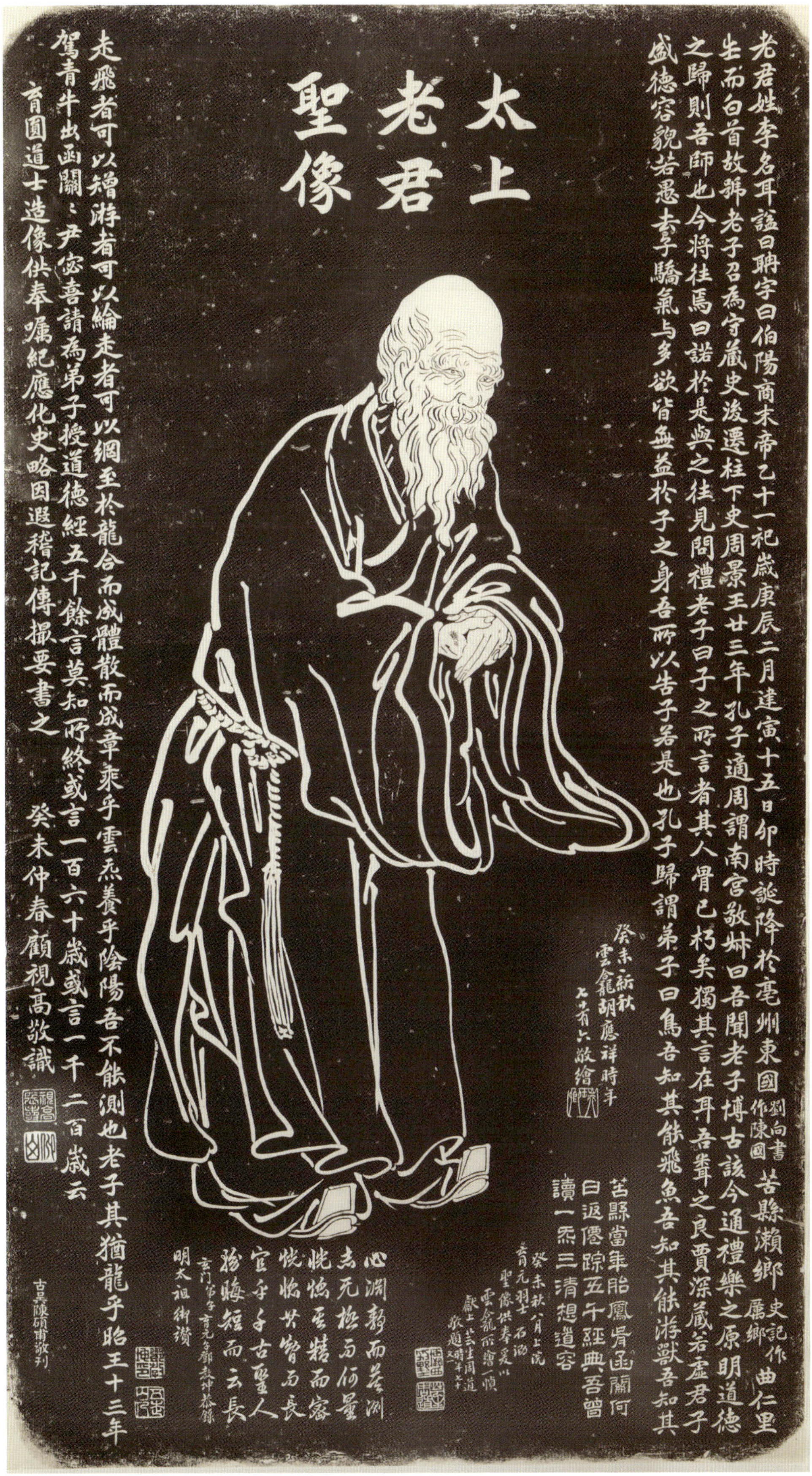

太上老君聖像
老君姓李名耳謚曰聃字曰伯陽商末帝乙十一祀歲庚辰二月建寅十五日卯時誕降於亳州東國劉向書作陳國苦縣瀨鄉史記作厲鄉曲仁里
生而白首故號老子召為守藏史後遷柱下史周景王廿三年孔子適周謂南宮敬叔曰吾聞老子博古該今通禮樂之原明道德
之歸則吾師也今將往焉曰諾於是與之往見問禮老子曰子之所言者其人骨已朽矣獨其言在耳吾聞之良賈深藏若虛君子
盛德容貌若愚去子驕氣與多欲皆無益於子之身吾所以告子若是也孔子歸謂弟子曰鳥吾知其能飛魚吾知其能游獸吾知其
走飛者可以矰游者可以綸走者可以網至於龍合而成體散而成章乘乎雲炁養乎陰陽吾不能測也老子其猶龍乎昭王十三年
駕青牛出函關關尹容喜請為弟子授道德經五千餘言莫知所終或言一百六十歲或言一千二百歲云
育園道士造像供奉囑紀應化史略因遐稽記傳撮要書之
癸未仲春顧視高敬識
癸未新秋
雲龕胡應祥時年七十有六敬繪
苦縣當年胎鳳骨函關何
日返僊踪五千經典吾曾
讀一炁三清想道容
明太祖御讚
古吳陳碩甫敬刊

漢祠老柏詩圖　T0067

吴翼翬撰並書　李雲峰繪　陳碩甫刻

民國二十八年（1939）昆明立石，原刻，民國拓本。卷軸裝，一軸一盒。

軸面尺寸189×70釐米，拓紙尺寸113×59釐米。正書，4行，行70餘字不等。

碑在昆明黑龍潭公園。

吴翼翬（1887—1958），滿族，遼寧鐵嶺人，華嶽心意六合八法拳宗師。1903年考入北洋武備學堂，1936年任南京中央國術館教務長、編纂委員會主任。抗戰爆發後，隨中央國術館遷往昆明。1957年被聘爲上海市文史館員。現代名人張之江譽之爲“一代宗師，千秋武聖”。此碑跋文爲吴翼翬在昆明時所作。

大觀堂修造記　T0070

〔明〕李元陽撰並書　〔明〕楊慎篆額

明嘉靖二十五年（1546）大理劉琳等立石，原刻，民國拓本。

卷軸裝，一軸一盒。軸面尺寸256×99釐米，拓紙尺寸192×87釐米。正書，21行，行50字。

大觀堂及碑在雲南大理。

李元陽（1497—1580），字仁甫，號中溪，白族，雲南大理人，明代著名文學家、理學家。嘉靖五年（1526）進士，官至監察御史，嘉靖二十年（1541），奔父喪歸裡不返，隱居大理四十年，寄情于蒼山洱水之間，與謫居於雲南的楊慎相契最深，兩人常常同游勝景，吟詩作畫，世人傳爲佳話。

普濟寺大喇嘛紀略　T0065

〔清〕李樾撰　〔清〕楊道淳篆額

清道光十七年（1837）麗江普濟寺立石，原刻，民國拓本。

卷軸裝，一軸一盒。軸面尺寸78×158釐米，拓紙尺寸67×110釐米。正書，24行，行15字。

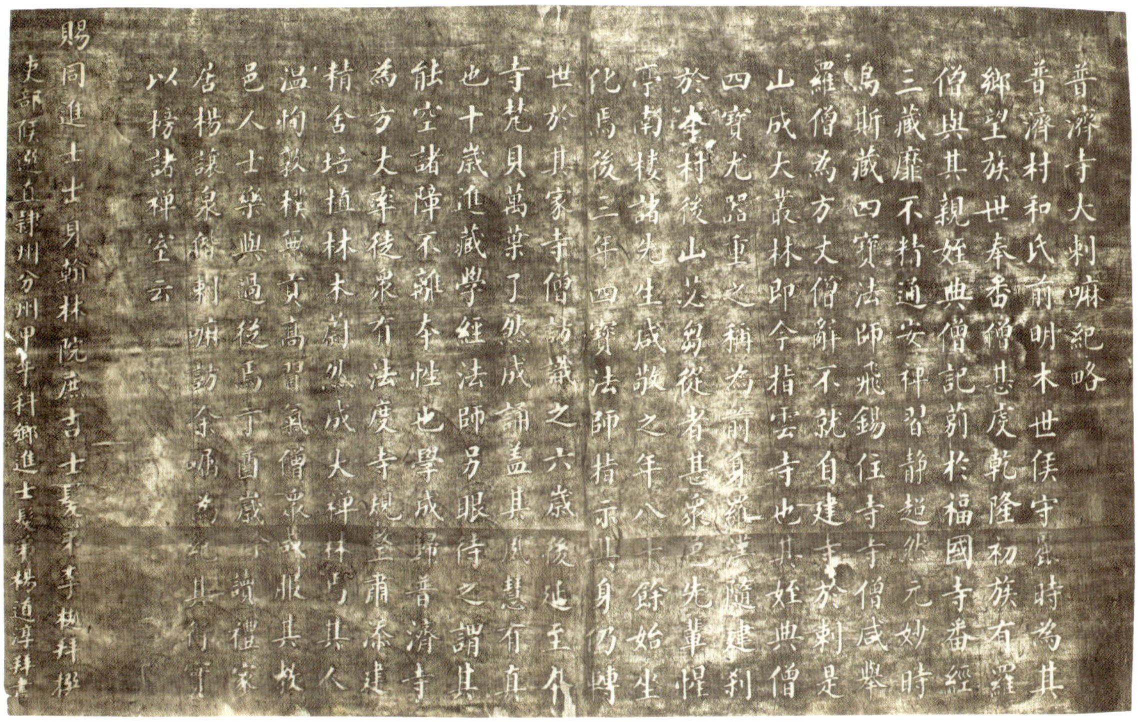

重建清真寺記 T0071

〔明〕金鍾撰 〔明〕曹佐書

明弘治二年(1489)開封金瑛、金禮立石,原刻,清末拓本。

卷軸裝,一軸一盒。軸面尺寸278×100釐米,拓紙尺寸148×79釐米。正書。36行,行55字;額篆書,2行,行3字。

拓紙下方粘貼有標籤"THREE SCROLLS JEWISH INSCRIPTIONS AT KAIFENGFU HONAN ……Property of Dr.H.H. /Gowen"。

"一賜樂業"是希伯來文,即"以色列"的古音譯。北宋年間,一批猶太人從西方來到東京汴梁,進貢西洋布于皇帝,皇帝下旨"歸我中夏,遵守祖風,留遺汴梁",允許他們在開封居住並保留信仰和風俗。金世宗大定三年(1163),開封猶太人在鬧市區建起一座猶太會堂,以後歷朝各代不斷重修翻建,寺名也不斷改换,先後有"清真寺""尊崇道經寺""一賜樂業教寺"等名稱。寺内原有三座大碑,分别是明弘治二年(1489)五月吉日開封金瑛、金禮立石之《重建清真寺記》,明正德七年(1512)七月甲子日開封尊崇道經寺立石之《尊崇道經寺記》,清康熙十八年(1679)三月開封趙承基立石之《祠堂述古碑記》,此碑在其中刻立年代最早。這三座大碑爲開封一賜樂業教的研究提供了原始的資料,現均已移存開封博物館。

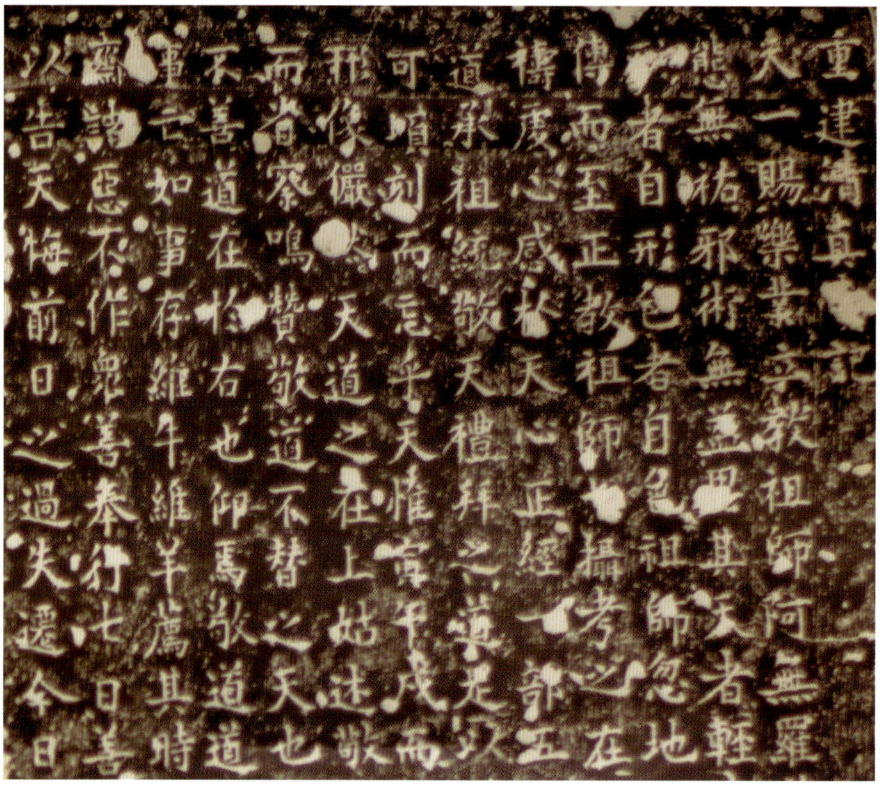

(局部)

孔子像　T0015

〔清〕允禮繪

清雍正十二年（1734）西安立石，原刻，民國拓本。

摺葉，一幅，未托裱，拓紙尺寸162×113釐米。

額題“至聖先師像”。拓片右上方刻“雍正甲寅九月望日和碩果親王”。

原碑現藏陝西西安碑林博物館。

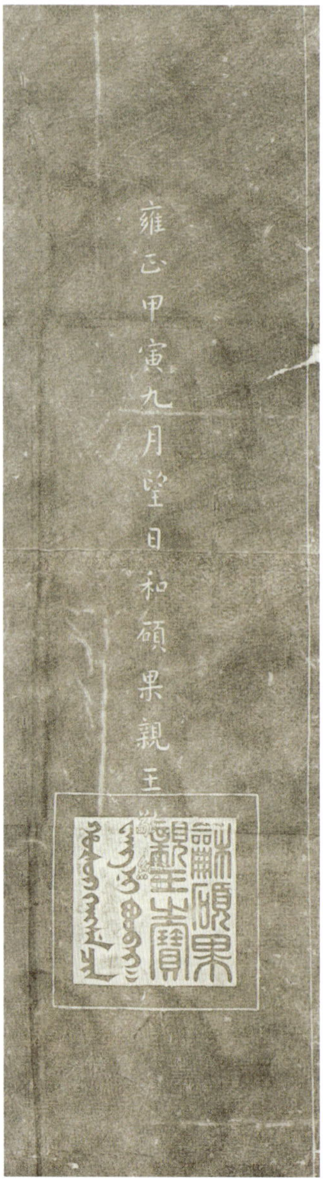

（局部）

至聖先師像
雍正甲寅九月望日和碩果親王
和碩果親王寶

達摩面壁圖　T0017

〔清〕風顛繪並題記

清康熙二十八年(1689)西安刻石,原刻,民國拓本。

摺葉,一幅,未托裱,拓紙尺寸111×55釐米。行書,5行,贊4行,行7字。

風顛,清康熙間甘肅永登縣苦水堡人,俗姓李,法號無情。

原碑現藏陝西西安碑林博物館。

達摩渡江圖　T0018

〔清〕風顛繪並題記

清康熙二十八年（1689）西安刻石，原刻，民國拓本。

摺葉，一幅，未托裱，拓紙尺寸111×55釐米。行書，6行，贊4行，行5字。

原碑現藏陝西西安碑林博物館。

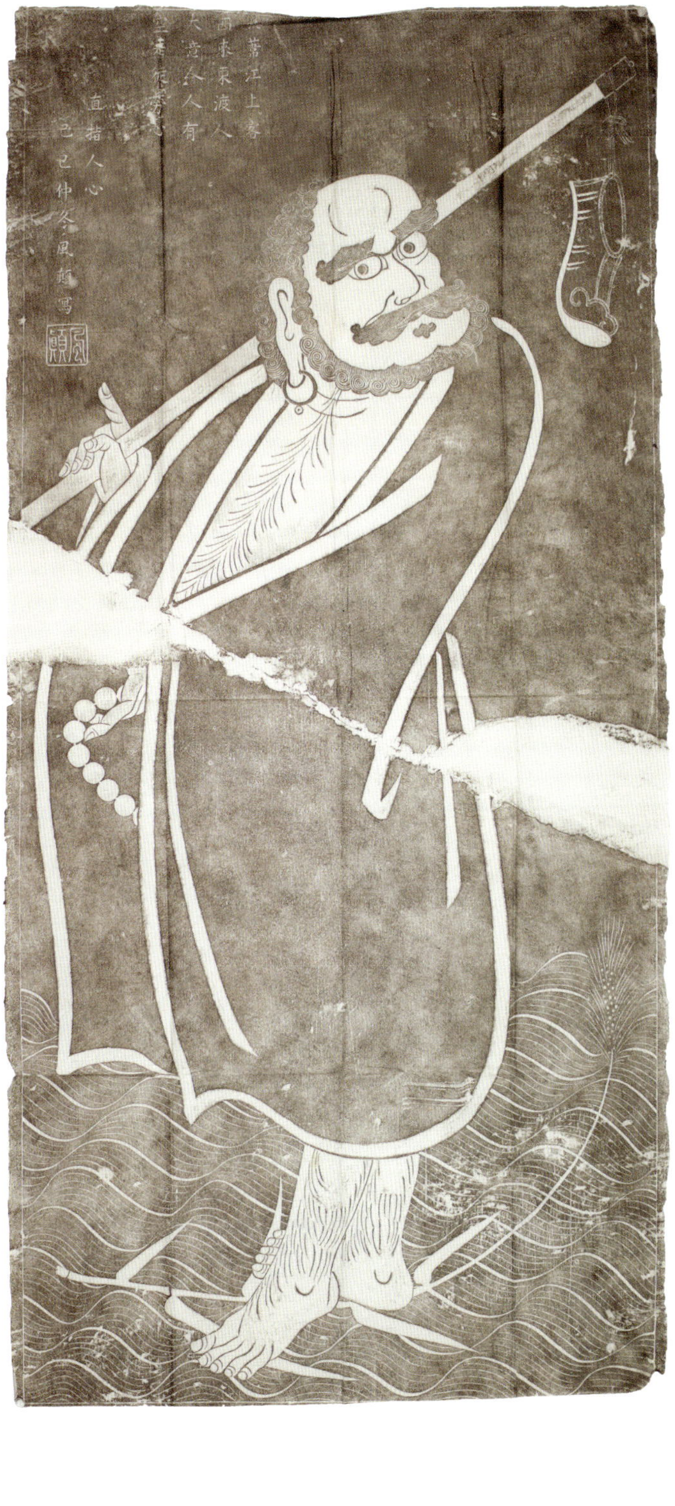

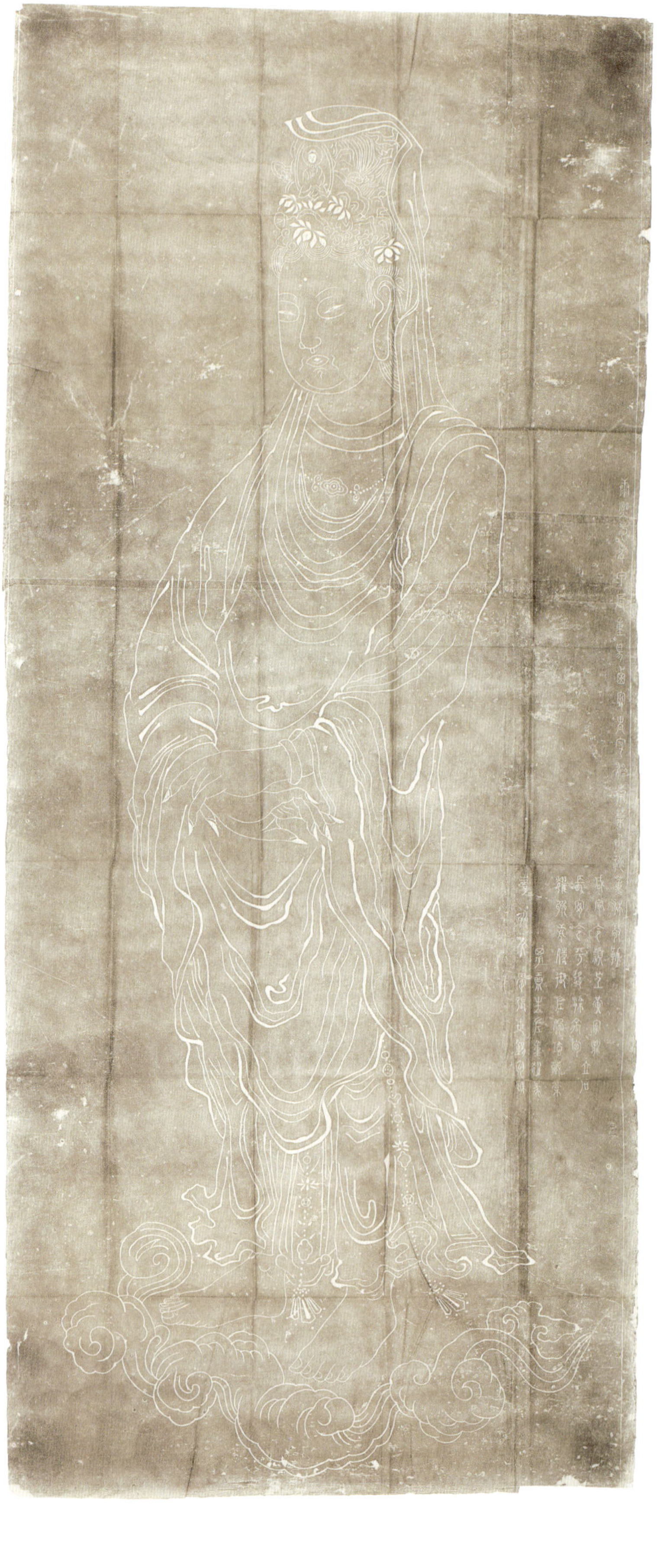

吴道子繪觀音像　T0029

〔唐〕吴道子繪　〔清〕葉承祧摹勒　左佩藏稿　左重耀篆　張世錫鈎朱

清康熙三年（1664）西安黄家鼎立石，原刻，民國拓本。

摺葉，一幅，未托裱，拓紙尺寸183×79釐米。篆書，6行。

原碑現藏陝西西安碑林博物館。

關聖帝君像　T0066

〔清〕李進泰繪

清康熙六十年（1721）正月刻石，原刻，民國拓本。

卷軸裝，一軸一盒。軸面尺寸150×73釐米，拓紙尺寸46×52釐米。額篆書，一横行。

原碑現藏陝西西安碑林博物館。

福禄壽三星圖　T0030

〔清〕趙希獻繪

清康熙（1662—1722）西安立石，原刻，民國拓本。

摺葉，一幅，未托裱，拓紙尺寸113×55釐米。正書，1行，6字。

原碑現藏陝西西安碑林博物館。

閬中趙希獻寫

草堂煙霧　T0063

〔清〕林一詩書畫

清（1644—1911）西安立石，原刻，民國拓本

卷軸裝，一軸，拓紙尺寸125×31釐米。正文行草，4行，行14至16字不等。

此圖爲《關中八景》之一。

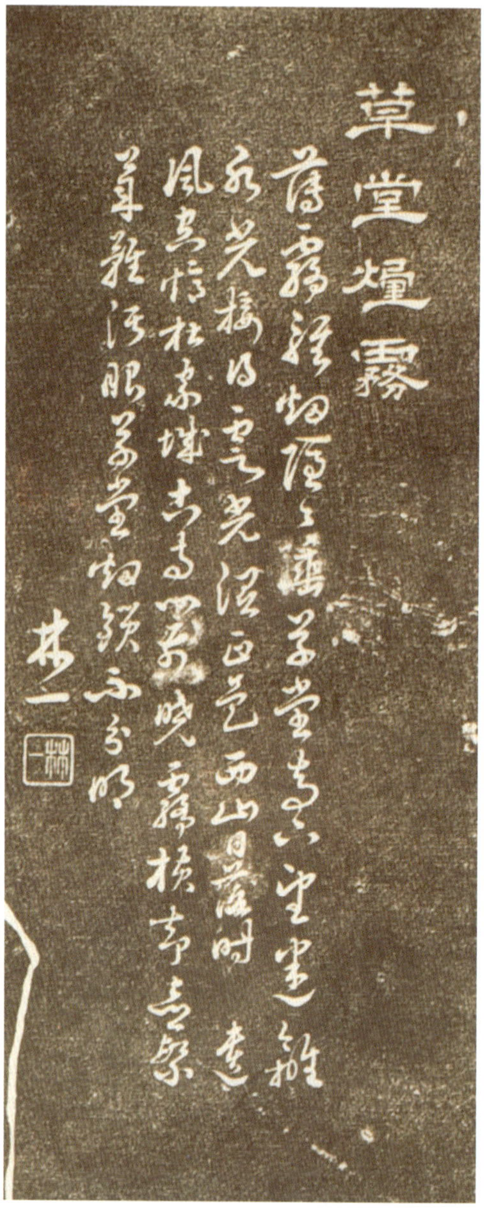

（局部）

草堂煙霧

驪山晚照　T0064

〔清〕林一詩書畫

清（1644—1911）西安立石，原刻，民國拓本

卷軸裝，一軸，拓紙尺寸125×31釐米。正文行草，6行，行10至11字不等。

此圖爲《關中八景》之一。

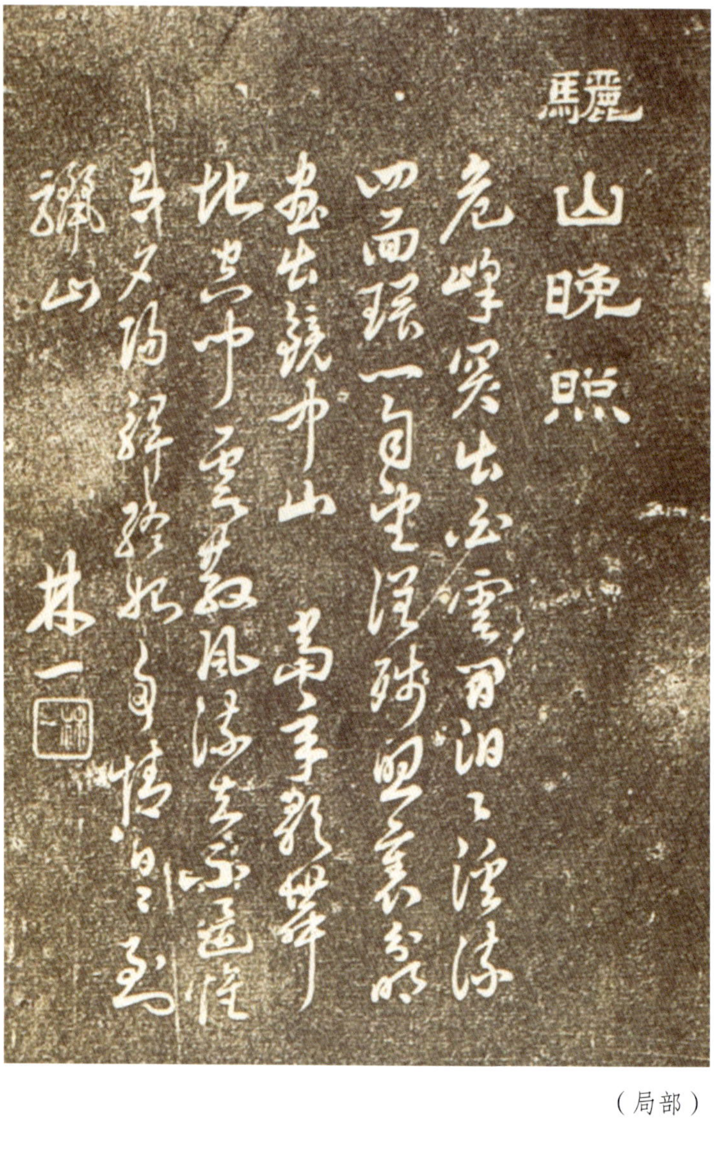

（局部）

驪山晚照

莫高窟六字真言碑　T0037

〔元〕速來蠻施造　〔元〕奢藍令旃刻字

元至正八年（1348）守朗立石，原刻，近代拓本。

摺葉，一幅，未托裱，墨紙尺寸105×66釐米。

原碑現藏敦煌研究院。碑上方刻“莫高窟”三字，中刻密教四臂觀音像，其上左右依序分别刻梵文、藏文、漢文、西夏文、八思巴文、回鶻文六種文字的佛教六字真言。“六字真言”爲觀音菩薩咒，藏傳佛教徒經常誦讀、供奉六字真言，希望得脱生死輪回之苦。碑兩側及下部用漢字刊刻參與此功德活動的人員題名，包括西寧王及其家眷、當地官員及僧人等。此碑應是敦煌地區僧俗人士共同參與一次驅魔消災的佛教法會後所刻立。

此碑之功德主西寧王速來蠻，係成吉思汗次子察合台六世孫，於天曆二年（1329）受封西寧王，至順三年（1332）又被封爲宗王，至正十一年（1351）去世，在位二十二年，當時敦煌在其封地範圍之内。1907年斯坦因劫走的敦煌卷子裡有一部佛經，是畏兀兒學者薩里都通奉速來蠻三子諸王阿速歹的旨意於至正十年（1350）抄録的。

宋人射獵圖　ND1049.6/S663 1958

（宋）佚名繪

1958年北京榮寶齋新記彩印本（木版水印）

卷軸裝，一軸一盒，彩色，絹底，軸面尺寸165×54釐米，圖面尺寸41×51釐米。

軸背書籤題"宋人射獵圖"，軸心粘貼有榮寶齋新記版權標籤。

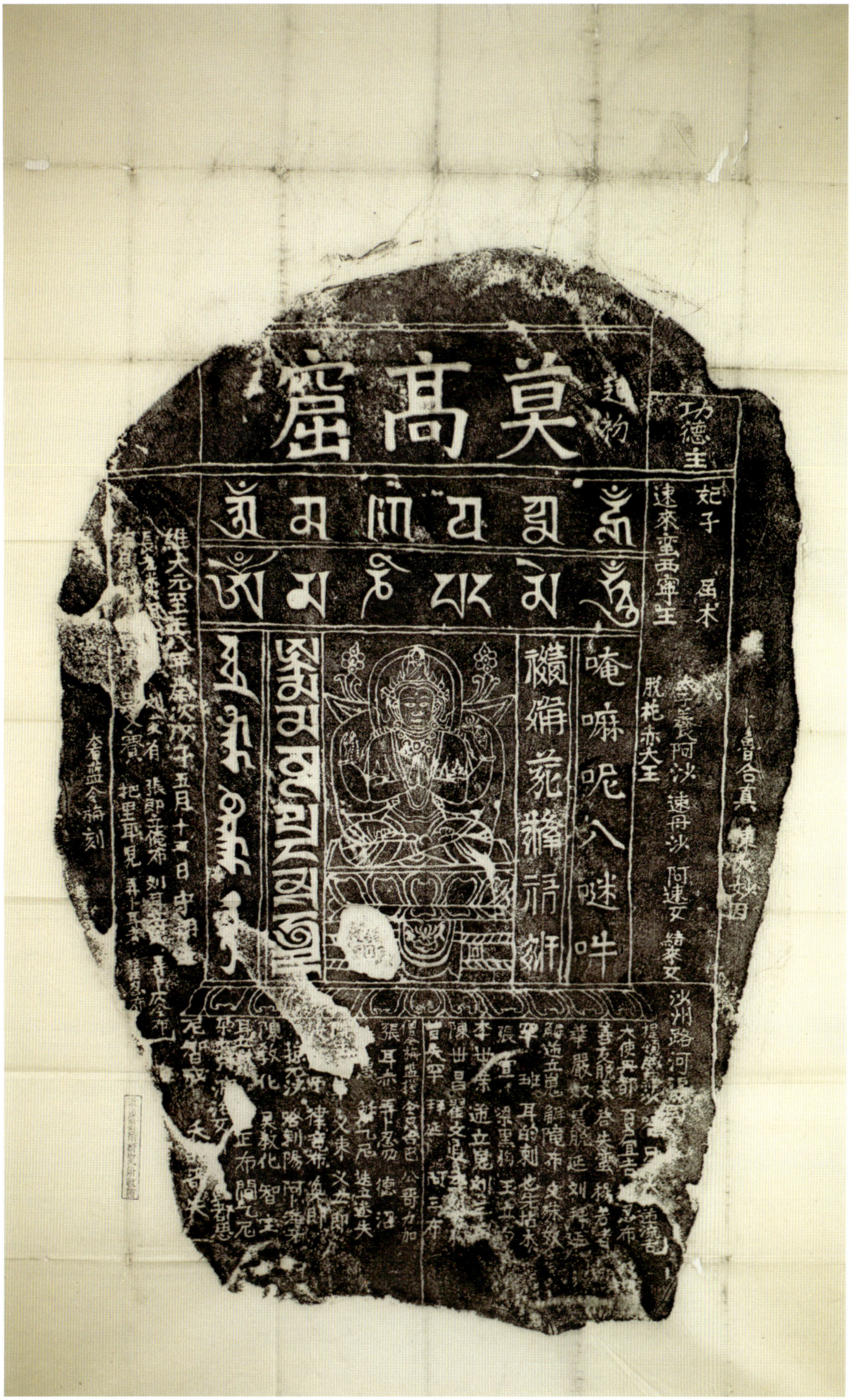

砂宅智積碑　T0033

百濟義慈王時期（641—660）立石，原刻，韓國拓本。

摺葉，未托裱，一幅，墨紙尺寸108×34釐米。正書，4行，行14字。

該碑發現於1954年，花崗巖製，僅存殘碑高約一米，碑上殘留文字共五十六字："甲寅年正月九日，奈祇城砂宅智積，慷身日之易往，慨體月之難還；穿金以建珍堂，鑿玉以立寶塔；巍巍慈容，吐神光以送雲；峨峨悲貌，含聖明以……"甲寅年即百濟義慈王十四年（654），可能就是此碑的刻立之年。砂宅智積當時是百濟國的大佐平。大佐平是百濟一等官員佐平中位置最高的官職，砂宅氏也是當時百濟八个大家族中首屈一指的名門望族。此碑刻爲現存百濟碑刻中最佳者，其體格與北魏造像題記同，而無其獷率；方整清和，楷法差備，氣息與隋碑爲鄰里，書法史上評價很高。該碑現存韓國首爾國家博物館。

藤田東湖回天詩史 T0060

〔日本〕藤田東湖撰並書

1849年至1949年日本刻石，原刻，日本拓本。

片葉式，一幅，未裝裱，墨紙尺寸130×62釐米。行草，8行，行22字，小字行33字。

藤田東湖（1806—1855），名彪，號東湖，是日本江户時代末期的著名思想家，尊王倒幕運動的先驅，對日本近代思想的發展有很大影響。《回天詩史》是他所作最著名的一首詩。詩作於甲辰年（1844），重録於己酉年（1849），詩後有跋，落款爲虎文藤田彪。

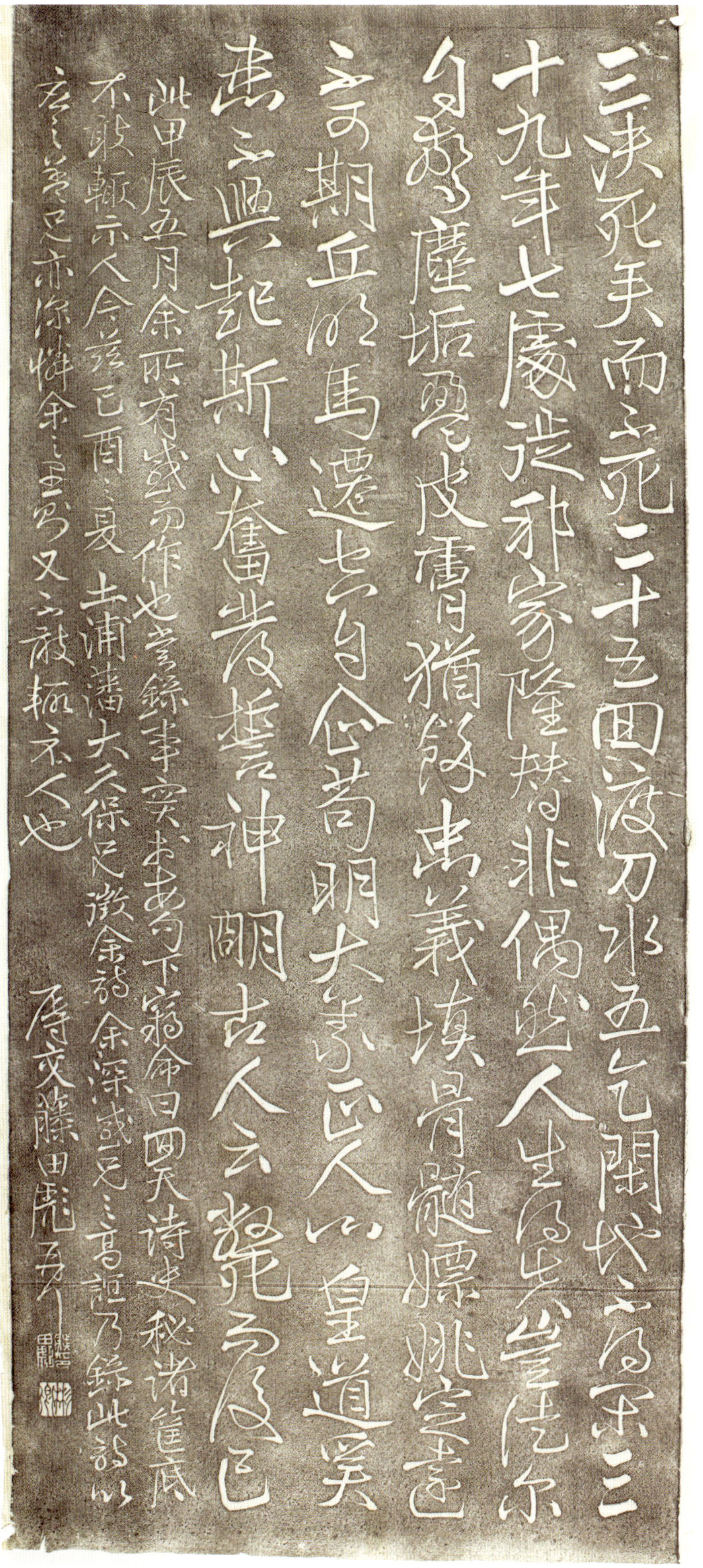

三決死矣而不死二十五回渡刀水五乞閑地不得閑三
十九年七處徙邦家隆替非偶然人生得失豈徒爾
自驚塵垢盈皮膚猶餘忠義填骨髓嫖姚定遠不
可期丘明馬遷空自企苟明大義正人心皇道奚
患不興起斯心奮發誓神明古人云斃而後已
此甲辰五月余所有感而作也書錄事實於各句下竊命曰回天詩史秘諸篋底
不敢輙示人今茲己酉之夏土浦藩大久保見徵余詩余深感其意乃錄此詩以
應之蓋足亦係憐余之至意又不敢輙示人也
彪文藤田彪手書

藤田東湖瓢兮歌　T0061

〔日本〕藤田東湖撰並書

1867年至1949年日本刻石，原刻，日本拓本。

片葉式，一幅，未裝裱，墨紙尺寸126×32釐米。行草，正文8行，行23字。

《瓢兮歌》生動地抒發了藤田東湖的人生志趣。詩文下刻瓢圖，最下有日本慶應丁卯（1867）青山季跋，14行，行9字。

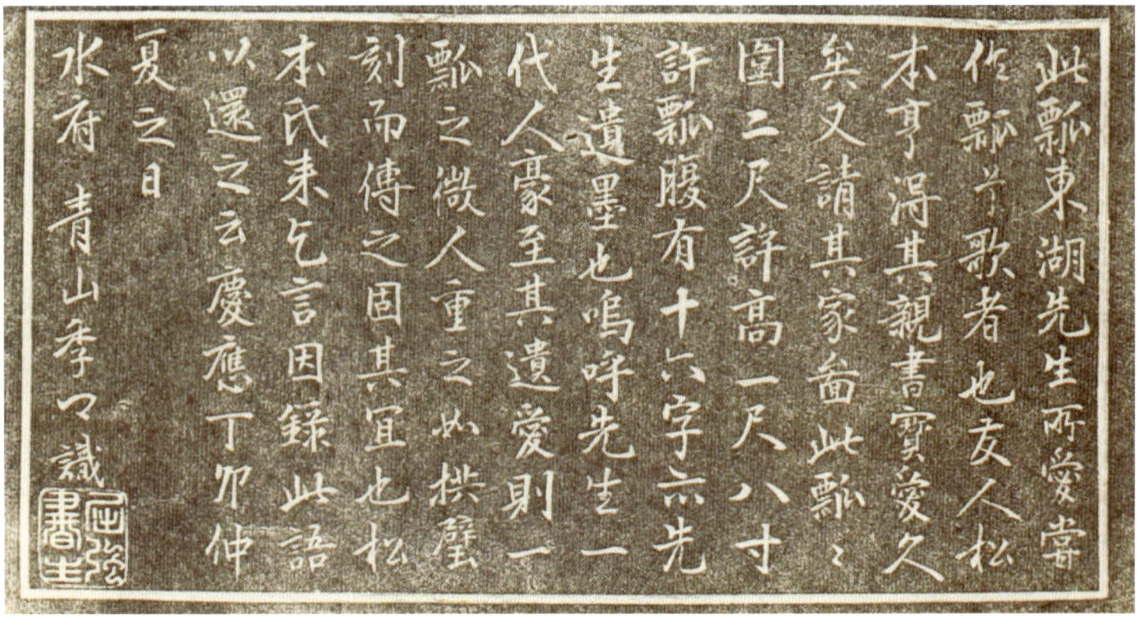

（局部）

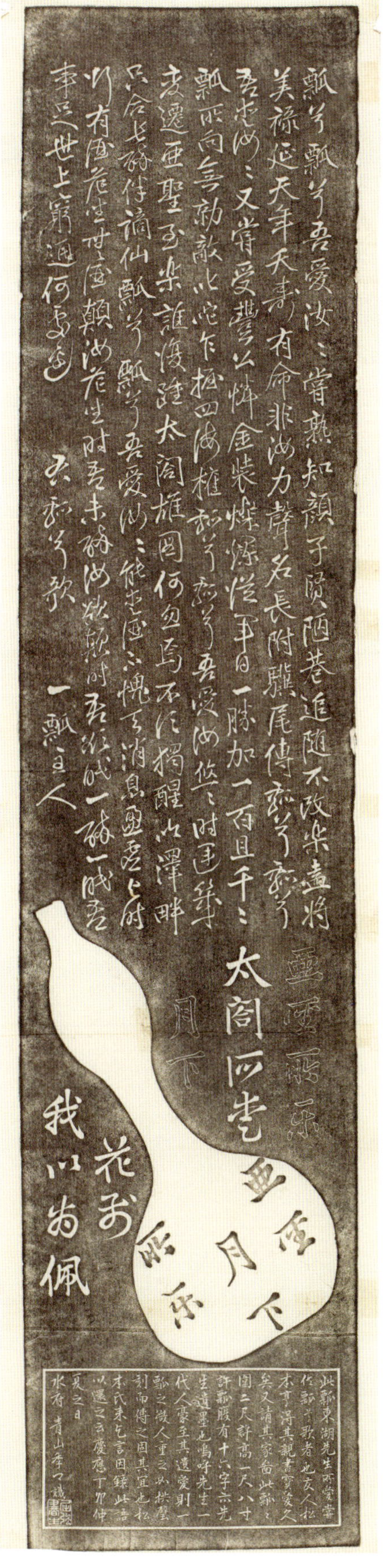
瓢兮瓢兮吾愛汝汝嘗熟知顏子賢陋巷追隨不改樂盡將
美祿延天年天壽有命非汝力聲名長附驥尾傳瓢兮瓢兮
瓢兮歌
一瓢主人
我以尚佩

佛足石歌碑　　T0072

日本天平勝寶五年（753）奈良藥師寺立碑，原刻，日本近拓本。

卷軸裝，一軸一盒，軸面尺寸188×62釐米，墨紙尺寸151×49釐米。正書，碑文分兩節，上節11行，下節10行，行約38字。

佛足石指刻有釋迦摩尼足掌印、以表千輻輪等妙相之石。又稱佛腳石、佛足迹。當年佛將入滅，於摩揭陀國留足迹。後人相傳見佛之足蹠而參拜，如同參拜生身之佛，可滅除無量之罪障。唐初王玄策出使印度，曾圖寫佛足石歸國，遂流傳各地乃至日本。此碑爲日本現存最古的佛足石，收藏在奈良藥師寺。依其銘文所記，乃天平勝寶元年（749）所造。天平勝寶五年（753）又在佛足印之側鐫刻二十一首詩歌頌揚佛祖，用萬葉假名記音，世稱《佛足石歌碑》，即此拓片所拓之文字。

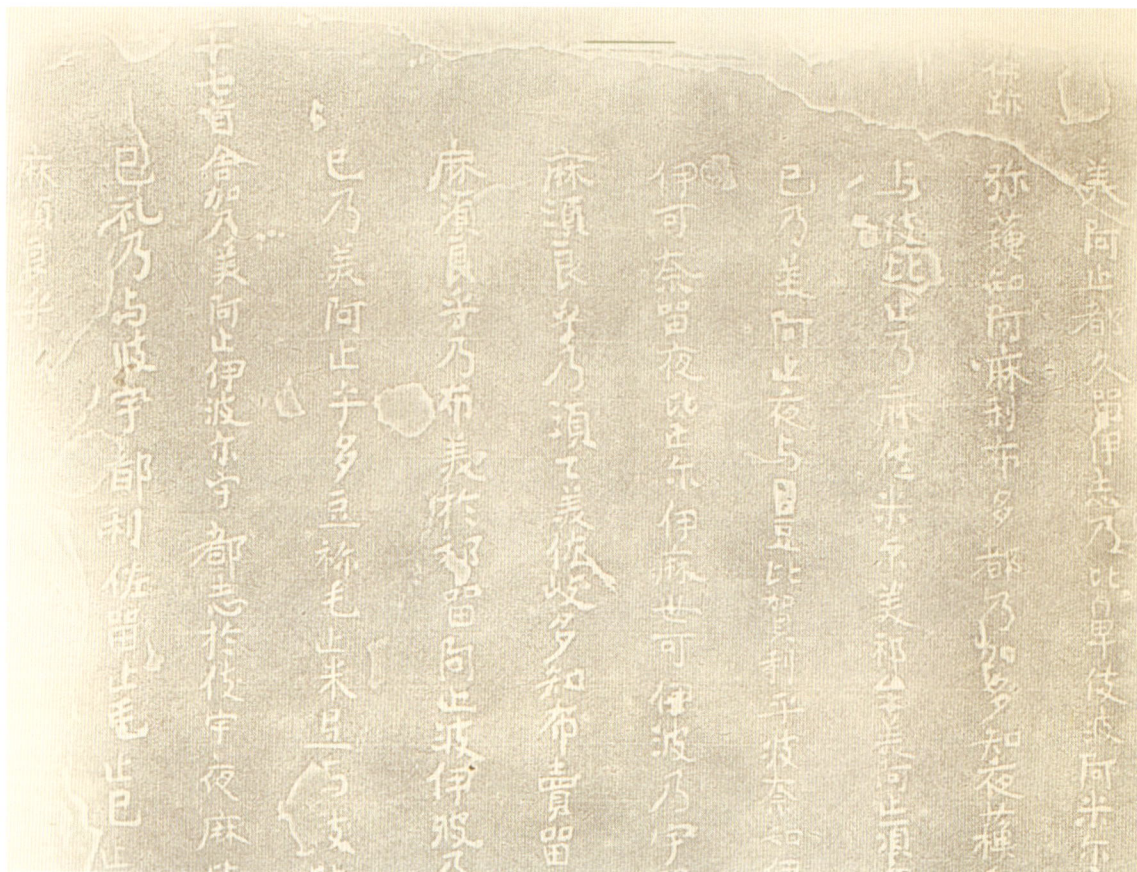

（局部）

宋人峰岫樓閣　ND1049.6/S665 1950z

〔宋〕佚名繪

1950年至1966年上海朵雲軒彩印本（木版水印）

卷軸裝，一軸一盒，彩色，絹底，軸面尺寸123×35釐米，圖面尺寸25×27釐米。

書籤題“宋人峰岫樓閣”，軸心貼有版權説明標籤。

明王仲玉陶淵明像　ND1049.W36/M56 1956

〔明〕王仲玉繪

1956年北京榮寶齋新記彩印本（木版水印）

卷軸裝，一軸一盒，彩色，絹底，軸面尺寸206×46釐米，圖面尺寸110×33釐米。

軸心粘貼有版權標籤。

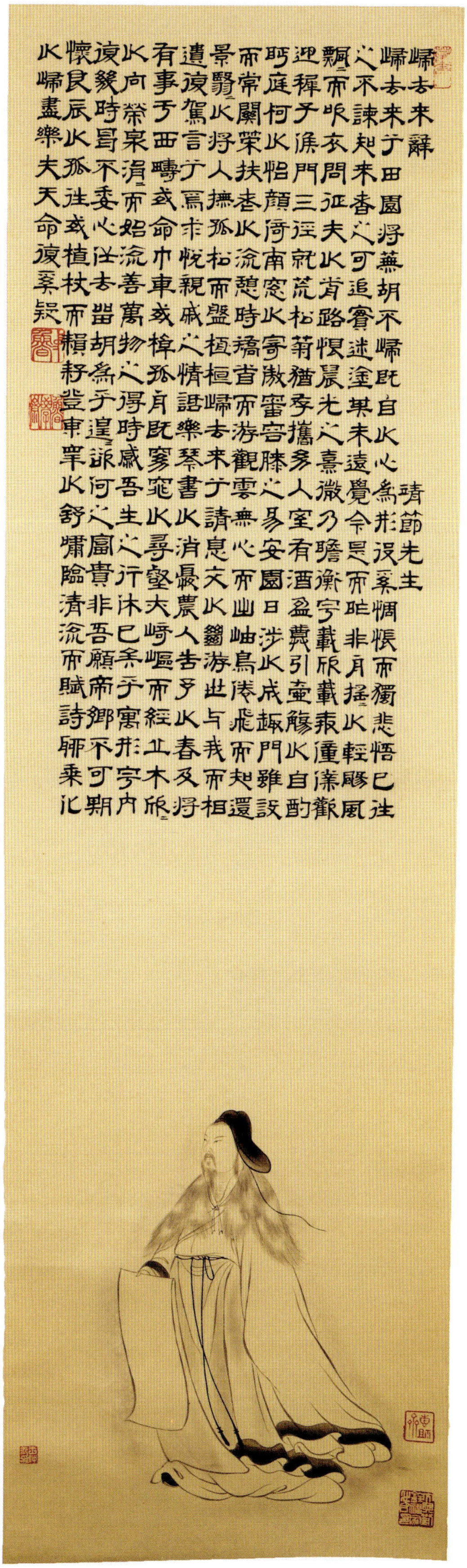
歸去來辭　靖節先生
歸去來兮田園將蕪胡不歸既自以心爲形役奚惆悵而獨悲悟已往
之不諫知來者之可追實迷塗其未遠覺今是而昨非舟搖搖以輕颺風
飄飄而吹衣問征夫以前路恨晨光之熹微乃瞻衡宇載欣載奔僮僕歡
迎稚子候門三徑就荒松菊猶存攜幼入室有酒盈樽引壺觴以自酌
眄庭柯以怡顏倚南窗以寄傲審容膝之易安園日涉以成趣門雖設
而常關策扶老以流憩時矯首而遐觀雲無心以出岫鳥倦飛而知還
景翳翳以將入撫孤松而盤桓歸去來兮請息交以絕游世與我而相
遺復駕言兮焉求悅親戚之情話樂琴書以消憂農人告余以春及將
有事于西疇或命巾車或棹孤舟既窈窕以尋壑亦崎嶇而經丘木欣欣
以向榮泉涓涓而始流善萬物之得時感吾生之行休已矣乎寓形宇內
復幾時曷不委心任去留胡爲乎遑遑欲何之富貴非吾願帝鄉不可期
懷良辰以孤往或植杖而耘耔登東皋以舒嘯臨清流而賦詩聊乘化
以歸盡樂夫天命復奚疑

清新羅山人秋水鵝群　　ND1049.H83/Q235 1950z

〔清〕華喦繪

1950年至1966年上海朵雲軒彩印本（木版水印）

卷軸裝，一軸一盒，彩色，絹底，軸面尺寸125×33釐米，圖面尺寸31×23釐米。

軸背書籤題“清新羅山人秋水鵝群”，畫面有華喦印章。

清金農墨梅　ND1049.J56/Q23 1950z

〔清〕金農繪

1950年至1966年上海朵雲軒影刻本（木版水印）

卷軸裝，一軸一盒，軸面尺寸196×43釐米，圖面尺寸118×29釐米。

軸背書籤題“清金農墨梅”，軸心貼有朵雲軒版權標籤。

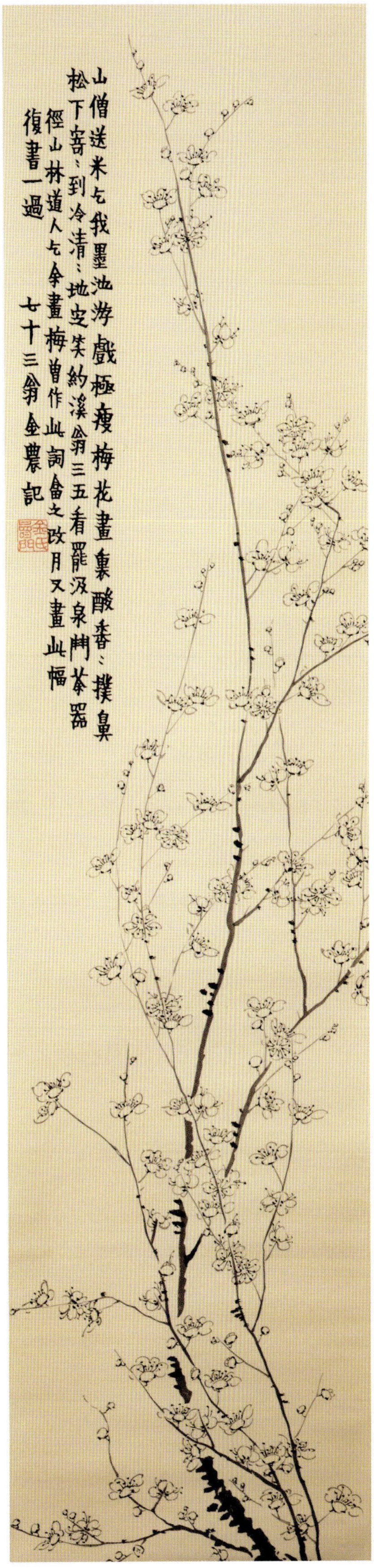

雲林生古木竹石　ND1049.Z4/A78 1948

張大千繪

1948年渝州張大千手繪本，水墨畫。

卷軸裝，一軸一盒，軸面尺寸210×54釐米，圖面尺寸94×42釐米。

張大千（1899—1983），本名張正則，後改名張爰，小名李，號李爰，法號大千，别署大千居士，齋名大風堂、大風起兮，四川内江人，中國現代著名書畫家。因其詩、書、畫與齊白石、溥心畬齊名，故又並稱爲“南張北齊”和“南張北溥”。與黄君璧、溥心畬一起被稱作“渡海三家”。1949年離開中國大陸旅居世界各地，1976年後定居臺灣臺北市。

此畫右上方墨筆題“雲林生古木竹石/戊子三月過渝州寫似/大千張爰”，下鈐朱印二枚“張爰之印”“大千”。圖外右下方有墨筆小字題“曾約重來啖荔枝，春花落盡别經時；風流前輩差堪擬，不屬雲林更有誰。/大千於春初入蜀，約期重游香港，期期不來，詩以寄意。 /國英先生吟正/三十八年六月十二日馬鑑於老學齋。”下鈐陰文朱印“馬鑑”。

戴季陶贈鏞聲先生楷書條幅　NK3634.D3 A62 1912z

戴傳賢書

民國(1912—1949)戴傳賢手書墨本

摺葉，一幅，條幅尺寸92×33釐米。

款書“節書古詩源/鏞聲先生惠屬/戴傳賢”。鈐印“戴傳賢印”“季陶”。

戴季陶(1891—1949)，原名良弼，字選堂，號天仇，後改名傳賢，字季陶，以字行。中國國民黨元老之一，也是中國最早的馬克思主義研究者之一。先後擔任黄埔軍校政治部主任、國立中山大學校長、國民黨中央宣傳部長、考試院院長等職，與蔣介石關係密切，有蔣介石的“國師”之稱。

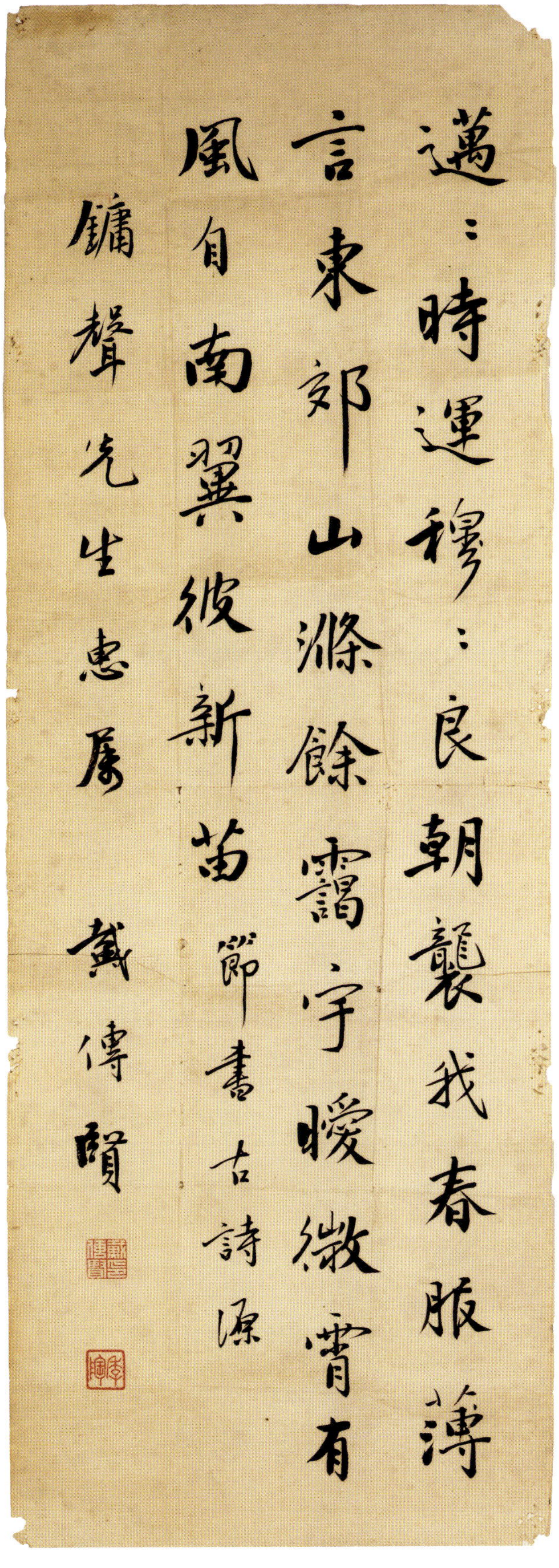
邁〻時運穆〻良朝襲我春服薄
言東郊山滌餘靄宇曖微霄有
風自南翼彼新苗 節書古詩源
鏞聲先生惠存 戴傳賢

吴敬恒贈鏞聲先生篆書條幅 NK3634.W8 A77 1948

吴敬恒書

民國三十七年(1948)吴敬恒手書墨本

摺葉,一幅,條幅尺寸69×27釐米。

釋文"中道而立,好古以求"。款書"鏞聲先生正瑑/戊子四月/集岐陽秦刻石鼓字/弟吴敬恒時年八十有四"。鈐印"吴敬恒印""稚暉八十以後書"。

吴稚暉(1865—1953),名敬恒,一名朓,字稚暉,以字行,江蘇武進人,晚清舉人,民國第一屆中央研究院院士,漢語注音字母的發明人,書法家,國民黨元老,曾任國民黨監察委員、國民黨中央評議委員。1949年隨國民黨撤退臺灣,1953年逝於臺北。

卓識不立

好古之業

鑄聲先生正篆　戊子四月　集郭樊陽書

昌黎敬恆時年八十有四　刻石鼓字

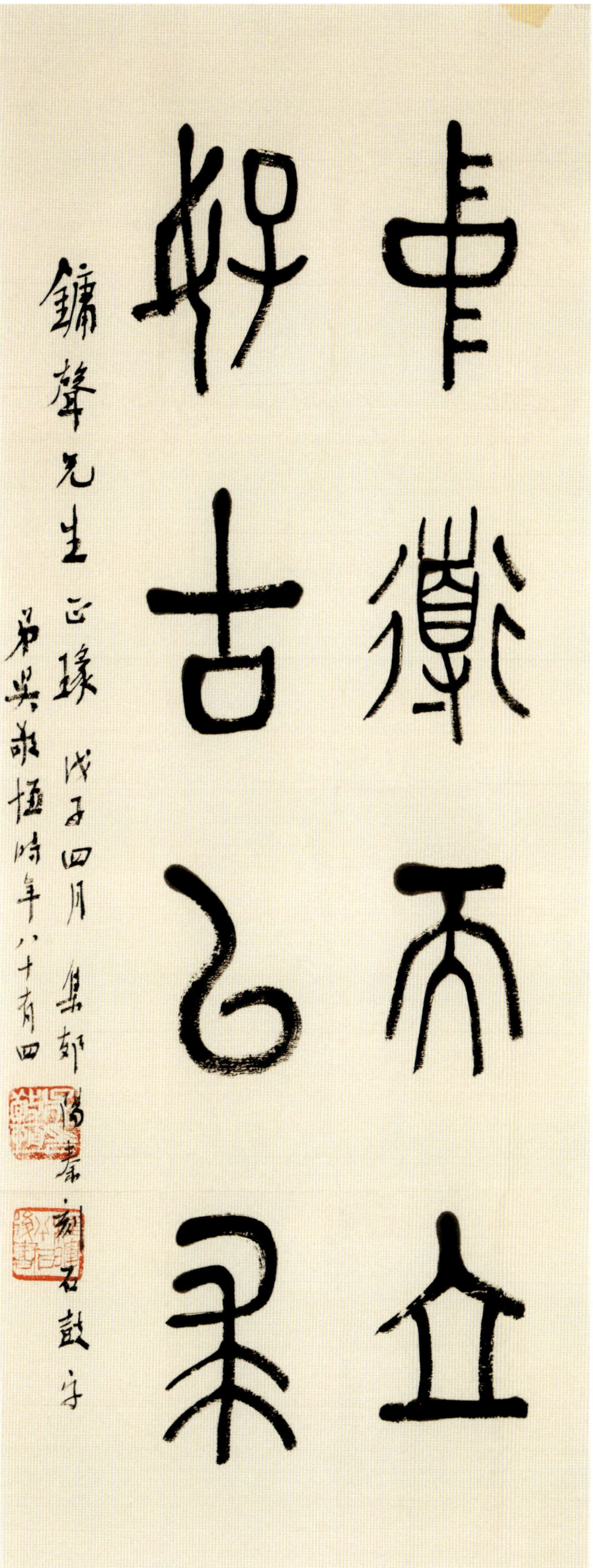

新録中文珍本目録

整理説明:

本簡目收録CLIR項目所整理的1340種文獻，分爲善本古籍、普通古籍、木魚書、拓片、書畫、輿圖六大類。著録項目包括題名、卷數、責任者時代、責任者姓名、責任方式、出版年、出版地、出版者、版本類型、册函數、典藏號等。各類文獻按典藏號順序由小到大排列。書名、撰著方式等著録内容悉依原書，以卷端爲準。

善本古籍

温飛卿詩集九卷 R0001
〔唐〕温庭筠撰
清康熙（1697—1722）刻本
四册（一函）

韋齋集十二卷附朱灦集一卷蜀中草二卷 R0002
〔宋〕朱松撰
清康熙四十九年（1710）朱昌辰等刻本
四册（一函）

香祖筆記十二卷 R0003
〔清〕王士禛撰
清康熙四十四年（1705）北京王士禛刻本
四册（一函）

趙恭毅公剩藁八卷附趙裘萼公剩藁四卷 R0004
〔清〕趙熊詔撰
清乾隆二年（1737）趙侗斆刻本
二册（一函）

西堂樂府六種 R0005
〔清〕尤侗撰
清康熙（1662—1722）刻本
二册（一函）
鈞天樂
讀離騷
吊琵琶
桃花源
黑白衛
李白登科記（一名清平樂）

樓山堂遺書五種三十九卷 R0006
〔明〕吴應箕撰
清同治二年至五年（1863—1865）永寧官

廨刻本
十三册（二函）
樓山堂集二十七卷
熹朝忠節死臣列傳一卷
兩朝剥復録六卷
東林本末三卷
留都見聞録二卷
附忠節吴次尾先生年譜遺事　（清）夏燮撰

歷代繼統紀年總録三卷　R0007
〔清〕湯棫撰
清嘉慶五年（1800）木活字本
六册（一函）

集異記一卷續齊諧記一卷　R0008
〔唐〕薛用弱　〔南朝梁〕吴均撰
清乾隆七年（1742）刻本
一册（一函）

法家驚天雷二卷　R0009
〔清〕佚名撰
清（1644—1911）刻本
二册（一函）

長白山録一卷補遺一卷　R0010
〔清〕王士禛撰
清康熙（1697—1722）刻本
一册（一函）

春秋經傳集解三十卷卷首附考證　R0011
〔晉〕杜預注
清乾隆四十八年（1783）北京武英殿刻本
十六册（二函）

侍側紀略一卷　R0012
〔清〕廉有聲手録
清康熙十年（1671）山西范鄗鼎五經堂刻本
一册（一函）

各省官兵花名册　R0013
〔清〕佚名編
清道光（1821—1850）寫本
十册（一函）

中學越史撮要五集　R0014
〔越南〕吴甲豆撰
越南維新五年（1911）河内刻本
四册（一夾）

銅板音學五書二種十三卷　R0015
〔清〕顧炎武撰
清道光二十六年（1846）廣州林春祺福田書海銅活字本
六册（一函）
音論三卷
詩本音十卷

御製五體清文鑑三十二卷補編四卷　R0016
〔清〕高宗弘曆勅編
民國（1912—1949）影印本
三十六册（四函）

芥子園畫傳　R0017
〔清〕沈心友輯　〔清〕王概、王蓍、王臬繪
清嘉慶五年（1800）金陵芥子園刻彩色套印本
五册（一函）
存初集之卷二、三、五，二集之青在堂蘭譜、青在堂梅譜

擬古樂府二卷　R0018
〔明〕李東陽撰　〔明〕陳建通考

清康熙五十七年（1718）留芳堂刻本
一册（一函）

貴州百苗圖　R0019
〔清〕佚名編繪
清末（1821—1911）刻彩色套印本
一册（一函）
缺第七十四圖及圖説

孫武子直解三卷　R0020
〔明〕劉寅撰
朝鮮光武（1897—1907）抄本
二册（一函）

陸恩長牘文彙抄：光緒二十九年至三十一年　R0021
〔清〕陸恩長編撰
清光緒三十二年（1906）稿本
一册（一函）

善後事宜三十條　R0022
〔清〕湯鵬撰
清末（1842—1911）紅格抄本
一册（一函）

杼山集十卷　R0023
〔唐〕釋皎然撰
日本元禄八年（1695）神雒書肆、甘節堂、汲古齋刻本
四册（一函）

眉公筆記二卷　R0024
〔明〕陳繼儒撰
明萬曆（1573—1620）沈氏尚白齋刻本
二册（一函）

詞科掌録十七卷詞科餘話七卷　R0025
〔清〕杭世駿編輯
清乾隆（1736—1795）杭氏道古堂刻本
八册（一函）

心齋十種　R0026
〔清〕任兆麟撰輯
清乾隆四十六年至五十三年（1781—1788）任兆麟刻本（遞刻彙印）
八册（一函）
夏小正四卷
石鼓文一卷
尸子三卷附録一卷
四民月令一卷
襄陽耆舊記三卷
文章始一卷
壽者傳三卷
孟子時事略一卷
心齋集一卷附弦歌古樂譜一卷
綱目通論一卷

金光明最勝王經十卷　R0027
〔唐〕釋義淨譯
清（1644—1795）李夢鯤刻本
二册（一函）

輟畊録三十卷　R0028
〔元〕陶宗儀撰
明崇禎（1628—1644）刻、清初廣文堂印本
八册（一函）

四體合璧文鑑三十二卷　R0029
〔清〕佚名撰
清（1644—1911）刻本
四册（一函）
存卷一至四

南來志一卷 R0030
〔清〕王士禛撰
清康熙（1685—1722）刻本
一册（一函）

翻譯易經四卷 R0031
〔清〕高宗弘曆敕譯
清乾隆三十年（1765）刻本
四册（一函）

禮律條例 R0032
〔清〕佚名編輯
清（1773—1911）抄本
一册（一函）
存卷三

維西縣志稿不分卷 R0033
佚名纂修
民國（1938—1949）稿本
五册（一函）

金淵集六卷 R0034
〔元〕仇遠撰
清乾隆（1774—1795）北京武英殿木活字本
四册（一函）

（江西）白鹿書院志十九卷 R0035
〔清〕毛德琦纂修
清康熙五十七年（1718）刻本
八册（二函）

欽定篆文六經四書 R0036
〔清〕李光地等奉敕纂
清康熙（1662—1722）内府刻本
七册（一函）
存三種：周易、尚書、毛詩

幾禮居所藏戲曲文獻目録 R0037
周明泰編纂
民國三十六年（1947）稿本
二册

禹貢指南四卷 R0038
〔宋〕毛晃撰
清乾隆四十三年（1778）杭州府署刻袖珍本
二册（一函）

玉茗堂還魂記二卷五十五齣 R0039
〔明〕湯顯祖撰
清乾隆五十年（1785）冰絲館刻本
六册（一函）

壯悔堂文集十卷 R0040
〔清〕侯方域撰
清初（1656—1735）刻本
六册（一函）

錢宫詹時賢通札七通 R0041
〔清〕秦蕙田、袁枚、盧文弨等撰
清乾隆（1736—1795）稿本
一册（一函）

陳法孫嘉淦致李元直書札合集 R0042
〔清〕陳法、孫嘉淦撰
清（1713—1745）稿本
三册（三函）

丁家立所收書啓名刺等雜件 R0043
〔清〕楊士驤等具名
清末（1886—1906）
十三件（一袋）

御纂醫宗金鑑三十卷外科十卷 R0044

〔清〕吴謙、劉裕鐸總修
清乾隆（1742—1795）刻本
四十册（十函）

松陵集十卷　R0045
〔唐〕陸龜蒙、皮日休撰
明天啓崇禎間（1621—1644）常熟毛晉汲古閣刻本
五册（一函）

明詩綜一百卷　R0046
〔清〕朱彝尊編
清康熙（1705—1722）刻、乾隆末年（1781—1795）杭州清來堂吴氏印本
二十四册（三函）

顔魯公文集十五卷補遺一卷年譜行狀神道碑銘舊史本傳新史本傳後序　R0047
〔唐〕顔真卿撰
明萬曆十七年（1589）劉思誠刻本
四册（一函）

太平廣記五百卷　R0048
〔宋〕李昉等撰
清乾隆二十年（1755）黄晟刻本
二十四册（二函）

朱文公校昌黎先生文集　R0049
〔唐〕韓愈撰
明末（1605—1644）天德堂刻本
四册（一函）
存卷六至二十二

甌北詩鈔不分卷　R0050
〔清〕趙翼撰
清乾隆五十六年（1791）湛貽堂刻本
八册（一函）

泰山小史不分卷　R0051
〔清〕蕭協中著
清乾隆五十四年（1789）刻本
一册（一函）

普通古籍

甲午大吉詩編一卷續編一卷　B0001
〔清〕許郊等撰
清光緒二十年（1894）杭州許郊刻本
一册（一函）

素癡老人遺集　B0002
郁屏翰撰
民國八年（1919）鉛印本
一册（一函）

天馬山房叢著　B0003
馬叙倫輯撰
民國（1925—1949）鉛印本
一册（一函）
存六種
莊子年表一卷
莊子佚文一卷
鄧析子校録二卷補遺一卷
列子僞書考一卷
修辭九論一卷

天馬山房文存二卷

思補齋筆記八卷 B0004
〔清〕潘世恩撰
清咸豐（1851—1861）會文齋鄭家刻字鋪刻本
一册（一函）

藤陰雜記十二卷 B0005
〔清〕戴璐撰
清嘉慶元年（1796）石鼓齋刻本
二册（一函）

復初齋集外詩二十四卷 B0006
〔清〕翁方綱著
民國七年（1918）上海劉氏嘉業堂刻本
八册（一函）

麗廔叢書八種 B0007
〔清〕葉德輝輯
清光緒三十三年（1907）長沙葉德輝刻本
八册（一函）
南嶽總勝集三卷 （宋）陳田夫撰
古今書刻二卷 （明）周弘祖撰
七國象棋圖一卷 （宋）司馬光撰
投壺新格一卷 （宋）司馬光撰
譜雙一卷 （宋）洪遵撰
打馬圖經一卷 （宋）李易安撰
除紅譜一卷 （宋）朱河撰
唐女郎魚玄機詩一卷附録一卷 （唐）魚玄機撰

元遺山先生集四十卷卷首一卷附録一卷附録增一卷補載一卷年譜四卷新樂府四卷續夷堅志四卷 B0008
〔金〕元好問撰
清道光三十年（1850）張穆陽泉山莊刻本
十六册（二函）

段正元演講叢刊四種 B0009
段正元講
民國（1920—1940）北京道德學社鉛印本
四册（一函）
萬教丹經
居易俟命
一禮法言
一心法言

温州經籍志三十六卷 B0010
〔清〕孫詒讓編
民國十年（1921）杭州浙江公立圖書館刻本
十六册（二函）

紀載彙編十種 B0011
清末（1821—1911）刻本
四册（一函）
燕都日記 〔明〕馮夢龍撰 〔清〕莫釐山人增補
董心葵事記
東塘日札 〔清〕朱子素撰
江上遺聞
閩事紀略 〔明〕華廷獻撰
安龍紀事 〔明〕江之春撰
戴重事録 〔清〕章學誠撰
過墟志二卷 〔清〕墅西逸叟撰
金壇獄案 〔清〕計六奇撰
辛丑紀聞

常氏遺著二種 B0012
〔清〕常茂徠、常茂績撰
民國二十三年（1934）開封河南省立圖書

館刻本
二册（一函）
臆見隨筆二卷　（清）常茂績撰
石田野語二卷　（清）常茂徠撰

藝文類聚一百卷　B0013
〔唐〕歐陽詢撰
清光緒五年（1879）成都宏達堂刻本
二十册（四函）

籀廎遺文二卷　B0014
〔清〕孫詒讓撰
民國十五年（1926）瑞安穎川書舍石印本
二册（一函）

拙盦叢稿九種　B0015
〔清〕朱一新撰
清光緒二十二年（1896）葆真堂刻本
十六册（一函）
無邪堂答問五卷
京師坊巷志稿二卷
漢書管見四卷
佩弦齋文存二卷卷首一卷
佩弦齋駢文存一卷
佩弦齋詩存一卷
佩弦齋試帖存一卷
佩弦齋律賦存一卷
佩弦齋雜存二卷附傳行狀跋輓聯輓詩祭文

伍秩庸博士哀思録　B0016
伍朝樞編輯
民國十二年（1923）鉛印本
一册（一函）

問心齋學治雜録二卷　B0017
〔清〕張聯桂撰
清光緒十一年（1885）刻本
六册（一函）

疏篁待月處詞草三卷　B0018
黄文琛撰
民國十七年（1928）鉛印本
一册（一函）

江南圖書館書目　B0019
〔清〕江南圖書館編
清宣統（1909—1911）南京江南圖書館鉛印本
八册（一函）

榕村語録續集二十卷　B0020
〔清〕李光地撰
清末（1894—1911）石印本
十一册（一函）

作辭須知　B0021
〔清〕佚名編
民國十七年（1928）上海掃葉山房石印本
二册（一函）

般若心經秘鍵略注　B0023
〔日本〕釋弘法（空海）著
民國二十六年（1937）上海佛學書局石印本
一册（一函）

歷朝野史九卷續編二卷　B0024
〔明〕查應光輯
民國六年（1917）上海有正書局鉛印本
四册（一函）

繪圖彭公案全傳十四卷三百四十一回　B0025
〔清〕貪夢道人撰

民國初期（1912—1927）上海掃葉山房石印本
十六册（二函）

御選唐宋詩醇四十七卷目録二卷 B0026
〔清〕弘晝等奉敕編
清光緒宣統間（1875—1911）上海鴻文書局石印本
五册（一函）

筌蹄詩草六卷 B0027
張梨雲撰
民國二十一年（1932）香港永新公司鉛印本
二册（一函）

集古鉥印 B0028
民國（1912—1949）影印本
二册（一函）

夢溪筆談二十六卷補筆談三卷續筆談十一篇 B0029
〔宋〕沈括撰
清光緒三十二年（1906）廣州番禺陶氏愛廬刻本
四册（一函）

四書不二字音釋 B0030
〔清〕楊昕編
清道光二十二年（1842）廣州雲梯閣刻本
二册（一函）

童蒙養正詩選三集附作者姓氏小傳 B0031
〔清〕王錫元原選
民國二十年（1931）王揖唐刻本
一册（一函）

松翁近稿附補遺 B0032
羅振玉撰
民國十四年（1925）羅振玉鉛印本
一册（一函）

念石齋詩五卷古樂府一卷詩餘一卷 B0033
梅際郇撰
民國二十五年（1936）鉛印本
二册（一函）

朱衎廬先生遺稿八卷 B0034
〔清〕朱昌燕著
民國十八年（1929）海寧徐光濟鉛印本
二册（一函）

七巧書譜二卷 B0035
〔清〕嚴恒書
民國六年（1917）嚴義彬石印本
一册

空際格致二卷 B0036
〔意〕高一志（Vagnoni P. Alphensus）撰
民國（1912—1949）上海聚珍仿宋印書局鉛印本
一册（一函）

結一廬書目四卷 B0037
〔清〕朱學勤撰
清宣統元年（1909）沈宗畸晨風閣刻本
一册

滂喜齋宋元本書目一卷 B0037
〔清〕佚名輯
清宣統元年（1909）沈宗畸晨風閣刻本

牧牛圖頌一卷 B0038
釋普明等撰

民國十八年（1929）陶湘涉園影印本
一册（一函）

山西大同武州山石窟寺記　B0039
釋力宏編
民國十一年（1922）石印本
一册（一函）

駐法孫星使時政奏稿（光緒二十九年）附甲辰年立憲條議　B0040
〔清〕孫寶琦撰
清光緒末年（1906—1908）鉛印本
一册（一函）

孫文祭蔣太夫人文蔣介石樂亭記　B0041
譚延闓書
民國十五年（1926）求古齋影印本
一册（一函）

説戲　B0042
齊如山撰
民國初期（1912—1927）北京京華印書局鉛印本
一册（一函）

林和靖詩集四卷附詩話拾遺　B0043
〔宋〕林逋撰
清宣統二年（1910）上海文瑞樓石印本
一册（一函）

初學字辨尺牘　B0045
〔清〕佚名編
清光緒三十三年（1907）佛山文光書局石印本
一册（一函）

鄭大司農蔡中郎年譜合表一卷　B0046
〔清〕林春溥編
清光緒九年（1883）楊浚冠悔堂刻本
一册（一函）

增補詩文料觸機合編　B0047
〔清〕博藝齋主人輯
清光緒十年（1884）石印本（縮印）
一册

西征日記一卷　B0048
〔清〕汪振聲撰
清光緒二十六年（1900）夢花軒刻本
一册（一函）

新體廣注唐詩三百首讀本六卷　B0049
〔清〕孫洙選
民國十四年（1925）上海世界書局石印本（4版）
二册（一函）

梁溪旅稿二編二卷　B0051
李法章撰
民國十一年（1922）無錫錫成公司鉛印本
一册（一函）

國學叢選二集　B0052
高燮等撰
民國十二年（1923）上海國學商兑會鉛印本
一册（一函）

黄山谷全集内集二十卷外集十七卷别集二卷　B0053
〔宋〕黄庭堅撰
民國八年（1919）上海著易堂書局石印本
二十册（二函）

新美人百咏二卷 B0054
趙廷玉撰
民國十年（1921）上海掃葉山房石印本
二册（一函）

近人詞録二卷 B0055
雷瑨輯
民國四年（1915）上海掃葉山房鉛印本
二册（一函）

明成祖寫經四十一種 B0056
〔明〕朱棣書
民國（1912—1949）影印本
三册（一函）

洞主仙師白喉治法忌表抉微 B0057
〔清〕洞主仙師撰
民國初（1912—1927）江朝宗鉛印本
一册（一函）

曾南豐尺牘 B0058
〔宋〕曾鞏撰
民國二十四年（1935）上海商務印書館鉛印本
一册（一函）

漢文課本 B0059
葉宗廉編
民國四年（1915）哈爾濱哈爾濱商務中學堂石印本
一册（一夾）

新刻法筆驚天雷八卷 B0060
〔明〕佚名撰
民國四年（1915）上海錦章圖書局石印本
二册（一夾）

新刻法家蕭曹兩造雪案鳴冤律四卷 B0061
〔清〕管見子注釋
清末（1875—1911）上海錦章圖書局石印本
一册（一夾）

江州淚傳奇四齣 B0062
〔清〕蔣士銓撰
清末（1875—1911）碧梧山莊石印本
一册（一夾）

水滸畫譜二卷 B0063
〔清〕裕厚繪
清光緒十四年（1888）寶貞堂石印本
二册（一函）

四淫齋四卷 B0064
〔清〕嘯天氏編
清末（1907—1911）石印本
一册（一夾）

桐雲軒聲畫集三卷 B0065
張琴撰
民國三十七年（1948）莆田正大印刷所鉛印本
一册（一函）
又一部： B0065-2

我佛山人滑稽談不分卷 B0066
〔清〕吴趼人撰
民國四年（1915）上海掃葉山房石印本
二册（一函）

富國須知 B0067
〔英〕傅蘭雅撰
清光緒十八年（1892）刻本
一册（一函）

西泠消寒集二卷　B0068
〔清〕秦緗葉輯
清同治十三年（1874）杭州江順詒刻本
一册（一函）

最新各體尺牘公牘合編書記指南　B0069
廣文書局編輯所編輯
民國十五年（1926）上海世界書局鉛印本
三册（一函）

三國志捃華二卷　B0070
莊適輯録
民國十四年（1925）上海商務印書館鉛印本（5版）
二册（一函）

資治明紀綱目二十卷及附　B0071
〔清〕張廷玉等編
民國二十一年（1932）上海錦章書局石印本
二册（一函）

任渭長先生畫傳四種　B0072
〔清〕任熊繪
清光緒十二年（1886）上海同文書局石印本
四册（一函）
高士傳
於越先賢傳
列仙酒牌
劍俠傳

闡義二十二卷　B0073
〔清〕吴肅公輯
民國二十年（1931）徐乃昌影印本
四册（一函）

節庵集五卷　B0075
〔清〕梁鼎芬撰
清光緒（1875—1908）龍鳳鑣知服齋刻本
三册（一函）

紫江朱氏三世遺墨　B0076
朱啓鈐編
民國（1935—1949）朱啓鈐影印本
二册（一函）

大方廣如來不思議境界經等三經合刻　B0077
郭泰棣輯
民國二十三年（1934）郭泰棣雙百鹿齋刻本
一册（一函）
大方廣如來不思議境界經　〔唐〕釋實叉難陀譯
文殊師利所説摩訶般若波羅蜜經　〔南朝梁〕釋曼陀羅仙譯
文殊師利所説般若波羅蜜經　〔南朝梁〕釋伽安羅譯

淨土五經附編五種　B0078
郭泰棣輯
民國二十四年（1935）郭泰棣雙百鹿齋刻本
一册（一函）
禮佛懺悔文
大方廣佛華嚴經淨行品
印光法師爲在家弟子略説三歸五戒十善義
諦閑法師勸修真信切願一心念佛文
諸佛菩薩聖誕日期

瀼溪漁唱不分卷　B0079
林葆恒撰
民國二十七年（1938）上海林葆恒瀼溪精舍刻本
一册（一函）

群經生物學衡齊九卷 B0080
張長撰
民國二十三年（1934）太原張長鉛印本
二册（一函）

五千字字課 B0081
馬應彪輯
民國三年（1914）廣州石經堂石印本
四册（一函）

大佛頂首楞嚴經研究五卷 B0082
釋太虛提案
民國九年（1920）武昌講經會鉛印本
一册（一函）

東語西話二卷續集二卷 B0083
〔元〕釋明本撰
民國十二年（1923）天津刻經處刻本
二册（二函）

全圖評注清朝三百年全史八卷八十回 B0084
阮貽孫編纂
民國十三年（1924）上海民國書局石印本
八册（一函）

繡像雲合奇踪五卷八十回 B0085
〔明〕徐渭編
清光緒十二年（1886）北京文和堂刻本
五册（一函）

精訂綱鑑廿四史通俗衍義六卷四十四回 B0086
〔清〕吕撫輯
清光緒二十五年（1899）上海文寶書局鉛印本
六册（一函）

樊山滑稽詩文集初編續編 B0087
樊增祥著
民國十一年（1922）上海廣益書局鉛印本（5版）
二册（一函）

繪圖校正永樂演義五卷三十四回 B0088
〔明〕空谷老人編次
民國四年（1915）上海自强書店石印本
四册（一函）

繪圖英雄奇緣傳十卷五十七回 B0089
〔清〕隨安散人撰
清光緒二十四年（1898）上海書局石印本
五册（一函）

南華真經解四卷 B0090
〔清〕宣潁解
民國三年（1924）上海尚古山房石印本
四册（一函）

徐霞客游記 B0091
〔明〕徐宏祖撰
清光緒（1875—1908）上海圖書集成局鉛印本
八册（一函）

漁浦草堂詩集四卷 B0092
〔清〕張道撰
清同治六年（1867）刻本
一册（一函）

羊石吟社詩册 B0093
蘇澤東編
民國十一年（1922）東莞祖坡吟館鉛印本
一册（一函）

南行詩草 B0094
邵元沖撰
民國二十五年（1936）油印本（藍印）
一册（一函）

佩文詩韻釋要五卷 B0095
〔清〕周兆基輯
清光緒二十二年（1896）成都尊經書院刻本
一册（一夾）

千手經述秘鈔三卷 B0096
〔日本〕釋明慧撰
民國（1912—1949）北京宏豐印刷局鉛印本
一册（一函）

正文編二卷 B0097
佚名撰
民國（1912—1949）鉛印本
一册（一函）

佛教演講員訓練所講義 B0098
佚名撰
民國（1912—1949）鉛印本
一册（一函）

顧漁溪先生遺集四卷 B0099
顧璜著
民國二十五年（1936）北平文楷齋刻本
一册（一函）

夢禪室詩集 B0100
林蒼撰
民國（1924—1949）石印本
二册（一函）
存六卷

選録齋詩鈔三卷詩餘一卷 B0101
〔清〕韓德玉撰
清光緒三十四年（1908）唐縣劉永詩刻本
一册（一函）

壽南集 B0102
民國十一年（1922）影印本
一册（一函）

補晉書經籍志四卷 B0103
〔清〕吴士鑑纂
清光緒二十一年（1895）吴氏刻本
一册（一函）

豁盧詩鈔三卷 B0104
黎貫撰
民國三十四年（1945）鉛印本
一册（一函）

紀慎齋先生全集 B0105
〔清〕紀大奎撰
清嘉慶二十年至咸豐二年（1815—1852）刻本
一册（一函）
存續集四種

周易遵程不分卷 B0106
〔清〕佚名撰
清末（1875—1911）石印本
六册（一函）

悟善社詩文集 B0107
佚名撰集
民國八年（1919）北京悟善社油印本
一册（一函）

庸叟日記菁華五卷首一卷 B0108
賴清鍵著
民國二十三年（1934）潮安麗新印刷所鉛印本
二册（一函）

杭州所著書三種附一種 B0109
王守恂撰
民國九年（1920）天津金鉞刻本
一册（一函）
仁安自述
從政瑣記
杭居雜憶
附鄉人社會談

漢官儀三卷 B0110
〔宋〕劉攽撰
清道光四年（1824）揚州鮑崇城穆西堂刻本
一册（一函）

戎幄麈譚 B0111
〔清〕王可陞述
清光緒二十二年（1896）刻本
一册（一函）

憶嶺南草木詩十四首 B0112
〔清〕張之洞撰
清末（1875—1911）刻本
一册（一函）

楊椒山先生垂範集不分卷 B0113
〔明〕楊繼盛撰
民國十三年（1924）姚念兹石印本
一册（一函）

甲乙史二卷 B0114
〔清〕佚名撰
民國（1928—1937）上海影印本
一册（一函）

咏清史詩五絶三百首 B0115
馬駿撰
民國十三年（1924）山西馬氏鉛印本
一册（一函）

蒙回藏汗王公銜名表 B0116
蒙藏院封叙科編
民國十四年（1925）北京蒙藏院封叙科鉛印本
一册（一函）

雞肋集鈔淮海集鈔合本 B0117
〔宋〕晁補之撰
民國初（1912—1927）上海有正書局鉛印本
一册（一函）

金丹摘要二卷 B0118
〔清〕誠念子補 〔清〕過道人纂輯
清道光二十八年（1848）重慶通國堂刻本
一册（一函）

仙桂重芳册 B0119
民國八年（1919）香港奇雅印務局鉛印本
一册（一函）

修齋記學 B0120
瞿兑之撰
民國三十二年（1943）北京國學補修社鉛印本
一册（一函）

度曲一隅 B0121

俞宗海撰
民國十年（1921）昆曲保存社石印本
一册（一函）

四川國學雜志　B0122
四川國學院編
民國元年（1912）成都四川國學院鉛印本
一册（一函）

鄭齋壽言存稿五卷　B0123
孫雄編
民國八年（1919）鉛印本
一册（一函）

湖田墾務卷宗　B0124
〔清〕崔永安等稟
清宣統元年（1909）抄本
二册（一函）

月蟬筆露二卷　B0125
〔清〕侯玄汸撰
民國二十一年（1932）上海黄天白鉛印本
一册（一函）

共和國教科書新國文　B0128
莊俞、沈頤編纂
民國十五年（1926）上海商務印書館鉛印本
五册（一函）

瀛鷗詞稿　B0129
〔清〕瀛鷗撰
清光緒三十三年（1907）稿本
一册（一函）

松泉游草六卷　B0130
趙鶴清撰
民國二十一年（1932）王燦芝校印本
二册（一函）

披露誣經毀論内幕　B0131
劉培極著
民國（1928—1949）北平崇壽寺刻本
二册（合一函）

外治壽世方初編四卷續編二卷　B0132
〔清〕鄒存淦編輯
民國三十年（1941）上海石印本
三册（一函）

廣四十家小説四十種　B0133
〔明〕顧元慶編輯
民國十二年（1923）上海文明書局石印本（再版）
六册（一函）
漁樵閑話一卷　〔宋〕東坡居士撰
讀書筆記一卷　〔明〕祝允明撰
雲仙散録一卷　〔唐〕馮贄撰
襄陽耆舊傳一卷　〔晉〕習鑿齒撰
廣客談一卷　〔元〕佚名撰
賈氏談録一卷　〔宋〕張洎撰
陶朱新録一卷　〔宋〕馬純撰
天隱子一卷　〔唐〕司馬承禎撰
白獺髓一卷　〔宋〕張仲文集
冀越集一卷
石田雜記一卷　〔明〕沈周撰
友會談叢三卷　〔宋〕上官融撰
寇萊公遺事一卷　〔宋〕佚名撰
歷代帝王傳國璽譜一卷　〔宋〕鄭文寶撰
桂苑叢談一卷　〔唐〕馮翊撰
避戎夜話二卷　〔宋〕石茂良撰
江淮異人録一卷　〔宋〕吴淑撰
清夜録一卷　〔宋〕俞 文豹撰

吴中舊事一卷 〔元〕陸友仁撰
西征石城記一卷 〔明〕馬文升撰
中朝故事二卷 〔五代〕尉遲偓撰
平江紀事一卷 〔元〕高德基撰
震澤紀聞一卷 〔明〕王鏊撰
明皇十七事一卷 〔唐〕李德裕撰
杜陽雜編三卷 〔唐〕蘇鶚撰
興複哈密國王記一卷 〔明〕馬文升撰
蘋野纂聞一卷 〔明〕伍餘福撰
摭言述妓館五段事一卷 〔五代〕王定保撰
蘇談一卷 〔明〕楊循吉撰
緑珠内傳一卷 〔宋〕樂史撰
否泰録一卷 〔明〕劉定之撰
東方朔神異經一卷 〔漢〕東方朔撰
江海殲渠記一卷 〔明〕祝允明撰
閑燕常談一卷 〔宋〕董弅撰
景仰撮書一卷 〔明〕王達撰
拘虚晤言一卷 〔明〕陳沂撰
賓櫝記一卷 〔明〕滑惟善撰
太湖新録一卷 〔明〕文徵明、徐禎卿撰
蠶衣一卷 〔明〕祝允明撰

文字學形義篇 B0134
朱宗萊述
民國（1912—1939）北京輔仁大學鉛印本
一册（一函）

地理論 B0135
〔德〕衛禮賢撰
清宣統三年（1911）青島禮賢書院鉛印本
一册（一函）

奏辦吉林外國語學堂暫行章程 B0136
〔清〕達桂等奏
清光緒三十三年（1907）鉛印本
一册（一函）

揚州夢四卷 B0137
〔清〕焦東周生撰
民國初（1912—1927）上海廣益書局石印本
四册（一函）

繪圖後笑才子奇書换空箱四卷二十四回 B0138
〔清〕佚名撰
清末民初（1875—1927）上海錦章書局石印本
四册（一函）

百萼紅詞二卷 B0139
〔清〕吴鼒撰
清光緒五年（1879）直隸張楚寶刻本
一册（一函）

孟子通義五卷 B0140
遺史氏輯
民國（1912—1949）鉛印本
一册（一函）

華語拾級 B0141
葉宗廉編
民國十四年（1925）石印本（初版）
一册（一函）

繡像繪圖第一奇女傳十二卷六十六回 B0142
〔清〕佚名撰
清末民初（1875—1927）上海進步書局石印本
六册（一函）

來生福彈詞三十六回 B0143
（清）橘中逸叟撰
清同治九年（1870）湖橋生刻本

十六册（二函）

全圖狸貓换太子演義八十回　B0144
佚名撰
民國（1912—1949）上海大同書局石印本
十六册（一函）

續明紀事本末十八卷　B0145
〔清〕倪在田輯
清光緒二十九年（1903）育英學社鉛印本
六册（一函）

奏議輯覽初編十六卷附録一卷　B0146
〔清〕李宗棠纂訂
清光緒二十七年（1901）李宗棠刻本
十五册（二函）

格致鏡原一百卷　B0147
〔清〕陳元龍纂
清光緒二十二年（1896）上海積山書局石印本
十六册（二函）

易冒十卷　B0148
〔清〕程良玉著
清光緒三十二年（1906）上海刻本
四册（一函）

增廣四書五經典林十二卷　B0149
〔清〕求是齋主人輯
清光緒十五年（1889）上海積山書局石印本
六册（一函）

歷代黄河變遷圖考四卷　B0150
〔清〕劉鶚撰
清宣統二年（1910）濟南山東河工研究所石印本
四册（一函）

特派浙江交涉署交涉節要（民國三年四月至六年一月）　B0151
外交部特派浙江交涉署編
民國初期（1917—1927）外交部特派浙江交涉署油印本
二十三册（二函）

湖北交涉署交涉節要（民國五年七、八、十、十一月）　B0152
湖北交涉署編
民國五年（1916）武昌湖北交涉署鉛印本
四册（一函）

樊山書牘二卷　B0153
樊增祥撰
民國初（1912—1927）上海廣益書局石印本
二册（一函）

户部廣西司奏案輯要四卷　B0154
〔清〕奎濂等編
清末（1906—1911）北京京師官書局鉛印本
四册（一函）

五朝名臣言行録十卷　B0155
〔宋〕朱熹撰
民國十八年（1929）上海商務印書館影印本
六册（一函）

全國河務會議議案彙編　B0156
全國河務會議編
民國初（1912—1927）全國河務會議油印本
一册（一函）

京師地名對二卷 B0157
〔清〕巴哩克杏芬輯
清光緒二十七年（1901）北京彭年刻本
二册（一函）

定盦先生年譜一卷後記一卷 B0158
〔清〕吴昌綬編
清光緒三十四年（1908）雙照樓刻紅印本
一册（一函）

增批正音咀華 B0159
〔清〕莎彝尊撰
民國六年（1917）廣州科學書局石印本
一册（一函）

北略四卷 B0160
〔清〕計六奇撰
清道光二十四年（1844）品石山房木活字本
二册（一函）

春秋公羊傳十一卷附校刊記一卷 B0161
〔漢〕何休解詁
清同治十一年（1872）濟南山東書局刻本
八册（一函）

老子説略二卷 B0162
〔清〕張爾岐著
清嘉慶十三年（1808）吴照刻本
二册（一函）

遺山先生新樂府四卷 B0163
〔金〕元好問撰
民國十五年（1926）上海掃葉山房石印本
二册（一函）

雅頌再編 B0164
周幹庭編撰
民國二十八年（1939）濟南齊魯大學鉛印本
一册（一函）

靈峰蕅益大師選定淨土十要十卷 B0165
〔明〕釋智旭解
清同治十一年（1872）杭州慧空經房刻本
四册（一函）

明季逸史二種 B0167
胡思敬輯
民國四年（1915）南昌豫章叢書編刻局刻本
三册（一函）
潯陽紀事一卷 〔清〕袁繼咸撰
庭聞録六卷 〔清〕劉健撰
附録平定緬甸

六子六種 B0168
民國元年（1912）武昌鄂官書處刻本
二册（一函）
鄧析子 〔周〕鄧析撰
尸子二卷
尹文子
慎子 〔周〕慎到撰
公孫龍子
鬼谷子

趙注孫子十三篇 B0169
〔春秋〕孫武撰 〔明〕趙本學注
民國三年（1914）徐樹錚鉛印本
四册（一函）

弟子列傳考一卷 B0170
〔清〕鄭環撰
清嘉慶八年（1803）常州鄭氏願學齋刻本
一册（一函）

經略洪承疇奏對筆記二卷　B0171
〔清〕洪承疇撰
民國二十二年（1933）北京黄杰鉛印本
一册（一函）

簡學齋清夜齋手書詩稿合印二種　B0172
〔清〕陳曾則輯
清宣統三年（1911）石印本
一册（一函）
白石山館詩　〔清〕陳沆撰
清夜齋詩稿　〔清〕魏源撰

臨安旬制記三卷　B0173
〔清〕張道撰
清光緒六年（1880）武昌湖北崇文書局刻本
一册（一函）

清代名人家書十種　B0174
襟霞閣主編輯
民國初（1916—1927）上海共和書局鉛印本
十册（一函）
紀曉嵐家書
鄭板橋家書
林則徐家書
彭玉麟家書
胡林翼家書
曾國藩家書
左宗棠家書
李鴻章家書
張之洞家書
袁世凱家書

名賢手札四種　B0175
〔清〕郭慶藩輯
清末（1884—1911）石印本
一册（一函）
左恪靖侯手札　〔清〕左宗棠撰並書
李肅毅伯手札　〔清〕李鴻章撰並書
曾威毅伯手札　〔清〕曾國荃撰並書
彭大司馬手札　〔清〕彭玉麟撰並書

二申野録八卷　B0176
〔清〕孫之騄輯
清光緒二十八年（1902）影印本
八册（一函）

佛説四十二章經疏鈔九卷　B0177
〔清〕釋續法述
民國五年（1916）常州天寧寺毗陵刻經處刻本
三册（一函）

百法義録二編　B0178
梅光羲録
民國（1912—1949）石印本
二册（一函）

妙法蓮華經觀世音菩薩普門品不分卷　B0179
〔後秦〕釋鳩摩羅什譯
民國（1929—1949）上海佛學書局鉛印本
一册（一函）

般若理趣經集解　B0180
釋密林述録
民國十七年（1928）石印本
一册（一函）

大佛頂首楞嚴經攝論二卷　B0181
釋太虚造
民國七年（1918）上海覺社鉛印本
一册（一函）

金文曆朔疏證八卷卷首一卷 B0182
吴其昌撰
民國二十五年（1936）上海商務印書館石印本
二册（一函）

歷代畫史彙傳七十二卷 B0183
〔清〕彭藴璨編
民國十三年（1924）上海啓新書局石印本
十二册（一函）

廉洋平賊記一卷 B0184
〔清〕趙長齡撰
清道光二十六年（1846）廣州趙長齡刻本
一册（一函）

運河案卷摘要二卷 B0185
〔清〕佚名編
清宣統元年（1909）寫本
二册（一函）

民初雜録 B0186
佚名編
民國二年（1913）寫本
一册（一函）

抱景居士法書心經 B0187
陸天炎書
民國十四年（1925）石印本
一册（一函）

三我 B0188
段正元撰
民國八年（1919）北京道德學社鉛印本
一册（一函）

稟函稿件二種 B0190
〔清〕佚名編
清宣統元年（1909）寫本
二册（一函）

清暉贈言十卷 B0193
〔清〕徐永宣輯
清宣統三年（1911）鄧實鉛印本
三册（一函）
又一部： B0194

唐女郎魚玄機詩一卷 B0195
〔唐〕魚玄機撰
民國（1924—1927）上海中華書局鉛印本
一册（一函）

議處安南事宜一卷 B0196
〔明〕鄧士龍輯
民國二十六年（1937）南京國學圖書館影印本
一册（一函）

國民政府文官處職員補習教育彙刊：第一期 B0198
國民政府文官處職員補習教育教務委員會編
民國二十四年（1935）國民政府文官處職員補習教育教務委員會鉛印本
一册（一函）

四書白話解 B0199
〔清〕施崇恩演解
清光緒三十二年（1906）上海彪蒙書室石印本
七册（一函）

左繡三十卷卷首一卷 B0200

〔清〕馮李驊、陸浩評輯
民國（1912—1927）上海廣益書局石印本
十二册（一函）

兩浙輶軒録補遺十卷　B0201
〔清〕楊秉初等輯補
清嘉慶八年（1803）杭州刻本
十四册（二函）

增修補注正續歷代通鑑輯覽一百四十卷　B0202
〔清〕傅恒等奉敕撰
民國八年（1919）上海文明書局鉛印本（再版）
六十四册（六函）

清朝滿蒙考試用本五經十種　B0203
〔清〕佚名編輯
清末（1820—1911）刻本
七十八册（八函）
御纂周易述義十卷
御纂詩義摺中二十卷
御纂春秋直解十二卷
宋版易經十卷附考證
宋版書經十三卷附考證
宋版詩經二十卷附考證
宋版春秋三十卷附考證
宋版禮記二十卷附考證
欽定清漢對音字式一卷
經典釋文三十卷

易順鼎集四十七種　B0204
〔清〕易順鼎撰
清末民初（1875—1927）刻本
二十五册（三函）
琴志樓編年詩録十九卷（缺卷十至十一）
琴志樓游山詩集八種八卷
四魂集四卷
丁戊之間行卷九卷
摩圍閣詩二卷
錦里詩録一卷
青城詩録一卷
峨眉詩録一卷
林屋詩録一卷
游梁詩賸一卷
游梁詩賸賸一卷
出都詩録一卷
吴篷詩録一卷
樊山沌水詩録一卷
蜀船詩録一卷
巴山詩録一卷
壬子詩存二卷
癸丑詩存二卷
甲寅詩存二卷
湘絃詞
鬘天影事譜四卷附一卷
摩圍閣詞二卷
楚頌亭詞第四集一卷
琹臺夢語一卷
經義莛撞四卷
讀經瑣記一卷
讀老札記二卷補遺一卷
淮南許註鈎沈一卷
易音補顧一卷
大學私訂本一卷
孔門詩集一卷
心經易氏本一卷
金剛經易氏本一卷
心經金剛經集聯一卷
國朝文苑傳一卷
國朝孝子小傳一卷

國朝學案目録一卷
慕皋廬雜稿一卷
盾墨拾餘六卷
玉虚齋唱和詩一卷
吴社集四卷
四魂外集四卷
倚霞宫筆録三卷
鄂湘酬唱集一卷
玉虚齋集一卷
水漢國櫂歌一卷
容園詞綜一卷

學術叢編 B0205
廣倉學宭編
民國五年（1916）上海倉聖明智大學影印本
四册（一函）
存十五種
敦煌古寫本周易王注校勘記二卷
周書顧命禮徵一卷
祼禮榷一卷
韓氏三禮圖説二卷
蒙雅一卷
太史公繫年考略一卷
宋史忠義傳王稟補傳一卷
殷周制度論一卷
大元官制雜記一卷
大元馬政記一卷
殷卜辭中所見先公先王考一卷
倉頡篇殘簡考釋一卷
兩周金石文韻讀一卷
流沙墜簡考釋補正四卷
曲律四卷（缺卷二至四）

妙法蓮華經演義七卷 B0206
〔後秦〕釋鳩摩羅什譯
清光緒四年（1878）温州鄭集賢刻本
二十二册（二函）

明人小史八種十三卷 B0207
胡思敬輯
民國四年（1915）南昌退廬刻本
六册（一函）
庚申外史二卷校勘記一卷 〔明〕權衡撰校勘記 胡思敬撰
故宫遺録一卷 〔明〕蕭洵撰
姜氏秘史五卷校勘記一卷 〔明〕姜清撰 （校勘記）胡思敬撰
備遺録一卷校勘記一卷 〔明〕張芹撰（校勘記）胡思敬撰
北征録一卷校勘記一卷 〔明〕金幼孜撰 （校勘記）胡思敬撰
北征後録一卷 〔明〕金幼孜撰
否泰録一卷 〔明〕劉定之撰
北征事迹一卷 〔明〕袁彬撰 〔明〕尹直録
復辟録一卷 〔明〕楊暄撰

吴越春秋十卷 B0208
〔漢〕趙曄撰
清光緒三十二年（1906）徐乃昌刻紅印本
二册（一函）

竹書紀年校正十四卷通考一卷 B0209
〔南朝梁〕沈約附注 〔清〕郝懿行學
清光緒五年（1879）東路廳署刻本
二册（一函）

大佛頂首楞嚴經會解二十卷 B0210
〔唐〕釋般刺密帝譯
清宣統元年（1909）常州天寧寺刻本
六册（一函）

荀子補注二卷 B0211
〔清〕郝懿行撰
清道光咸豐間（1821—1861）刻本
一册（一函）

江寧金石待訪目二卷 B0212
〔清〕嚴觀輯
清光緒二十二年（1896）長沙江標湖南使院刻本
二册（一函）

韃靼考一卷 B0213
王國維撰
民國十五年（1926）北京清華學校研究院鉛印本
一册（一函）

滮湖遺老集四卷續集四卷 B0214
金蓉鏡撰
民國十七年至二十年（1928-1931）秀水金氏刻本
三册（一函）

傭廬日記語存八卷附二卷 B0215
袁金鎧撰
民國二十九年（1940）鉛印本
五册（一函）

胡蝭秋齋藏册一卷 B0216
〔清〕唐昆華輯
清光緒五年（1879）揚州唐昆華刻本
一册（一函）

沖虚至德真經八卷 B0218
〔晉〕張湛注
清光緒十年（1884）蔣鳳藻影刻本
一册（一函）

唯識二十論述記四卷 B0219
〔唐〕釋窺基撰
清宣統二年（1910）江西刻經處刻本
二册（一函）

陝西藝文志七卷 B0220
郭毓璋編纂
民國二十三年（1934）西安陝西通志館鉛印本
四册（一函）

書傳音釋六卷首一卷末一卷 B0221
〔宋〕蔡沈集傳
清同治五年（1866）望三益齋刻本
七册（一函）

金光明經四卷 B0222
〔北凉〕釋曇無讖譯
民國（1912—1927）影印本
一册（一函）

納蘭詞五卷補遺一卷 B0223
〔清〕納蘭性德撰
民國二十五年（1936）上海中華書局鉛印本
一册（一函）

皇朝輿地略一卷附皇朝内府輿地圖縮摹本一卷皇朝輿地韻編一卷 B0224
〔清〕六承如編
清末（1834—1911）刻本
一册（一函）

大方廣如來藏經一卷 B0225
〔唐〕釋不空譯

民國（1912—1949）上海佛學書局影印本
一册（一函）

東觀漢記二十四卷 B0226
〔漢〕劉珍等撰
民國（1927—1936）上海中華書局鉛印本
二册（一函）

端溪詩述六卷 B0227
〔清〕黄登瀛編輯
光緒二十七年（1901）高要賓興局刻本
十册（一函）

昭德先生郡齋讀書志二十卷 B0228
〔宋〕晁公武撰
清光緒六年（1880）章氏刻本
十六册（二函）

南疆繹史五十八卷 B0229
〔清〕李瑶編纂
清末（1830—1911）覆刻本
二十四册（二函）

牧齋初學集一百一十卷 B0230
〔清〕錢謙益撰
民國八年（1919）上海商務印書館影印本
三十二册（三函）

瀛奎律髓刊誤四十九卷 B0231
〔元〕方回輯
清嘉慶五年（1800）李光垣刻本
十二册（二函）

大清律例增修統纂集成四十卷附録二卷 B0232
〔清〕陶駿、陶念霖增修
清光緒三十四年（1908）上海文瑞樓石印本
二十四册（二函）

［滿漢］六部成語六卷 B0233
〔清〕佚名編
清嘉慶二十一年（1816）北京文盛堂刻本
六册

地理概論五卷 B0234
葛陛綸編
民國六年（1917）上海會文堂書局石印本（3版）
六册（一函）

滄海叢書第一輯 B0235
張伯楨撰
民國二十一年（1932）張伯楨刻本
十册（一函）
袁督師配祀關岳議案七卷
袁督師集三卷
袁督師集附録一卷
張文烈集六卷
張文烈集附録一卷
寒木居詩鈔

奕萃官子 B0236
卞立言評選
民國二年（1913）上海千頃堂石印本
二册（一函）

繡像後西游記六卷四十回 B0237
〔清〕佚名撰
清光緒三十三年（1907）上海石印本
六册（一函）

醫方集解本草備要合編 B0238

〔清〕汪昂著輯
民國元年（1912）上海同文書局石印本
七册（一函）

增像全圖加批西游記八卷一百回　B0239
〔明〕吴承恩撰
清光緒三十三年（1907）上海章福記石印本
八册（一函）

梅邨先生樂府三種四卷　B0240
〔清〕吴偉業著
民國五年（1916）董康刻本
二册（一函）
秣陵春傳奇二卷四十齣
通天臺二齣
臨春閣四齣

四大奇書第一種五十一卷一百二十回卷首一卷　B0241
〔明〕羅本撰
清光緒（1875—1908）北京文成堂刻本
二十册（二函）

大清搢紳全書（光緒七年）　B0242
清光緒七年（1881）北京寶善堂刻本
六册（一函）

遺山先生新樂府四卷　B0243
〔金〕元好問撰
民國三年（1914）上海掃葉山房石印本
二册（二夾）

復社姓氏録不分卷　B0244
〔清〕吴翻撰
清道光十二年（1832）吴山嘉刻本
一册

英傑歸真一卷　B0245
〔清〕洪仁玕製
民國二十六年（1937）上海蟫隱廬石印本
一册（一函）

東林本末三卷附録　B0246
〔明〕吴應箕撰
民國九年（1920）劉氏唐石簃刻本
一册

六朝事迹編類十四卷　B0247
〔宋〕張敦頤撰
清光緒十三年（1887）蘇州寶章閣影刻本
四册（一函）

增廣詩韻合璧五卷　B0248
〔清〕湯文璐編
民國十四年（1925）上海錦章圖書局石印本
五册（一函）

姚鏡塘先生全集六卷　B0249
〔清〕姚學塽撰
清道光二十年（1840）北京徐觀復等刻本
六册（一函）

禮記易讀二卷　B0251
〔清〕志遠堂主人編
清光緒二十二年（1896）天寶樓刻本
二册（一函）

敬孚類稿十六卷　B0252
〔清〕蕭穆撰
清光緒三十三年（1907）刻本
四册（一函）

題襟集八種　B0253

〔清〕佚名輯
清光緒二十四年（1898）北京刻本
二册（一函）
鐵笛詞 〔清〕黄彝凱撰
酒痕詞 〔清〕張百寬撰
雲瓿詞 〔清〕曹元忠撰
長毋相忘室詞 〔清〕張鴻撰
瀣碧詞 〔清〕王景沂撰
玉龍詞 〔清〕楊朝慶撰
盋山舊館詞 〔清〕章華撰
桃花春水詞 〔清〕翁之潤撰

倚晴樓詩餘四卷 B0254
〔清〕黄燮清撰
清同治六年（1867）武昌黄鶴樓刻本
一册（一函）

黑龍江鄉土録 B0255
郭克興輯
民國十五年（1926）鉛印本
一册（一函）

東蒙古紀程一卷 B0256
陳祖墡撰
民國三年（1914）歸綏陳祖墡鉛印本
一册（一函）

閨秀詞話四卷 B0257
雷瑨、雷瑊輯
民國五年（1916）上海掃葉山房石印本
二册（一函）

諸子論略三卷 B0258
尹桐陽撰
民國十六年（1927）北京尹桐陽鉛印本
（再版）
一册（一函）

錢牧齋尺牘三卷 B0259
〔清〕錢謙益撰
民國二十五年（1936）上海商務印書館鉛
印本（國難後第1版）
二册（一函）

大宋重修廣韻五卷 B0260
〔宋〕陳彭年等重修
民國（1912—1949）上海商務印書館影印本
二册（一函）

增廣正續驗方新編正續集二十一卷 B0261
〔清〕鮑相璈編輯
民國（1912—1927）上海錦章圖書局石印本
八册

司馬温公書牘一卷 B0262
〔宋〕司馬光撰
民國二十四年（1935）上海商務印書館鉛
印本（國難後第1版）
一册（一函）

三希堂續刻法帖 B0263
〔清〕梁詩正編次
民國（1912—1927）上海中華圖書館影印本
四册（一函）

清暉閣贈貽尺牘二卷 B0264
〔清〕王翬撰
清宣統三年（1911）上海神州國光社鉛印本
一册（一函）

北山樓集 B0265
〔清〕吴保初撰

民國二十七年（1938）陳詩石印本
二册（一函）

貞松堂校刊書目解題二卷外編一卷　B0266
墨緣堂書莊編
民國二十三年（1934）大連墨緣堂書莊石印本
一册（一函）

音注小倉山房尺牘八卷　B0267
〔清〕袁枚撰
民國七年（1918）上海鑄記書局石印本
四册（一函）

明朝國初事迹一卷　B0268
〔明〕劉辰撰
清同治八年（1869）胡鳳丹退補齋刻本
一册（一函）

桂林霜二卷二十四齣　B0269
〔清〕蔣士銓撰　〔清〕張三禮評文
民國十二年（1923）上海朝記書莊影印本
二册（一函）

弟子職音誼一卷附一卷　B0270
〔清〕鍾廣纂集
民國（1912—1949）中國學會影印本
一册（一函）

歷代春艷秘史三集附圖一卷　B0271
蕙芳女史著
民國十二年（1923）上海中國第一書局石印本（3版）
三册（一函）

燕山外史注釋八卷　B0272
〔清〕陳球撰
清光緒三十二年（1906）上海海左書局石印本
二册（一函）

白香山詩選二卷　B0273
〔唐〕白居易著
民國（1912—1949）上海會文堂書局石印本
二册（一函）

曾文正公詩集不分卷　B0274
〔清〕曾國藩撰
民國十二年（1923）上海掃葉山房石印本
一册（一函）

商周文拾遺三卷　B0275
〔清〕吴東發撰
民國十三年（1924）上海中國書店影印本
一册（一函）

影印孝建四銖拓本　B0276
〔清〕吕佺孫手拓
民國二十三年（1934）上海醫學書局影印本
一册（一函）

蜀學報：第九册（光緒二十四年六月中旬）　B0277
〔清〕蜀學報館編
清光緒二十四年（1898）成都尊經書局刻本
一册（一函）

商卜文分韻　B0280
丁輔之編
民國二十七年（1938）上海墨緣堂石印本
一册（一函）

日本一鑑三種 B0281
〔明〕鄭舜功撰
民國二十八年（1939）影印本
五册（一函）
日本一鑑隴島新編四卷
日本一鑑窮河話海九卷
日本一鑑桴海圖經三卷

分類尺牘備覽三十卷 B0282
〔清〕王虎榜編
清光緒十四年（1888）上海申報館鉛印本
十册（一函）

白香山詩集四十卷 B0283
〔唐〕白居易撰
清宣統三年（1911）影印本
八册（一函）

蘇文忠公詩集五十卷 B0284
〔宋〕蘇軾撰
民國二年（1913）上海掃葉山房石印本
十二册（一函）

宋代五十六家詩集五十七種 B0285
〔清〕坐春書塾輯
清宣統二年（1910）北京龍文閣石印本
二册（一函）
東坡詩集一卷 〔宋〕蘇軾撰
丹淵集抄一卷 〔宋〕文同撰
芳蘭軒詩集一卷 〔宋〕徐照撰
白石樵唱集一卷 〔宋〕林景熙撰
安陽集抄一卷 〔宋〕韓琦撰
滄浪集抄一卷 〔宋〕蘇舜欽撰
乖崖詩集一卷 〔宋〕張咏撰
徂徠詩集一卷 〔宋〕石介撰
北山小集抄一卷 〔宋〕程俱撰
二薇亭詩集一卷 〔宋〕徐璣撰
臨川詩集一卷 〔宋〕王安石撰
廣陵詩集一卷 〔宋〕王令撰
後山詩集一卷 〔宋〕陳師道撰
具茨集抄一卷 〔宋〕晁仲之撰
淮海集抄一卷 〔宋〕秦觀撰
節孝詩集一卷 〔宋〕徐積撰
和靖詩集一卷 〔宋〕林逋撰
鴻慶集抄一卷 〔宋〕孫覿撰
劍南詩集一卷 〔宋〕陸游撰
後村詩集一卷 〔宋〕劉克莊撰
梅溪詩集一卷 〔宋〕王十朋撰
漫塘詩集一卷 〔宋〕劉宰撰
蕘歌集抄一卷 〔宋〕戴昺撰
隆吉詩集一卷 〔宋〕梁棟撰
歐陽文忠詩集一卷 〔宋〕歐陽修撰
平仲清江集抄一卷 〔宋〕孔平仲撰
南陽集抄一卷 〔宋〕韓維撰
眉山詩集一卷 〔宋〕唐庚撰
屏山集抄一卷 〔宋〕劉子翬撰
盧溪集抄一卷 〔宋〕王庭珪撰
山谷集抄一卷 〔宋〕黄庭堅撰
雙溪詩集一卷 〔宋〕王炎撰
清苑齋詩集一卷 〔宋〕趙師秀撰
石屏詩集一卷 〔宋〕戴復古撰
秋崖小稿集一卷 〔宋〕方嶽撰
山民詩集一卷 〔宋〕真山民撰
水雲詩集一卷 〔宋〕汪元量撰
騎省集抄一卷 〔宋〕徐鉉撰
清獻詩集一卷 〔宋〕趙抃撰
石湖集抄一卷 〔宋〕范成大撰
天地間集一卷 〔宋〕謝翱撰
西塘詩集一卷 〔宋〕鄭俠撰
襄陽詩集一卷 〔宋〕米芾撰
宛丘詩集一卷 〔宋〕張耒撰
晞發集抄一卷 〔宋〕謝翱撰

文山詩集一卷　〔宋〕文天祥撰
宛陵詩集一卷　〔宋〕梅堯臣撰
武溪詩集一卷　〔宋〕余靖撰
武仲清江集抄一卷　〔宋〕孔武仲撰
香溪集抄一卷　〔宋〕范浚撰
葦碧軒詩集一卷　〔宋〕翁卷撰
義豐集抄一卷　〔宋〕王阮撰
小畜集抄一卷　〔宋〕王禹偁撰
竹洲詩集一卷　〔宋〕吴儆撰
益公省齋稿集一卷　〔宋〕周必大撰
知稼翁集抄一卷　〔宋〕黄公度撰
朱子詩集一卷　〔宋〕朱熹撰

芥子園畫傳四集　B0286
〔清〕沈心友等輯　〔清〕王概等繪
清末（1821—1911）金陵文光堂刻彩色套印本
十二册（一函）

爾雅音圖三卷　B0287
〔晉〕郭璞注
清嘉慶六年（1801）揚州曾燠藝學軒刻本
三册（精裝一册）

大清太祖高皇帝聖訓四卷　B0288
〔清〕聖祖玄燁勅編
清末（1875—1911）鉛印本
十册（一函）

吴漁山石谷小像補圖册　B0290
〔清〕吴歷補圖
民國十三年（1924）上海文明書局影印本（珂羅版）
一册（一函）

吴秋農人物山水精品　B0291
〔清〕吴榖祥繪
民國二十五年（1936）上海中華書局影印本（珂羅版3版）
一册（一函）

華新羅大册　B0292
〔清〕華嵒繪
民國六年（1917）上海有正書局影印本（珂羅版3版）
一册（一函）

國立北京大學故教授劉半農博士訃告　B0293
劉北茂編撰
民國二十三年（1934）北平劉北茂鉛印本
一册（一函）

許彦母祝氏哀啓　B0294
許彦撰
民國二十五年（1936）天津許彦鉛印本（藍印）
一册（一函）

屠振初妻談氏訃告　B0295
屠振初撰
民國二十七年（1938）天津屠振初石印本
一册（一函）

亡兒屠琪事略　B0296
屠振初撰
民國二十六年（1937）天津屠振初鉛印本
一册（一函）

段師尊逝世哀告　B0297
北京道德學社撰
民國二十九年（1940）北京道德學社鉛印本
一册（一函）

佩文韻府一百六卷附拾遺一百六卷 B0298
〔清〕張玉書、蔡升元等纂修
清光緒八年（1882）上海點石齋石印本
十册（四函）

廣東文徵八十一卷 B0299
吴道鎔原輯
民國三十七年（1948）廣東省文獻委員會油印本
二十七册（六函）

家語疏證六卷 B0300
〔清〕孫志祖撰
清光緒（1875—1908）章壽康刻本
二册（一函）

視昔軒遺稿五卷 B0301
徐樹錚撰
民國二十年（1931）刻本（朱印）
二册（一函）

淨土五經五種 B0302
郭泰棣輯
民國二十一年（1932）潮陽郭輔庭雙百鹿齋刻本
一册（一函）
佛説阿彌陀經
佛説觀無量壽佛經
佛説無量壽經
大佛頂如來密因修證了義諸菩薩萬行首楞嚴經大勢至菩薩念佛圓通章
大方廣佛華嚴經入不思議解脱境界普賢菩薩行願品

維周詩鈔十六卷 B0303
〔清〕程之楨撰
清同治十一年（1872）确園刻本
四册（一函）

楞伽師資記一卷 B0304
〔唐〕釋淨覺集
民國二十年（1931）北平待曙堂鉛印本
一册（一函）

詩經繹參四卷 B0305
〔清〕鄧翔撰
清同治六年（1867）刻朱墨套印本
四册（一函）

名賢生日詩十卷 B0306
孫雄輯
民國十年（1921）鉛印本
六册（一函）

蘭薰館遺稿四卷 B0307
〔清〕陶玉珂著
民國七年（1918）陶昌善鉛印本
二册（一函）

九僧詩不分卷 B0308
〔宋〕釋希晝等撰
清道光十五年（1835）蘇州石韞玉刻本
一册（一函）

唐石經校文十卷 B0309
〔清〕嚴可均纂
清嘉慶九年（1804）香山嚴可均刻本（後印）
六册（一函）

異方便淨土傳燈歸元鏡三祖實録二卷 B0310
〔清〕智達拈頌

清末（1821–1911）刻本
四册（一函）

同治庚午科大同年齒録　B0311
〔清〕吴蔭培輯
清光緒三十二年至宣統二年（1906—1910）北京吴蔭培刻本
八册（一函）

忠雅堂詩集二十七卷補遺二卷詞集二卷　B0312
〔清〕蔣士銓撰
清末（1821—1911）存仁堂刻本
六册（一函）

桂林梁先生遺書六種　B0313
梁濟撰
民國十四年（1925）北京梁焕鼐、梁焕鼎石印本
三册（一函）
遺筆彙存一卷
感劬山房日記節鈔一卷
侍疾日記一卷
辛壬類稾二卷
伏卵録一卷
别竹辭花記一卷

使黔草三卷　B0314
〔清〕何紹基撰
清咸豐（1851—1861）刻本
二册（一函）

先撥志始二卷　B0316
〔清〕文秉著
清同治二年（1863）南昌夏燮刻本
二册（一函）

呈貢文氏三遺集合鈔四種十二卷　B0317
趙藩輯
民國三年（1914）昆明雲南圖書館刻本
四册（一函）
明陽山房遺詩二卷　〔明〕文祖堯撰
餘生隨咏一卷附醉禪草一卷　〔明〕文俊德著
晚春堂詩八卷　〔清〕文化遠著

鶡冠子吴注三卷　B0318
吴世拱注
民國十八年（1929）鉛印本
二册（一函）

黄山樵唱一卷　B0319
朱師轍撰
民國二十一年（1932）北平刻本
一册（一函）

善成堂重訂古文釋義新編八卷　B0320
〔清〕余誠評注
清光緒二十三年（1897）蘇州善成堂刻本
八册（一函）

（新會）梁氏族譜一卷　B0321
梁榆材重修
民國十四年（1925）新加坡古友軒英記鉛印本
一册（一函）

五十萬卷樓群書跋文十五卷　B0322
莫伯驥撰
民國三十六年（1947）廣州莫伯驥鉛印本
七册（一函）

嘉禾徵獻録五十卷外紀六卷　B0323

〔清〕盛楓撰
民國二十年（1931）金兆蕃刻本
八册（一函）

晚香書札二卷 B0324
〔清〕潘道根著
民國八年（1919）蘇州趙詒琛刻本
一册（一函）

春秋穀梁傳二十卷 B0325
〔東晉〕范甯集解
民國二十五年（1936）上海中華書局鉛印本
四册（一函）

大宋寶祐四年丙辰歲會天萬年具注歷一卷 B0326
〔宋〕荆執禮等算造
民國二十四年（1935）上海商務印書館影印本
一册（一函）

酌中志餘二卷 B0327
〔明〕劉若愚撰
清光緒七年（1881）武昌湖北崇文書局刻本
二册（一函）

靖康傳信録三卷 B0328
〔宋〕李綱撰
民國（1912—1949）上海中華書局鉛印本
一册（一函）

繪圖小學韻語不分卷 B0329
（清）羅澤南著
清末（1875—1908）石印本
一册（一函）

劍南詩鈔不分卷 B0330
〔宋〕陸游著
民國十九年（1930）上海掃葉山房石印本
六册（一函）

唐丞相曲江張先生文集二十卷附録一卷 B0331
〔唐〕張九齡撰
民國十一年（1922）上海商務印書館影印本
四册（一函）

山中聞見録十一卷 B0332
〔清〕彭孫貽撰
民國十三年（1924）羅振玉刻本
四册（一函）

聖安皇帝本紀二卷 B0333
〔清〕顧炎武撰
清末（1821—1911）刻本
一册

齊東野語二十卷 B0334
〔宋〕周密撰
清末（1880—1911）上海掃葉山房石印本
六册（一函）

欒史四十八卷 B0335
〔清〕王希廉輯
清光緒二年（1876）上海申報館鉛印本
八册（一函）

江神童演説詞 B0336
江希張撰
民國十三年（1924）佛山華文書局鉛印本
一册（一函）

東塘日劄二卷 B0337
〔清〕朱子素述
清末（1875—1908）上海有正書局鉛印本
一册（一函）

出圍城記一卷 B0338
〔清〕楊棨撰
民國三年（1914）揚州楊泰錕抄本
一册（一函）

增廣詩韻全璧五卷 B0339
民國六年（1917）上海廣益書局石印本
四册（一函）

軍中必要 B0340
吴佩孚選編
民國八年（1919）吴佩孚油印本
一册（一函）

南漢書十八卷考異十八卷文字略四卷叢録二卷 B0341
〔清〕梁廷枏撰
清光緒二十一年（1895）順德梁用弧刻本
八册（一函）

御批歷代通鑑輯覽一百二十卷 B0342
〔清〕傅恒等纂修
清光緒二十七年（1901）上海經香閣石印本
十六册（二函）

吕祖全書三十三卷 B0343
〔清〕劉體恕會輯
清同治七年至光緒五年（1868—1879）劉體恕、羅圓喆刻本
十二册（二函）

石渠餘紀六卷 B0344
〔清〕王慶雲述
民國（1912—1949）刻本
六册（一函）

靜軒筆記十九卷 B0345
〔清〕劉秉璋撰
民國（1912—1949）劉體智石印本
四册（一函）

夢選樓叢刻八種 B0346
胡宗楙輯著
民國二十一年（1932）刻本
八册（一函）
昭明太子年譜一卷附録一卷
張宣公年譜二卷附録二卷
胡正惠公年譜二卷附録一卷
永康人物記五卷
段注説文正字二卷
説文雋言一卷
東陽記拾遺一卷
東陽記考一卷

費氏古易訂文十二卷 B0347
〔清〕王樹枏輯撰
清光緒十七年（1891）文莫室刻本
四册（一函）

復初齋集外文四卷 B0348
〔清〕翁方綱撰
民國六年（1917）上海劉氏嘉業堂刻本
二册（一函）

讀書續記五卷 B0349
馬叙倫著
民國二十二年（1933）上海商務印書館鉛

印本（國難後第1版）
二册（一函）

讀書樓詩集六卷 B0350
〔清〕吴應奎撰
民國五年（1916）吴氏雍睦堂石印本
二册（一函）

閲微筆記摘鈔二卷 B0351
〔清〕紀昀撰
民國八年（1919）廣州羅鏗刻本
一册（一函）

味靈華館詩六卷 B0352
〔清〕商廷焕撰
清宣統二年（1910）廣州商衍瀛、商衍鎏刻本
一册（一函）

南通孫氏念蘐堂題咏集四卷 B0353
孫雄校録
民國二十一年（1932）孫雄鉛印本
一册（一函）

于中丞詩存一卷 B0354
〔清〕于蔭霖撰
民國十二年（1923）北京刻本
一册（一函）

大學中文經學課本二種 B0355
遺史氏輯
民國（1912—1949）香港奇雅中西印務鉛印本
一册（一函）

汪悔翁乙丙日記糾繆 B0356
張爾田評
民國三十年（1941）鉛印本
一册（一函）

懷夢詞一卷 B0357
〔清〕周之琦著
清末（1821—1911）杭州愛日軒陸貞一刻本
一册（一函）

朱柏廬先生治家格言 B0358
〔清〕朱用純撰
民國六年（1917）蘇州上藝齋石印本
一册（一函）

西藏考一卷 B0359
〔清〕佚名撰
清光緒六年（1880）趙之謙刻本
一册（一函）

靈素提要淺注十二卷 B0360
〔清〕陳念祖集注
民國初（1912—1927）上海錦章書局石印本
二册（一函）

疑雲集四卷 B0361
〔明〕王彦泓著
民國十一年（1922）上海大東書局石印本（3版）
二册（一函）

最新游戲尺牘二卷 B0362
聞天主人編輯
民國元年（1912）上海醉經堂書莊石印本
二册（一函）

集古求真十四卷卷首一卷卷末一卷續編十卷

卷首一卷卷末一卷補正四卷卷首一卷　B0363
歐陽輔編
民國十二年至二十二年（1923—1933）江西開智書局石印本
十六册（二函）

張季子九録九種八十卷　B0364
張謇撰
民國二十一年（1932）上海中華書局鉛印本
三十册（五函）
政聞録十九卷
實業録八卷
教育録六卷
自治録四卷
慈善録一卷
文録十九卷
詩録十卷
專録十卷
外録三卷
附張南通先生榮哀録十卷　許彭年、孔容照合編

考信録十四種　B0365
〔清〕崔述撰
清光緒五年至十八年（1879—1892）王氏謙德堂刻本
二十册（二函）
考信録提要二卷
補上古考信録二卷
唐虞考信録四卷
夏考信録二卷
商考信録二卷
豐鎬考信録八卷
洙泗考信録四卷
豐鎬考信别録三卷
洙泗考信餘録三卷
孟子事實録二卷
考信附録二卷
考古續説二卷
讀風偶識四卷
五服異同彙考三卷

漢魏六朝唐宋詩選注二種　B0366
儲皖峰選注
民國（1933—1941）傳信印書局、京城印書局鉛印本
四册（一函）
漢魏六朝唐宋詩選注八卷
唐宋詩選注二卷

覺迷要録四卷　B0367
〔清〕葉德輝編
清光緒三十一年（1905）長沙刻本
二册（合一函）

翼教叢編六卷附一卷　B0367
〔清〕蘇輿輯
清末（1898—1911）長沙葉德輝刻本
三册（合一函）

迴瀾紀要二卷　B0368
〔清〕徐端撰
清道光二十三年（1843）淮安趙蘭友刻本
四册（一函）

漢書西域傳補注二卷　B0369
〔清〕徐松撰
清道光九年（1829）張琦刻本
二册（一函）

袁大總統書牘四編八卷　B0370
袁世凱撰

民國二年（1913）上海廣益書局鉛印本
五册（一函）

淮南鴻烈解二十一卷 B0371
〔漢〕劉安撰
民國十二年（1923）上海掃葉山房石印本
四册（一函）

人範須知六卷 B0372
〔清〕盛隆編輯
民國三十一年（1942）上海道德書局刻本
六册（一函）

地藏菩薩本願經三卷 B0373
〔唐〕釋實叉難陀譯
民國（1929—1949）上海佛學書局影印本
一册（一函）

復庵先生集十卷附録一卷 B0374
〔清〕許玨撰
民國十五年（1926）許氏鉛印本
二册（一函）

老子講義二卷 B0375
遺史輯
民國（1912—1949）香港鉛印本
一册（一函）

如來大藏經總目録 B0376
〔清〕介山等奉敕編
民國（1912—1949）油印本
一册（一函）

鴻軒詩稿四卷 B0377
〔清〕李慎儒撰
民國十九年（1930）鎮江李壽開刻本
一册（一函）

（澳門）閩省晉江梅塘蔡氏遷粵家譜不分卷 B0378
〔清〕蔡永建修纂
清光緒三十三年（1907）澳門蔡氏鉛印本
四册（一函）

譚祖安廬山紀游墨迹一卷 B0379
譚延闓撰並書
民國二十四年（1935）上海商務印書館影印本
一册（一函）

沈竹賓山水册 B0380
〔清〕沈焯繪
民國十九年（1930）蘇州振新書社影印本（珂羅版）
一册（一函）

隨盦所著書四種 B0381
徐乃昌撰集
清光緒十八年至三十年（1892—1904）徐乃昌刻本
二册（一函）
方言又補二卷
續後漢書儒林傳補逸一卷
南陵縣建置沿革表一卷
皖詞紀勝一卷

遐庵先生重修越中先塋記 B0382
葉恭綽撰
民國三十六年（1947）葉恭綽影印本
一册（一函）

漢晉書影 B0383

羅振玉輯
民國七年（1918）影印本
一册（一函）

明董文敏行楷琵琶行真迹卷 B0384
〔明〕董其昌書
民國（1912—1949）影印本（珂羅版）
一册（一函）

黄松庵山水册 B0385
〔清〕黄桂棻繪
民國二十九年（1940）上海文明書局影印本（珂羅版3版）
一册（一函）

黄賓虹先生山水畫册 B0386
黄賓虹繪
民國三十二年（1943）上海鑑真社影印本（珂羅版）
一册（一函）

話雨樓碑帖目録四卷 B0387
〔清〕王楠鑒藏
民國十三年（1924）鉛印本
一册（一函）

辛亥撫新記程二卷 B0388
〔清〕袁大化撰
清宣統三年（1911）烏魯木齊新疆官報書局鉛印本
一册（一函）

四福音讀本 B0389
〔清〕司馬丁編
1921年屯溪（安徽）美以美會油印本
一册（一函）

沈立孫哀挽録 B0392
民國三十二年（1943）印本，寫本
六件（一函）

壽世彙編五種 B0393
〔清〕祝韻梅編
清光緒十一年（1885）雨梅書屋主人刻本
一册（一函）
增輯普濟應驗良方八卷
達生編一卷
福幼編一卷　〔清〕莊一夔撰
痘證經驗遂生編一卷　〔清〕莊一夔撰
時疫白喉捷要一卷

吴愙齋先生篆書陶公廟碑 B0394
〔清〕吴大澂書
民國二十年（1931）蘇州振新書社石印本
一册（一函）

角虎集六卷 B0395
〔清〕釋濟能纂輯
民國八年（1919）南京金陵刻經處刻本
二册（一函）

阮嗣宗詩箋稿 B0396
〔三國魏〕阮籍撰
民國（1912—1949）廣州播文印刷場鉛印本
一册（一函）

馮香厓詩草二種 B0399
〔清〕馮植森著
清咸豐四年（1854）廣州馮氏刻本
一册（一函）
續刻高涼吟草一卷
續刻貴本色齋一卷

談往二卷 B0400
〔清〕花村看行侍者録
清道光二十四年（1844）北京品石山房木活字本
一册（一函）

新生活運動綱要 B0401
蔣中正著
民國（1934—1949）鉛印本
一册（一函）

木訥齋文集五卷附録一卷 B0402
〔元〕王毅撰
民國三十七年（1948）刻本
一册（一函）

續增洗冤録辨正三卷 B0403
〔清〕瞿中溶撰
清末（1875—1911）石印本
一册（一函）

愉園詩草不分卷 B0404
吴葉薇影撰
1949年厦門焕新印刷社鉛印本
一册（一函）

雪月梅傳六卷五十回 B0405
〔清〕陳朗編輯
清末民初（1975—1927）石印本
一册（一函）

西湖百咏不分卷 B0406
陳守真撰
民國（1912—1927）陳守真石印本
一册（一函）

詳訂古文評注全集八卷 B0407
〔清〕過珙、黄越評選
清末（1875—1911）廣州粤東編譯公司鉛印本
八册（一函）

俄語新編二卷譯漢讀本 B0408
〔俄〕卜郎特編
清末（1899—1911）北京東省鐵路俄文學堂石印本
一册（一函）

通志略五十一卷 B0409
〔宋〕鄭樵著
清嘉慶十一年（1806）長洲彭氏刻本
十六册（四函）

東華全録 B0410
〔清〕王先謙編
清光緒十三年（1887）北京欽文書局刻本
十六册（四函）
存康熙一百一十卷、雍正二十六卷、乾隆一百二十卷、嘉慶五十卷、道光六十卷

黎文肅公遺書六十六卷首一卷 B0411
〔清〕黎培敬撰
清光緒十八年（1892）湘潭黎氏刻本
二十册（四函）

結水滸全傳七十卷七十回附卷末一卷一回 B0412
〔清〕俞萬春著
清同治十年（1871）廣州俞氏玉屏山館刻本
二十册（二函）

仲景全書五種附一種 B0413

〔漢〕張仲景著
清光緒二十二年（1896）廣州文陞閣刻本
七册（二函）
集注傷寒論十卷
傷寒類證三卷
運氣掌訣録一卷
傷寒明理論三卷（缺卷下）
金匱要略方論三卷（缺卷上）
附傷寒明理藥方論　（金）成無己撰

三十六子全書四十二種 B0414
掃葉山房輯
民國十二年（1923）上海掃葉山房石印本
三十册（五函）
孔子集語十七卷
揚子法言十三卷音義一卷
新語二卷
新書十卷
忠經一卷
傅子一卷
續孟子二卷
伸蒙子三卷
荀子二十卷校勘補遺一卷
海樵子一卷
陰符經一卷
老子道德經二卷音義一卷
莊子十卷
列子八卷
風後握奇經一卷
六韜三卷
孫子十家注十三卷敘録一卷遺説一卷
吴子二卷
司馬法一卷
尉繚子二卷
素書一卷
心書一卷
三略一卷
管子二十四卷
晏子春秋七卷音義二卷校勘記二卷
商君書五卷附考一卷
尸子二卷存疑一卷
山海經十八卷篇目考一卷
燕丹子三卷
鬼谷子一卷
鶡冠子三卷
關尹子一卷
淮南鴻烈解二十一卷
黄庭經注三卷
金玉經一卷
孔子家語十卷
顔氏家訓二卷
篤素堂集鈔三卷
精校斷句獨斷一卷
文中子中説十卷
韓非子二十卷識誤三卷
墨子十五卷篇目考一卷

重校古文辭類纂評注七十四卷 B0415
〔清〕姚鼐纂集　王文濡評注
民國十七年（1928）上海文明書局鉛印本（4版）
十六册（二函）

唐陸宣公奏議讀本四卷 B0416
〔唐〕陸贄撰
清末（1875—1911）石印本
二册（一函）

康熙字典十二集三十六卷總目一卷檢字一卷辨似一卷等韻一卷補遺一卷備考一卷 B0417
〔清〕張玉書等奉敕纂
清末（1821—1911）刻本

三十二册（八函）

香山詩選六卷 B0418
〔唐〕白居易撰
民國十九年（1930）上海掃葉山房石印本
一册（一函）

濟魚墾務公司案宗（清光緒二十九年至宣統元年告示諭單公稟） B0420
清宣統元年（1909）濟魚墾務公司寫本
一册（一函）

袁志山詩選不分卷 B0421
〔明〕袁裘撰並書
民國三十七年（1948）袁樊小嘉業趣堂影印本
一册（一函）

東莞袁崇煥督道餞别圖詩 B0422
〔明〕趙惇夫繪圖
民國二十四年（1935）影印本
一册（一函）

千手千眼觀世音菩薩廣大圓滿無礙大悲心陀羅尼經不分卷 B0423
〔唐〕釋伽梵達摩譯
民國十一年（1922）石印本
一册（一函）

匋齋藏名畫集 B0425
〔清〕端方藏 〔明〕董其昌等繪
民國（1912—1926）上海有正書局影印本（珂羅版）
一册（一函）

錢廉江陳南樓書畫合册 B0426
（清）錢綸光書
民國十五年（1926）上海商務印書館影印本（3版）
一册（一函）

黄君璧仿古花鳥山水人物畫集第一集 B0427
黄君璧繪
民國十五年（1926）上海神州國光社影印本（珂羅版）
一册（一函）

甘陵相尚府君之碑 B0428
民國（1936—1949）影印本
一册（一函）

高逸鴻畫集第一輯 B0429
高逸鴻繪
民國三十七年（1948）上海安定珂羅版社影印本（珂羅版）
一册（一函）

大羽畫集 B0430
陳大羽繪
民國三十七年（1948）上海陳大羽影印本（珂羅版）
一册（一函）

明初拓本張猛龍碑 B0432
民國七年（1918）上海商務印書館影印本（珂羅版7版）
一册（一函）

宋米襄陽辨法帖真迹 B0433
〔宋〕米芾書
民國（1915—1949）上海藝苑真賞社影印本（珂羅版）

一册（一函）

屈原賦注不分卷　B0434
〔戰國〕屈原撰
民國十三年（1924）周叔弢刻本（藍印）
一册（一函）

聖教功效論略　B0436
〔英〕韋廉臣（Alexander Williamson）編著
清光緒二十八年（1902）上海廣學會鉛印本
一册（一函）

藏書紀事詩七卷　B0437
〔清〕葉昌熾撰
清宣統二年（1910）刻本
六册（一函）

大學衍義體要十六卷　B0438
〔宋〕真德秀編
清光緒（1875—1908）刻本
八册（一函）

猥盦文草十卷　B0439
陳繼訓撰
民國二十七年（1938）陳繼訓鉛印本
三册（一函）

師二宗齋遺集二卷　B0440
〔清〕關棠撰
民國四年（1915）關炯鉛印本
一册（一函）

綱鑑擇語十卷　B0441
〔清〕司徒修選録
民國（1912—1949）上海文盛書局石印本
二册（一函）

番禺册金録　B0442
〔清〕潘亮功編輯
清光緒六年（1880）番禺縣學刻本
二册（一函）

樊南文集補編十二卷　B0444
〔唐〕李商隱撰
清同治五年（1866）望三益齋刻本
三册（一函）

古泉匯五集六十四卷續四集十四卷補遺二卷　B0445
〔清〕李佐賢編輯
清同治三年至光緒元年（1864—1875）李氏石泉書屋刻本
十六册（二函）

説文解字注十五卷附一卷　B0446
〔清〕段玉裁注
清同治十一年（1872）武昌湖北崇文書局刻本
十六册（二函）

風雨樓秘笈留真　B0448
鄧實輯
民國四年至六年（1915—1917）上海神州國光社影印本
八册（一函）
存八種
三吴舊語　〔明〕顧苓撰
山居隨筆　〔清〕孫澤撰
石刻鋪叙二卷　〔宋〕曾宏父撰　〔清〕何焯校
葦間詩稿　〔清〕姜宸英撰

蒼潤軒碑跋　〔明〕盛時泰撰
曝書亭文稿　〔清〕朱彝尊撰
清儀閣古印附注　〔清〕徐同柏撰
淵雅堂文稿　〔清〕王芑孫撰

銅官感舊集　B0449
〔清〕章壽麟等撰
清宣統二年（1910）章氏盋山舊館石印本
二册（一函）

米友堂詩集不分卷　B0450
〔清〕許友著
民國二十年（1931）劉氏石印本
一册（一函）

舊五代史輯本發覆三卷附一種一卷　B0452
陳垣撰
民國二十六年（1937）北平輔仁大學刻本
一册（一函）

甲申夏詞女樓詞附　B0453
馮平撰
民國三十四年（1945）馮平油印本
一册（一函）

畫學心印八卷附桐陰論畫六卷桐陰畫訣二卷　B0454
〔清〕秦祖永編撰
民國二十五年（1936）上海掃葉山房石印本
八册（一函）

綱鑑總論不分卷　B0455
〔清〕佚名撰
民國四年（1915）上海錦章圖書局石印本
一册（一函）

戒烟説理　B0456
〔清〕繆頌懋撰
清光緒三十二年（1906）上海繆頌懋石印本
一册（一函）

繪圖影談四卷　B0457
〔清〕管世灝撰
民國三年（1914）上海時務圖書館鉛印本
四册（一函）

花國劇談二卷　B0458
〔清〕王韜撰
民國十八年（1929）上海漢文淵書肆鉛印本
一册（一函）

清操軒畫賸初集　B0459
趙咏清繪編
民國十五年（1926）上海大德書局石印本
二册（一函）

淮南鴻烈解二十八卷　B0460
〔漢〕劉安撰　〔漢〕許慎注
民國十二年至十五年（1923—1926）上海涵芬樓影印本
六册（一函）

古香齋鑒賞袖珍施注蘇詩四十二卷續補遺二卷　B0461
〔宋〕蘇軾撰　〔宋〕施元之注
清光緒八年（1882）廣州孔氏三十三萬卷堂刻本
十六册（二函）
缺卷首一卷

韓非子集解二十卷卷首一卷　B0462
〔戰國〕韓非著　〔清〕王先謙集解

清光緒二十二年（1896）長沙王氏刻本
六册（一函）

景德傳燈録三十卷　B0463
〔宋〕釋道原纂
民國八年（1919）常州天寧寺刻經處刻本
十四册（二函）

史記一百三十卷　B0464
〔漢〕司馬遷撰
民國（1912—1917）上海中華圖書館影印本
二十四册（二函）

兩浙宦游紀略七種附一種　B0466
〔清〕戴槃著
清同治七年（1868）刻本
八册（一函）
杭嘉湖三府減漕記略一卷
杭嘉湖三府減漕奏稿一卷
嚴陵記略一卷
東甌記略一卷
東甌留别和章三卷
裁嚴郡九姓漁課録一卷
桐溪記略一卷
附題辭一卷

字系十五卷附録一卷　B0467
〔清〕夏曰瑗撰
民國五年（1916）石印本
四册（一函）

積微居小學金石論叢五卷補遺一卷　B0468
楊樹達著
民國二十六年（1937）上海商務印書館鉛印本
二册（一函）

養一齋文集二十卷詩集四卷附賦詩餘　B0469
〔清〕李兆洛著
清光緒四年至八年（1878—1882）湯成烈刻本
十册（一函）

古泉匯五集六十四卷續四集十四卷補遺二卷　B0470
〔清〕李佐賢、鮑康編輯
清同治三年至光緒元年（1864—1875）李氏石泉書屋刻本
二十册（三函）

史通削繁四卷　B0471
〔唐〕劉知幾撰　〔清〕紀昀删定　〔清〕浦起龍注删
清道光十三年（1833）廣州兩廣節署刻廣州翰墨園朱墨套印本
四册（一函）

船山古近體詩評選三種　B0472
〔清〕王夫之評選
民國六年（1917）湖南官書報局鉛印本
八册（二函）
船山古詩評選六卷
船山唐詩評選四卷
船山明詩評選八卷

靈鶼閣叢書六集五十六種　B0473
〔清〕江標輯
清光緒二十三年（1897）湖南使院江標刻本
四十七册（八函）
第一集
韓詩遺説二卷訂譌一卷　〔清〕臧庸撰
尚書大傳七卷　〔漢〕伏勝撰　〔漢〕

鄭玄注 〔清〕王闓運補注
皇象本急就章一卷 〔漢〕史游撰 〔清〕鈕樹玉注
説文解字索隱一卷補例一卷〔清〕張度撰
漢事會最人物志三卷 〔清〕惠棟輯
蓁友肊説一卷附録一卷 〔清〕王筠撰
教童子法一卷 〔清〕王筠撰
洨民遺文一卷 〔清〕孫傳鳳撰
欽定四庫全書總目提要四部類叙一卷 〔清〕江標撰
先正讀書訣一卷 〔清〕周永年輯

第二集
朔方備乘札記一卷 〔清〕李文田撰
使德日記一卷 〔清〕李鳳苞撰
德國議院章程一卷 〔清〕徐建寅譯
英軺私記一卷 〔清〕劉錫鴻撰
新嘉坡風土記一卷 〔清〕李鍾珏撰
中西度量權衡表一卷 〔清〕佚名撰
光論一卷 〔清〕張福僖譯
人參考一卷 〔清〕唐秉鈞撰
積古齋藏器目一卷 〔清〕阮元撰
平安館藏器目一卷 〔清〕葉志詵撰
清儀閣藏器目一卷 〔清〕張延濟撰
懷米山房藏器目一卷 〔清〕曹載奎撰
兩罍軒藏器目一卷 〔清〕吴雲撰
木庵藏器目一卷 〔清〕程振甲撰
梅花草盦藏器目一卷 〔清〕丁彦臣撰
簠齋藏器目一卷 〔清〕陳介祺撰
愙齋藏器目一卷 〔清〕吴大澂撰
天壤閣雜記一卷 〔清〕王懿榮撰
董華亭書畫録一卷 〔明〕董其昌撰 〔清〕青浮山人編輯
畫友詩一卷 〔清〕趙彦修撰
士禮居藏書題跋記續二卷 〔清〕黄丕烈撰
江寧金石待訪目二卷 〔清〕嚴觀撰
山左南北朝石刻存目一卷 〔清〕尹彭壽撰

第三集
漢鼓吹鐃歌十八曲集解一卷 〔清〕譚儀撰
碧城仙館詩鈔八卷 〔清〕陳文述撰
聽園西疆雜述詩四卷 〔清〕蕭雄撰
瓊州雜事詩一卷 〔清〕程秉釗撰
匪石山人詩一卷 〔清〕鈕樹玉撰
衍波詞一卷 〔清〕孫蓀意撰

第四集
文史通義補編一卷附鈔刊本目録 〔清〕章學誠撰
和林金石録一卷詩一卷〔清〕李文田撰
附和林考一卷 〔清〕黄楙材撰
前塵夢影録二卷 〔清〕徐康撰
西游録注一卷 〔元〕耶律楚材撰 〔元〕盛如梓删略〔清〕李文田注
澳大利亞洲新志一卷 〔清〕吴宗濂撰 〔清〕趙元益譯
張憶娘簪華圖卷題咏一卷〔清〕江標輯

第五集
國語校文一卷 〔清〕汪中撰
嘉蔭簃藏器目一卷 〔清〕劉喜海撰
愛吾鼎齋藏器目一卷 〔清〕李璋煜撰
石泉書屋藏器目一卷 〔清〕李佐賢撰
雙虞壺齋藏器目一卷 〔清〕吴式芬撰
簠齋藏器目第二本一卷〔清〕陳介祺撰
選青閣藏器目一卷 〔清〕王錫棨撰
藏書紀事詩六卷

第六集
沅湘通藝録八卷 〔清〕江標輯
四書文二卷 〔清〕江標輯
日本華族女學校規則一卷〔清〕佚名譯
黄蕘圃先生年譜一卷 〔清〕江標輯

金剛般若波羅蜜經　B0474
〔後秦〕釋鳩摩羅什譯
民國十九年（1930）潮陽郭泰棣雙百鹿齋刻本
一册（一函）

不匱室詩鈔八卷　B0475
胡漢民著
民國二十一年（1932）大厂居士刻本
二册（一函）

畏廬文集續集三集詩存二卷　B0476
林紓撰
民國二十三年至二十四年（1934—1935）上海商務印書館鉛印本（國難後第1版）
一册（一函）

畏廬文集一卷　B0477
林紓著
民國二十四年（1935）上海商務印書館鉛印本（國難後第2版）
一册（一函）

棲雲山館詞存一卷　B0478
〔清〕黄錫禧撰
清同治六年（1867）黄錫禧寫刻本
一册（一函）

漚社詞鈔二十集　B0479
朱孝臧等撰
民國二十二年（1933）上海漚社鉛印本
一册（一函）

李長吉詩集四卷外集一卷　B0480
〔唐〕李賀撰
民國十一年（1922）賀氏刻本
一册（一函）

孟晉齋文集五卷附録一卷外集一卷周烈士傳一卷　B0481
〔清〕顧壽楨撰
民國十八年（1929）會稽顧氏金佳石好樓鉛印本
二册（二函）

嶺南畫徵略十二卷補遺一卷　B0482
〔清〕汪兆鏞纂
民國十七年（1928）鉛印本
二册（一函）

秘游隨録　B0483
〔清〕陳汝楨撰
清光緒三十二年（1906）廣東陳汝楨石印本
一册（一函）

選舉沿革表一卷　B0484
〔清〕馬徵麐撰
民國八年至十二年（1919—1923）馬林鉛印本
一册（一函）

名山集七種　B0485
錢振鍠撰編
民國二十四年至三十六年（1935—1947）木活字本
四册（一函）

七十家賦鈔六卷　B0486
〔清〕張惠言輯
清光緒八年（1882）廣東經史閣覆刻本
四册（一函）

兩般秋雨盦隨筆八卷　B0487
〔清〕梁紹壬纂
民國七年（1918）上海掃葉山房石印本
四册（一函）

繪圖蒙學三字經　B0488
〔宋〕王應麟撰
清光緒三十二年（1906）刻本
一册

柳齋詞選一卷　B0489
甘長明撰
民國四年（1915）廣州東華印務局鉛印本
一册（一函）

梁姬小傳　B0490
王祖訓撰
民國十八年（1929）王祖訓鉛印本
一册（一函）

評注孫可之集二卷　B0491
〔唐〕孫樵撰　儲欣録
民國十四年（1925）上海大通書局石印本
一册（一函）

郎官石柱題名一卷　B0492
〔清〕趙魏手録
清嘉慶四年（1799）顧氏刻本
一册（一函）

李氏五種合栞　B0493
〔清〕李兆洛輯
清光緒二十四年（1898）上海掃葉山房石印本
八册（一函）
歷代地理志韻編
皇朝輿地韻編
歷代地理沿革圖
皇朝一統輿圖
歷代紀元編

增批輯注東萊博議四卷　B0494
〔宋〕吕祖謙撰　〔清〕劉鍾英輯注
民國十六年（1927）上海錦章圖書局石印本
二册（一函）

平定粵匪紀略十八卷附記四卷　B0495
〔清〕杜文瀾纂輯
清同治八年（1869）群玉齋活字本
八册（一函）

泰泉鄉禮七卷首一卷　B0496
〔明〕黄佐撰
清道光二十三年（1843）廣東芸香堂刻本
一册（一函）

歷朝名人詞選十三卷　B0497
〔清〕夏秉衡選
民國（1912—1949）上海掃葉山房石印本
六册（一函）

李恕谷遺書六十五卷　B0499
〔清〕李塨撰
清光緒五年（1879）王氏謙德堂刻本
十册（一函）
存十種
閲史郄視四卷續一卷
聖經學規纂二卷
論學二卷
小學稽業五卷
大學辨業四卷
學禮五卷

學射録二卷
評乙古文一卷
擬太平策七卷
恕谷後集十三卷

諭摺録要：光緒二年至三年　B0501
清光緒（1878—1908）鉛印本
十四册（二函）

最新官話捷中捷四卷　B0502
郎秀川撰
民國四年（1915）福州宏文閣石印本
一册（一函）

游滬草前集一卷後集一卷　B0503
章士釗撰
民國三十三年（1944）大同印刷社鉛印本
一册（一函）

新增韻對屑玉詳注二卷　B0504
〔清〕歐達徹撰
民國二十三年（1934）上海掃葉山房石印本
二册（一函）

六朝文絜四卷　B0505
〔清〕許槤評選
清光緒三年（1877）廣東西朠仙館刻朱墨套印本
一册（一函）

硃批詳注管稿時文初集二集六卷　B0506
〔清〕管世銘著
清光緒十七年（1891）北京琉璃廠鐘聲草堂板，文樂軒發兑刻本
三册（一函）

綱鑑擇語十卷　B0507
〔清〕司徒修纂
民國九年（1920）上海錦章圖書局石印本
六册（一函）

少年適用新體尺牘　B0508
廣益書局編輯部編輯
民國二年（1913）上海廣益書局石印本
七册（一函）

詩學便讀二卷　B0509
〔清〕鄧琳輯
民國十三年（1924）上海掃葉山房刻本
二册（一函）

桃源洞聯乙部卷二　B0510
桃源洞同人輯
民國八年（1919）香港新界大浦桃源洞刻本
一册（一函）

雪影軒賬餘吟集二卷　B0511
邱培源撰
民國十九年（1930）鉛印本
一册（一函）

李太白全集三十六卷　B0512
〔唐〕李白撰
民國三年（1914）上海掃葉山房石印本
十四册（二函）

三國志六十五卷首一卷附考證　B0513
〔晉〕陳壽撰　〔南朝宋〕裴松之注
民國十九年（1930）上海掃葉山房石印本
十四册（二函）

四書章句本義匯參四十七卷　B0514

〔宋〕朱熹章句 〔清〕王步青輯 〔清〕王士蘢編
清光緒十五年（1889）上海廣百宋齋鉛印本
十二册（一函）

繪圖劉進忠三春夢六卷三十三回 B0515
〔清〕佚名撰
民國元年（1912）上海書局石印本
二册（一函）

評點西堂雜組初集八卷二集八卷三集八卷 B0516
〔清〕尤侗撰 趙譽船評點
民國十六年（1927）上海中原書局石印本
六册（一函）

史鑑節要便讀六卷 B0517
〔清〕鮑東里編輯
民國初（1912–1927）上海錦章圖書局石印本
四册（一函）

注解傷寒論十卷 B0518
〔漢〕張機述 〔宋〕王叔和撰次 〔宋〕成無已注解
民國元年（1912）上海江東書局石印本
一册（一函）

傷寒醫訣串解六卷 B0519
〔清〕陳念祖著
清末（1875—1911）廣州石經堂石印本
一册（一函）

六如居士畫譜三卷 B0521
〔明〕唐寅輯
清嘉慶六年（1801）果克山房刻本
一册（一函）

銓叙部湘粤桂處兩周年紀念特刊 B0522
銓叙部湘粤桂處編
民國三十一年（1942）銓叙部湘粤桂處刻本
一册（一函）

宜良二泉游咏彙鈔 B0523
趙藩等撰
民國十三年（1924）昆明何秉智鉛印本
一册（一函）

退思軒詩集六卷補遺一卷 B0524
〔清〕張百熙著
清宣統三年（1911）武昌刻本
一册（一函）

上古三代史論略二卷 B0525
〔清〕何琪編
清光緒二十七年（1901）紹興會文堂刻本
一册（一函）

史懷二十卷 B0526
〔明〕鍾惺撰
清光緒十七年（1891）湖北三餘草堂刻本
六册（一函）

樞言一卷續一卷 B0527
〔清〕王柏心撰
清光緒十七年（1891）湖北三餘草堂刻本
一册（一函）

讀史賸言四卷 B0528
〔清〕秦篤輝著
清光緒十七年（1891）湖北三餘草堂刻本
一册（一函）

來薰閣書目第六期上下編 B0529

陳杭重訂
民國三十一年至三十二年（1942—1943）北京來薰閣書店鉛印本
二册

孝經附弟子職　B0530
民國二十四年（1935）上海商務印書館鉛印本
一册

荀子二十卷附考證二十一卷　B0531
〔戰國〕荀况撰　〔唐〕楊倞注　〔清〕王先謙等考證
民國（1912—1927）刻本
八册（二函）

鍼灸甲乙經十二卷　B0532
〔晉〕皇甫謐撰　〔宋〕邢昺疏
清光緒十一年（1885）四明存存軒刻本
四册（一函）

爾雅注疏十一卷　B0533
〔晉〕郭璞注　〔宋〕刑昺疏
清同治九年（1870）刻本
四册（一函）

雙劍誃殷栔駢枝一卷續編一卷三編一卷附古文雜釋　B0534
于省吾撰
民國二十九年至三十二年（1940—1943）北京大業印刷局石印本
三册（一函）

程氏家塾讀書分年日程三卷綱領　B0535
〔元〕程端禮述
清同治八年（1869）蘇州江蘇書局刻本
一册（一函）

廣東鄉試硃卷：光緒己丑恩科　B0536
〔清〕梁士詒撰
清光緒十五年（1889）廣州經史閣刻本
一册（一函）

思補齋詩集六卷　B0537
〔清〕潘世恩撰
清末民初（1875—1927）鉛印本
二册（一函）

庚子銷夏記八卷　B0538
〔清〕孫承澤撰
清宣統三年（1911）上海神州國光社鉛印本
二册（一函）

董理文字之我見　B0539
華學涑撰
民國二十八年（1939）天津市教育文化振興委員會石印本
一册（一函）

玉紀正誤　B0540
〔清〕李鳳廷撰
民國二十五年（1936）廣州嶺南玉社鉛印本（改訂再版）
一册（一函）

校經廎題跋二卷　B0541
〔清〕李富孫撰
民國（1912—1949）杭州西泠印社吴氏活字本
一册（一函）

菽莊林先生暨德配雲環龔夫人結婚三十年帳詞 B0542
民國十年（1921）厦門林爾嘉鉛印本
一册（一函）

金剛經心經合本 B0543
〔後秦〕釋鳩摩羅什譯
民國十五年（1926）上海商務印書館鉛印本（7版）
一册（一函）

臺灣游記 B0544
張遵旭撰
民國五年（1916）油印本
一册（一函）

淨土五經附淨行品清淨明誨 B0546
釋印光編
民國二十五年（1936）蘇州弘化社鉛印本（3版）
一册（一函）

經傳禘祀通考一卷 B0547
〔清〕崔述著
清嘉慶二年（1797）陳履和映薇堂刻本
一册（一函）

滇游草 B0548
廖道傳撰
民國八年（1919）廣州西江印務所鉛印本
一册（一函）

志學録八卷輔仁録四卷 B0549
〔清〕方宗誠撰
民國（1912—1949）北華印刷局鉛印本
二册（合訂一册）

虞初新志二十卷虞初續志十二卷 B0550
〔清〕張潮輯 （續志）〔清〕鄭澍若編
民國（1912—1949）上海文瑞樓石印本
十册（一函）

玉岑遺稿四卷 B0551
謝觀虞撰
民國三十八年（1949）上海王春渠鉛印本
一册（一函）

歷代名畫大成 B0552
〔明〕顧炳纂
民國十三年（1924）上海掃葉山房石印本
六册（一函）

劍南詩鈔不分卷 B0553
〔宋〕陸游撰 〔清〕楊大鶴選
民國四年（1915）上海掃葉山房石印本
六册（一函）

花庵絶妙詞選十卷 B0554
〔宋〕黄昇編集
民國十四年（1925）上海掃葉山房石印本
四册（一函）

陸渭南書牘 B0555
〔宋〕陸游撰
民國二十四年（1935）上海商務印書館鉛印本
一册（一函）

延州筆記四卷 B0556
〔明〕唐覲撰
清光緒十七年（1891）金武祥栗香室刻本
一册（一函）

費曉樓百美畫譜　B0557
費丹旭繪
民國十五年（1926）上海世界書局石印本
二册（一函）

寫信必讀十卷附考正字彙　B0558
〔清〕唐芸洲著
清光緒三十四年（1908）上海廣益書局石印本
一册（一函）

楹聯録存四卷　B0559
〔清〕俞樾撰
清光緒二十一年（1895）刻本
一册（一函）

宫閨百咏四卷　B0560
〔清〕陳其泰編
民國六年（1917）上海掃葉山房石印本
一册（一函）

有正書局出版圖書字畫目録　B0561
有正書局編
民國（1928—1937）上海有正書局鉛印本
一册（一函）

輶軒語一卷　B0562
〔清〕張之洞撰
清光緒（1875—1908）刻本
一册（一函）

菜根譚前後集　B0563
〔明〕洪自誠撰　〔明〕汪乾初校
民國十年（1921）上海新學會社鉛印本（再版）
一册（一函）

三家宫詞二家宫詞　B0564
〔明〕毛晉輯
民國（1912—1927）上海掃葉山房石印本
一册（一函）

學壽堂庚午日記十二卷　B0565
徐紹楨撰
民國二十一年（1932）上海中原書局石印本
一册（一函）

陶詩彙評四卷　B0566
〔晉〕陶潛著　〔清〕温汝能纂評
民國十四年（1925）上海掃葉山房石印本
二册（一函）

王梅溪尺牘　B0567
〔宋〕王十朋著
民國二十六年（1937）上海商務印書館鉛印本（國難後第2版）
一册（一函）

内經知要二卷　B0568
〔明〕李念莪輯注
民國（1912—1949）上海商務印書館鉛印本
二册（一函）

古文百篇　B0569
商務印書館編譯所輯選
民國十一年（1922）上海商務印書館鉛印本
二册（一函）

古文百篇　B0570
商務印書館編譯所輯選
民國十九年（1930）上海商務印書館鉛印

本（再版）
二册（一函）

孫子十家注十三卷叙録一卷遺説一卷 B0571
〔戰國〕孫武撰 〔宋〕吉天保輯（叙録）〔清〕畢以珣撰 （遺説）〔宋〕鄭友賢撰
民國十四年（1925）上海掃葉山房石印本
三册（一函）

新注詩經白話解八卷 B0572
洪子良編纂
民國十五年（1926）上海中原書局石印本
四册（一函）

王荆公唐百家詩選二十卷 B0573
〔宋〕王安石選
民國（1912—1949）石印本
八册（一函）

漁洋山人精華録箋注十二卷補注一卷附録一卷年譜一卷 B0574
〔清〕王士禛撰 〔清〕金榮箋注 〔清〕徐淮纂輯
民國（1912—1949）石印本
六册（一函）

詳注分類咏物詩選八卷 B0575
〔清〕俞琰輯
民國十年（1921）上海進化書局石印本
六册（一函）

歷朝名人詞選十三卷 B0576
〔清〕夏秉衡選
民國四年（1915）石印本
六册（一函）

正續詞選四卷附録一卷 B0577
〔清〕張惠言、董毅、鄭善長録
民國十五年（1926）上海掃葉山房石印本
二册（合訂一册）

唐宋八大家文讀本三十卷 B0578
〔清〕沈德潛評點
清光緒二十四年（1898）上海江左書林石印本
六册（合訂一册）

泰西各國名人言行録十六卷 B0579
〔清〕張兆蓉編
清光緒二十九年（1903）石印本
六册（一函）

漢西域圖考七卷卷首一卷 B0580
〔清〕李光廷撰
清末（1882—1911）上海鴻文書局石印本
四册（一函）

廣東叢書第三集三種 B0581
廣東叢書編印委員會輯
民國三十七年（1948）上海商務印書館影印本
十册（一函）
太平天國官書十種
天理要論一卷 〔英〕麥赫斯（medhurst・W・H）撰 據太平天國四年（1854）刻本影印
太平天國甲寅四年新曆一卷 據太平天國四年（1854）刻本影印
太平天國戊午八年新曆一卷 據太平天國八年（1858）刻本影印
太平禮制一卷 〔清〕佚名撰 據太平天國八年（1858）刻本影印

天父天兄天王太平天國九年會試題一卷　〔清〕洪仁玕撰　據太平天國九年（1859）刻本影印
開朝精忠軍師干王洪寶制一卷　〔清〕洪仁玕撰
資政新編一卷　〔清〕洪仁玕撰　據太平天國九年（1859）刻本影印
欽定軍次實録一卷　〔清〕洪仁玕撰　據太平天國十一年（1861）刻本影印
誅妖檄文一卷　〔清〕洪仁玕撰　據太平天國十一年（1861）刻本影印
太平天日一卷　〔清〕洪仁玕撰　據太平天國十二年（1862）刻本影印
廣州城坊志
六脈渠圖説

唐四家詩集四種二十卷　B0582
掃葉山房輯
民國十一年（1922）石印本
五册（一函）

宋詩鈔初集　B0583
〔清〕吕留良、吴之振、吴自牧選
民國三年（1914）上海涵芬樓影印本
四十册（五函）

史記一百三十卷　B0584
〔漢〕司馬遷撰
清光緒三十一年（1905）杭州竹簡齋石印本（4版）
三十二册（六函）

仿宋刻阮本十三經注疏附校勘記　B0585
〔清〕阮元輯
光緒三十年（1904）同文升記縮印本
三十一册（五函）

國朝先正事略六十卷　B0586
〔清〕李元度纂
清末（1866—1911）刻本
二十四册（四函）

曲江書屋新訂批注左傳快讀十八卷卷首一卷　B0587
〔清〕李紹崧選訂
清末（1821—1911）佛山實華閣刻本
十六册（四函）

楹書隅録初編五卷續編四卷　B0588
〔清〕楊紹和撰
民國元年（1912）董康刻本
十册（一函）

山中白雲詞八卷附録一卷逸事一卷　B0589
〔宋〕張炎撰
清光緒八年（1882）許氏娱園刻本
二册（一函）

崇百藥齋文集二十卷續集四卷三集十二卷合肥舍劄記十二卷　B0590
〔清〕陸繼輅撰
清嘉慶二十五年至道光十六年（1820—1836）陸氏合肥學舍刻本
八册（二函）

甘泉鄉人稿二十四卷　B0591
〔清〕錢泰吉撰
清同治十一年（1872）錢氏刻本
十二册（二函）

文史通義内篇五卷外篇三卷校讎通義三卷 B0592
〔清〕章學誠著
清宣統三年（1911）上海廣益書局鉛印本
四册（一函）

芥子園畫傳三集六卷 B0593
〔清〕巢勛輯
清光緒二十四年（1898）巢勛石印本
四册（一函）

紀效新書十八卷卷首一卷 B0594
〔明〕戚繼光著
清咸豐三年（1853）慎德堂刻本
六册（一函）

王荊公唐百家詩選二十卷 B0595
〔宋〕王安石選
民國（1912—1949）石印本
八册（一函）

紀效新書十八卷卷首一卷 B0596
〔明〕戚繼光撰
清末民初（1875—1927）石印本
六册（一函）

大字足本繪圖彭公案全傳四集十六卷三百四十一回 B0597
〔清〕貪夢道人撰
民國（1912—1927）上海大成書局石印本
十六册（二函）

百尺樓叢書八卷 B0598
〔清〕汪鑅繪
民國五年（1916）上海校經山房書局石印本
八册（一函）

后山詩十二卷 B0599
〔宋〕陳師道撰
清光緒二十五年（1899）廣州廣雅書局刻本
四册（一函）

有正味齋駢體文二十四卷首一卷 B0600
〔清〕吴錫麒撰
民國二十年（1931）上海章圖書局石印本
八册（一函）

重訂全唐詩話八卷 B0601
〔宋〕尤袤輯
民國十年（1921）上海掃葉山房石印本
四册（一函）

滿漢六部成語六卷 B0602
〔清〕佚名編
清道光（1821—1850）刻本
六册（一函）

度曲須知二卷 B0603
〔明〕沈寵綏著
民國二十四年（1935）上海商務印書館影印本（國難後第2版）
二册（一函）

味閑堂課鈔存三卷 B0604
〔清〕陶然撰
清同治五年至光緒五年（1866-1879）陶然刻本
三册（合訂一册）

壯悔堂文集十卷遺稿一卷 B0605
〔清〕侯方域撰
清末（1875—1911）上海掃葉山房石印本
六册（一函）

才調集十卷 B0606
〔三國蜀〕韋縠編
民國三年（1914）上海掃葉山房石印本
四册（一函）

樊山全集 B0607
〔清〕樊增祥撰
民國五年（1916）上海廣益書局石印本
二十四册（二函）

文心雕龍補注十卷 B0608
〔南朝梁〕劉勰撰　〔清〕李詳補注
民國十五年（1926）上海中原書局鉛印本
四册（一函）

重刊補注洗冤録集證五卷 B0609
〔宋〕宋慈撰〔清〕王又槐增輯　〔清〕李觀瀾補輯　〔清〕阮其新補注
清末（1875—1911）上海錦章書局石印本
六册（一函）

後漢書九十卷續漢志三十卷 B0610
〔南朝宋〕范曄撰　〔唐〕李賢注　（續志）〔晉〕司馬彪撰　〔南朝梁〕劉昭注
清光緒九年（1883）上海點石齋石印本
四册（一函）

嶺南即事十集 B0611
〔清〕何惠群等撰
清末（1885—1911）廣州石印本
二册（一函）

簡齋詩外集 B0612
〔宋〕陳與義著
民國（1922—1949）上海涵芬樓影印本
一册（一函）

亭林詩集五卷 B0613
〔清〕顧炎武著
民國十二年（1923）上海掃葉山房石印本
一册（一函）

烟霞萬古樓文集六卷詩選二卷 B0614
〔清〕王曇撰
清光緒二十一年（1895）上海鴻文書局石印本
四册（一函）

山谷題跋三卷 B0615
〔宋〕黄庭堅撰
清光緒二十年（1894）石印本
三册（二函）

張篁邨山水册 B0616
〔清〕張宗蒼繪
民國三十年（1941）上海西泠印社潛泉印泥發行所影印本（珂羅版）
一册（一函）

後魏兖州刺史熒陽鄭文公碑 B0617
〔北魏〕鄭道昭書
清末民初（1875—1927）石印本
一册（一函）

元倪雲林書詩真迹 B0618
〔元〕倪瓚書
民國（1912—1949）上海藝苑真賞社刻本
一册（一函）

元俞紫芝臨樂毅論真迹 B0619
〔元〕俞和書
民國（1912—1949）上海藝苑真賞社刻本
一册（一函）

詳注通用尺牘六卷 B0620
中華書局編
民國十二年（1923）上海中華書局鉛印本（22版）
一册（一函）

兒童尺牘句解 B0621
民國（1912—1927）石印本
一册（一函）
存一册

同音字彙 B0622
佚名編
民國九年（1920）香港五桂分局刻本
一册（一函）

初等地理教科書三卷 B0623
〔清〕張相文輯
清光緒三十三年（1907）上海文明書局石印本
一册（一函）

馬夫人哀挽録 B0624
陳宗蕃撰輯
民國二十四年（1935）陳宗蕃鉛印本
一册（一函）

美洲秉公堂徵信録五種 B0626
美洲秉公堂編
民國三十一年至三十三年（1942—1944）美國三藩市曬印本
五册（一函）

公益樓業徵信録二種 B0627
美洲秉公堂公益慈善會編
民國三十六年（1947）美國三藩市曬印本
二册（一函）

欽定平定貴州苗匪紀略四十卷 B0629
〔清〕奕訢等纂
清光緒（1882—1911）鉛印本
十册（二函）

御批歷代通鑑輯覽一百二十卷 B0630
〔清〕傅恒等奉敕撰
清光緒三十年（1904）上海宏文閣石印本
二十四册（三函）

戰國策詳注三十三卷 B0631
郭希汾注
民國十八年（1929）上海文明書局鉛印本（14版）
六册（一函）

隨園文集三十五卷詩集三十七卷補遺二卷 B0632
〔清〕袁枚撰
民國二年（1913）上海中華圖書館鉛印本
十六册（二函）

資治通鑑二百九十四卷 B0633
〔宋〕司馬光撰
清光緒十四年至十七年（1888—1891）長沙楊氏刻本
四十一册（六函）

陝西金石志三十卷補遺二卷 B0634
武樹善編纂
民國二十三年（1934）鉛印本
十六册（四函）

歐陽竟無先生内外學二十六種 B0635

歐陽漸撰
民國三十一年（1942）支那内學院蜀院刻本
三十二册（二夾）

訂正簡明國文教科書　B0636
戴克敦等編纂
民國元年至三年（1912—1914）上海商務印書館鉛印本
七册（一函）

隨園詩話十卷補遺十卷　B0637
〔清〕袁枚撰
民國二年（1913）上海中華圖書館鉛印本
六册（一函）

批本隨園詩話　B0638
〔清〕袁枚撰　〔清〕舒某批
民國二十三年（1934）上海商務印書館鉛印本（國難後第3版）
二册（一函）

粵雅堂叢書續集五十種　B0639
〔清〕伍崇曜輯
清咸豐十年（1860）南海伍崇曜刻本（巾箱本）
一百册（十函）
廣釋名二卷首一卷
皃易外儀十五卷
比雅十九卷
孟子音義二卷
孝經音義二卷
儀禮管見三卷附録一卷
春秋國都爵姓考一卷附補一卷
春秋五禮例宗十卷
群英書義二卷
書義主意六卷
述學八卷
鳳氏經説三卷
墨志一卷
長物志十二卷
登科録一卷
題名録一卷
雲中紀程二卷
乾道臨安志三卷
輿地碑記目四卷
至正直記四卷
黔書四卷
續黔書八卷
唐昭陵石迹考略五卷
漢唐事箋前集十二卷後集八卷
西域釋地一卷
河朔訪古記三卷
馭交記十二卷
京口耆舊傳九卷
三國志補注六卷
兩漢博聞十二卷
東觀奏記三卷
西陲要略四卷
包公奏議十卷
寶刻類編八卷
瘞鶴銘考一卷
求表捷術九卷
焦氏類林八卷
梅邊吹笛譜一卷
疑龍經一卷
撼龍經一卷
續談助五卷
太清神鑒六卷
小山畫譜二卷
續世説十二卷
益齋集十卷
烟霞萬古樓文集六卷

烟霞萬古樓詩集二卷
仲瞿詩録一卷

皇朝經世文編一百二十卷 B0640
〔清〕賀長齡輯
清光緒十四年（1888）上海廣百宋齋鉛印本
二十二册（四函）

諭摺彙存：光緒十七年五月至光緒三十二年十二月 B0641
清光緒（1892—1907）鉛印本
一千一百一十册（一百七十八函）

知不足齋叢書三十集 B0642
〔清〕鮑廷博編
清光緒八年（1882）廣州九經書莊刻本
五十八册
存册一、九至十六、十九至二十二、二十七、二十九、三十、三十三至七十六、九十

火攻挈要三卷 B0643
〔明〕湯若望授
清道光二十七年（1847）刻本
一册（一函）

木 魚 書

父女山東爲響馬 Mu Yu Shu Box 1, Item 1
民國（1912—1949）廣州以文堂刻本
一册

失珠奇案 Mu Yu Shu Box 1, Item 2
民國（1912—1949）廣州以文堂刻本
一册

倫文叙街前賣菜 Mu Yu Shu Box 1, Item 3
民國（1912—1949）廣州五桂堂刻本
一册

山東響馬 Mu Yu Shu Box 1, Item 4
民國（1912—1949）廣州五桂堂刻本
一册

丁香耀蝶情花義 Mu Yu Shu Box 1, Item 5
民國（1912—1949）廣州以文堂刻本
一册

金蓮戲叔 Mu Yu Shu Box 1, Item 6
民國（1912—1949）廣州以文堂刻本
一册

金蘭結拜送嫁歌 Mu Yu Shu Box 1, Item 7
民國（1912—1949）廣州五桂堂刻本
一册

林者香文明結婚 Mu Yu Shu Box 1, Item 8
民國（1912—1949）廣州以文堂刻本
一册

酒樓戲鳳 Mu Yu Shu Box 1, Item 9
民國（1912—1949）廣州璧經堂刻本
一册

西河會 Mu Yu Shu Box 1, Item 10
民國（1912—1949）廣州醉經堂刻本
一册

金葉菊全　Mu Yu Shu Box 1, Item 11
民國（1912—1949）廣州醉經堂刻本
一册

小生聰拉車被辱　Mu Yu Shu Box 1, Item 12
民國（1912—1949）廣州以文堂刻本
一册

三氣過其祖　Mu Yu Shu Box 1, Item 13
民國（1912—1949）廣州五桂堂刻本
一册

陰魂雪恨　Mu Yu Shu Box 1, Item 14
民國（1912—1949）廣州醉經堂刻本
一册

閨樓學廣　Mu Yu Shu Box 1, Item 15
民國（1912—1949）廣州成文堂刻本
一册

周公賣卦　Mu Yu Shu Box 1, Item 16
民國（1912—1949）廣州五桂堂刻本
一册

余秋耀大鬧能仁寺　Mu Yu Shu Box 1, Item 17
民國（1912—1949）廣州以文堂刻本
一册

卓文君賣酒　Mu Yu Shu Box 1, Item 18
民國（1912—1949）廣州五桂堂刻本
一册

發瘋仔中狀元　Mu Yu Shu Box 1, Item 19
民國（1912—1949）廣州五桂堂刻本
一册

發瘋仔中狀元　Mu Yu Shu Box 1, Item 20
民國（1912—1949）廣州成文堂刻本
一册

桃花送藥　Mu Yu Shu Box 1, Item 21
民國（1912—1949）廣州五桂堂刻本
一册

佛祖尋母　Mu Yu Shu Box 2, Item 1
民國（1912—1949）廣州五桂堂刻本
三册

私探營房　Mu Yu Shu Box 2, Item 2
民國（1912—1949）廣州五桂堂刻本
二册
又一部：Mu Yu Shu Box 2, Item 3

萍叙蓮溪　Mu Yu Shu Box 2, Item 4
民國（1912—1949）廣州五桂堂刻本
一册

牡丹亭　Mu Yu Shu Box 2, Item 5
民國（1912—1949）廣州五桂堂刻本
一册

海底針　Mu Yu Shu Box 2, Item 6
民國（1912—1949）廣州以文堂刻本
一册

洪武看牛　Mu Yu Shu Box 2, Item 7
民國（1912—1949）廣州五桂堂刻本
一册

杏苑藏梅　Mu Yu Shu Box 2, Item 8
民國（1912—1949）廣州五桂堂刻本
一册

寶玉哭靈　陳宫罵曹　錦上添花
Mu Yu Shu Box 2, Item 9
民國（1912—1949）廣州五桂堂刻本
一册

廣東優界碎錦　Mu Yu Shu Box 2, Item 10
民國（1912—1949）廣州以文堂刻本
一册

金絲蛺蝶　Mu Yu Shu Box 2, Item 11
民國（1912—1949）廣州以文堂刻本
一册

海盗名流初集　Mu Yu Shu Box 2, Item 12
民國（1912—1949）廣州五桂堂刻本
一册

皇娘問卜　Mu Yu Shu Box 2, Item 13
民國（1912—1949）廣州五桂堂刻本
一册

王葵扇碧容祭監　Mu Yu Shu Box 2, Item 14
民國（1912—1949）廣州成文堂刻本
一册

巾幗流香　Mu Yu Shu Box 2, Item 15
民國（1912—1949）廣州醉經堂刻本
一册

神針記　Mu Yu Shu Box 2, Item 16
民國（1912—1949）廣州成文堂刻本
一册

一聲雷　Mu Yu Shu Box 2, Item 17
民國（1912—1949）刻本
一册

殺子奉家姑　Mu Yu Shu Box 2, Item 18
民國（1912—1949）廣州以文堂刻本
一册

桃李奪楊梅　Mu Yu Shu Box 2, Item 19
民國（1912—1949）廣州五桂堂刻本
一册

青樓鐘　Mu Yu Shu Box 2, Item 20
民國（1912—1949）廣州醉經堂刻本
一册

大破天門陣全本初集 Mu Yu Shu Box 3, Item 1
民國（1912—1949）廣州五桂堂刻本
三册

大破天門陣全本二集 Mu Yu Shu Box 3, Item 2
民國（1912—1949）廣州五桂堂刻本
三册

大破天門陣全本三集 Mu Yu Shu Box 3, Item 3
民國（1912—1949）廣州五桂堂刻本
三册

大破天門陣全本四集 Mu Yu Shu Box 3, Item 4
民國（1912—1949）廣州五桂堂刻本
三册

十二寡婦征西全本五集
Mu Yu Shu Box 3, Item 5
民國（1912—1949）廣州五桂堂刻本
三册

十二寡婦征西全本六集
Mu Yu Shu Box 3, Item 6
民國（1912—1949）廣州五桂堂刻本

三册

十二寡婦征西全本七集　Mu Yu Shu Box 3, Item 7
民國（1912—1949）廣州五桂堂刻本
三册

十二寡婦征西全本八集　Mu Yu Shu Box 3, Item 8
民國（1912—1949）廣州五桂堂刻本
三册

十二寡婦征西全本九集　Mu Yu Shu Box 3, Item 9
民國（1912—1949）廣州五桂堂刻本
三册

玉葵寶扇全本　Mu Yu Shu Box 4, Item 10
民國（1912—1949）永成書莊刻本
二册

再生緣摘錦　Mu Yu Shu Box 4, Item 11
民國（1912—1949）廣州五桂堂刻本
一册

偷詩稿　Mu Yu Shu Box 4, Item 12
民國（1912—1949）廣州五桂堂刻本
一册

私探營房　Mu Yu Shu Box 4, Item 13
民國（1912—1949）廣州以文堂刻本
一册

丁山射雁　Mu Yu Shu Box 4, Item 14
民國（1912—1949）廣州醉經堂刻本
一册

重訂西蓬擊掌　Mu Yu Shu Box 4, Item 15
民國（1912—1949）佛山芹香閣刻本
一册

桂枝寫狀　Mu Yu Shu Box 4, Item 16
民國（1912—1949）廣州三元堂刻本
一册

三合明珠方倫餞别全本　Mu Yu Shu Box 4, Item 17
民國（1912—1949）佛山芹香閣刻本
一册

仁貴征西　Mu Yu Shu Box 4, Item 2
民國（1912—1949）廣州以文堂刻本
二册

大陰陽扇玉龍太子走國四集　Mu Yu Shu Box 4, Item 3
民國（1912—1949）佛山芹香閣刻本
五册
又一部：　Mu Yu Shu Box 5, Item 4

新刻柳希雲全本　Mu Yu Shu Box 4, Item 4
民國（1912—1949）刻本
三册

後續柳希雲全本　Mu Yu Shu Box 4, Item 5
民國（1912—1949）刻本
三册

梅李争花　Mu Yu Shu Box 4, Item 6
民國（1912—1949）廣州以文堂刻本
一册

呼家後代　Mu Yu Shu Box 4, Item 7

民國（1912—1949）廣州五桂堂刻本
四册

十朋祭江前集 Mu Yu Shu Box 4, Item 8
民國（1912—1949）廣州五桂堂刻本
二册

十朋祭江後集 Mu Yu Shu Box 4, Item 9
民國（1912—1949）廣州五桂堂刻本
二册

大陰陽扇玉龍太子走國初集
Mu Yu Shu Box 5, Item 1
民國（1912—1949）佛山芹香閣刻本
五册

大陰陽扇玉龍太子走國二集
Mu Yu Shu Box 5, Item 2
民國（1912—1949）佛山芹香閣刻本
五册

大陰陽扇玉龍太子走國三集
Mu Yu Shu Box 5, Item 3
民國（1912—1949）佛山芹香閣刻本
五册

大陰陽扇玉龍太子走國五集
Mu Yu Shu Box 5, Item 5
民國（1912—1949）佛山芹香閣刻本
五册

大陰陽扇玉龍太子走國六集
Mu Yu Shu Box 5, Item 6
民國（1912—1949）佛山芹香閣刻本
五册

大陰陽扇玉龍太子走國七集
Mu Yu Shu Box 5, Item 7
民國（1912—1949）佛山芹香閣刻本
五册

大陰陽扇玉龍太子走國八集
Mu Yu Shu Box 5, Item 8
民國（1912—1949）佛山芹香閣刻本
五册

大宋高文舉珍珠記 Mu Yu Shu Box 6, Item 1
民國（1912—1949）廣州醉經書局刻本
二册

周氏反嫁銀嬌荼薇記全
Mu Yu Shu Box 6, Item 3
民國（1912—1949）香港五桂堂刻本
三册

背解紅羅全本初集 Mu Yu Shu Box 6, Item 4
民國（1912—1949）廣州醉經書局刻本
三册

拗碎靈芝全本 Mu Yu Shu Box 6, Item 5
民國（1912—1949）廣州璧經堂刻本
一册

三娘汲水 Mu Yu Shu Box 6, Item 6
民國（1912—1949）廣州五桂堂刻本
二册

碧桃錦帕 Mu Yu Shu Box 6, Item 7
民國（1912—1949）廣州五桂堂刻本
二册

三合明珠 Mu Yu Shu Box 6, Item 8

民國（1912—1949）廣州醉經書局刻本
二册

三棄梨花　Mu Yu Shu Box 6, Item 9
民國（1912—1949）廣州五桂堂刻本
二册

碧桃錦帕全本　Mu Yu Shu Box 6, Item 10
民國（1912—1949）廣州五桂堂書局刻本
一册

劉全進瓜　Mu Yu Shu Box 6, Item 11
民國（1912—1949）廣州醉經書局刻本
一册

金生挑盒全本　Mu Yu Shu Box 6, Item 12
民國（1912—1949）廣州醉經書局刻本
一册

金生挑盒全本下卷　Mu Yu Shu Box 6, Item 13
民國（1912—1949）廣州醉經書局刻本
一册

清新錦上卷　Mu Yu Shu Box 6, Item 19
民國（1912—1949）廣州醉經書局刻本
一册

超群錦全本　Mu Yu Shu Box 6, Item 20a
民國（1912—1949）香港五桂堂書局刻本
一册

三氣宣王　Mu Yu Shu Box 6, Item 20c
民國（1912—1949）廣州五桂堂刻本
一册

三姑回門　Mu Yu Shu Box 6, Item 20d
民國（1912—1949）廣州五桂堂刻本
一册

周氏反嫁　Mu Yu Shu Box 6, Item 21d
民國（1912—1949）廣州五桂堂刻本
一册

丁山射雁　Mu Yu Shu Box 6, Item 21e
民國（1912—1949）廣州五桂堂刻本
一册

朱買臣分妻　Mu Yu Shu Box 6, Item 21f
民國（1912—1949）香港五桂堂刻本
一册

梁李争第一　Mu Yu Shu Box 6, Item 21g
民國（1912—1949）香港五桂堂刻本
一册

三聘孔明　Mu Yu Shu Box 6, Item 21h
民國（1912—1949）廣州五桂堂刻本
一册

秀容掃琴　Mu Yu Shu Box 6, Item 22b
民國（1912—1949）香港五桂堂刻本
一册

蘇娘寫血書　Mu Yu Shu Box 6, Item 22c
民國（1912—1949）廣州五桂堂刻本
二册
又一部：　Mu Yu Shu Box 10, Item 311

老女思夫　Mu Yu Shu Box 6, Item 22e
民國（1912—1949）廣州五桂堂刻本
一册

十思起 Mu Yu Shu Box 6, Item 22f
民國（1912—1949）廣州五桂堂刻本
二册
又一部： Mu Yu Shu Box 10, Item 31h

觀音十勸 Mu Yu Shu Box 6, Item 22g
民國（1912—1949）廣州五桂堂刻本
一册

鬧臭老舉 Mu Yu Shu Box 6, Item 22h
民國（1912—1949）廣州五桂堂刻本
一册

男燒衣 Mu Yu Shu Box 6, Item 22i
民國（1912—1949）廣州五桂堂刻本
一册

丁山射雁上卷 Mu Yu Shu Box 6, Item 22j
民國（1912—1949）廣州五桂堂刻本
一册

山伯訪友 Mu Yu Shu Box 6, Item 22k
民國（1912—1949）廣州五桂堂刻本
一册

欽點一枝花 Mu Yu Shu Box 6, Item 22l
民國（1912—1949）廣州五桂堂刻本
一册

杏元憶釵 Mu Yu Shu Box 6, Item 22m
民國（1912—1949）廣州五桂堂刻本
一册

拆蔗寮 Mu Yu Shu Box 6, Item 23a
民國（1912—1949）廣州五桂堂刻本
一册

怨丈夫老 Mu Yu Shu Box 6, Item 23b
民國（1912—1949）廣州五桂堂刻本
一册

大快活 Mu Yu Shu Box 6, Item 23c
民國（1912—1949）廣州五桂堂刻本
一册

金星試寶兒 Mu Yu Shu Box 6, Item 23e
民國（1912—1949）廣州五桂堂刻本
一册

關倫賣妹 Mu Yu Shu Box 6, Item 23f
民國（1912—1949）廣州五桂堂刻本
一册

鬼馬元什才 Mu Yu Shu Box 6, Item 23g
民國（1912—1949）廣州五桂堂刻本
一册

碧桃錦帕 Mu Yu Shu Box 6, Item 23j
民國（1912—1949）廣州五桂堂刻本
一册

做人難 Mu Yu Shu Box 6, Item 23k
民國（1912—1949）廣州五桂堂刻本
一册

英台拜月 Mu Yu Shu Box 6, Item 23l
民國（1912—1949）廣州五桂堂刻本
一册

歷朝故事考世系 Mu Yu Shu Box 6, Item 24a
民國（1912—1949）廣州五桂堂刻本
一册

杜十娘沉八寶箱　　Mu Yu Shu Box 6, Item 24d
民國（1912—1949）廣州五桂堂刻本
一册

老鼠告狀　　Mu Yu Shu Box 6, Item 25c
民國（1912—1949）廣州五桂堂刻本
一册

趙匡胤中卷　　Mu Yu Shu Box 6, Item 25d
民國（1912—1949）香港五桂堂刻本
一册

趙匡胤下卷　　Mu Yu Shu Box 6, Item 25e
民國（1912—1949）香港五桂堂刻本
一册

羅卜挑經　　Mu Yu Shu Box 6, Item 25f
民國（1912—1949）廣州五桂堂刻本
一册

蘇娘嘆五更　　Mu Yu Shu Box 6, Item 25g
民國（1912—1949）廣州五桂堂刻本
一册

呆佬拜壽　　Mu Yu Shu Box 6, Item 25g
民國（1912—1949）廣州五桂堂刻本
三册
又一部：Mu Yu Shu Box 10, Item 14d

發瘋佬自嘆　　Mu Yu Shu Box 6, Item 25h
民國（1912—1949）廣州五桂堂刻本
一册

冇有怕　　Mu Yu Shu Box 6, Item 25i
民國（1912—1949）香港五桂堂刻本
一册

士九問路　　Mu Yu Shu Box 6, Item 25j
民國（1912—1949）廣州五桂堂刻本
二册
又一部：Mu Yu Shu Box 6, Item 23d

水蛇容嘆五更　　Mu Yu Shu Box 6, Item 25k
民國（1912—1949）廣州五桂堂刻本
一册

何惠群嘆五更　　Mu Yu Shu Box 6, Item 25l
民國（1912—1949）香港五桂堂刻本
一册

大鬧鴉片佬　　Mu Yu Shu Box 6, Item 25n
民國（1912—1949）廣州五桂堂刻本
二册
又一部：　　Mu Yu Shu Box 6, Item 23h

四季蓮花　　Mu Yu Shu Box 6, Item 26a
民國（1912—1949）廣州五桂堂刻本
一册

窮極賣老婆　　Mu Yu Shu Box 6, Item 26b
民國（1912—1949）廣州五桂堂刻本
一册

太子下漁舟　　Mu Yu Shu Box 6, Item 26c
民國（1912—1949）廣州五桂堂刻本
一册

老舉問米　　Mu Yu Shu Box 6, Item 26d
民國（1912—1949）廣州五桂堂刻本
一册

七夕贊花　　Mu Yu Shu Box 6, Item 26e
民國（1912—1949）廣州五桂堂刻本

一册

包公訪友 Mu Yu Shu Box 6, Item 26f
民國（1912—1949）廣州五桂堂刻本
一册

劉辰采藥初集 Mu Yu Shu Box 7, Item 5
民國（1912—1949）廣州五桂堂刻本
二册

劉辰采藥後集 Mu Yu Shu Box 7, Item 6
民國（1912—1949）廣州五桂堂刻本
二册

解携籃 Mu Yu Shu Box 7, Item 7
民國（1912—1949）廣州五桂堂刻本
一册

金絲蛱蝶 Mu Yu Shu Box 7, Item 9
民國（1912—1949）廣州醉經堂刻本
三册

接續金絲蛱蝶全本 Mu Yu Shu Box 7, Item 10
民國（1912—1949）廣州醉經堂刻本
二册

仁貴征西 Mu Yu Shu Box 7, Item 11
民國（1912—1949）廣州醉經書局刻本
二册

白蛇雷峰塔全本 Mu Yu Shu Box 7, Item 12
民國（1912—1949）廣州五桂堂書局刻本
一册

雁翎扇墜全本 Mu Yu Shu Box 7, Item 14
民國（1912—1949）廣州五桂堂書局刻本
一册

狄青比武全本 Mu Yu Shu Box 7, Item 17a
民國（1912—1949）廣州五桂堂刻本
一册

反唐女媧鏡全本 Mu Yu Shu Box 7, Item 20
民國（1912—1949）香港五桂堂書局刻本
一册

陳世美全 Mu Yu Shu Box 7, Item 22
民國（1912—1949）廣州醉經書局刻本
二册

平貴全 Mu Yu Shu Box 7, Item 23
民國（1912—1949）廣州醉經書局刻本
一册

仁貴征東 Mu Yu Shu Box 7, Item 24
民國（1912—1949）廣州五桂堂刻本
二册

仁貴征東 Mu Yu Shu Box 7, Item 24
民國（1912—1949）廣州醉經書局刻本
二册

大陰陽扇玉龍太子走國初集
Mu Yu Shu Box 8, Item 1
民國（1912—1949）廣州以文堂刻本
一册

大陰陽扇玉龍太子走國二集
Mu Yu Shu Box 8, Item 2
民國（1912—1949）廣州以文堂刻本
一册

大陰陽扇玉龍太子走國三集
Mu Yu Shu Box 8, Item 3
民國（1912—1949）廣州以文堂刻本
一册

大陰陽扇玉龍太子走國四集
Mu Yu Shu Box 8, Item 4
民國（1912—1949）廣州以文堂刻本
一册

大陰陽扇玉龍太子走國五集
Mu Yu Shu Box 8, Item 5
民國（1912—1949）廣州以文堂刻本
一册

大陰陽扇玉龍太子走國六集
Mu Yu Shu Box 8, Item 6
民國（1912—1949）廣州以文堂刻本
一册

大陰陽扇玉龍太子走國七集
Mu Yu Shu Box 8, Item 7
民國（1912—1949）廣州以文堂刻本
一册

大陰陽扇玉龍太子走國八集
Mu Yu Shu Box 8, Item 8
民國（1912—1949）廣州以文堂刻本
一册

雪月梅　Mu Yu Shu Box 9, Item 2
民國（1912—1949）廣州五桂堂刻本
二册

玉葵寶扇　Mu Yu Shu Box 9, Item 3
民國（1912—1949）廣州五桂堂刻本
一册

反唐硃砂印擇錦全　Mu Yu Shu Box 9, Item 4
民國（1912—1949）廣州以文堂刻本
一册

琥珀蘭簪　Mu Yu Shu Box 9, Item 5
民國（1912—1949）廣州醉經堂刻本
三册

盤龍寶扇全本　Mu Yu Shu Box 9, Item 6
民國（1912—1949）廣州以文堂刻本
一册

沉香太子全本　Mu Yu Shu Box 9, Item 9
民國（1912—1949）廣州醉經書局刻本
一册

大封楊家將　Mu Yu Shu Box 9, Item 10
民國（1912—1949）莞城萃英樓刻本
二册

西棜芙蓉帕　Mu Yu Shu Box 9, Item 11
民國（1912—1949）莞城萃英樓刻本
二册

金蘭寄書鮮攜籃全　Mu Yu Shu Box 9, Item 12
民國（1912—1949）廣州以文堂刻本
一册

二棄梨花　Mu Yu Shu Box 9, Item 13
民國（1912—1949）廣州醉經書局刻本
二册

新刻琥珀蘭簪全本　Mu Yu Shu Box 9, Item 14
民國（1912—1949）刻本

三册

石出香蓮 Mu Yu Shu Box 9, Item 15
民國（1912—1949）廣州以文堂刻本
二册

私探營房下卷 Mu Yu Shu Box 9, Item 16
民國（1912—1949）廣州五桂堂刻本
一册

貞節婦大罵賭仔 Mu Yu Shu Box 9, Item 17a
民國（1912—1949）廣州五桂堂刻本
一册

在世從良陰魂雪恨全本
Mu Yu Shu Box 9, Item 17b
民國（1912—1949）廣州以文堂刻本
一册

玉蕭琴 Mu Yu Shu Box 9, Item 17d
民國（1912—1949）廣州五桂堂刻本
一册

朱洪武游太廟 Mu Yu Shu Box 9, Item 17e
民國（1912—1949）廣州五桂堂刻本
一册

正字金生挑盒全本 Mu Yu Shu Box 9, Item 19
民國（1912—1949）廣州五桂堂刻本
三册
又一部： Mu Yu Shu Box 9, Item 20a, 20c
又二部： Mu Yu Shu Box 9, Item 18

碧容祭監 Mu Yu Shu Box 9, Item 20b
民國（1912—1949）廣州五桂堂刻本
一册

妓女嘆五更 Mu Yu Shu Box 9, Item 21a
民國（1912—1949）廣州五桂堂刻本
一册

三別徐庶上卷 Mu Yu Shu Box 9, Item 21b
民國（1912—1949）廣州五桂堂刻本
一册

蘇小妹嘆五更 Mu Yu Shu Box 9, Item 21c
民國（1912—1949）廣州五桂堂刻本
一册

貼錢買難受 Mu Yu Shu Box 9, Item 21d
民國（1912—1949）廣州五桂堂刻本
一册

大鬧發瘋婆 Mu Yu Shu Box 9, Item 21f
民國（1912—1949）香港五桂堂刻本
一册
又一部： Mu Yu Shu Box 9, Item 21e

洋烟自嘆 Mu Yu Shu Box 9, Item 21g
民國（1912—1949）廣州五桂堂刻本
一册

老舉留人客 Mu Yu Shu Box 9, Item 21h
民國（1912—1949）廣州五桂堂刻本
一册

杜十娘沉八寶箱上卷
Mu Yu Shu Box 9, Item 21i
民國（1912—1949）廣州五桂堂刻本
一册

鳳儀亭訴苦下卷 Mu Yu Shu Box 9, Item 21j
民國（1912—1949）香港五桂堂刻本

一册

英台祭奠上卷　Mu Yu Shu Box 9, Item 21n
民國（1912—1949）廣州五桂堂刻本
一册

李龍拆艇下卷　Mu Yu Shu Box 9, Item 21o
民國（1912—1949）廣州五桂堂刻本
一册

石女自嘆　Mu Yu Shu Box 9, Item 21p
民國（1912—1949）廣州醉經堂刻本
一册

再生緣摘錦　Mu Yu Shu Box 9, Item 22a
民國（1912—1949）廣州以文堂刻本
一册

護絲女自嘆　Mu Yu Shu Box 9, Item 22c
民國（1912—1949）廣州以文堂刻本
一册

鳳儀亭訴苦上卷　Mu Yu Shu Box 10, Item 1
民國（1912—1949）廣州醉經堂刻本
一册

鳳儀亭訴苦　Mu Yu Shu Box 10, Item 2
民國（1912—1949）香港五桂堂刻本
三册
又一部：　Mu Yu Shu Box 10, Item 1
又二部：　Mu Yu Shu Box 9, Item 21j

鳳儀亭訴苦　Mu Yu Shu Box 10, Item 2
民國（1912—1949）廣州璧經堂刻本
一册

錦秀食齋　Mu Yu Shu Box 10, Item 3
民國（1912—1949）廣州五桂堂刻本
一册

老女思夫　Mu Yu Shu Box 10, Item 4
民國（1912—1949）廣州德文堂刻本
一册

私探營房　Mu Yu Shu Box 10, Item 5
民國（1912—1949）廣州德文堂刻本
一册

車龍公子花燈記　Mu Yu Shu Box 10, Item 6
民國（1912—1949）廣州五桂堂刻本
一册

十朋祭江　Mu Yu Shu Box 10, Item 8
民國（1912—1949）廣州以文堂刻本
一册

新刻陰陽扇全本　Mu Yu Shu Box 10, Item 9
民國（1912—1949）廣州五桂堂刻本
一册

四季蓮花　Mu Yu Shu Box 10, Item 10
民國（1912—1949）廣州以文堂刻本
一册

四季蓮花　Mu Yu Shu Box 10, Item 10
民國（1912—1949）刻本
二册
又一部：　Mu Yu Shu Box 6, Item 26a

八才子花箋　Mu Yu Shu Box 10, Item 11
民國（1912—1949）廣州成文堂刻本
一册

二棄梨花全本　Mu Yu Shu Box 10, Item 12
民國（1912—1949）廣州五桂堂書局刻本
一册

接續大唐二棄梨花全本
Mu Yu Shu Box 10, Item 12
清道光（1839—1850）萃英樓刻本
一册

碧桃錦帕全本　Mu Yu Shu Box 10, Item 13
民國（1912—1949）廣州德文堂刻本
一册

夢蘭憶友　Mu Yu Shu Box 10, Item 14a
民國（1912—1949）廣州五桂堂刻本
二册
又一部：　Mu Yu Shu Box 6, Item 20e

徐庶歸家　Mu Yu Shu Box 10, Item 14b
民國（1912—1949）廣州五桂堂刻本
一册
又一部：　Mu Yu Shu Box 10, Item 31f

呆佬拜壽　Mu Yu Shu Box 10, Item 14d
民國（1912—1949）廣州五桂堂刻本
三册
又一部：　Mu Yu Shu Box 6, Item 25g

護絲女賣靚　Mu Yu Shu Box 10, Item 14e
民國（1912—1949）廣州五桂堂刻本
一册

護絲女自嘆　Mu Yu Shu Box 10, Item 14f
民國（1912—1949）廣州五桂堂刻本
一册

鑑貌辨色　Mu Yu Shu Box 10, Item 14g
民國（1912—1949）廣州五桂堂刻本
一册

杜十娘沉八寶箱　Mu Yu Shu Box 10, Item 15a
民國（1912—1949）廣州以文堂刻本
一册

十二時辰　Mu Yu Shu Box 10, Item 15b
民國（1912—1949）廣州德文堂刻本
一册

柏玉霜自縊　Mu Yu Shu Box 10, Item 15c
民國（1912—1949）廣州以文堂刻本
一册

柏玉霜自縊　Mu Yu Shu Box 10, Item 15c
刻本
一册

麗荷種花　Mu Yu Shu Box 10, Item 15e
民國（1912—1949）廣州五桂堂刻本
一册

妙容打齋附薦全本
Mu Yu Shu Box 10, Item 15f
民國（1912—1949）刻本
一册

狡婦疴鞋　Mu Yu Shu Box 10, Item 16a
民國（1912—1949）廣州德文堂刻本
一册

呆佬拜壽　Mu Yu Shu Box 10, Item 16b
民國（1912—1949）廣州德文堂刻本
一册

男燒衣　Mu Yu Shu Box 10, Item 16c
民國（1912—1949）廣州五桂堂刻本
一册

青蘭附薦　Mu Yu Shu Box 10, Item 16d
民國（1912—1949）廣州以文堂刻本
一册

丁山射雁　Mu Yu Shu Box 10, Item 17
民國（1912—1949）廣州辭經書局刻本
二册

桑園試妻　Mu Yu Shu Box 10, Item 18a
民國（1912—1949）廣州五桂堂刻本
一册

蒙正祭灶　Mu Yu Shu Box 10, Item 18b
民國（1912—1949）廣州五桂堂刻本
一册

金星試竇兒　Mu Yu Shu Box 10, Item 18c
民國（1912—1949）廣州五桂堂刻本
一册

老鼠告狀　Mu Yu Shu Box 10, Item 18d
民國（1912—1949）佛山芹香閣刻本
一册

鑑貌辨色　Mu Yu Shu Box 10, Item 18e
民國（1912—1949）佛山芹香閣刻本
一册

看男女相歌　Mu Yu Shu Box 10, Item 19a
民國（1912—1949）廣州醉經堂刻本
一册

玉嬋附薦　Mu Yu Shu Box 10, Item 19b
民國（1912—1949）廣州五桂堂刻本
一册

妙容打齋附薦　Mu Yu Shu Box 10, Item 19c
民國（1912—1949）廣州德文堂刻本
一册

賭仔回頭金不换　Mu Yu Shu Box 10, Item 19d
民國（1912—1949）刻本
一册

三婦談情　Mu Yu Shu Box 10, Item 20b
民國（1912—1949）廣州以文堂刻本
一册

□打鳳嬌　Mu Yu Shu Box 10, Item 20c
民國（1912—1949）富桂堂刻本
一册

丁山射雁　Mu Yu Shu Box 10, Item 21a
民國（1912—1949）廣州成文堂刻本
一册

桃花送藥　Mu Yu Shu Box 10, Item 21b
民國（1912—1949）黄鑑記刻本
一册

桃花送藥　Mu Yu Shu Box 10, Item 21b
民國（1912—1949）廣州五桂堂刻本
二册
又一部：　Mu Yu Shu Box 6, Item 25b

周氏反嫁　Mu Yu Shu Box 10, Item 21c
民國（1912—1949）廣州五桂堂刻本
一册

觀音化銀　Mu Yu Shu Box 10, Item 21d
民國（1912—1949）廣州五桂堂刻本
一册

觀音化銀　Mu Yu Shu Box 10, Item 21d
刻本
一册

賭仔賣女　Mu Yu Shu Box 10, Item 21e
民國（1912—1949）廣州德文堂刻本
一册

相知寄書　Mu Yu Shu Box 10, Item 22a
民國（1912—1949）廣州醉經堂刻本
一册

三氣宣王　Mu Yu Shu Box 10, Item 22c
民國（1912—1949）廣州五桂堂刻本
一册

十二時辰　Mu Yu Shu Box 10, Item 23a
民國（1912—1949）廣州五桂堂刻本
二册

十二時辰　Mu Yu Shu Box 10, Item 23a
民國（1912—1949）廣州德文堂刻本
一册

馬迪嘆五更　Mu Yu Shu Box 10, Item 23b
民國（1912—1949）廣州以文堂刻本
一册

夢蘭憶友　Mu Yu Shu Box 10, Item 24a
民國（1912—1949）廣州德文堂刻本
一册

碧容祭監　Mu Yu Shu Box 10, Item 24b
民國（1912—1949）廣州德文堂刻本
一册

夢蘭憶友　Mu Yu Shu Box 10, Item 24c
民國（1912—1949）廣州五桂堂刻本
一册

關倫賣妹　Mu Yu Shu Box 10, Item 24e
民國（1912—1949）廣州五桂堂刻本
一册

金橋問卦　Mu Yu Shu Box 10, Item 24f
民國（1912—1949）廣州以文堂刻本
一册

金橋問卦　Mu Yu Shu Box 10, Item 24f
民國（1912—1949）廣州五桂堂刻本
二册
又一部：　Mu Yu Shu Box 11, Item 23a

金生挑盒　Mu Yu Shu Box 10, Item 25a
民國（1912—1949）廣州五桂堂刻本
一册

李龍鬧酒　Mu Yu Shu Box 10, Item 25c
民國（1912—1949）廣州五桂堂刻本
一册

老舉問米　Mu Yu Shu Box 10, Item 25d
民國（1912—1949）廣州以文堂刻本
一册

化龍祭奠　Mu Yu Shu Box 10, Item 25e
民國（1912—1949）廣州五桂堂刻本
一册

山伯訪友　Mu Yu Shu Box 10, Item 26a
民國（1912—1949）廣州五桂堂刻本
一册

英台回鄉　Mu Yu Shu Box 10, Item 26b
刻本
一册

英台祭奠下卷　Mu Yu Shu Box 10, Item 26c
民國（1912—1949）廣州以文堂刻本
一册

英台祭奠　Mu Yu Shu Box 10, Item 26c
民國（1912—1949）廣州德文堂刻本
二册
又一部：　Mu Yu Shu Box 9, Item 21n

秀瓊起寺　Mu Yu Shu Box 10, Item 26e
民國（1912—1949）廣州德文堂刻本
一册

關倫賣妹　Mu Yu Shu Box 10, Item 26f, 27
民國（1912—1949）廣州以文堂刻本
一册

關倫賣妹全本　Mu Yu Shu Box 10, Item 26f, 27
民國（1912—1949）香港五桂堂書局刻本
一册

李仙刺目　Mu Yu Shu Box 10, Item 28a
民國（1912—1949）廣州五桂堂刻本
一册

孫夫人投江　Mu Yu Shu Box 10, Item 28b
民國（1912—1949）廣州德文堂刻本
一册

八仙賀壽　Mu Yu Shu Box 10, Item 28c
民國（1912—1949）廣州五桂堂刻本
一册

重臺分別　Mu Yu Shu Box 10, Item 28d
民國（1912—1949）廣州五桂堂刻本
一册

黛玉辭世　Mu Yu Shu Box 10, Item 28e
民國（1912—1949）廣州五桂堂刻本
一册

黛玉恨病　Mu Yu Shu Box 10, Item 28f
民國（1912—1949）廣州五桂堂刻本
一册

秀瓊起寺　Mu Yu Shu Box 10, Item 28g
民國（1912—1949）廣州三元堂刻本
一册

碧桃錦帕　Mu Yu Shu Box 10, Item 29a
民國（1912—1949）廣州以文堂刻本
一册

碧月收棋　Mu Yu Shu Box 10, Item 29b
民國（1912—1949）廣州以文堂刻本
一册

五弄琵琶　Mu Yu Shu Box 10, Item 29c
民國（1912—1949）刻本
一册

世美五弄琵琶　Mu Yu Shu Box 10, Item 29c
民國（1912—1949）廣州以文堂刻本
一册

蘇娘寫血書 Mu Yu Shu Box 10, Item 29e
民國（1912—1949）廣州五桂堂刻本
一册

夫妻互諫 Mu Yu Shu Box 10, Item 29f
民國（1912—1949）廣州璧經堂刻本
一册

蘇娘嘆五更 Mu Yu Shu Box 10, Item 29g
民國（1912—1949）廣州五桂堂刻本
一册

金星試竇兒 Mu Yu Shu Box 10, Item 29h
民國（1912—1949）廣州醉經堂刻本
一册

窮極賣老婆 Mu Yu Shu Box 10, Item 29i
民國（1912—1949）廣州五桂堂刻本
一册

醒世和鄉黨一卷 Mu Yu Shu Box 10, Item 30b
民國（1912—1949）廣州醉經堂刻本
一册

丁山射雁 Mu Yu Shu Box 10, Item 30d
民國（1912—1949）廣州醉經堂刻本
一册

三聘孔明 Mu Yu Shu Box 10, Item 30e
民國（1912—1949）廣州五桂堂刻本
一册

平貴別窑 Mu Yu Shu Box 10, Item 30f
民國（1912—1949）廣州以文堂刻本
二册又一部： Mu Yu Shu Box 9, Item 17c

西蓬擊掌 Mu Yu Shu Box 10, Item 31c
民國（1912—1949）香港五桂堂刻本
一册

杏元投崖 Mu Yu Shu Box 10, Item 31i
民國（1912—1949）廣州五桂堂刻本
一册

金葉菊 Mu Yu Shu Box 11, Item 1 v.1–v.2
民國（1912—1949）廣州五桂堂刻本
二册
又一部： Mu Yu Shu Box 9, Item 1 v.1–v.2

背解紅羅全本初集 Mu Yu Shu Box 11, Item 2
民國（1912—1949）廣州五桂堂刻本
二册

背解紅羅全本後續 Mu Yu Shu Box 11, Item 3
民國（1912—1949）廣州五桂堂刻本
三册

拗碎靈芝記全本 Mu Yu Shu Box 11, Item 4
民國（1912—1949）佛山芹香閣刻本
二册

三春投水 Mu Yu Shu Box 11, Item 5
民國（1912—1949）廣州五桂堂刻本
二册

三春投水拗碎靈芝 Mu Yu Shu Box 11, Item 5
民國（1912—1949）佛山芹香閣刻本
二册

新刻拗碎靈芝全本 Mu Yu Shu Box 11, Item 6
民國（1912—1949）廣州五桂堂刻本
一册

梅開二度　Mu Yu Shu Box 11, Item 7
民國（1912—1949）廣州以文堂刻本
一册

陳世美　Mu Yu Shu Box 11, Item 8
民國（1912—1949）廣州以文堂刻本
一册

蟾蜍王　Mu yu shu Box 11, Item 12
民國（1912—1949）廣州五桂堂書局刻本
一册

六姑回門全本　Mu Yu Shu Box 11, Item 13
民國（1912—1949）香港五桂堂書局刻本
一册

女媧鏡　Mu Yu Shu Box 11, Item 17
民國（1912—1949）廣州以文堂刻本
一册

玉葵寶扇全本二集　Mu Yu Shu Box 11, Item 18
民國（1912—1949）廣州醉經堂刻本
一册

玉葵寶扇全本三集　Mu Yu Shu Box 11, Item 19
民國（1912—1949）廣州醉經堂刻本
一册

玉葵寶扇全本四集　Mu Yu Shu Box 11, Item 20
民國（1912—1949）廣州醉經堂刻本
一册

仁貴征東全本卷三　Mu Yu Shu Box 11, Item 21
民國（1912—1949）廣州五桂堂刻本
一册

青蘭附薦　Mu Yu Shu Box 11, Item 22a
民國（1912—1949）佛山芹香閣刻本
一册

英台回鄉　Mu Yu Shu Box 11, Item 22b
民國（1912—1949）廣州五桂堂刻本
一册

錦秀食齋　Mu Yu Shu Box 11, Item 22c, 22e
民國（1912—1949）佛山芹香閣刻本
一册

金生鮮菓　Mu Yu Shu Box 11, Item 22d
民國（1912—1949）廣州五桂堂刻本
二册
又一部：　Mu Yu Shu Box 10, Item 25b

金橋問卦　Mu Yu Shu Box 11, Item 23a
民國（1912—1949）廣州醉經書局刻本
一册

母諫心田　Mu Yu Shu Box 11, Item 23b
民國（1912—1949）廣州五桂堂刻本
一册

母諫心田　Mu Yu Shu Box 11, Item 23b
民國（1912—1949）廣州醉經書局刻本
一册

三娘汲水　Mu Yu Shu Box 12, Item 1
民國（1912—1949）廣州醉經書局刻本
二册

拗碎靈芝　Mu Yu Shu Box 12, Item 2
民國（1912—1949）廣州五桂堂刻本
二册

牡丹亭前集 Mu Yu Shu Box 12, Item 4
民國（1912—1949）廣州五桂堂刻本
二册

牡丹亭後集 Mu Yu Shu Box 12, Item 5
民國（1912—1949）廣州五桂堂刻本
二册

五虎平南初集 Mu Yu Shu Box 12, Item 6
民國（1912—1949）廣州五桂堂刻本
二册

五虎平南二集 Mu Yu Shu Box 12, Item 7
民國（1912—1949）廣州五桂堂刻本
二册

五虎平南三集 Mu Yu Shu Box 12, Item 8
民國（1912—1949）廣州五桂堂刻本
二册

五虎平南四集 Mu Yu Shu Box 12, Item 9
民國（1912—1949）廣州五桂堂刻本
二册

再世從良陰魂雪恨 Mu Yu Shu Box 12, Item 10
民國（1912—1949）廣州五桂堂書局刻本
一册

再世從良陰魂雪恨全本
Mu Yu Shu Box 12, Item 10
民國（1912—1949）廣州醉經堂刻本
一册

羅家後代粉妝樓全初集
Mu Yu Shu Box 12, Item 11
民國（1912—1949）漢華書局刻本
二册

羅家後代粉妝樓全二集
Mu Yu Shu Box 12, Item 12
民國（1912—1949）漢華書局刻本
二册

羅家後代粉妝樓全三集
Mu Yu Shu Box 12, Item 13
民國（1912—1949）漢華書局刻本
二册

羅家後代粉妝樓全四集
Mu Yu Shu Box 12, Item 14
民國（1912—1949）漢華書局刻本
二册

羅家後代粉妝樓全五集
Mu Yu Shu Box 12, Item 15
民國（1912—1949）漢華書局刻本
二册

羅家後代粉妝樓全六集
Mu Yu Shu Box 12, Item 16
民國（1912—1949）漢華書局刻本
二册

西番碧玉帶 Mu yu shu Box 12, Item 17
民國（1912—1949）廣州五桂堂刻本
二册

大宋高文舉珍珠記
Mu Yu Shu Box 12, Item 19 v.3
民國（1912—1949）廣州醉經書局刻本
一册
又一部：Mu Yu Shu Box 12, Item 18 v.1; v.3–v.4

反唐女媧鏡全本三卷
Mu Yu Shu Box 12, Item 20
民國（1912—1949）廣州醉經書局刻本
一册

碧容祭監玉葵寶扇全本
Mu Yu Shu Box 13, Item 1
民國（1912—1949）佛山芹香閣刻本
四册

後續金絲蝴蝶　Mu Yu Shu Box 13, Item 2
抱業樓主人編
民國（1912—1949）廣州璧經堂刻本
二册

三合明珠寶劍初集　Mu Yu Shu Box 13, Item 3
民國（1912—1949）廣州五桂堂刻本
一册

三合明珠寶劍二集　Mu Yu Shu Box 13, Item 4
民國（1912—1949）廣州五桂堂刻本
一册

三合明珠寶劍三集　Mu Yu Shu Box 13, Item 5
民國（1912—1949）廣州五桂堂刻本
二册

三合明珠寶劍四集　Mu Yu Shu Box 13, Item 6
民國（1912—1949）廣州五桂堂刻本
一册

三合明珠寶劍五集　Mu Yu Shu Box 13, Item 7
民國（1912—1949）廣州五桂堂刻本
一册

九才子二荷花全本　Mu Yu Shu Box 13, Item 8
民國（1912—1949）廣州五桂堂刻本
一册

正字宋太祖下南唐全本
Mu Yu Shu Box 13, Item 9
民國（1912—1949）香港五桂堂刻本
六册

生祭李彦貴全本　Mu Yu Shu Box
民國（1912—1949）香港五桂堂書局刻本
一册

再生緣摘錦全本　Mu Yu Shu Box
民國（1912—1949）香港五桂堂刻本
一册

林昭得全本　Mu Yu Shu Box
民國（1912—1949）香港五桂堂書局刻本
一册

桂枝寫狀柳絲琴全本　Mu Yu Shu Box
民國（1912—1949）廣州五桂堂書局刻本
一册

三棄梨花全本　Mu Yu Shu Box
民國（1912—1949）香港五桂堂書局刻本
一册

賢妻諫賭　Mu Yu Shu Box
民國（1912—1949）香港五桂堂書局刻本
一册

十富歌　Mu Yu Shu Box
民國（1912—1949）廣州五桂堂刻本
一册

夜吊秋喜　Mu Yu Shu Box
民國（1912—1949）廣州五桂堂刻本
一册

陳世美五弄琵琶　Mu Yu Shu Box
民國（1912—1949）廣州五桂堂刻本
一册

仁貴歸家　Mu Yu Shu Box
民國（1912—1949）廣州五桂堂刻本
一册

二棄梨花全本　Mu Yu Shu Box
民國（1912—1949）廣州五桂堂書局刻本
四册

三娘汲水全本　Mu Yu Shu Box
刻本
一册

包公審郭槐　Mu Yu Shu Box
民國（1912—1949）香港五桂堂書局刻本
一册

老鼠鬧東京全本　Mu Yu Shu Box
民國（1912—1949）廣州五桂堂刻本
一册

洛陽橋全本　Mu Yu Shu Box
民國（1912—1949）廣州五桂堂書局刻本
一册

紅樓夢全本　Mu Yu Shu Box
民國（1912—1949）香港五桂堂書局刻本
一册

沉香寶扇　Mu Yu Shu Box
民國（1912—1949）廣州五桂堂刻本
一册

天賜花群　Mu Yu Shu Box
民國（1912—1949）廣州五桂堂書局刻本
一册

西番寶碟全本　Mu Yu Shu Box
民國（1912—1949）廣州五桂堂刻本
一册

羅卜挑經全本　Mu Yu Shu Box
民國（1912—1949）廣州五桂堂書局刻本
二册

亦朋種花　Mu Yu Shu Box
民國（1912—1949）廣州五桂堂刻本
一册

正字梁山伯牡丹記全本　Mu Yu Shu Box
民國（1912—1949）五桂堂刻本
一册

薛剛打爛太廟紀鸞英招親　Mu Yu Shu Box
民國（1912—1949）廣州以文堂刻本
一册

輪回寶傳　Mu Yu Shu Box
清光緒（1880—1949）省世堂刻本
一册

打洞結拜　Mu Yu Shu Box
民國（1912—1949）廣州壁經堂刻本
一册

姑嫂思離　Mu Yu Shu Box
民國（1912—1949）廣州醉經堂刻本
一册

班本唱三國古人名醒目良言　Mu Yu Shu Box
民國（1912—1949）廣州五桂堂刻本
一册

秀容訴琴　Mu Yu Shu Box
民國（1912—1949）廣州五桂堂刻本
一册

大粒煙嘆五更　Mu Yu Shu Box
民國（1912—1949）刻本
一册

趙匡胤算命　Mu Yu Shu Box
民國（1912—1949）廣州德文堂刻本
一册

宋玉悲秋　Mu Yu Shu Box
民國（1912—1949）黄鑑記刻本
一册

五諫刀妻　Mu Yu Shu Box
民國（1912—1949）廣州五桂堂刻本
一册

碧容探監　Mu Yu Shu Box
民國（1912—1949）香港五桂堂刻本
一册

仁貴歸家　Mu Yu Shu Box
民國（1912—1949）廣州五桂堂刻本
一册

十二時辰　Mu Yu Shu Box
刻本
一册

考世系　Mu Yu Shu Box
民國（1912—1949）廣州五桂堂刻本
一册

閨諫瑞蘭　Mu Yu Shu Box
民國（1912—1949）廣州五桂堂刻本
一册

張四姐下凡　Mu Yu Shu Box
民國（1912—1949）香港五桂堂刻本
一册

梅李争花　Mu Yu Shu Box
刻本
一册

清新擇錦全本　Mu Yu Shu Box
民國（1912-1949）廣州五桂堂書局刻本
一册

奪標錦全本　Mu Yu Shu Box
民國（1912-1949）香港五桂堂刻本
一册

劉全進瓜全本　Mu Yu Shu Box
民國（1912-1949）香港五桂堂書局刻本
一册

狐仙奇緣　Mu Yu Shu Box
民國（1912-1949）廣州五桂堂刻本
二册

拓　片

後出師表　T0001
〔三國蜀〕諸葛亮撰
清光緒（1878—1908）刻石，民國拓本
一册

元羽墓誌　T0002
北魏景明二年（501）洛陽刻石，民國拓本
一册

元悦墓誌　T0003
北魏永平四年（511）洛陽刻石，民國拓本
一册

元暉墓誌　T0004
北魏神龜三年（520）洛陽刻石，民國拓本
一幅

爾朱紹墓誌　T0005
北魏永安二年（529）洛陽刻石，民國拓本
一幅

爾朱襲墓誌並蓋　T0006
北魏永安二年（529）洛陽刻石，民國拓本
二幅

元天穆墓誌　T0007
〔北魏〕戴智深撰
北魏普泰元年（531）洛陽刻石，民國拓本
一幅

侯剛墓誌並蓋　T0008
〔北魏〕戴智深撰
北魏孝昌二年（526）洛陽刻石，民國拓本
二幅

王悦及妻郭氏墓誌　T0009
北魏永熙二年（533）洛陽刻石，民國拓本
一幅

正己格物説　T0010
〔明〕鍾化民撰並書
明萬曆十六年（1588）西安鍾化民立碑，民國拓本
一幅

玄秘塔碑　T0011
〔唐〕裴休撰　〔唐〕柳公權書並撰額　〔唐〕邵建和、邵建初鎸
唐會昌元年（841）西安刻石，民國拓本
一幅

道因法師碑　T0012
〔唐〕李儼撰　〔唐〕歐陽通書　〔唐〕常長壽、范素鎸
唐龍朔三年（663）西安立石，民國拓本
一幅

隆闡法師碑　T0013
〔唐〕思莊撰
唐天寶二年（743）西安立石，清末拓本
一幅

雍正皇帝賜岳鍾琪詩碑　T0014
〔清〕世宗胤禛撰並書
清雍正（1724—1735）立碑，民國拓本
一幅

孔子像　T0015
〔清〕允禮繪
清雍正十二年（1734）西安立石，民國拓本
一幅

關中八景　T0016
〔清〕朱集義畫並書
清康熙十九年（1680）西安刻石，民國拓本
一幅

達摩面壁圖　T0017
〔清〕風顛繪並題記
清康熙二十八年（1689）西安刻石，民國拓本
一幅

達摩渡江圖　T0018
〔清〕風顛繪並題記
清康熙二十八年（1689）西安刻石，民國拓本
一幅

梁守謙功德銘並序　T0019
〔唐〕楊承和撰並書
唐長慶二年（822）西安刻石，民國拓本
三幅

康熙臨米芾書李白送友人尋越中山水詩碑　T0020
〔清〕聖祖玄燁書
清康熙（1662—1722）立石，民國拓本
一幅

崇禎皇帝賜楊嗣昌詩碑　T0021
〔明〕思宗朱由檢撰並書
明崇禎十三年（1640）立碑，民國拓本
一幅

康熙御筆草書七律詩碑　T0022
〔清〕聖祖玄燁書
清康熙（1662—1722）刻石，民國拓本
一幅

洪瑚璉祝文碑　T0023
〔清〕靈順撰
清道光十七年（1837）西安庚音岱等刻石，民國拓本
一幅

唐故招聖寺大德慧堅禪師碑　T0024
〔唐〕徐岱撰
唐元和元年（806）西安刻石，民國拓本
三幅

吴文碑　T0025
〔東晉〕王羲之書
唐開元九年（721）西安刻石，民國拓本
三幅

嘉靖御注宋儒范浚心經程頤四箴　T0026
〔宋〕程頤、范浚撰　〔明〕世宗朱厚熜注
明嘉靖七年（1528）西安立石，民國拓本
六幅

康熙賜川陝總督佛倫詩碑　T0027
〔清〕聖祖玄燁撰並書
清康熙三十二年（1693）西安佛倫刻石，民國拓本
一幅

大智禪師碑　T0028
〔唐〕嚴挺之撰

唐開元二十四年（736）刻石，民國拓本

一幅

吴道子繪觀音像 T0029

〔唐〕吴道子繪 〔清〕葉承祧摹勒 左佩藏稿 左重耀篆 張世錫鈎朱

清康熙三年（1664）西安黄家鼎立石，民國拓本

一幅

福禄壽三星圖 T0030

〔清〕趙希獻繪

清康熙（1662—1722）西安立石，民國拓本

一幅

關夫子像贊 T0031

〔清〕達禮善撰並書

清康熙四十三年（1704）西安達禮善刻石，民國拓本

一幅

米芾書林寬省試臘後望春宫詩四條屏 T0032

〔唐〕林寬撰

清末（1840—1911）西安鄭慶崧立石，民國拓本

一幅

砂宅智積碑 T0033

百濟義慈王時期（641—660）立石，韓國拓本

一幅

元誨墓誌蓋 T0034

北魏普泰元年（531）洛陽刻石，民國拓本

一幅

笱景墓誌蓋 T0035

北魏永安二年（529）洛陽刻石，民國拓本

一幅

拳石堂草訣百韻歌 T0036

〔清〕達禮善書

清康熙四十四年（1705）西安刻石，民國拓本

三十四幅

莫高窟六字真言碑 T0037

〔元〕速來蠻施造 〔元〕奢藍令旃刻字

元至正八年（1348）守朗立石，近代拓本

一幅

安守忠墓誌蓋 T0038

〔宋〕吴郢篆蓋

北宋咸平三年（1000）洛陽刻石，民國拓本

一幅

大唐三藏聖教序並心經 T0039

〔唐〕太宗李世民撰文 〔唐〕釋懷仁集 〔東晉〕王羲之行書

唐咸亨三年（672）刻石，民國拓本

三幅

唐墓石槨綫刻畫像石 T0040

唐（618—907）刻石，民國拓本

十六幅

古碑側圖紋拓片 T0041

民國（1912—1949）拓本

七幅

京兆府府學新移石經記 T0042

〔宋〕黎持撰

北宋元祐五年（1090）西安京兆府衙立石，民國拓本
一軸（一盒）

雲南鶴麗鎮鳴音汛帝閣新建石碑記　T0043
〔清〕陶宣撰
清嘉慶二十年（1815）雲南鶴麗鎮陶宣刻立，民國拓本
一軸（一盒）

光緒元年閔氏立約碑　T0044
〔清〕閔士達等撰
清光緒元年（1875）雲南閔氏刻立，民國拓本
一軸（一盒）

雲南麗江知府勘定田畝界址告示碑　T0045
〔清〕王氏撰
清光緒元年（1875）雲南麗江閔士達等立石，民國拓本
一軸（一盒）

白沙金剛大定二刹碑記　T0046
〔清〕管學宣撰　〔清〕趙弘書丹
清乾隆八年（1743）雲南麗江白沙鎮管學宣刻石，民國拓本
一軸（一盒）

老子像　T0047
胡應祥繪像　顧視高撰並書　陳碩甫刻
民國三十二年（1943）昆明鄧教坤造像，民國拓本
一軸（一盒）

昆明玉案山筇竹寺聖旨碑　T0048
〔元〕仁宗愛育黎拔力八達撰
元延祐三年（1316）昆明玄堅和尚立石，民國拓本
一軸（一盒）

端峰乙巳五言詩刻摩崖　T0049
民國拓本
一軸（一盒）

温泉庵記　T0050
〔明〕高宗敬撰並書　〔明〕清源篆額
明永樂十年（1412）雲南大理楊禾鐫石，民國拓本
一軸（一盒）

明崇禎麗江處士和青墓前之浮雕金童　T0051
明末清初（1628—1661）刻石，民國拓本
一軸（一盒）

萬德宫記　T0052
〔明〕木高撰　〔明〕舒鳳鐫文
明嘉靖三十五年（1556）雲南麗江木高刻石，民國拓本
一軸（一盒）

升庵先生像及贊　T0053
〔清〕范承勳撰
清康熙二十八年（1689）立石，民國拓本
一軸（一盒）

孔子像　T0054
〔唐〕吴道子繪
清（1644—1911）刻石，民國拓本
一軸（一盒）

明崇禎麗江處士和青墓前之浮雕玉女　T0055
明末清初（1628—1661）刻石，民國拓本

一軸（一盒）

山中逸趣敘 T0056

〔明〕徐宏祖撰並書

麗江立石，民國拓本

一軸（一盒）

升庵先生祠落成敬紀詩二首 T0057

〔清〕許弘勛撰

清康熙二十八年（1689）昆明刻石，民國拓本

一軸（一盒）

中甸南面四百里乾巖房端峰摩巖 T0058

端峰撰並書

民國拓本

一軸（一盒）

彭玉麟爲俞樾繪俞樓紅梅圖 T0059

〔清〕彭玉麟繪

清光緒七年（1881）杭州徐琪、馬駟良刻石，民國拓本

一幅

藤田東湖回天詩史 T0060

〔日本〕藤田東湖撰並書

1849年至1949年日本刻石，日本拓本

一幅

藤田東湖瓢兮歌 T0061

〔日本〕藤田東湖撰並書

1867年至1949年日本刻石，日本拓本

一幅

大秦景教流行中國碑 T0062

〔唐〕景淨撰

唐建中二年（781）西安刻石，民國拓本

五張

草堂煙霧 T0063

〔清〕林一詩書畫

清（1644—1911）西安立石，民國拓本

一軸

驪山晚照 T0064

〔清〕林一詩書畫

清（1644—1911）西安立石，民國拓本

一軸

普濟寺大喇嘛紀略 T0065

〔清〕李樾撰　〔清〕楊道淳篆額

清道光十七年（1837）麗江普濟寺立石，民國拓本

一軸（一盒）

關聖帝君像 T0066

〔清〕李進泰繪

清康熙六十年（1721）刻石，民國拓本

一軸（一盒）

漢祠老柏詩圖 T0067

吴翼翬撰並書　李雲峰繪　陳碩甫刻

民國二十八年（1939）昆明立石，民國拓本

一軸（一盒）

祠堂述古碑記 T0068

〔清〕趙承基撰

清康熙十八年（1679）開封趙承基立石，清末拓本

一軸（一盒）

尊崇道經寺記　T0069
〔明〕左唐撰
明正德七年（1512）開封尊崇道經寺立石，清末拓本
一軸（一盒）

大觀堂修造記　T0070
〔明〕李元陽撰並書　〔明〕楊慎篆額
明嘉靖二十五年（1546）大理劉琳等立石，民國拓本
一軸（一盒）

重建清真寺記　T0071
〔明〕金鍾撰　〔明〕曹佐書
明弘治二年（1489）開封金瑛、金禮立石，清末拓本
一軸（一盒）

佛足石歌碑　T0072
日本天平勝寶五年（753）奈良藥師寺立碑，日本拓本
一軸（一盒）

石彦辭墓誌蓋　T0073
後梁天平四年（910）洛陽刻石，民國拓本
一幅

大唐皇帝三藏聖教序及記　T0073
〔唐〕太宗李世民撰序
唐永徽四年（653）西安刻石，民國拓本
二幅

書　畫

四喜圖　ND1049.6/S5 1956
〔宋〕佚名繪
1956年北京榮寶齋新記彩印本
一軸（一盒）

宋人松溪話舊　ND1049.6/S66 1950z
〔宋〕佚名繪
1950年至1966年上海朵雲軒彩印本
一軸（一盒）

宋人蜀葵圖　ND1049.6/S662 1950z
〔宋〕佚名繪
1950年至1966年上海朵雲軒彩印本
一軸（一盒）

宋人射獵圖　ND1049.6/S663 1958
〔宋〕佚名繪
1958年北京榮寶齋新記彩印本
一軸（一盒）

宋人枯荷鶺鴒　ND1049.6/S664 1950z
〔宋〕佚名繪
1950年至1966年上海朵雲軒彩印本
一軸（一盒）

宋人白鶴猿猴　ND1049.6/S665 1950z

〔宋〕佚名繪
1950年至1966年上海朵雲軒彩印本
一軸（一盒）

宋人峰岫樓閣 ND1049.6/S665 1950z
〔宋〕佚名繪
1950年至1966年上海朵雲軒彩印本
一軸（一盒）

宋人鵪鶉 ND1049.6/S666 1950z
〔宋〕佚名繪
1950年至1966年上海朵雲軒彩印本
一軸（一盒）

元人杏花鴛鴦圖 ND1049.6/Y83 1950z
〔元〕佚名繪
1950年至1966年上海朵雲軒彩印本
一軸（一盒）

元人杏花鴛鴦圖 ND1049.6/Y832 1950z
〔元〕佚名繪
1950年至1966年上海朵雲軒彩印本
一張

八哥松枝圖 ND1049.C4/A62 1946
陳醉菊繪
1946年河間書畫
一軸

清明上河圖：乙種 ND1049.C4525/A652 1961
〔宋〕張擇端繪
1961年北京人民美術出版社影印本
一軸（一盒）

陳半丁芙蓉 ND1049.C54/C54 1980
陳半丁繪
1980年北京榮寶齋彩印本
一軸（一盒）

明杜堇梅下横琴圖 ND1049.D8/M45 1950z
〔明〕杜堇繪
1950年至1966年上海朵雲軒彩印本
一張（一盒）

明杜堇梅下横琴圖 ND1049.D8/M45 1950z2
〔明〕杜堇繪
1950年至1966年彩印本
一張

方增先粒粒皆辛苦 ND1049.F36/F36 1958z
方增先繪
1958年至1966年杭州浙江美術學院水印工廠彩印本
一軸（一盒）

浮生花鳥畫二幅 ND1049.F8/F8 1950z
浮生繪
1950年至1999年香港香港畫社彩印本
二張

芙蓉國裏盡朝暉 ND1049.F8/F8 1964z
傅抱石繪
1964年至1966年上海朵雲軒彩印本
一軸（一盒）

江蘇民歌 ND1049.F8/J53 1951z
傅抱石繪
1951年至1966年彩印本
一軸（一盒）

高劍父椰子 ND1049.G36/G36 1950z
高劍父繪

1950年至1966年上海朵雲軒彩印本
一軸（一盒）

韓熙載夜宴圖　ND1049.G82/H36 1950z
〔南唐〕顧閎中繪
1950年至1966年中國彩印本
一軸（一盒）

春風　ND1049.G86/C48 1990z
郭勇繪
1990年至2014年彩印本
一軸（一盒）

唐韓滉文苑圖　ND1049.H322/W46 1959
〔五代〕周文矩繪
1959年北京榮寶齋新記彩印本
一軸（一盒）

翠禽秋實　ND1049.H83/C85 1976z
〔清〕華嵒繪
1950年至1966年上海朵雲軒彩印本
一軸（一盒）

黄賓虹山水　ND1049.H83/H83 1950z
黄賓虹繪
1950年至1966年上海朵雲軒彩印本
一軸（一盒）

黄賓虹江岸石磯圖　ND1049.H83/H832 1950z
黄賓虹繪
1950年至1966年上海朵雲軒彩印本
一軸（一盒）

清新羅山人鷹　ND1049.H83/Q232 1950z
〔清〕華嵒繪
1950年至1966年上海朵雲軒彩印本
一軸（一盒）

清新羅山人翠鳥　ND1049.H83/Q2323 1950z
〔清〕華嵒繪
1950年至1966年上海朵雲軒彩印本
一軸（一盒）

清新羅山人天鵝　ND1049.H83/Q233 1950z
〔清〕華嵒繪
1950年至1966年上海朵雲軒彩印本
一軸（一盒）

清新羅山人雙燕　ND1049.H83/Q234 1950z
〔清〕華嵒繪
1950年至1966年上海朵雲軒彩印本
一軸（一盒）

清新羅山人秋水鵝群
ND1049.H83/Q235 1950z
〔清〕華嵒繪
1950年至1966年上海朵雲軒彩印本
一軸（一盒）

清新羅山人錦雞　ND1049.H83/Q236 1950z
〔清〕華嵒繪
1950年至1966年上海朵雲軒彩印本
一軸（一盒）

清新羅山人畫眉　ND1049.H83/Q237 1950z
〔清〕華嵒繪
1950年至1966年上海朵雲軒彩印本
一軸（一盒）

清新羅山人紅葉緑羽　ND1049.H83/Q238 1950z
〔清〕華嵒繪
1950年至1966年上海朵雲軒彩印本

一軸（一盒）

清新羅山人隔水吟窗 ND1049.H83/Q239 1950z
〔清〕華喦繪
1950年至1966年彩印本
一軸

清新羅山人鳳凰 ND1049.H83/W2322 1950z
〔清〕華喦繪
1950年至1966年上海朵雲軒彩印本
一軸（一盒）

清金農墨梅 ND1049.J56/Q23 1950z
〔清〕金農繪
1950年至1966年上海朵雲軒影刻本
一軸（一盒）

元柯敬仲雙竹圖 ND1049.K4/Y83 1950z
〔元〕柯九思繪
1950年至1966年上海博物館彩印本
一軸（一盒）

李可染牧牛 ND1049.L48/L48 1958
李可染繪
1958年北京榮寶齋新記彩印本
一軸（一盒）

臨韋偃牧放圖（局部） ND1049.L5/L56 1950z
〔宋〕李公麟臨
1950年至1966年影印本
一軸

明李在琴高乘鯉圖 ND1049.L5/M56 1950z
〔明〕李在繪
1950年至1966年上海朵雲軒彩印本
一軸（一盒）

宋林椿梅竹蠟嘴 ND1049.L56/S66 1950z
〔宋〕林椿繪
1950年至1966年上海朵雲軒彩印本
一軸（一盒）

動物屏 ND1049.L58/D66 1955
劉奎齡繪
1955年天津美術出版社彩印本
四軸（一盒）

動物屏之松鼠 ND1049.L58/D662 1956
劉奎齡繪
1956年天津美術出版社彩印本
一軸

動物屏之白兔 ND1049.L58/D663 1956
劉奎齡繪
1956年天津美術出版社彩印本
一軸

動物屏之獼猴 ND1049.L58/D664 1956
劉奎齡繪
1956年天津美術出版社彩印本
一軸

上林春色 ND1049.L58/S53 1955
劉奎齡繪
1955年天津美術出版社彩印本（2版）
一軸（一盒）

支援前綫 ND1049.L58/Z45 1954
劉子久繪
1954年天津美術出版社彩印本
一軸（一盒）

明林良山茶白羽圖　ND1049.L768/M56 1950z
〔明〕林良繪
1950年至1966年彩印本
一張

猴神（永樂宫壁畫部分）　ND1049.L8/H68 1959
陸鴻年摹
1959年北京榮寶齋彩印本
一軸（一盒）

明吕紀浴鳧圖　ND1049.L8/M56 1950z
〔明〕吕紀繪
1950年至1966年上海朵雲軒彩印本
一軸（一盒）

明吕紀錦雞圖　ND1049.L8/M562 1950z
〔明〕吕紀繪
1950年至1966年上海朵雲軒彩印本
一軸（一盒）

潘天壽小蓬船　ND1049.P36/P36 1958z
潘天壽繪
1958年至1966年杭州浙江美術學院水印工廠彩印本
一軸（一盒）

潘天壽花鳥小品四幀　ND1049.P36/P36 1960z
潘天壽繪
1960年至1966年杭州浙江美術學院水印工廠彩印本
四張

明仇英山水　ND1049.Q24/M56 1955
〔明〕仇英繪
1955年北京榮寶齋新記彩印本
一軸（一盒）

明仇十洲秋原獵騎圖 ND1049.Q24/M562 1950z
〔明〕仇英繪
1950年至1966年上海朵雲軒彩印本
一軸（一盒）

南湖曉霽　ND1049.Q255/N36 1964z
錢松喦繪
1964年至1966年彩印本
一軸（一盒）

群山萬壑一城新　ND1049.Q255/Q5 1960z
錢松喦繪
1960年至1966年彩印本
一軸（一盒）

明錢轂山家勺水圖　ND1049.Q255/S53 1950z
〔明〕錢轂繪
1950年至1966年上海朵雲軒彩印本
一軸（一盒）

陝北江南　ND1049.Q255/S53 1960z
錢松喦繪
1960年至1966年彩印本
一軸（一盒）

齊白石祖國萬歲　ND1049.Q5/Q5 1950z
齊白石繪
1950年至1966年彩印本
一軸（一盒）

齊白石少時繪牽牛花　ND1049.Q5/Q52 1956z
齊白石繪
1956年至1966年彩印本
一軸（一盒）

齊白石先生畫荔枝蜜蜂 ND1049.Q5/Q522 1950z

齊白石繪
1950年至1966年天津美術出版社榮寶齋彩印本
一軸（一盒）

齊白石先生紅梅 ND1049.Q5/Q523 1950z
齊白石繪
1950年至1966年天津美術出版社榮寶齋彩印本
一軸（一盒）

齊白石先生穀穗青蝗 ND1049.Q5/Q524 1950z
齊白石繪
1950年至1966年天津美術出版社榮寶齋彩印本
一軸（一盒）

齊白石先生慈菇蛤蟆 ND1049.Q5/Q525 1950z
齊白石繪
1950年至1966年天津美術出版社榮寶齋彩印本
一軸（一盒）

齊白石扁豆蟋蟀 ND1049.Q5/Q526 1950z
齊白石繪
1950年至1966年上海朵雲軒彩印本
一軸（一盒）

齊白石白菜秋蟲 ND1049.Q5/Q527 1950z
齊白石繪
1950年至1966年上海朵雲軒刻本
一軸（一盒）

齊白石棕樹雛雞 ND1049.Q5/Q528 1958
齊白石繪
1958年北京榮寶齋新記彩印本
一軸（一盒）

齊白石蜻蜓牽牛花 ND1049.Q5/Q529 1950z
齊白石繪
1950年至1966年彩印本
一張

齊白石月季球蟲 ND1049.Q5/Q53 1950z
齊白石繪
1950年至1966年上海朵雲軒彩印本
一軸（一盒）

齊白石徐悲鴻合作芋葉雙雞
ND1049.Q5/Q54 1956
齊白石、徐悲鴻繪
1956年北京榮寶齋新記彩印本
一軸（一盒）

齊白石先生野草蚱蜢 ND1049.Q5/Q55 1950z
齊白石繪
1950年至1966年天津美術出版社榮寶齋彩印本
一軸（一盒）

齊白石先生扁豆天牛 ND1049.Q5/Q56 1950z
齊白石繪
1950年至1966年天津美術出版社榮寶齋彩印本
一軸（一盒）

齊白石雙蝦水草 ND1049.Q5/Q57 1950z
齊白石繪
1950年至1966年上海朵雲軒彩印本
一軸（一盒）

齊白石蜻蜓荷花 ND1049.Q5/Q58 1959

齊白石繪
1959年北京榮寶齋彩印本
一軸（一盒）

齊白石先生蘿蔔蟈蟈　ND1049.Q5/Q59 1950z
齊白石繪
1950年至1966年天津美術出版社榮寶齋彩印本
一軸（一盒）

牽牛花　ND1049.Q5/Q93 1959
齊白石繪
1959年上海中國福利會（China Welfare Institute）彩印本
一軸（一盒）

桃花流水鱖魚肥　ND1049.Q5/T36 1950z
齊白石繪
1950年至1966年天津美術出版社榮寶齋彩印本
一軸（一盒）

任伯年摹宋人瓜禽圖　ND1049.R46/R46 1980
任伯年摹
1980年彩印本
一軸（一盒）

元任月山春水鳧鷖圖　ND1049.R46/Y83 1950z
〔元〕任月山繪
1950年至1966年上海博物館彩印本
一軸（一盒）

元任仁發春水鳧鷖圖軸
ND1049.R46/Y832 1950z
〔元〕任仁發繪
1950年至1966年上海博物館彩印本
一張

明石谿上人溪山無盡圖卷
ND1049.S55/M56 1912z
〔明〕石溪繪
民國（1912—1949）影印本（珂羅版）
一軸（一盒）

清石濤細雨虬松圖
ND1049.S55/Q23 1950z
〔清〕石濤繪
1950年至1966年上海朵雲軒彩印本
一軸（一盒）

清石濤聽泉圖　ND1049.S55/Q232 1950z
〔清〕石濤繪
1950年至1966年上海朵雲軒彩印本
一軸（一盒）

清石濤山水　ND1049.S55/Q233 1950z
〔清〕石濤繪
1950年至1966年上海朵雲軒彩印本
一軸（一盒）

清石濤華陽山居圖　ND1049.S55/Q234 1950z
〔清〕石濤繪
1950年至1966年上海朵雲軒彩印本
一軸（一盒）

清元濟王原祁合作蘭竹
ND1049.S55/Q235 1950z
〔清〕石濤繪
1950年至1966年上海朵雲軒彩印本
一軸（一盒）

秋舸清嘯圖　ND1049.S55/Q248 1950z

〔元〕盛懋繪
1950年至1966年中國彩印本
一軸（一盒）

雲鶴松竹梅：蘇繡 ND1049.T36/Y86 1983
陶石泉繪
1983年蘇州書畫
一張

凌霄花 ND1049.T53/L56 1980
田世光繪
1980年彩印本
一軸（一盒）

白頭翁 ND1049.W36/B35 1980
王雪濤繪
1980年彩印本
一軸（一盒）

明王仲玉陶淵明像 ND1049.W36/M56 1956
〔明〕王仲玉繪
1956年北京榮寶齋新記彩印本
一軸（一盒）

清王鑑仿三趙山水 ND1049.W36/Q23 1950z
〔清〕王鑑繪
1950年至1966年上海朵雲軒彩印本
一軸（一盒）

清王鑑仿三趙山水 ND1049.W36/Q232 1950z
〔清〕王鑑繪
1950年至1966年彩印本
一張

王士禎真州絶句詩圖之五
ND1049.W36/W36 1950z
〔清〕王士禎繪
1950年至1966年彩印本
一軸（一盒）

王夢白畫貓 ND1049.W36/W36 1957
王夢白繪
1957年北京榮寶齋新記彩印本
一軸（一盒）

明文徵明春深高樹圖
ND1049.W46/M56 1950z
〔明〕文徵明繪
1950年至1966年上海朵雲軒彩印本
一軸（一盒）

明文徵明碧樹成蔭圖
ND1049.W46/M562 1950z
〔明〕文徵明繪
1950年至1966年上海朵雲軒彩印本
一軸（一盒）

清吴山濤山水 ND1049.W8/Q23 1950z
〔清〕吴山濤繪
1950年至1966年影印本
一軸（一盒）

水鄉 ND1049.W8/S58 1990z
武魁英繪
1990年至2014年彩印本
一軸（一盒）

倪高士洗桐圖 ND1049.X53/N5 1990z
蕭和繪
1990年至2014年彩印本
一軸（一盒）

奔馬　ND1049.X8/B46 1980
徐悲鴻繪
1980年北京榮寶齋彩印本
一軸（一盒）

駿馬　ND1049.X8/J86 1980
徐悲鴻繪
1980年北京榮寶齋彩印本
一軸（一盒）

千里駒——徐悲鴻畫馬
ND1049.X8/Q25 1950z
徐悲鴻繪
1950年至1966年上海朵雲軒彩印本
一軸（一盒）

群鵝　ND1049.X8/Q5 1958
徐悲鴻繪
1958年北京榮寶齋新記彩印本
一軸（一盒）

雄鷹　ND1049.X8/X56 1980
徐悲鴻繪
1980年北京榮寶齋彩印本
一軸（一盒）

徐悲鴻先生畫飲馬圖　ND1049.X8/X8 1950z
徐悲鴻繪
1950年至1966年天津美術出版社榮寶齋彩印本
一軸（一盒）

徐悲鴻雙馬軸　ND1049.X8/X82 1959
徐悲鴻繪
1959年北京榮寶齋新記彩印本
一軸（一盒）

徐悲鴻畫奔馬　ND1049.X8/X83 1954
徐悲鴻繪
1954年北京榮寶齋刻本
一軸（一盒）

徐悲鴻群馬　ND1049.X8/X84 1950z
徐悲鴻繪
1950年至1966年上海朵雲軒彩印本
一軸（一盒）

徐悲鴻墨馬縮本　ND1049.X8/X85 1958
徐悲鴻繪
1958年北京榮寶齋新記彩印本
一軸（一盒）

群峰疊嶂　ND1049.Y36/Q5 1961z
姚蔭昌繪
1961年至1966年彩印本
一軸（一盒）

山高雲深　ND1049.Y36/S536 1961z
姚蔭昌繪
1961年至1966年彩印本
一軸（一盒）

姚蔭昌山水小品五幀　ND1049.Y36/Y36 1961z
姚蔭昌繪
1961年至1966年彩印本
五張（一盒）

雲山疊嶂　ND1049.Y36/Y86 1961z
姚蔭昌繪
1961年至1966年彩印本
一軸（一盒）

葉因泉畫春之十二景册　ND1049.Y4 Y4 1912z

葉因泉繪
民國（1912—1949）廣州刻本
十二幅（一函）

春蘭 ND1049.Y8/C58 1950z
于非闇繪
1980年彩印本
一軸（一盒）

牡丹 ND1049.Y8/M8 1950z
于非闇繪
1980年彩印本
一軸（一盒）

太陽花 ND1049.Y8/T35 1956
于非闇繪
1956年北京朝花美術出版社彩印本
一張

清袁江水殿春深圖 ND1049.Y83/Q23 1950z
〔清〕袁江繪
1950年至1966年上海朵雲軒彩印本
一軸（一盒）

清袁江水殿春深圖
ND1049.Y83/Q232 1950z
〔清〕袁江繪
1950年至1966年彩印本
一張

宋趙佶雪江歸棹圖 ND1049.Z36/S662 1958
〔宋〕趙佶繪
1958年北京榮寶齋新記影印本
一軸（一盒）

雲林生古木竹石 ND1049.Z4/A78 1948
張大千繪
1948年渝州張大千書畫
一軸（一盒）

秋郊飲馬圖 ND1049.Z43/Q24 1958
〔元〕趙孟頫繪
1958年北京榮寶齋彩印本
一軸（一盒）

鄭板橋蘭竹 ND1049.Z44/Z44 1958
〔清〕鄭燮繪
1958年北京榮寶齋新記刻本
一軸（一盒）

明周臣山齋客至圖 ND1049.Z46/M56 1950z
〔明〕周臣繪
1950年至1966年上海朵雲軒彩印本
一軸（一盒）

唐周昉簪花仕女圖部分之一
ND1049.Z46/T36 1958
〔唐〕周昉繪
1958年北京榮寶齋新記彩印本
一軸（一盒）

唐周昉簪花仕女圖部分之二
ND1049.Z46/T362 1958
〔唐〕周昉繪
1958年北京榮寶齋新記彩印本
一軸（一盒）

唐周昉簪花仕女圖部分之三
ND1049.Z46/T363 1958
〔唐〕周昉繪
1958年北京榮寶齋新記彩印本
一軸（一盒）

唐周昉簪花仕女圖部分之四
ND1049.Z46/T364 1958
〔唐〕周昉繪
1958年北京榮寶齋新記彩印本
一軸（一盒）

宋朱鋭雪山行車　ND1049.Z48/S662 1950z
〔宋〕朱鋭繪
1950年至1966年上海朵雲軒彩印本
一軸（一盒）

宋鄆郡王題吴中三賢畫像
ND1049.Z53/S66 1912z
張大千仿
1945年至1994年日本影印本
一軸（一盒）

戴季陶贈鏞聲先生楷書條幅
NK3634.D3 A62 1912z
戴傳賢書
民國（1912—1949）墨迹
一幅（一袋）

帝門西望彩雲高七言絶句
NK3634.F36/D5 1644z
〔日本〕方庸哲書
清（1644—1911）墨迹
一軸

馮成名行草李白春夜洛城聞笛詩
NK3634.F4/A63 1984
馮成名書
1984年成都馮成名墨迹
一張

開卷有益　NK3634.F8/A65 1978
傅申書
1978年墨迹
一軸（一盒）

郭沫若卜算子咏梅　NK3634.G86/G862 1964z
郭沫若撰並書
1964年至1966年上海朵雲軒刻本
一軸（一盒）

郭沫若書七律看孫悟空三打白骨精
NK3634.G86/K36 1964z
郭沫若書
1964年至1966年上海朵雲軒刻本
一軸（一盒）

毛主席書贈日本朋友的魯迅詩
NK3634.M36/M36 1961z
毛澤東書
1961年至1966年上海朵雲軒刻本
一軸（一盒）

毛主席詩詞三幅　NK3634.M36/M362 1961z
毛澤東書
1965年北京文物出版社影印本
三張

歐陽可亮集甲骨文寫月下盪舟詞
NK3634.O916/O916 1960
歐陽可亮書
1960年東京歐陽可亮影印本（朱墨套印）
一軸（一盒）

盛朗卿先生七言對　NK3634.S5/A75 1821z
〔清〕盛烺書
清末（1821—1911）盛烺墨迹
二軸

國父手牘：重文館珍藏墨迹之一 NK3634.S86/G86 1956
孫文撰並書
1956年世界書局影印本
一張（兩張合粘）

明王文成公稿及後人題咏墨迹專集 NK3634.W375/M56 1949
〔明〕王守仁等撰並書
1949年香港世界書局影印本（彩色套印）
二十六張

明文徵明行書蘭亭序軸 NK3634.W46/M56 1950z
〔明〕文徵明書
1950年至1966年上海朵雲軒刻本
一軸（一盒）

文天祥書忠孝 NK3634.W46/W46 1950z
〔宋〕文天祥撰並書
1950年至1966年刻本
一軸（一盒）

吴敬恒贈鏞聲先生篆書條幅 NK3634.W8 A77 1948
吴敬恒書
民國三十七年（1948）墨迹
一幅（一袋）

殷契集古句 NK3634.X53/Y56 1970
項杲書
1970年項杲墨迹
一軸（一盒）

唐顔魯公劉中使帖及宋元明清民國題跋墨迹專集 NK3634.Y45/T36 1949
〔唐〕顔真卿書
1949年香港世界書局影印本（彩色套印）
二十一張

修治金陵城墻缺口工竣碑記 NK3634.Z46/X58 1912z
〔清〕曾國藩撰並書
民國（1912—1949）影印本
一張

詩學司空廿四品楷書對聯 NK3634.Z6/S55 1912z
佚名書
1912年至2000年間墨迹
一軸

贈艾伯華先生金文對聯 NK3634.Z6/Z46 1936z
佚名書
1934年至1989年間墨迹
一軸

輿 圖

大東輿地全圖 M0001
〔朝鮮〕佚名繪
清末（1860—1910）彩繪本
一軸（一盒）

首善全圖　M0002
〔朝鮮〕金正浩繪
1864年朝鮮京城金正浩刻本
一軸

黄河圖地名透視對照圖　M0003
1986年日本東京二玄社照片
九幅（一盒）

袖珍上海新地圖　M0004
童世亨編製
民國十一年（1922）上海商務印書館彩印本（3版）
一幅（一夾）

沈志佳　劉　靜 主編

Lush Leaves Blossoming Flowers

Newly Cataloged Chinese

Ancient and Rare Books

at UW and UBC

花葉婆娑

華盛頓大學和不列顛哥倫比亞大學
古籍珍本新録

下　册

中　華　書　局

卷二

加拿大不列顛哥倫比亞大學古籍珍本新録

六家文選卷第十五

梁昭明太子撰

唐五臣注

崇賢館直學士李善注

志中

思玄賦 玄道也德也其作此賦以修道德志意不可遂願輕舉歷遠遊六合之外勢既不能義又不可故退而思自反其系曰回志朅來從玄諆獲我所求夫何思思玄而已老子曰玄之又玄衆妙之門平子時爲侍中諸常侍惡直醜正危衡故作思玄非時俗

張平子舊注 翰曰衡時爲侍中諸常侍皆惡直醜正危衡故作是賦以非時俗思玄者思玄遠之德而已 善曰未詳注者姓名摯虞流別題云衡注詳其義則甚多疎略而注又稱愚以爲疑非衡明矣

加拿大不列顛哥倫比亞大學亞洲圖書館中文古籍與特藏

武亞民　劉　靜

加拿大不列顛哥倫比亞大學（University of British Columbia，簡稱UBC，又譯爲“英屬哥倫比亞大學”或“卑詩大學”）位於加拿大西部通往亞太地區的門户城市温哥華，是北美的漢學研究重鎮之一。其亞洲圖書館於1960年建館伊始，就確定了以中國研究爲中心的文獻收集政策。經過半個多世紀的積累，和前輩同仁的不懈努力，及私人藏書家的慷慨捐贈，目前中文藏書已達到三十餘萬册，是加拿大西部最大的中國文獻中心。尤爲珍貴的是其中六萬餘册中文綫裝古籍，在北美地區的東亞圖書館中，是數量大、質量高且頗具特色的重要收藏。這批珍貴的古籍不僅爲本校的中國學研究和人才培養打下了堅實的基礎，也隨着對其越來越深入的整理和揭示，不斷吸引世界各地的研究學者和國際合作夥伴。在過去的兩年，由美國梅隆基金會（Mellon Foundation）和圖書館信息資源委員會（Council on Library and Information Resources，縮寫爲CLIR）提供經費支持，UBC亞洲圖書館聯手美國華盛頓大學（UW）東亞圖書館以及北京大學（PKU）圖書館，對館内積壓多年的十幾種專藏的近萬種中文圖書進行了清理，並挑選出1200種十分珍貴的、在北美地區甚至海内外都罕見的圖書進行了詳細的編目，正式納入館藏。其中既包括中文古籍善本，也包括民國時期的書刊，使館藏中文藏書的質量大幅提昇。CLIR項目已經於2016年5月結束，這些書也開始爲教學與研究服務。

近年來，UBC亞洲圖書館把建設有特色的中文藏書資源作爲新的工作重點，並已取得一定的成效，但同時也面臨諸多困難。本文將重點討論，我們是如何在經費和人才緊缺的困境中尋求國際合作、深入開發特色資源的。我們將以剛完成的CLIR項目爲例，來展示如何在以西文爲主的學術環境中，探索和發展有特色的中文藏書資源建設的道路。

一、中文古籍的來源、構成及特色

UBC亞洲圖書館的中文古籍有兩個主要來源，即購買和捐贈。學校通常没有固定的預算來發展中文古籍館藏，必須尋求特殊的渠道，如接受捐贈或者申請一次性的特殊經費。相對於北美地區其他歷史較久遠的東亞圖書館來説，UBC亞洲圖書館的起步較晚，1960年纔正式建館。

從建館伊始，其中文藏書的建設就緊密圍繞本校亞洲學研究的需要，有計劃、有重點地從香港、澳門以及東南亞地區購買，這就決定了其中文古籍藏書的主體，在學科内容上有所側重，重點學科的藏書逐漸形成了比較完整和獨特的藏書體系。例如，蒲坂藏書是於1959年購自澳門，景頤齋和宋學鵬藏書於1966年購自香港，還有一些小批量的古籍來自二十世紀六七十年代的港澳臺地區以及日本。每次購買都是補充藏書之不足，使藏書體系更加完善，更適合教學研究的需要。另一方面，温哥華是先僑登陸北美大陸的落腳點，是加拿大華人移民的聚居地，不乏晚清和民國時期的名人之後，更是華人僑團活躍的地方。華僑先驅們不僅投資印刷少量的傳統中文古籍綫裝書，許多老華僑也保存有從原居地和遷徙地，如東南亞和日本等地帶來的中文古籍。他們慷慨的捐贈進一步强化了UBC亞洲圖書館的中文特色資源，不僅對保存和傳播中華文化起了巨大作用，同時也爲研究加拿大華僑歷史提供了重要綫索。

蒲坂藏書於1959年由當時執教本校的何炳棣（1917—2012）教授代表UBC遠赴澳門購得，共計3200餘種，45000多册，内容涵蓋經史子集各個方面。在此基礎上，UBC於1960年成立了亞洲圖書館（當時稱爲亞洲部），次年設立亞洲研究系並開始廣羅全球的漢學家。蒲坂藏書的主人原是澳門的富商姚鈞石（1889—1973），他在1941年從舉家躲避戰亂至香港的藏書家徐信符（1879—1947）手中購買了一大批南州書樓的舊藏。自認爲舜帝後裔的姚先生，以舜的都城“蒲坂”命名了自己擴充後的藏書爲“蒲坂書樓藏書”。後來當姚先生有意出售這批藏書時，北美、香港、臺灣以及新加坡的幾家大學都有意購買，而最終被UBC奪得頭籌。爲了能够體現藏書的沿革，這批書到達UBC後，便被稱之爲“蒲坂藏書”，從此“蒲坂藏書”便成爲UBC亞洲圖書館中文古籍藏書的代名詞。這第一批大規模的中文藏書，奠定了UBC亞洲圖書館的藏書基礎，使該館的藏書在數量和質量上後來居上，在當時的北美高校館中處於領先的前五名位置。據前輩館員謝琰先生回憶：1959年，蒲坂藏書在大木箱中運抵UBC時，被比作來自中國的長城，可想而知其規模之巨。這一採購整座中國私人藏書樓的做法，在海外實屬罕見。蒲坂藏書至今仍是UBC亞洲圖書館中文古籍藏書的主體，約佔總數的百分之七十，珍善本的數量過千，孤本逾百，最早的版本是元刻本，明刻本和清初刻本更是俯拾皆是，其中套印本、粤版書佔有一定比例，還有大量的批校本、精抄本和稿本。蒲坂藏書的内容特色之一，就是集中保存了廣東的地方文獻，基本上覆蓋了整個嶺南的珠江三角洲地區，這些藏書大多繼承自徐信符的南州書樓舊藏。在形式上，蒲坂藏書也是多種多樣，除了刻本、稿抄本外，還有部分拓本以及地圖等。

繼蒲坂藏書之後，UBC亞洲圖書館又陸續在香港訪得景頤齋陳氏藏書和學者宋學鵬的藏書。景頤齋藏書是原香港富商陳氏家族的藏書，主人是陳啓濂，其藏書約160種，4000多册，以史部和集部爲主，而且大套書較多。宋學鵬，名寶琳，字學鵬，其藏書多圍繞自己的研究興趣，手自批校，其中幾部廣東的方志非常重要，另外佛教書籍也比較多，其藏書共89種，約500册。這兩批藏書雖然數量不大，但卻擴充了UBC亞洲圖書館藏書的學科覆蓋面，而且其中也不乏明清善本書，特别是幾部清初内府編印的大套殿板書保存完好，尤爲難得。

1997年，UBC圖書館又從原皇家安大略博物館館長Peter Swann手中購得一千多種有關東方藝術史的藏書，其中包含數百種二十世紀初用珂羅版影印的中國古代書畫集，如上海有正書局、神州國光社等影印的歷代名畫大觀等。中國古代名畫歷來都是藏在深宫内院，秘不示人，難得一見。但是到了清末民初，隨着清王朝的没落和滅亡，許多珍品陸續從宫中散出，落入私人手中。當時西方的攝影技術在出版印刷業上的應用剛剛傳入中國，這種先進的攝影印刷技術正適應了對書畫複製的需求，使得這些名畫得以批量複製。雖然許多圖書館都或多或少地收藏有這類畫册，但是如此完整的收藏並不多見。Swann專藏的這些珂羅版畫册，可以説是中國古代美術發展史的一個縮影。今天，這些名畫的原件有些已經失傳，有些則又被鎖入公私藏家的密室。而珂羅版畫册，作爲這些名畫的第一次影印本，就成爲研究中國古代美術史的珍貴資料。Swann專藏的這些畫册長期以來没有被系統整理，在2015年的CLIR項目中，它被列爲工作重點之一，目前大約有近百種比較稀見的畫册已經完成整理。

除了有重點的採購之外，UBC圖書館還先後接受過幾次規模較大的私人捐贈，形成了幾個較有特色的中文專藏。早期的有司徒旄專藏和梁覺玄醫生專藏，近期的則有龐鏡塘專藏。

司徒旄（1889—1967）出生在加拿大的移民先驅家庭，靠自學通曉中國傳統文化，精通古典詩詞、繪畫，並且學貫中西，自由地交往行走於中西不同社群。司徒旄爲孫中山的摯友，曾爲辛亥革命争取海外華僑的支持。他擔任加拿大太平洋鐵路麾下的遠洋輪船公司客務經理四十多年，交遊甚廣。民國早期的精英階層不乏他的朋友或者受他的關照。面對當年對華人的種族歧視，他據理力争，甚至游説國會。而對於中國的天災人禍，他也始終在募集海外捐助的最前綫。司徒先生一生積累藏書1100多種、2000多册，内容主要是歷史、文學、佛學、書法等有關中國文化的書籍。在他1967年仙逝後，由女兒司徒美仙和女婿雷玉堂捐獻給UBC亞洲圖書館。

梁覺玄醫生曾經在香港、美國和加拿大行醫，是第一位在温哥華開設中醫診所和學校的中醫師。他爲北美的針灸合法化奔走呼籲，可謂中醫在北美大陸立足的拓荒者。他身後留下的140餘種中醫古籍和手稿尤爲珍貴，其中不乏稀見之本。

龐鏡塘專藏由其家人輾轉從中國大陸帶至臺灣，又從臺灣帶至温哥華，並最終捐贈給UBC圖書館。龐鏡塘（1900—1977），山東菏澤人，生長於官宦世家，喜愛收藏古書和名人字畫，藏書多達9萬餘册，其中有不少珍本秘籍。1925年，龐參加國民革命，曾任黄埔軍校政治教官、國民黨中央組織部秘書長、國民黨山東省黨部主任委員等職。1948年濟南戰役時，龐鏡塘被解放軍俘虜，其妻楊寶琳攜帶兩女及貴重物品，包括部分藏書、字畫等赴臺。楊曾在臺灣擔任“立法委員”，去世後，其女龐禕將遺留下來的藏書字畫等帶到温哥華。龐禕曾就讀於UBC的亞州研究系，她於2000年去世後，其子方志豪（Paul Fang）主動聯繫UBC圖書館，將母親保存的龐鏡塘的部分藏書和碑帖拓片捐贈給亞洲圖書館，圖書館給予了妥善保管與整理。方志豪及其姊妹有感於圖書館員們對其捐贈品所做出的辛勤整理和揭示工作，以及圖書館良好的保存條件，於2014年再次捐贈，除少量善本、拓片外，還有字畫六十餘幅（軸）。兩次捐贈總計近兩百種、一千册（件），包括古籍善本、碑帖拓片、名人手札及書畫扇面等，都是龐氏藏書的精華，其中許多是出自山東名家之收藏，包括著名的海源閣舊藏。由於這些藏品幾經輾轉，没有得到妥善的保管，破損非常嚴重，内容也多有缺失。值得欣慰的是，其中有一部《史晨碑》拓本，因書册斷裂爲兩部分而分散在兩次捐贈之中，雖相隔十四年而終成完璧。

除此以外，UBC亞洲圖書館還經常接受一些小規模的捐贈，這些捐贈雖然數量不多，不足以形成專藏，但是許多贈品都别具特色，甚至捐贈者本身就值得研究。例如，本校的蔣北扶醫生捐贈的他收集了七十多年的華僑檔案以及少量的中文古籍，畢業於哈佛大學的民國經濟學家衛挺生後人捐贈的衛的著作和中文藏書等。這些最初收集於中國官宦世家和士大夫階層的珍藏，歷經劫難，遠渡重洋，最終彙聚於UBC亞洲圖書館，亟待開發利用。

二、中文古籍的整理、出版和數字化

正如多數北美高校的東亞圖書館一樣，UBC亞洲圖書館也面臨資金少和人手短缺等問題。没有古籍整理的專門人才，大量的珍本秘籍一藏就是半個世紀。雖然先後也請過諸如王伊同、錢存訓、潘銘燊、李直方、馬泰來、沈迦、戴聯斌等專家學者進行短時間的梳理，但主要是集中在對善本的整理上，一直没能對中文古籍加以全面系統的整理、鑒定、編目和保護，尤其是採用機讀目録後，許多入藏多年的古籍圖書並没有被納入到機讀目録當中，或者機讀目録中揭示的信息不全面、不正確，使得這些藏書成爲館藏的盲點，無法得到充分利用。

對於蒲坂藏書，姚鈞石先生本人曾編有《蒲坂書樓藏書目録》，手稿本，共五册，按照經史子集叢五大部類編排，各部類及其所屬小類之間均留有空葉，以備隨時增添。著録項目有書名、作者、册數、卷數、版本。UBC亞洲圖書館基本上按照這個目録順序排架，後來又根據實際排架情况編製了書本式的書名筆畫索引，作爲内部工作使用。

1959年蒲坂藏書抵達UBC後，當時負責接收和整理工作的王伊同教授，應海内外學者的請求，根據姚鈞石的目録，選取其中的三百餘種宋元明刻本及抄稿本，整理編製出蒲坂藏書的善本目録《加拿大英屬哥倫比亞大學宋元明及舊鈔善本書目》。王先生在姚目的基礎上，檢核藏書，增加了行款、批注、鈐印等内容。此目録雖然没有正式出版，但也複寫了多部，分發給友人，後來又收録到其論文集中。不久王先生又用英文發表了較爲詳細的介紹蒲坂藏書的文章，使蒲坂藏書在中西學術界産生了極大影響，至今人們仍然在引用或轉述王先生的文章或目録中的内容，也仍然有學者按照目録中的著録查詢藏書。但是，王先生當時並没有重新考證版本，只是照録姚目的内容，而其中所列的宋元版書，經過後來專家學者的多次考證，除了丟失的幾部之外，能够確定的只有一部元版書，即《晉書》。因此這部目録雖然仍有很大的參考價值，但已經不能準確反映蒲坂藏書的真實情况。

1991至1992年間，爲了加强對蒲坂藏書的保護，UBC亞洲圖書館决定爲蒲坂藏書投保，但是保險公司要求提供每部書的投保價值。爲此，圖書館特聘請美國芝加哥大學東亞圖書館的錢存訓先生和香港城市大學的潘銘燊先生爲蒲坂藏書估價。潘銘燊先生親臨温哥華，用了五個月的時間，逐一檢核藏書，在姚鈞石目録的基礎上，修訂並編製出全新的蒲坂藏書目録，作爲估價用工作目録。錢存訓先生即根據此目録逐一爲藏書做了估價，UBC亞洲圖書館最後以316萬美元的價值爲全部蒲坂藏書購買了保險。

這次估價工作的一個重要副産品，就是潘銘燊先生編製的全新的蒲坂藏書目録。這個目録雖然仍是以姚鈞石的目録爲底本，但是潘先生做了大量的工作，增添了許多新的内容，對蒲坂藏書的影響十分深遠，許多方面至今仍然在沿用。首先，爲蒲坂藏書分配了流水號碼，總計3244號 。每種書一個號，叢書及多卷書按總題名計算，這是對蒲坂藏書的一次徹底清點，數字相對比較準確，這個號碼也被稱爲蒲坂號碼，被加入到書目數據中，至今還在使用。其次，對藏書的版本進行了重新鑒定，對版本項的内容作了全面的修訂，成爲後來UBC機讀目録的依據。第三，著録項目更加詳細，增加了裝幀形式、書品等特殊項目，還爲書名增加了韋氏拼音。第四，將所有書目信息輸入到計算機系統（DOS系統）中，使書目信息的修訂和使用更加方便，同時也使編輯出版蒲坂藏書目録成爲可能。但遺憾的是亞洲館當時没能趁熱打鐵，書目的出版未能實現，功虧一簣，而這套目録實際上就成爲了蒲坂藏書的典藏目録，目前使用的兩部内部用工作目録都是從這個目録打印出來的副本。這套目録的不足之處是對每種書的卷數和册數没有清點核實，仍照録姚目的數字。

在估價投保工作進行的同時，UBC亞洲圖書館還積極參加了由美國研究圖書館組織（RLG）發起的“中國古籍善本書國際聯合目録項目”，該項目由美國普林斯頓大學圖書館的艾思仁博士主持。UBC一共提供了約1100條蒲坂藏書中的善本書目信息和書影。由於該項目是一個國際性的項目，各館提供的信息有機會相互印證，相互補充，尤其是書影的相互比對，明確了許多傳統鑒定上的不確定因素，使各館的書目信息都不同程度地得以修正，UBC也因此獲益匪淺。RLG項目的數據最初是在一個獨立的數據庫系統（RLIN）之中，2006年RLIN系統併入OCLC WorldCat，UBC的這些善本書目信息也因此得到更廣泛的傳播。其後，亞洲圖書館又聘請李直方先生陸續將蒲坂藏書的其他部分編目並輸入到機讀目録中。目前，90%以上的蒲坂藏書都可以通過機讀目録查詢。相比之下，景頤齋、宋學鵬、龎鏡塘等藏書，直到2015年的CLIR項目，纔被編目整理並納入到機讀目録當中。

在2014至2015年期間，UBC亞洲圖書館與UW東亞圖書館合作，成功完成了“發現近代中國——UW和UBC的中文典藏”項目。該項目是由梅隆基金會（Mellon Foundation）和美國圖書館信息資源委員會（CLIR）資助，目標是將兩館鮮爲人知的珍本秘籍編目共享，使它們可以被全世界的學者瞭解和利用。該項目的成功申請，除了有兩館的精誠合作外，還得益於美國、加拿大、中國和歐洲的學者們的大力支持，從而使兩館能够在衆多的申請館中勝出，贏得寶貴的課題經費。因而也能够邀請國内頗有成就的專家前來，對兩館大量尚未整理的藏書進行鑒定，並挑選出有價值的藏書進行編目，爲教學與研究服務。

PKU圖書館的姚伯岳教授作爲CLIR項目UW中文古籍編目館員，於2015年1月開始在西雅圖進行爲期17個月的工作。他還在2015年4—5月前來UBC擔任項目顧問。前遼寧省圖書館特藏部的武亞民老師，被聘爲UBC亞洲圖書館的善本編目員。兩位知名的中文古籍專家，憑借其豐富的專業知識，對兩館尚未整理的藏書進行了整體的評估，鑒定並整理出兩千多種古籍善本、碑帖拓片及民國時期較爲罕見的圖書，同時也爲北美地區東亞圖書館界中文古籍工作提出了建議，對北美地區中文古籍編目條例的修訂提供了建設性意見。

本校的研究生也積極參與到該項目當中，他們在前期做了大量的準備工作，清點和整理了數量巨大的未編圖書和檔案材料，努力發現有較高研究價值的，編製成稀見圖書清單，並對藏書的破損情況進行登記。後來，又爲專家作助手，大大節省了專家的時間，保證了項目的順利完成。

在這個歷時近兩年的項目中，UBC亞洲圖書館共完成了對近萬册未整理藏書的清點，挑選並整理出1200種價值較高的圖書，其中1912年以前出版的圖書佔80%以上。包括蒲坂藏書、景頤齋藏書、宋學鵬藏書、龐鏡塘藏書、部分Swann藏書，以及衛挺生、李樂天、梁覺玄等人的捐贈。其餘部分也將争取早日進行整理，還希望能够得到各方的大力支持。

在CLIR項目的推動和促進下，學校與總館都加强了對中文古籍保護工作的重視程度，但由於人員、技術、材料、經費等方面的原因，目前只能做些最基本的保護工作。從2016年5月起，開始實施了爲中文古籍配置函套的項目，目前已經完成了近千個函套，同時對破損嚴重的古籍進行登記，爲將來的修復工作做準備。

作爲CLIR項目的一個意外收穫，就是UBC亞洲圖書館和UW東亞圖書館有幸成爲“學苑汲古：高校古文獻資源庫（CALIS）”的首批海外成員館，在此我們要感謝PKU圖書館和CALIS管理中心以及姚伯岳教授。加入CALIS聯合目録不僅使我們兩所大學的教授與學生能够通過五十萬條在綫數據和二十七萬幅書影來利用中國大陸及港澳地區的館藏善本，同時也把我們兩校的中文古籍善本信息貢獻到資源庫中，分享給國内的學者。目前我館已經有四百多條數據及書影信息加入到CALIS中，還將陸續增加。

除了在北美地區尋求合作夥伴之外，我們也在積極參與並尋求與國内各個機構的合作，努力把我們有價值的藏書分享給國内的學者。前幾年我們主要參與了《廣州大典》和《海外廣東珍本文獻叢刊》等合作項目，提供了館藏中的幾十種孤本和珍本，並把數字化後的影像發佈到網上，提供免費閲覽。我們目前正在籌劃對館藏古籍中的稿抄本進行數字化，希望爲全球的數字人文課題研究做出應有的貢獻，同時也期待與國内外的有關機構進一步合作。

三、中文古籍的利用情況

亞洲圖書館的中文古籍藏書，一直以來都是亞洲系教學與研究不可或缺的資料來源，也是海内外學者查詢的一個重要資源。但從使用的情況來看，大概可以看出一個波浪式的起伏。二十世紀八十年代之前，中文古籍藏書是圖書館藏書的主體，是教學、研究以及學生論文的主要資料來源，利用率比較高。二十世紀八九十年代以後，隨着中國大陸的對外開放，新印古籍、古籍的整理、校點、翻譯以及研究著作越來越多地入藏到圖書館；2000年以後，數字化古籍的逐漸興起與普及，使得古籍在内容上更加容易獲取，因此教授和學生對古籍原本的需求和利用有所減少。這一時期，對古籍原本的利用主要集中在特色藏書，即珍本、孤本、稿抄本等這些有特殊内容、特殊作者或特殊版本的藏書上面。近幾年來，對古籍原本的利用又有所回升，人們似乎又開始重視"書籍實體"的重要性。下面通過一些實例，來説明館藏古籍藏書的使用情況。

蒲坂藏書入藏帶來了UBC亞洲研究的興旺局面，除何炳棣、王伊同等史學教授外，葉嘉瑩教授也利用其中的文學典籍和大量的清人文集來教授中國古典詩詞。葉教授已經桃李滿天下，她的學生中又產生了幾代的教授，無論他們服務於哪所大學，仍然會使用蒲坂藏書。

葉教授的弟子、UBC亞洲研究系的施吉瑞教授（Jerry D. Schmidt）在研究清代鄭珍（1806—1864）詩集的過程中，發現現代出版的鄭珍詩集除校勘有誤外，往往删除了作者本人的序文，而蒲坂藏書中的《巢經巢詩抄》則保存了作者的自序及其好友莫友芝、翁同書等人的序跋。因此他認爲，蒲坂藏書中的《巢經巢詩抄》至今尚不能被重印的新版本取代。

由UBC卜正民（Timothy Brook）教授領銜的一個課題組與法國法蘭西學院的魏丕信教授合作研究丘濬的《大學衍義補》，該書爲中國古代經世思想的名著，對明代以降的中國甚至歐洲的經世思想均産生過影響。課題組的戴聯斌博士發現蒲坂藏書中的版本與衆不同，將它與所有傳世版本進行了比對，最終確定蒲坂所藏是福建坊間翻刻明嘉靖三十八年（1599）吉澂刻本，對課題的研究有很重要的價值。音樂系的Alan Thrasher 教授在2016年出版有關曲牌的書時，也利用本館古籍，如《白石道人歌曲》。

近些年來，由於數字化古籍的逐漸普及，古籍内容的獲得相對容易，而對古籍的感性認識越來越少，許多從事中國傳統文化研究的老師和學生甚至從未接觸過古籍實體。有鑒於此，亞洲學系阮思德教授（Bruce Rusk）專門在善本特藏部安排了一次關於《詩經》的實踐課，他從古籍藏書中挑選出十幾種不同時期、不同版本的《詩經》，指導學生們如何去認識古籍、閱讀古籍，通過觀察版式、行款等來發現不同版本是如何突出或削弱經文及注釋的。阮教授説："當學生們意識到他們在面對一部，比如説，被幾百年前另一位學生閱讀、劃重點、注釋，或者可能拿來爲應付考試而研讀過的古籍的時候，他們確確實實感受到了與過去的聯繫。雖然古籍中相同的詞句已經可見於現代的印刷版本，在很多情況下，此類古籍的存在對學生以及高級學者而言仍然都十分重要。"學生們對此也都十分感興趣，反應非常積極。而録取自PKU和美國的博士生們從本館特藏和未編書的項目中不斷有驚喜的發現，並且到國際會議上宣讀他們的考證研究成果。例如，亞洲研究系的韋胤宗寫成了論文《作爲作者的出版商：明清古籍形式所産生的意義》。除本校的師生外，也有北美、歐洲以及中國大陸及港臺的學者查詢和使用我們的藏書。英國牛津大學查找有關廣東沿海軍隊設置資料、軍用地圖等，專程到館使用《廣東清代檔案録》《駐防廣州小志》。普林斯頓大學的馬泰來博士需要參考《閩中十子詩》，他認爲1886年的版本雖然不被看作善本，但它比明代的版本更有使用價值。PKU的潘建國教授在研究明代鄧志謨時，找遍了中國和日本也没能找到萬曆年間刻印的《蟫吟稿》，而最終在蒲坂藏書中找到了此書的唯一存世孤本。也有學者委託加拿大的朋友代爲查詢，如麥吉爾大學的方秀潔教授代國内學者查問惲敬的各種版本《兼塘詞》。更有學者從亞洲飛來UBC查閱所需資料，如廣東學者親赴温哥華查詢温子顥傳世的唯一抄本《倚銅琶館詞鈔》。來自安徽的管錫華教授在UBC作訪問學者期間，對館藏清代嶺南著名詩人黎簡的手稿殘本《五百四峰堂詩稿》作了深入研究，輯録出黎簡自删詩十九首，對黎簡研究具有重要意義。

四、中文古籍的修復與保護

古籍修復與保護工作是圖書館古籍整理工作的主要組成部分，是古籍開發與利用的重要保障。但是，在加拿大乃至中國大陸及港臺以外的地區，中文古籍修復的技術和人才都十分短缺，甚至根本没有。長期以來，UBC亞洲圖書館的中文古籍修復與保護工作都是處於若有若無的狀態，直到最近幾年來纔剛剛起步，但也只能做些簡單的保護和登記工作，連最基本的修補也做不到。總館有一名文獻保護員，雖然對中文古籍的保護也非常重視，但對中文古籍保護的知識與技術瞭解不多，只能在宏觀上做些相應的工作，許多具體的實質性工作尚無法展開。

蒲坂藏書自落户UBC以來，首二十年是在總館（舊館）的地下室，後移至地上樓層，中間三十年是在目前亞洲圖書館的書庫中，至2013年始搬入總館新建的善本特藏庫。因此，前五十年都是在開放式書庫的自然環境下保存。温哥華的氣候温度不高、温差不大，但是濕潤多雨，易滋生書蟲，而且中國傳統手工製作的紙張，吸濕性强，易老化。目前，蟲蛀的現象不是很嚴重，因爲這些書在南州書樓或蒲坂書樓時，多數都經過重新裝裱，襯入了嶺南特有的萬年紅襯紙，對防蟲起到了一定作用。但是紙張老化的問題相當嚴重，由於館舍的逐漸陳舊，通風、防塵等條件都達不到要求，甚至局部漏雨現象也有發生，因此書籍因受潮而老化的程度非常嚴重，在搬遷至新的善本書庫時，因爲達不到善本庫的要求，一半以上的書都將函套撤掉，甚至將書衣、書底等部分頁面撕掉，嚴重者被放入冷櫃中保存，至今尚等待處理。而龐鏡塘藏書，在捐贈到UBC之前，就已經破損得相當嚴重，絶大多數無法提供使用。

據粗略的估計，UBC圖書館所藏的全部中文古籍中，大概有70%—80%的藏書有不同程度的破損，至少有20%左右的藏書破損嚴重，無法提供使用。因此，目前最大也最急需解决的問題就是古籍的修復與保護。

古籍的修復與保護，是一項耗時、耗力的工作，投入大，見效慢。除了技術、人才等客觀因素外，還有認知上的差異。在國内，圖書館及其各級主管領導對古籍保護工作都非常重視，對人才的培養、經費的投入都十分支持。而在國外，各級決策者的意見很難達成一致。這是文化認知上的差異，因此，對我們來説，中文古籍修復與保護工作的開展，難度很大。我們一直在不斷努力争取，也呼籲國内有識之士和有能力的機構，對海外中文古籍的修復與保護施以援手，把對海外中文古籍的修復與保護，納入到傳承和保護中華文化的大範疇之中，共同把中華文化的瑰寶發揚光大。

近年來，我們已經完成了將中文古籍搬遷至總館善本書庫的工作。總館善本書庫是一個現代化程度極高的書庫，具備可控的自然通風系統、温濕度調控系統，可以保持恒温恒濕，采用冷光燈、密集書架，防火、防塵、防光照等各方面都符合標準要求，二十四小時監控，保證安全。目前我們正在開展的工作還有，對破損古籍進行登記，爲將來的修復工作做準備。對破損特别嚴重的古籍用無酸紙包裹，並貼上“紙張老化，不提供使用”的標簽，同時在機讀目録的館藏項中也明確顯示“紙張老化，不提供使用”的信息，提醒讀者暫時不要借閲。另外，爲没有函套的古籍配置簡單的函套，等等。我們盡最大的努力去做我們能做到的事情，希望通過這些措施，來延緩中文古籍的老化破損的進度，爲將來更有效地保護中文古籍起到一定積極作用。

總之，UBC亞洲圖書館將堅持把建設有特色的中文藏書作爲藏書建設的重點，而中文古籍藏書則是不可缺少的重要組成部分，對中文古籍的收藏整理、開發利用，以及保存與保護將是我們工作的重中之重，使中華文化的瑰寶在海外能够不斷地傳承和發揚。

我們的藏書與我們的學術

韋胤宗

圖書館最核心的功用一爲藏弆，一爲借閲。所謂“采集古今載籍，付之公開閲覽”，即爲其意。高校圖書館，除了保存典籍之外，最顯著、最直接的功能就是供老師和學生教學、研究、學習之用，因此高校圖書館的館藏，往往能影響，甚至决定一所大學相關學科的研究水平。加拿大不列顛哥倫比亞大學（UBC）亞洲圖書館和古籍特藏部收藏中文古籍約六萬册，其中包括兩千餘種善本、一百餘種孤本，以及大量稿抄校本、金石拓片和書畫圖册。這些收藏，使得UBC成爲北美漢學研究的重鎮，對我們的學術生活産生了不可估量的影響。

研究古代的文學、歷史、思想，閲讀古籍是基本功。而大部分的古籍都没有點校本，因此直面古籍，瞭解古籍的版式、裝幀、行款等内容顯得格外重要。UBC亞洲系和歷史系的很多課程都安排有與古籍相關的實踐課，老師帶領學生去古籍特藏部，在老師和圖書館館員的指導下，學生們可以認識古籍，翻閲古籍。亞洲系副教授阮思德博士（Dr. Bruce Rusk）説：

> UBC中文善本特藏對教學與研究來説一直都是極寶貴的資源。雖然我可以指出一部分對特定研究非常有用的特定古籍，但介紹我自己教學時對這些古籍的利用可能更有用處，因爲這方面的價值長期以來都被低估了，即使是UBC的許多同事也是如此。實際上，這可以成爲一個賣點，尤其是在吸引研究生參與我們古代中國的研究項目方面。
>
> 我曾帶領數個班級到UBC的善本特藏部上課，因規模所限，一直都是帶研究生或者高年級本科生過去。當然，學生們語言技能深淺不同，對這些特藏的利用程度也相應有所局限，但即使是對不能閲讀中文（更確切地説是大多數古籍使用的文言文）的學生而言，參觀實物本身亦可獲益良多。這些參觀過圖書館特藏的學生一直有積極的反饋，在班級評價中特别提到該次經歷，而且對基本館藏資源所涵蓋的研究内容有了更清晰的感受。
>
> 尤其值得一提的是，在這些參觀包括選取與課程相關的古籍資料給學生們瀏覽的過程中，我本人也不可避免地會遇到驚喜，並有新的發現（至少對我而言）。在一定程度上，是由於這批特藏没有完整的編目，而目前旨在更新其目録的項目將改善這一情况。但同時，這批特藏品類

豐富的特質，讓我們可以向學生們展示諸如印本、抄本、包含豐富的手寫批注的印本等實例。類似的，還有各種印刷和裝訂風格、形式的實例。這對幫助學生們瞭解過去人的讀書經歷大有裨益。例如，在一門關於《詩經》——一部中國古代的詩歌總集，後來成爲儒家經典，並成爲一個豐富的注釋傳統的主體——的課上，我們通過觀察版式、行款來看不同版本是如何突出或削弱《詩經》原文和各種不同等級的注釋，這使得從未見過此類文本的學生們——即使他們不懂中文——也能清晰地感受到這些文本是怎樣的複雜與多層次，這樣的觀感很難僅靠討論或者閱讀原文的翻譯來傳達。

最後，當學生們意識到他們在面對一部，比如説，被幾百年前另一位學生閱讀、劃重點、注釋，或者可能拿來爲應付考試而研讀過的古籍的時候，他們確確實實感受到了與過去的聯繫。雖然古籍中相同的詞句已經可見於現代的印刷版本，在很多——儘管不是所有——情况下，此類古籍的存在對學生以及高級學者而言仍然都十分重要。我已經發現了幾本想要深入研究的古籍，例如一册印鑒——看起來其收藏者搜訪有年纔積得衆印。其中部分印章蓋在書葉上，其他則蓋在散葉上，看起來就像一本剪貼簿。此類書籍因而成爲有待决疑的社會交往與文化興趣的獨特遺迹。

如阮教授所言，在UBC古籍特藏部上過課的同學對那次經歷都印象深刻。亞洲系中國學的博士研究生高野實説：

我第一次親自接觸UBC藏的中文古籍，是在阮思德教授關於中國古代詩歌的課上。阮教授在古籍特藏部給我們上了一次特殊的課，讓我們接觸到了真真正正的古籍。我們甚至可以觸摸那些書，甚至翻閱數葉。那種翻閱的感覺還清晰地保留在我腦中，因爲就是在那時我意識到了實物書籍的重要性——在以往的研究中，我們只是關注文字本身而忽略了書籍的實物特性。我從古籍特藏部獲得的最大、最爲印象深刻的收穫就是——閲覽和瞭解真正的古人使用和閱讀的書籍。

高野實提到了書籍的“實物性”，這也是我所感興趣的一個研究課題。我們知道書籍是一種特殊的物品，它除了承載思想、修辭借以呈現的語言文字之外，還提供了豐富的視覺造型信息。因爲文字不可能憑空存在，它必須被書寫（或者印刷、雕刻、鑄造）到一定的物理材質上，纔能流傳；書寫的文字，也就是通常所説的“文本”，自然也必須以一定的字體書寫、以特定的行款排版。語言文字被書寫或印刷的過程，也是其視覺化的過程。一本書的“文本”能够表達意義，其文本的“形式”當然也能表達意義。近些年的文本分析（textual analysis）理論家，如 D. F. McKenzie、Roger Chartier、Jerome J. McGann 等人，普遍認識到了文本視覺形式的表意性。

我有幸參與 CLIR 項目，2015年9月到12月在亞洲圖書館工作期間，積累了非常豐富的古籍書影資料，根據這些材料，寫成了論文《作爲作者的出版商：明清古籍形式所産生的意義》（Publisher as the Author: Meanings Created by the Format of the Book in Late Imperial China）。並有幸在卡爾加里（Calgary）舉辦的“2016 人文社科聯合大會”（Congress of the Humanities and Social Sciences）中“書籍文化研究協會”（Canadian Association For the Study of Book Culture）第十二届年會上發表。

2014 年 9 月，我在亞洲圖書館發現了一幅刻於明萬曆十一年（1583）的世界地圖。該圖名爲《九州分野輿圖古今人物事迹》，它繼承宋石刻《華夷圖》等中國古地圖的編繪傳統，以《大明一統志》爲主要的數據來源，加入了萬曆初期的文化地理信息，並且可能是《乾坤萬國全圖古今人物事迹》等明末清初其他幾幅地圖的底本，在版刻地圖史上具有承上啓下的地位。這幅地圖對於研究明代後期國家經濟、地理沿革、地理學思想以及大幅版刻地圖的刊刻出版都有很大的價值。根據這幅地圖，我寫出了論文《加拿大不列顛哥倫比亞大學亞洲圖書館藏〈九州分野輿圖古今人物事迹〉》，並在 UBC 歷史系“中國研究小組”的會議上發表，引起了老師、同學以及從香港、臺灣前來訪問的學者們極大的興趣。

我的博士論文將以明清批校本爲中心展開，UBC古籍特藏中還有數量巨大的批校本，它們都可以爲我博士論文的寫作提供非常重要的一手材料，是我的研究所必需的。像我一般享受近水樓臺之便的，還有歷史系的碩士研究生馬奏旦，他説：

> 我的碩士論文是關於明代遼東軍户生存策略的研究，因此需要的是一種自下而上的眼光，來書寫群衆的歷史。這種視角要求大量的基層材料，以便獲得更多的歷史細節。論文的原始資料主要依靠的是UBC亞洲圖書館所藏的《明代遼東檔案匯編》。該資料匯編包括明遼東都司及其所屬衛所檔案八百八十餘卷，山東等處備倭署、山東都司及明兵部檔案二百餘卷，累計一千零八十餘卷。檔案年代起自洪武，訖於崇禎，以嘉靖、萬曆兩朝數量最多。内容分軍事、民族、馬市、驛站、賦役、司法、民政、官吏等類。其中，司法一類所刊諸件，多涉刑名錢穀等細事，兩造、情節多有具體描述，爲個案研究提供了很好的材料支持，也影響了我論文的寫作風格：整篇便是由多個小故事組成，以展現當地軍户應對王朝統治的應對策略的多個面向。
>
> 《明代遼東檔案匯編》是原始檔案的點校選本，因此免不了疏漏。譬如，該册有將同一事件的百户呈文與指揮批文割裂開，置於不同標題下的情況。鑒於此，便有必要將點校本與原檔進行比對，以杜缺漏。遼東檔案影印原檔，全部收入《中國明朝檔案總匯》第四編中，UBC亞洲圖書館有藏，使用便利。第四編爲明代遼東問題檔案，共有七百一十件。主要是洪武至崇禎年間，明代遼東都指揮使司所屬二十五衛與安樂、自在二州，以及明中期後設置的遼東經略、巡撫、巡按、總兵等衙署的檔案。《總匯》第二編爲簿册類，共收録明朝檔案一百零二卷，其中主要是

《武職選簿》。我論文中的部分武將，可見於《選簿》中，追溯其源流世系，多有裨益。

我使用的另一大類資料是方志。有别於其他的地方史料，方志的編纂原則本乎王朝正統的統治理念與意識形態。因此，雖然謀事地方，表達的卻是官方率土之濱、舉外包内的願景，是自下而上的眼光。利用方志材料，正好與我的思考理路互爲交叉，相互印證。明代遼東地方志，有畢恭、任洛所編《遼東志》，以及其續修本李輔所編《全遼志》，亞洲館皆有藏。其中，亞洲館所藏《遼東志》爲1912年日本出版的鉛印本，印刷、裝幀十分精良。該《志》基於前田利爲所藏明代天一閣方志原本，並附有題解。中國二十世紀二十年代付梓的《遼東志》由金毓黼校印，後收入《遼海叢書》，亦基於此本。因此，UBC亞洲圖書館所藏此《志》，史料價值高，對於我論文材料的可信度是有所幫助的。

而對於以古代中國爲研究領域的博士研究生來説，古籍的收藏質量更加關乎其研究的方便性，甚至直接影響研究質量。歷史系博士生白健瑞（Sarah Basham）談道：

我是一名UBC歷史系的博士生。我的博士論文考察一部中國十六世紀軍事百科全書的編纂，此書名爲《武備志》(1621)，由茅元儀(1594—1640)所編。我要分析此書的社會、閲讀和編纂的背景，以及作者去世之後讀者對此書的閲讀活動。我的論文需要廣泛考察《武備志》本身的各個版本，以及爲《武備志》提供材料的同時代其他軍事文獻的版本。在過去的幾年中，我使用了UBC新編目的善本特藏和北美其他圖書館所藏的中文善本，梳理了北美所藏《武備志》和其所引用明本文獻的版本。這些版本使我可以對比收藏在中國大陸以外的軍事文獻上讀者的批校。

在UBC，我曾研究過一部編於1562年的軍事圖册——《籌海圖編》。UBC收藏了本書的一部1693年的版本。如其他學者所言，《武備志》一書使用了這部圖册的内容。更重要的是，UBC所藏的1693年的版本署名鄭若曾(1503—1570)，而非如之前的版本一般署名胡宗憲(1512—1565)——胡宗憲的後人和同僚在其死後試圖借《籌海圖編》以恢復他的名譽。UBC所藏1693年的版本恢復了十六世紀原刻本的很多元素，例如，署名其原編者鄭若曾。書中有一個編者的名單，茅元儀的祖父茅坤(1512—1601)亦在其中。

對於我來説，《籌海圖編》的這個版本極其重要，特别是因爲它表明了十七世紀的讀者如何仍然知道茅元儀的祖父與十六世紀其他軍事文獻的編纂有着非常緊密的關聯。茅元儀爲編纂《武備志》選擇材料時，這種緊密社會關係的遺迹非常明顯。將《籌海圖編》的這個相對來講未被注意的版本與普林斯頓大學圖書館所藏的被仔細批點過的十六世紀的祖本進行對比，我們可以瞭解到讀者閲讀此類書籍的多樣的閲讀方法。

我的研究依賴於UBC的善本，以及藏於華盛頓大學、普林斯頓大學、美國大都會圖書館、哈佛大學等處的軍事文獻，特别是《武備志》的各個版本。完善UBC善本古籍的編目，使得我們可以將這些以前未被研究的明清善本與北美其他著名的善本文獻進行比較。UBC的善本古籍使我獲得了對於版本比較的初步瞭解，並免除了遠去亞洲各大圖書館訪問之苦。對UBC收藏的進一步研究，將會讓我們瞭解到爲何二十世紀的藏書家對軍事文獻青睞有加，並且最終在加拿大與美國收藏了如此豐富的像《籌海圖編》和《武備志》一樣的軍事文獻。

總之，UBC 圖書館藏有豐富的中文古籍，其編目的完善，有助於我們更好地瞭解這批藏書，更好地使用它們，欣賞它們。在我眼中，那些黄紙、墨字、硃批都彷彿活的一般，它們可以帶我進入一個寧謐而又生動的世界，那裏有衮衣繡裳，有金戈鐵馬，有詩酒問月，也有古墨飄香。但是，更重要的是，我們學習需要它們，老師們教學、研究需要它們。我們的藏書，與我們的學術生活息息相關！

周易管窺八卷　　Asian Rare-4 no.90

〔清〕李寅賓撰

清乾隆六年（1741）稿本。

綫裝，六册，書高24釐米。

首乾隆六年（1741）李寅賓序，自言山居讀《易》，十年所得，彙爲此書，“要使爻象符合，貞悔連貫，字各有義，言各有指。不舍傳以窮經，而亦不敢屈經以就傳，此其所以異於諸賢者矣”。

案：李寅賓，字宅東，號暘谷道人，山東壽光人，乾隆間諸生，年逾八十而終，《壽光縣志》有傳。另，《壽光縣志·藝文志》著録有李寅賓《周易析解》八卷，有乾隆二十年（1755）自序，疑即爲此書，或轉寫之誤也。

龐禕印：“龐禕”白文方印。

經部，易類。

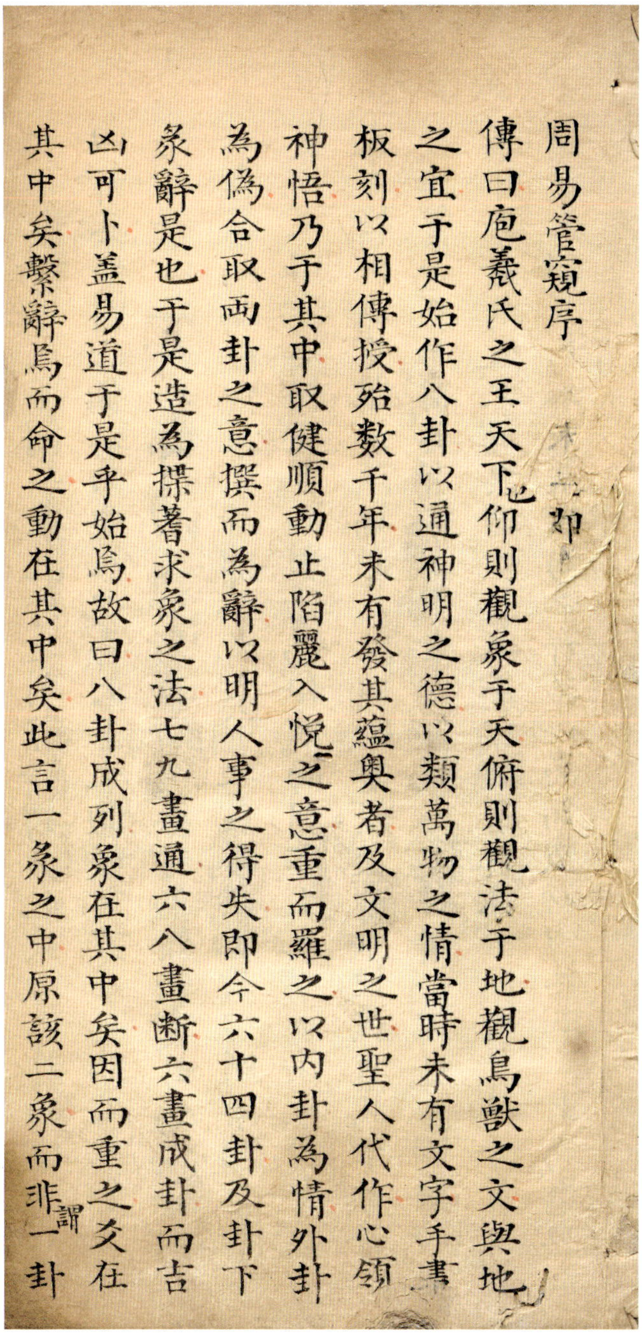

周易管窺序　來[illegible]知

傳曰庖羲氏之王天下也仰則觀象于天俯則觀法于地觀鳥獸之文與地之宜于是始作八卦以通神明之德以類萬物之情當時未有文字手書板刻以相傳授殆數千年未有發其蘊奥者及文明之世聖人代作心領神悟乃于其中取健順動止陷麗入悦之意重而羅之以内卦為情外卦為偽合取两卦之意撰而為辭以明人事之得失即今六十四卦及卦下彖辭是也于是造為揲蓍求象之法七九畫通六八畫斷六畫成卦而吉凶可卜蓋易道于是乎始焉故曰八卦成列象在其中矣因而重之爻在其中矣繫辭焉而命之動在其中矣此言一彖之中原該二象而非謂一卦

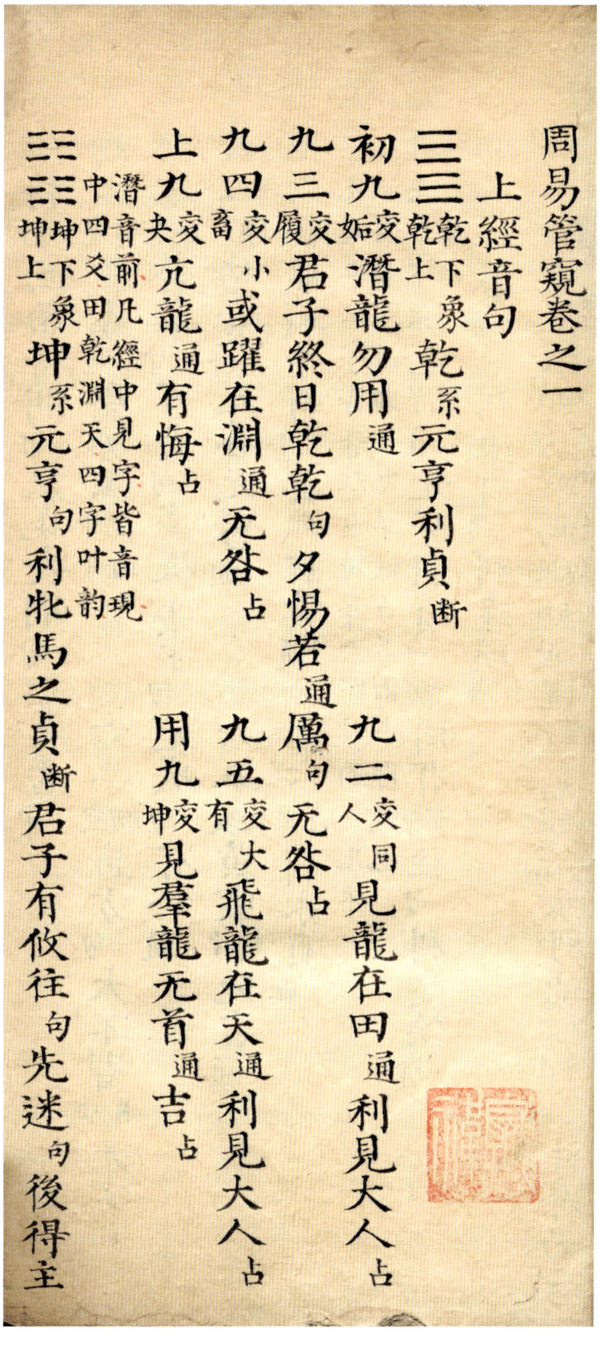

周易管窺卷之一

上經音句

☰☰乾下乾上 乾系元亨利貞断

初九交姤 潛龍勿用通

九二交同人 見龍在田通利見大人占

九三交履 君子終日乾乾句夕惕若通厲句无咎占

九四交小畜 或躍在淵通无咎占

九五交大有 飛龍在天通利見大人占

上九交夬 亢龍通有悔占

用九交坤 見羣龍无首通吉占

潛音前凡經中見字皆音現

中四爻田乾淵天四字叶韵

☷☷坤下坤上 坤系元亨句利牝馬之貞断君子有攸往句先迷句後得主

周易解不分卷 Asian Rare-4 no.1

清中後期（約1750—1911）稿本

綫裝，六册，書高29釐米。

此書無卷端題名，亦不題撰著人姓名。卷前有方苞“周易解”序並鈐印，書名據此著録，書根印有“舊抄批校本周易解”。卷中朱筆圈點批校甚多，署名曰“名時識”。

案：“名時”不知何許人也，考卷中校語有“先生云”，又有“定本”“此係原本，尚非定本”“初稿云”等語，似與作者相識，或其本人即是作者。方苞序落款云“桐城方苞望溪氏題於醉經堂”，然序文内容卻不似方氏所爲，閃爍其詞，似與此書有關，卻又無關。方氏爲清初桐城派領袖，尊程朱之學，於五經多有見解，唯獨於《易經》未有專著。他在晚年給其弟子王又樸的信中就説過，自己對《易經》研究未深，“近僕鄉人程廷祚極好學，有所解易，徵僕序。以平素究易未深，未之敢應也”（王又樸《易翼述信》），此信寫於其卒前兩年，由此可知，方苞一生並無易學專著流傳下來，此序亦定非其所爲，當爲後人假託方氏之名，冀以流傳其書。故所題“名時”者，當即是作者。雖然如此，此書亦非不可讀，其解易之法，一本朱子，重在易理。

方苞印（存疑）：“望溪管窺”“望溪方氏藏書印”朱文方印。

龐鏡塘印：“嬴縮硯齋藏書”朱文方印，“鏡塘讀過”白文方印。

經部，易類。

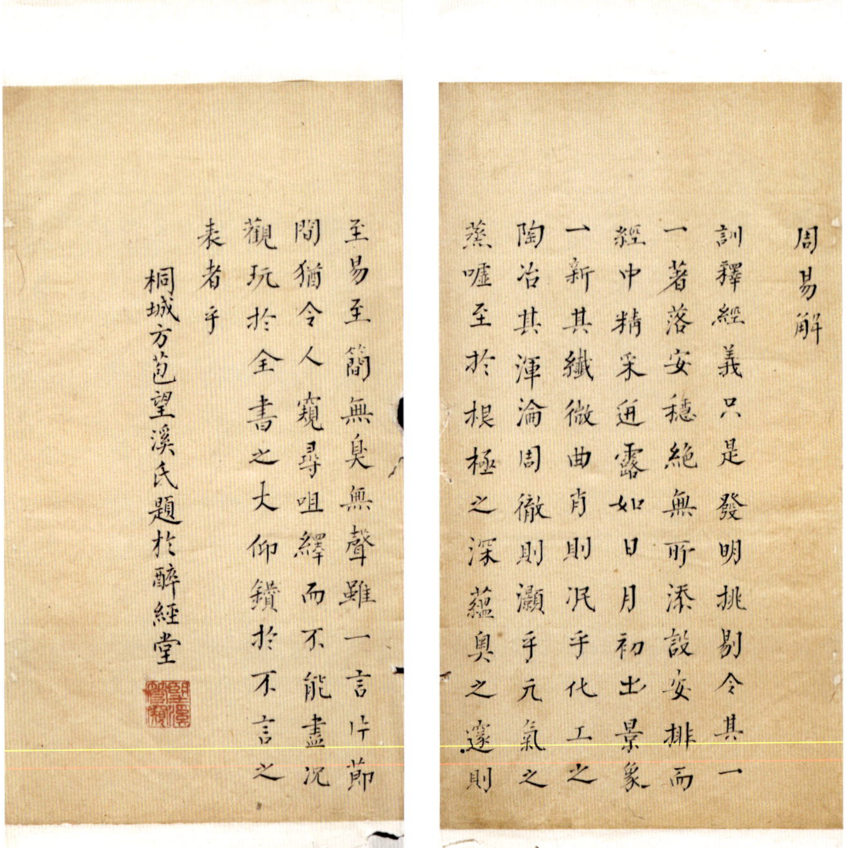
周易解
訓釋經義只是發明挑剔令其一
一著落安穩絶無所添設安排而
經中精采迸露如日月初出景象
一新其纖微曲肖則汎乎化工之
陶冶其渾淪周徹則灝乎元氣之
蒸噓至於根極之深藴奥之邃則
至易至簡無臭無聲雖一言片節
間猶令人窺尋咀繹而不能盡況
觀玩於全書之大仰鑽於不言之
表者乎
桐城方苞望溪氏題於醉經堂

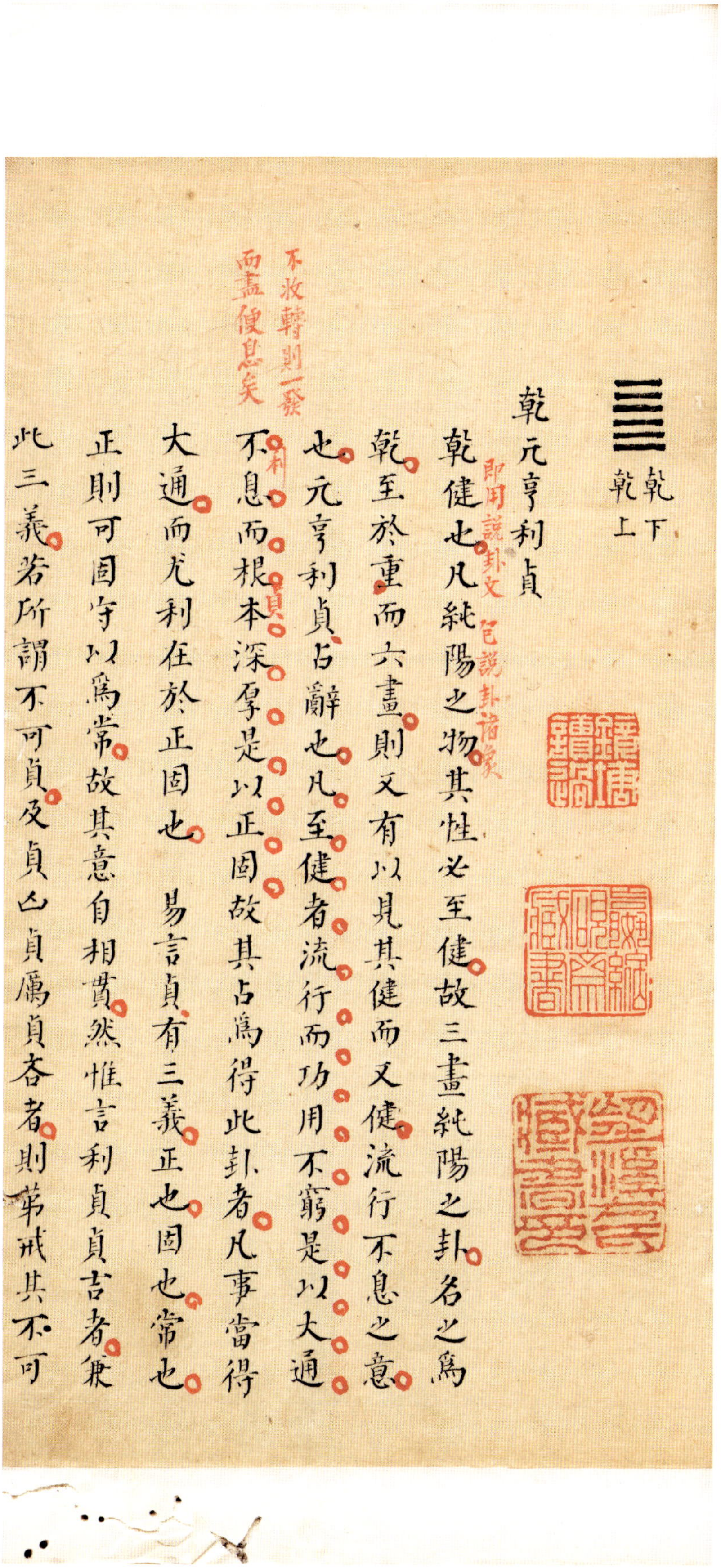
☰ 乾下乾上

乾元亨利貞

乾健也凡純陽之物其性必至健故三畫純陽之卦名之爲乾至於重而六畫則又有以見其健而又健流行不息之意也元亨利貞占辭也凡至健者流行而功用不窮是以大通不息而根本深厚是以正固故其占爲得此卦者凡事當得大通而尤利在於正固也　易言貞有三義正也固也常也正則可固守以爲常故其意自相貫然惟言利貞貞吉者兼此三義若所謂不可貞及貞凶貞厲貞吝者則弟戒其不可

即用說卦文　已說卦詳象

利　貞

不收轉則一發而盡便息矣

書經集注六卷　Asian Rare-4 no.2

〔宋〕蔡沈集注

明萬曆（1573—1620）福建書林新賢堂張閩岳刻《五經集注》本。

綫裝，四册，書高25釐米。

版框12.3×11.5釐米，9行17字，小字雙行同，白口，四周單邊，單黑魚尾，版心下有刻工名“岳”。

首宋嘉定己巳（1209）蔡沈序，卷末有牌記“書林新賢堂張閩岳校梓”。

案：新賢堂張氏在明嘉靖、萬曆年間刻印經史書籍多種。

蔣一和印：“泗水蔣氏家藏”“蔣一和”朱文方印，“一和藏書”朱文橢圓印，“蔣一和書畫”“孤雲鑒賞”白文方印。

龐鏡塘印：“嬴縮硯齋藏書”朱文方印，“鏡塘讀過”“鏡塘長物”白文方印。

經部，書類。

又一部：Asian Rare-4 no.3，存卷四至六，一册，書高28釐米。

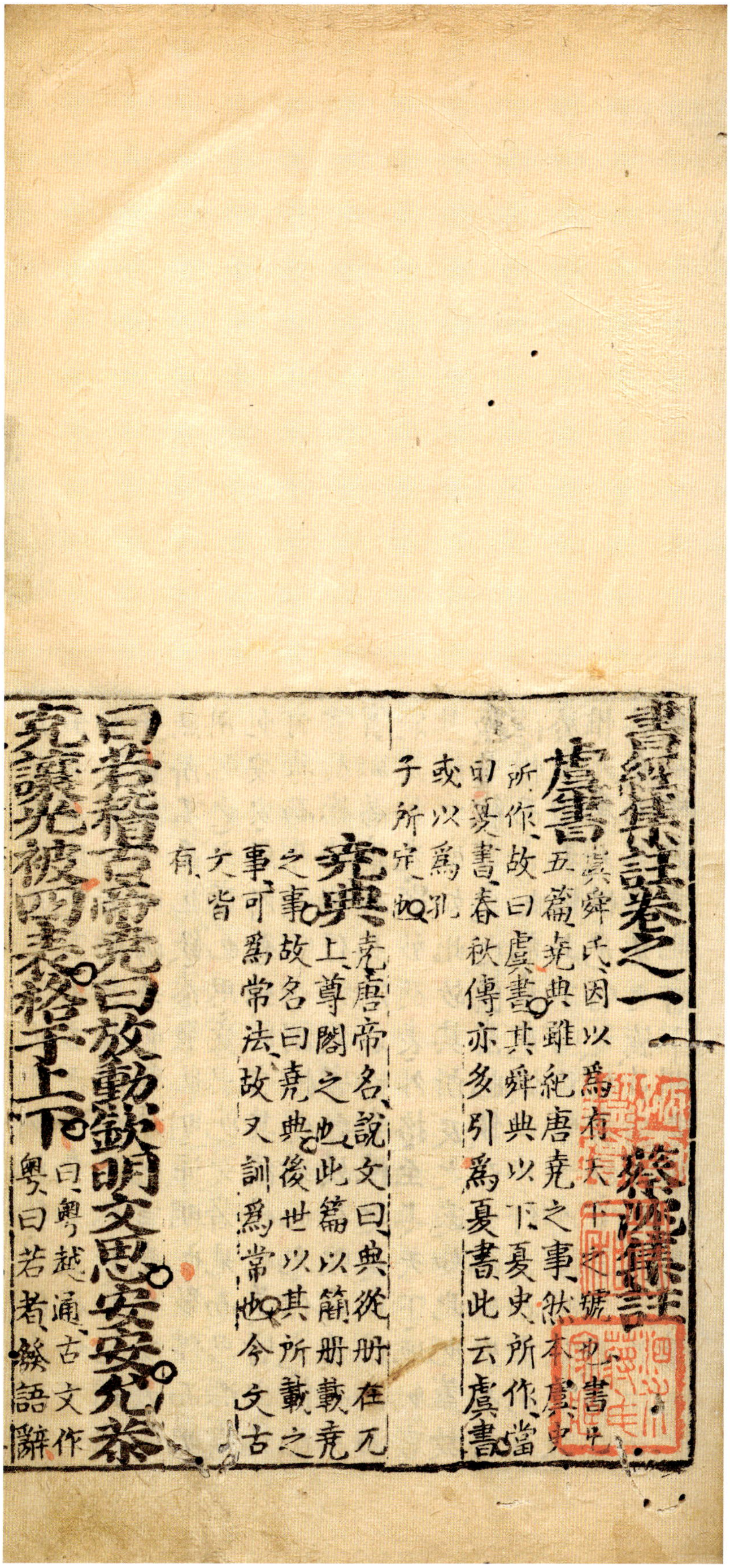
書經集註卷之一　蔡沈集註
虞書　虞舜氏因以爲有天下之號也書凡五篇堯典雖紀唐堯之事然本虞史所作故曰虞書其舜典以下夏史所作當曰夏書春秋傳亦多引爲夏書此云虞書或以爲孔子所定也
堯典　堯唐帝名說文曰典從册在丌上尊閣之也此篇以簡册載堯之事故名曰堯典後世以其所載之事可爲常法故又訓爲常也今文古文皆有
曰若稽古帝堯曰放勳欽明文思安安允恭克讓光被四表格于上下　曰粵越通古文作粵曰若者發語辭

詩經八卷 Asian Rare-4 no.4

（宋）朱熹集傳

清雍正（1723—1735）國子監刻《五經四書讀本》本。

綫裝，四册，書高27釐米。

版框21×14.8釐米，9行17字，小字雙行同，白口，四周單邊，版心上鐫題名，下鐫卷次及葉數。

首宋淳熙四年（1177）朱熹序。卷末有墨筆題識“道光丙申春莫，見亭批注於行所無事之軒”，其下鈐有“長白麟慶”朱文方印。卷中朱筆批注甚多，皆出自麟慶之手。書套題籤“殿本《詩經》，長白見亭先生批注，菊伍書眉”，下有朱文小印“菊伍”。

案：清代内府刻書（又稱“殿版書”）通常無刻印牌記，而此書亦無御製序、題辭、大臣進表及纂修人員職名等殿版書常見的特徵，因此或被誤作明版。然考卷中“玄”“胤”等字已經缺筆，當是避康熙、雍正名諱，而“弘”字未缺筆，則尚未避乾隆名諱，故可知爲雍正間刻印之《五經四書讀本》之一。

麟慶（1791—1846），完顔氏，字伯餘，别字振祥，號見亭，滿洲鑲黄旗人，嘉慶十四年（1809）進士，道光間官至江南河道總督，有《鴻雪因緣圖記》等書傳世。

麟慶印：“長白麟慶”朱文方印。

周菊伍印：“毗陵周菊伍收藏書畫印”朱文長方印，“周郎”“菊伍”朱文方印，“菊塢讀過”白文方印。

龐鏡塘印：“贏縮硯齋藏書”朱文方印，“鏡塘讀過”“鏡塘長物”白文方印。

經部，詩類。

又一部：Asian Rare-1 no.107。

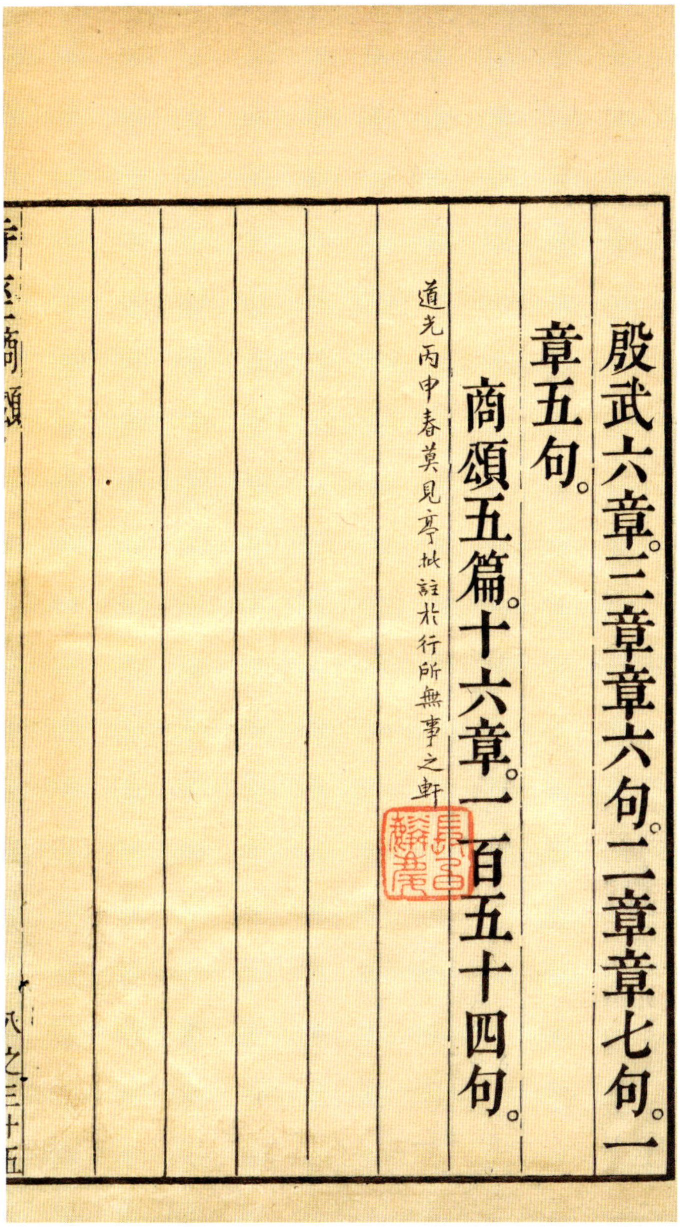
殷武六章。三章章六句。二章章七句。一章五句。
商頌五篇。十六章。一百五十四句。
道光丙申春莫見亭批註於行所無事之軒

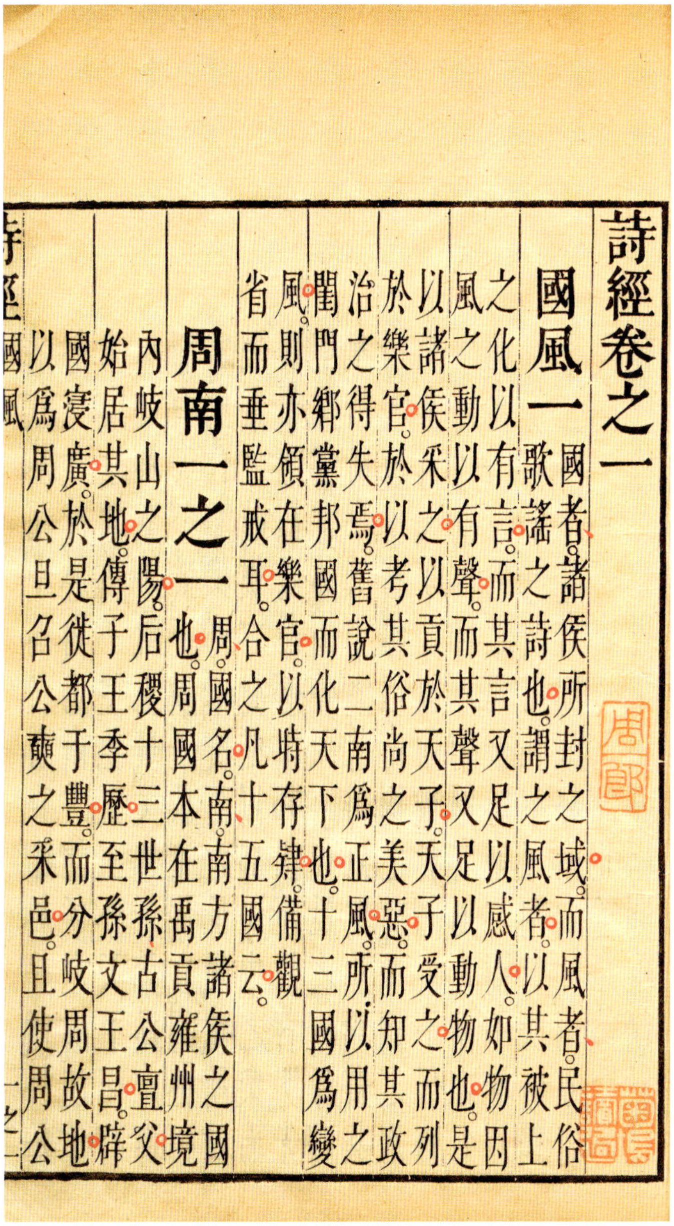
詩經卷之一
國風一　國者諸侯所封之域而風者民俗歌謠之詩也謂之風者以其被上之化以有言而其言又足以感人如物因風之動以有聲而其聲又足以動物也是以諸侯采之以貢於天子天子受之而列於樂官於以考其俗尚之美惡而知其政治之得失焉舊說二南爲正風所以用之閨門鄉黨邦國而化天下也十三國爲變風則亦領在樂官以時存肄備觀省而垂監戒耳合之凡十五國云
周南一之一　周國名南南方諸侯之國也周國本在禹貢雍州境內岐山之陽后稷十三世孫古公亶父始居其地傳子王季歷至孫文王昌辟國寖廣於是徙都于豐而分岐周故地以爲周公旦召公奭之采邑且使周公

詩經金丹便讀不分卷　Asian Rare-4 no.5

〔清〕閻湘蕙纂

清咸豐十年（1860）稿本。

綫裝，四册，書高25釐米。

内封葉墨筆題“咸豐拾年冬月吉旦，詩經金丹便［讀］，偶山堂□”，首咸豐十年閻湘蕙自序。

案：閻湘蕙，山東昌樂人，《昌樂縣續志》附記於其兄閻湖尊傳内。全書以《御纂詩義摺中》爲本，兼采諸家之言，作爲家塾讀本。其名“金丹”者，取“義欲堅而禮欲圓”之意。

龐鏡塘印：“贏縮硯齋藏書”“贏縮研齋”“嘿園眼福”朱文方印，“鏡塘讀過”白文方印。

經部，詩類。

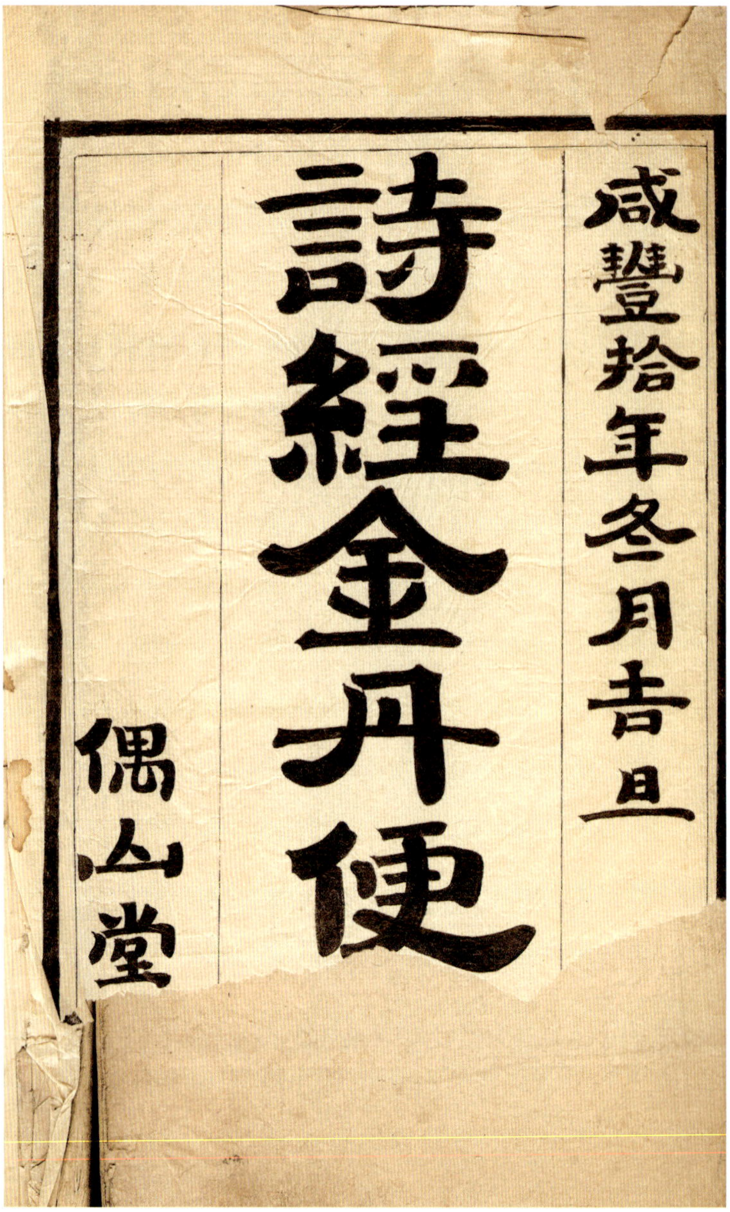

詩經金丹便讀

讀詩經歌

言志為詩（詩言志）六義成，風雅頌（興比賦）辭章温厚復
和平。尼山（孔子祈於尼山而生）屢説葩經（詩正而葩）益，吟咏
時時正性情。
詩教能興好善心（詩可以興），心能正大是詩人（詩思
無邪）。詩人先得吾心正，口誦心惟受教深。

十五國風歌

禮記不分卷　Asian Rare-4 no.6

明嘉靖（1522—1566）司禮監刻本。

綫裝，十二册，書高38釐米。

版框24×16.1釐米，8行15字，小字雙行同，白口，單黑魚尾，四周雙邊，版心上鐫“禮記”，中鐫篇名。

案：書不分卷，凡四十九篇，然觀其葉碼起訖，分爲八個部分，亦可視爲八卷。白文本，間有小字音注，版闊字大，白棉紙印行，當爲明代司禮監所刻，亦即所謂之“經廠本”。經廠本因其出自内府太監之手，向來爲清代學者所詬病，以其校刊不精，或擅改經文。然則經廠本亦有其存在之價值，其傳播範圍僅限於明代宫内，在嬪妃、宫女、太監中，以啓蒙禮教爲目的。白文大字，便於閲讀記誦，較之清代考據學派之一字萬言，白首而不能窮一經者，更爲實用。且所據之底本多爲内府所藏之宋元舊槧，較之坊間所刻，多有勝之。加之當時印行即少，因此能流傳至今者，亦屬罕見。

缺最後三篇：燕義第四十七、聘義第四十八、喪服四制第四十九。其昏義第四十四、鄉飲酒義第四十五、射義第四十六，書葉有殘破並經修補裝襯。

龐鏡塘印：“嬴縮硯齋藏書”朱文方印，“鏡塘讀過”白文方印。

經部，禮類，禮記。

禮記

曲禮上

曲禮曰毋不敬儼若思安定辭安民哉敖不可長上欲不可從去志不可滿樂洛不可極

賢者狎而敬之畏而愛之愛而知其惡憎而知其善積而能散安安而能遷

臨財毋苟得臨難去毋苟免狠毋求勝

禮記

檀弓上

公儀仲子之喪檀弓免問焉仲子舍捨下並同其孫而立其子檀弓曰何居基我未之前聞也趨而就子服伯子於門右曰仲子舍其孫而立其子何也伯子曰仲子亦猶行古之道也昔者文王舍伯邑考而立武王微子舍其孫腯

隸韻十卷附碑目考證一卷隸韻考證二卷

Asian Rare-4 no.7

〔宋〕劉球纂　(附)〔清〕翁方綱撰

清嘉慶十五年(1810)阿克當阿刻本。

綫裝,六册,書高31釐米。

版框22×14.4釐米,正文5行,大小字不等;附録8行20字,小字雙行同;白口,單黑魚尾,四周單邊,版心上鐫題名,中鐫卷次。

内封葉題"宋石刻本,劉球纂,隸韻,碑目一卷考證一卷附",書前有嘉慶十五年翁方綱序,十四年秦恩復後序。翁序云:"今翰林秦君敦夫彙得十卷,厚庵鹺使鳩工精勒。"《碑目考證》末鐫"秣陵陶士立慎齊摹,上元柏志高刊"。

案:"厚庵鹺使"即阿克當阿(1755—1822),字厚庵,滿洲正白旗人,官至兩淮鹽政。

有抄配:内封葉,書前秦恩復後序,奉表,碑目,卷一第一至二十九葉,卷五至六,卷七第一至四十四葉,卷十第三葉至三十七葉,《碑目考證》第一葉至三葉,及書後之董其昌題跋。

龐鏡塘印:"鏡塘乙酉後所得""嬴縮硯齋藏書"朱文方印。

經部,小學類,文字。

又一部:Asian Rare-5 no.179。

宋石刻本
隸韻
劉球纂
碑目一卷攷證一卷附

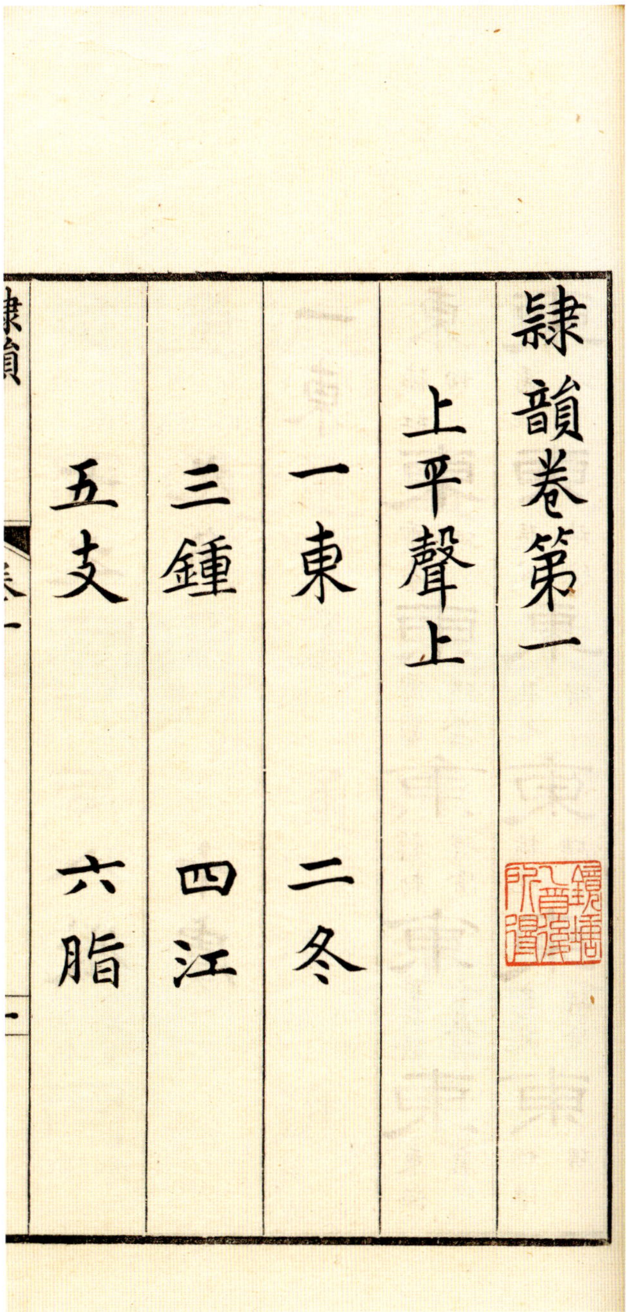
隸韻卷第一
上平聲上
一東　二冬
三鍾　四江
五支　六脂

五代史七十四卷　Asian Rare-4 no.8

〔宋〕歐陽修撰　〔宋〕徐無黨注

明萬曆二十八年（1600）北京國子監刻《二十一史》本。

綫裝，十册，書高30釐米。

版框23.2×15.4釐米，10行21字，白口，左右雙邊，單黑魚尾，版心上鎸“萬曆二十八年刊”，中鎸書名、卷次及紀傳名稱。

卷端題有敖文禎、黄汝良等奉旨重校刊。

吴鶚印：“吴鶚”“吴鶚私印”白文方印，“友石”朱文方印。

龐鏡塘印：“嬴縮硯齋藏書”朱文方印，“鏡塘讀過”白文方印。

史部，紀傳類，通代。

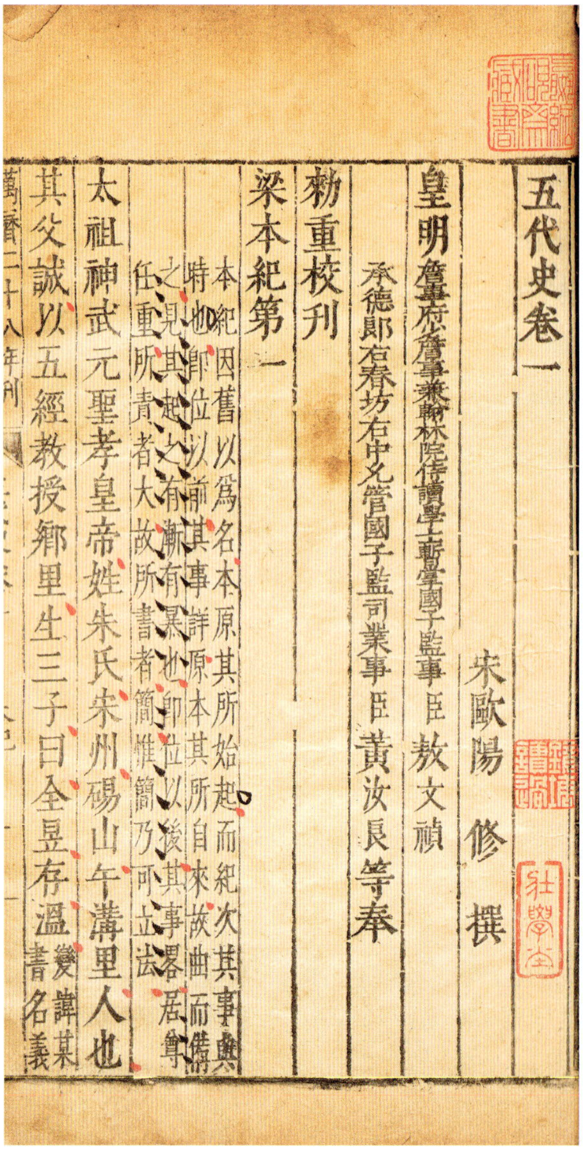
五代史卷一
宋歐陽修撰
皇明詹事府詹事兼翰林院侍讀學士掌國子監事臣敖文禎
承德郎右春坊右中允管國子監司業事臣黄汝良等奉
勅重校刊
梁本紀第一
本紀因舊以爲名本原其所始起而紀次其事與時也即位以前其事詳原本其所自來故曲而備之見其起之有漸有暴也即位以後其事略居尊任重所責者大故所書者簡惟簡乃可立法
太祖神武元聖孝皇帝姓朱氏宋州碭山午溝里人也
其父誠以五經教授鄉里生三子曰全昱存溫
萬曆二十八年刊

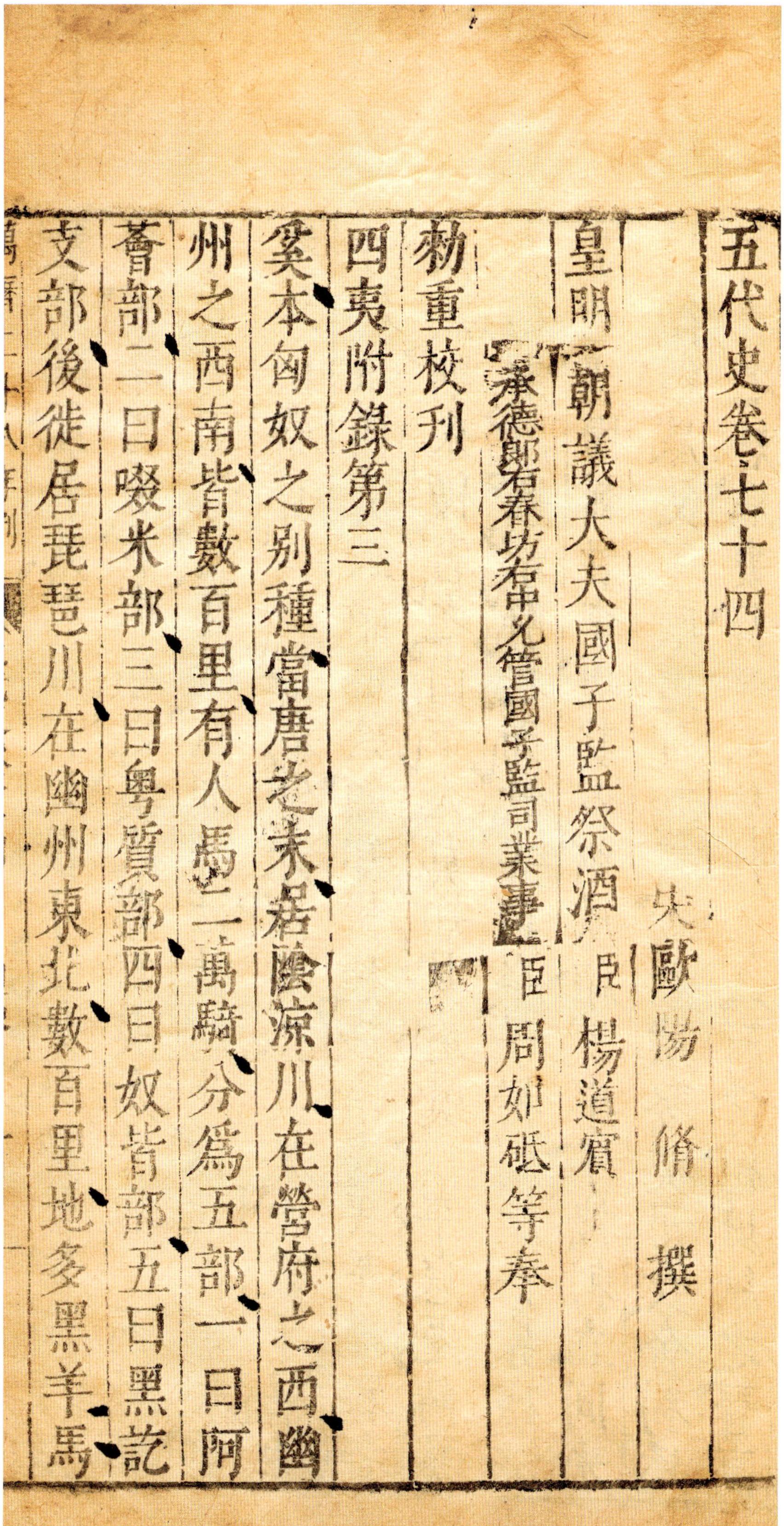

五代史卷七十四

宋歐陽脩　撰

皇明朝議大夫國子監祭酒臣楊道賓

承德郎右春坊右中允管國子監司業事臣周如砥等奉

勅重校刊

四夷附録第三

奚本匈奴之别種當唐之末居陰涼川在營府之西幽州之西南皆數百里有人馬二萬騎分爲五部一曰阿薈部二曰啜米部三曰粵質部四曰奴皆部五曰黑訖支部後徙居琵琶川在幽州東北數百里地多黑羊馬

資治通鑑二百九十四卷通鑑釋文辨誤十二卷　Asian Rare-4 no.9

〔宋〕司馬光撰　〔元〕胡三省音注

明萬曆二十年（1592）新安吳勉學刻本。

綫裝，一百一十二册，書高28釐米。

版框21.7×14.3 釐米，10行20字，小字雙行同，白口，單黑魚尾，左右雙邊。

首胡三省序，序後末行鐫“新安俞允順督刻”。案，卷端多題有新安張一桂、吳勉學、吳中珩等人校正或續校，卷末亦多題有“大明萬曆二十年”新安吳勉學、吳中珩等人覆校。

存二百十三卷：卷一至四十七、六十四至一百二十七、一百四十四至一百七十六、一百九十三至二百二十一、二百三十七至二百五十二、二百六十七至二百九十。

楊氏海原閣印：“楊氏海原閣藏”“協卿讀過”“保彝私印”白文方印，“陶南山館”朱文方印。

龐鏡塘印：“贏縮硯齋藏書”朱文方印，“鏡塘讀過”白文方印。

史部，編年類，通代。

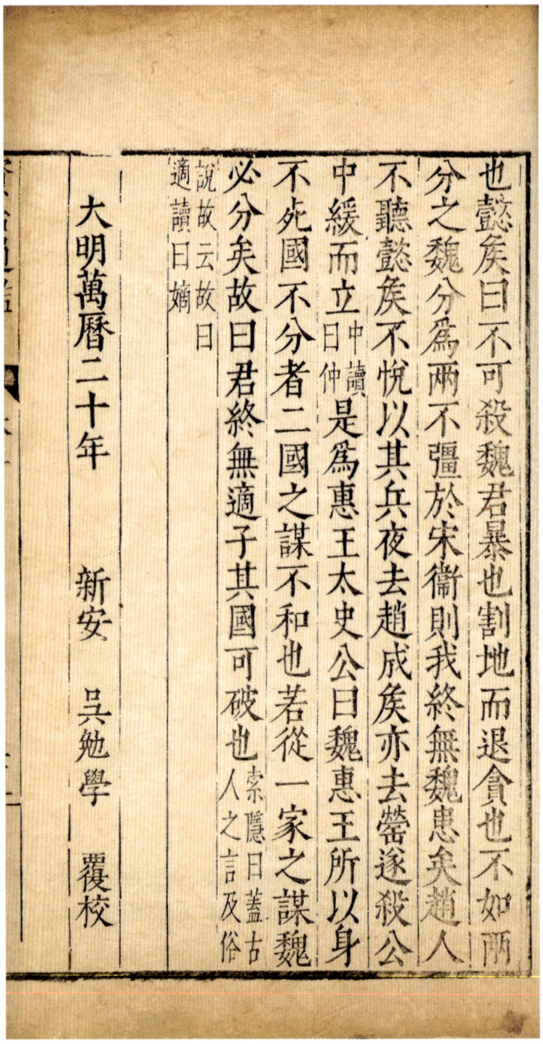

也懿侯曰不可殺魏君暴也割地而退貪也不如兩分之魏分爲兩不彊於宋衛則我終無魏患矣趙人不聽懿侯不悅以其兵夜去趙成侯亦去罃遂殺公中緩而立中讀曰仲是爲惠王太史公曰魏惠王所以身不死國不分者二國之謀不和也若從一家之謀魏必分矣故曰君終無適子其國可破也索隱曰蓋古人之言及俗說故云故曰適讀曰嫡

大明萬曆二十年　新安　吳勉學　覆校

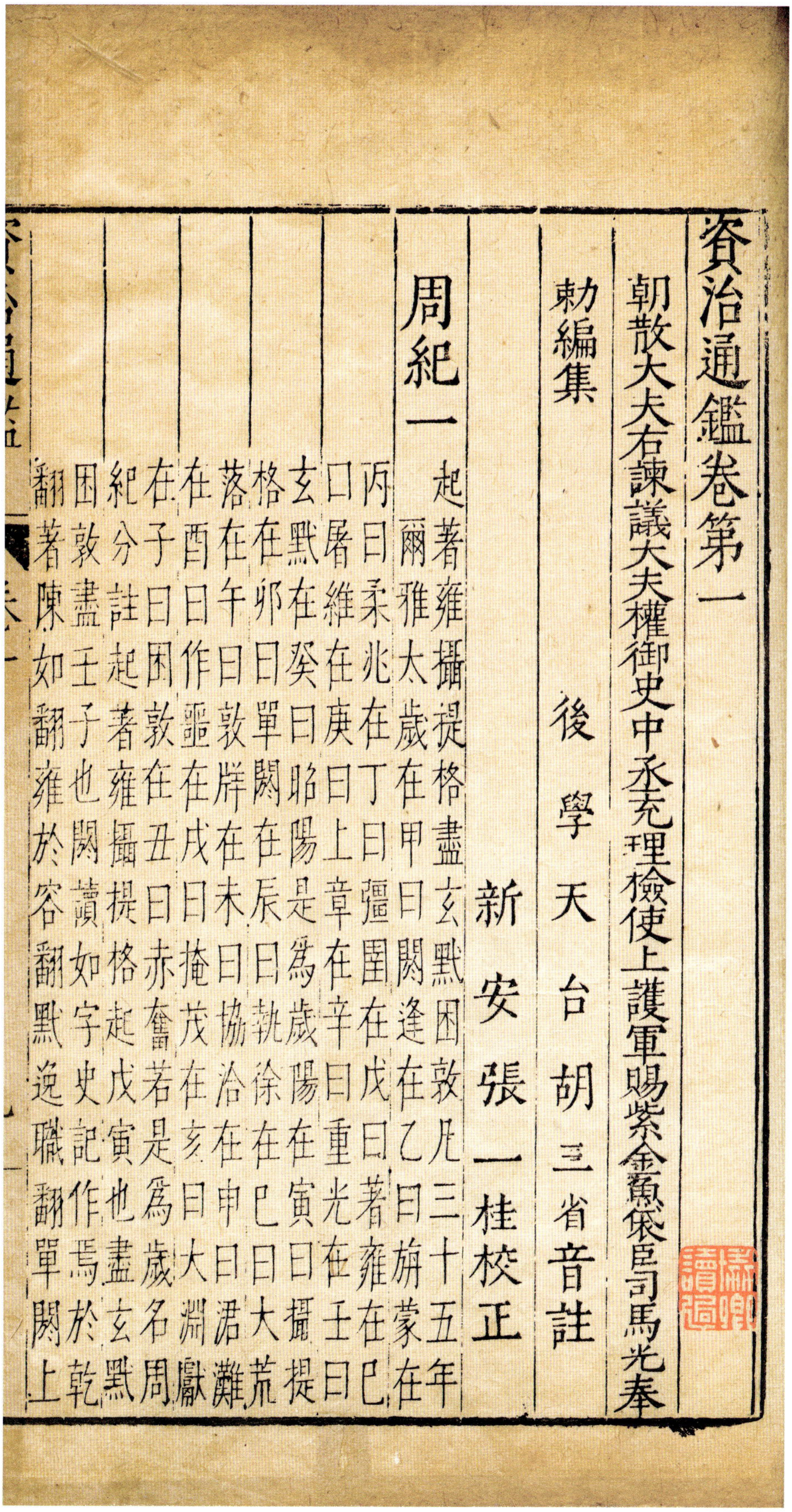

資治通鑑卷第一

朝散大夫右諫議大夫權御史中丞充理檢使上護軍賜紫金魚袋臣司馬光奉

勅編集　後學天台胡三省音註

新安張一桂校正

周紀一

起著雍攝提格盡玄黓困敦凡三十五年

爾雅太歲在甲曰閼逢在乙曰旃蒙在丙曰柔兆在丁曰彊圉在戊曰著雍在己曰屠維在庚曰上章在辛曰重光在壬曰玄黓在癸曰昭陽是爲歲陽在寅曰攝提格在卯曰單閼在辰曰執徐在巳曰大荒落在午曰敦牂在未曰協洽在申曰涒灘在酉曰作噩在戌曰掩茂在亥曰大淵獻在子曰困敦在丑曰赤奮若是爲歲名周紀分註起著雍攝提格起戊寅也盡玄黓困敦盡壬子也閼讀如字史記作焉於乾翻著陳如翻雍於容翻黓逸職翻單閼上

續資治通鑑二百二十卷 Asian Rare-4 no.10

〔清〕畢沅編集

清光緒二十九年（1903）廣州同馨書局刻本。

綫裝，九十册，書高26釐米。

版框18.4×13.9 釐米，10行21字，小字雙行同，白口，單黑魚尾，四周雙邊。

内封葉背面牌記題“光緒二十九年珠江同馨書局刊”，目録前有光緒二十九年陳元釗刻書序。

缺二十五卷：卷二十二至四十六。

龐鏡塘印：“龐鏡塘讀書記”朱文方印，“鏡塘讀過”白文方印。

史部，編年類，通代。

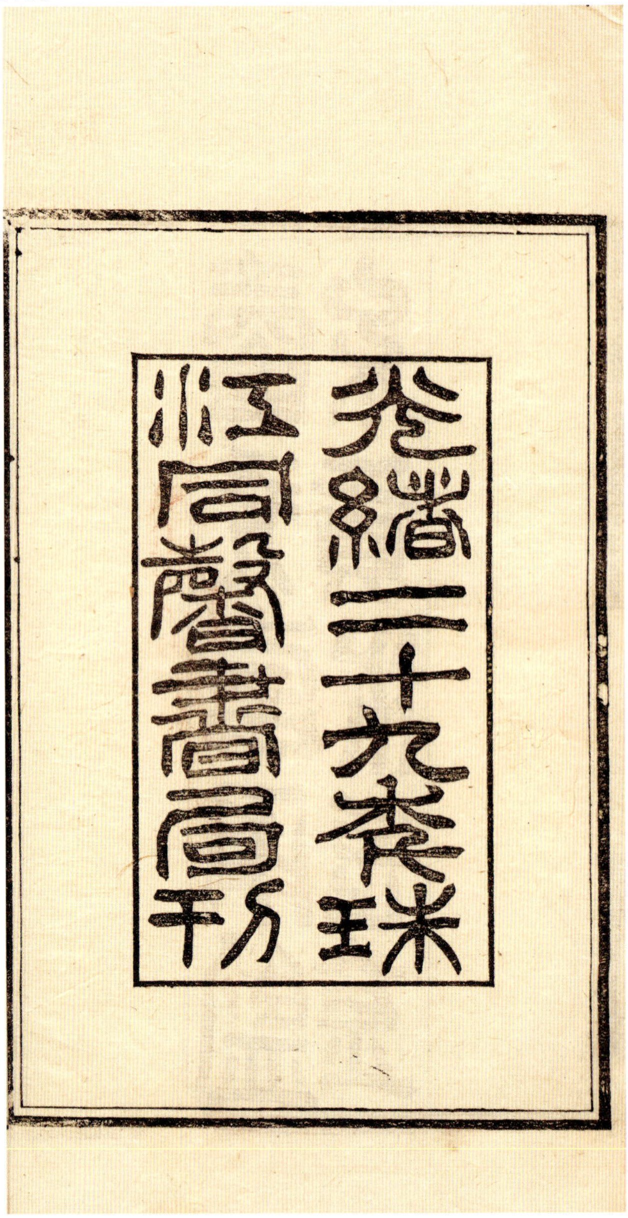

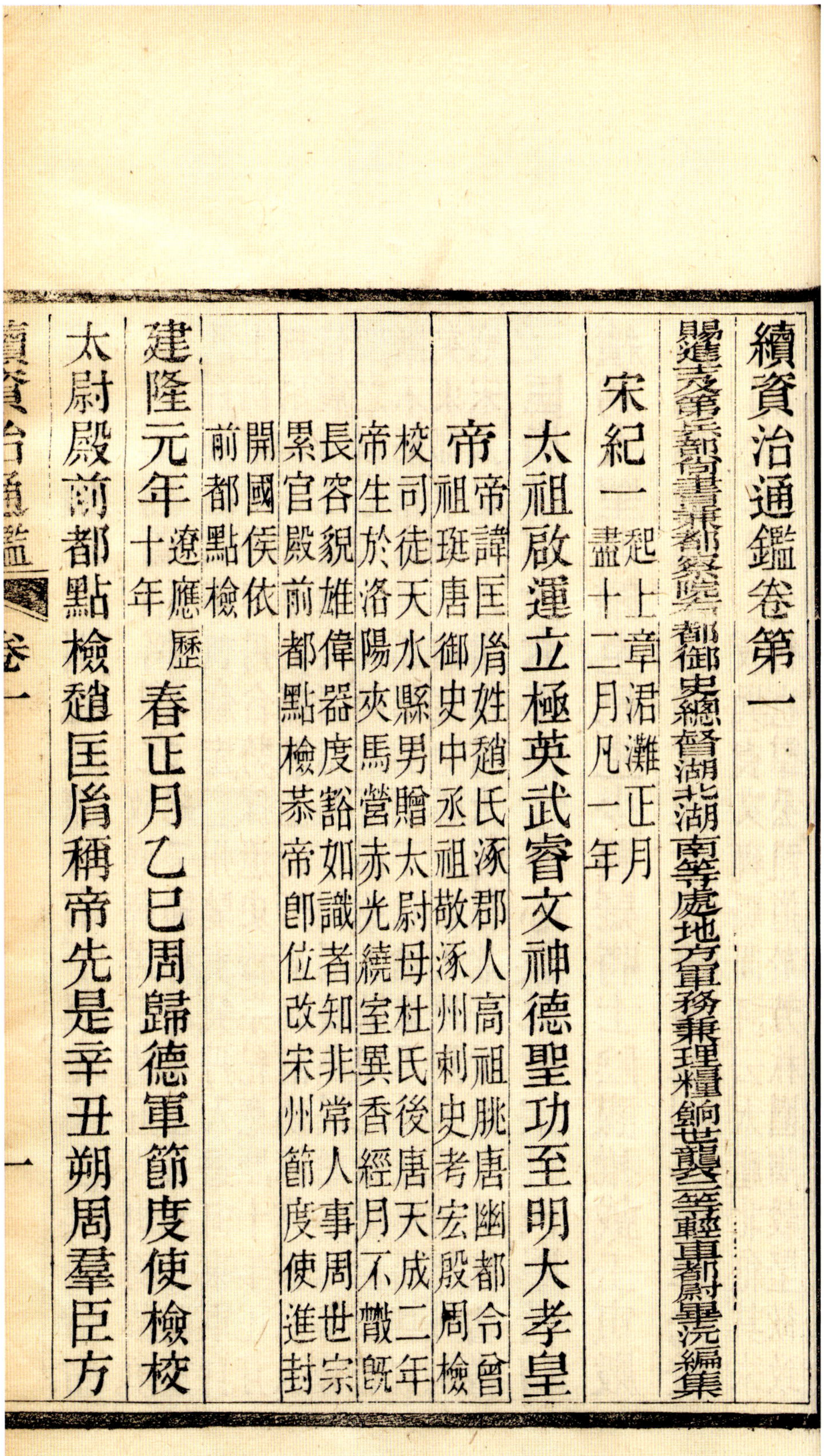

續資治通鑑卷第一

賜進士及第兵部尚書兼都察院右都御史總督湖北湖南等處地方軍務兼理糧餉世襲一等輕車都尉畢沅編集

宋紀一 起上章涒灘正月盡十二月凡一年

太祖啟運立極英武睿文神德聖功至明大孝皇帝

帝諱匡胤姓趙氏涿郡人高祖朓唐幽都令曾祖珽唐御史中丞祖敬涿州刺史考宏殷周檢校司徒天水縣男贈太尉母杜氏後唐天成二年帝生於洛陽夾馬營赤光繞室異香經月不散既長容貌雄偉器度豁如識者知非常人事周世宗累官殿前都點檢恭帝即位改宋州節度使進封開國侯依前都點檢

建隆元年遼應歷十年春正月乙巳周歸德軍節度使檢校太尉殿前都點檢趙匡胤稱帝先是辛丑朔周羣臣方

續資治通鑑　卷一　一

戰國策十卷　Asian Rare-4 no.11

〔漢〕劉向撰　〔宋〕鮑彪校注　〔元〕吴師道注　〔明〕穆文熙編纂　〔明〕石星重校　〔明〕劉懷恕、沈權校

明萬曆十五年（1587）劉懷恕刻《春秋戰國評苑》本。

綫裝，八册，書高30釐米。

版框24.5×14.6釐米，正文9行20字，小字雙行同，眉欄小字18行，行6字，白口，四周雙邊，單黑魚尾，版心上鐫題名，中鐫卷次，下鐫刻工及字數，如卷一首葉“蕭椿，六百零八”，第三葉“彭元，五百八十”。

首劉向“戰國策序”，及宋、元、明舊序跋多篇。卷一卷端題“宋尚書郎鮑彪校注，元國子博士吴師道注，明吏部考功員外穆文熙編纂，兵部左侍郎石星重校，河南道監察御史劉懷恕、江西道監察御史沈權校”。函套題簽“嘉靖刊本戰國策評苑，庚辰孟春之月，一和題於歷下”。

案：劉向校定《戰國策》凡三十三篇，宋鮑彪作注時併爲十卷。此本乃翻刻鮑氏本，故正文爲十卷，然書前目録仍保留了劉向三十三篇之目次。

又，考劉懷恕於萬曆十四年二月除河南道御史，十六年三月已改淮揚巡按御史，其另刻有《春秋經傳集解》三十卷，與此書合稱爲《春秋戰國評苑》，《春秋》前有萬曆十五年刻書序。

蔣一和印：“泗水蔣氏家藏”朱文方印，“一和藏書”朱文橢圓印，“蔣一和書畫”白文方印。

龐鏡塘印：“嬴縮硯齋藏書”朱文方印，“鏡塘讀過”白文方印。

史部，雜史類。

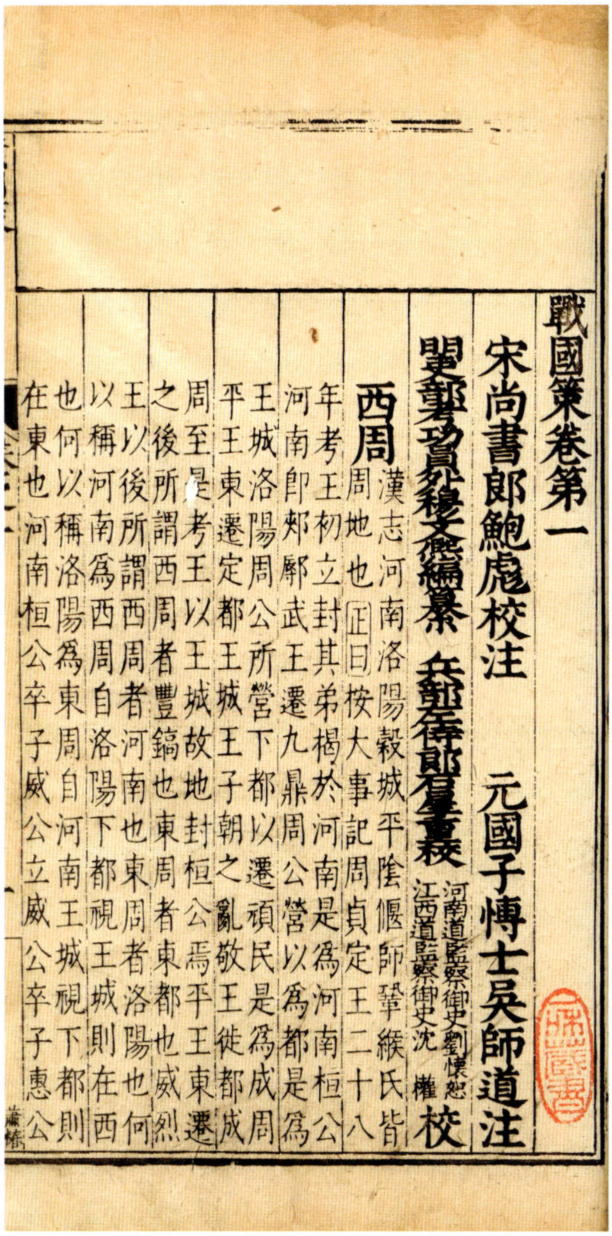

戰國策卷第一

宋尚書郎鮑彪校注　元國子博士吳師道注

[illegible]纂　兵部侍郎[illegible]

河南道監察御史劉懷恕　江西道監察御史沈權　校

西周　漢志河南洛陽穀城平陰偃師鞏緱氏皆周地也　正曰按大事記周貞定王二十八年考王初立封其弟揭於河南是爲河南桓公河南即郟鄏武王遷九鼎周公營以爲都是爲王城洛陽周公所營下都以遷頑民是爲成周平王東遷定都王城王子朝之亂敬王徙都成周至是考王以王城故地封桓公焉平王東遷之後所謂西周者豐鎬也東周者東都也威烈王以後所謂西周者河南也東周者洛陽也何以稱河南爲西周自洛陽下都視王城則在西也何以稱洛陽爲東周自河南王城視下都則在東也河南桓公卒子威公立威公卒子惠公

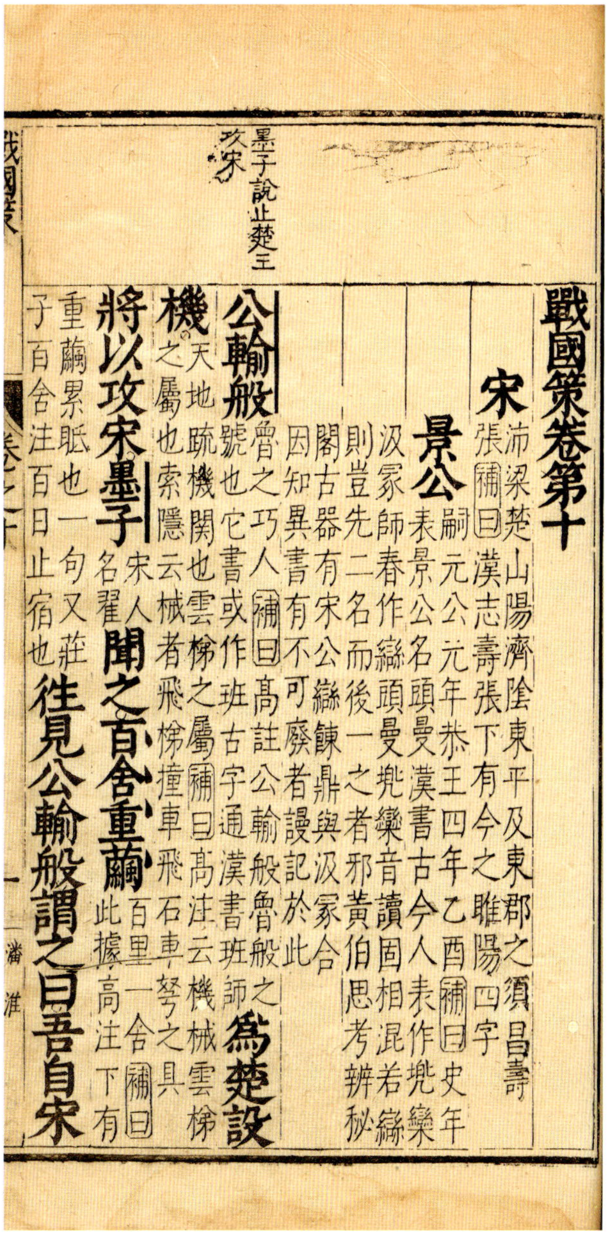

墨子說止楚王攻宋

戰國策卷第十

宋　沛梁楚山陽濟陰東平及東郡之須昌壽張　補曰漢志壽張下有今之睢陽四字

景公　嗣元公元年恭王四年乙酉　補曰史年表景公名頭曼漢書古今人表作兜欒汲冢師春作緣頭曼兜欒音讀固相混若緣則豈先二名而後一之者邪黃伯思考辨秘閣古器有宋公緣餗鼎與汲冢合因知異書有不可廢者謾記於此

公輸般　魯之巧人　補曰高註公輸般魯般之號也它書或作班古字通漢書班師　爲楚設機　天地疏機關也雲梯之屬　補曰高注云機械雲梯之屬也索隱云械者飛梯撞車飛石車弩之具　將以攻宋墨子　宋人名翟　聞之百舍重繭　百里一舍　補曰此據高注下有重繭累胝也一句又莊子百舍注百日止宿也　往見公輸般謂之曰吾自宋

貞觀政要十卷　　Asian Rare-4 no.12

〔唐〕吴兢撰　〔元〕戈直集論　〔清〕朱載震校閲

清康熙（1662—1722）潜江朱氏大易閣刻本。

綫裝，四册，書高32釐米。

版框26.4×18.3釐米，10行20字，小字雙行同，大黑口，四周雙邊，對黑魚尾，版心中鎸書名及卷次，下鎸“大易閣”。

首明成化元年（1465）御製序、原序、目録及“集論諸儒姓氏”。

案：初印本卷端題有“朱載震校閲”五字，此本已被剜去，當爲舊版後印本。

鈐印：“戴氏家藏圖書”白文方印，“表章經史之寶”朱文方印。

龐鏡塘印：“嬴縮硯齋藏書”朱文方印，“鏡塘讀過”白文方印。

史部，雜史類。

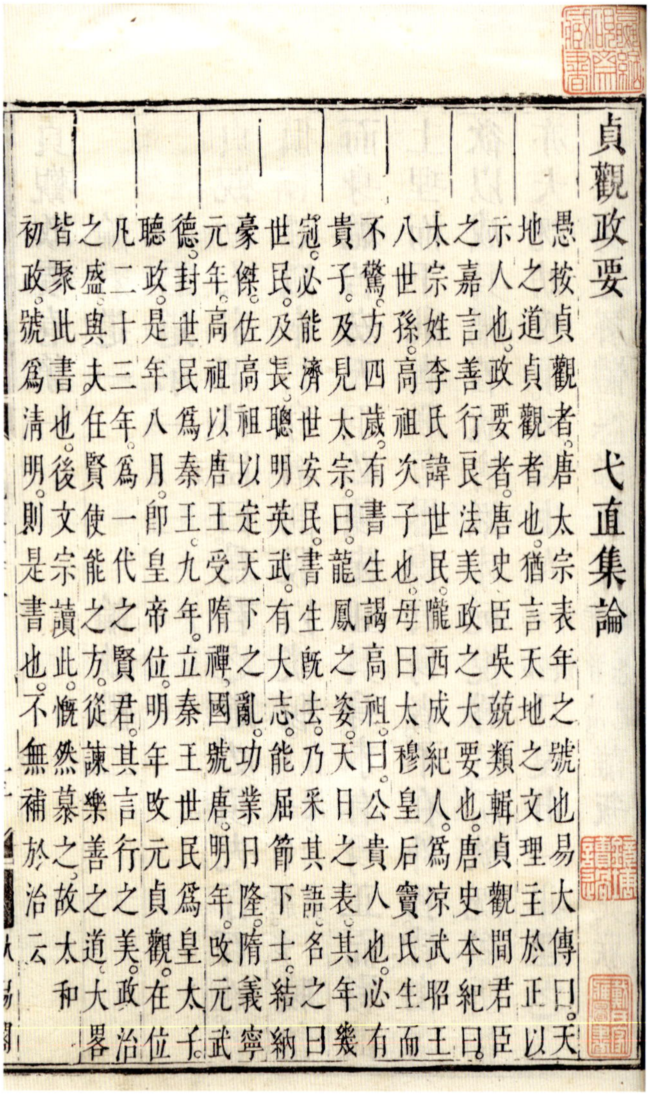

貞觀政要　弋直集論

愚按貞觀者唐太宗表年之號也易大傳曰天地之道貞觀者也猶言天地之文理主於正以示人也政要者唐史臣吳兢類輯貞觀間君臣之嘉言善行良法美政之大要也唐史本紀曰太宗姓李氏諱世民隴西成紀人爲涼武昭王八世孫高祖次子也母曰太穆皇后竇氏生而不驚方四歲有書生謁高祖曰公貴人也必有貴子及見太宗曰龍鳳之姿天日之表其年幾冠必能濟世安民書生既去乃采其語名之曰世民及長聰明英武有大志能屈節下士結納豪傑佐高祖以定天下之亂功業日隆隋義寧元年高祖以唐王受隋禪國號唐明年改元武德封世民爲秦王九年立秦王世民爲皇太子聽政是年八月卽皇帝位明年改元貞觀在位凡二十三年爲一代之賢君其言行之美政治之盛與夫任賢使能之方從諫樂善之道大畧皆聚此書也後文宗讀此慨然慕之故太和初政號爲清明則是書也不無補於治云

貞觀政要卷第一

論君道一　論政體二

君道第一（凡五章）

貞觀初太宗謂侍臣曰爲君之道必須先存百姓若損百姓以奉其身猶割股以啖腹（股一作脛啖音淡食也）腹飽而身斃若安天下必須先正其身未有身正而影曲上理而下亂者朕每思傷其身者不在外物皆由嗜欲以成其禍若躭嗜滋味玩悅聲色所欲既多所損亦大既妨政事又擾生人（擾亦作損）且復出一非理之言萬姓爲之解體怨讟既作（讟音瀆痛怨也）離叛亦興朕每思

蕪史小草二十三卷 Asian Rare-4 no.112

〔明〕劉若愚撰

清末抄本（約1821—1911）。

綫裝，四册。

板框18.4×12.4釐米，9行24字，四周單邊，大黑口，對黑魚尾。

案：此本用刷印之烏絲欄格紙抄録，通篇有朱筆圈點，天頭及行間有評語，分裝四册。首尾分别有落款爲清康熙四十六年（1707）及四十七年（1708）張謙宜題詞及識語，記録抄書批校之事，自署爲“膠州進士”“山東學究”，並鈐有“丙戌進士”朱文方印。

張謙宜，字稚松，山東膠州人，康熙五十一年（1712）壬辰科進士，曾爲雍正皇帝老師。所謂“丙戌進士”“山東學究”者，皆民間傳説，並非史實。故張氏題詞、識語及印記皆後人假托張氏之名而作。

有佚名批校。

鈐印（存疑）：“張謙宜印”白文回文方印，“張謙宜印”白文小方印，“丙戌進士”“壹門四登甲科”“稚松”“珠雲仙館藏書印”“則有鑒裁”朱文方印。

龐鏡塘印：“贏縮研齋藏書”“嘿園眼福”“贏縮研齋”朱文方印，“鏡塘長物”“鏡塘所藏精品”白文方印。

史部，雜史類。

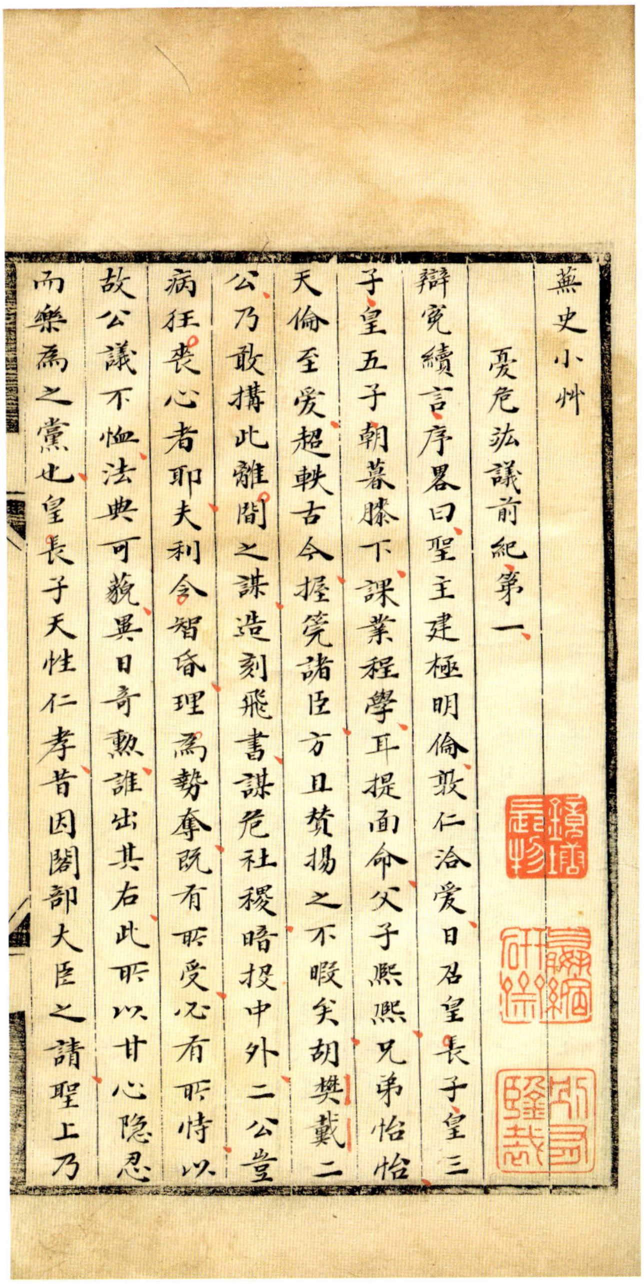

燕史小艸

憂危竑議前紀第一

辯寃續言序畧曰聖主建極明倫敦仁洽愛日召皇長子皇三子皇五子朝暮膝下課業程學耳提面命父子熙熙兄弟怡怡天倫至愛超軼古今握筦諸臣方且賛揚之不暇矣胡樊戴二公乃敢搆此離閒之謀造刻飛書謀危社稷暗投中外二公豈病狂喪心者耶夫利令智昏理爲勢奪既有所受必有所恃以故公議不恤法典可藐異日奇勲誰出其右此所以甘心隐忍而樂爲之黨也皇長子天性仁孝昔因閣部大臣之請聖上乃

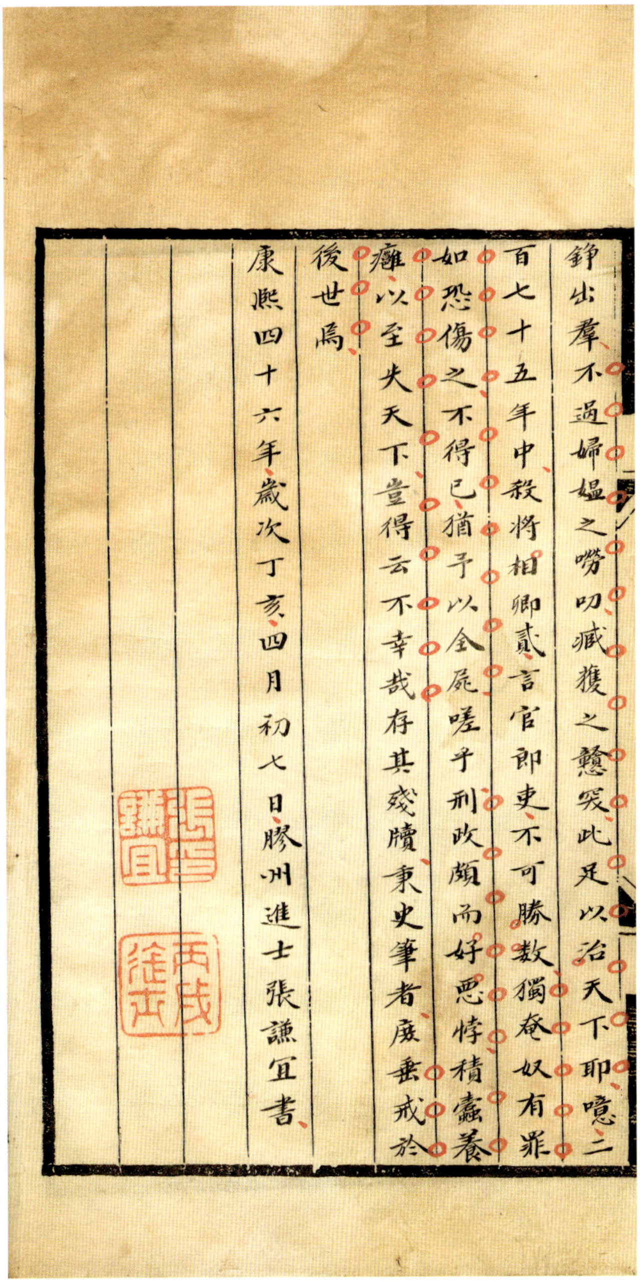

錚出羣不過婦媪之嘮叨臧獲之囈哭此足以治天下耶噫二百七十五年中殺將相卿貳言官郎吏不可勝數獨奄奴有罪如恐傷之不得已猶予以全屍嗟乎刑政顛而好惡悖積蠹養癰以至失天下豈得云不幸哉存其殘牘秉史筆者庶垂戒於後世焉

康熙四十六年歲次丁亥四月初七日膠州進士張謙宜書

史記近不分卷管子鈔不分卷　Asian Rare-4 no.13

〔明〕楊于陛輯

清初（約1644—1795）喬英抄本。

綫裝，四册，書高26釐米。

案：此書前三册爲“史記近”，不全，第四册爲“管子鈔”，亦不全。首楊于陛自序，末喬英抄録識語。

楊于陛，四川人，明萬曆四十四年（1616）任昌黎知縣，後陞任雲南定武州同知，率軍平雲南土司之亂，兵敗身亡，追謚太僕少卿。此書自序後題“楚陽孟諸楊于陛書於八寶帳中”，則於軍中所作也。

喬英，生平不詳，自署名曰“白田後學喬英子毅父”。

全書鼠嚙蟲蛀，破損嚴重，幾不可讀。

喬英印：“喬英”朱文方印，“喬”“英”朱文連珠小方印，“子毅氏”“一笑而已”“心逸居士”等白文方印。

史部，史鈔類。

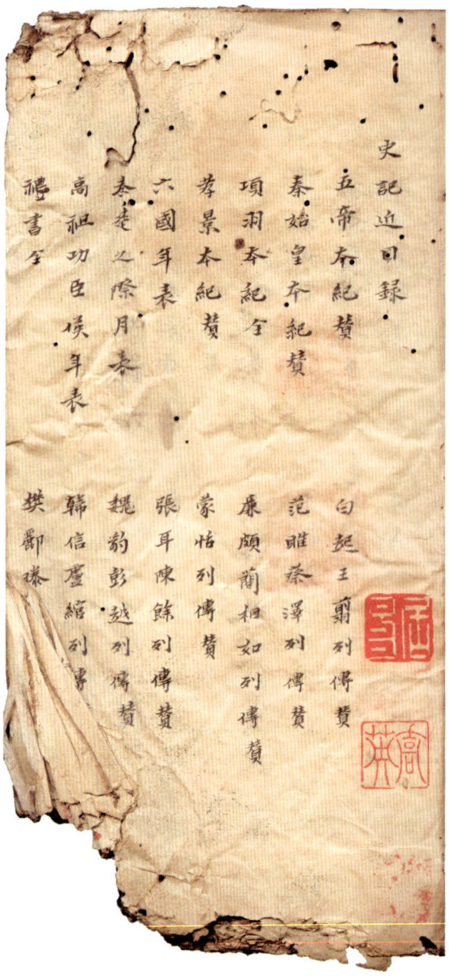
史記近目録
五帝本紀贊
秦始皇本紀贊
項羽本紀全
孝景本紀贊
六國年表
秦楚之際月表
高祖功臣侯年表
禮書全
白起王翦列傳贊
范雎蔡澤列傳贊
廉頗藺相如列傳贊
蒙恬列傳贊
張耳陳餘列傳贊
魏豹彭越列傳贊
韓信盧綰列傳
樊酈滕

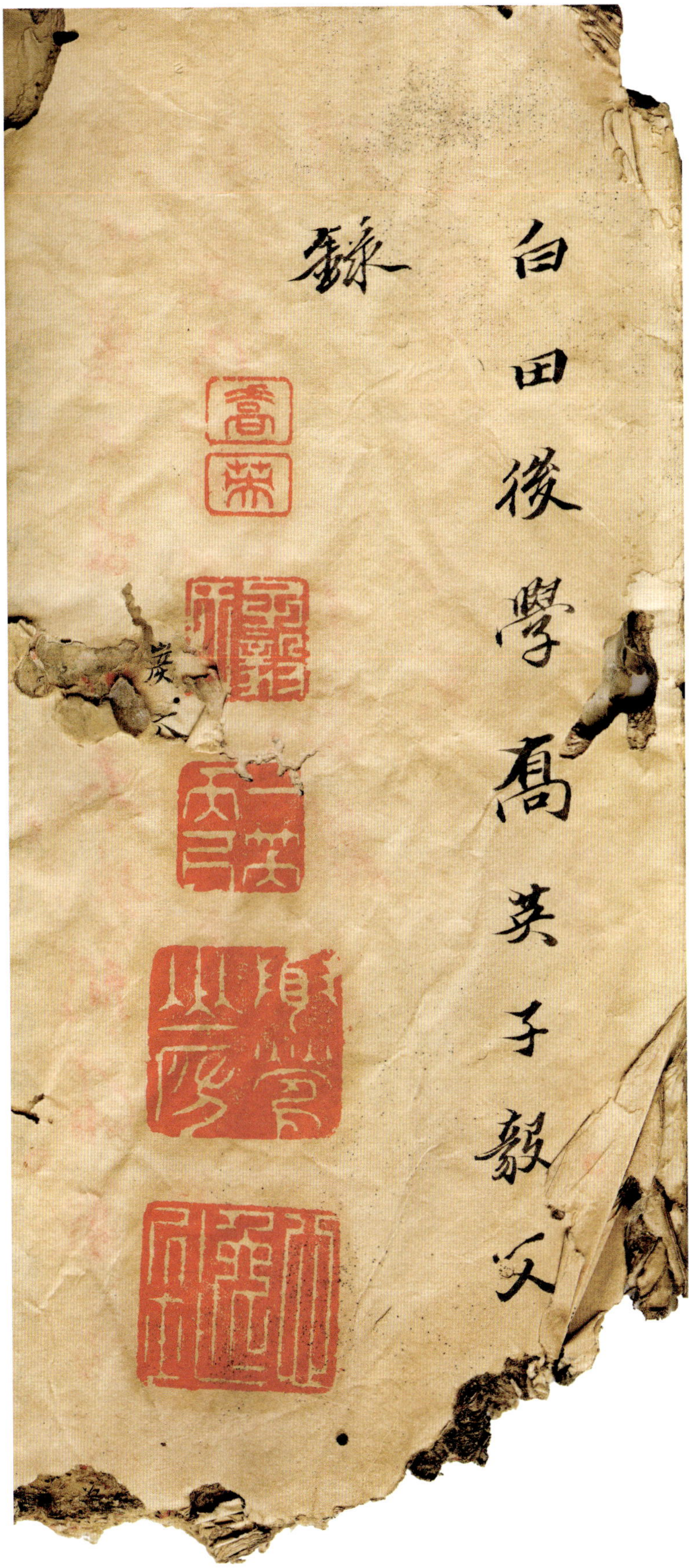
白田後學高英子毅父
錄

左國腴詞八卷　　Asian Rare-4 no.14

〔明〕凌迪知輯　〔明〕閔一霍校

明萬曆四年（1576）吴興凌迪知刻《文林綺繡》本。

綫裝，四册，書高26釐米。

板框19.3×12.8釐米，8行17字，小字雙行同，白口，單黑魚尾，左右雙邊，版心上鐫書名，中鐫卷次，下鐫刻工姓名及字數。如序首葉版心下鐫“吴郡彭天恩刻”，卷一首葉版心下鐫“錢世英”，另有刻工［顧時］中、［顧］植、王伯才、何迺甫等人。

案：此書乃凌氏輯刻《文林綺繡》五種之第三種，前五卷摘録《左傳》中之佳句麗辭，後三卷則摘録《國語》中之佳句麗辭，按類編排，以便查考。首萬曆丙子（四年，1576）凌迪知序，序曰文有二體，“有山林草疆之文，有廟廊臺閣之文”，《左》、《國》之文，上續六經，下馳屈宋，即所謂廟廊臺閣之文也。

鈐印：“蓉江”朱文方印。

龐鏡塘印：“嬴縮硯齋藏書”“嬴縮研齋”朱文方印，“鏡塘讀過”白文方印。

史部，史鈔類。

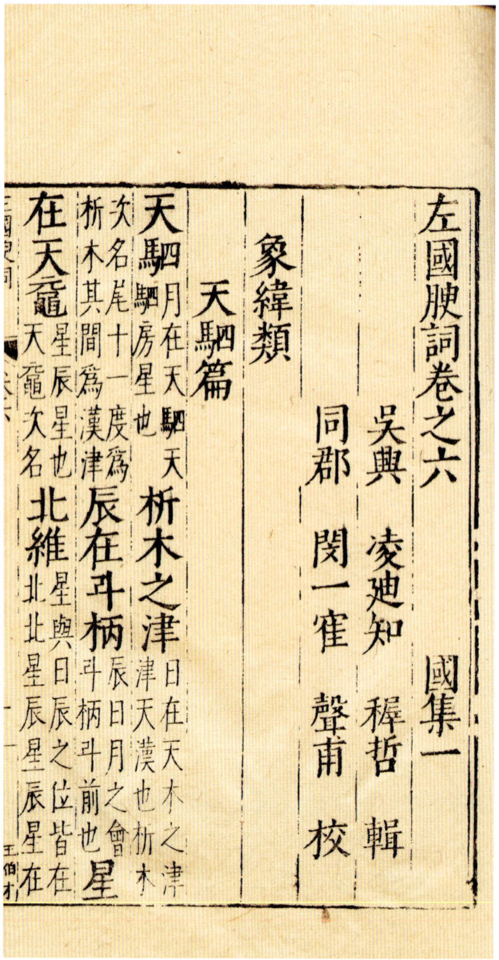
左國腴詞卷之六　國集一
吴興　凌廸知　稺哲　輯
同郡　閔一霍　聲甫　校
象緯類
天駟篇
天駟月在天駟天駟房星也析木之津日在天木之津津天漢也析木次名尾十一度爲析木其間爲漢津辰在斗柄辰日月之會斗柄斗前也星在天黿星辰星也天黿次名北維星與日辰之位皆在北北星辰星辰星在

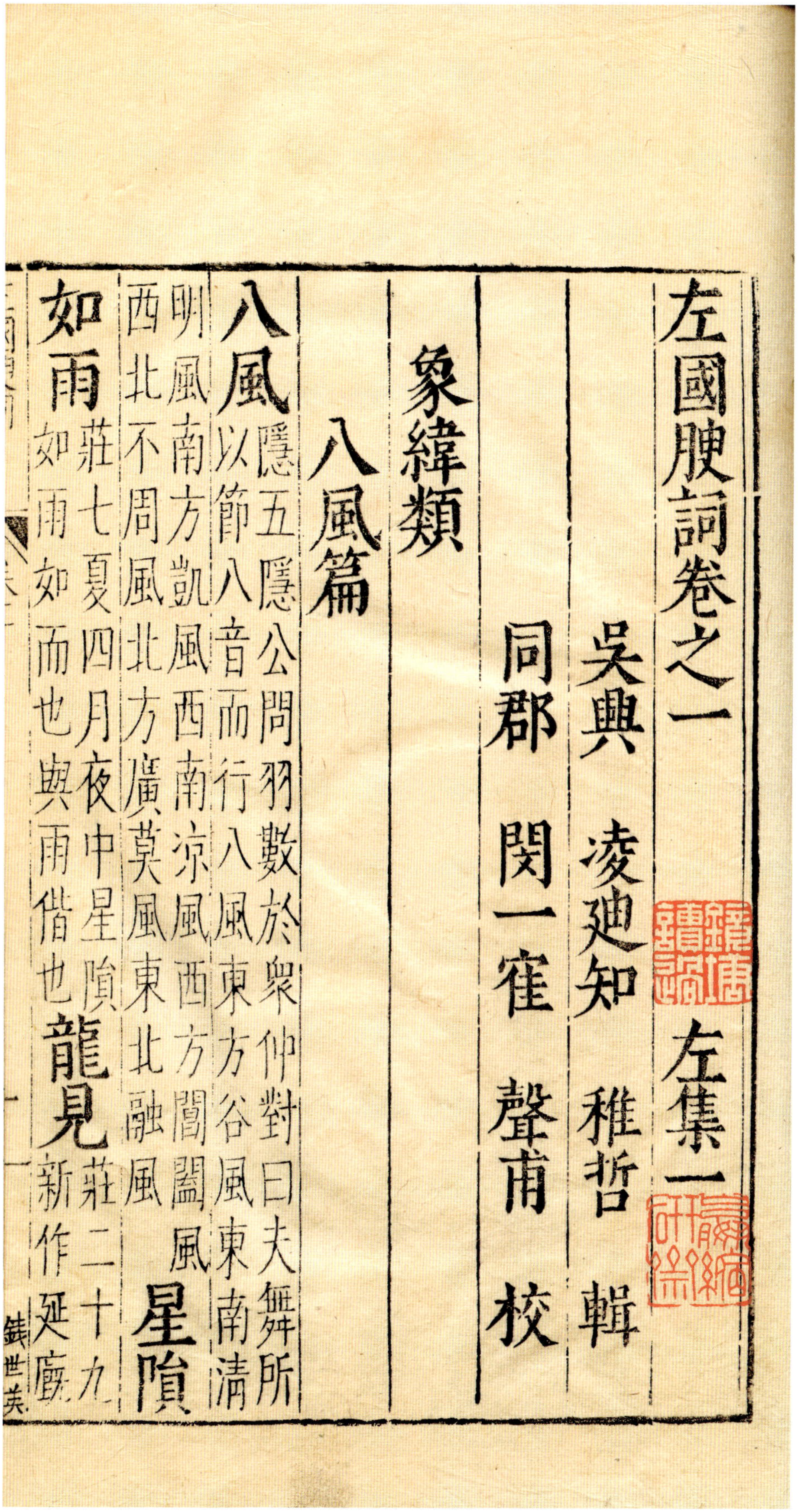

左國腴詞卷之一　左集一

吴興　凌迪知　稚哲　輯

同郡　閔一寉　聲甫　校

象緯類

八風篇

八風隱五隱公問羽數於衆仲對曰夫舞所以節八音而行八風東方谷風東南清明風南方凱風西南涼風西方閶闔風西北不周風北方廣莫風東北融風

星隕如雨莊七夏四月夜中星隕如雨如而也與雨偕也龍見莊二十九新作延廐

錢世英

太史華句八卷　Asian Rare-4 no.15

〔明〕凌迪知輯　〔明〕凌稚隆校

明萬曆五年（1577）吴興凌迪知刻《文林綺繡》本。

綫裝，四册，書高27釐米。

板框18.3×13釐米，8行17字，小字雙行同，白口，左右雙邊，單黑魚尾. 版心上鎸書名，中鎸卷次，下鎸刻工，如“吴門沈玄易刻”。

案：此書乃凌氏輯刻《文林綺繡》五種之第四種，“太史”者，即太史公司馬遷也，亦即司馬遷之《史記》也。首萬曆丁丑（五年，1577）凌迪知序，序云太史公《史記》，囊括千古，淹貫百家，尤愛其辭藻之華麗，因摘録成書。

鈐印：“蓉江”朱文方印。

龐鏡塘印：“嬴縮硯齋藏書”“嬴縮研齋”朱文方印，“鏡塘讀過”白文方印。

史部，史鈔類，通代。

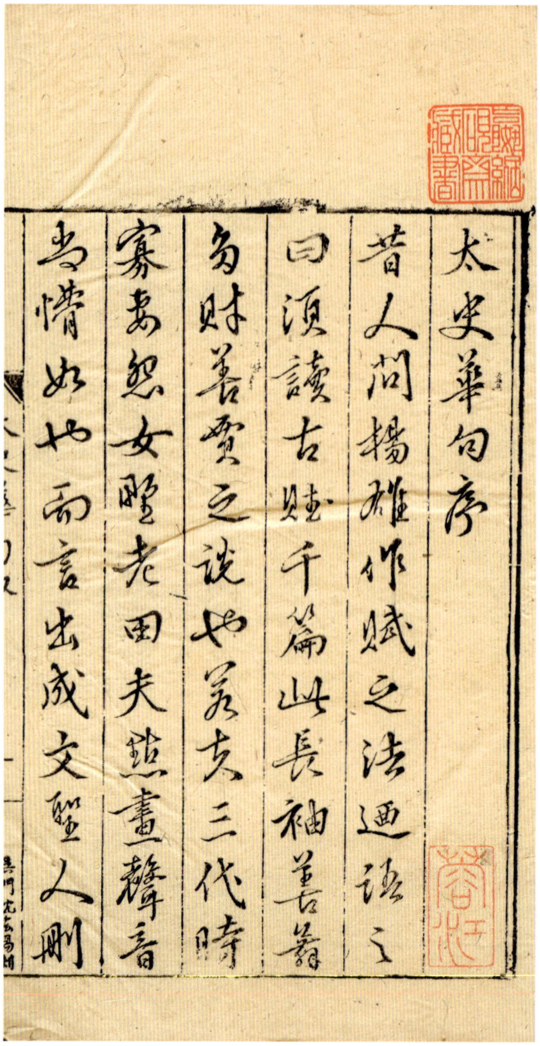
太史華句序
昔人問揚雄作賦之法迺語之
曰須讀古賦千篇此長袖善舞
多財善賈之說也若夫三代時
寡妻怨女野老田夫皆盡聲音
出情如也而言出成文聖人刪

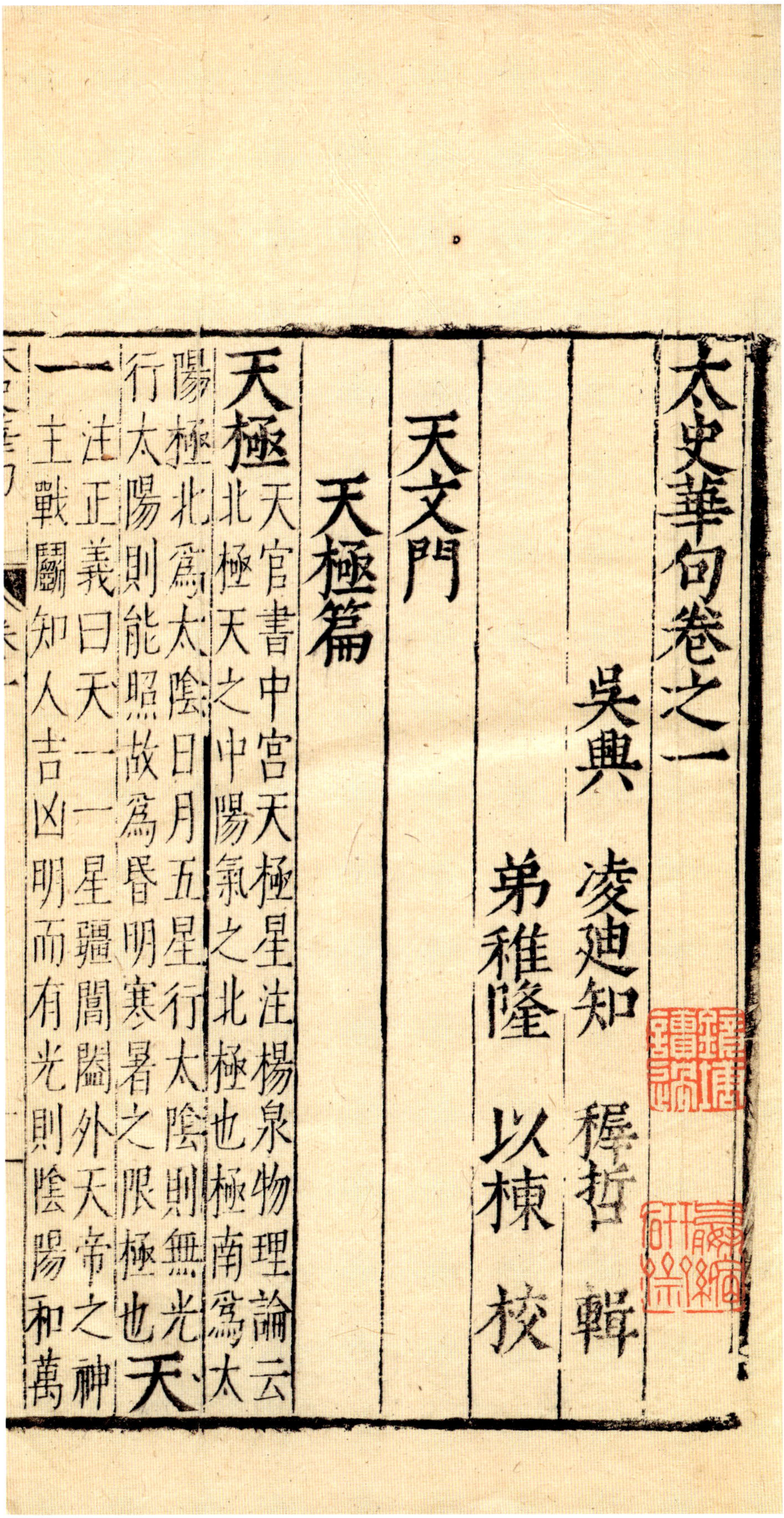

太史華句卷之一

吴興　凌迪知　稺哲　輯

弟　稚隆　以棟　校

天文門

天極篇

天極　天官書中宫天極星注楊泉物理論云北極天之中陽氣之北極也極南爲太陽極北爲太陰日月五星行太陰則無光行太陽則能照故爲昏明寒暑之限極也

天一　注正義曰天一一星疆閶闔外天帝之神主戰鬭知人吉凶明而有光則陰陽和萬

兩漢雋言十六卷　Asian Rare-4 no.16

〔宋〕林越輯　〔明〕淩迪知校並增輯

明萬曆四年（1576）吴興淩迪知刻《文林綺繡》本。

綫裝，十册，書高26釐米。

板框18.6×12.8釐米，8行17字，小字雙行同，白口，單黑魚尾，左右雙邊，版心上鐫書名，中鐫卷次，下鐫寫刻工姓名及字數。如序首葉版心下鐫“吴郡夏邦彦刻”，卷一首葉版心下鐫“長洲顧檈寫，王伯才刻”，另有刻工顧時中、顧植等人。

案：此書乃淩氏輯刻《文林綺繡》五種之第一種，首萬曆丙子（四年，1576）淩迪知序，云據宋林越所輯之《漢雋》，續增以《後漢書》之内容，更名曰《兩漢雋言》。卷一至十爲前集，爲宋林越所輯之《漢雋》，十一至十六爲後集，乃淩迪知所增輯。全書摘録兩漢書中之雋言麗辭，以類編排，有如類書，頗便查考，爲時人所喜愛，淩氏遂進而摘録《楚辭》《左傳》與《國語》《史記》《文選》，成書五種，稱之爲《文林綺繡》。

鈐印：“蓉江”朱文方印。

龐鏡塘印：“贏縮硯齋藏書”“贏縮研齋”朱文方印，“鏡塘讀過”白文方印。

史部，史鈔類，斷代。

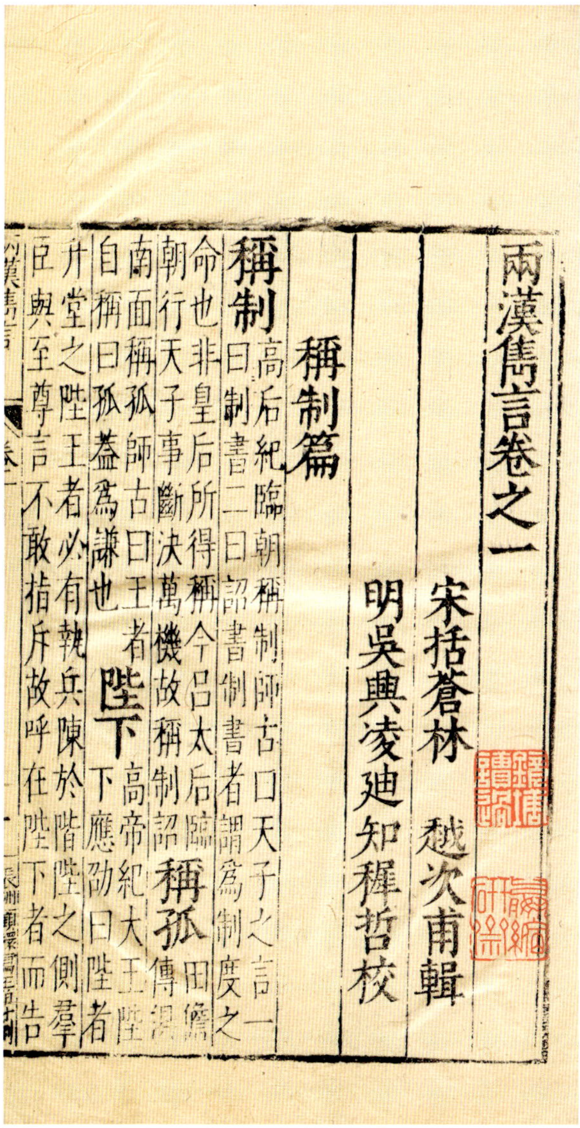
兩漢雋言卷之一

宋括蒼林　越次甫輯

明吳興凌迪知穉哲校

稱制篇

稱制 高后紀臨朝稱制師古曰天子之言一曰制書二曰詔書制書者謂爲制度之命也非皇后所得稱今呂太后臨朝行天子事斷決萬機故稱制詔 稱孤 田儋傳漢南面稱孤師古曰王者自稱曰孤蓋爲謙也 陛下 高帝紀大王陛下應劭曰陛者升堂之陛王者必有執兵陳於陛陛之側羣臣與至尊言不敢指斥故呼在陛下者而告

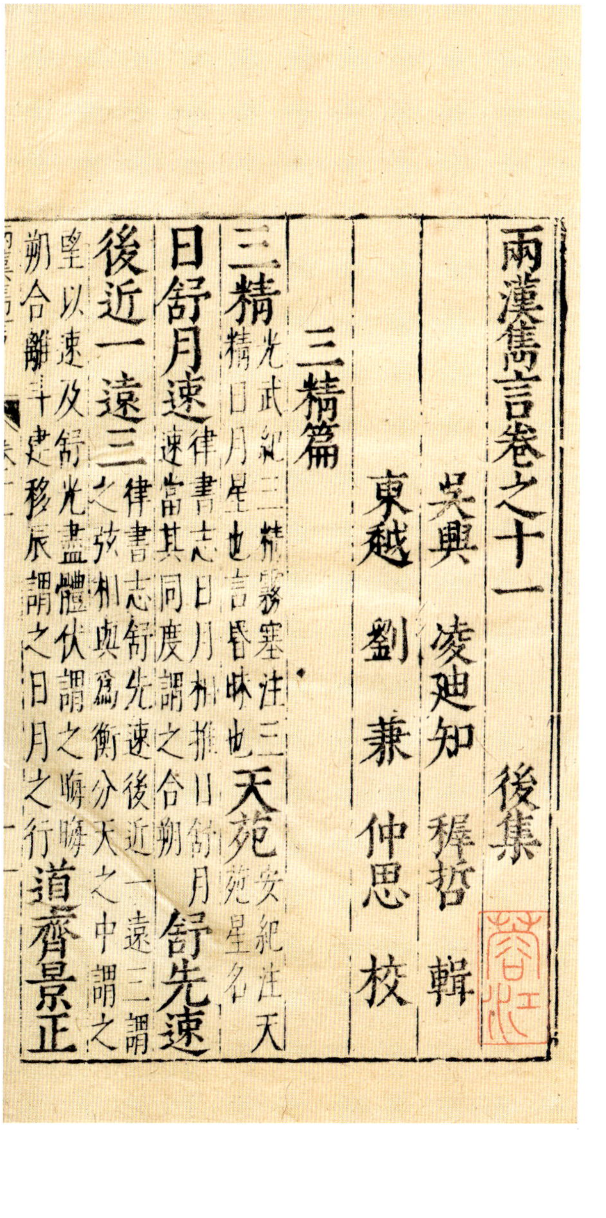
兩漢雋言卷之十一　後集

吳興　凌迪知　穉哲　輯

東越　劉　兼　仲思　校

三精篇

三精 光武紀三精霧塞注三精日月星也言昏昧也 天苑 安紀注天苑星名 日舒月速 律書志日月相推日舒月速當其同度謂之合朔 舒先速 律書志舒先速後近一遠三謂 後近一遠三 之弦相與爲衡分天之中謂之望以速及舒光盡體伏謂之晦晦朔合離斗建移辰謂之日月之行 道齊景正

小學史斷二卷　Asian Rare-4 no.18

〔宋〕南宫靖一撰　〔明〕晏彦文續撰

明嘉靖十七年（1538）張木北京刻本。

綫裝，四册，書高28釐米。

板框20×14釐米，無界欄，9行20字，小字雙行同，白口，對魚尾，綫魚尾，四周單邊，版心上鐫“史斷”，中鐫卷次，下鐫朝代。

首南宫靖一自序，末嘉靖十七年（1538）張木“刻史斷後”。張氏云：“予自幼雅好是編，每欲新諸梓，以廣其傳。兹承乏京兆，而薊州蔡守賢與予同志，未幾而李君蓁乃克相其成。”

案：全書分上、下集，其下集中之宋代部分，爲明晏彦文續增，雖未單獨分卷，然葉碼另自起訖，其卷端題有“宋”及“廬陵晏彦文續著”。

楊氏海原閣印：“楊氏海原閣藏”“協卿讀過”“保彝私印”白文方印。

龐鏡塘印：“贏縮研齋”“贏縮硯齋藏書”朱文方印。

史部，史評類。

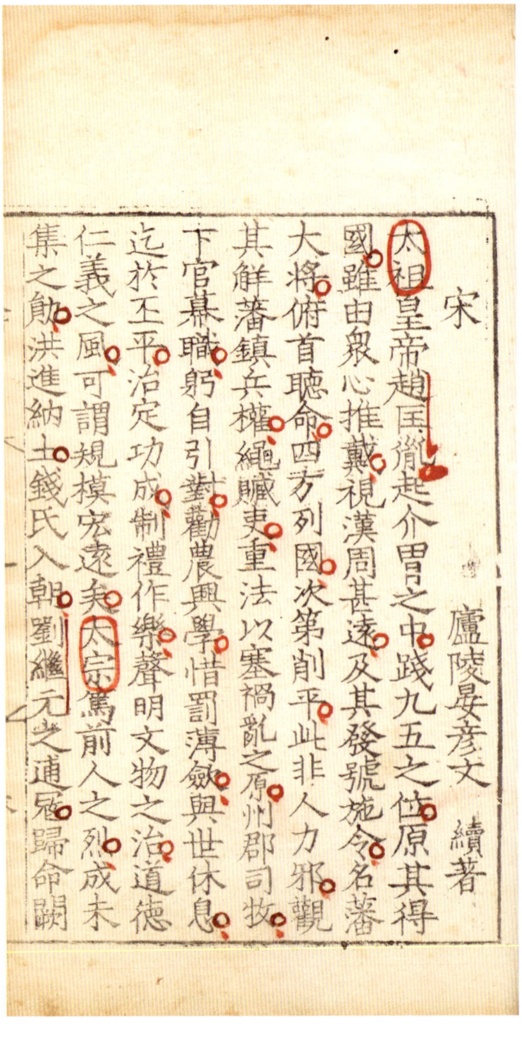
宋　廬陵晏彥文　續著
太祖皇帝趙匡胤起介胄之中踐九五之位原其得
國雖由衆心推戴視漢周甚遠及其發號施令名藩
大將俯首聽命四方列國次第削平此非人力邪觀
其解藩鎮兵權繩贓吏重法以塞禍亂之原州郡司牧
下官募職躬自引對勸農興學惜罰薄斂與世休息
迄於丕平治定功成制禮作樂聲明文物之治道德
仁義之風可謂規模宏遠矣太宗篤前人之烈成未
集之勛洪進納土錢氏入朝劉繼元之逋寇歸命闕

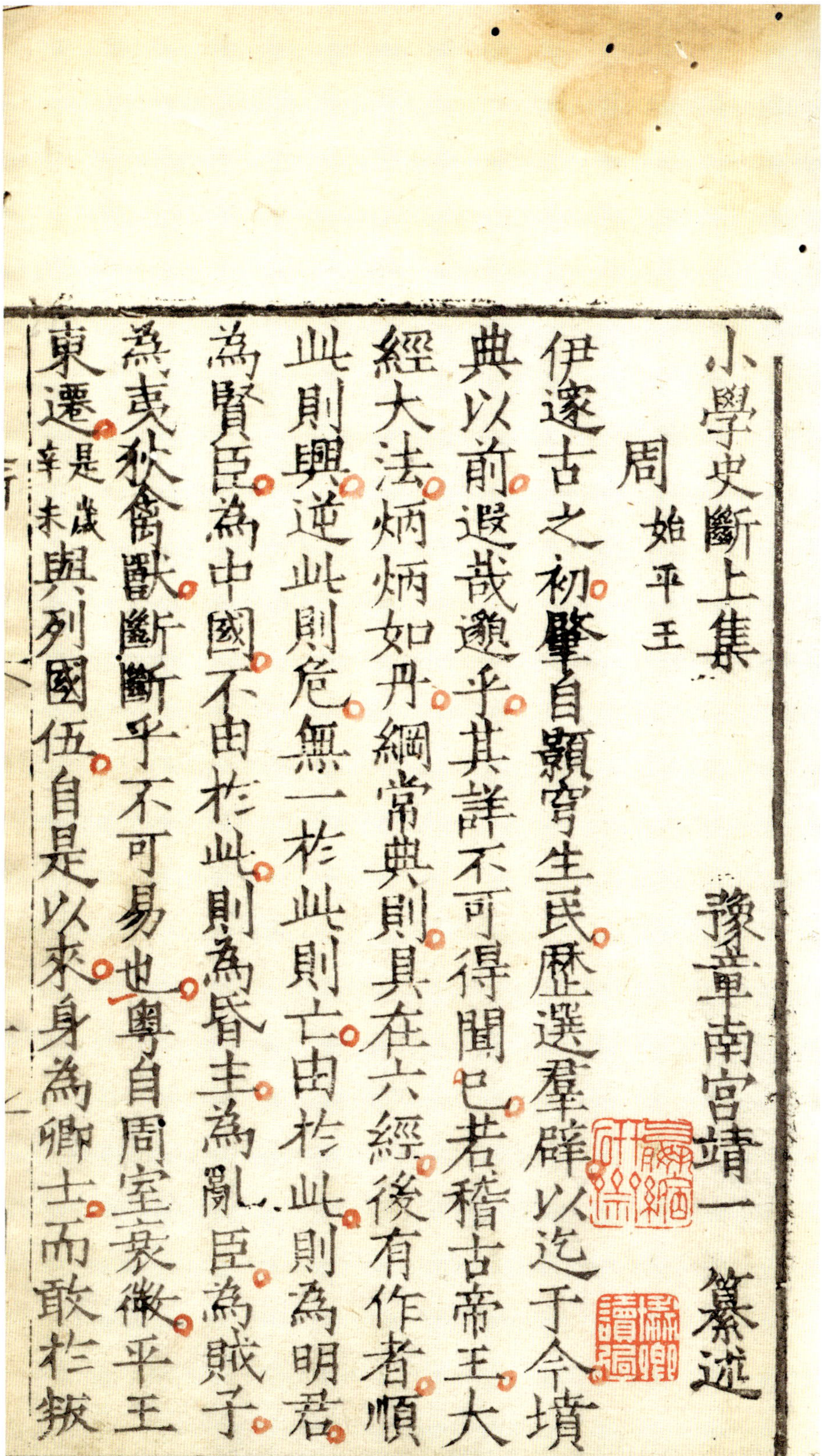

小學史斷上集

豫章南宮靖一　纂述

周　始平王

伊邃古之初肇自顥穹生民歷選羣辟以迄于今墳典以前遐哉邈乎其詳不可得聞已若稽古帝王大經大法炳炳如丹綱常典則具在六經後有作者順此則興逆此則危無一於此則亡由於此則為明君為賢臣為中國不由於此則為昏主為亂臣為賊子為夷狄為禽獸斷斷乎不可易也粤自周室衰微平王東遷是歲辛未與列國伍自是以來身為卿士而敢於叛

杜氏通典增入宋儒議論二百卷　Asian Rare-4 no.17

〔唐〕杜佑纂

明嘉靖十五年至十八年（1536—1539）福州李元陽福州刻本。

綫裝，九十册，書高28釐米。

板框18.7×13.7釐米，10行18字，小字雙行同，白口，無魚尾，四周單邊，版心上鐫部類，中鐫題名及卷次，下鐫刻工，全書刻工多至數十人。

首唐李翰序，次目録，圖表，唐書本傳，增入宋儒議論姓氏，及校刻官生姓名。卷端首行題“杜氏通典”及卷次，並小字注云“增入宋儒議論”，次行題“唐京兆杜佑君卿纂，明御史後學李元陽仁甫校刊”。正文卷一百末有元大德十一年（1307）湘中李仁伯識語。

案：唐代杜佑編纂《通典》二百卷，記載歷代典章制度沿革，其後宋代鄭樵仿其例而纂《通志》，元代馬端臨亦纂《文獻通考》，合稱“三通”，並奠定了“政書”之體裁。《通典》所記本爲唐以前之典章制度，而此本則增加了宋代之内容，其圖表已增至南宋末年之恭帝，稱“幼君”，所增宋儒議論自歐陽修至葉適，當爲元代所增。卷前校刻姓名所列皆爲福州之地方官及生員，如知府胡有恒、同知胡瑞等，皆李元陽同時期人。

李元陽（1497—1580），字仁甫，號中溪，大理人，嘉靖五年（1526）進士，官至監察御史。嘉靖十五年至十八年間，以御史巡按福建，刻《十三經》等書，此書亦其間所刻。

缺二十五卷：卷七至十一、十三至十六、一百一至一百一十五、一百二十至一百二十一、一百四十一至一百四十九。

楊氏海原閣印：“楊氏海原閣藏”“陶南山館”“保彝私印”白文方印，“鳳阿”“香南室”“儀晉觀堂”朱文方印。

龐鏡塘印：“贏縮硯齋藏書”朱文方印。

史部，政書類，通制。

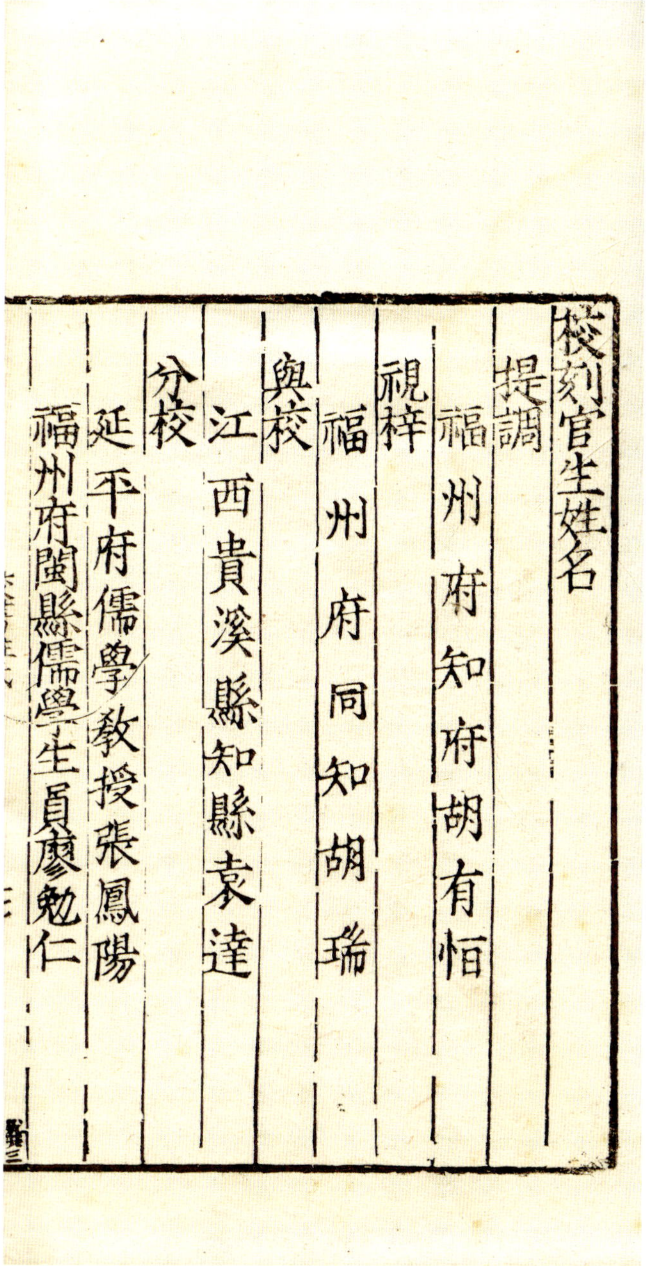
校刻官生姓名
提調
福州府知府胡有恒
視梓
福州府同知胡瑞
與校
江西貴溪縣知縣袁達
分校
延平府儒學教授張鳳陽
福州府閩縣儒學生員廖勉仁

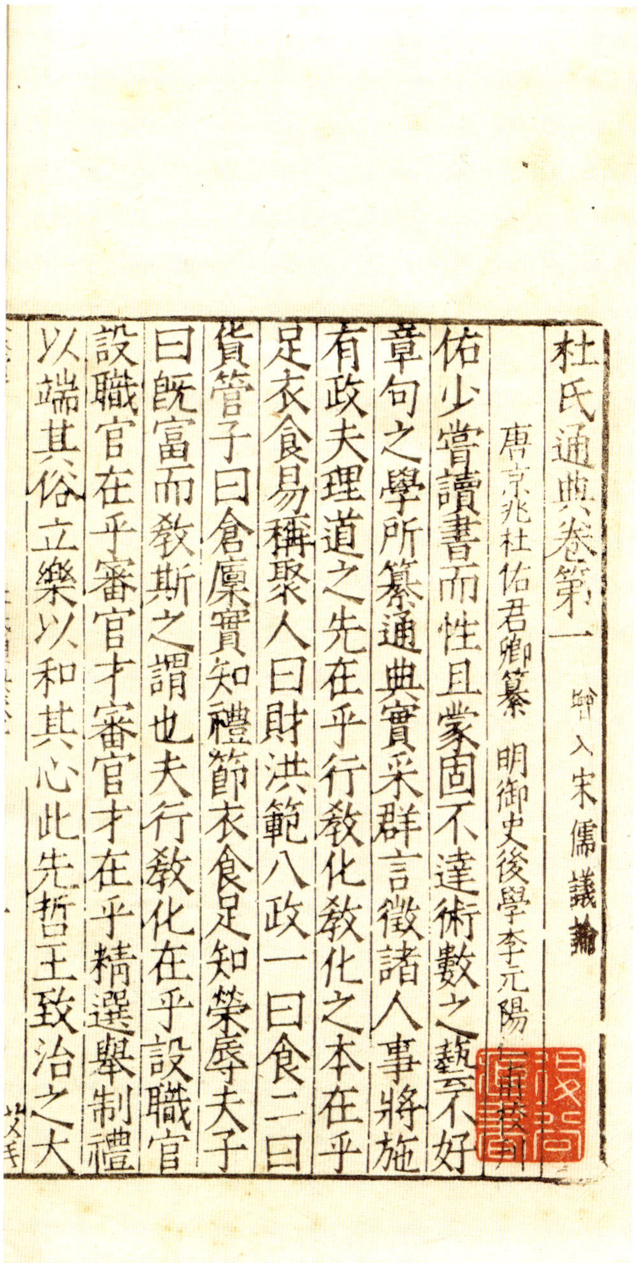
杜氏通典卷第一　增入宋儒議論
唐京兆杜佑君卿纂　明御史後學李元陽重校刊
佑少嘗讀書而性且蒙固不達術數之藝不好章句之學所纂通典實采群言徵諸人事將施有政夫理道之先在乎行教化教化之本在乎足衣食易稱聚人曰財洪範八政一曰食二曰貨管子曰倉廪實知禮節衣食足知榮辱夫子曰既富而教斯之謂也夫行教化在乎設職官設職官在乎審官才審官才在乎精選舉制禮以端其俗立樂以和其心此先哲王致治之大

菉竹堂書目不分卷　Asian Rare-4 no.19

〔明〕葉盛編

清（1644—1911）抄本

綫裝，一册，書高26釐米。

首葉盛自序，末五世孫葉恭焕跋、七世孫葉國華跋及題詩，卷中鈐有葉恭焕印、葉國華印、葉德榮印及菉竹堂、涇東草堂、葉文莊公家世藏等葉家藏印多枚，以及後來之收藏者季振宜印、海鹽楊氏耘經樓印等藏印多枚，並有近人周菊伍跋，云民國三十二年（1943）得於聊城書肆，原爲海原閣舊藏。

案：葉盛《菉竹堂書目》爲現存少數幾種明代私家藏書目録之一，四庫列入存目。其體例一本《文獻通考·經籍考》之例，而以明代朝廷頒賜之書冠諸首，以示尊崇，以葉氏自家之著述附諸尾，以顯謙恭。該《書目》以其收録廣博而爲學者所推崇，在當時即争相借閱傳抄，以至葉氏原本丢失不傳。隆慶間其五世孫葉恭焕得舊抄本，據之檢點家藏之書，已散失大半，恭焕校而跋之。葉盛原本分爲六卷，而恭焕所見之抄本已不分卷，且卷末亦無葉氏著述。清代以後所傳之本，皆恭焕校跋之本，然各本又有出入。咸豐間，南海伍氏曾據曾釗所藏惠棟紅豆書屋抄本刻入《粤雅堂叢書》中，該本卷末亦有七世孫國華跋，然署年爲崇禎七年（1634），而此本則分别爲天啓三年（1623）及五年（1625），二者内容亦有出入，蓋傳抄之誤也。

此本所鈐葉家印記頗多，又有季振宜印，乍看極似葉家舊物，然細審之，疑點頗多，葉氏諸印，多不可信也。

龐鏡塘印："羸縮研齋"朱文方印，"鏡塘讀過"白文方印。

史部，目録類，家藏。

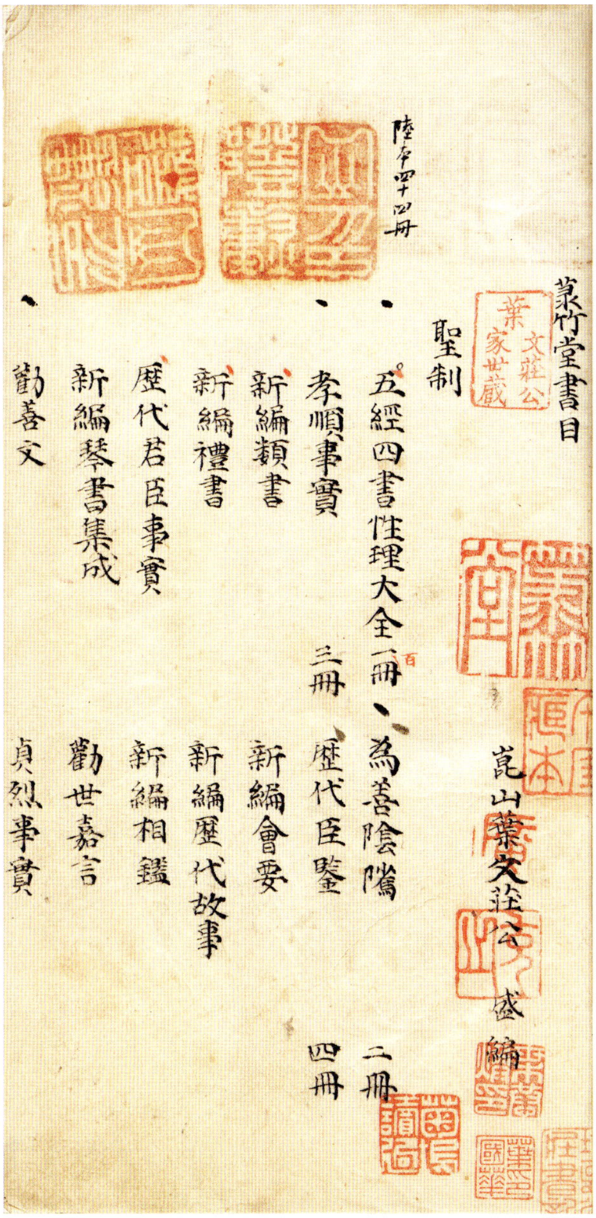

菉竹堂書目

葉文莊公家世藏

崑山葉文莊公盛編

聖制

陸本四十四冊

五經四書性理大全一百冊　為善陰隲二冊

孝順事實三冊　歷代臣鑒四冊

新編類書　新編會要

新編禮書　新編歷代故事

歷代君臣事實　新編相鑑

新編琴書集成　勸世嘉言

勸善文　貞烈事實

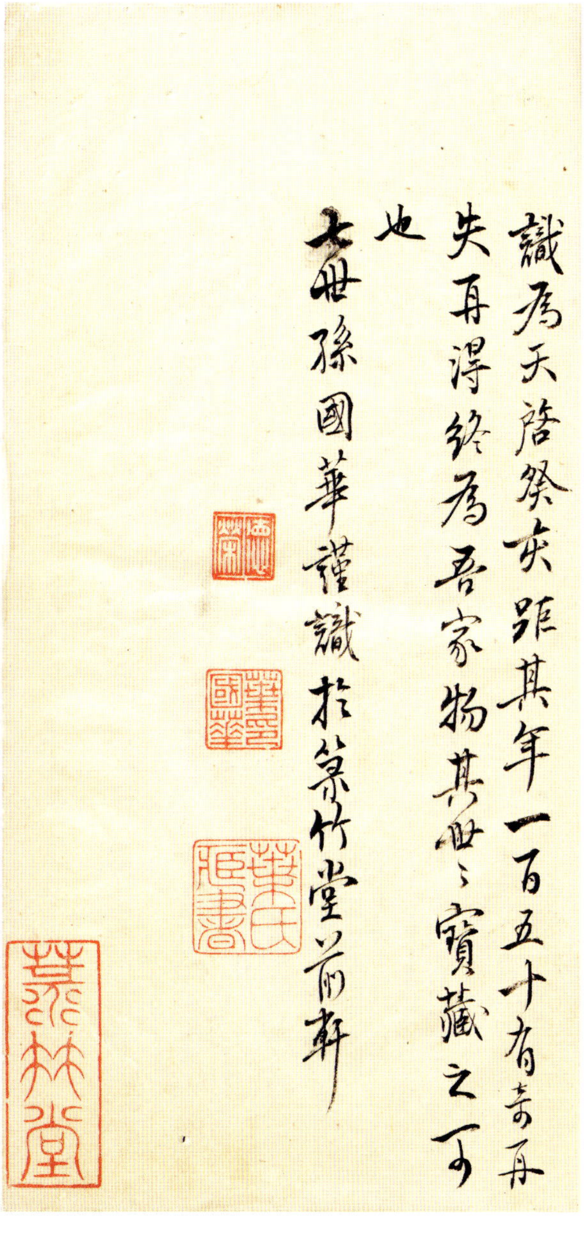

識爲天啓癸亥距其年一百五十有奇再

失再得終爲吾家物其世世寶藏之可

也

七世孫國華謹識於菉竹堂前軒

朱文公小學六卷　　Asian Rare-4 no.20

〔宋〕朱熹撰

明嘉靖三十二年（1553）山西潞安府刻本。

綫裝，四册，書高30釐米。

板框19.8×14釐米，9行16字，大黑口，對魚尾，黑白相間，四周雙邊，版心中分别鎸有“小學上”或“小學下”。

案：現今所傳之朱子《小學》，多爲集注本，而此本乃明嘉靖年間山西潞安府刊刻之白文本，世不多見，目録列爲六卷，正文則分爲内、外篇，卷一至四爲内篇，五至六爲外篇，版心亦分别題爲“上”“下”。卷前有嘉靖三十二年八月十五日潞安府刻書行文，卷末鎸“山西潞安府重刊”。

此本原爲楊氏海原閣舊藏，後歸龐鏡塘收藏，函套有龐鏡塘題簽“明潞安府初印本，海原閣曾藏，丁亥□日鏡唐補志”。

楊氏海原閣印：“楊氏海原閣藏”“協卿讀過”“陶南山館”“保彝私印”白文方印。

龐鏡塘印：“鏡塘長物”白文方印，“蠃縮硯齋藏書”朱文方印。

子部，儒家類，禮教。

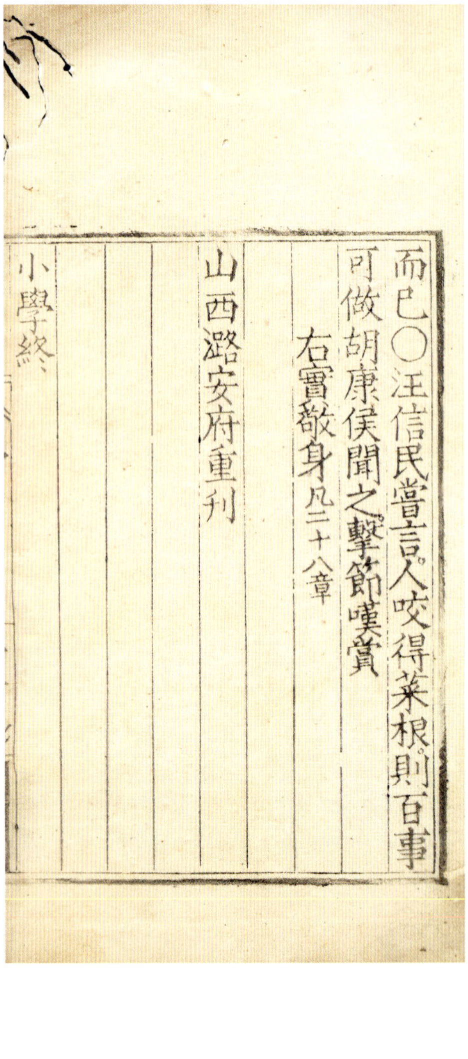
而已○汪信民嘗言人咬得菜根則百事
可做胡康侯聞之擊節嘆賞
右實敬身凡二十八章
山西潞安府重刊
小學終

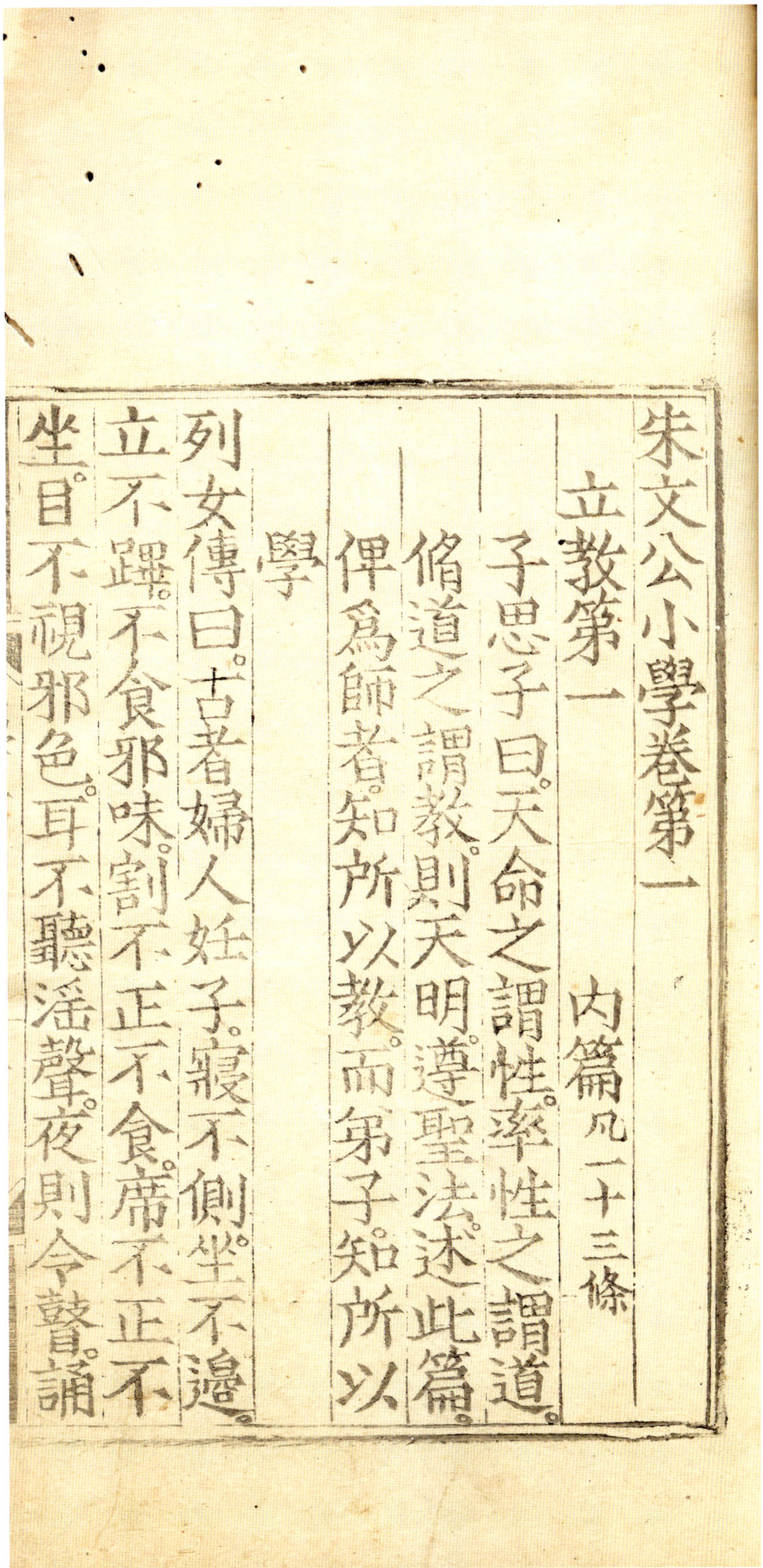

朱文公小學卷第一

立教第一　内篇凡一十三條

子思子曰。天命之謂性。率性之謂道。脩道之謂教。則天明。遵聖法。述此篇。俾爲師者。知所以教。而弟子知所以學

列女傳曰。古者婦人妊子。寢不側。坐不邊。立不蹕。不食邪味。割不正不食。席不正不坐。目不視邪色。耳不聽淫聲。夜則令瞽。誦

陽明先生則言二卷　Asian Rare-4 no.21

〔明〕王守仁撰　〔明〕薛侃輯

明嘉靖十六年（1537）薛侃刻本。

綫裝，二册，書高29釐米。

板框21.4×17.5釐米，8行19字，白口，四周單邊，無魚尾，版心上鎸“則言”及卷葉數。

案：全書分上下兩卷，首嘉靖十六年薛侃序，云陽明先生之言，見諸《傳習録》《文録》《别録》等書，但卷帙浩繁，行者不能挾，遠者不易得，故乃取其精粹，彙爲《則言》。

民國元年（1912）校之題識並圈點。

楊氏海原閣印：“楊”朱文圓印，“鳳阿”“陶南山館”朱文方印，“楊氏海原閣藏”白文方印。

龐鏡塘印：“嬴縮硯齋藏書”朱文方印，“鏡塘長物”白文方印。

子部，儒家類，儒學。

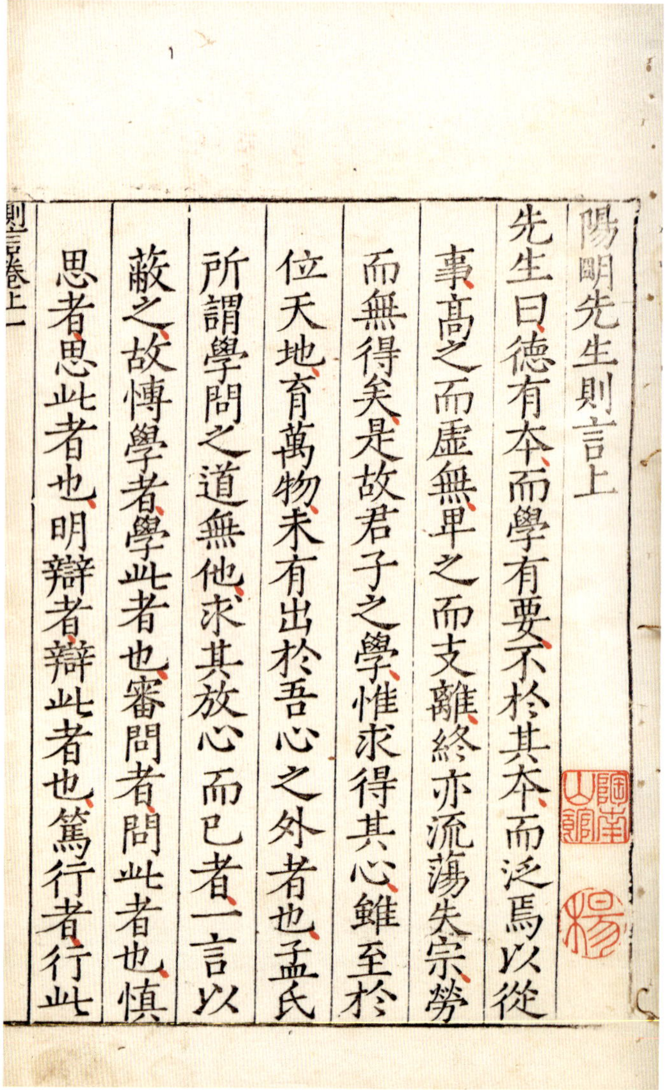
陽明先生則言上
先生曰德有本而學有要不於其本而泛焉以從
事高之而虛無卑之而支離終亦流蕩失宗勞
而無得矣是故君子之學惟求得其心雖至於
位天地育萬物未有出於吾心之外者也孟氏
所謂學問之道無他求其放心而已者一言以
蔽之故博學者學此者也審問者問此者也慎
思者思此者也明辯者辯此者也篤行者行此
則言卷上　一

乃不可乎曰道之在吾人也孰彼此焉而其見於言也孰衆寡焉惟其切於吾之用也則一言一藥矣而況於全乎如其弗用也則六籍亦粕燼耳而況於一言乎此則言之意也或質諸周子文規曰然遂命録之

嘉靖十六年丁酉臘月朔門人薛侃謹識

則言卷序二

述學内篇三卷外篇一卷補遺一卷别録一卷 Asian Rare-4 no.22

〔清〕汪中撰

清嘉慶二十年（1815）汪喜孫刻本。

綫裝，二册，書高27釐米。

板框20.5×13.2釐米，13行30字，白口，單黑魚尾，左右雙邊，版心上鐫題名，中鐫卷名，下鐫字數。

首嘉慶二十年王念孫叙，末汪中之子汪喜孫跋，書後附有王引之撰《行狀》及盧文弨撰《祭文》。

案：汪中（1745—1794），字容甫，江都人，通經史，擅考證，於上古三代典禮制度及文字訓詁、名物象數等，多有論著，生前自選其精要，彙爲《述學》内外篇，爲學者所稱，卒後，其子復將其未定之稿彙爲補遺及别録，刊行於世。

龐鏡塘印："龐鏡塘藏書記""龐鏡塘讀書記""贏縮研齋"朱文方印。

子部，儒家類，儒學。

另有兩部：Asian Rare-1 no.1282，1283。

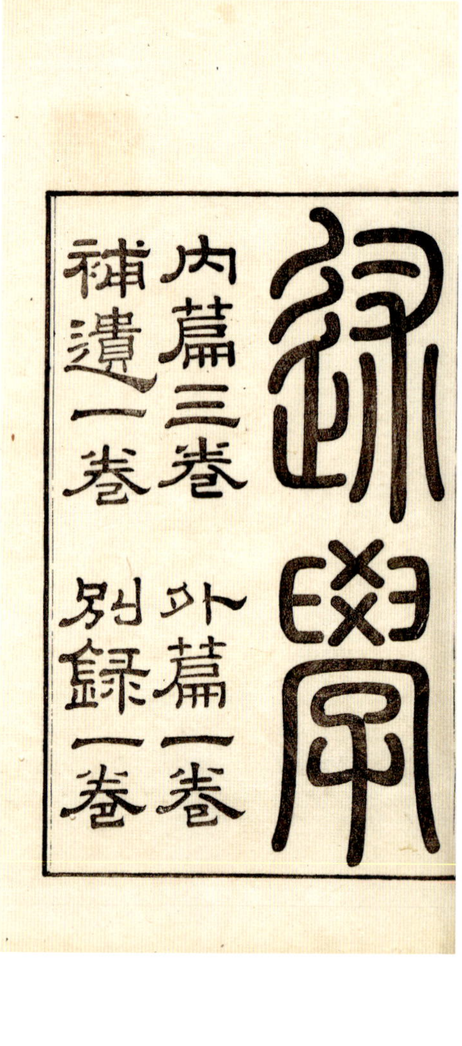

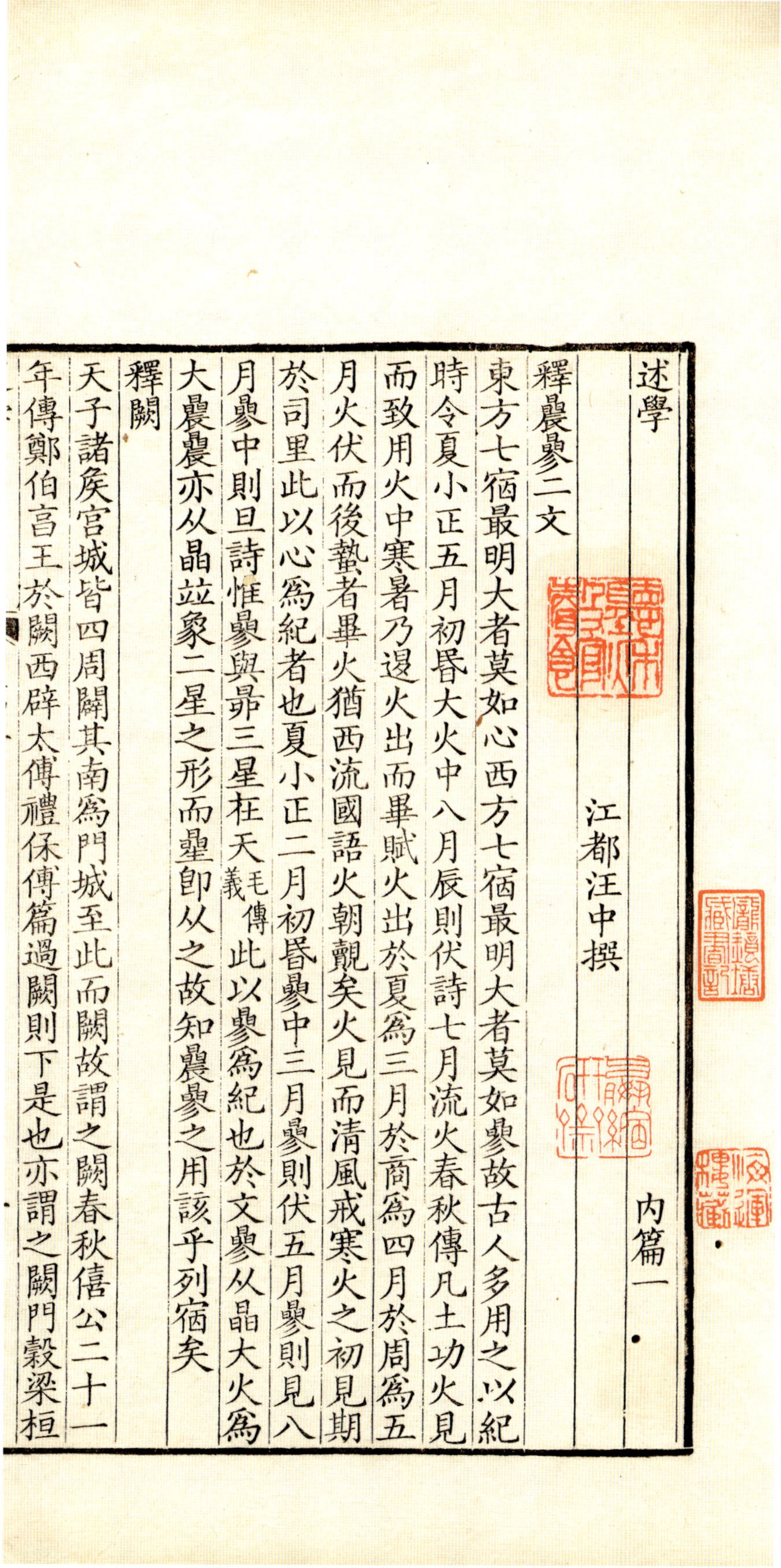

述學　内篇一

江都汪中撰

釋曟曑二文

東方七宿最明大者莫如心西方七宿最明大者莫如曑故古人多用之以紀時令夏小正五月初昏大火中八月辰則伏詩七月流火春秋傳凡土功火見而致用火中寒暑乃退火出而畢賦火出於夏爲三月於商爲四月於周爲五月火伏而後蟄者畢火猶西流國語火朝覿矣火見而清風戒寒火之初見期於司里此以心爲紀者也夏小正二月初昏曑中三月曑則伏五月曑則見八月曑中則旦詩惟曑與昴三星在天毛義傳此以曑爲紀也於文曑从晶大火爲大曟曟亦从晶竝象二星之形而曡卽从之故知曟曑之用該乎列宿矣

釋闕

天子諸矦宫城皆四周闕其南爲門城至此而闕故謂之闕春秋僖公二十一年傳鄭伯宫王於闕西辟太傅禮保傅篇過闕則下是也亦謂之闕門穀梁桓

管子二十四卷　Asian Rare-4 no.23

〔春秋〕管仲撰　〔明〕凌汝亨輯評

明萬曆四十八年（1620）吴興凌汝亨刻朱墨套印本。

綫裝，十册，書高27釐米。

板框20.5×14.5釐米，9行19字，眉評16行6字，白口，無魚尾，四周單邊，版心上鎸題名及卷次，下鎸葉碼。

案：此書乃凌汝亨彙輯趙用賢、朱長春、張榜三家評語，以朱墨二色套印而成，首萬曆十年（1582）趙用賢序，序末鎸有“西吴施扆賓書，時庚申中秋日也”，則書寫於庚申年八月，已是光宗繼位之後，然仍沿用萬曆年號。

龐鏡塘印：“嬴縮硯齋藏書”“嬴縮研齋”朱文方印，“鏡塘讀過”白文方印。

子部，法家類。

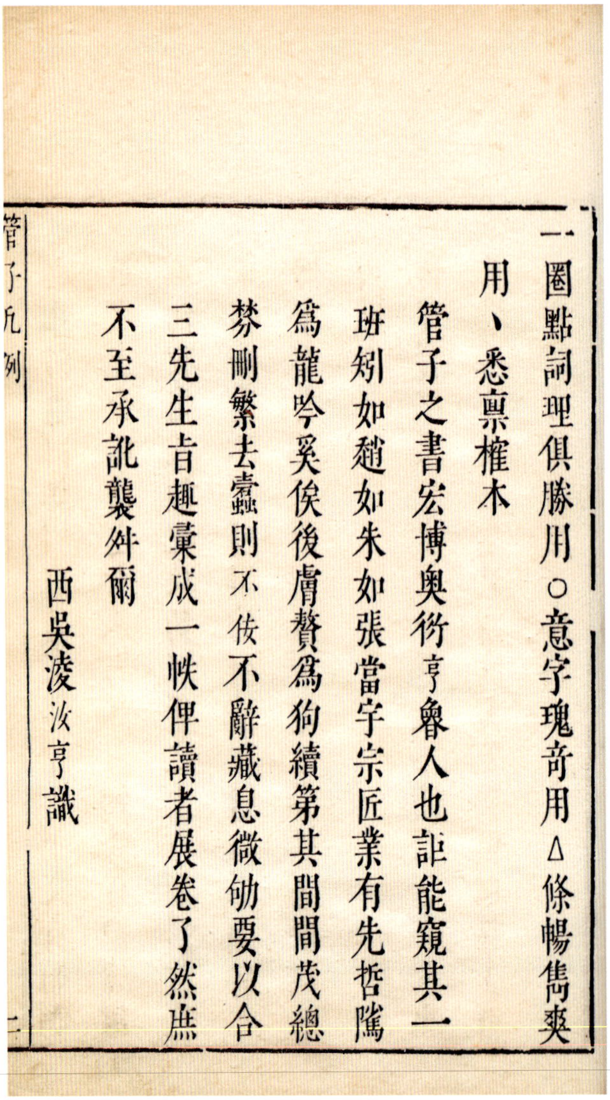
一圈點詞理俱勝用○意字瑰奇用△條暢雋爽
用丶悉稟権本
管子之書宏博奥衍亨魯人也詎能窺其一
班劾如趙如朱如張當宇宗匠業有先哲隲
爲龍吟奚俟後膚贅爲狗續第其間間茂總
棼刪繁去蠹則不佞不辭藏息微勧要以合
三先生旨趣彙成一帙俾讀者展卷了然庶
不至承訛襲舛爾
西吳凌汝亨識
管子凡例

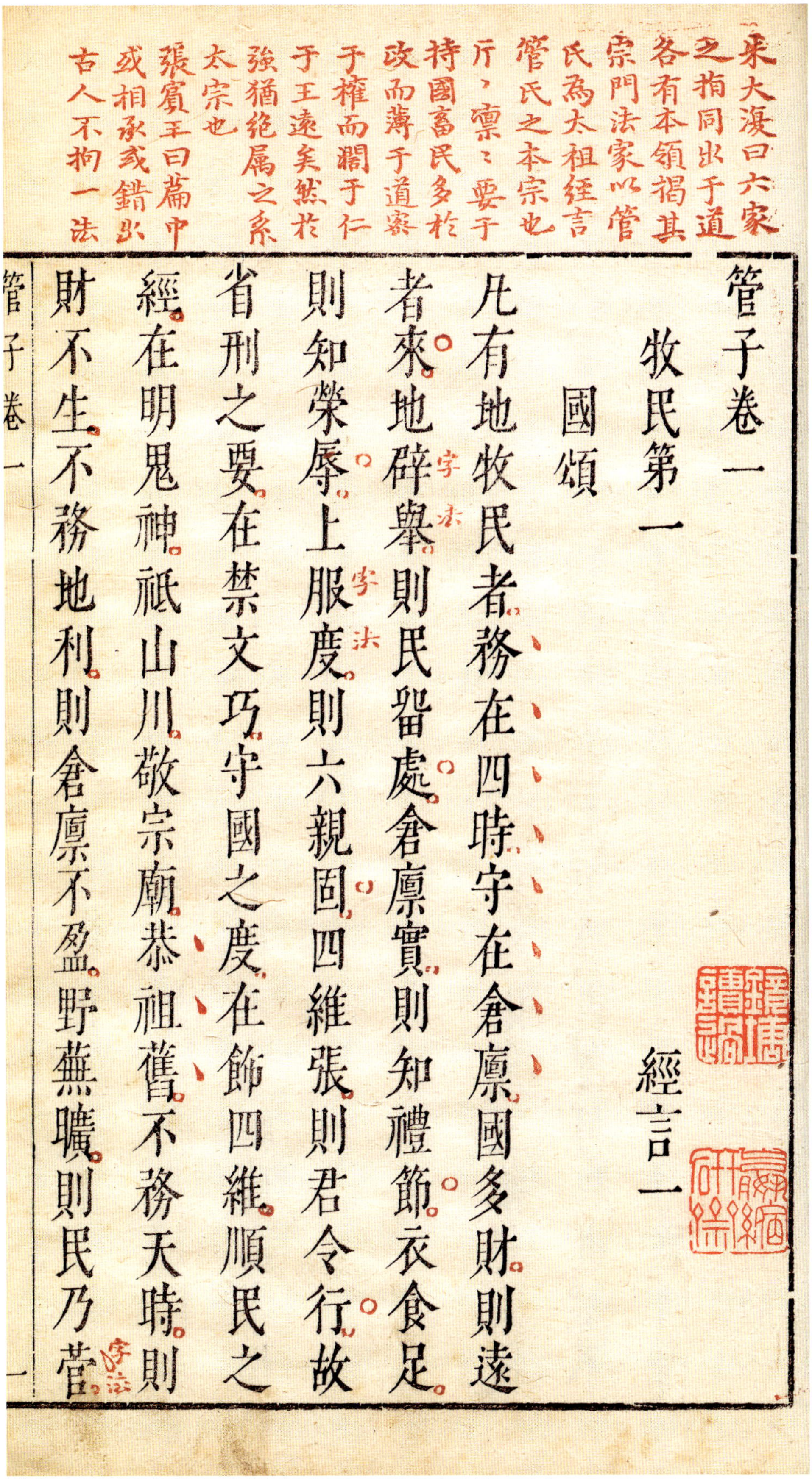
朱大復曰六家之指同出于道各有本領揭其宗門法家以管氏為太祖經言管氏之本宗也斤斤凛凛要于持國富民多於政而薄于道察于權而闊于仁于王遠矣然於強猶絕屬之系太宗也
張賓王曰篇中或相承或錯出古人不拘一法

管子卷一

牧民第一　　經言一

國頌

凡有地牧民者務在四時守在倉廩國多財則遠者來地辟舉則民留處倉廩實則知禮節衣食足則知榮辱上服度則六親固四維張則君令行故省刑之要在禁文巧守國之度在飾四維順民之經在明鬼神祗山川敬宗廟恭祖舊不務天時則財不生不務地利則倉廩不盈野蕪曠則民乃菅

管子卷一　一

圖注八十一難經八卷　　Asian Rare-4 no.92

〔戰國〕秦越人述　〔明〕張世賢圖注

明正德五年（1510）吕邦佑揚州刻本。

綫裝，四册，書高30釐米。

板框19.4×13釐米，11行20字，白口，四周單邊，對白魚尾，版心中鎸“難經”及卷次。

案：首明正德五年（1510）徐昂序，云四明張君世賢，於醫學有心領神會，診視病人，用藥如神，曾爲《難經》作注，注後附圖，兩淮鹽運使吕君邦佑，珍重其人，乃爲之鋟梓以傳。此本爲楊氏海原閣舊藏，卷二首葉殘缺。

楊氏海原閣印：“楊”朱文圓印，“陶南山館”朱文方印，“保彝私印”“楊氏海原閣藏”白文方印。

龐鏡塘印：“贏縮研齋”“贏縮硯齋藏書”朱文方印，“鏡塘讀過”白文方印。

龐禕印：“龐禕”白文方印。

子部，醫家類，醫經。

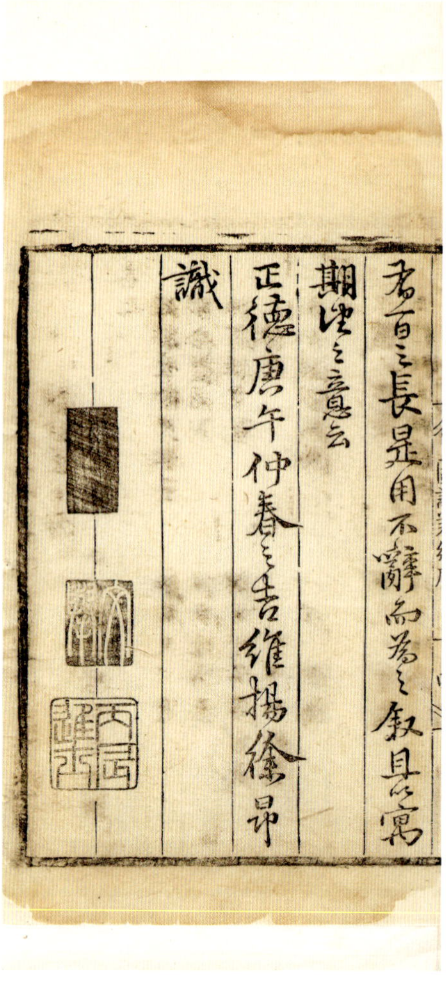

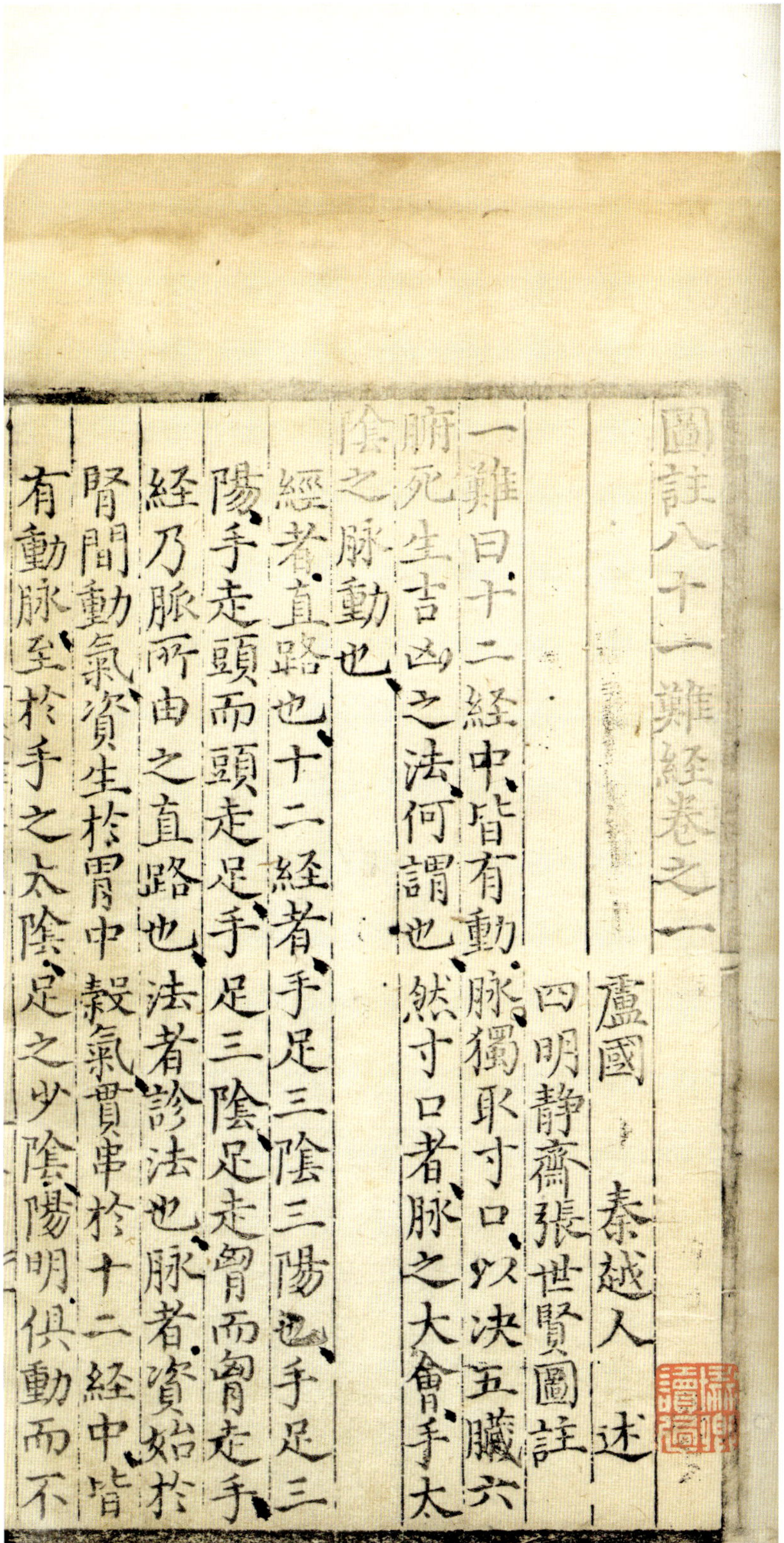
圖註八十一難經卷之一
盧國　秦越人　述
四明靜齋張世賢圖註
一難曰十二経中皆有動脉獨取寸口以決五臟六腑死生吉凶之法何謂也然寸口者脉之大會手太陰之脉動也
經者直路也十二経者手足三陰三陽也手足三陽手走頭而頭走足手足三陰足走胷而胷走手経乃脈所由之直路也法者診法也脉者資始於腎間動氣資生於胃中穀氣貫串於十二經中皆有動脉至於手之太陰足之少陰陽明俱動而不

草韻五種　Asian Rare-4 no.25

清康熙（1662—1722）抄本

綫裝，七册，書高31釐米。

《草訣百韻歌》前後分别有明萬曆十二年（1584）“御製草訣百韻後續歌序”及“御製草訣百韻後續歌跋”，《歷代名書姓氏》前有萬曆十二年“御製草韻辨體序”。

案：此書即據明崇禎六年（1633）閔齊伋刻印之《草韻辨體》抄録而成，並增附了草韻歌。全書無總題名，然風格一致，乃出自同一人之手。書中清諱僅“玄”字缺筆，約抄録於清康熙年間。

子目：

草訣百韻歌一卷

後韻草訣歌一卷

草訣續韻歌一卷

草韻辨體五卷

歷代名書姓氏一卷

龐鏡塘印：“贏縮硯齋藏書”“贏縮研齋”朱文方印。

龐禕印：“龐禕”白文方印。

子部，藝術類，書畫。

草訣百韻歌

草訣百韻歌

草聖寂為難龍蛇競筆端

草聖寂為難龍蛇競筆端

毫釐雖欲辨體勢更須完

毫釐雖欲辨體勢更須完

有點方為水空挑却是言

草韻辨體卷之一

平聲上

一東　二支　三齊

四魚　五模　六皆

七灰　八真　九寒

十删

一東

錦　东涷涑蝀蝀冬冬𩅽𩅽通

宣德彝器譜三卷　　Asian Rare-4 no.27

〔明〕吕棠編

清末民初（約1875—1930）抄本。

綫裝，三册，書高29釐米。

全書分上中下三卷，然葉碼則一貫到底，凡二十七葉。卷端題有“工部尚書臣吕棠/敕編次”，卷末題有“大明鄧玉函稿本”。

案：宣德鼎彝譜有多個不同版本，清末民初間抄本更多。此本雖題爲鄧氏稿本，實則爲抄者假託。鄧氏乃明末來華之德國傳教士，其著作多爲口述而由他人筆録，此書生僻字頗多，非鄧氏所能爲也。

龐鏡塘印：“嬴縮研齋”朱文方印，“鏡塘長物”白文方印。

子部，譜録類，器用。

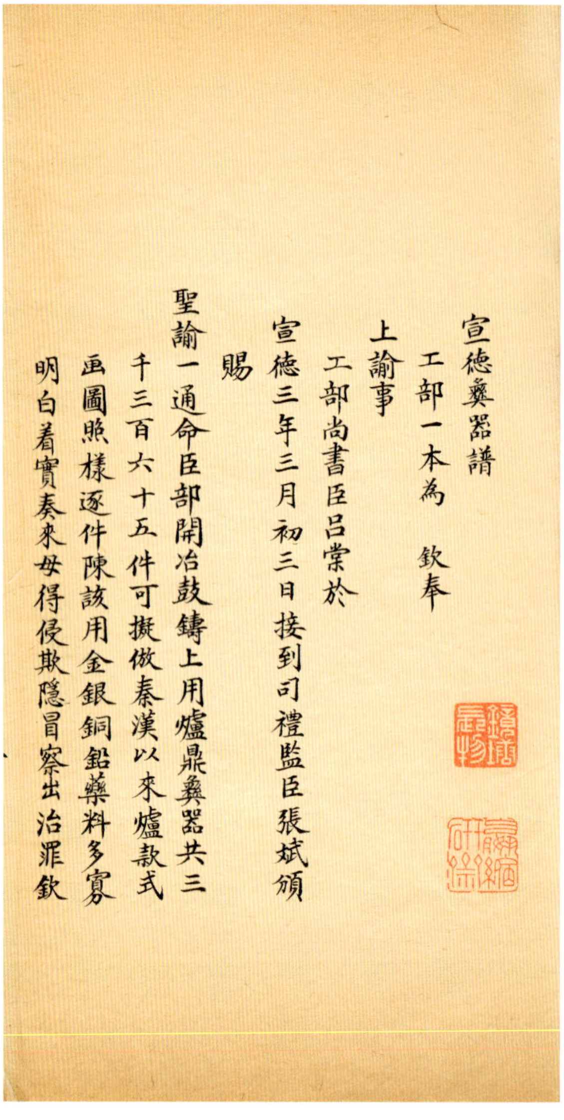
宣德彝器譜
工部一本為　欽奉
上諭事
工部尚書臣呂棠於
宣德三年三月初三日接到司禮監臣張斌頒
賜
聖諭一通命臣部開冶鼓鑄上用爐鼎彝器共三
千三百六十五件可擬倣秦漢以來爐款式
畫圖照樣逐件陳該用金銀銅鉛藥料多寡
明白着實奏來毋得侵欺隱冒察出治罪欽

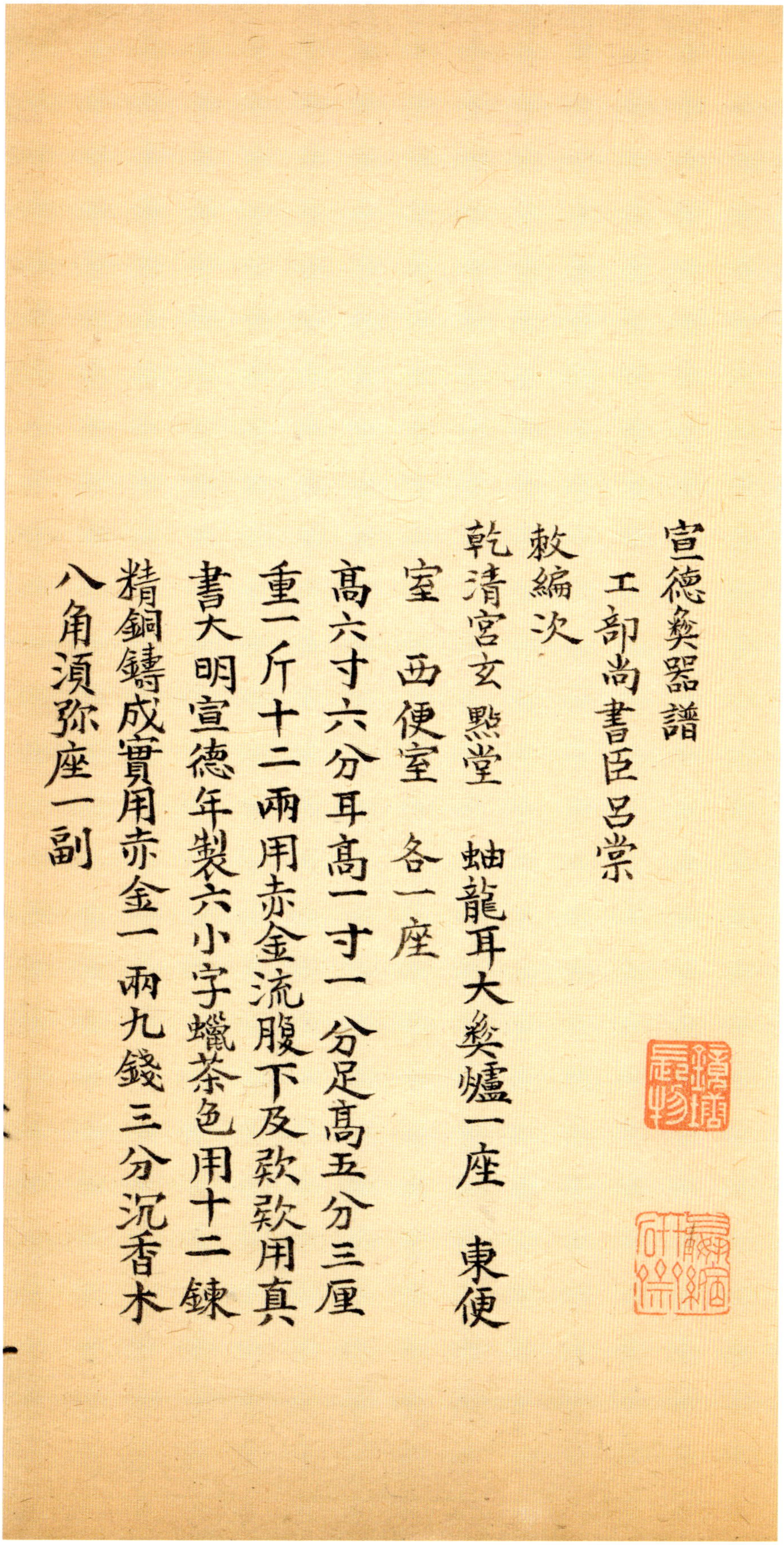

宣德彝器譜

工部尚書臣呂棠

敕編次

乾清宮玄默堂　蚰龍耳大彝爐一座　東便

室　西便室　各一座

高六寸六分耳高一寸一分足高五分三厘

重一斤十二兩用赤金流腹下及欵欵用真

書大明宣德年製六小字蠟茶色用十二錬

精銅鑄成實用赤金一兩九錢三分沉香木

八角須弥座一副

汪氏鑑古齋墨藪四卷附録一卷附録補遺一卷 Asian Rare-4 no.26

〔清〕汪近聖、汪爾臧、汪惟高製 〔清〕汪炳宇、汪君蔚、汪穗岐、汪天鳳輯

民國十七年（1928）陶湘彩色石印《涉園墨萃》本。

綫裝，三册，書高31釐米。

案：此書又名《墨藪》或《鑑古齋墨藪》，彙録了清乾隆年間宫廷匠人汪氏一族所製造的各款貢墨之圖案樣式。汪氏世居新安，以製墨爲業。乾隆六年（1741），詔徵新安製墨名家進京獻藝，汪氏與焉，並獲皇上褒獎，此後，汪氏之墨便名揚海内。此書原刻印於清嘉慶初年，繪刻俱佳，傳世極少，民國十七年陶湘據之以石影印法彩色影印。

周菊伍印：“毗陵周菊伍收藏書畫印”朱文長方印，“周郎”朱文方印，“菊塢讀過”白文方印。

龐鏡塘印：“贏縮硯齋藏書”朱文方印，“鏡塘長物”白文方印。

子部，譜録類，器用。

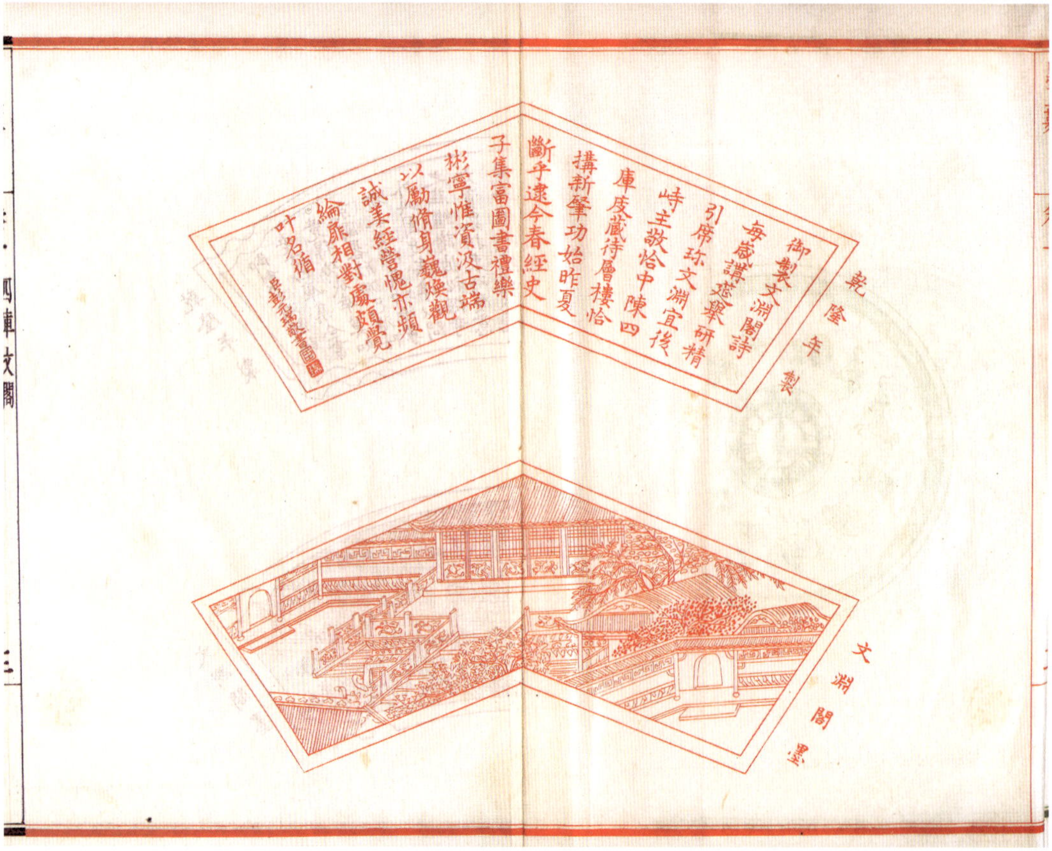

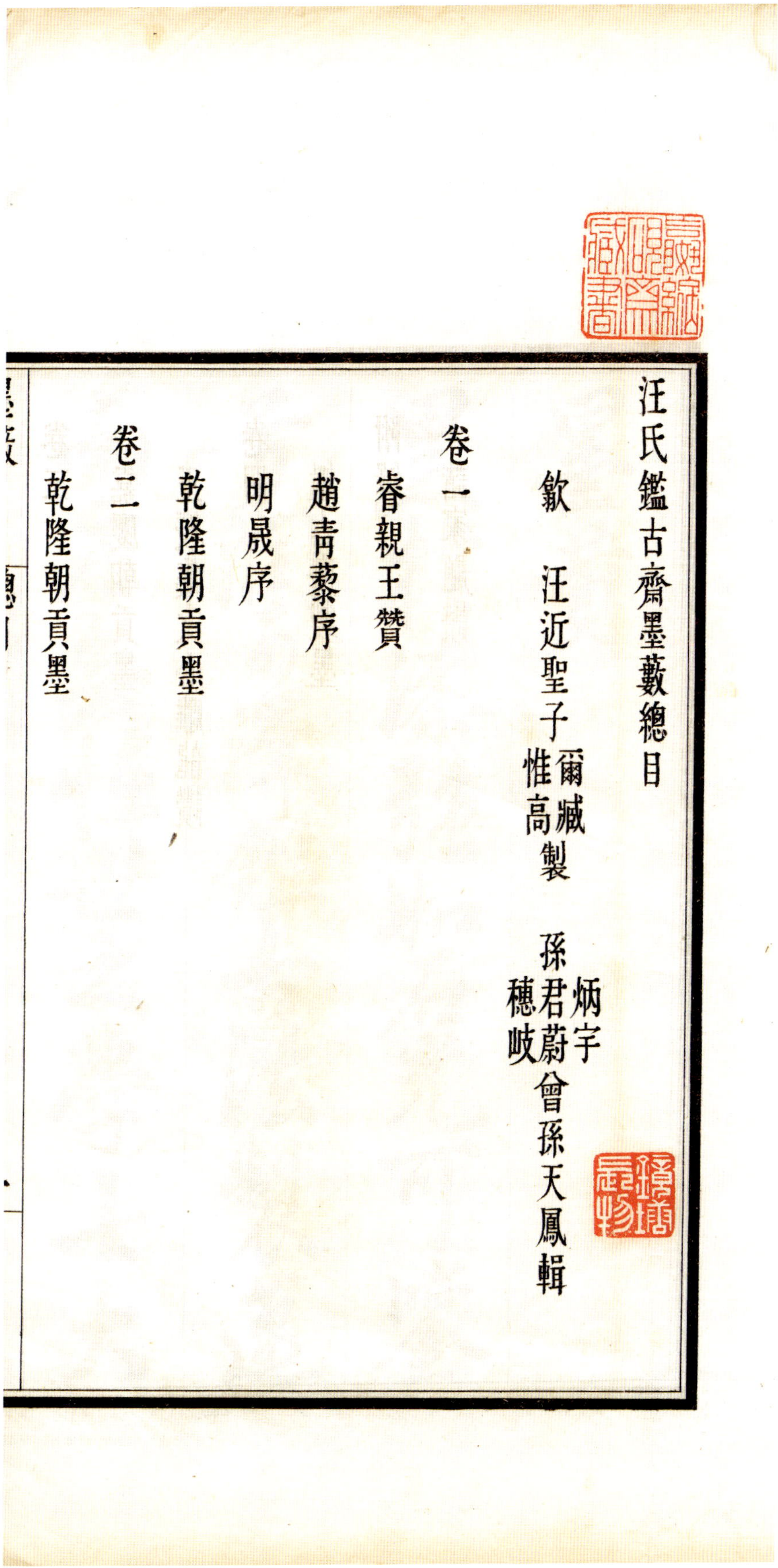

汪氏鑑古齋墨藪總目

歙　汪近聖子爾臧惟高製

孫炳宇君蔚穗岐曾孫天鳳輯

卷一

睿親王贊

趙青藜序

明晟序

乾隆朝貢墨

卷二

乾隆朝貢墨

雪庵清史五卷　Asian Rare-4 no.113（第二批捐贈）

〔明〕樂純著　〔明〕余應虬訂

明萬曆金陵李少泉刻本（約1614—1620）。

綫裝，四册。

板框20.5×13.8釐米，8行18字，白口，四周單邊，版心上鎸書名，中鎸卷目及卷次。

封面鎸“刻陳眉公評點雪庵清史”及各卷標題“清景、清供、清課、清醒、清福”，並有牌記“金陵書林李少泉梓”。首劉祖顔序，萬曆四十二年（1614）余應虬序，樂純自序，序後題“門人洪謨書”，末劉起漢跋。

案：卷五末有作者識語，云此書成於萬曆甲寅年仲秋。

佚名圈點並偶有抄補。

鈐印：“存仁堂藏書”“得志當爲天下雨”白文方印，“慎思明辨”朱文方印。

龐鏡塘印：“贏縮硯齋藏書”“贏縮研齋”朱文方印，“鏡塘長物”“鏡塘讀過”白文方印。

子部，雜家類，雜學雜説。

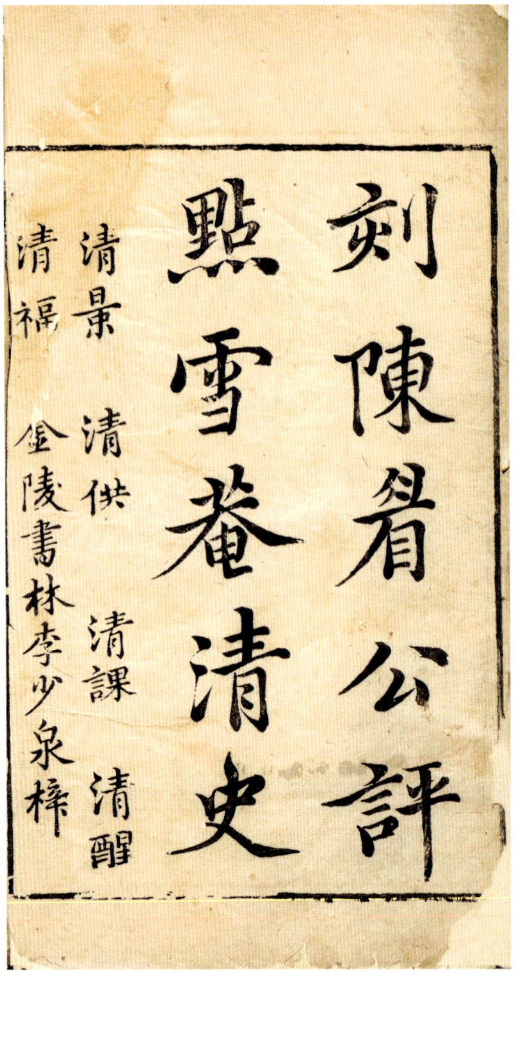

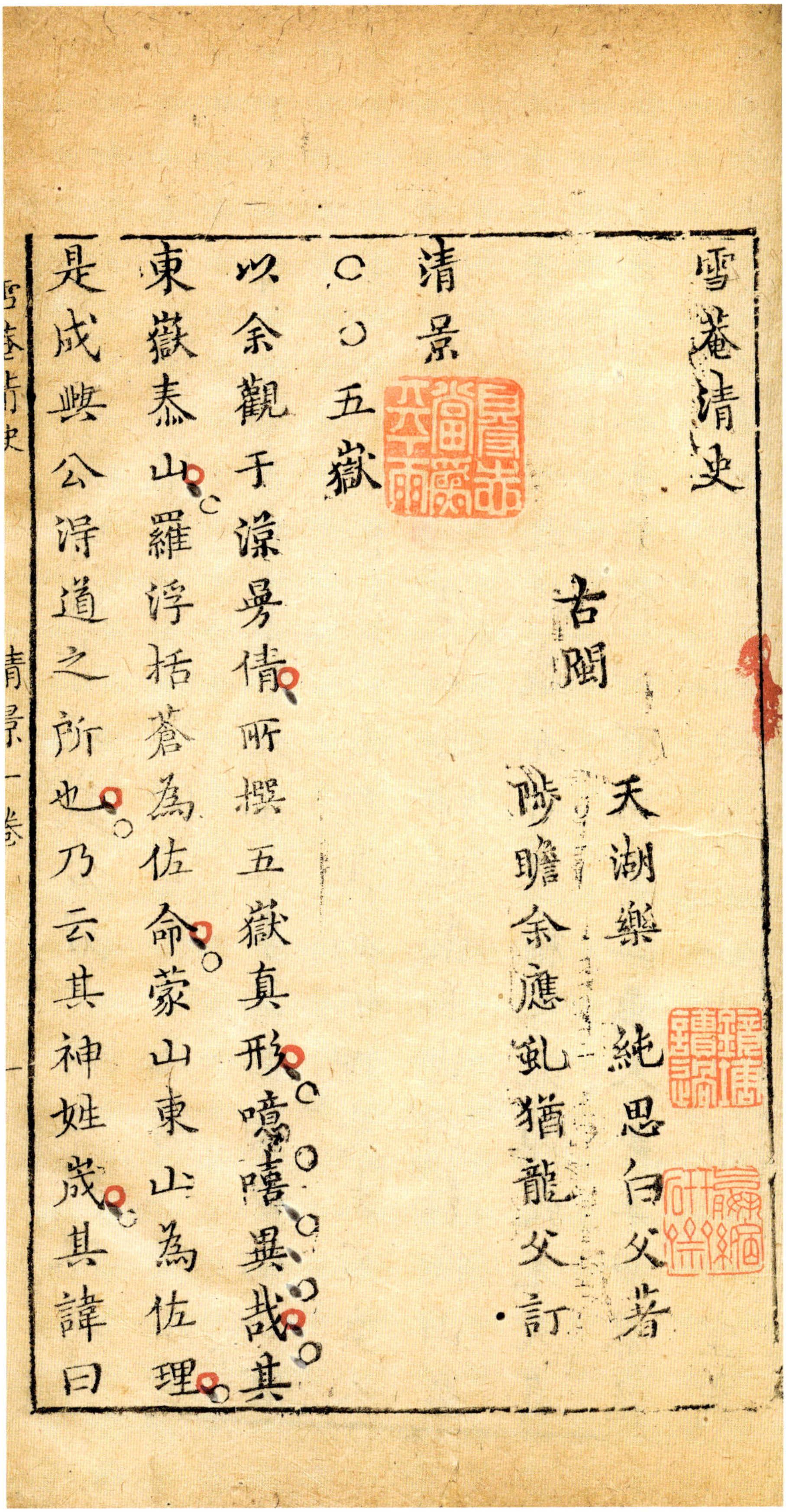
雪菴清史

古閩

天湖樂純思白父著

陟瞻余應虬猶龍父訂

清景

○○五嶽

以余觀于澡曼倩所撰五嶽真形噫嘻異哉其

東嶽泰山羅浮括蒼為佐命蒙山東山為佐理

是成與公浮道之所也乃云其神姓歲其諱曰

妝史二卷　　Asian Rare-4 no.24

〔清〕田霡編

清康熙（1662—1722）稿本。

綫裝，二册，書高25釐米。

案：田霡（1652—1729），字子益，號樂園，别號香城居士，康熙間拔貢生，有《鬲津草堂詩》。此書仿《奩史》之例，輯録古籍中記載女子着裝打扮之故事，彙編成書，分上下兩卷，書寫工整，卷端題“香城居士田霡編”。有近人蔣一和、劉峙題識。又，北京圖書館另藏有一部，亦著録爲稿本。

蔣一和印：“一和藏書”朱文橢圓印，“蔣”“一和”朱文連珠小方印，“餘事作詩人”“六不艸堂”朱文長方印。

劉峙印：“劉峙私印”白文方印，“固安劉峙珍藏印記”朱文長方印。

龐鏡塘印：“贏縮硯齋藏書”朱文方印，“鏡塘讀過”白文方印。

子部，雜家類，雜纂。

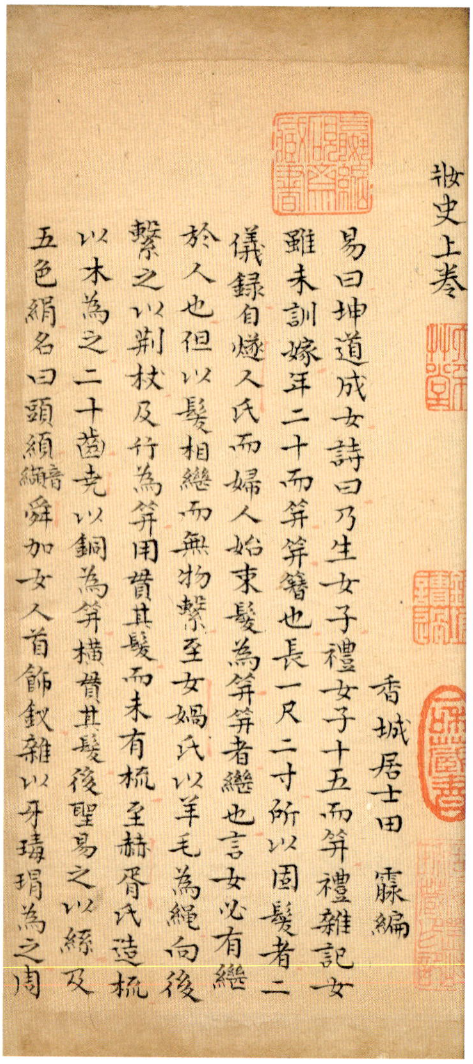
妝史上卷
香城居士田霡編
易曰坤道成女詩曰乃生女子禮女子十五而笄禮雜記女
雖未許嫁年二十而笄笄簪也長一尺二寸所以固髮者二
儀録自燧人氏而婦人始束髮爲笄笄者繼也言女必有繼
於人也但以髮相繼而無物繫至女媧氏以羊毛爲繩向後
繫之以荆杖及竹爲笄用貫其髮而未有梳至赫胥氏造梳
以木爲之二十齒堯以銅爲笄横貫其髮後聖易之以絲及
五色絹名曰頭須音纇舜加女人首飾釵雜以牙瑇瑁爲之周

粧史下卷

香城居士田霡編

華袿七啟被文縠之華袿袿婦人上服也

公主貴人妃以上嫁娶得服錦綺羅縠繒十二色重緑袍特進列侯以上錦繒采十二色六百石以上重緣采九色禁丹紫紺三百石以上五色采青絳黄紅緑二百石以上四采青黄紅緑賈人緗縹而已（後漢書）

王母降武帝宮中服青霜袍雲色亂目（漢武内傳）

上元夫人降武帝宮服赤霜袍戴靈芝夜光之冠帶六出火玉之

莊子南華真經四卷音義四卷　Asian Rare-4 no.28

〔晉〕郭象注　〔唐〕陸德明音義

明天啓崇禎間（1621—1644）吴興閔齊伋刻朱墨套印《三子合刊》本。

綫裝，八册，書高33釐米。

板框21.8×15.2釐米，9行19字，白口，四周單邊，版心上鎸"莊子"及篇名，下鎸卷、葉數。

首郭象序，卷四末鎸有"西吴閔齊伋遇五父校"，各卷末附有音義，書中有朱色套印之眉批及行間圈點批注。

龐鏡塘印："贏縮硯齋藏書""贏縮研齋"朱文方印，"鏡塘長物"白文方印。

子部，道家類。

又一部：Asian Rare-1 no.1232。

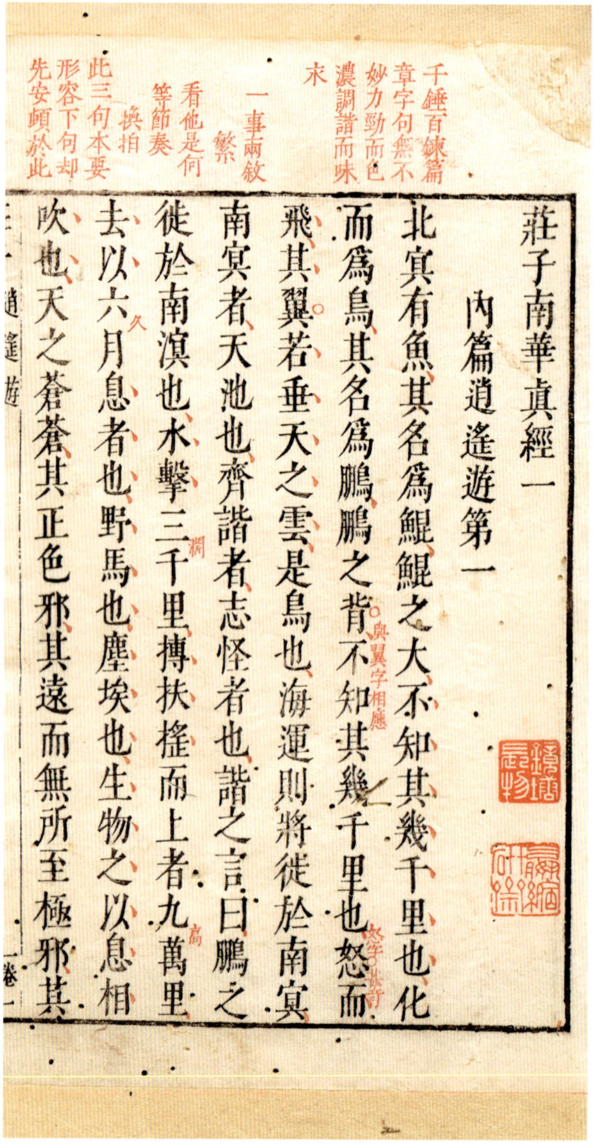

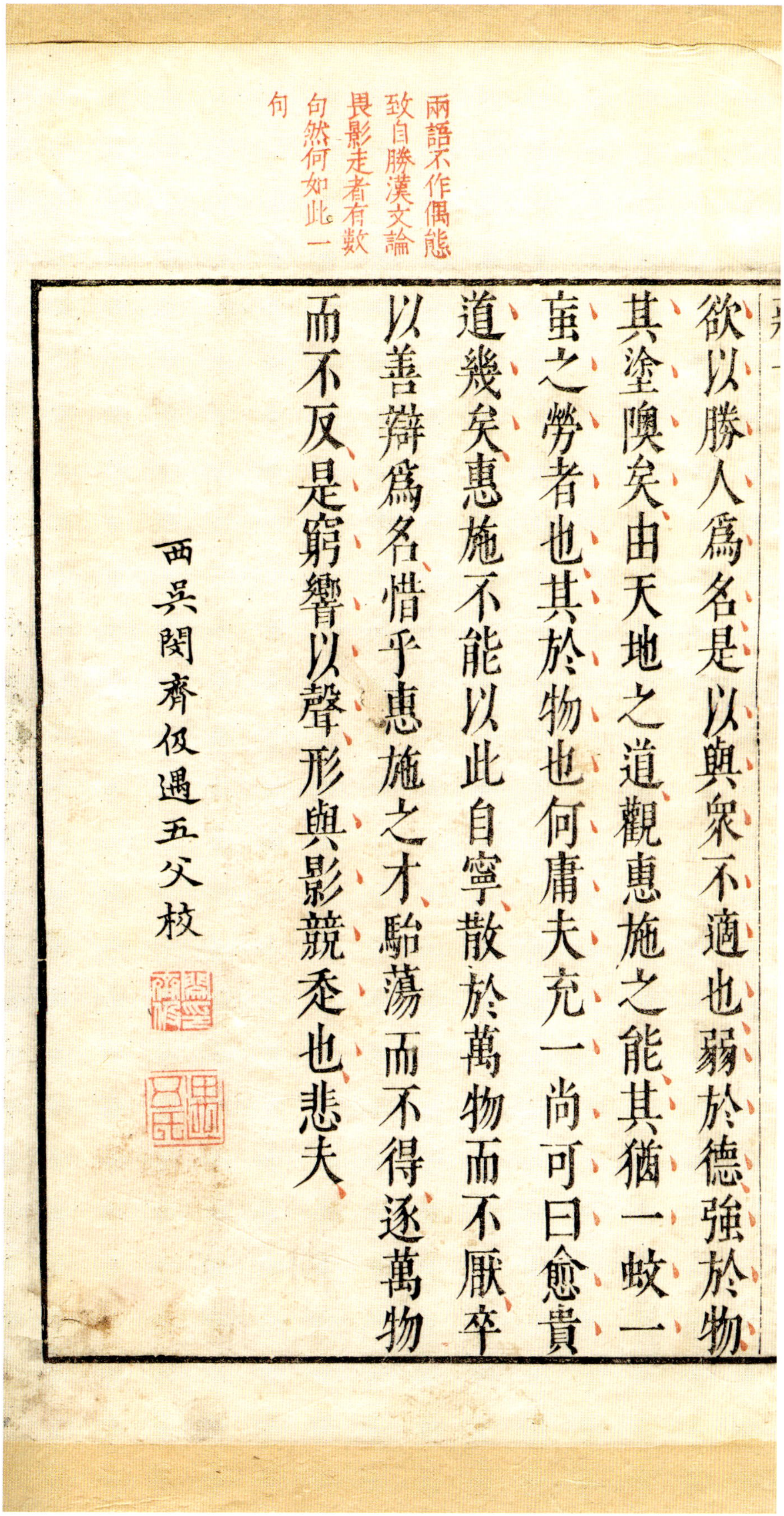

兩語不作偶態致自勝漢文論畏影走者有數句然何如此。一句

欲以勝人爲名是以與衆不適也弱於德強於物其塗隩矣由天地之道觀惠施之能其猶一蚊一蝱之勞者也其於物也何庸夫充一尚可曰愈貴道幾矣惠施不能以此自寧散於萬物而不厭卒以善辯爲名惜乎惠施之才駘蕩而不得逐萬物而不反是窮響以聲形與影競走也悲夫

西吳閔齊伋遇五父校

楚騷綺語六卷 Asian Rare-4 no.44

〔明〕張之象輯 〔明〕凌迪知訂

明萬曆四年（1576）吴興凌迪知刻本。

綫裝，四册，書高26釐米。

板框18.5×12.9釐米，8行17字，小字雙行同，白口，單黑魚尾，左右雙邊，版心中鎸“楚語”及卷次，下鎸寫刻工姓名及字數，序及目録葉版心上鎸書名。序首葉版心下鎸“吴郡仇鵬刻”，卷一首葉版心下鎸“吴郡錢世傑寫，王伯才刻”，另有刻工顧時中、顧植、彭天恩、張敖等人。

案：此書乃凌氏輯刻《文林綺繡》五種之第二種，首萬曆丙子（四年，1576）凌迪知序，云文章自六經而下，楚騷爲最，然玄言奇字，苦其聱牙，適“雲間張君玄超，持所摘騷語印證，余重訂之，梓布海内”。

鈐印：“蓉江”朱文方印。

龐鏡塘印：“嬴縮硯齋藏書”“嬴縮研齋”朱文方印，“鏡塘讀過”白文方印。

集部，楚辭類。

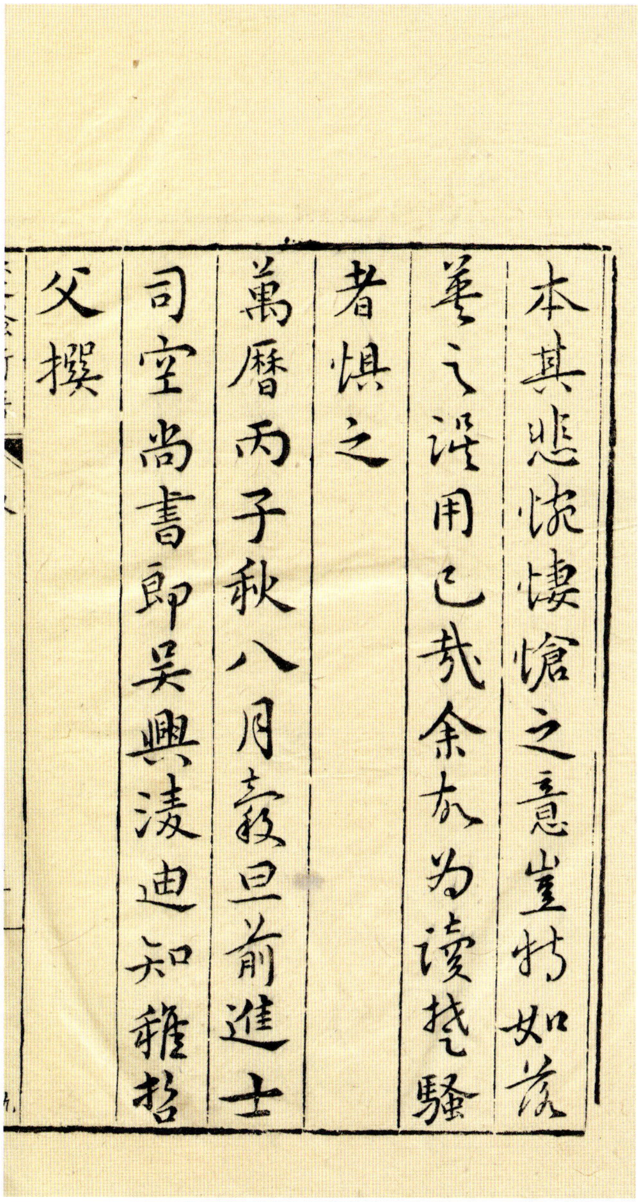
本其悲悅悽愴之意豈特如藻
華之證用已哉余友為讀楚騷
者惧之
萬曆丙子秋八月穀旦前進士
司空尚書郎吳興淩迪知穉哲
父撰

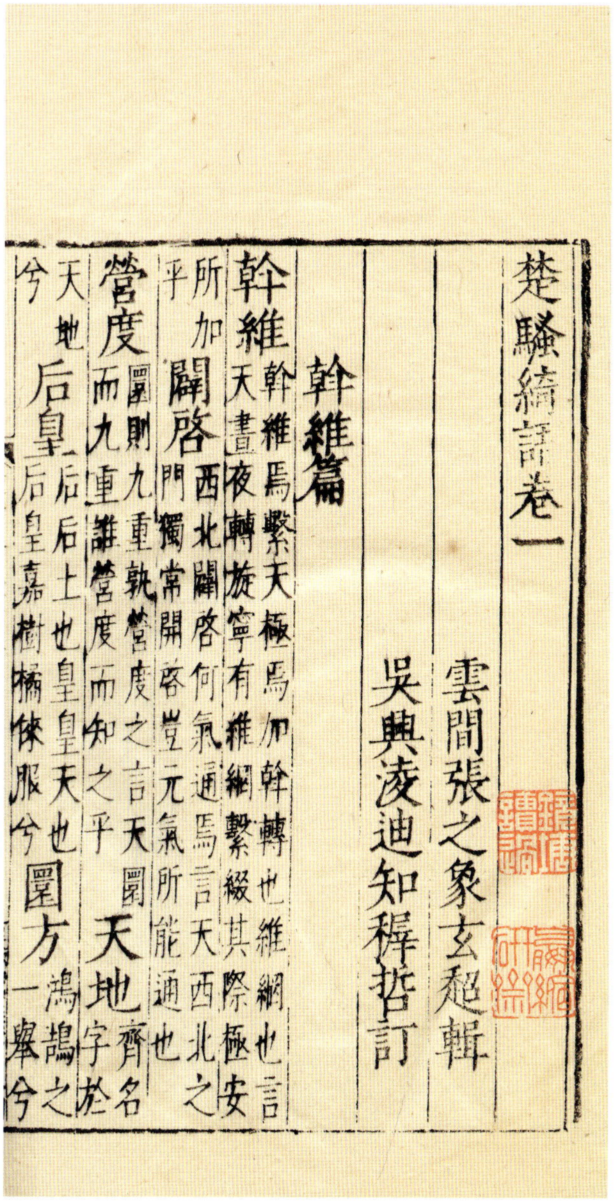
楚騷綺語卷一
雲間張之象玄超輯
吳興淩迪知穉哲訂
幹維篇
幹維幹維焉繫天極焉加幹轉也維綱也言天晝夜轉旋寧有維綱繫綴其際極安所加乎
闢啓西北闢啓何氣通焉言天西北之門獨常開啓豈元氣所能通也
營度圜則九重孰營度之言天圜而九重誰營度而知之乎
天地齊名字於天地兮
后皇后后土也皇皇天也后皇嘉樹橘倈服兮
圜方鴻鵠之一舉兮

類箋唐王右丞詩集十卷文集四卷外編一卷年譜一卷唐諸家同咏集一卷唐諸家贈題集一卷唐宋諸家評王右丞詩畫鈔一卷

Asian Rare-4 no.45

〔唐〕王維撰 〔宋〕劉辰翁評 〔明〕顧起經注並編輯

明嘉靖三十四年至三十五年（1556）無錫顧起經奇字齋刻本。

綫裝，六册，書高29釐米。

板框20.3×15.3釐米，9行18字，小字雙行同，小黑口，左右雙邊，單黑魚尾，版心上鐫“奇字齋”，下鐫寫刻工姓名。

案：此本乃顧氏所刻《王右丞集》殘本，次序紊亂，並經書賈略作手腳，欲以殘充全。所幸各卷末均有顧氏刻書題記，並存有冠龍山外史所記之“無錫顧氏奇字齋開局氏里”一葉，詳列寫勘、雕梓、裝潢之人姓名、籍貫，並刻書程限。如寫勘有吴應龍、沈恒、陸廷相三人，雕梓有應鍾、章亨等二十四人，刻書程限則“自嘉靖三十四年十二月望授梓，至三十五年六月朔完局”。考嘉靖三十四年十二月望日，已是西曆1556年矣。又如目録後牌記云，“丙辰孟陬月得辛日，錫山武陵顧伯子圖籍之宇刊”，顧起經“題王右丞詩箋小引”末鐫“嘉靖卅四年涂月白分，錫武陵家墅刻”等。

詩集存四卷：卷一至二、四至五；文集存一卷：卷三及集外編、年譜等。

龐鏡塘印：“贏縮硯齋藏書”“贏縮研齋”“愛日樓”朱文方印，“鏡塘讀過”“鏡塘長物”白文方印。

集部，别集類，唐五代。

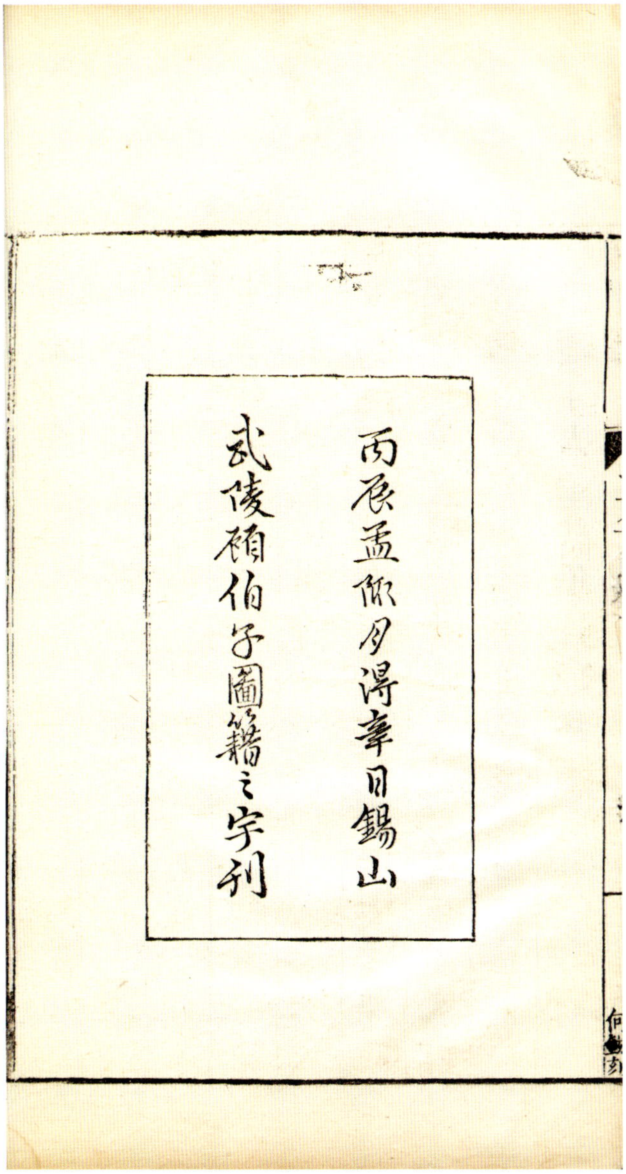

丙辰孟陬月得辛日錫山
武陵顧伯子圖籍之宇刊

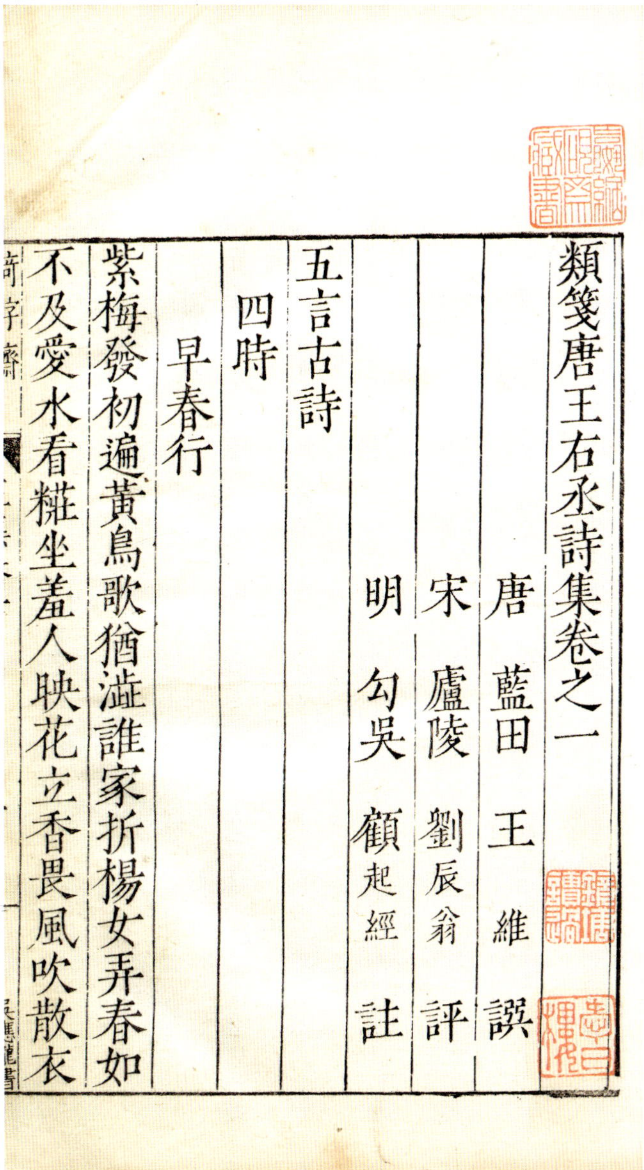

類箋唐王右丞詩集卷之一
唐　藍田　王　維　譔
宋　廬陵　劉辰翁　評
明　勾吳　顧起經　註
五言古詩
四時
早春行
紫梅發初遍黃鳥歌猶澁誰家折楊女弄春如
不及愛水看粧坐羞人映花立香畏風吹散衣

杜工部詩八卷附録一卷　Asian Rare-4 no.91

〔唐〕杜甫著　〔明〕許宗魯編

明嘉靖五年（1526）許宗魯淨芳亭刻本。

綫裝，四册，册高24釐米。

板框17.8×13.5釐米，12行22字，白口，左右雙邊，綫魚尾，版心上鐫“杜詩”及卷次，下鐫“淨芳亭”。

案：首嘉靖五年許宗魯“刻杜工部詩序”，云杜詩有三變，初作多精麗，中作多雄渾，晚作特放逸，其不變者則“用字以飾辭，陳事以載故”。全書以五古、七古、五言、七言分卷，每部分則按年編次。

龐鏡塘印：“贏縮研齋”朱文方印，“鏡塘讀過”白文方印。

集部，别集類，唐五代。

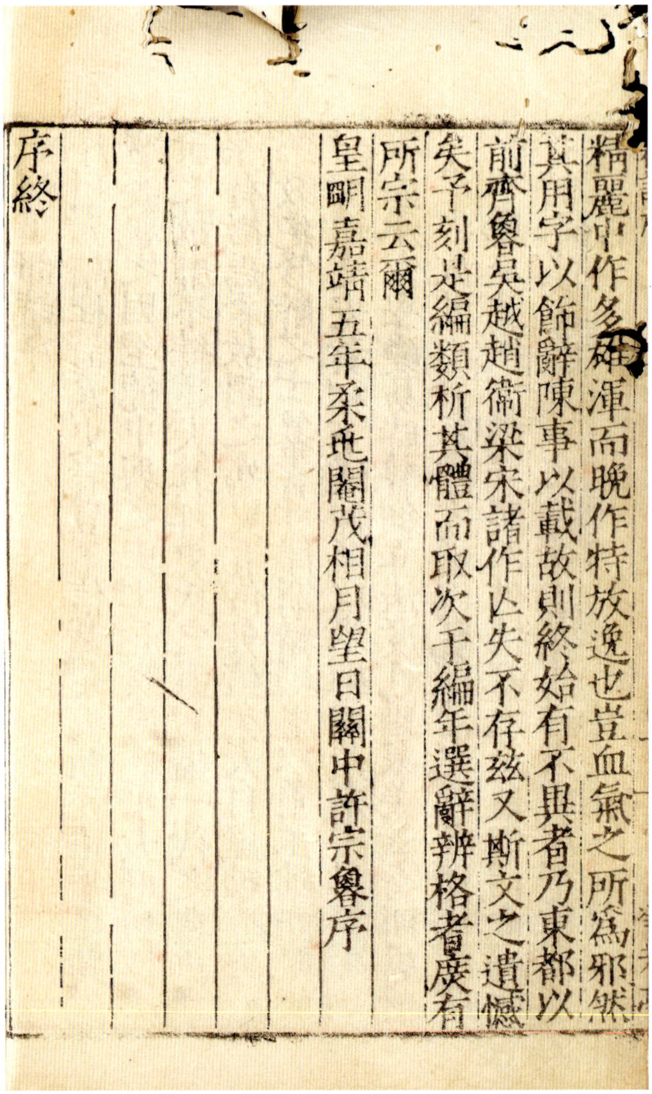
精麗中作多雄渾而晚作特放逸也豈血氣之所爲邪然
其用字以飾辭陳事以載故則終始有不異者乃東都以
前齊魯吳越趙衛梁宋諸作亾失不存兹又斯文之遺憾
矣予刻是編類析其體而取次于編年選辭辨格者庶有
所宗云爾
皇明嘉靖五年柔兆閹茂相月望日關中許宗魯序
序終

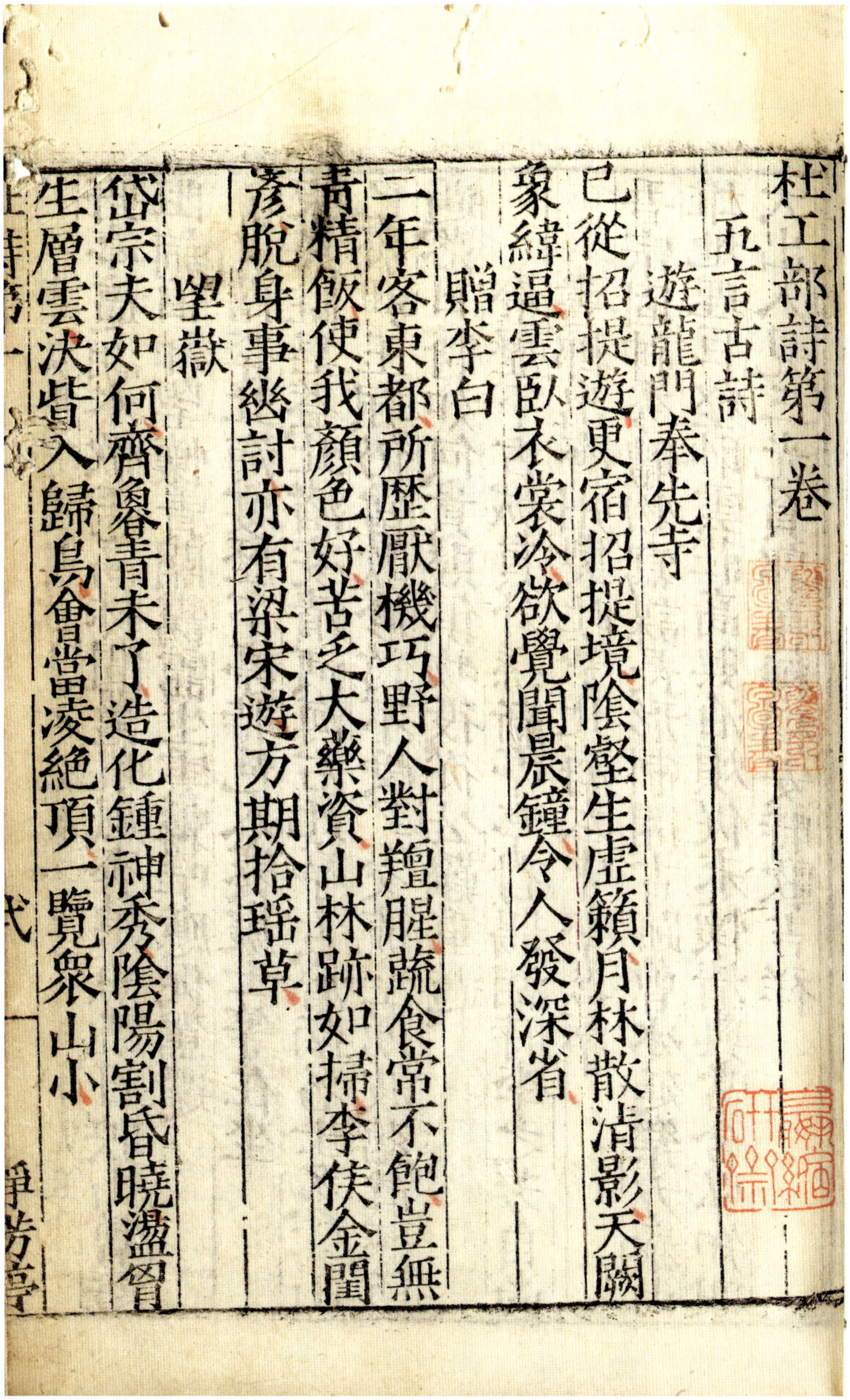

杜工部詩第一卷

五言古詩

遊龍門奉先寺

已從招提遊更宿招提境陰壑生虚籟月林散清影天闕象緯逼雲卧衣裳冷欲覺聞晨鐘令人發深省

贈李白

二年客東都所歷厭機巧野人對羶腥蔬食常不飽豈無青精飯使我顔色好苦乏大藥資山林跡如掃李侯金閨彦脱身事幽討亦有梁宋遊方期拾瑶草

望嶽

岱宗夫如何齊魯青未了造化鍾神秀陰陽割昏曉盪胷生層雲決眥入歸鳥會當凌絶頂一覽衆山小

集千家注杜工部詩集二十卷文集二卷詩集附録一卷 Asian Rare-4no.46

〔唐〕杜甫撰

明嘉靖十五年（1536）玉几山人刻本。

綫裝，二十四册，書高32釐米。

板框22.3×14.2釐米，8行17字，小字雙行同，白口，四周雙邊，對白魚尾，詩集版心中鎸“杜集”，文集版心鎸“杜文集”，版心下鎸刻工名，如信、仁、啓明、袁、仲、匇、李、鳳、劉、東、美、周、昂等。

卷首有舊序多篇。《詩集》卷一卷端題有“大明嘉靖丙申玉几山人校刻”。

案：玉几山人另刻有《分類補注李太白詩》二十五卷，與此書並稱爲李杜詩之善本。此本乃東魯任瀛舊藏，任氏與玉几山人爲同時代人，則此本定爲初印本無疑。

任瀛（1498—1557），字登之，山西文水人，山東兖州護衛軍籍，故自稱東魯人，明嘉靖十四年（1535）進士，官至都察院右副都御史，有《經書後語》《翰林古文鈔》傳世。

任瀛印：“東魯任瀛登之家藏書記”朱文長方印。

王法韓印：“王法韓印”朱文回文方印，“退春氏”白文方印。

蔣一和印：“一和藏書”朱文橢圓印，“泗水蔣氏家藏”朱文方印。

龐鏡塘印：“贏縮硯齋藏書”“六不草堂”朱文方印，“鏡塘讀過”白文方印。

集部，别集類，唐五代。

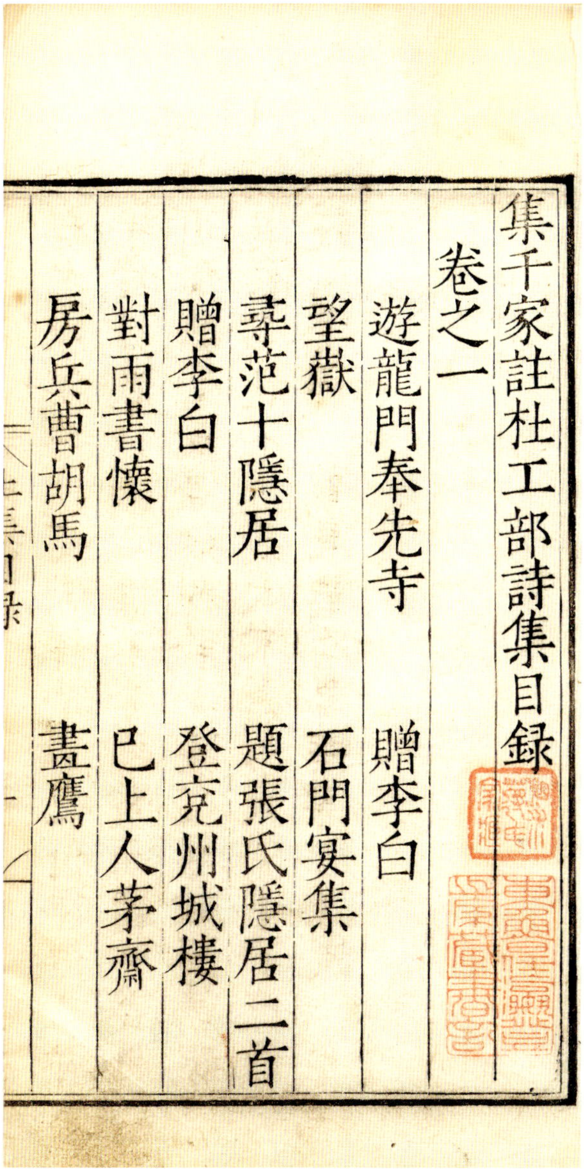

集千家註杜工部詩集目録

卷之一

遊龍門奉先寺　贈李白

望嶽　石門宴集

尋范十隱居　題張氏隱居二首

贈李白　登兖州城樓

對雨書懐　已上人茅齋

房兵曹胡馬　畫鷹

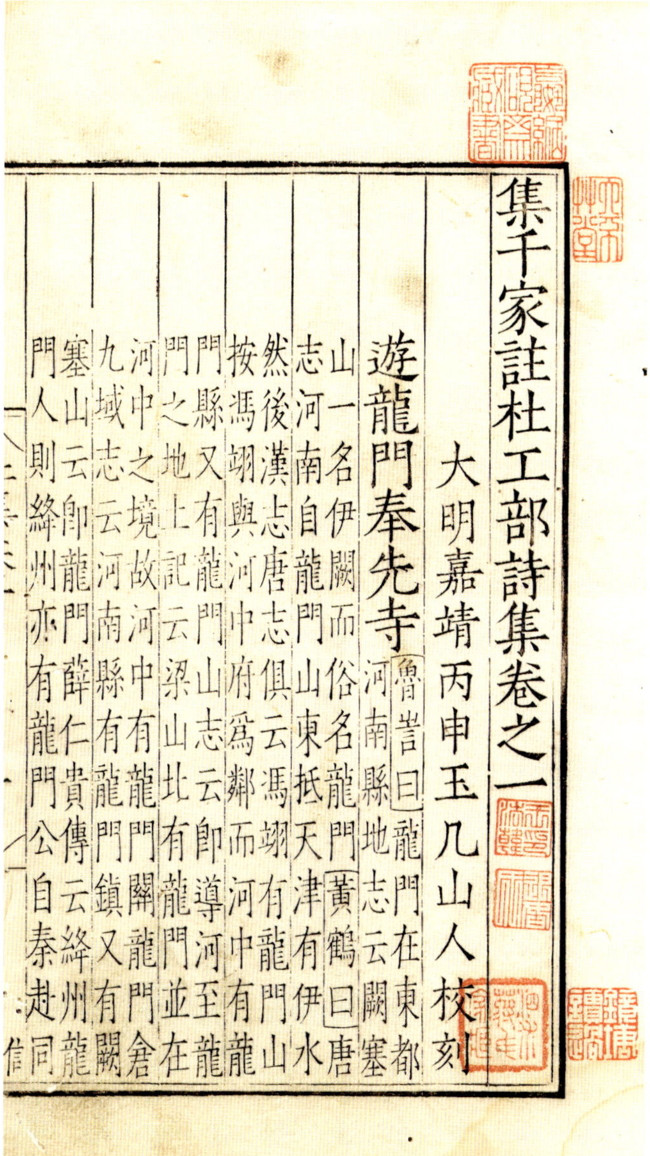

集千家註杜工部詩集卷之一

大明嘉靖丙申玉几山人校刻

遊龍門奉先寺【魯訔曰】龍門在東都河南縣地志云闕塞山一名伊闕而俗名龍門【黄鶴曰】唐志河南自龍門山東抵天津有伊水然後漢志唐志俱云馮翊有龍門山按馮翊與河中府爲鄰而河中有龍門縣又有龍門山志云即導河至龍門之地上記云梁山北有龍門並在河中之境故河中有龍門闕龍門倉九域志云河南縣有龍門鎮又有闕塞山云即龍門薛仁貴傳云絳州龍門人則絳州亦有龍門公自秦赴同

杜工部分類詩十一卷賦集一卷 Asian Rare-4 no.47

〔唐〕杜甫撰 〔明〕李齊芳、李茂年、李茂材分類

明萬曆二年（1574）李齊芳刻《李杜詩合刻》本。

綫裝，六册，書高27釐米。

板框18.5×12.1釐米，9行18字，白口，單黑魚尾，四周單邊，版心中分别鐫“杜詩”或“杜賦”及卷次，下鐫刻工。

書前有萬曆二年李齊芳自序，潘應詔序，書後有舒度、李茂年、李茂材跋，均言李齊芳輯刻書事。

案：此書目録列《詩》十卷，然正文《詩》爲十一卷，且卷十一云“卷十一下”，而無十一上，考對目録與正文，内容並未缺失，當是刻書時誤題。目録卷十“雜賦”以下，爲正文卷十一下。

龐鏡塘批校。

宿鳳翽印：“宿鳳翽印”白文回文方印，“雲壑”朱文方印。

鈐印：“心如堂書”朱文方印。

龐鏡塘印：“羸縮硯齋藏書”朱文方印，“鏡塘讀過”白文方印。

集部，别集類，唐五代。

又一部：Asian Rare-1 no.1942。

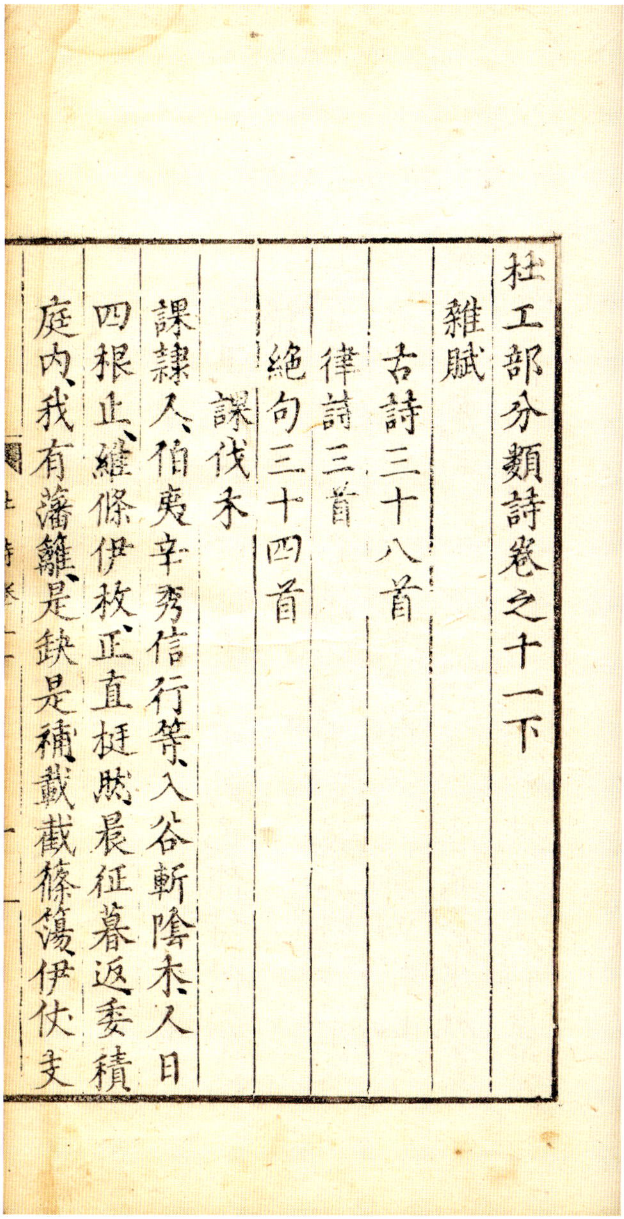

杜工部分類詩卷之十一下
雜賦
古詩三十八首
律詩三首
絶句三十四首
課伐木
課隸人伯夷辛秀信行等入谷斬陰木人日
四根止維條伊枚正直挺然晨征暮返委積
庭內我有藩籬是缺是補載截篠簜伊仗支

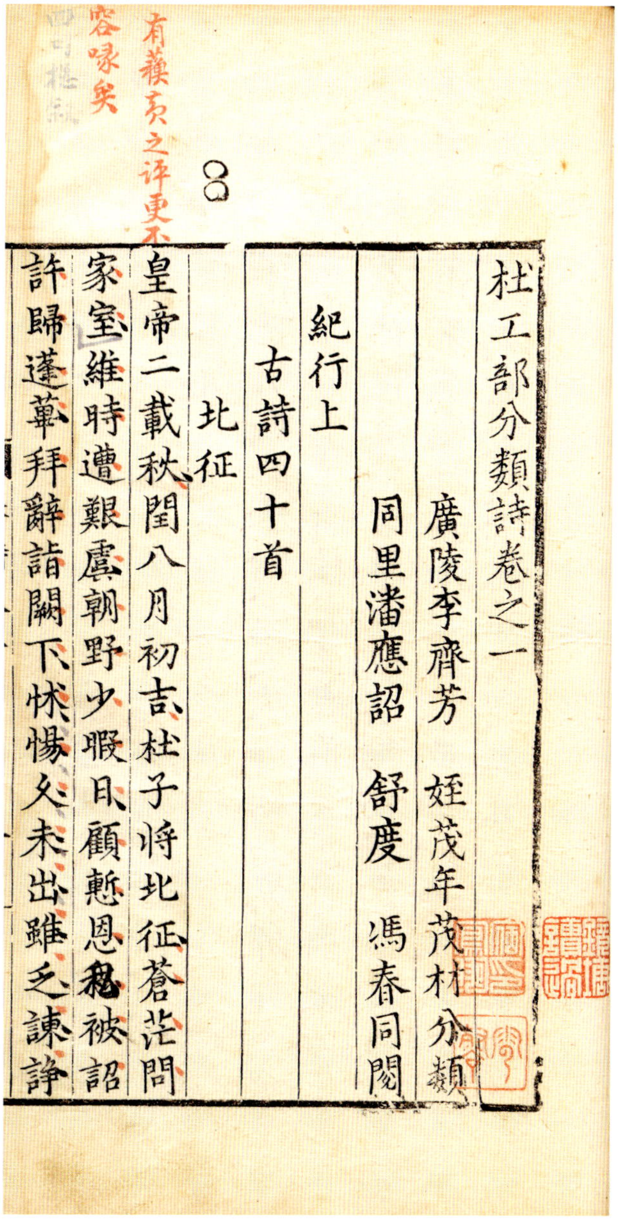

杜工部分類詩卷之一
廣陵李齊芳　姪茂年茂林分類
同里潘應詔　舒度　馮春同閲
紀行上
古詩四十首
北征
皇帝二載秋閏八月初吉杜子將北征蒼茫問
家室維時遭艱虞朝野少暇日顧慙恩私被詔
許歸蓬蓽拜辭詣闕下怵惕久未出雖乏諫諍

杜工部集二十卷附録一卷諸家詩話一卷唱酬題咏附録一卷少陵先生年譜一卷 Asian Rare-4 no.48

〔唐〕杜甫撰 〔清〕錢謙益箋注

清康熙六年（1667）季振宜静思堂刻本。

綫裝，十册，書高26釐米。

板框17.9×13.8釐米，11行20字，小字雙行30字，黑口，四周雙邊，對黑魚尾，版心中鎸“杜集”及卷次。

案：此本内封葉已殘缺，然從其襯紙所遺留之墨痕，尚可辨識有“錢牧齋先生箋注杜工部集”“思堂”等字樣，可知爲季氏静思堂刻本。首錢謙益“草堂詩箋元本序”，康熙六年季振宜序。

案：錢牧齋積數十年精力注杜詩，年八十書始成，過世後，其裔孫錢遵王爲之整理，由季振宜刊行，在當時廣爲流傳，屢被翻刻，各館現存之本，多有不同。

龐鏡塘批校。

龐鏡塘印：“羸縮硯齋藏書”“龐鏡塘所讀書”朱文方印，“鏡塘長物”白文方印。

集部，別集類，唐五代。

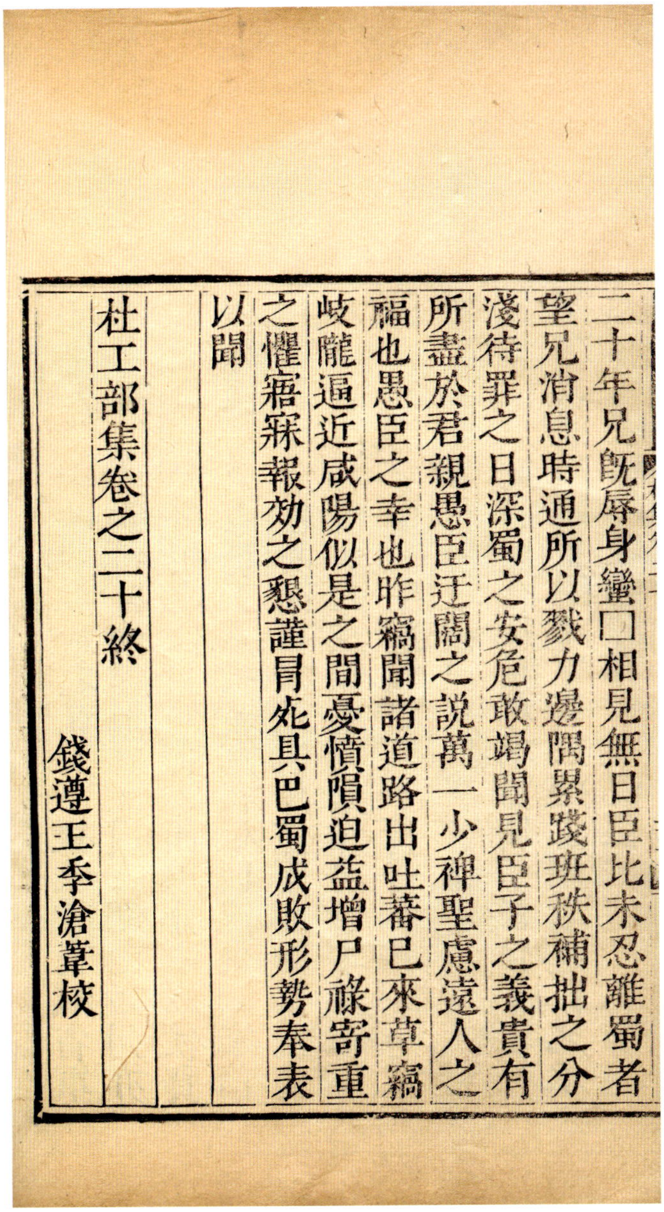

二十年兄既辱身蠻口相見無日臣比未忍離蜀者
望兄消息時通所以戮力邊隅累踐班秩補拙之分
淺待罪之日深蜀之安危敢竭聞見臣子之義貴有
所盡於君親愚臣迂闊之說萬一少裨聖慮遠人之
福也愚臣之幸也昨竊聞諸道路出吐蕃已來草竊
岐隴逼近咸陽似是之間憂憤隕迫益增尸祿寄重
之懼瘖寐報効之懇謹冐死具巴蜀成敗形勢奉表
以聞

杜工部集卷之二十終

錢遵王季滄葦校

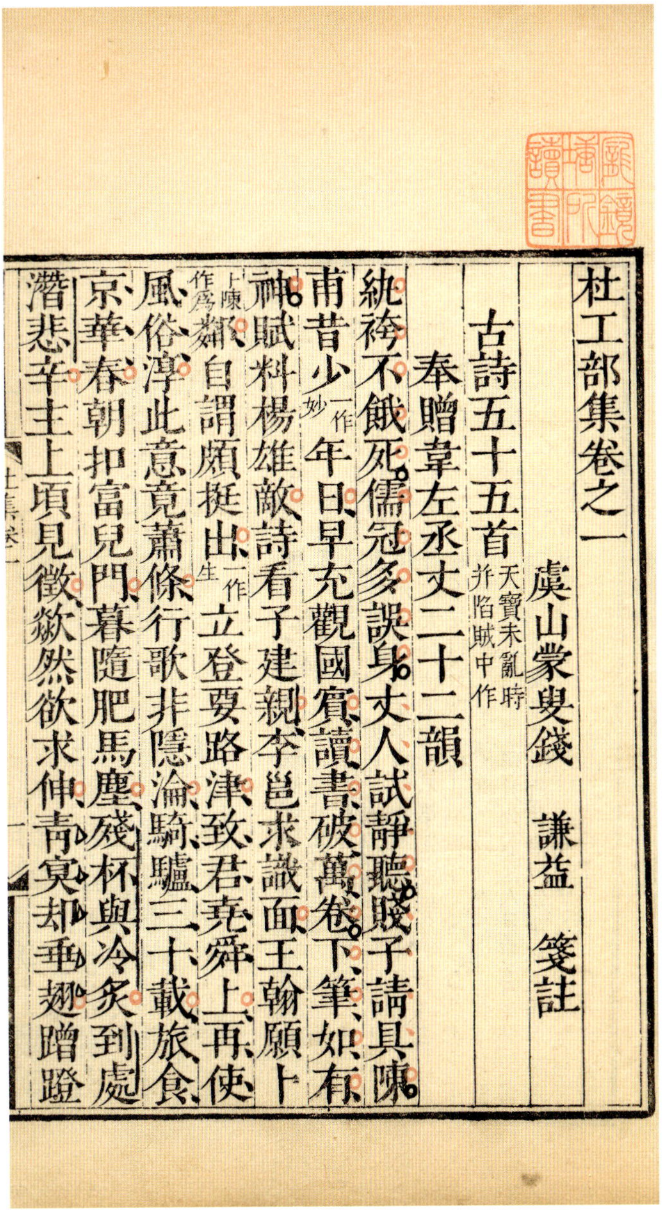

杜工部集卷之一

虞山蒙叟錢　謙益　箋註

古詩五十五首（天寶未亂時并陷賊中作）

奉贈韋左丞丈二十二韻

紈袴不餓死儒冠多誤身丈人試靜聽賤子請具陳
甫昔少（一作妙）年日早充觀國賓讀書破萬卷下筆如有
神賦料揚雄敵詩看子建親李邕求識面王翰願卜
鄰（上陳作爲）自謂頗挺出（一作生）立登要路津致君堯舜上再使
風俗淳此意竟蕭條行歌非隱淪騎驢三十載旅食
京華春朝扣富兒門暮隨肥馬塵殘杯與冷炙到處
潛悲辛主上頃見徵欻然欲求伸青冥却垂翅蹭蹬

朱文公校昌黎先生文集四十卷外集十卷遺文一卷集傳一卷

Asian Rare-4 no.49

〔唐〕韓愈撰　〔唐〕李漢編　〔宋〕朱熹考異　〔宋〕王伯大音釋　〔明〕朱吾弼重編

明末天德堂刻本（約1605—1644）。

綫裝，四册，書高26釐米。

板框22×15釐米，9行18字，小字雙行同，白口，四周雙邊，單白魚尾，版心上鐫“韓文考異”，中鐫卷次。

存十八卷：卷一至十八。

案：内封葉題“朱文公校正，昌黎先生全集考異，宋本重刊，天德堂梓行”，並有“芷蘭堂藏版”墨記，及“天德堂”朱文印記。卷一卷端題“宗後學監察御史高安朱吾弼重編”，汪國楠等六人仝校，馬孟復重閲，及“文公裔孫庠生朱崇沐訂梓”，首萬曆三十三年（1605）朱吾弼序，及原序、凡例等。

鈐印：“汝南愚者”白文方印。

龐鏡塘印：“贏縮硯齋藏書”朱文方印，“鏡塘讀過”白文方印。

集部，别集類，唐五代。

又一部：Asian Rare-1 no.1973。

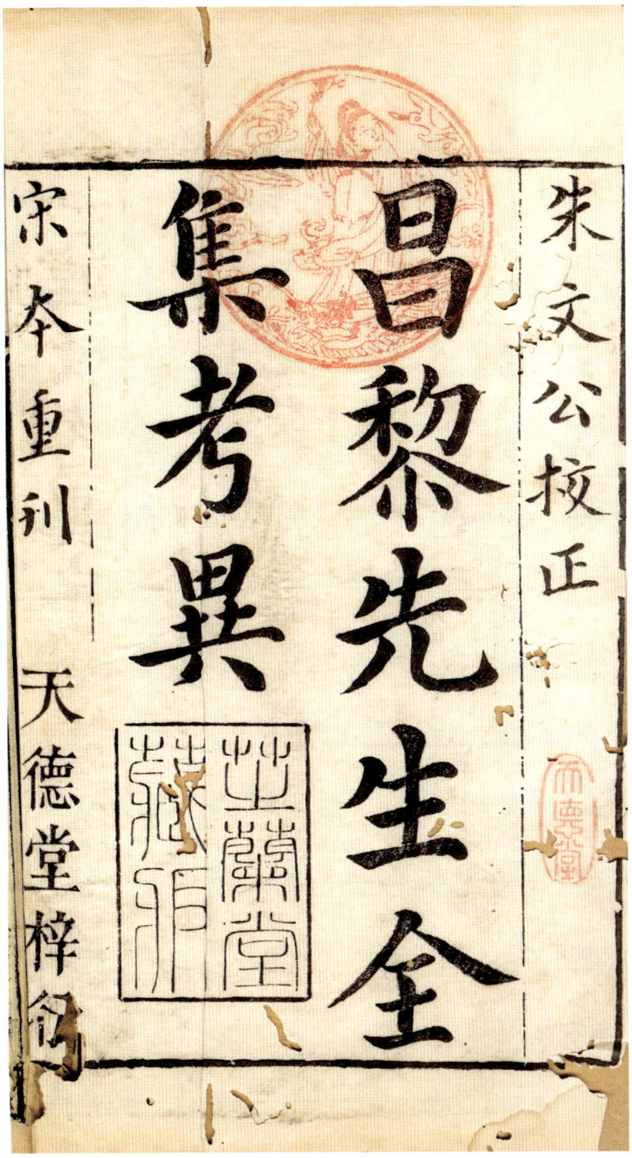
朱文公校正
昌黎先生全集考異
宋本重刊　天德堂梓行

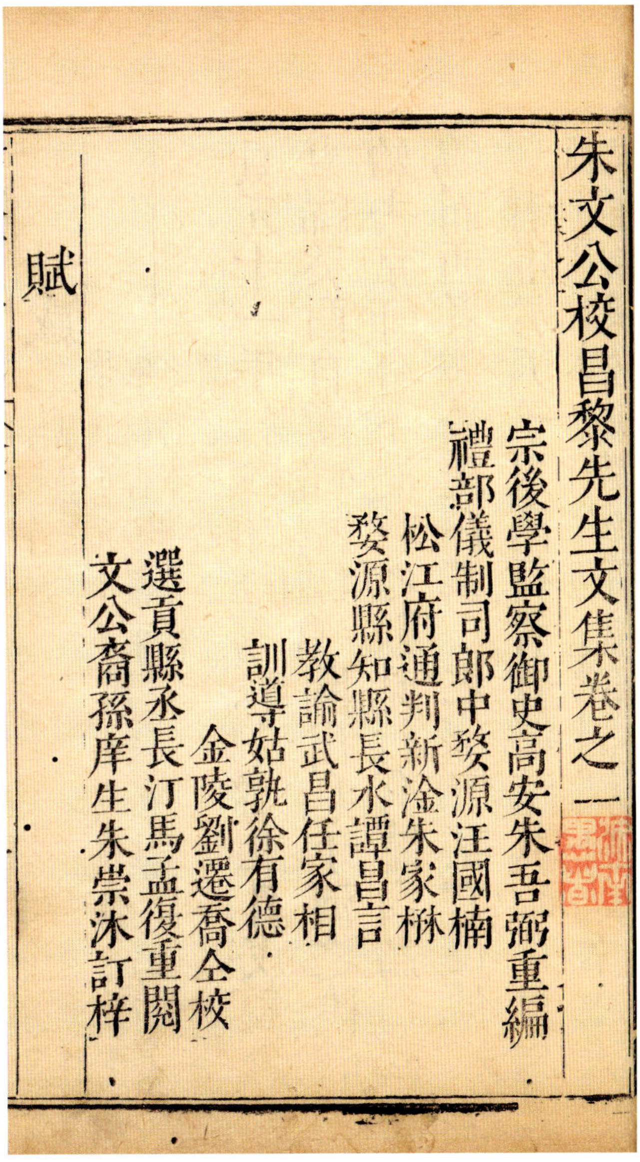
朱文公校昌黎先生文集卷之一
宗後學監察御史高安朱吾弼重編
禮部儀制司郎中婺源汪國楠
松江府通判新淦朱家栻
婺源縣知縣長水譚昌言
教諭武昌任家相
訓導姑孰徐有德
金陵劉還喬仝校
選貢縣丞長汀馬孟復重閲
文公裔孫庠生朱崇沐訂梓
賦

昌黎先生詩集注十一卷年譜一卷　Asian Rare-4 no.50

〔唐〕韓愈撰　〔清〕顧嗣立刪補

清道光十六年（1836）穆彰阿吴中膺德堂刻朱墨套印本，二十五年（1845）張芾江陰使署重印本。

綫裝，十二册，書高29釐米。

板框19×15釐米，無界欄，11行20字，小字雙行30字，白口，左右雙邊，單黑魚尾，版心中鐫“昌黎詩集注”及卷次，下鐫“膺德堂重刊顧氏本”。

内封題有“秀野堂本，膺德堂重刊”，卷末有清道光十六年（1836）穆彰阿跋，及道光二十五年（1845）張芾識語。

案：乾隆間博明（西齋）得朱彝尊、何焯二人批校之昌黎詩集，遂手録成册，何批用朱筆，朱批用墨筆，後來其所録之書爲穆彰阿所得，並於道光十六年以朱墨兩色刻之吴中，道光二十五年江蘇學政張芾購得書板，藏於江陰使署，並重印之，即此本。又，光緒九年（1883）廣州翰墨園亦曾重刊此書，但將朱批改用藍色。

鈐印：“富淦珍藏”陰陽文方印，“鷗波館書畫印”。

龐鏡塘印：“嬴縮硯齋藏書”朱文方印，“竟唐誦習”白文方印。

集部，别集類，唐五代。

又一部：Asian Rare-1 no.1967。

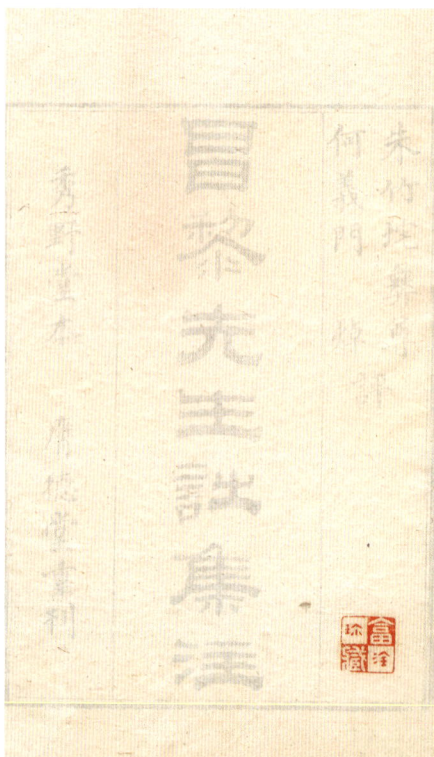

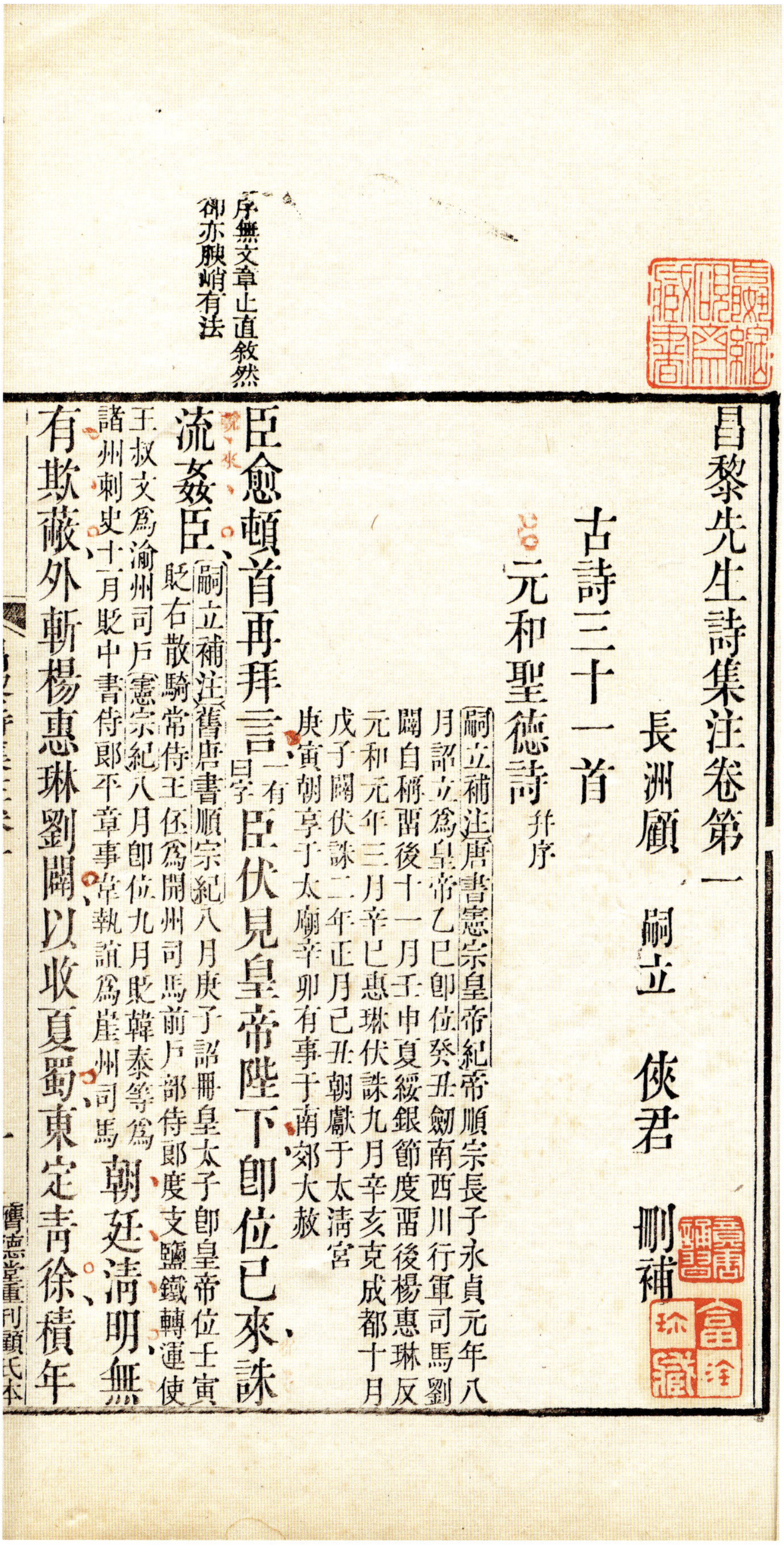

序無文章止直敘然
御亦腴峭有法

昌黎先生詩集注卷第一

長洲顧　嗣立　俠君　刪補

古詩三十一首

元和聖德詩 并序

嗣立補注唐書憲宗皇帝紀帝順宗長子永貞元年八月詔立爲皇帝乙巳卽位癸丑劍南西川行軍司馬劉闢自稱留後十一月壬申夏綏銀節度留後楊惠琳反元和元年三月辛巳惠琳伏誅九月辛亥克成都十月戊子闢伏誅二年正月己丑朝獻于太清宮庚寅朝享于太廟辛卯有事于南郊大赦

臣愈頓首再拜言一有曰字臣伏見皇帝陛下卽位已來誅流姦臣、嗣立補注舊唐書順宗紀八月庚子詔冊皇太子卽皇帝位壬寅貶右散騎常侍王伾爲開州司馬前戶部侍郎度支鹽鐵轉運使王叔文爲渝州司戶憲宗紀八月卽位九月貶韓泰等爲諸州刺史十月貶中書侍郎平章事韋執誼爲崖州司馬朝廷清明無有欺蔽外斬楊惠琳劉闢以收夏蜀東定青徐積年

寶德堂重刊顧氏本

唐陸宣公翰苑集二十四卷　Asian Rare-4 no.51

〔唐〕陸贄撰

明萬曆彰賜堂刻本（約1607—1620）。

綫裝，四册，書高26釐米。

板框20.6×14釐米，9行18字，白口，單黑魚尾，四周雙邊，版心上鎸“宣公翰苑集”，中鎸各部分題名，下偶鎸寫刻工名。

案：内封題“唐陸宣公翰苑集，彰賜堂藏板”，書前有舊序多篇，並有萬曆三十五年（1607）吴道南“唐陸宣公奏議序”，及萬曆丙午（三十四年，1606）二十七世孫陸基忠“重梓宣公奏議跋”，各卷末鎸“二十七世孫基忠校梓”，版心下偶有刻工名，如權德輿叙首葉版心下鎸“秣陵楊應時寫，梅朝刻”，“奏議”卷一首葉版心下鎸“秣陵楊應時寫，陶國臣”，第五、六葉版心下鎸“戴國衡刊”，第七葉“葉明刊”等。全書分三部分：《奏議》七卷，《奏草》七卷，《制誥》十卷。

鈐印：“渤海周氏珍藏”朱文方印，“東魯琴齋周識”“子孫保之”“不薄今人愛古人”白文方印。

龐鏡塘印：“嬴縮硯齋藏書”“嬴縮研齋”朱文方印，“鏡塘讀過”白文方印。

集部，别集類，唐五代。

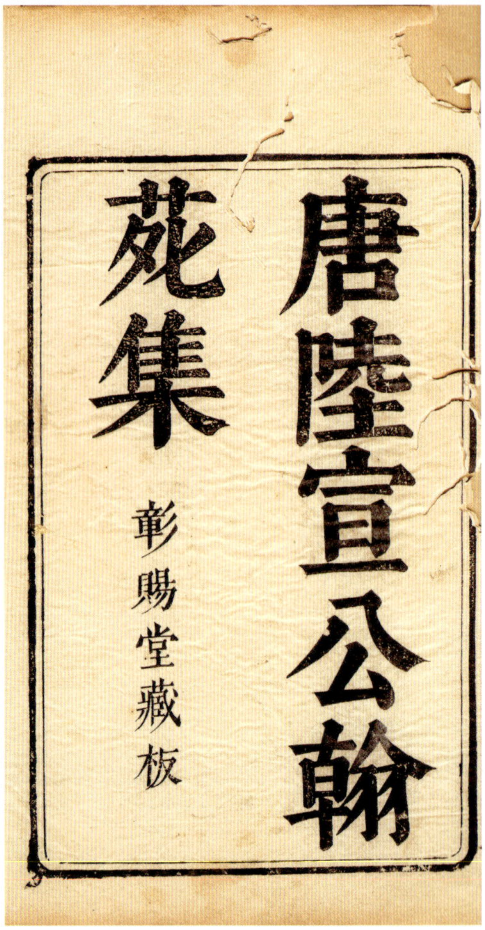

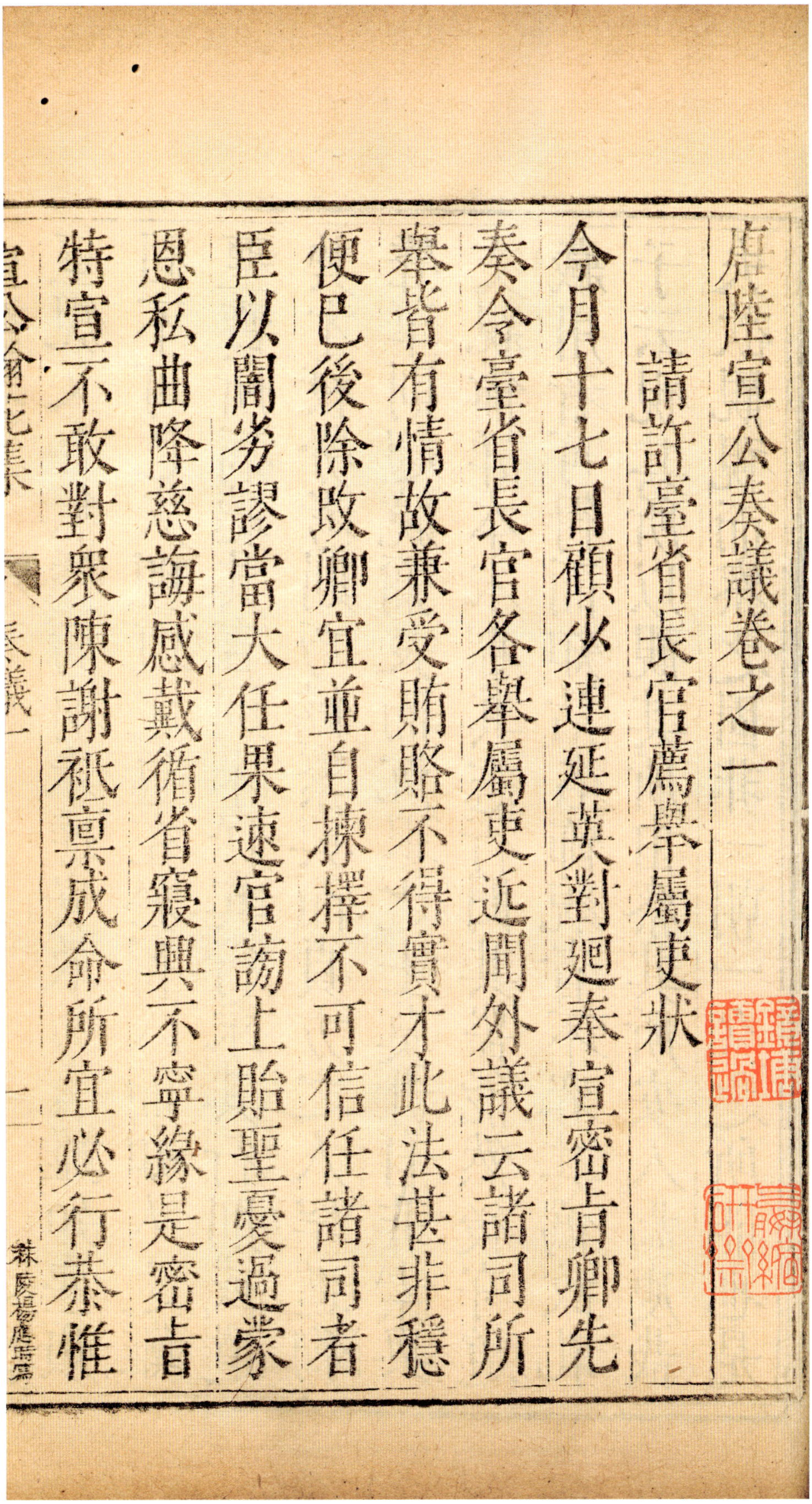

唐陸宣公奏議卷之一

請許臺省長官薦舉屬吏狀

今月十七日顔少連延英對廻奉宣密旨卿先奏令臺省長官各舉屬吏近聞外議云諸司所舉皆有情故兼受賄賂不得實才此法甚非穩便已後除改卿宜並自揀擇不可信任諸司者臣以闇劣謬當大任果速官謗上貽聖憂過蒙恩私曲降慈誨感戴循省寢興不寧緣是密旨特宣不敢對衆陳謝祗稟成命所宜必行恭惟

宣公翰苑集　奏議一　一　森慶福堂寫

宋乾道永州本柳柳州外集一卷附録一卷　Asian Rare-4 no.52

〔唐〕柳宗元撰

清光緒十三年（1887）寳章閣刻本。

綫裝，一册，書高31釐米。

板框21.8×15.3釐米，9行18字，白口，左右雙邊，雙黑順魚尾，版心上魚尾下鐫“外集”，下魚尾下鐫重刻葉碼，版心下鐫宋版原葉碼及刻工名。

案：此書又名《唐柳先生外集》，内封葉背面鐫“光緒十三年冬十月寳章閣重校影刊”，卷末有李濱跋，云在江寧書肆見宋乾道元年吴興葉程柳州刊本，爲曹楝亭舊藏，乃影寫一本，並借予寳章閣主人刊行於世。卷末題有“浙江試用通判江寧李濱校”。

李濱（1855—1916），字古餘，號少堂，江寧人，官至浙江通判。

王懿榮印：“王懿榮”白文方印。

集部，别集類，唐五代。

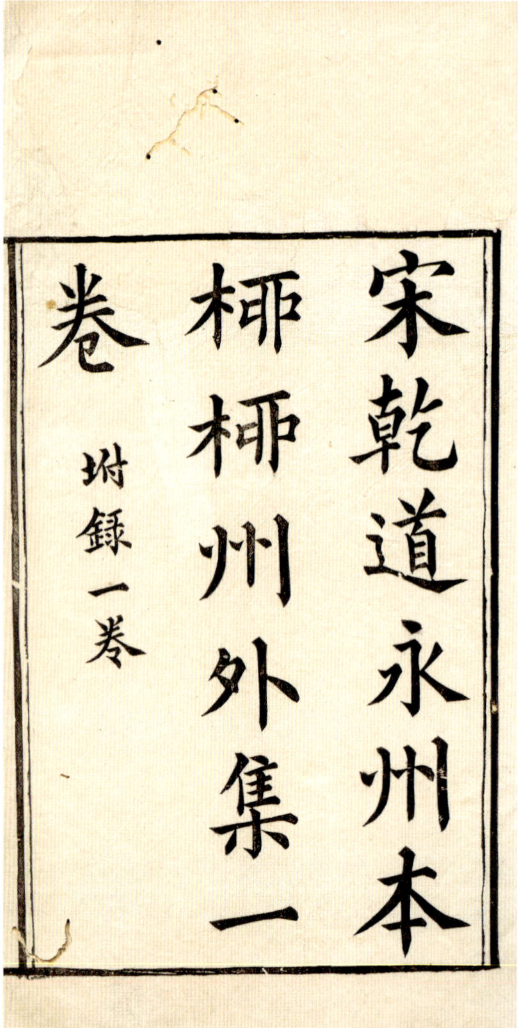

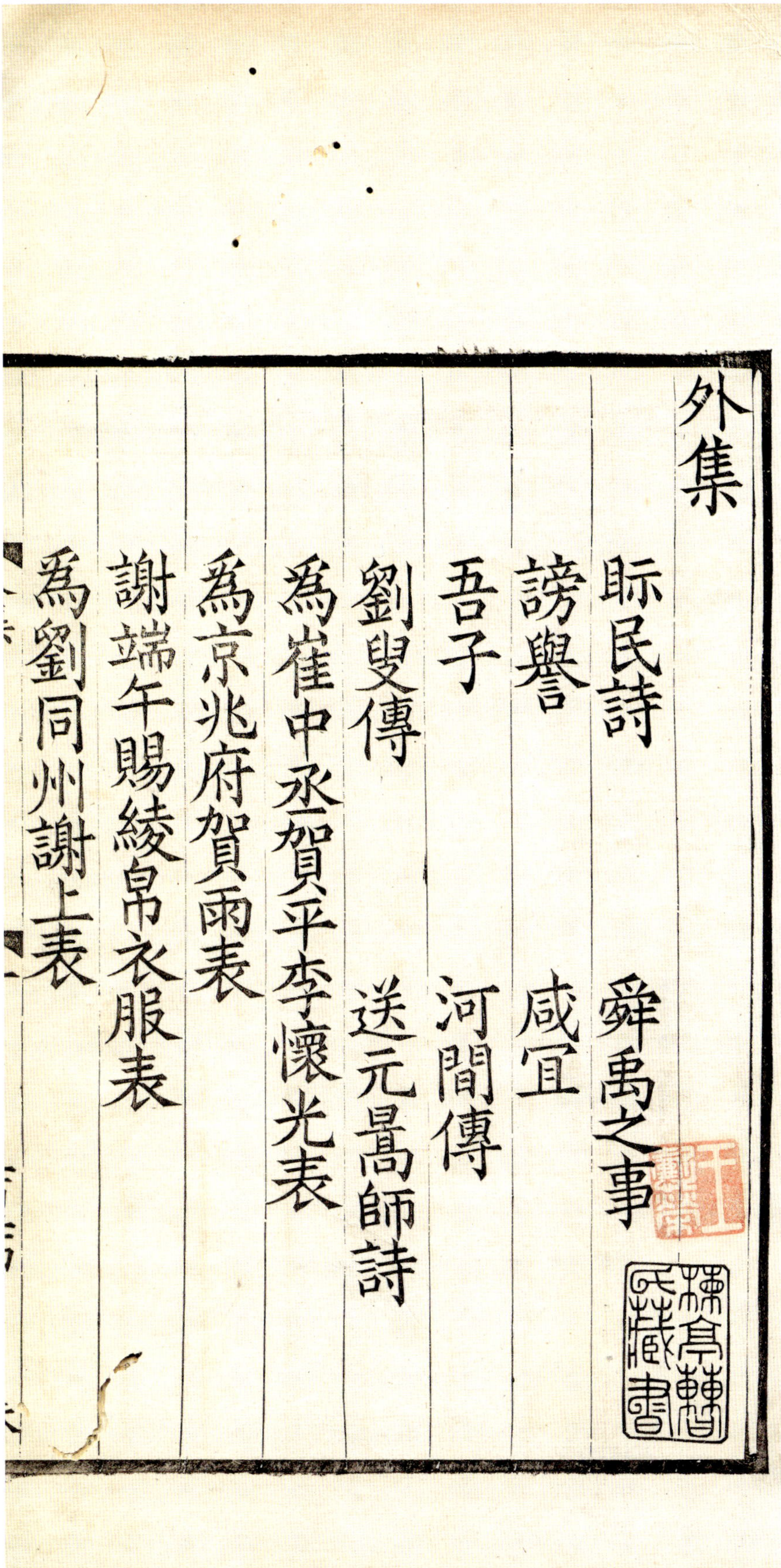

外集

眎民詩　舜禹之事

謗譽　咸宜

吾子　河間傳

劉叟傳　送元暠師詩

爲崔中丞賀平李懷光表

爲京兆府賀雨表

謝端午賜綾帛衣服表

爲劉同州謝上表

宋濂溪周元公先生集十卷 Asian Rare-4 no.53

〔宋〕周敦頤撰 〔明〕周與爵輯 〔清〕周沈珂、周之翰重輯

明萬曆四十二年（1614）吴郡周與爵刻，清初（約1644—1722）周沈珂補刻本。

綫裝，二册，書高26釐米。

板框20.9×14.4釐米，10行20字，白口，單白魚尾，四周單邊，版心上鎸“周元公集”，中鎸卷次，下鎸字數。

案：此書又名《周元公集》，明萬曆四十二年周與爵輯刻，後其裔孫周沈珂將書板修補後重印，卷中修補之處頗多，並將卷端題名剜改爲己名。原本題“吴郡十七世孫與爵重輯”，修板後改爲“裔孫周沈珂同男之翰重輯”。哈佛燕京圖書館藏有周與爵原本，卷前有周與爵輯刻書凡例，有徐可行序，及萬曆丙辰（四十四年，1616）周京序，今此本皆無。據周與爵凡例云，同時輯刻者尚有《周元公世系遺芳集》五卷，此本亦無。清乾隆間修《四庫全書》時，館臣亦未見周與爵原本，故所據即與此本同。

龐鏡塘印：“贏縮硯齋藏書”朱文方印，“鏡塘讀過”白文方印。

集部，别集類，宋。

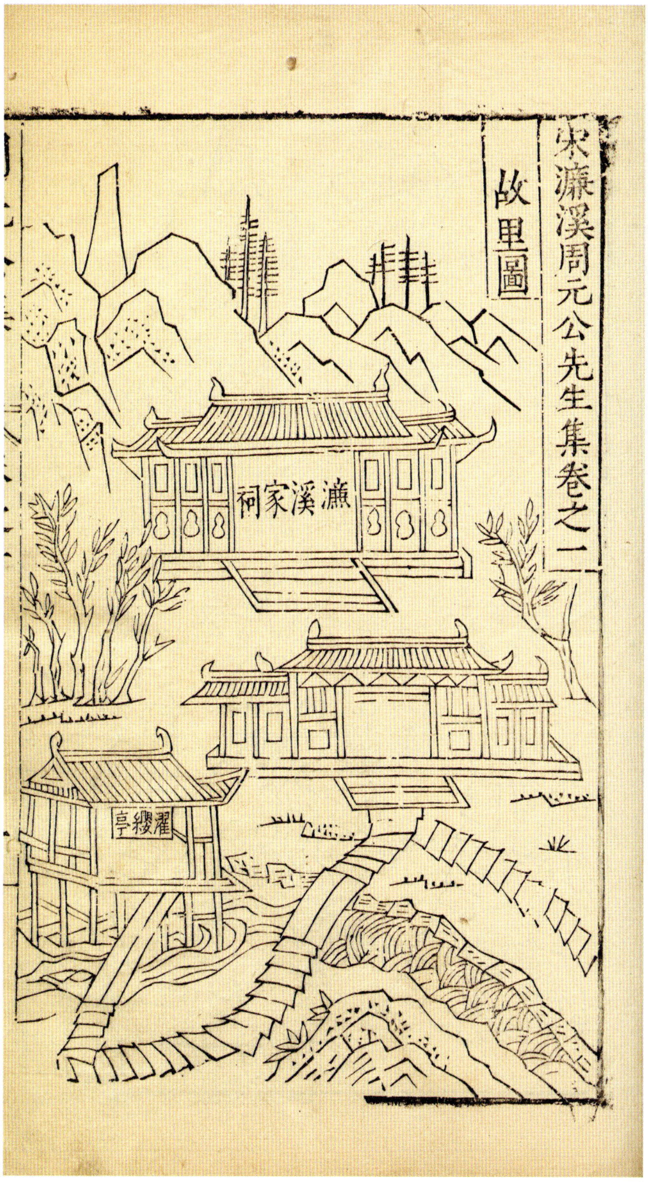
宋濂溪周元公先生集卷之二
故里圖
濂溪家祠
濯纓亭

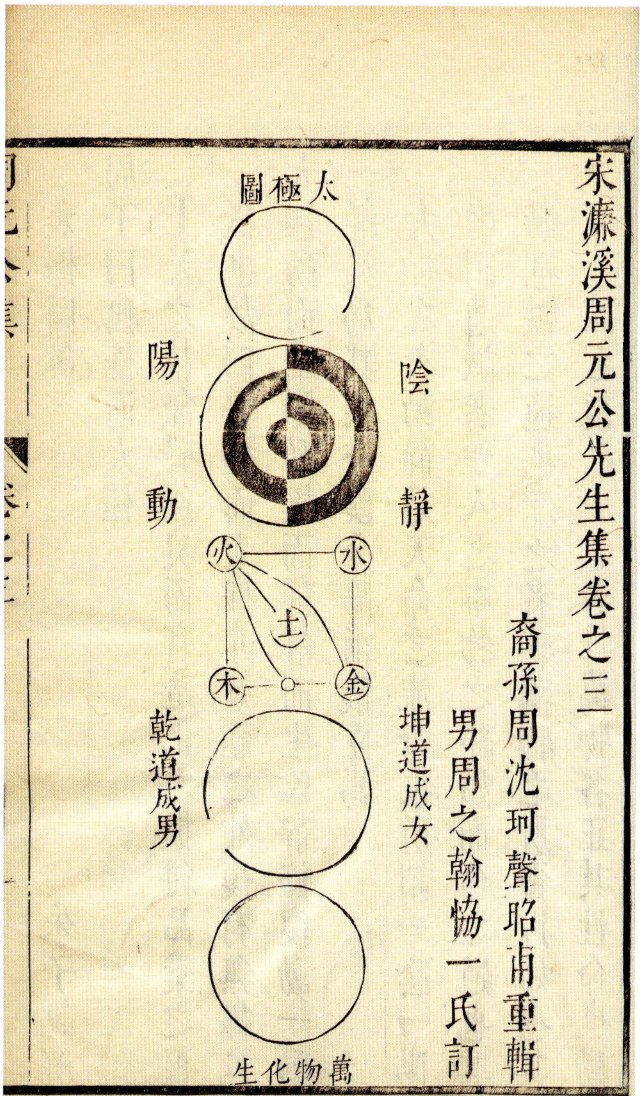
宋濂溪周元公先生集卷之三
裔孫周沈珂聲昭甫重輯
男周之翰協一氏訂
太極圖
陽動
陰靜
火
水
土
木
金
乾道成男
坤道成女
萬物化生

蘇文忠公詩集五十卷目録二卷　Asian Rare-4 no.54

〔宋〕蘇軾撰　〔清〕紀昀評點

清同治八年（1869）韞玉山房刻朱墨套印本。

綫裝，十二册，書高30釐米。

板框17.9×13釐米，10行21字；天頭有眉批，朱文，小字7字，行不等；白口，單黑魚尾，左右雙邊，版心上鐫題名，下鐫朱墨兩色書板葉碼。

案：内封正面題“紀文達公評本，蘇文忠公詩集，粵東省城翰墨園藏板”，背面牌記云“同治八年孟秋，栞於韞玉山房”。

龐鏡塘印：“龐鏡塘讀書記”朱文方印，“竟唐誦習”“嘿園”白文方印。

集部，别集類，宋。

又一部：Asian Rare-1 no.2052。

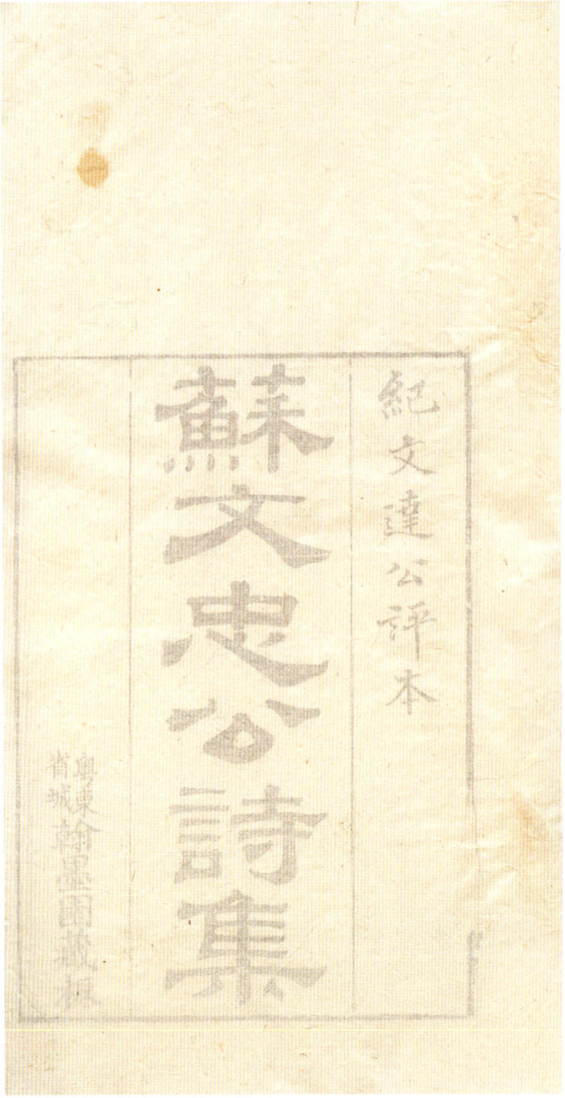

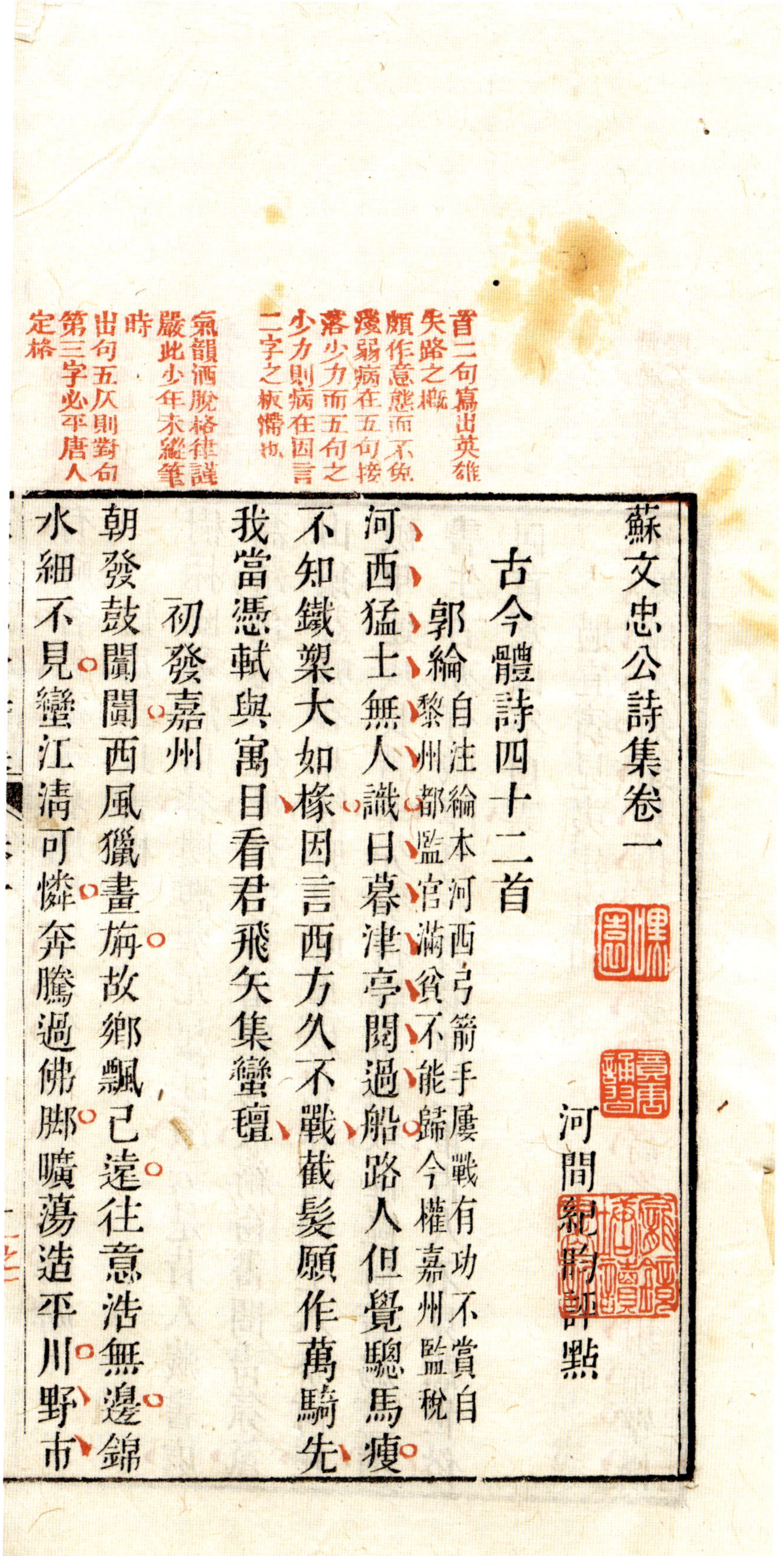
首二句寫出英雄失路之概
頗作意態而不免淺弱病在五句接落少力而五句之少力則病在因言二字之板滯也
氣韻洒脫格律謹嚴此少年未縱筆時
出句五仄則對句第三字必平唐人定格

蘇文忠公詩集卷一

河間紀昀評點

古今體詩四十二首

郭綸 自注綸本河西弓箭手屢戰有功不賞自黎州都監官滿貧不能歸今權嘉州監稅

河西猛士無人識日暮津亭閱過船路人但覺驄馬瘦不知鐵槊大如椽因言西方久不戰截髮願作萬騎先我當憑軾與寓目看君飛矢集蠻氈

初發嘉州

朝發鼓闐闐西風獵畫旃故鄉飄已遠往意浩無邊錦水細不見蠻江清可憐奔騰過佛腳曠蕩造平川野市

王荊文公詩五十卷補遺一卷　Asian Rare-4 no.55

〔宋〕王安石撰　〔宋〕李壁箋注

清乾隆六年（1741）張宗松清綺齋刻，四十一年（1776）張燕昌增刻本。

綫裝，十二册，書高29釐米。

板框18.7×14.3釐米，11行21字，小字雙行31字，小黑口，單黑魚尾，左右雙邊，版心中鐫“王詩”及卷次。

内封題“宋李雁湖先生原本，王荆公詩箋注，清綺齋藏板”，並鈐有“清綺齋印”朱文方印。首乾隆六年（1741）張宗松序，及“重刊王荆公詩箋注略例”，各卷末均題有“武原張宗松青在校刊”。另有宋嘉定七年（1214）魏了翁序，序後有乾隆四十一年（1776）張宗松之弟張載華識語，及其侄張燕昌識語，二人俱云據鮑氏知不足齋藏宋本增入魏序。

案：此書又名《王荆公詩箋注》，初印本無魏了翁序。

首七卷有民國三十六至三十七年（1947—1948）龐鏡塘批校並題識。

龐鏡塘印：“贏縮硯齋藏書”“贏縮研齋”“龐鏡塘所讀書”朱文方印，“鏡塘讀過”“鏡塘長物”白文方印。

集部，别集類，宋。

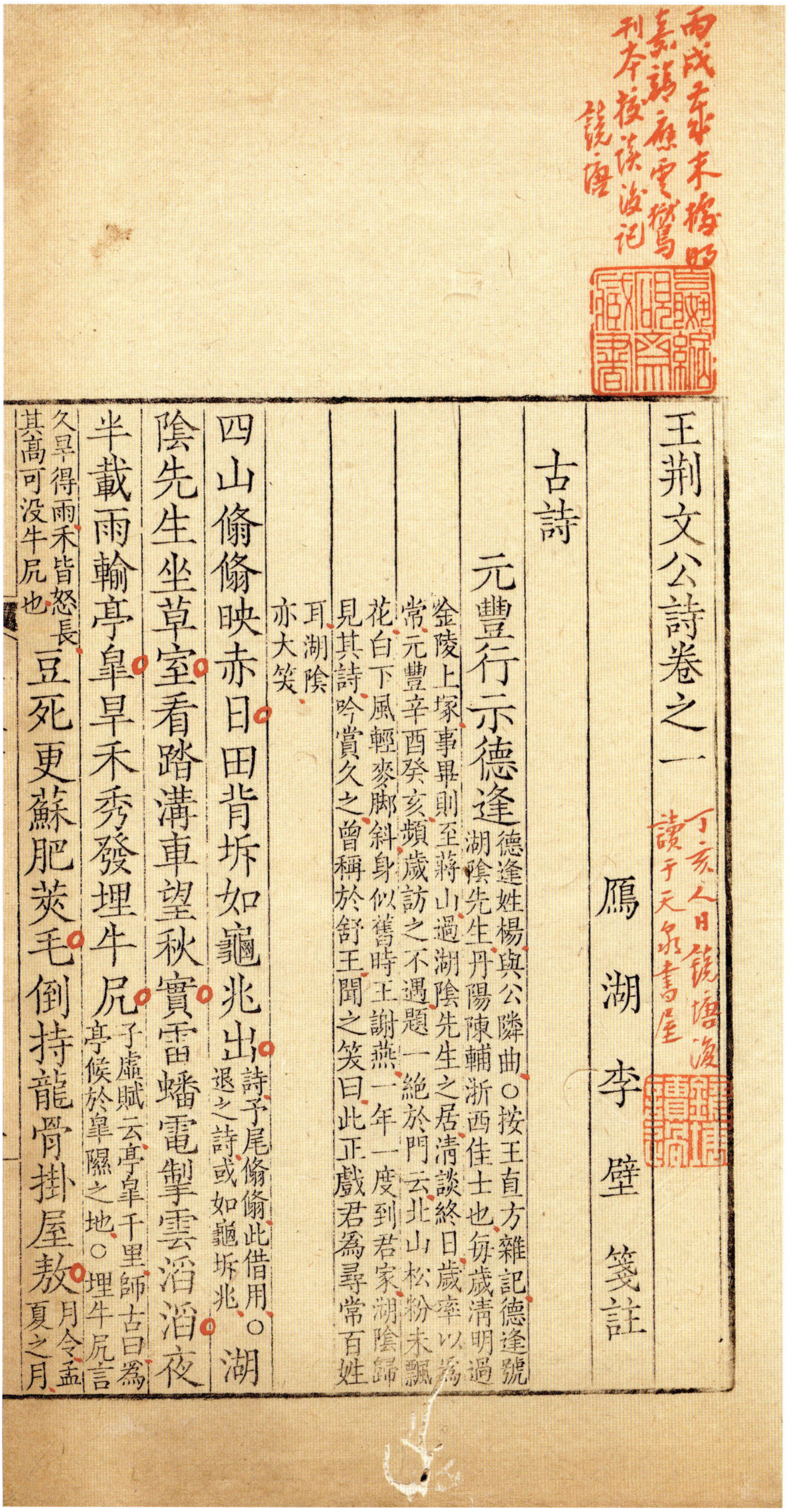

丙戌季冬來借明嘉靖庚寅雲鷺刊本校讀浚記　鏡塘

王荊文公詩卷之一

丁亥人日鏡塘浚讀于天泉書屋

鴈湖李壁箋註

古詩

元豐行示德逢　德逢姓楊與公隣曲○按王直方雜記德逢號湖陰先生丹陽陳輔浙西佳士也每歲清明過金陵上冢事畢則至蔣山過湖陰先生之居清談終日歲率以爲常元豐辛酉癸亥頻歲訪之不遇題一絶於門云北山松粉未飄花白下風輕麥脚斜身似舊時王謝燕一年一度到君家湖陰歸見其詩吟賞久之曾稱於舒王聞之笑曰此正戲君爲尋常百姓耳湖陰亦大笑

四山翛翛映赤日田背坼如龜兆出　詩予尾翛翛此借用○退之詩或如龜坼兆　湖陰先生坐草室看踏溝車望秋實雷蟠電掣雲滔滔夜半載雨輸亭皋旱禾秀發埋牛尻　子虛賦云亭皋千里師古曰爲亭候於皋隰之地○埋牛尻言久旱得雨禾皆怒長其高可没牛尻也　豆死更蘇肥莢毛倒持龍骨掛屋敖　月令孟夏之月

情話堂詩稿三卷　Asian Rare-4 no.56

〔清〕閔鼎撰

清（1644—1911）抄本。

綫裝，二册，書高27釐米。

原書未題卷數，然實分爲七言、五言及論語贊各一卷，卷端題“東魯閔鼎渭璜撰”。

案：閔鼎爲明末清初人，入清後隱居山林，卷中所録之詩多爲入清後所作，文中不避康熙名諱，“玄”字不缺筆。有“閔嶠之印”“滄麓”“情話堂章”等印，當爲家藏抄本，又曾爲海原閣所藏。

閔嶠印：“閔嶠之印”“滄麓”朱文方印，“情話堂章”白文方印。

鈐印：“古硯爲田”“卧斿仙館”“信天翁”“可園少主親手過目”“汗青珍藏”“小青心賞”“曾經玉淵生過眼”“滕驤之印”“秋士”。

楊氏海原閣印：“楊氏海原閣藏”“香南室”朱文方印。

龐鏡塘印：“嬴縮研齋”朱文方印，“鏡塘長物”“鏡塘私印”白文方印。

集部，别集類，清。

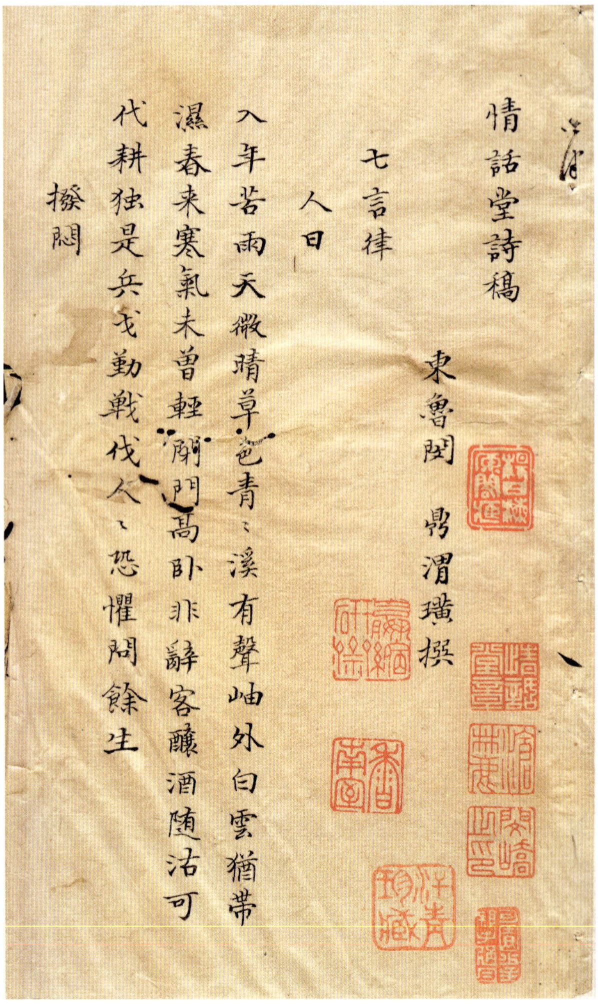
情話堂詩稿
東魯閔　鼎渭璜撰
七言律
人日
入年苦雨天微晴草色青〻溪有聲岫外白雲猶帶
濕春來寒氣未曾輕闢門高卧非辭客釀酒隨沽可
代耕独是兵戈勤戰伐人丶恐懼悶餘生
撥悶

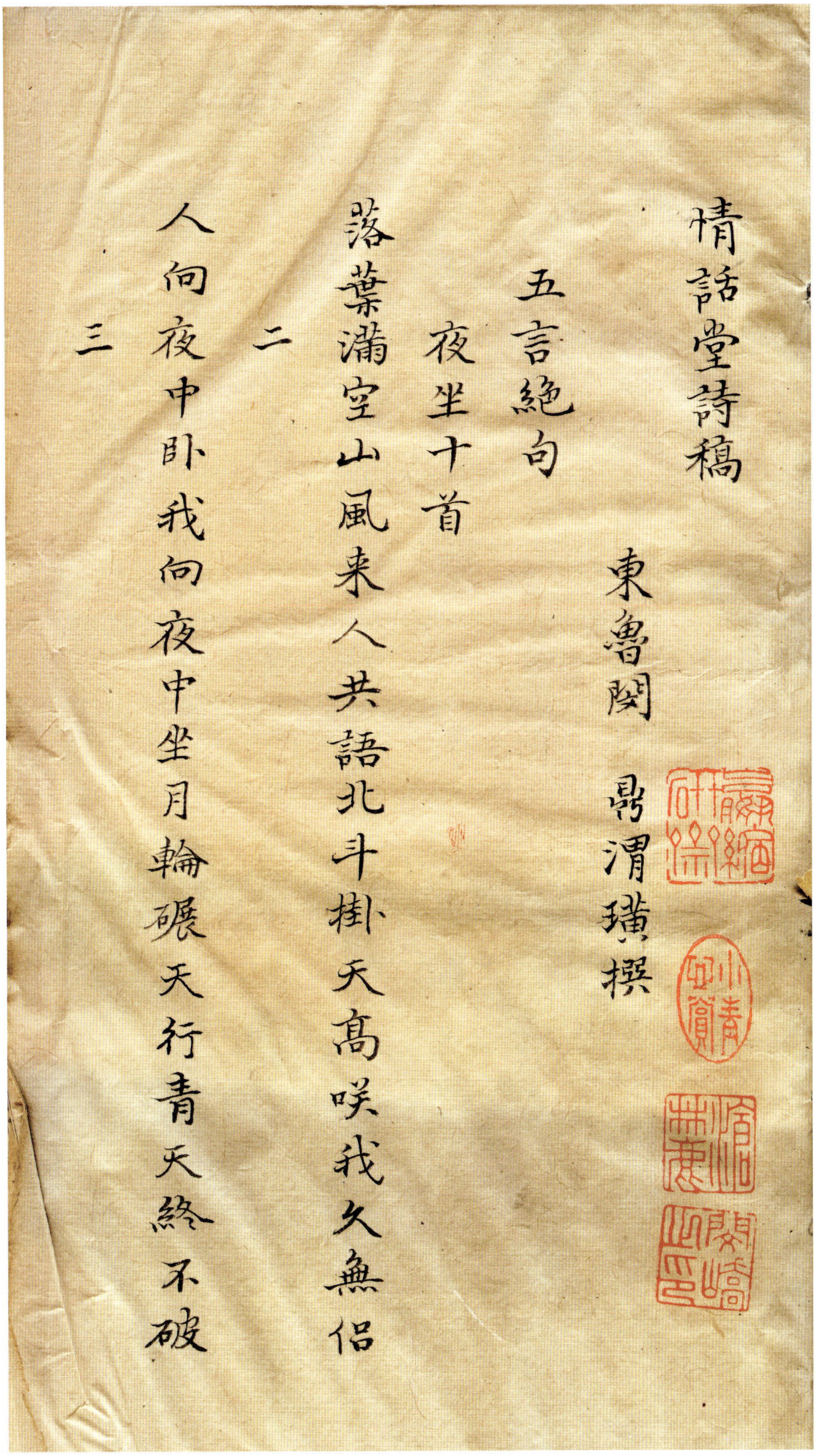

情話堂詩稿

東魯閔　鼎渭璜撰

五言絶句

夜坐十首

落葉滿空山風来人共語北斗掛天高咲我久無侶

二

人向夜中卧我向夜中坐月輪碾天行青天終不破

三

漁洋山人精華録十卷　Asian Rare-4 no.57

〔清〕王士禛撰　〔清〕林佶編

清康熙三十九年（1700）林佶寫刻本。

綫裝，六册，書高26釐米。

板框18.6×14.8釐米，11行21字，小黑口，單黑魚尾，左右雙邊，版心中鐫“精華録”及卷次。

案：首錢謙益序及贈詩，漁洋山人戴笠像，末康熙庚辰（三十九年，1700）林佶後序，言編刻緣由。卷端題“門人侯官林佶編”，卷一卷末題“門人監察御史崑山盛符升，國子祭酒江陰曹禾同訂，康熙三十九年五月十五日門人林佶謹書，男啓涑恭閲”，其餘各卷末亦題有類似字樣，唯不題年月日。

此即林氏寫刻書之一種，卷中“錢謙益”名字及王士禛之“禛”字均完好，未被剜改，當爲初印本。

鈐印：“錢塘袁氏珍藏”朱文方印，“趙”“憲”朱文連珠小圓印，“解谷”白文方印，“元聲”朱文圓印。

蔣一和印：“蔣一和”朱文方印，“一和藏書”朱文橢圓印，“蔣一和書畫”白文方印。

龐鏡塘印：“贏縮硯齋藏書”“贏縮研齋”“龐鏡塘所讀書”朱文方印，“鏡塘讀過”白文方印。

集部，別集類，清。

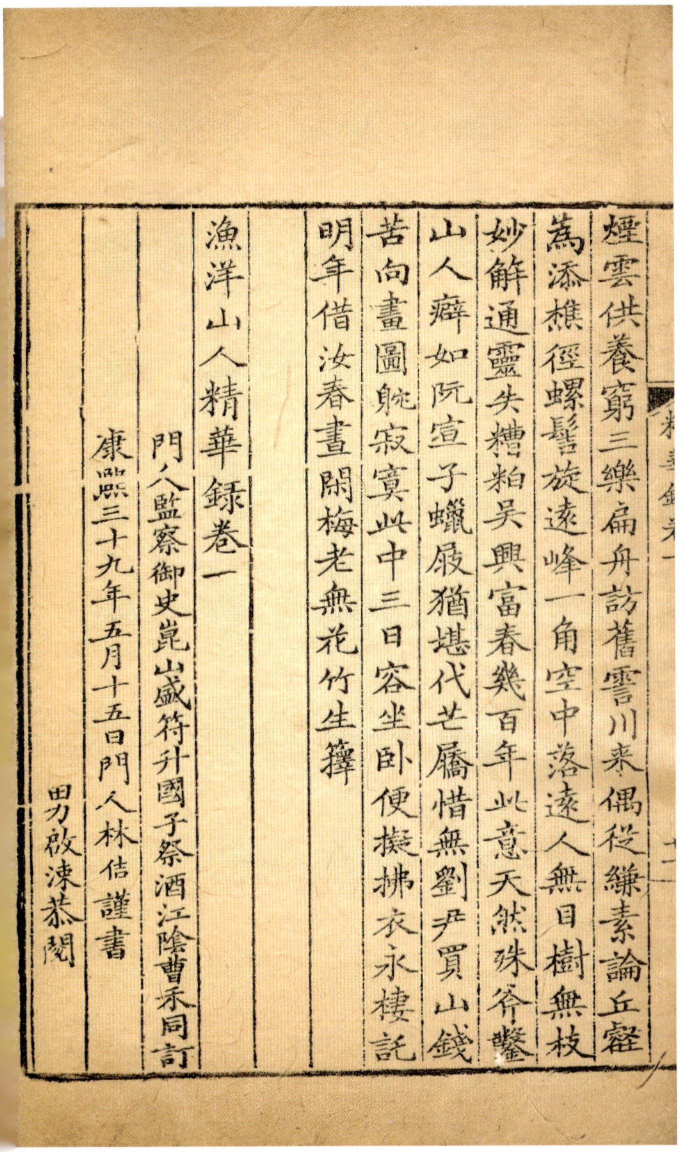
煙雲供養窮三樂扁舟訪舊雲川來偶從纖素論丘壑
為添樵徑螺髻旋遠峰一角空中落遠人無目樹無枝
妙解通靈失糟粕吳興富春幾百年此意天然殊斧鑿
山人癖如阮宣子蠟屐猶堪代芒屩惜無劉尹買山錢
苦向畫圖航寂寞此中三日容坐卧便擬拂衣永棲託
明年借汝春晝閑梅老無花竹生籜

漁洋山人精華録卷一

門人監察御史崑山盛符升國子祭酒江陰曹禾同訂

康熙三十九年五月十五日門人林佶謹書

男敘涑恭閲

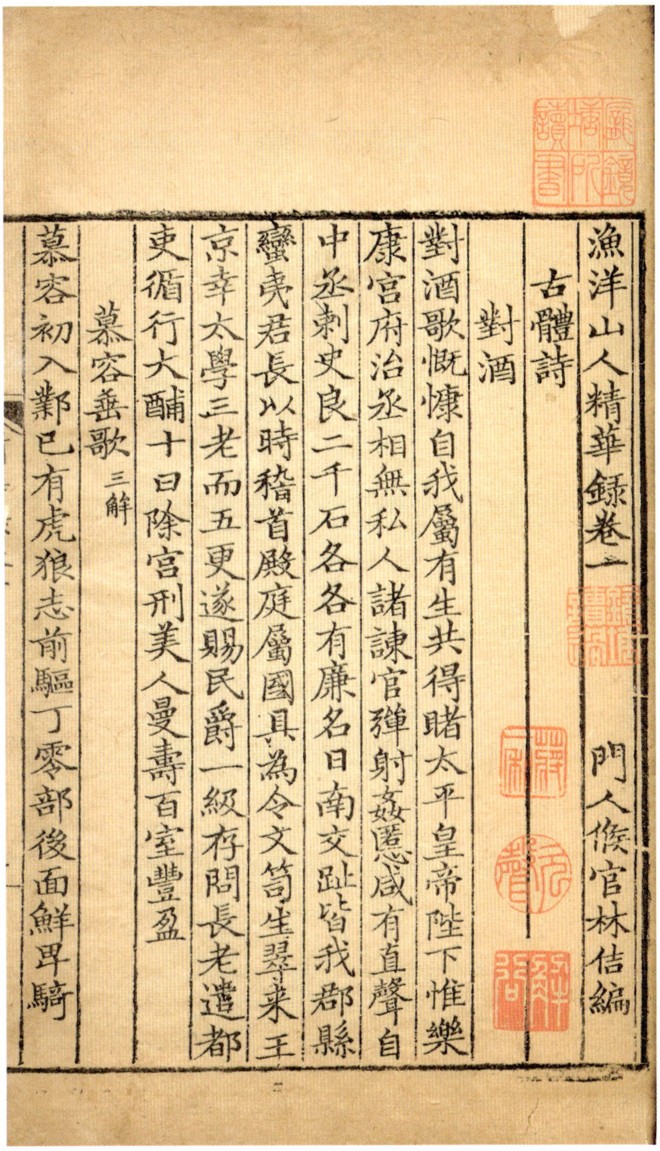
漁洋山人精華録卷二

門人候官林佶編

古體詩

對酒

對酒歌慨慷自我屬有生共得睹太平皇帝陛下惟樂
康宮府治丞相無私人諸諫官殫射姦慝咸有直聲自
中丞刺史良二千石各各有廉名日南交趾皆我郡縣
蠻夷君長以時稽首殿庭屬國具為令文筍生翠來王
京幸太學三老而五更遂賜民爵一級存問長老遺都
吏循行大酺十日除宮刑美人曼壽百室豐盈

慕容垂歌 三解

慕容初入鄴已有虎狼志前驅丁零部後面鮮卑騎

漁洋山人精華録訓纂十卷目録二卷自撰年譜二卷金氏精華録箋注辯訛一卷　Asian Rare-4 no.58

〔清〕王士禛撰　〔清〕惠棟訓纂

清光緒十七年（1891）南皮張氏刻本。

綫裝，十二册，書高31釐米。

板框18.8×14.8釐米，10行21字，小字雙行同，白口，單黑魚尾，四周雙邊，版心下鐫“紅豆齋”。

案：《精華録訓纂》十卷，每卷又分爲上、下，附録一卷，即辯訛，漁洋弟子惠定宇纂輯。內封葉背面牌記云“光緒辛卯南皮張氏斠刊”，卷端題“小門生東吴惠棟定宇撰”。此乃重刊惠氏紅豆齋本，故版心仍保留了“紅豆齋”三字。

鈐印：“桐城姚氏”朱文方印。

龐鏡塘印：“嬴縮硯齋藏書”朱文方印，“鏡塘長物”白文方印。

集部，別集類，清。

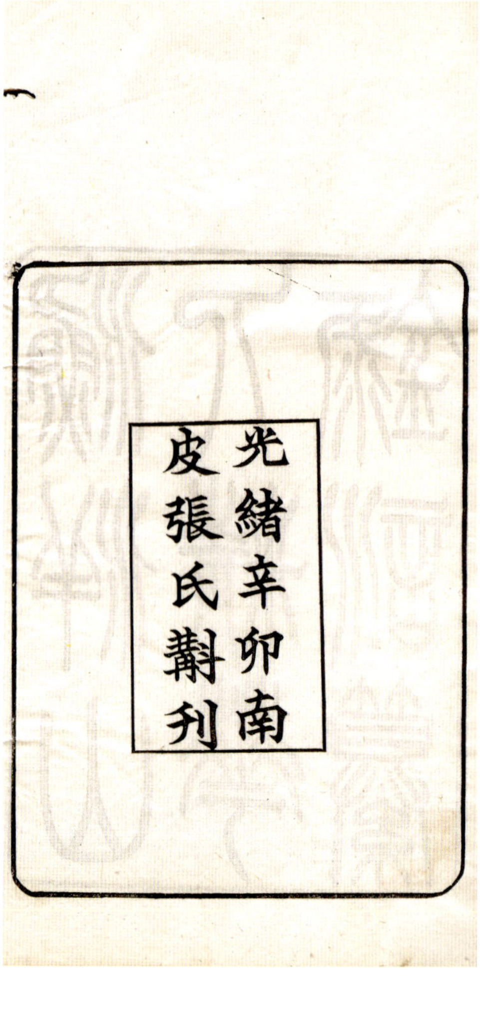

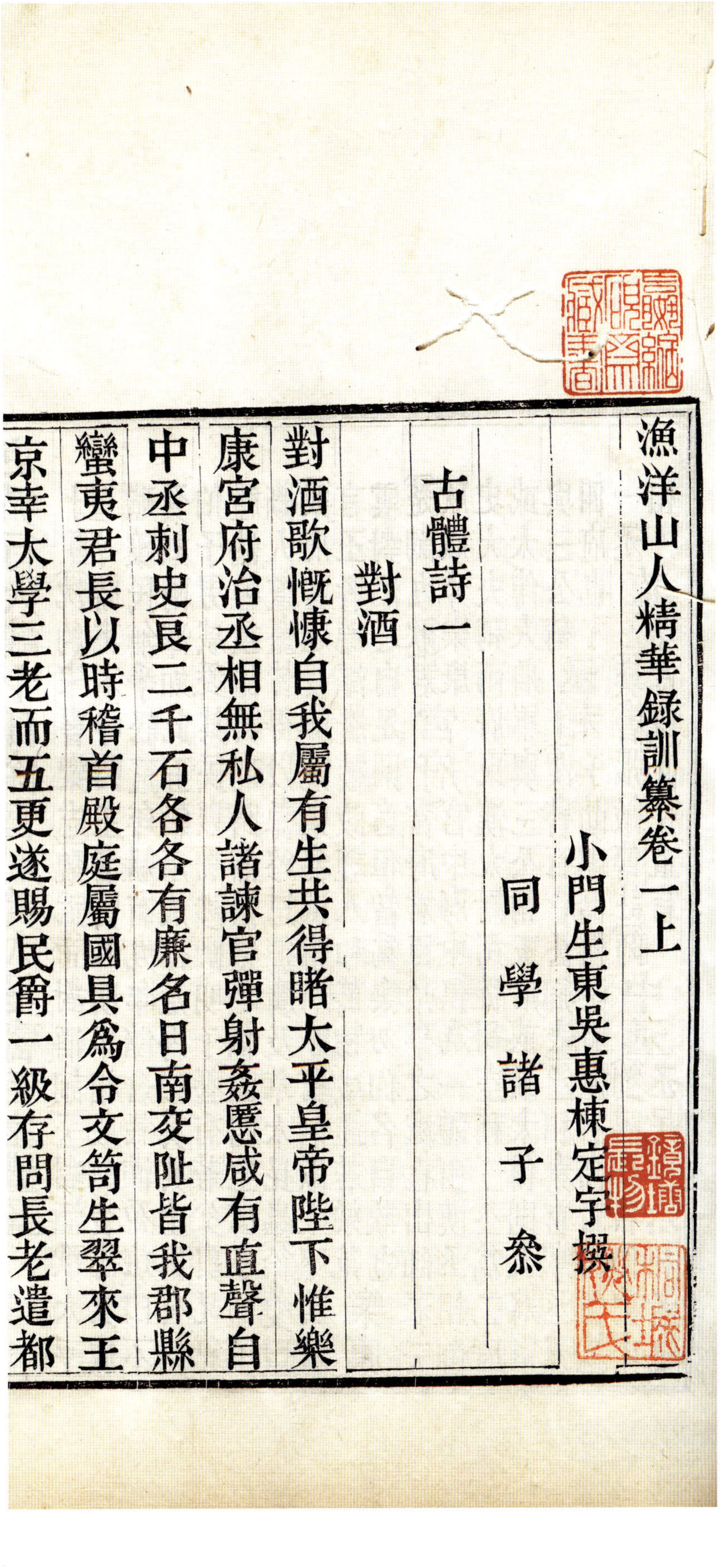

漁洋山人精華録訓纂卷一上

小門生東吳惠棟定宇撰

同學諸子參

古體詩一

對酒

對酒歌慨慷自我屬有生共得睹太平皇帝陛下惟樂
康宮府治丞相無私人諸諫官彈射姦慝咸有直聲自
中丞刺史良二千石各各有廉名日南交阯皆我郡縣
蠻夷君長以時稽首殿庭屬國具爲令文笥生翠來王
京幸太學三老而五更遂賜民爵一級存問長老遣都

飴山詩集二十卷聲調譜三卷論例一卷談龍録一卷　Asian Rare–4 no.59

〔清〕趙執信撰

清乾隆十七年至三十九年（1752—1774）趙氏因園刻本。

綫裝，十册，書高24釐米。

《詩集》板框17.6×12.8釐米，10行21字，白口，單黑魚尾，四周單邊；《聲調譜》板框17.5×12.8釐米，10行21字，無行格，白口，單黑魚尾，四周單邊；《談龍録》板框16.1×12.1釐米，9行19字，黑口，單黑魚尾，左右雙邊。

案：趙執信撰述甚夥，生前或刻或未刻。卒後，其家人複將其遺著彙而刻之，隨刻隨印，故各家藏本，多寡不一，要之以品種少者印行較早。此本較館藏另一部少《文集》及《禮俗權衡》兩種，但書板相同。另一部内封鎸有刻板時間及藏板處，如《詩集》題“乾隆壬申新鐫”“因園藏板”，《聲調譜》題“因園藏板”，《談龍録》題“乾隆甲午秋七月”“因園藏板”等。《聲調譜》分爲論例、前譜、後譜及續譜等幾部分。此本爲海原閣舊藏，龐鏡塘批校並抄補。

楊氏海原閣印：“楊氏海原閣藏”白文方印。

龐鏡塘印：“羸縮硯齋藏書”“羸縮研齋”朱文方印，“鏡塘長物”白文方印。

集部，別集類，清。

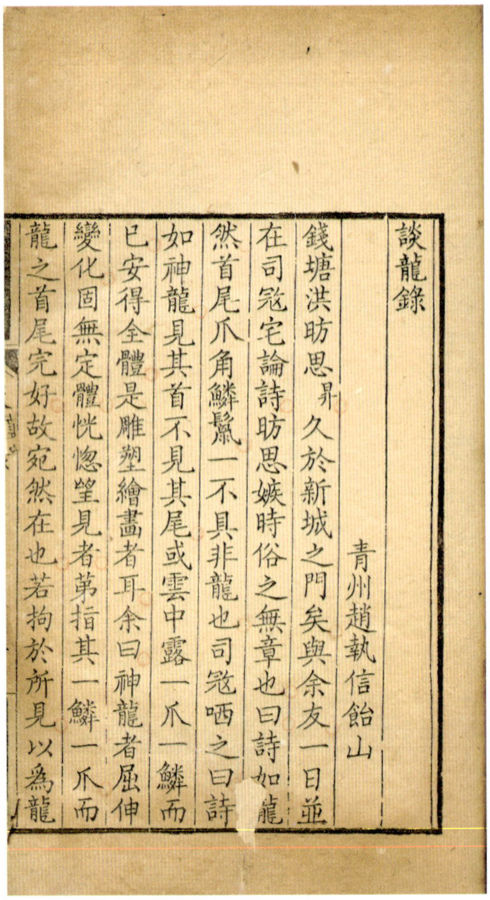
談龍録
青州趙執信飴山
錢塘洪昉思昇久於新城之門矣與余友一日並
在司寇宅論詩昉思嫉時俗之無章也曰詩如龍
然首尾爪角鱗鬣一不具非龍也司寇哂之曰詩
如神龍見其首不見其尾或雲中露一爪一鱗而
已安得全體是雕塑繪畫者耳余曰神龍者屈伸
變化固無定體恍惚望見者第指其一鱗一爪而
龍之首尾完好故宛然在也若拘於所見以為龍

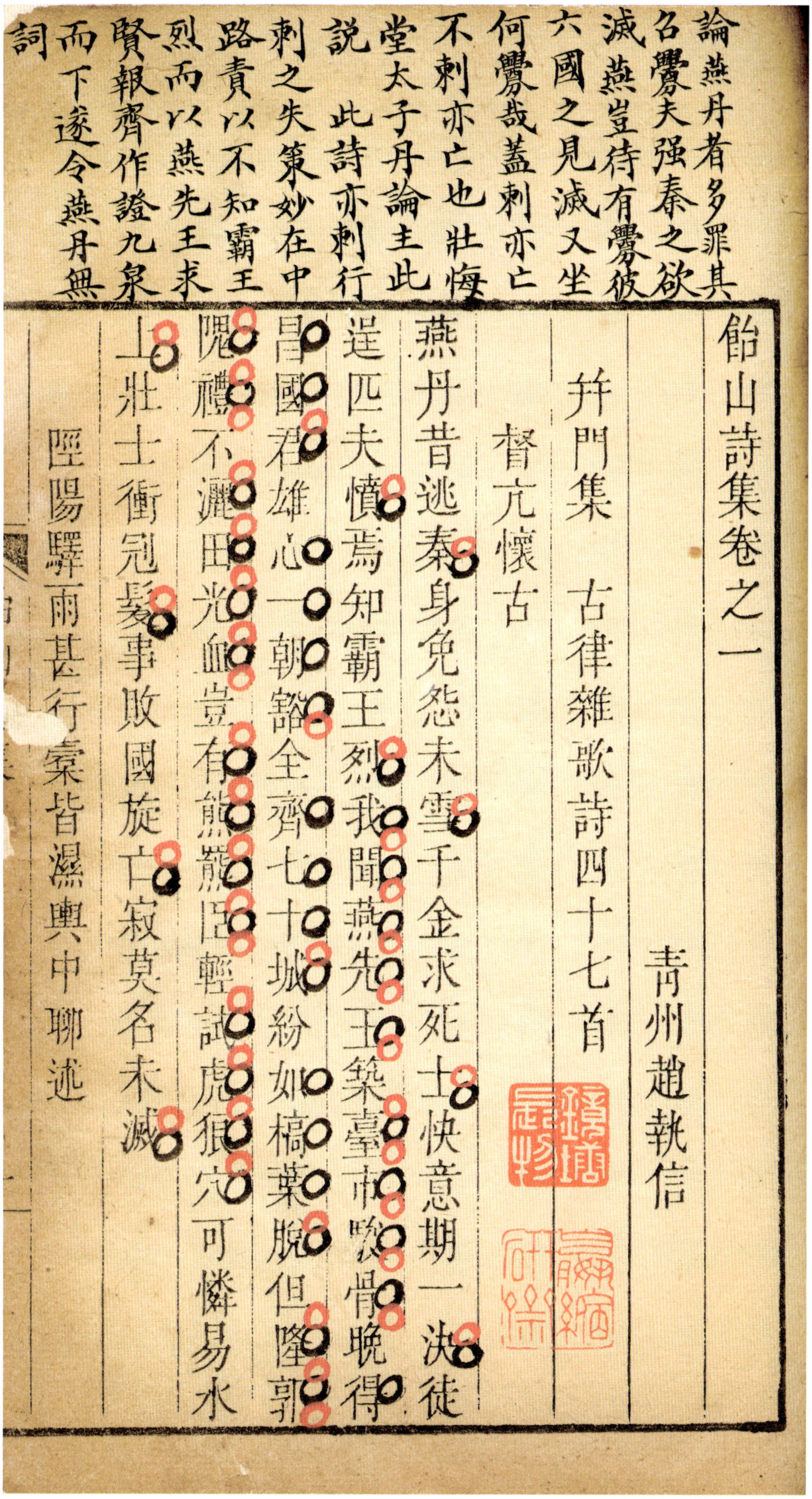
論燕丹者多罪其名釁夫强秦之欲滅燕豈待有釁彼六國之見滅又坐何釁哉蓋刺亦亡不刺亦亡也壯悔堂太子丹論主此説　此詩亦刺行刺之失策妙在中路責以不知霸王烈而以燕先王求賢報齊作證九泉而下遂令燕丹無詞

飴山詩集卷之一

青州趙執信

并門集　古律雜歌詩四十七首

督亢懷古

燕丹昔逃秦身免怨未雪千金求死士快意期一決徒逞匹夫憤焉知霸王烈我聞燕先王築臺市駿骨晚得昌國君雄心一朝豁全齊七十城紛如槁葉脱但墮郭隗禮不灑田光血豈有熊羆臣輕試虎狼穴可憐易水上壯士衝冠髮事敗國旋亡寂莫名未滅

涇陽驛雨甚行橐皆濕輿中聊述

馮舍人遺詩六卷　Asian Rare-4 no.60

〔清〕馮廷櫆撰

清雍正十一年（1733）馮德培德州刻本。

綫裝，四册，書高27釐米。

板框17.1×13.5釐米，10行19字，大黑口，單黑魚尾，四周單邊，版心上鐫書名，中鐫卷次。

首王士禛"晴川集原序"，雍正九年（1731）趙執信序，末雍正十一年（1733）申詡跋及馮德培刻書識語。

案：馮廷櫆（1649—1700），字大木，德州人，康熙二十一年（1682）進士，官至中書舍人，人稱"馮舍人"。其詩標新立異，超世脱俗，漁洋、秋谷極推崇之。生前唯有《晴川集》問世，漁洋序而刻之，其餘詩作皆未刊行。至雍正年間，其孫德培方彙而刻之，即此本，然存世亦無多。此本有乾隆四年（1739）高鳳翰題辭並鈐印多枚，愈加珍貴。

高鳳翰（1683—1749），字西園，號南村，"揚州八怪"之一，晚年因病改用左手書畫，造詣益深。此題辭即爲左手書寫。

高鳳翰印："鳳""翰"白文連珠印，"冰心玉壺""檗下琴""西園""曉霞鑒藏""紅葯山房收藏私印"朱文方印，"魔障""曼興"朱文圓印，"别存古意""天禄外史""伏枕左書空""不知老之將至""後之覽者亦得有感""苦書生""左手""己未之年""汲古綆""家在齊魯之間""家藏賜書""長安樂""齊國人""維摩方丈""縱横離合取之""靈芬館圖書記""瀟灑在風塵""泰山滄海樵漁""汗漫"白文方印。

集部，别集類，清。

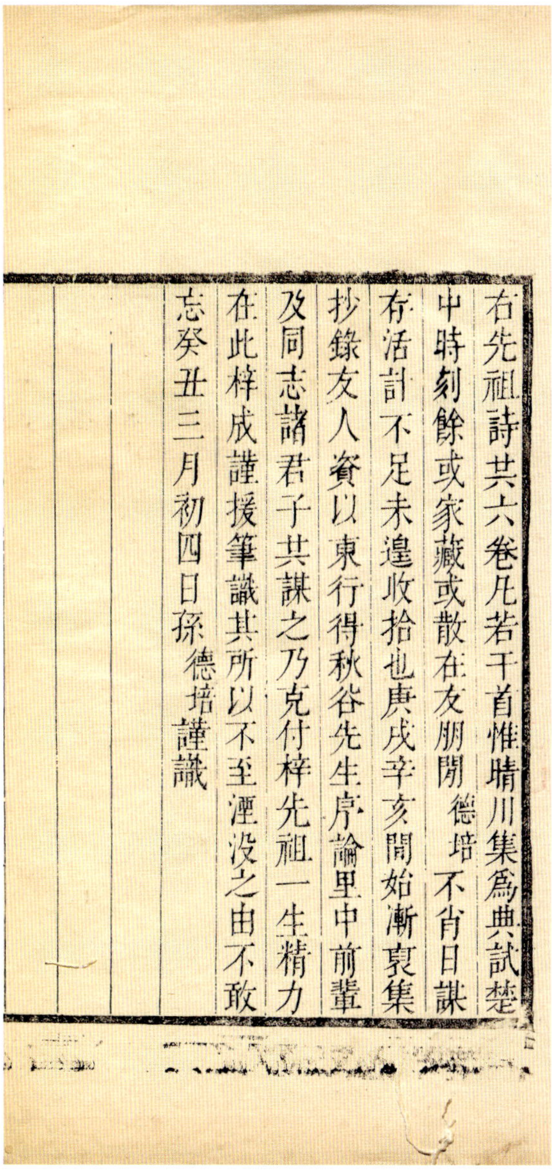
右先祖詩共六卷凡若干首惟晴川集爲典試楚
中時刻餘或家藏或散在友朋閒德培不肖日謀
存活討不足未遑收拾也庚戌辛亥間始漸裒集
抄錄友人資以東行得秋谷先生序論里中前輩
及同志諸君子共謀之乃克付梓先祖一生精力
在此梓成謹援筆識其所以不至湮没之由不敢
忘癸丑三月初四日孫德培謹識

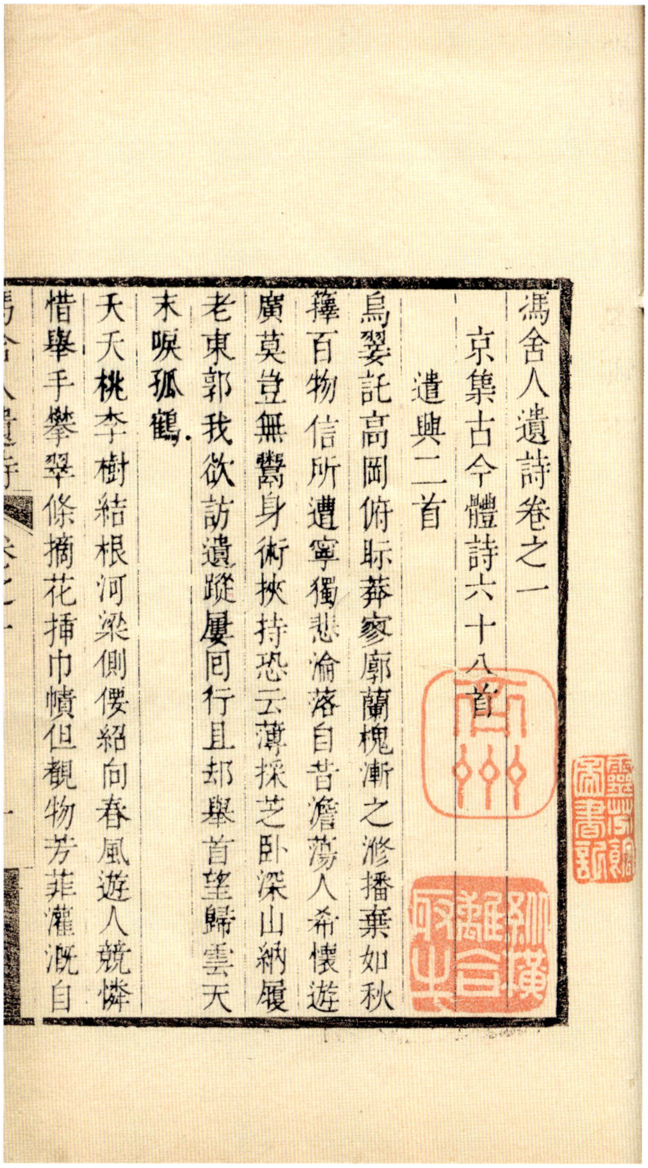
雋舍人遺詩卷之一
京集古今體詩六十八首
遣興二首
烏翣託高岡俯眎葬寥廓蘭槐漸之滫播棄如秋
蘀百物信所遭寧獨悲淪落自昔澹蕩人希懷遊
廣莫豈無翳身術挾持恐云薄採芝卧深山納屨
老東郭我欲訪遺蹤屢囘行且却舉首望歸雲天
末唳孤鶴
夭夭桃李樹結根河梁側僂絡向春風遊人競憐
惜舉手攀翠條摘花插巾幘但覩物芳菲灌溉自

伏敔堂詩録十五卷首一卷附録一卷續録四卷　Asian Rare-4 no.61

〔清〕江湜撰

清同治元年至五年（1862—1866）江湜、江澄福州刻本。

綫裝，四册，書高25釐米。

板框18.4×12.3釐米，9行21字，大黑口，單黑魚尾，左右雙邊，版心上鐫書名，中鐫卷次。

内封題名爲同治元年趙之謙題，卷首第六葉末鐫“板存福省南後街宫巷口吴玉田刻字鋪”。《詩録》有道光二十七年（1847）彭藴章序，同治元年江湜自序，附録有同治元年趙之謙書後，續録末有同治五年胡澍書後。

案：詩録十五卷刻於同治元年，續録卷一刻於同治二年，皆作者自刻，卷三、卷四乃同治五年作者卒後由其弟江澄所刻。

江湜（1818—1866），字持正，一字弢叔，長洲人，咸豐間諸生，居於亂世，鬱鬱不得志，其詩多寫實之作。續録有民國二十二年（1933）王驤題識及民國三十六年（1947）龐鏡塘題詩。

王驤印：“王驤之印”朱文方印。

龐鏡塘印：“嬴縮硯齋藏書”“嬴縮研齋”朱文方印，“鏡塘讀過”白文方印。

集部，别集類，清。

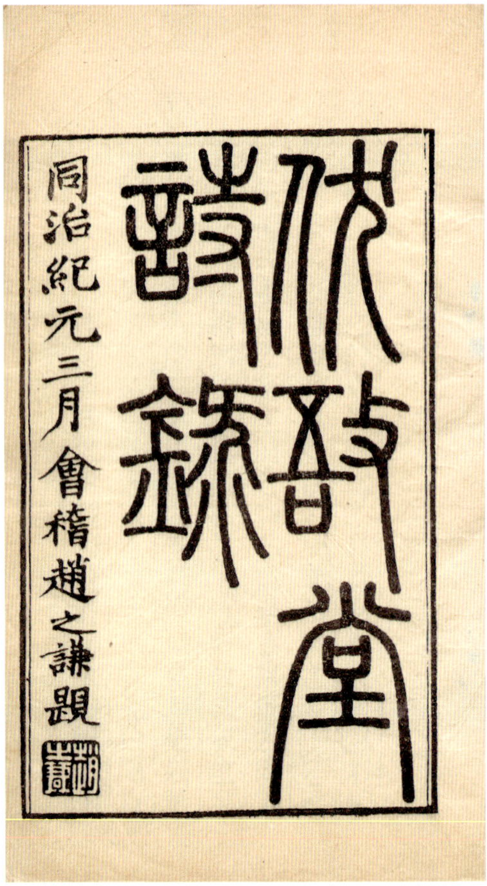

伏敔堂詩録卷一

戊戌　長洲江　湜弢叔甫

詠懷二首

清風動帷幙月白夜疑曙愁思從何來投入静中慮候蟲何感激驚秋泣涼露小人乘化遷君子安貞固孰是業修名而乃信運數虛室盡無情所思爲誰訴

夜半更惆悵擊柱長歎息失卻千里夢一燈耿虛壁飛霜下嚴更庭戸氣凝白已秋不復夏坐中歲時積曉起星斗曙暮歸牛羊夕蜷蝸一世間籢鳥鶵雙翼十二通

六家文選六十卷　　Asian Rare-4 no.29

〔南朝梁〕蕭統輯　〔唐〕李善、吕延濟、劉良、張銑、吕向、李周翰注

明嘉靖十三年至二十八年（1534—1549）吴郡袁褧嘉趣堂刻本。

綫裝，三十册，書高31釐米。

板框24.2×18.8釐米，11行18字，小字雙行26字，白口，綫魚尾，左右雙邊，版心中鐫“文選”及卷次。

卷端題“梁昭明太子撰，唐五臣注，崇賢館直學士李善注”。

案：此即袁氏嘉趣堂所刻之六臣注《文選》，曾爲明末清初著名畫家王時敏所藏，惜僅存半部。

存三十卷：十一至三十，四十一至五十。

王時敏印：“王時敏印”白文方印，“煙客”“拙修堂藏書”朱文方印，“西”“埜”朱文連珠小方印。

小方印。

鈐印：“勞淑胤”朱文方印，“峻樂鑑賞之章”白文方印。

集部，總集類，通代。

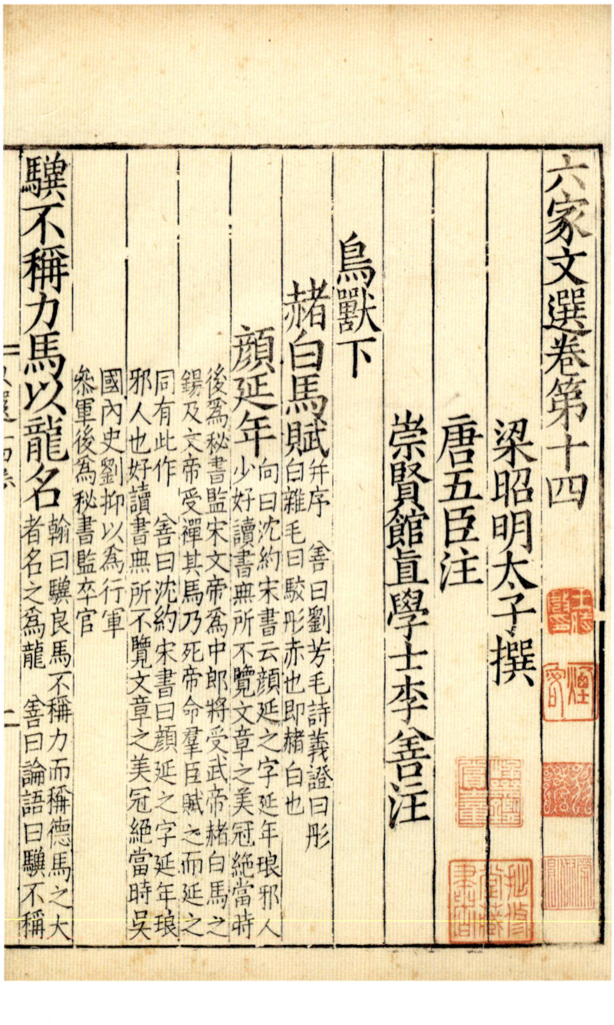

六家文選卷第十四
梁昭明太子撰
唐五臣注
崇賢館直學士李善注
鳥獸下
赭白馬賦并序　善曰劉芳毛詩義證曰彤白雜毛曰駁彤赤也即赭白也
顏延年　向曰沈約宋書云顏延之字延年琅邪人少好讀書無所不覽文章之美冠絕當時後爲秘書監宋文帝爲中郎將受武帝赭白馬之錫及文帝受禪其馬乃死帝命羣臣賦之而延之同有此作　善曰沈約宋書曰顏延之字延年琅邪人也好讀書無所不覽文章之美冠絕當時吴國內史劉抑以爲行軍叅軍後爲秘書監卒官
驥不稱力馬以龍名　翰曰驥良馬不稱力而稱德馬之大者名之爲龍　善曰論語曰驥不稱

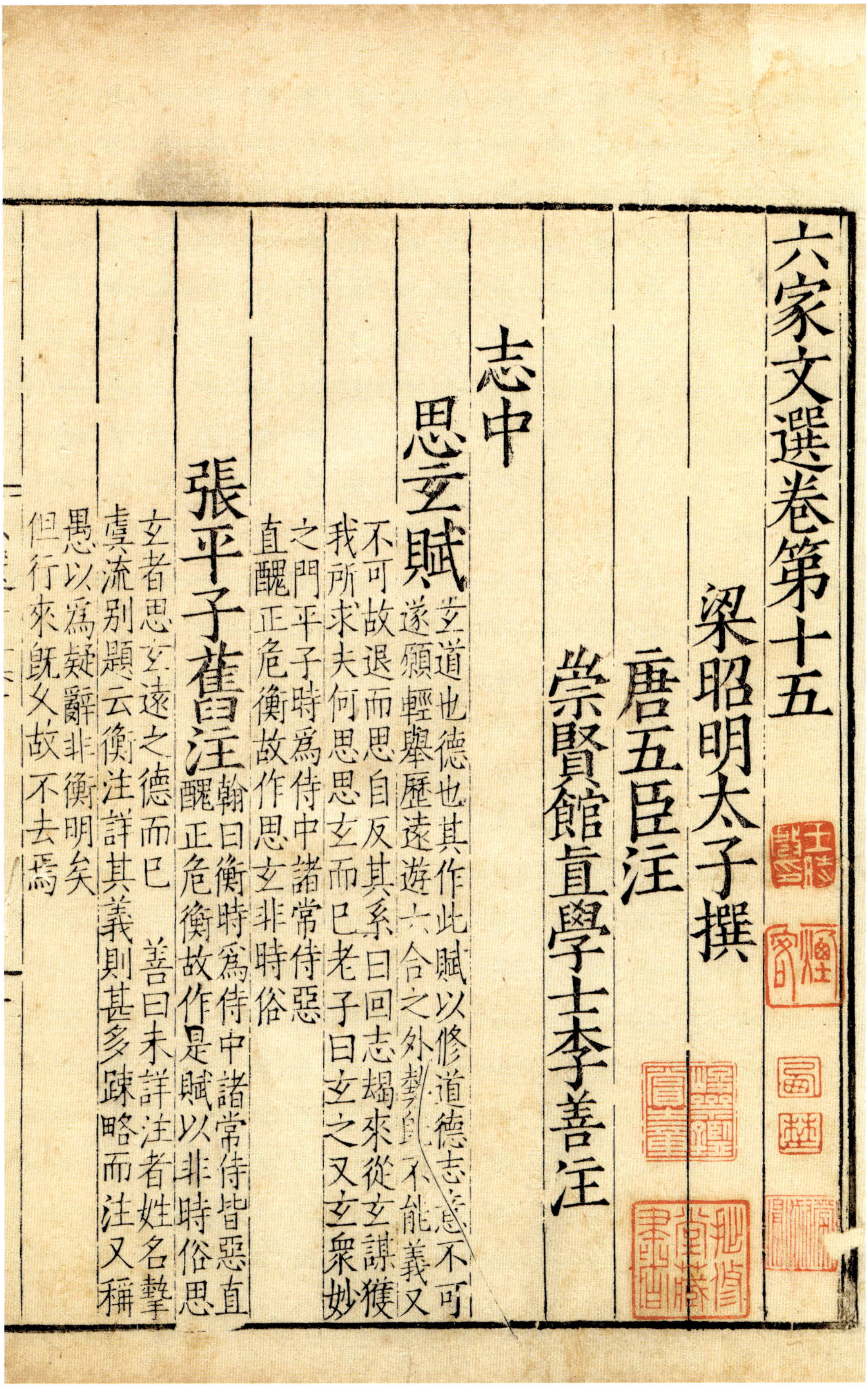
六家文選卷第十五

梁昭明太子撰

唐五臣注

崇賢館直學士李善注

志中

思玄賦 玄道也德也其作此賦以修道德志意不可遂願輕舉歷遠遊六合之外勢既不能義又不可故退而思自反其系曰回志朅來從玄諆獲我所求夫何思思玄而已老子曰玄之又玄衆妙之門平子時爲侍中諸常侍惡直醜正危衡故作思玄非時俗

張平子舊注 翰曰衡時爲侍中諸常侍皆惡直醜正危衡故作是賦以非時俗思玄者思玄遠之德而已 善曰未詳注者姓名摯虞流别題云衡注詳其義則甚多疎略而注又稱愚以爲疑辭非衡明矣但行來既久故不去焉

六臣注文選六十卷　Asian Rare-4 no.31

〔南朝梁〕蕭統輯　〔唐〕李善、吕延濟、劉良、張銑、李周翰、吕向注

明萬曆（1573—1620）刻本。

綫裝，十五册，書高31釐米。

板框20.1×15.2釐米，9行18字，小字雙行同，白口，單白魚尾，左右雙邊，版心中鎸“文選”及卷次，下鎸刻工。

案：此書僅存半部，不知何人所刻，觀其風格，約萬曆間刻，後印本。刻工有璉、化、可、容、文、秀、鎧、亦、向、宣等。

存三十卷：卷十七至三十二，四十七至六十。

集部，總集類，通代。

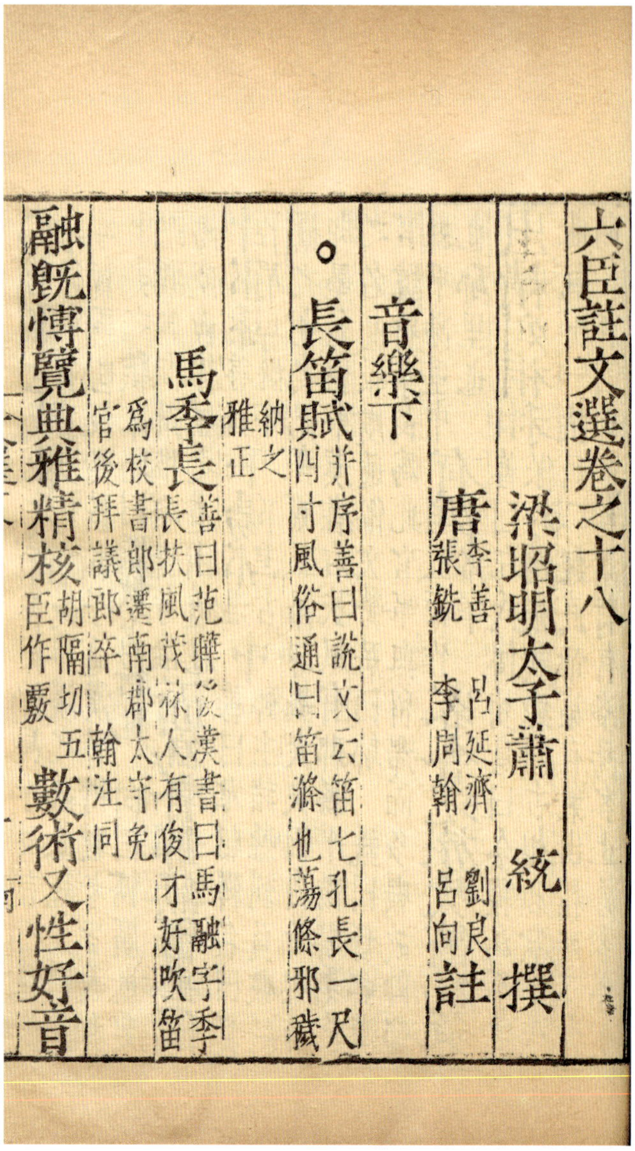
六臣註文選卷之十八
梁昭明太子蕭　統　撰
唐李善　呂延濟　劉良　張銑　李周翰　呂向　註
音樂下
○長笛賦并序善曰說文云笛七孔長一尺四寸風俗通曰笛滌也蕩滌邪穢納之雅正
馬季長善曰范曄後漢書曰馬融字季長扶風茂林人有俊才好吹笛為校書郎遷南郡太守免官後拜議郎卒翰注同
融既博覽典雅精核胡隔切五臣作覈數術又性好音

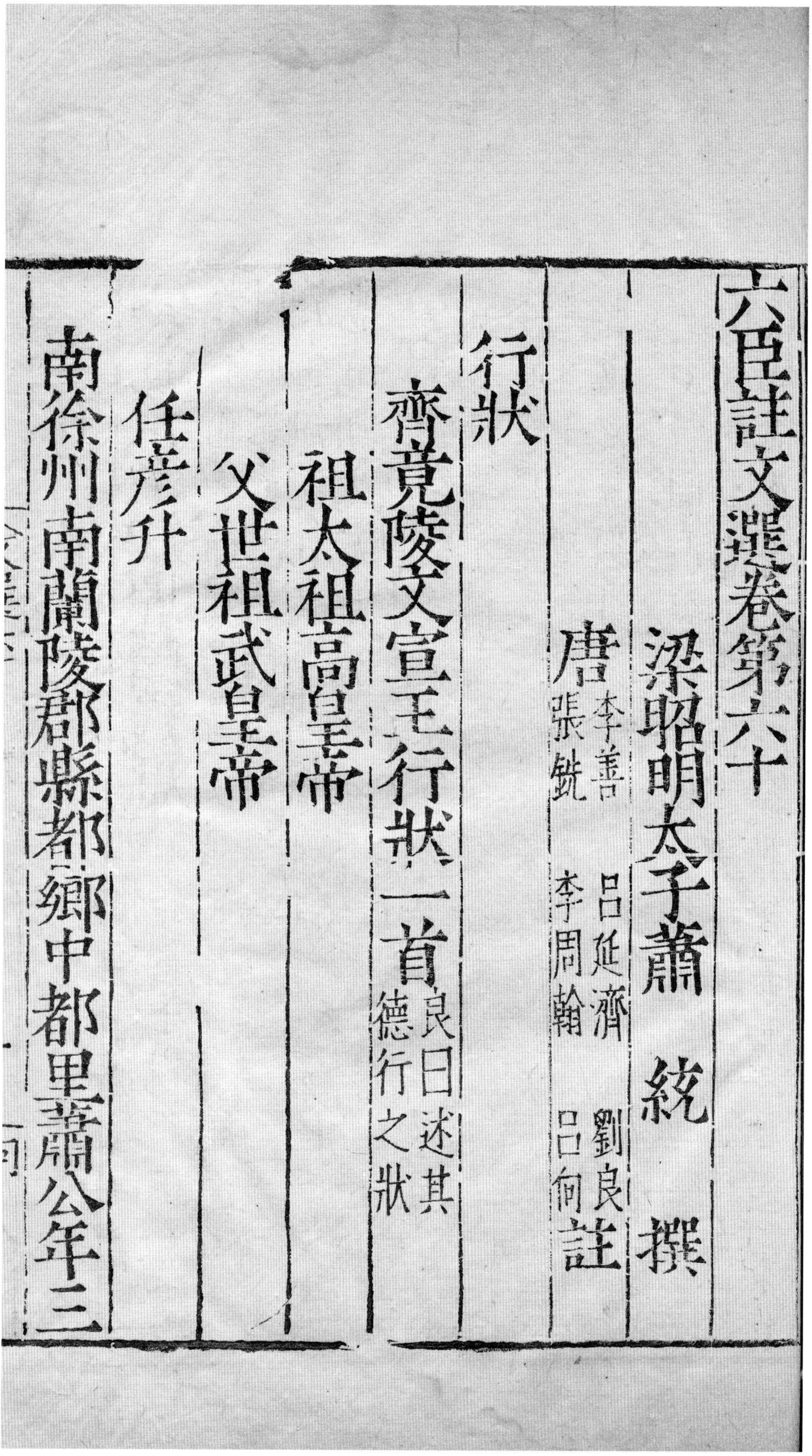

六臣註文選卷第六十

梁昭明太子蕭　統　撰

唐李善　呂延濟　劉良
張銑　李周翰　呂向註

行狀

齊竟陵文宣王行狀一首良曰述其德行之狀

祖太祖高皇帝

父世祖武皇帝

任彦昇

南徐州南蘭陵郡縣都鄉中都里蕭公年三

文選六十卷 Asian Rare-4 no.30

〔南朝梁〕蕭統輯　〔唐〕李善注

明天啓崇禎間（1621—1644）常熟毛晉汲古閣刻、清康熙二十五年（1686）錢士謐重修本。

綫裝，二十四册，書高33釐米。

板框20.6×15釐米，12行25字，小字雙行37字，白口，單黑魚尾，左右雙邊，版心中鎸書名及卷次，各卷首葉版心中鎸“汲古閣”“毛氏正本”。

内封葉題“汲古閣新鎸，梁昭明文選六臣全注，本衙藏板”，左上角朱文題有“康熙丙寅，重考古本，訂正無訛”，左下角朱文印記“翻刻千里必究”。卷一首行下鎸“康熙丙寅孟夏，上元錢士謐重校”。

案：此本批校題跋滿篇，並加附紙多葉，又分别以朱墨藍黄等多色筆過録何焯、俞瑒等批校。校閲者云，以十年之精力治此書，故可以看作是一部評注《文選》之新作。

龐鏡塘印：“嬴縮研齋”“鏡塘乙酉後所得”“愛日樓”“楚培”朱文方印，“鏡塘長物”“鏡塘讀過”白文方印。

集部，總集類，通代。

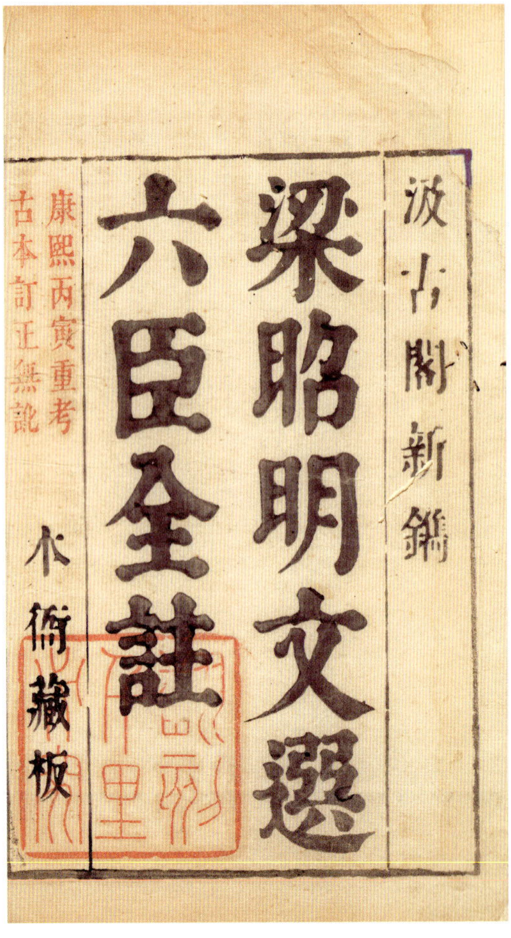

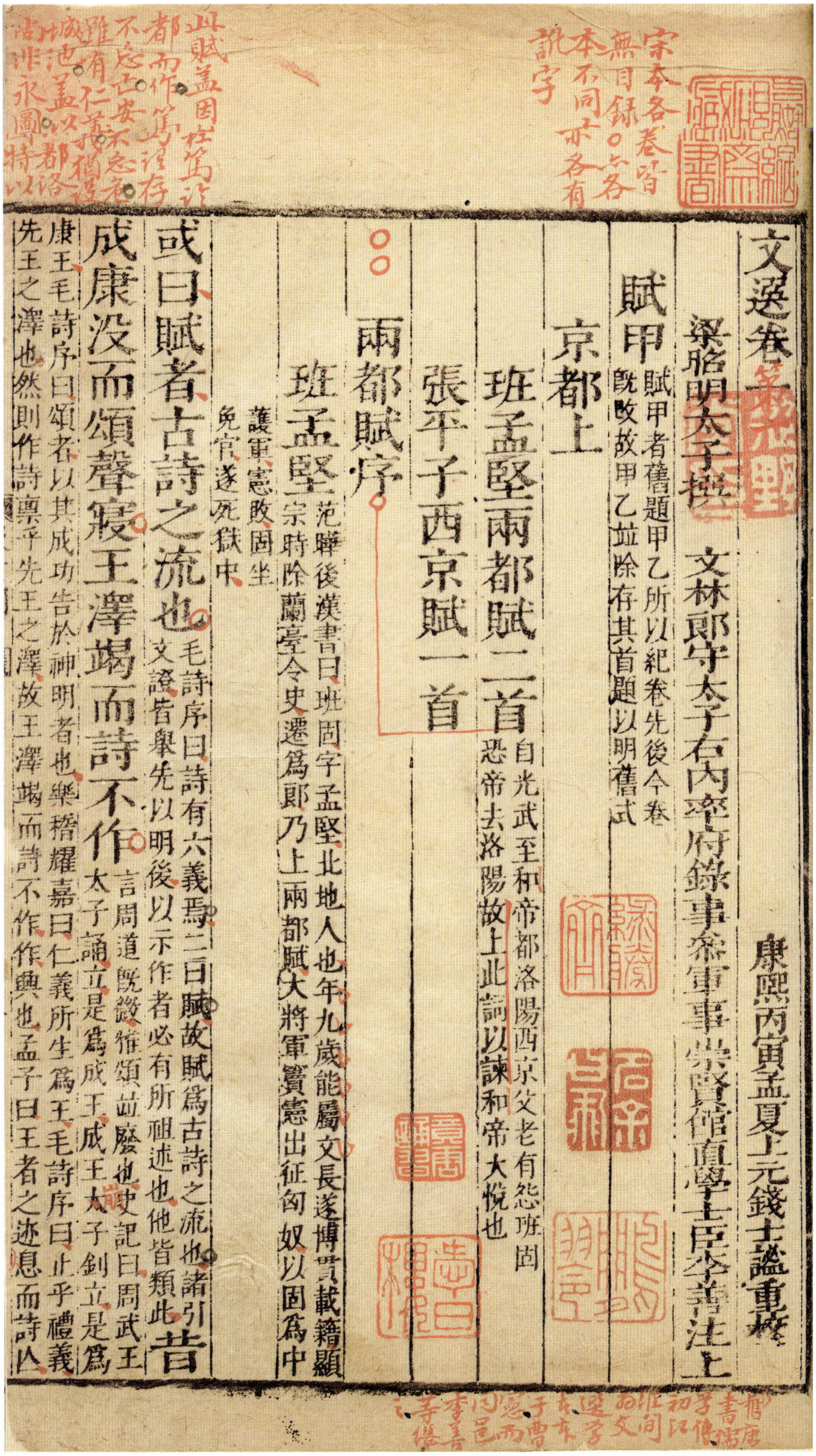
文選卷第一
梁昭明太子撰
文林郎守太子右內率府錄事參軍事崇賢館直學士臣李善注上
康熙丙寅孟夏上元錢士謐重校
賦甲 賦甲者舊題甲乙所以紀卷先後今卷既改故甲乙並除存其首題以明舊式
京都上
班孟堅兩都賦二首 自光武至和帝都洛陽西京父老有怨班固恐帝去洛陽故上此詞以諫和帝大悅也
張平子西京賦一首
兩都賦序
班孟堅 范曄後漢書曰班固字孟堅北地人也年九歲能屬文長遂博貫載籍顯宗時除蘭臺令史遷爲郎乃上兩都賦大將軍竇憲出征匈奴以固爲中護軍憲敗固坐免官遂死獄中
或曰賦者古詩之流也 毛詩序曰詩有六義焉二曰賦故賦爲古詩之流也諸引文證皆舉先以明後以示作者必有所祖述也他皆類此 昔成康沒而頌聲寢王澤竭而詩不作 言周道既微雅頌並廢也史記曰周武王崩太子誦立是爲成王成王太子釗立是爲康王毛詩序曰頌者以其成功告於神明者也樂稽耀嘉曰仁義所生爲王毛詩序曰止乎禮義先王之澤也然則作詩稟乎先王之澤故王澤竭而詩不作作典也孟子曰王者之迹息而詩亾

梁昭明文選十二卷　Asian Rare-4 no.32

〔南朝梁〕蕭統輯　〔明〕張鳳翼纂注　〔明〕惲紹龍参訂

明萬曆二十九年（1601）惲紹龍刻本。

綫裝，六册，書高28釐米。

正文板框20×14.8釐米，11行22字，小字雙行同；眉欄板框2.8×14.8釐米，小字5至6字不等；白口，單黑魚尾，四周單邊。版心上鐫“文選纂注評林”。

案：此書又名《文選纂注評林》，正文卷端題“梁昭明文選，明吴郡張鳳翼纂注，晉陵惲紹龍參訂”。首萬曆八年（1580）張鳳翼“文選纂注序”及吕延祚進表、李善進表、蕭統序文等。另有萬曆二十九年晏文輝“重刻文選纂注序”，云“惲生，國學士，名少龍，武進人也”“緣捐資付之剞劂，以公同志，殺青既畢，問序於余”。

黄原明印：“黄原明家藏印”朱文方印。

龐鏡塘印：“嬴縮硯齋藏書”“嬴縮研齋”朱文方印，“鏡塘讀過”白文方印。

集部，總集類，通代。

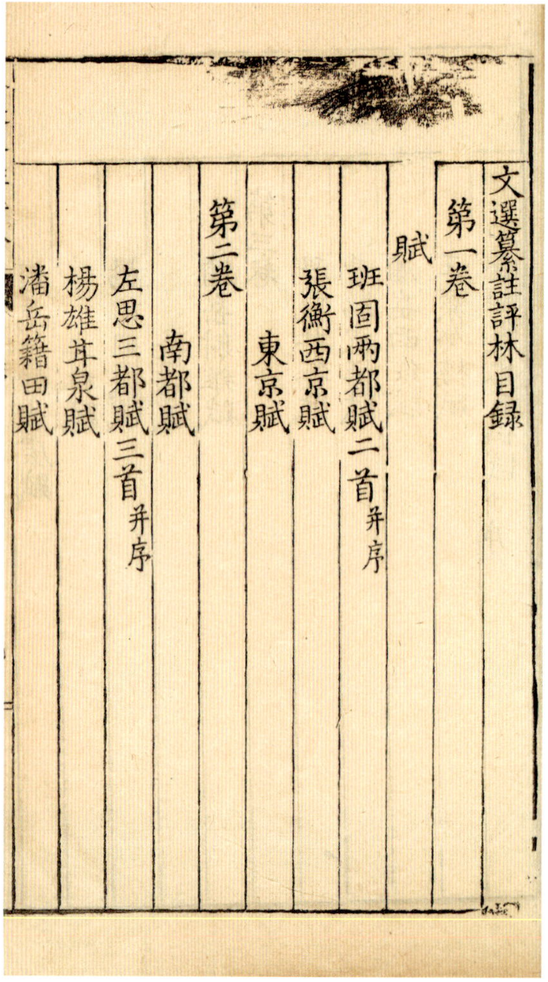
文選纂註評林目録
第一卷
賦
班固兩都賦二首并序
張衡西京賦
東京賦
第二卷
南都賦
左思三都賦三首并序
楊雄甘泉賦
潘岳籍田賦

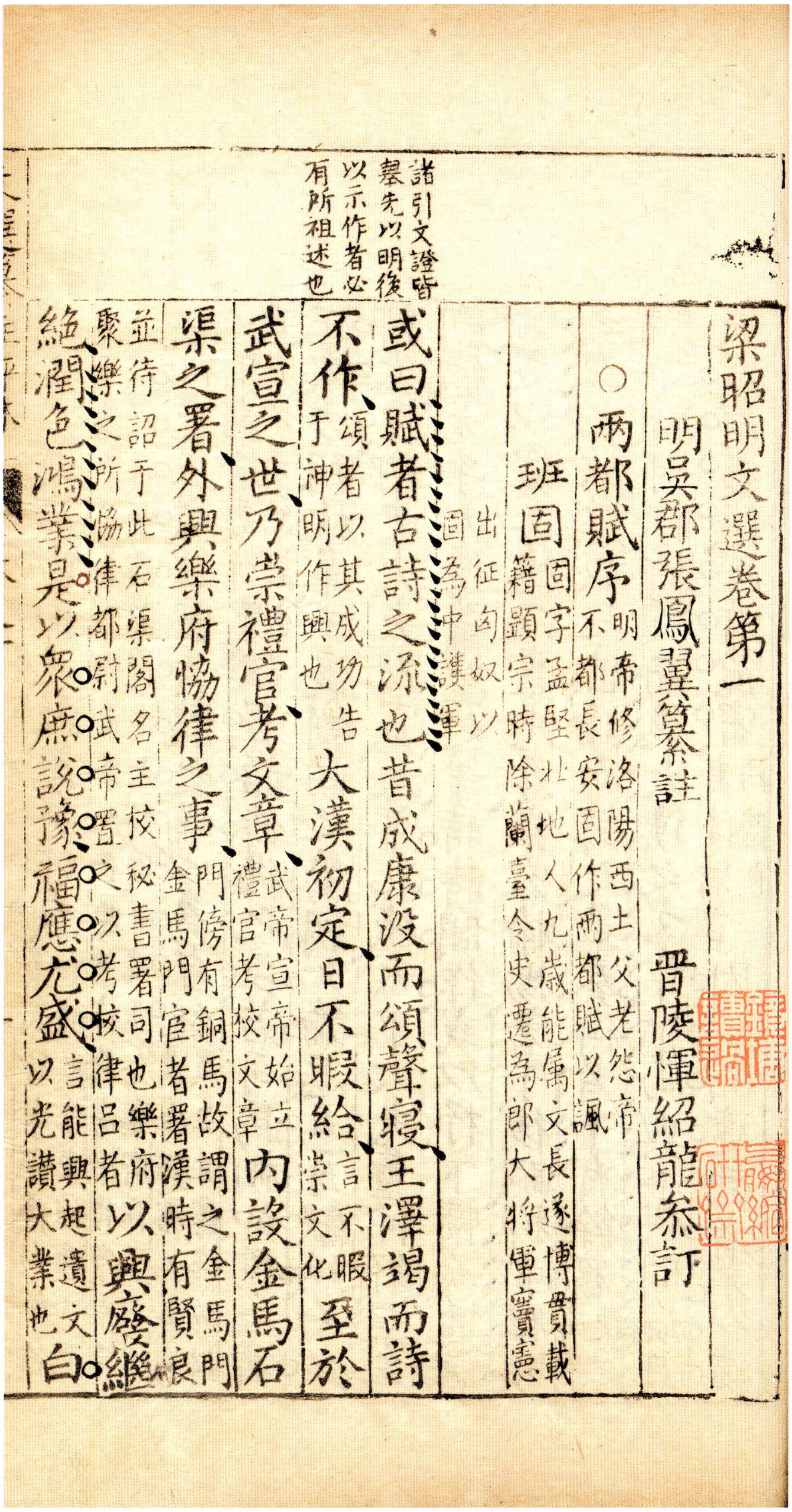

梁昭明文選卷第一

明吳郡張鳳翼纂註　晉陵惲紹龍叅訂

○兩都賦序 明帝修洛陽西土父老怨帝不都長安固作兩都賦以諷

班固 固字孟堅北地人九歲能屬文長遂博貫載籍顯宗時除蘭臺令史遷為郎大將軍竇憲出征匈奴以固為中護軍

諸引文證皆舉先以明後以示作者必有所祖述也

或曰賦者古詩之流也昔成康沒而頌聲寢王澤竭而詩不作 頌者以其成功告于神明作興也 大漢初定日不暇給 言不暇崇文化 至於武宣之世乃崇禮官考文章 武帝宣帝始立禮官考校文章 內設金馬石渠之署外興樂府協律之事 門傍有銅馬故謂之金馬門金馬門宦者署漢時有賢良並待詔于此石渠閣名主校秘書署司也樂府聚樂之所協律都尉武帝置之以考校律呂者 以興廢繼絕潤色鴻業是以衆庶說豫福應尤盛 言能興起遺文以光讚大業也 白

文選集釋二十四卷　Asian Rare-4 no.33

〔清〕朱珔撰

清光緒元年（1875）涇川朱氏梅村家塾刻本。

綫裝，八册，書高26釐米。

板框18.8×12.7釐米，10行21字，小字雙行同，白口，單黑魚尾，四周雙邊，版心下鐫“小萬卷齋”。

案：首道光十六年（1836）朱珔自序，云《文選》一書，李注最佳，然亦嫌簡略，加之歷代轉寫傳刻之誤，尤需補正。遂將日常讀書之札記，彙編成册，以資考證。另有朱榮實刻書序及同治十二年（1873）朱葆元刻書跋。内封葉背面牌記云：“光緒元年歲次乙亥開雕，涇川朱氏梅村家塾藏板。”

存十六卷：卷一至十六。

龐鏡塘印：“赢縮硯齋藏書”“赢縮研齋”朱文方印，“鏡塘讀過”白文方印。

集部，總集類，通代。

又一部：Asian Rare-1 no.1630。

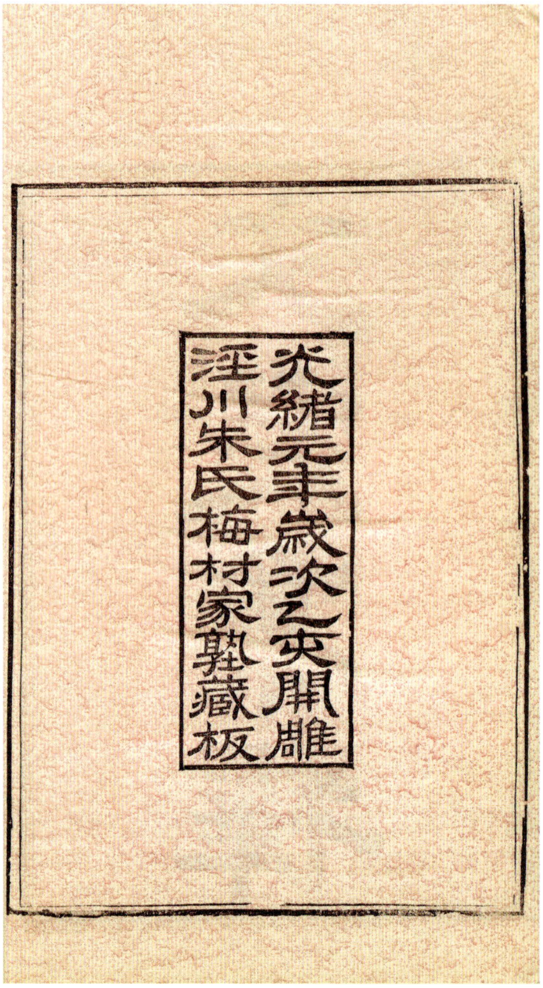

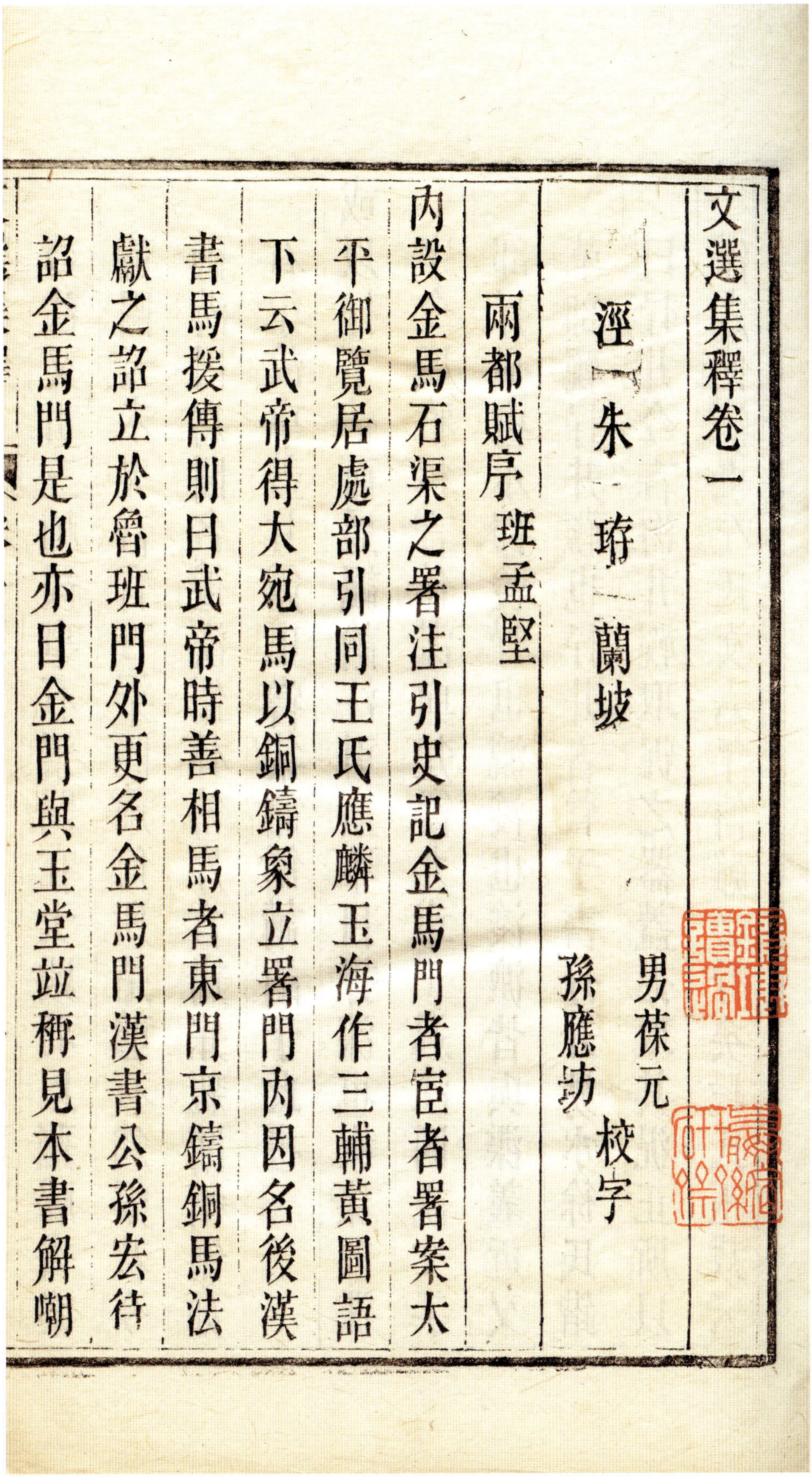
文選集釋卷一

涇 朱 珔 蘭坡

男葆元

孫應劼 校字

兩都賦序 班孟堅

内設金馬石渠之署注引史記金馬門者宦者署案太
平御覽居處部引同王氏應麟玉海作三輔黃圖語
下云武帝得大宛馬以銅鑄象立署門内因名後漢
書馬援傳則曰武帝時善相馬者東門京鑄銅馬法
獻之詔立於魯班門外更名金馬門漢書公孫宏待
詔金馬門是也亦曰金門與玉堂竝稱見本書解嘲

文選錦字録二十一卷　Asian Rare-4 no.34

〔明〕凌迪知輯　〔明〕凌稚隆校

明萬曆五年（1577）吴興凌迪知桂芝館刻本。

綫裝，十八册，書高25釐米。

板框18.8×13釐米，8行17字，小字雙行同，白口，左右雙邊，單黑魚尾，版心上鐫書名，中鐫卷次，下鐫寫刻工姓名及字數。序首葉版心下鐫“吴郡王伯才刻”，卷一首葉版心下鐫“長洲顧檈寫，徐□刻”，另有刻工多人。

案：此書乃凌氏輯刻《文林綺繡》五種之第五種，首萬曆丁丑（五年，1577）凌迪知叙，云《文選》多長篇巨製，其片言隻字皆可珍也，宋劉邠有《文選類林》、蘇易簡有《文選雙字類要》，二者各有短長，遂略加增損，將二者合而爲一。目録末鐫有“萬曆丁丑春仲吴興凌氏桂芝館梓行”。

鈐印：“蓉江”朱文方印。

龐鏡塘印：“嬴縮硯齋藏書”“嬴縮研齋”朱文方印，“鏡塘讀過”白文方印。

集部，總集類，通代。

又一部：Asian Rare-1 no.1639。

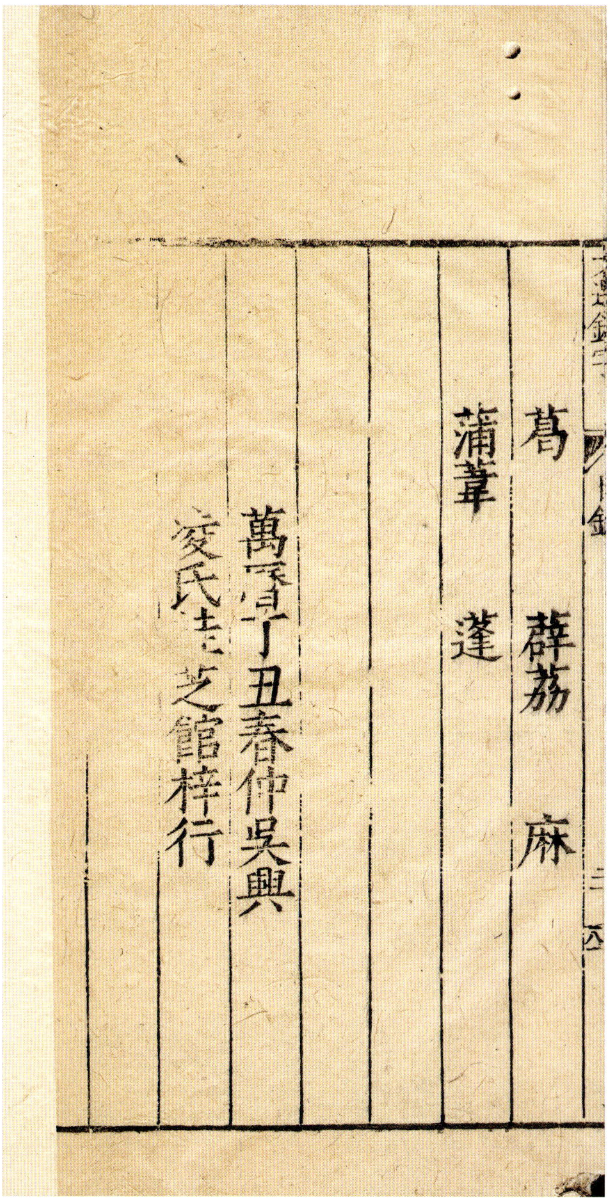
蒿　薛荔　麻
蒲葦　蓬
萬曆丁丑春仲吴興
凌氏桂芝館梓行

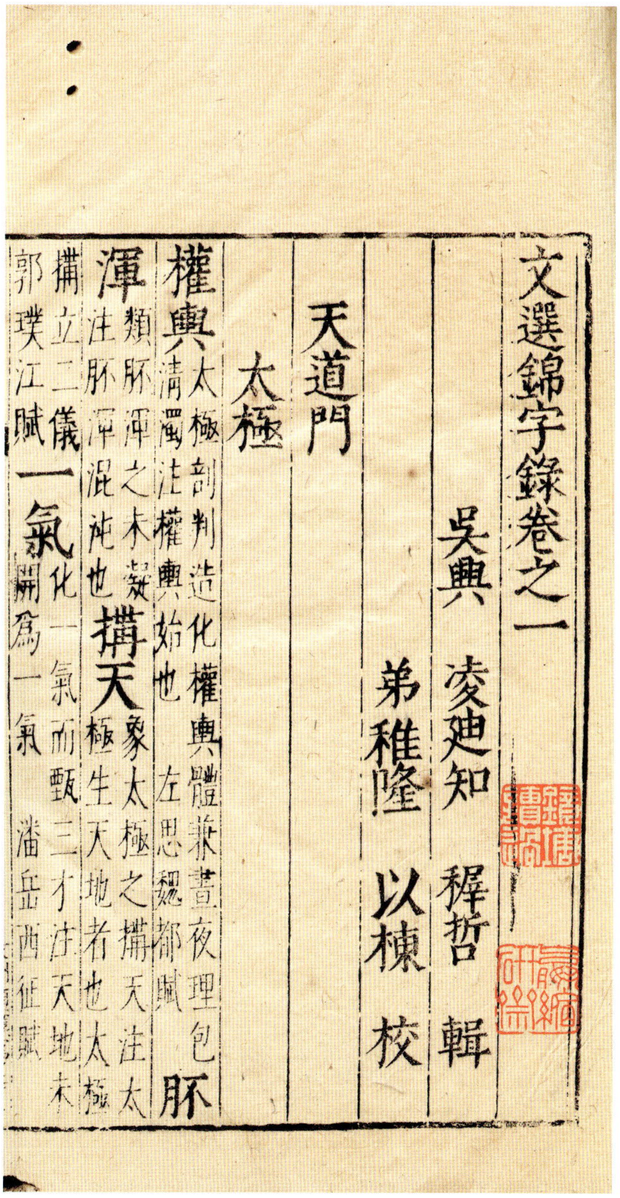
文選錦字錄卷之一
吴興　凌迪知　稺哲　輯
弟稚隆　以棟　校
天道門
太極
權輿太極剖判造化權輿體兼晝夜理包清濁注權輿始也左思魏都賦胚
渾類胚渾之未凝注胚渾混沌也搆天象太極之搆天注太極生天地者也太極
備立二儀郭璞江賦一氣化一氣而甄三才注天地未開爲一氣潘岳西征賦

古文八大家公暇録二十四篇　Asian Rare-4 no.106

〔清〕劉鸞翔輯並評

清末劉鸞翔稿本（約1821—1875）。

綫裝，二册，書高28釐米。

案：此書以清乾隆刻本王應鯨選評之六卷本《古文八大家公暇録》爲底本，選取其中二十四篇加以點評，並重新編輯、抄補，彙爲兩册，正文前列有二十四篇之目録。雖然卷端仍沿用王氏舊名，並保留了乾隆二十六年（1761）王氏原序，但較之王氏原書，其改變頗多，已自成一書。首篇卷端題有“後學大興劉鸞翔讀”，其字體與正文補寫之字體相近，卷中鈐印頗多，從印章位置看，劉氏之印最早，故劉氏當爲此書之編輯者。又，書中有楊紹和印而無楊保彝印，當是由楊紹和收藏於海原閣。書中行間、篇尾、天頭均有評語，書經裝裱，其評語裝裱前後均有寫録，且非出自一人之手，篇尾評語多爲過録清沈歸愚評語。

劉鸞翔印：“劉鸞翔印”白文回文方印，“劉氏叔子”白文方印。

鈐印：“仙舟讀金石圖書詩畫記”“張貞之印”白文方印，“秋窗豁月”朱文方印，“靄雲書屋”白文豎條印。

楊氏海原閣印：“楊氏海原閣藏”“協卿讀過”白文方印。

郭育之印：“濰郭申堂家藏”白文方印。

龐鏡塘印：“贏縮硯齋藏書”“贏縮研齋”朱文方印，“鏡塘長物”白文方印。

龐禕印：“龐禕”白文方印。

集部，總集類，通代。

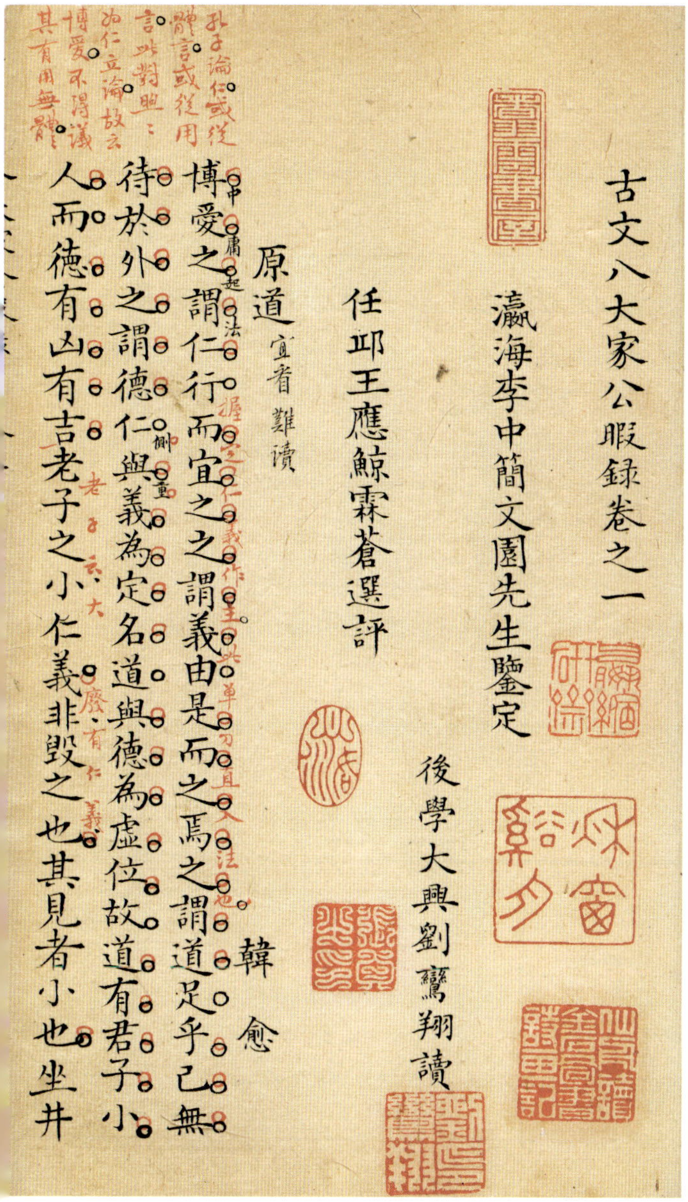

古文八大家公暇録卷之一

瀛海李中簡文園先生鑒定

後學大興劉鸞翔讀

任邱王應鯨霖蒼選評

原道　宜看難讀

韓愈

博愛之謂仁行而宜之之謂義由是而之焉之謂道足乎己無待於外之謂德仁與義為定名道與德為虛位故道有君子小人而德有凶有吉老子之小仁義非毀之也其見者小也坐井

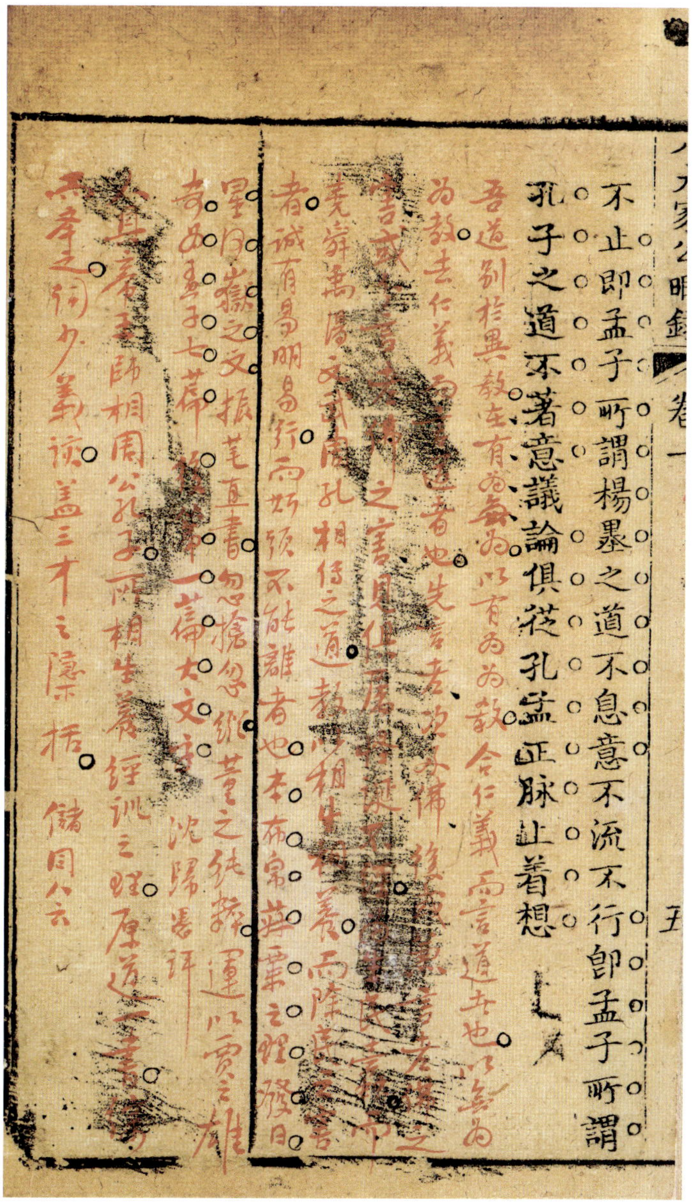

不止即孟子所謂楊墨之道不息意不流不行即孟子所謂

孔子之道不著意議論俱從孔孟正脉上着想

才調集十卷　Asian Rare-4 no.35

〔五代後蜀〕韋縠集　〔清〕馮舒、馮班評閱

清康熙四十三年（1704）汪文珍垂雲堂刻本。

綫裝，四册，書高24釐米。

板框17.9×12.9釐米，8行19字，小字雙行，字不等，白口，左右雙邊，單黑魚尾，版心上鐫字數，中鐫書名及卷次，下鐫“垂雲堂”。

案：内封鐫“宋本校正，才調集，虞山二馮先生閱本，宛委堂發兑”，首原序多篇，及康熙甲申（四十三年，1704）汪文珍識語，云從毛氏汲古閣借得二馮手校定本，並以影宋寫本及明本相校。另有馮武撰“二馮先生評閱才調集凡例”。龐鏡塘朱筆批校。

鈐印：“飛來”朱文方印，“汝勤”白文方印。

龐鏡塘印：“龐鏡塘所讀書”“嬴縮硯齋藏書”“嬴縮研齋”朱文方印，“鏡塘讀過”白文方印。

集部，總集類，斷代。

又一部：Asian Rare-1 no.1736。

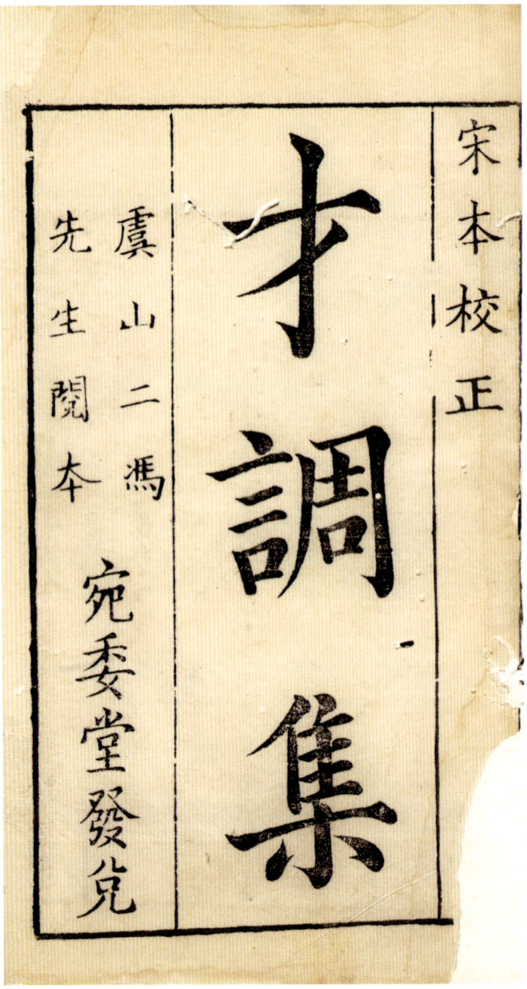

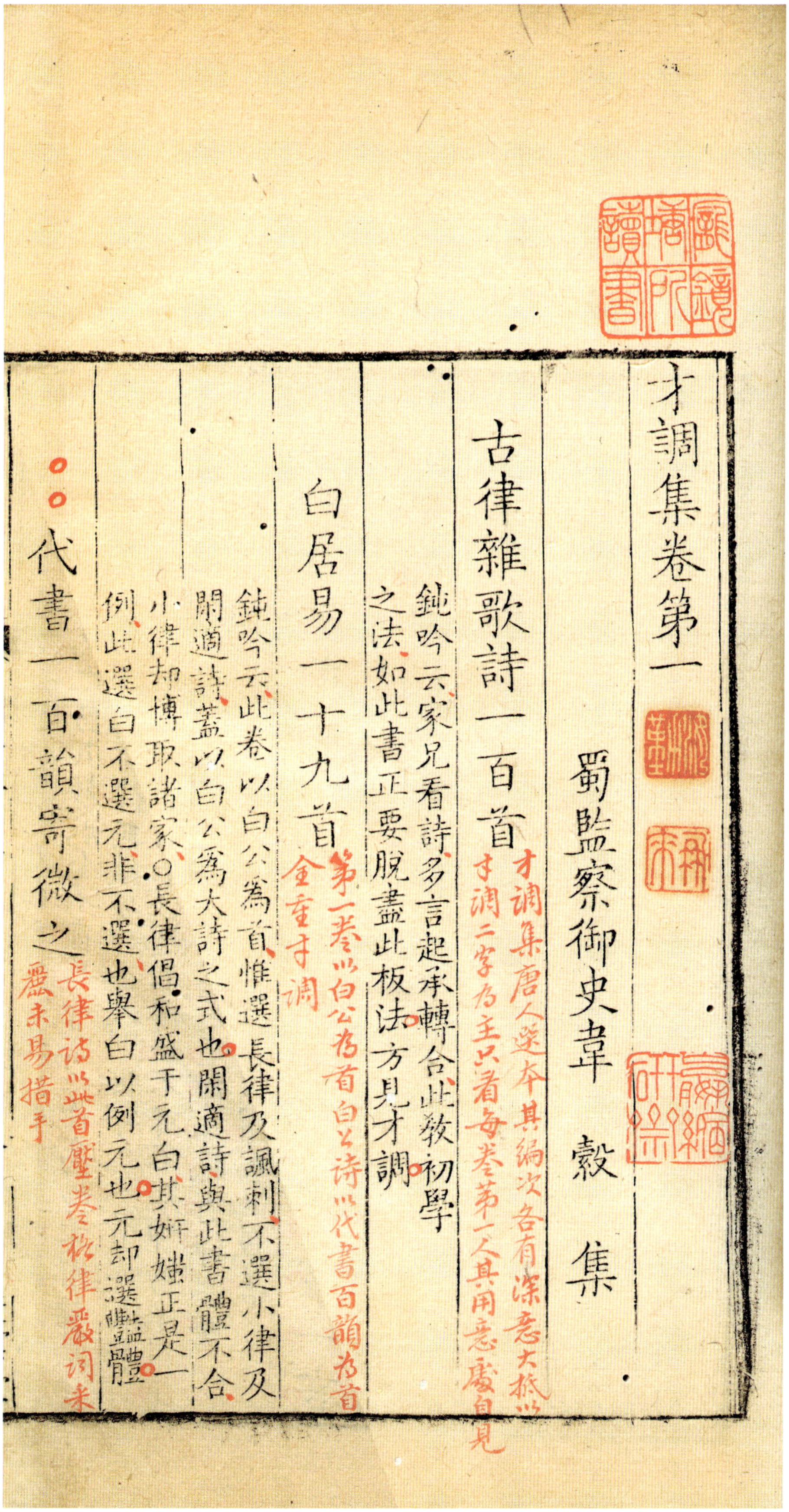
才調集卷第一

蜀監察御史韋縠集

才調集唐人選本其編次各有深意大抵以才調二字為主只看每卷第一人其用意處自見

古律雜歌詩一百首

鈍吟云家兄看詩多言起承轉合此教初學之法如此書正要脫盡此板法方見才調

白居易一十九首

第一卷以白公為首白公詩以代書百韻為首

全重才調

鈍吟云此卷以白公爲首惟選長律及諷刺不選小律及閑適詩蓋以白公爲大詩之式也閑適詩與此書體不合小律却博取諸家○長律倡和盛于元白其妍媸正是一例此選白不選元非不選也舉白以例元也元却選艷體

代書一百韻寄微之

長律詩以此首壓卷格律嚴詞采豔未易措手

箋注唐賢三體詩法二十卷 Asian Rare-4 no.39

〔宋〕周弼選 〔元〕釋圓至注 〔明〕金鸞校訂

明末火錢刻本（約1567—1644）。

綫裝，一册，書高26釐米。

板框17.3×12.2釐米，11行19字，小字雙行同，白口，單白魚尾，左右雙邊，版心中鐫“詩法”及卷次。

首元大德九年（1305）方回序，卷一卷端題“汶陽周弼伯弜選，高安釋圓至天隱注，隴西金鸞在衡校訂，廣陵火錢元甫重梓”，其他各卷均不題撰注者姓名。

案：金鸞有增補《金陵世紀》一書，刻於明隆慶三年（1569），又於萬曆九年（1581）刻《重刊千家注杜詩全集》，則此書亦當刻於隆、萬年間。又，此書臺灣亦藏有一部，然卷端題爲“廣陵火錢尤卿重梓”，且爲黑魚尾，與此本不同，則此書當時即有多種版本流傳。

鈐印：“玉惢樓”白文方印。

龐鏡塘印：“嬴縮硯齋藏書”“嬴縮研齋”“鏡塘乙酉後所得”朱文方印，“鏡塘讀過”白文方印。

集部，總集類，斷代。

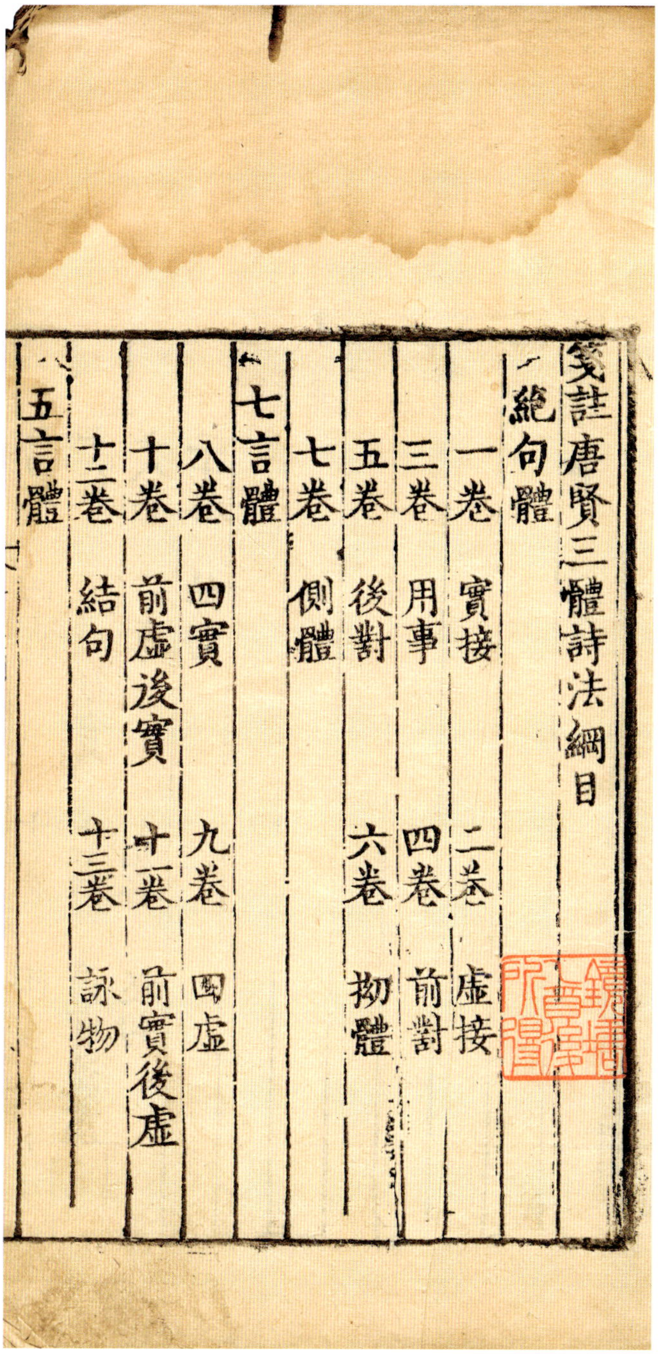

箋註唐賢三體詩法綱目

絶句體

一卷　實接　二卷　虛接

三卷　用事　四卷　前對

五卷　後對　六卷　拗體

七卷　側體

七言體

八卷　四實　九卷　四虛

十卷　前虛後實　十一卷　前實後虛

十二卷　結句　十三卷　詠物

五言體

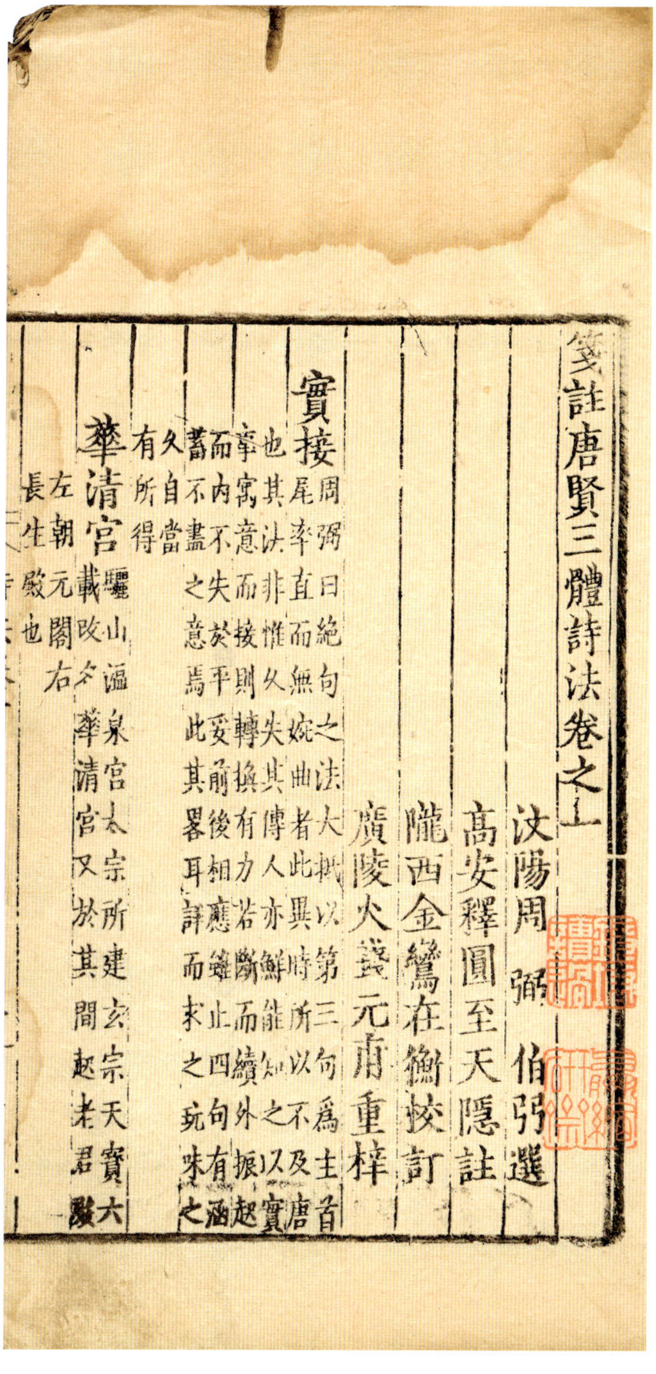

箋註唐賢三體詩法卷之上

汶陽周弼伯弜選

高安釋圓至天隱註

隴西金鶯在衡校訂

廣陵火錢元甫重梓

實接

周弼曰絶句之法大抵以第三句爲主首尾率直而無婉曲者此異時所以不及唐也其法非惟久失其傳人亦鮮能知之以實事寓意而接則轉換有力若斷而續外振起而內不失於平妥前後相應雖止四句而有涵蓄不盡之意焉此其畧耳詳而求之玩味之久自當有所得

華清宮　驪山温泉宮太宗所建玄宗天寶六載改名華清宮又於其間起老君殿左朝元閣右長生殿也

唐詩鼓吹十卷　Asian Rare-4 no.37

〔金〕元好問輯　〔元〕郝天挺注　〔明〕廖文炳解　（清）錢朝鼒、王俊臣校注　〔清〕王清臣、陸貽典參解

清順治末年三樂齋刻本（約1659—1661）。

綫裝，十册，書高30釐米。

板框19×14釐米，11行21字，小字雙行同，大黑口，單黑魚尾，左右雙邊，版心中鎸書名及卷次。

内封葉板框外上部横題“元本校定”，板框内豎題“錢牧齋先生重訂，唐詩鼓吹注解，三樂齋藏板”，順治十六年（1659）錢謙益序。

案：是書陸氏原刻有趙孟頫、廖文炳原序及陸氏題詞、凡例，此本皆缺。另諸家著録卷端皆云錢、陸等四人“參校”，而此本則分題“錢朝鼒、王俊臣校注”，“王清臣、陸貽典參解”，或爲三樂齋所翻刻，然書中尚未避康熙名諱，當亦刻於順治年間，距陸氏原刻不遠也。

佚名過録清趙執信批校評語，近人固安劉峙題識並附趙執信筆迹照片一幅。

劉峙印：“固安”白文印，“劉峙”朱文連珠小方印，“固安劉峙珍藏印記”朱文條印。

龐鏡塘印：“嬴縮硯齋藏書”“嬴縮研齋”“鏡塘審定”朱文方印，“鏡唐讀過”“鏡塘長物”“嘿園”白文方印。

集部，總集類，斷代。

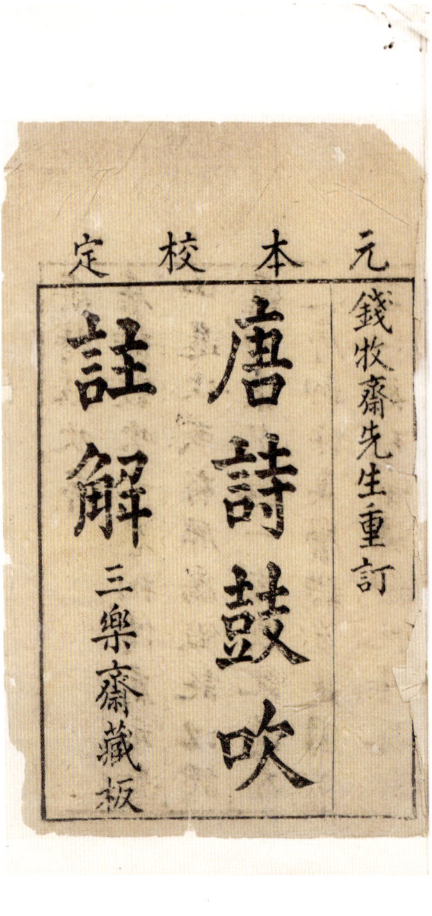

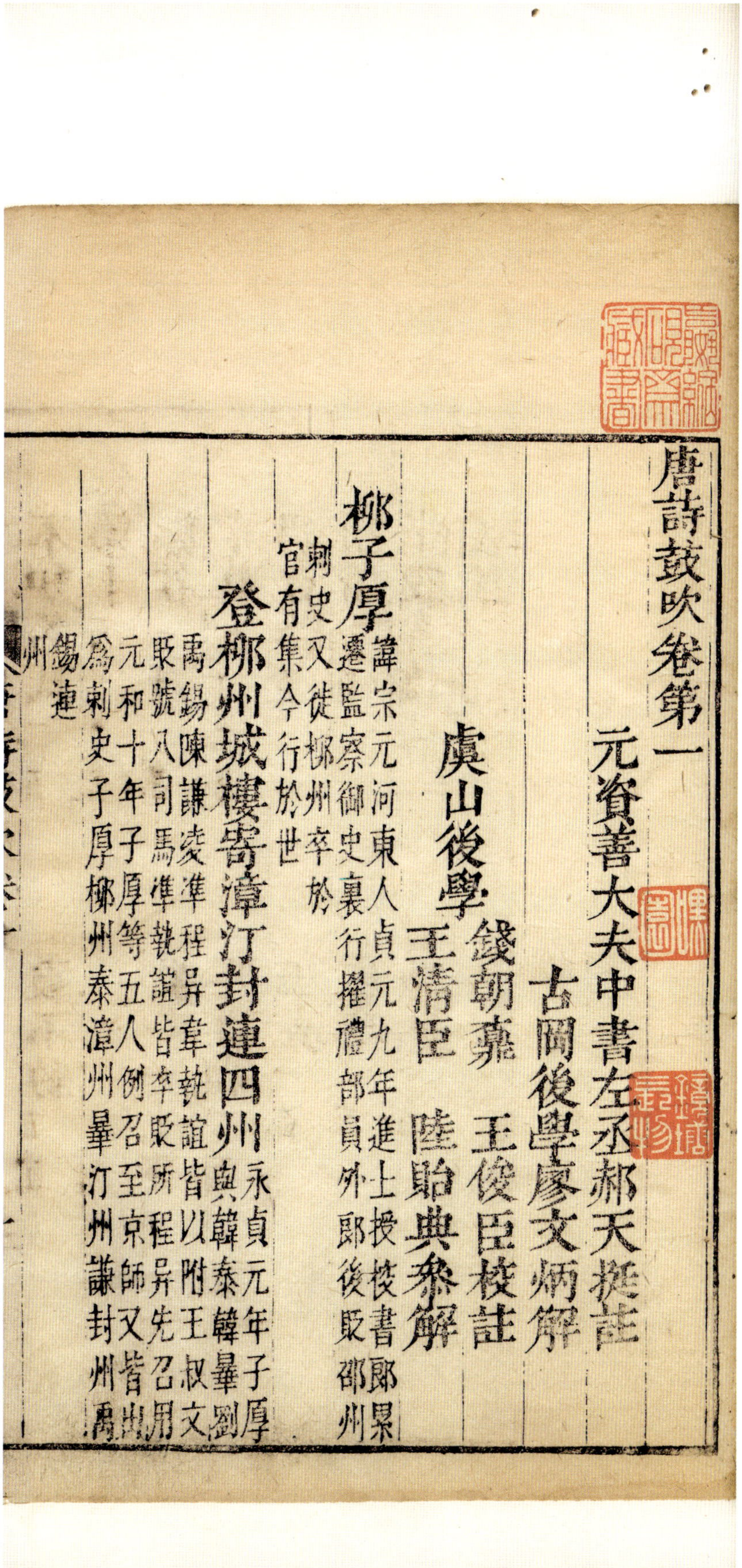

唐詩鼓吹卷第一

元資善大夫中書左丞郝天挺註

古岡後學廖文炳解

虞山後學　錢朝鼒　王俊臣校註

王清臣　陸貽典參解

柳子厚 諱宗元河東人貞元九年進士授校書郎累遷監察御史裏行擢禮部員外郎後貶邵州刺史又徙柳州卒於官有集今行於世

登柳州城樓寄漳汀封連四州 永貞元年子厚與韓泰韓曄劉禹錫陳諫凌準程异韋執誼皆以附王叔文貶號八司馬準執誼皆卒貶所程异先召用元和十年子厚等五人例召至京師又皆出為刺史子厚柳州泰漳州曄汀州諫封州禹錫連州

唐詩鼓吹十卷　Asian Rare-4 no.38

〔清〕趙執信評點　〔清〕趙念録

清乾隆二十二年(1757)稿本。

綫裝，四册，書高27釐米。

卷端題“飴山老人評點，季子趙念謹録”。

案：清初飴山老人趙執信曾評點元遺山《唐詩鼓吹》，爲時人所傳抄，卒後，其第四子趙念將其評點之語，及所評之詩、注，一併輯録出來，抄録成册，然未刊行，此即趙念手録之稿本也。趙念云，飴山老人所據底本乃清初陸貽典等人參校本，而其所輯録者，皆經其父評點，未評點者不録。

各卷均有趙念識語並鈐印，記録抄録日期及過程，起乾隆二十二年(1757)五月一日，月餘始畢。

趙念印：各卷端皆鈐有“趙”“臣念之印”白文方印，“壽餘”“手鈔”朱文方印。卷中、卷末等多處鈐有趙念之雅號閑章多枚。

鈐印：“高唐郝氏藏本”朱文方印。

龐鏡塘印：“嬴縮硯齋藏書”“嬴縮研齋”“鏡唐審定”朱文方印，“鏡塘長物”白文方印。

集部，總集類，斷代。

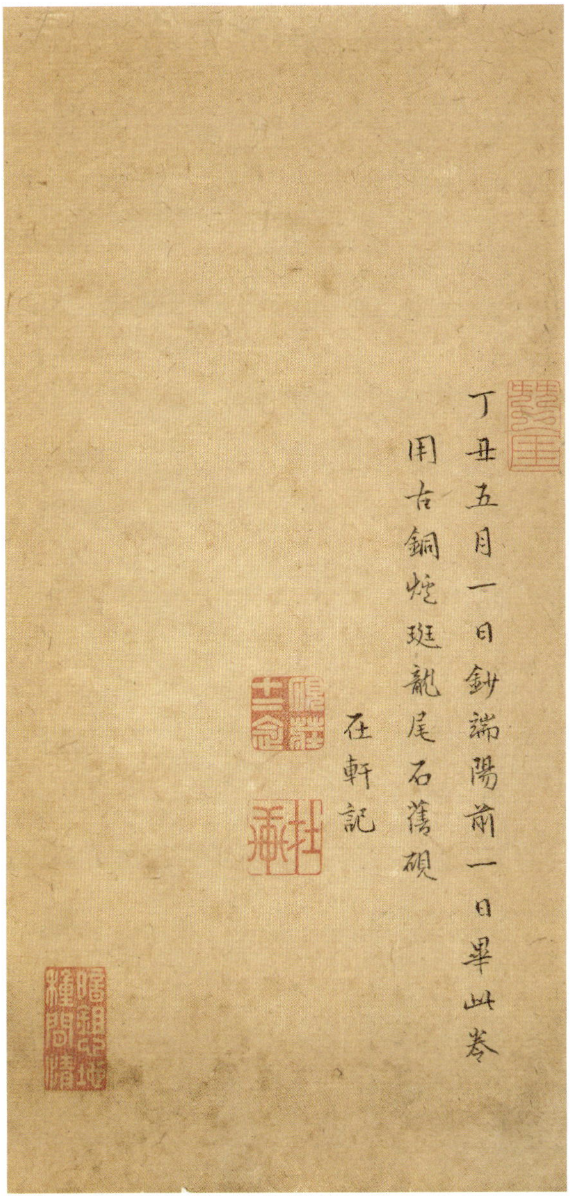
丁丑五月一日鈔端陽前一日畢此卷
用古銅蛇斑龍尾石舊硯
在軒記

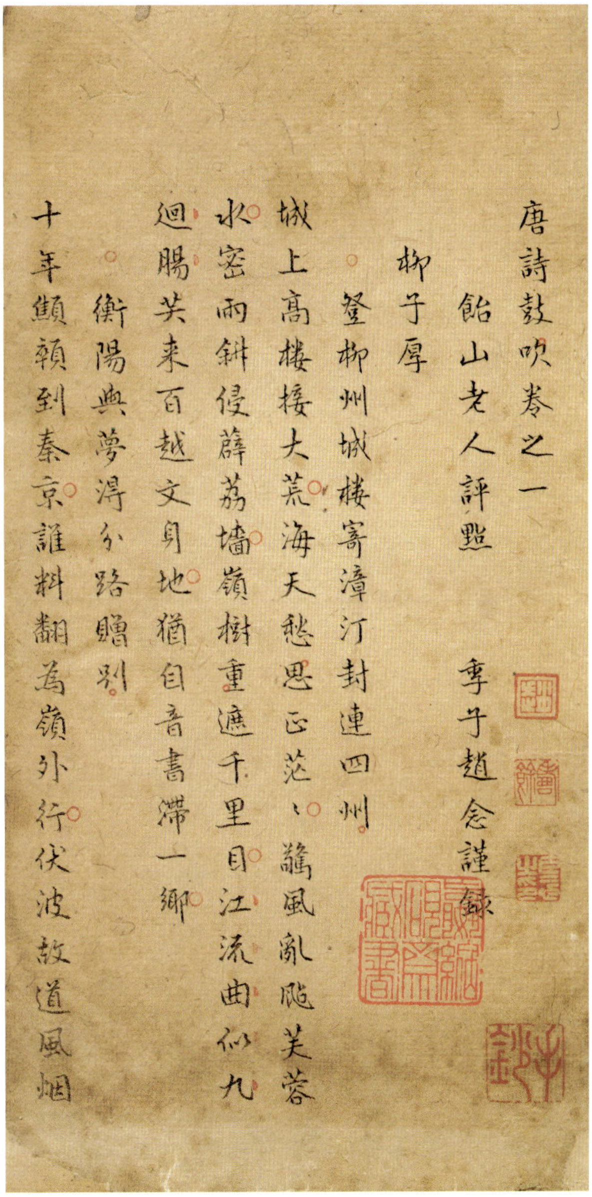
唐詩鼓吹卷之一
飴山老人評點　　季子趙念謹録
柳子厚
登柳州城樓寄漳汀封連四州
城上高樓接大荒海天愁思正茫茫驚風亂颭芙蓉
水密雨斜侵薜荔墻嶺樹重遮千里目江流曲似九
迴腸共來百越文身地猶自音書滯一鄉
衡陽與夢得分路贈別
十年顦顇到秦京誰料翻爲嶺外行伏波故道風烟

御選宋詩七十八卷姓名爵里二卷　Asian Rare-4 no.40

〔清〕張豫章輯

清康熙四十八年（1709）張豫章刻《御選宋金元明四朝詩》本。

綫裝，十八册，書高26釐米。

板框（卷十八）17.3×11.6釐米，11行21字，白口，左右雙邊，對黑魚尾，版心上鐫題名，中鐫卷次及詩人姓名。

案：此書與館藏御選金、元、明詩同爲一套，曾爲富綱氏及經州蔣氏遞藏，白紙初印本，惜不全。

存四十七卷：卷十八至四十九，六十四至七十八。

富綱印：“耕芸草堂書畫章”白文方印。

集部，總集類，斷代。

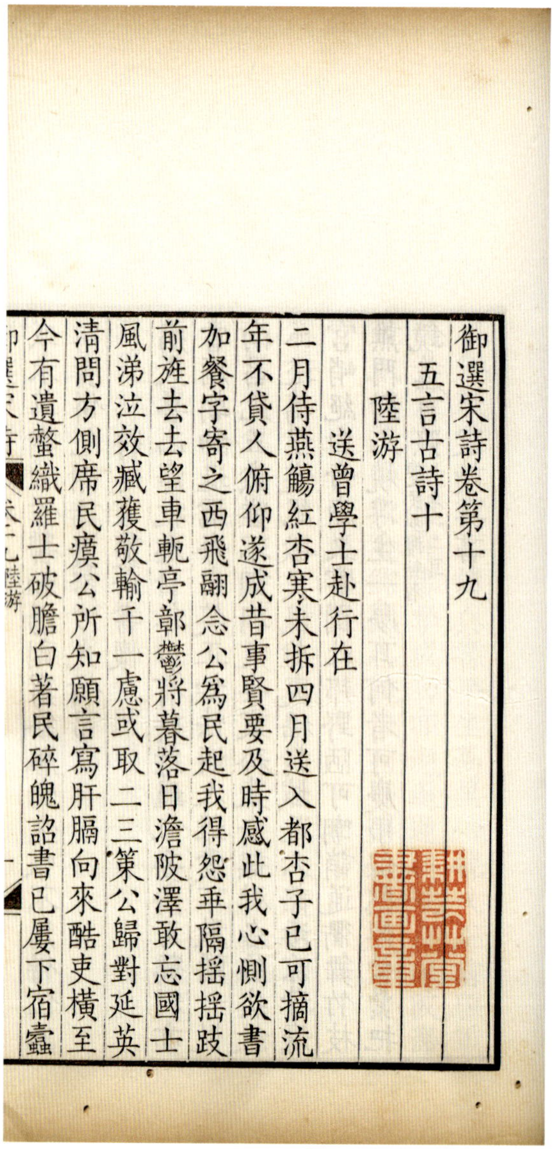
御選宋詩卷第十九
五言古詩十
陸游
送曾學士赴行在
二月侍燕觴紅杏寒未拆四月送入都杏子已可摘流
年不貸人俯仰遂成昔事賢要及時感此我心惻欲書
加餐字寄之西飛翮念公爲民起我得怨乖隔揺揺跂
前旌去去望車軛亭郭鬱將暮落日澹陂澤敢忘國士
風涕泣效臧獲敬輸千一慮或取二三策公歸對延英
清問方側席民瘼公所知願言寫肝膈向來酷吏横至
今有遺螫纖羅士破膽白著民碎魄詔書已屢下宿蠹
御選宋詩　卷十九　陸游

御選宋詩卷第二十

五言古詩十一

朱熹

川上見月歸示同行者

川上偶攜手皓月起林端一舒臨流望元露已先溥歸掩荒園扉更怯裳衣單清夜可晤言獨處誰爲歡

月夜述懷

皓月出林表照此秋牀單幽人起晤歎桂香發窗間高梧滴露鳴散髮天風寒抗志絕塵氛何不棲空山

即事偶賦

白煙竟日起雨晦蒼山深老菊不復妍丹楓滿高林抱

御選宋詩　卷二十　朱熹　一

御選金詩二十四卷首一卷姓名爵里一卷 Asian Rare-4 no.41

〔清〕張豫章輯

清康熙四十八年（1709）張豫章刻《御選宋金元明四朝詩》本。

綫裝，十二册，書高26釐米。

板框16.8×11.6釐米，11行21字，白口，左右雙邊，對黑魚尾，版心上鐫題名，中鐫卷次及詩人姓名。

蔣箸生印："經州蔣氏箸生藏書記"朱文方印。

龐鏡塘印："羸縮硯齋藏書"朱文方印。

集部，總集類，斷代。

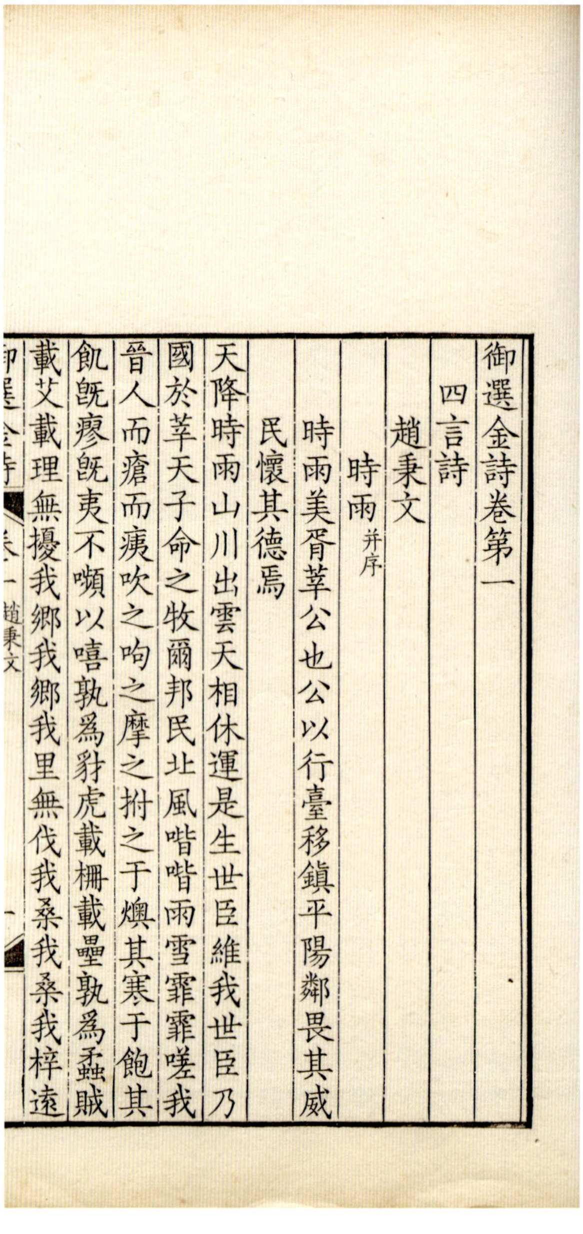
御選金詩卷第一
四言詩
趙秉文
時雨 并序
時雨美胥莘公也公以行臺移鎮平陽鄰畏其威
民懷其德焉
天降時雨山川出雲天相休運是生世臣維我世臣乃
國於莘天子命之牧爾邦民北風喈喈雨雪霏霏嗟我
晉人而瘡而痍吹之呴之摩之拊之于燠其寒于飽其
飢既瘳既夷不嚬以嘻孰爲豺虎載柵載壘孰爲蟊賊
載芟載理無擾我鄉我鄉我里無伐我桑我桑我梓遠
御選金詩 卷一 趙秉文 一

御選金詩姓名爵里卷第一

帝系

顯宗皇帝 諱允恭本諱胡土瓦世宗第二子大定元年封楚王二年立爲皇太子謚宣孝章宗即位追謚體道弘仁英文睿德光孝皇帝廟號顯宗

章宗皇帝 諱璟顯宗嫡子大定二十六年立爲皇太孫二十九年嗣位在位二十年謚曰憲天光運仁文義武神聖英孝皇帝廟號章宗

宗藩

密國公璹 字仲寶一字子瑜世宗之孫越王永功子初名壽孫世宗賜今名累加開府儀同三司奉朝請正大初進封密國公自號樗軒居士所著有如菴小藁

諸家姓名爵里

蔡松年 字伯堅真定人以行臺尚書省令史出身官至尚書右丞相封衛國公進吳國自號蕭閒老人卒謚文簡

吴激 字彦高宋宰相拭之子米芾壻也入金仕爲翰林侍制出知深州有樂府及東山集十卷

御選元詩八十卷首一卷姓名爵里二卷 Asian Rare-4 no.42

〔清〕張豫章輯

清康熙四十八年（1709）張豫章刻《御選宋金元明四朝詩》本。

綫裝，三十册，書高26釐米。

板框17×11.7釐米，11行21字，白口，左右雙邊，對黑魚尾，版心上鐫題名，中鐫卷次及詩人姓名。

富綱印：“富綱印”“耕芸草堂書畫章”白文方印。

蔣箸生印：“經州蔣氏箸生藏書記”朱文方印。

龐鏡塘印：“嬴縮硯齋藏書”朱文方印。

集部，總集類，斷代。

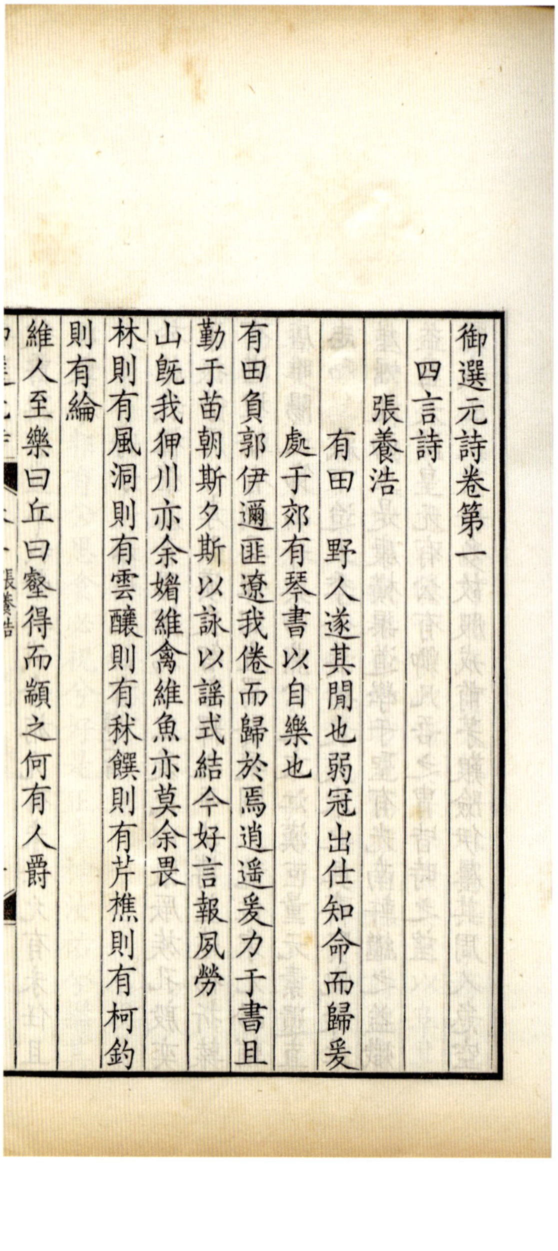

御選元詩卷第一
四言詩
張養浩
有田 野人遂其閒也弱冠出仕知命而歸爰處于郊有琴書以自樂也
有田負郭伊邇匪遼我倦而歸於焉逍遥爰力于書且勤于苗朝斯夕斯以詠以謡式結令好言報夙勞
山既我狎川亦余嬉維禽維魚亦莫余畏
林則有風洞則有雲釀則有秫饌則有芹樵則有柯釣則有綸
維人至樂曰丘曰壑得而顓之何有人爵

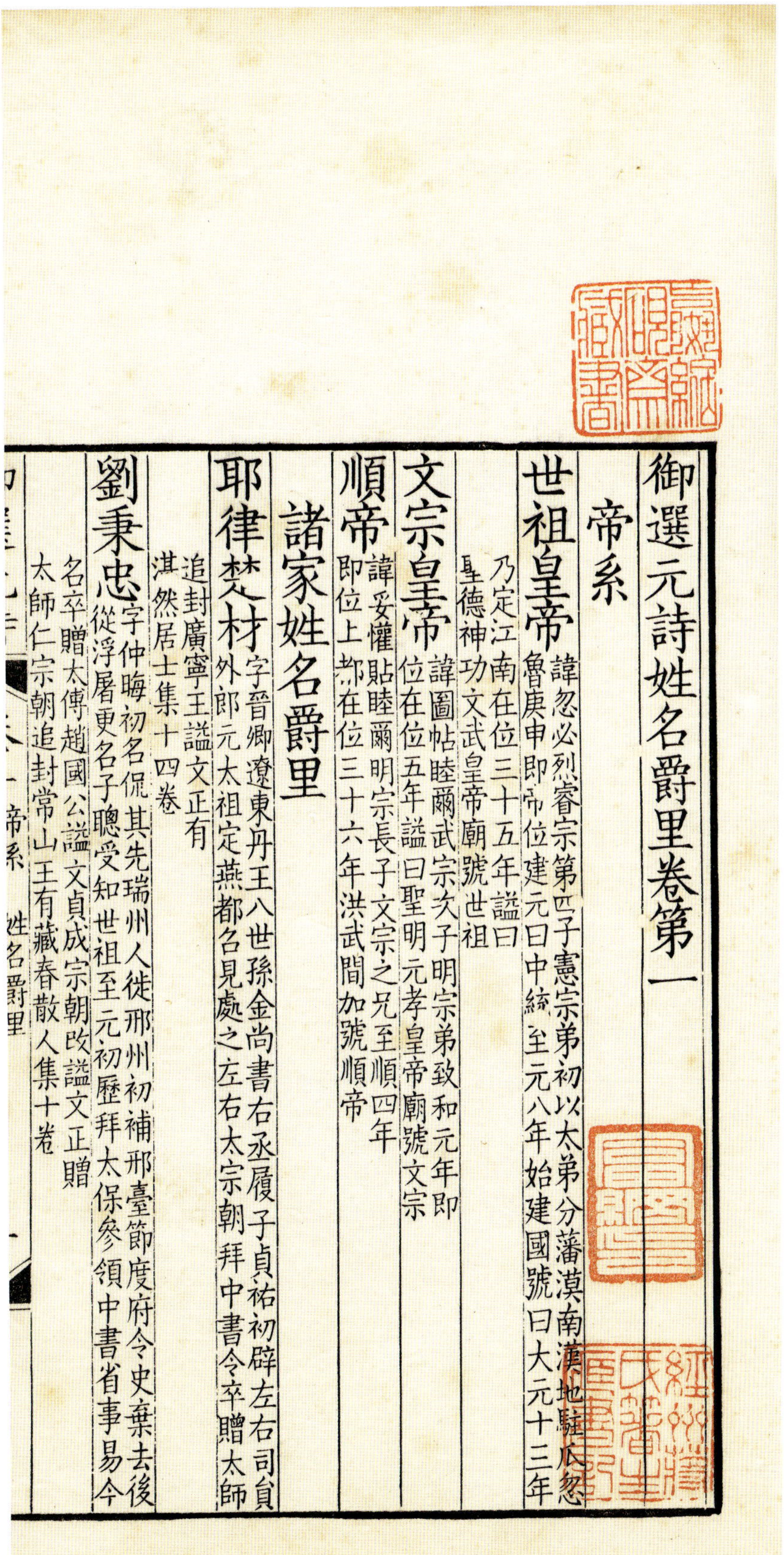

御選元詩姓名爵里卷第一

帝系

世祖皇帝諱忽必烈睿宗第四子憲宗弟初以太弟分藩漠南漢地駐瓜忽魯庚申即帝位建元曰中統至元八年始建國號曰大元十三年乃定江南在位三十五年謚曰聖德神功文武皇帝廟號世祖

文宗皇帝諱圖帖睦爾武宗次子明宗弟致和元年即位在位五年謚曰聖明元孝皇帝廟號文宗

順帝諱妥懽貼睦爾明宗長子文宗之兄至順四年即位上都在位三十六年洪武間加號順帝

諸家姓名爵里

耶律楚材字晉卿遼東丹王八世孫金尚書右丞履子貞祐初辟左右司員外郎元太祖定燕都名見處之左右太宗朝拜中書令卒贈太師追封廣寧王謚文正有湛然居士集十四卷

劉秉忠字仲晦初名侃其先瑞州人徙邢州初補邢臺節度府令史棄去後從浮屠更名子聰受知世祖至元初歷拜太保參領中書省事易今名卒贈太傅趙國公謚文貞成宗朝改謚文正贈太師仁宗朝追封常山王有藏春散人集十卷

帝系　姓名爵里

御選明詩一百二十卷姓名爵里八卷　Asian Rare-4 no.43

〔清〕張豫章輯

清康熙四十八年（1709）張豫章刻《御選宋金元明四朝詩》本。

綫裝，三十六册，書高26釐米。

板框16.8×11.6釐米，11行21字，白口，左右雙邊，對黑魚尾，版心上鐫題名，中鐫卷次及詩人姓名。

缺二十一卷：卷五十七至七十一，一百零五至一百二十。

蔣箸生印：“經州蔣氏箸生藏書記”朱文方印。

龐鏡塘印：“嬴縮硯齋藏書”朱文方印。

集部，總集類，斷代。

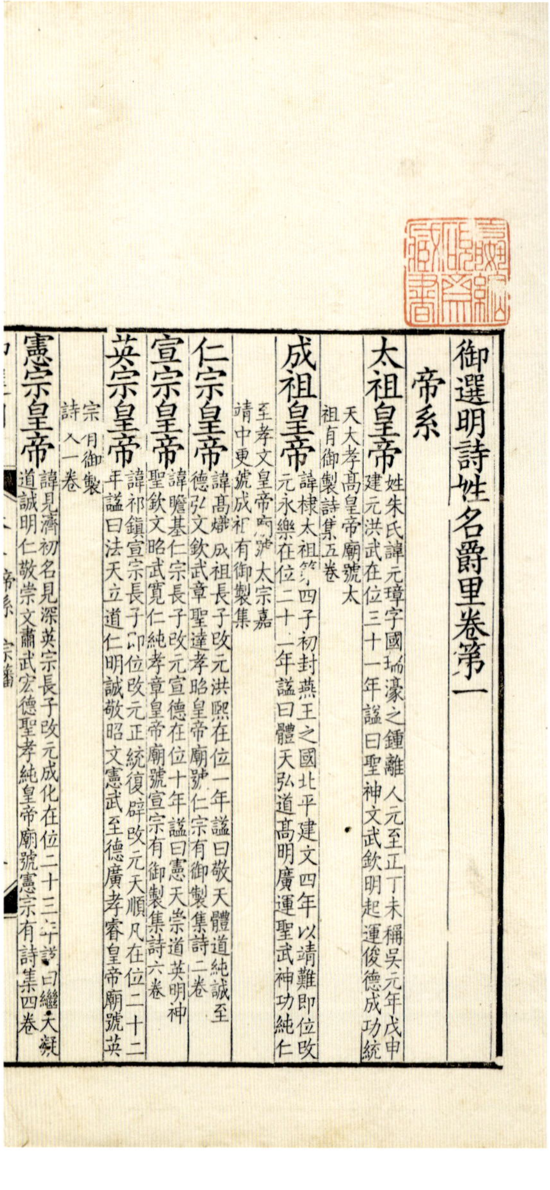

御選明詩姓名爵里卷第一

帝系

太祖皇帝 姓朱氏諱元璋字國瑞濠之鍾離人元至正丁未稱吳元年戊申建元洪武在位三十一年謚曰聖神文武欽明起運俊德成功統天大孝高皇帝廟號太祖有御製詩集五卷

成祖皇帝 諱棣太祖第四子初封燕王之國北平建文四年以靖難即位改元永樂在位二十二年謚曰體天弘道高明廣運聖武神功純仁至孝文皇帝廟號太宗嘉靖中更號成祖有御製集

仁宗皇帝 諱高熾成祖長子改元洪熙在位一年謚曰敬天體道純誠至德弘文欽武章聖達孝昭皇帝廟號仁宗有御製集詩二卷

宣宗皇帝 諱瞻基仁宗長子改元宣德在位十年謚曰憲天崇道英明神聖欽文昭武寬仁純孝章皇帝廟號宣宗有御製集詩六卷

英宗皇帝 諱祁鎮宣宗長子即位改元正統復辟改元天順凡在位二十二年謚曰法天立道仁明誠敬昭文憲武至德廣孝睿皇帝廟號英宗有御製詩入一卷

憲宗皇帝 諱見濡初名見深英宗長子改元成化在位二十三年謚曰繼天凝道誠明仁敬崇文肅武宏德聖孝純皇帝廟號憲宗有詩集四卷

御選明詩卷第一

帝製

太祖皇帝

神鳳操

鈞天奏兮列丹墀俄翩翩兮鳳凰儀斂翱翔兮棲梧枝
彼觀德兮直爲我辭

鍾山賡吴沉韻

嵯峨倚空碧環山皆拱伏遙岑如劒戟邇洞非茅屋青
松秀紫崖白石生玄谷巖畔毓靈芝峯頂森神木時時
風雨生日日山林沐和鳴盡啼鶯善舉皆飛鵠山中道
者禪龐頭童子牧試問幾經年荅云常辟穀

御選明詩　卷一　太祖皇帝

新刻旁注四六類函十二卷　Asian Rare-4 no.62

〔明〕朱錦類選　〔明〕徐榛校閲　〔明〕閔師孔旁注　〔明〕許以忠編正

明末刻本（約1608—1644）。

綫裝，四册，書高28釐米。

板框（卷二）22×14.2釐米，大小字隔行各7行，大字24字，小字41字，白口，單黑魚尾，四周單邊，版心上鐫題名，中鐫類目及卷次。

案：此書乃明萬曆末年坊間刻本，輯録時人應對書啓，附以典故注釋，按職官、勛階等分類編排。首方大觀序，不題年代，云《類函》乃王生所編。卷一爲目録，不題編校人姓名，卷二至十二爲正文。各卷所題類選、校閲、旁注、編正之人相同，然參訂、梓行之人則略有不同，卷二、六、十一、十二題“南都吴繼武廷光父梓行”，其他各卷則題“南都王世茂爾培父梓行”。此書明末坊間刻本極多，哈佛燕京圖書館亦藏有一部，與此本不同版，其卷端所題梓行之人爲“三衢國輔舒氏承溪梓行”。

王世茂，金陵人，齋名車書樓，萬曆、天啓年間刻尺牘、書啓、課藝等書籍多種，或題爲“車書樓王養恬齋”，或題爲“車書樓養恬王世茂”，或題爲“車書樓儒生養恬王世茂”。

龐鏡塘印：“贏縮硯齋藏書”朱文方印，“鏡塘長物”白文方印。

集部，總集類，斷代。

四六類函凡例欵

一排偶語即六朝業有之而沿於唐工於宋八代全書具在第時世漸遞體式稍殊茲故不復刻云

一敘秩而首宗室重天潢也其餘以次分門鱗集諸品不遺令脩辭者開卷豁然信手優孟耳

三

新刻旁註四六類函二卷

浙姚　朱錦　文欽父　類選

中都　徐榛　遵實父　校閱

洪都　閔師孔　矩卿父　旁註

宛陵　許以忠　君信父　編正

繡谷　王世茂　爾培父　參訂

南都　吴繼武　廷光父　梓行

草色一卷　　Asian Rare-4 no.101

〔清〕鮑廷博輯並書

清乾隆六十年除夕日（1796年2月9日）鮑廷博稿本，册葉裝，一册（八開）。

書册18.2×13.5釐米，八開，板框15×13釐米，6行12字。

案：卷端題“草色”，卷末題“乾隆乙卯除夕日，鮑廷博臨于知不足齋”，並鈐有印記。卷中輯録了皇六子、皇十一子、皇十五子、皇次孫、吉夢熊、吴壽昌、鄭際唐、黄軒、汪如洋、嚴福等人唱和之詩。册葉斷裂爲三部分，護板缺失。

鮑廷博印：“鮑廷博”白文方印，“以文”朱文方印。

鈐印：“有真意”“老藤”朱文豎方印，“三山游人”白文方印。

龐鏡塘印：“贏縮研齋”“鏡唐審定”朱文方印。

集部，總集類，斷代，清。

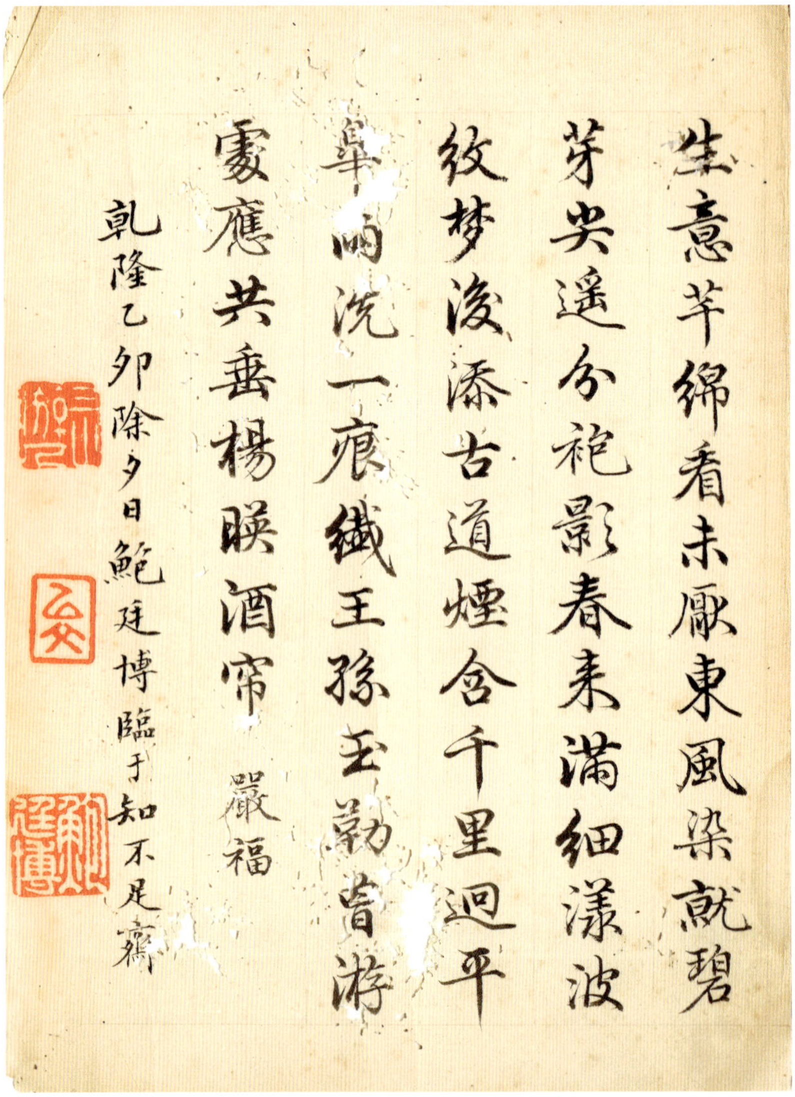
生意芊綿看未厭東風染就碧
芽尖遙分袍影春來滿細漾波
紋夢後添古道煙含千里迴平
皋雨洗一痕纖王孫玉勒曾游
處應共垂楊映酒帘　嚴福
乾隆乙卯除夕日鮑廷博臨于知不足齋

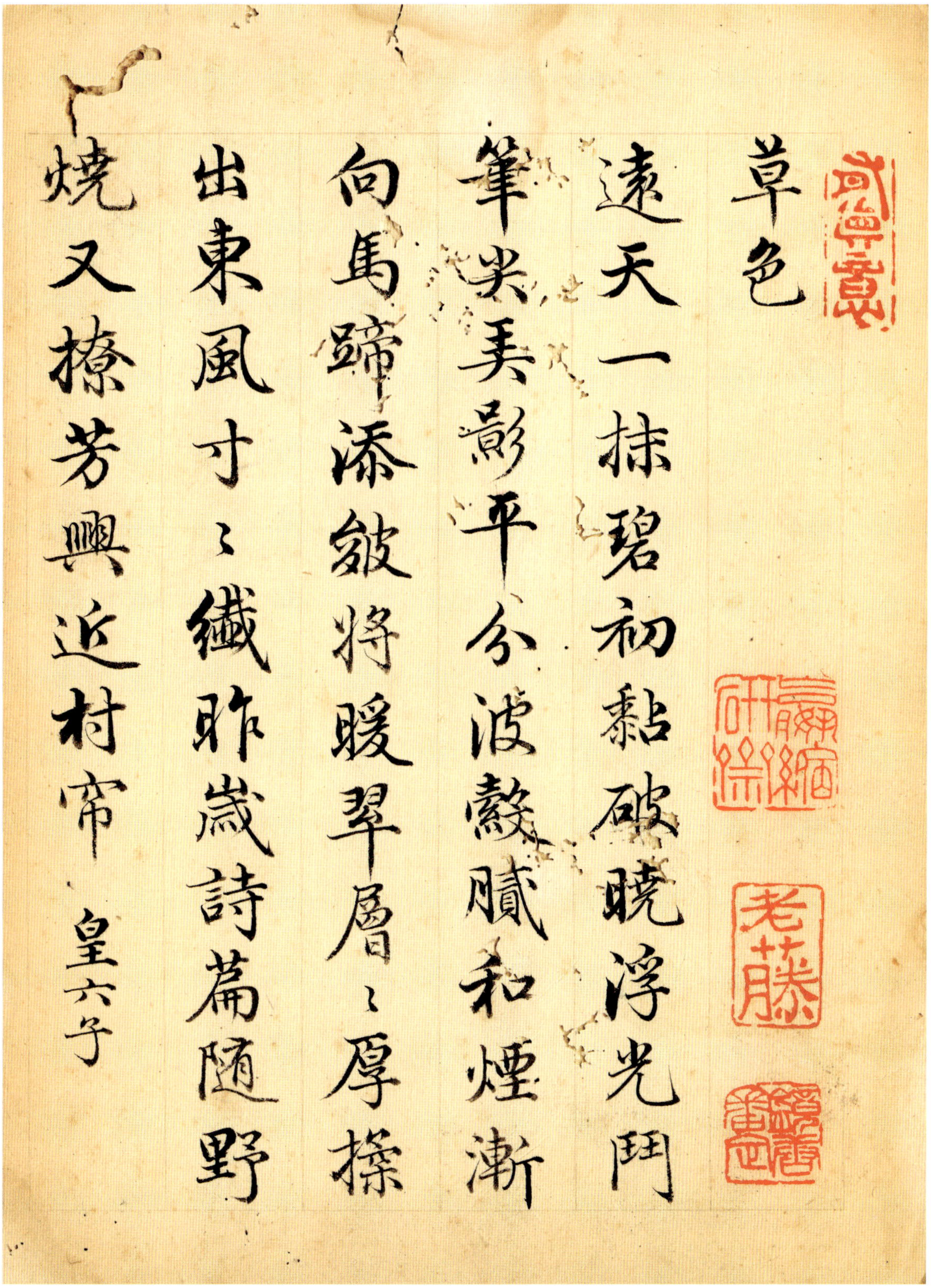

草色

遠天一抹碧初黏破曉浮光閃

筆尖美影平分波縠膩和煙漸

向馬蹄添皺將暖翠層層厚襍

出東風寸寸纖昨歲詩篇隨野

燒又撩芳興近村帘　皇六子

唐詩紀事八十一卷　Asian Rare-4 no.36

〔宋〕計敏夫輯　〔明〕毛晉訂

明崇禎五年（1632）常熟毛晉汲古閣刻本。

綫裝，十八册，書高26釐米。

板框19.2×13.4釐米，8行19字，白口，左右雙邊，綫魚尾，版心上鐫書名，中鐫卷次，下鐫“汲古閣”。

案：書前有原序多篇，並崇禎壬申（五年，1632）李縠“重刻唐詩紀事叙”，書後有崇禎玄黓涒灘（五年，1632）毛晉跋，均言及重刻書事。

缺十九卷：卷十七至三十五。

趙執璲印：“趙執璲印”朱文回文方印。

龐鏡塘印：“嬴縮硯齋藏書”朱文方印，“鏡塘讀過”白文方印。

集部，詩文評類。

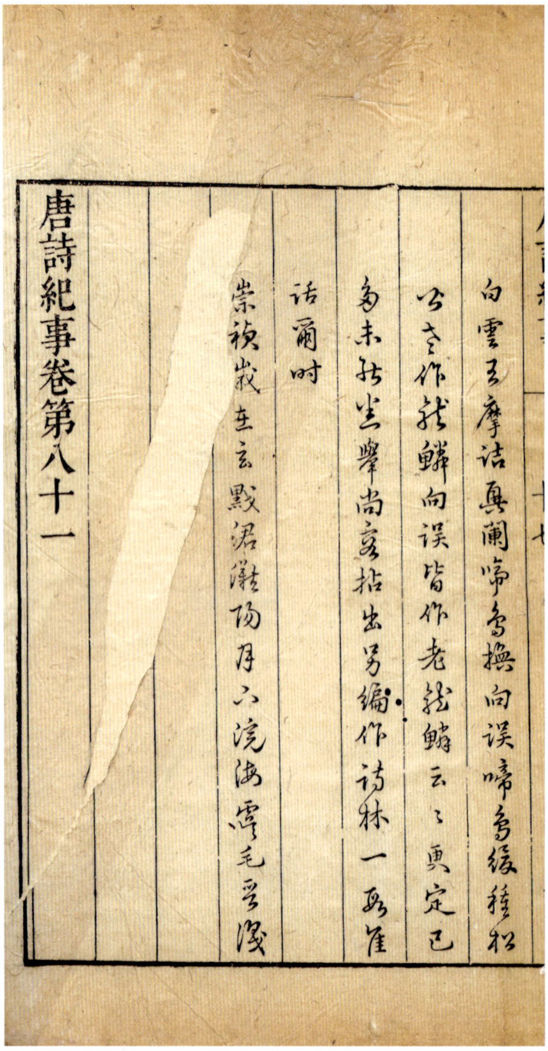

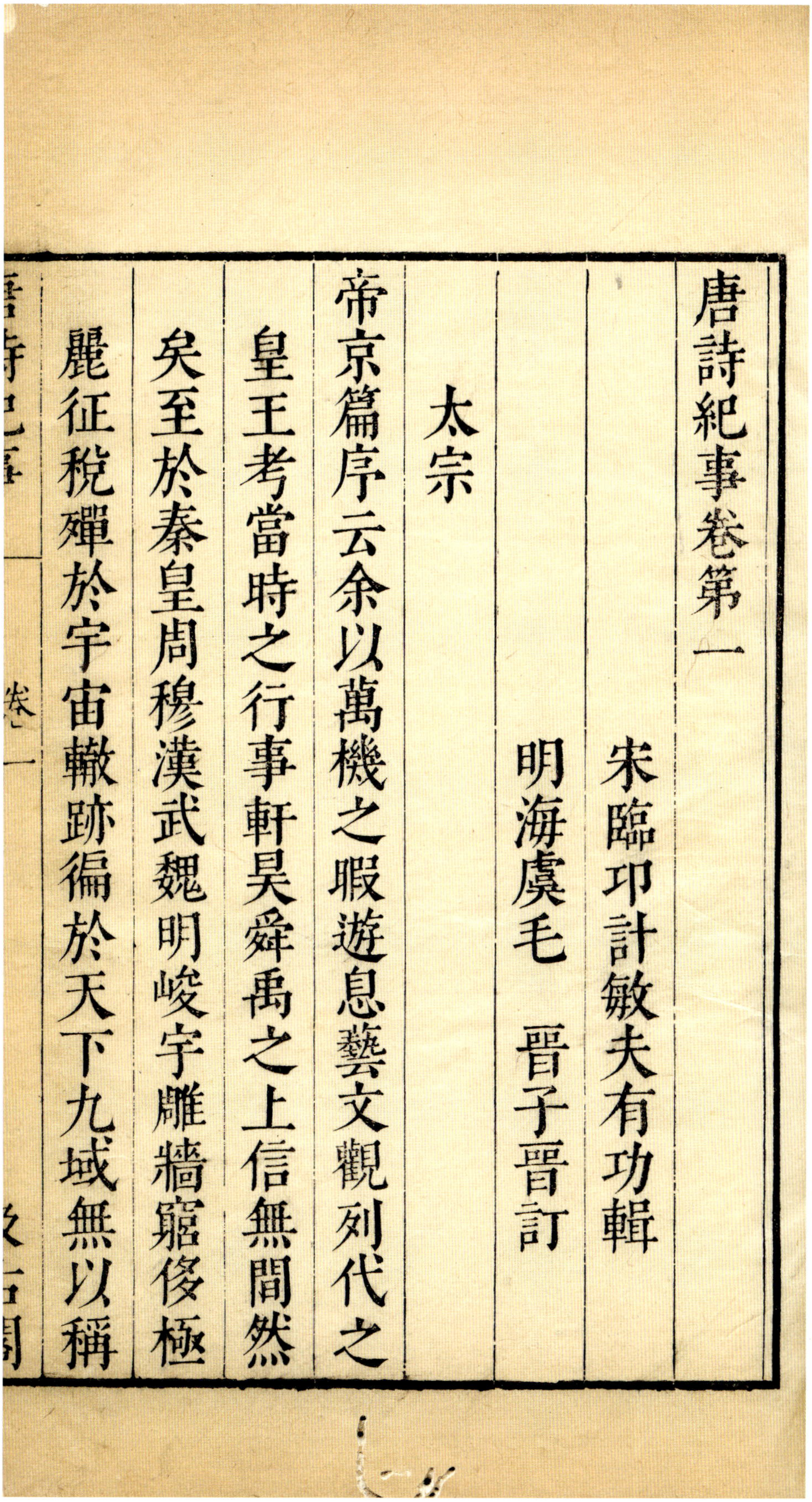

唐詩紀事卷第一

宋臨卭計敏夫有功輯

明海虞毛　晉子晉訂

太宗

帝京篇序云余以萬機之暇遊息藝文觀列代之
皇王考當時之行事軒昊舜禹之上信無間然
矣至於秦皇周穆漢武魏明峻宇雕牆窮侈極
麗征稅殫於宇宙轍跡徧於天下九域無以稱

唐詩紀事　卷一　汲古閣

盛世新聲十二卷　Asian Rare-4 no.63

〔明〕佚名編

明正德十二年（1517）刻本。

綫裝，八册，書高30釐米。

板框19.8×13.4釐米，12行24字，左右雙邊，大黑口，雙黑順魚尾，版心上鐫題名及卷次，中鐫各卷宫調名，下鐫葉碼。

案：此書不題編輯者姓名，首明正德十二年“盛世新聲引”，亦未署姓名，其《引》云：樂府有南曲、北曲之分，皆出詩人之口，非村歌里唱可比，然間有文鄙句俗、有傷風雅者，乃逐一檢閲，删繁去冗，存其膾炙人口者四百餘章，小令五百餘闋，名之曰《盛世新聲》。全書以十二地支分集，題於卷端首行下方，版心則題有相應的“卷”次，各集前皆有本集目録。此本僅存前九集，即九宫調部分，依次爲：正宫、黄鍾、大石、仙吕、中吕、南吕、雙調、越調、商調。

存九卷：卷一至九。

孔昭燦印：“孔昭燦字星岩號英如”朱文方印。

蔣一和印：“蔣一和書畫”白文方印，“孤云”朱文葫蘆印。

龐鏡塘印：“嬴縮硯齋藏書”朱文方印，“鏡塘讀過”白文方印。

集部，曲類。

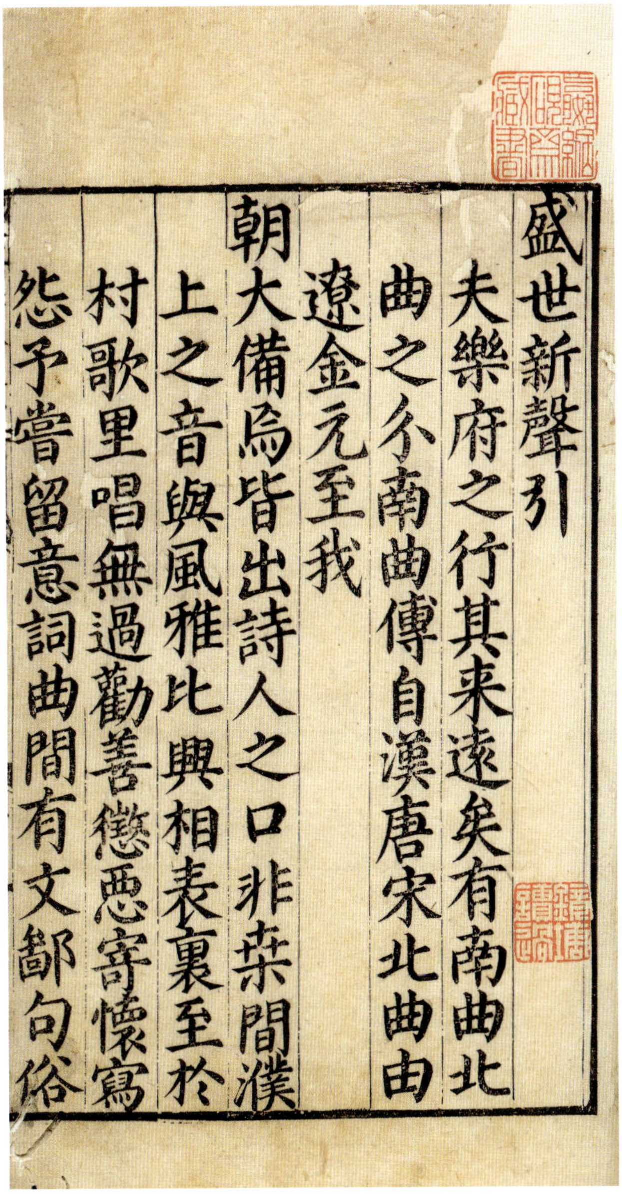

盛世新聲引

夫樂府之行其来遠矣有南曲北曲之分南曲傳自漢唐宋北曲由遼金元至我
朝大備爲皆出詩人之口非桒間濮上之音與風雅比興相表裏至於村歌里唱無過勸善懲惡寄懷寫怨予嘗留意詞曲間有文鄙句俗

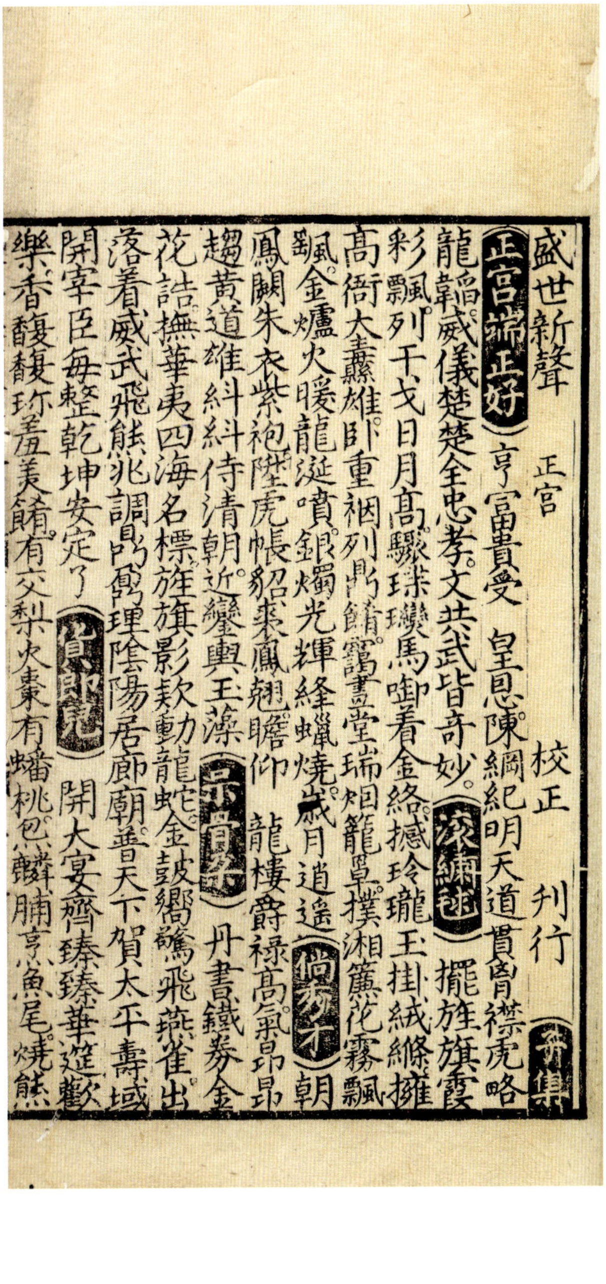

盛世新聲　正宮　校正　刊行　〔[illegible]集〕

〔正宮端正好〕亨富貴受 皇恩陳綱紀明天道貫胷襟虎略龍韜威儀楚楚全忠孝文共武皆奇妙。〔滚繡毬〕擺旌旗霞彩飄風列干戈日月高驟珠纓馬嘶着金絡搖玲瓏玉掛絨縧擁高衙大纛雄卧重裀列鼎餚鸞畫堂瑞烟籠罩撲湘簾花霧飄飄金爐火暖龍涎噴銀燭光輝絳蠟燒歲月逍遥〔倘秀才〕朝鳳闕朱衣紫袍陛虎帳貂裘鳳翅瞻仰 龍樓爵禄高氣昂昂趨黄道雉斜斜侍清朝近鑾輿玉藻〔呆骨朵〕丹書鐵券金花誥撫華夷四海名標旌旗影欵動龍蛇金鼓響驚飛燕雀出落着威武飛熊兆調鼎鼐理陰陽居廊廟普天下賀太平壽域開宰臣每整乾坤安定了〔貨郎兒〕開大宴齊臻臻華筵歡樂香馥馥珎羞美餚有交梨火棗有蟠桃包鱗脯烹魚尾燒熊

極樂世界傳奇八卷　　Asian Rare-4 no.93

〔清〕觀劇道人原稿　〔清〕試香女史參評

清末民初抄本（約1841—1930）。

毛裝，四册，書高24釐米。

首清道光二十年（1840）惰園主人自序，末二十一年（1841）試香女史跋。

案：卷端題“觀劇道人原稿”，自序則署名“惰園主人”。其自序云，今日二簧盛行，然其詞則鄙陋不堪，因作雅詞，以娱人而自娱。作者因感嘆自古文人才子不被重用，皆因“關節不到，閻羅作弊”，乃以屈原、賈誼、禰衡、杜默、陳東五人的遭遇爲故事，假託羅刹國爲背景，最終賦予他們以大團圓的結局，正如其在開場中所云“終將奇福報寒儒”“務使此生英雄、兒女、富貴、神仙，四美兼得，以償五生之淪落”，表達了作者對現實不滿，對未來仍充滿期望的理想主義。

試香女史跋云：“英雄兒女，富貴神仙，人情之極樂也。”此四者，即作者所謂之“極樂世界”，又不免限於狹隘。

龐鏡塘印：“嬴縮硯齋藏書”朱文方印，“鏡塘讀過”“鏡塘長物”“愛日樓”白文方印。

龐禕印：“龐禕”白文方印。

集部，曲類，傳奇。

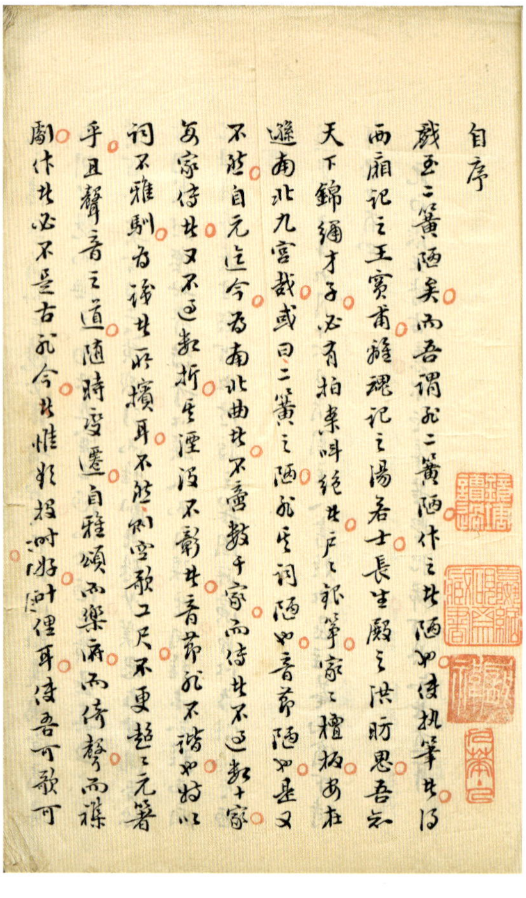

極樂世界傳奇　觀劇道人原稿　試香女史參評

福緣第一

雜扮福祿壽四判官上跳舞介末扮李白仙官冠服二女持節二女持扇天丁力士隨上李坐衆排班侍立介

西江月

管命

最多才子李侯半屠庸奴古今依樣畫葫蘆誤陷繇人能補極樂新開世界箇中別有乘除將奇福報寒儒不許閻羅作主吾乃青蓮居士是也狂至捉月謫又朝天供奉瑤宮分曹承樂今因下界羅剎國混沌將開勅遣楚屈原出世日昨抗疏力辭說專卻也可憐杜甫濟為貫禎絳灌精靈在後濟為禰衡曹瞞權析在唐為宋杜默一第無緣在宋為徐東箋言空建上帝因俺聰明正直委令

鄭固碑　Asian Rare-4 no.78

清（1644—1911）拓本。

册葉裝，剪裱本，一册（十開），册高31釐米。

墨心24×15.5釐米，3行5字，隸書。

題名自擬。封面題簽："舊搨鄭固殘石［上］段，宣統紀元七月得於濟南，方舟道人記。"

案：册中文字有方向粘貼錯誤者，如側字、倒字等。

鈐印："小書畫舫"白文方印。

龐鏡塘印："羸縮研齋"朱文方印。

子部，藝術類，書畫。

史晨碑　　Asian Rare-4 no.77

清初拓本（約1644—1795）。

册葉裝，剪裱本，一册（十九開），册高30釐米。

墨心22.6×14釐米，3行5字，隸書。

題名自擬，碑石現在山東曲阜孔廟。

案：此本約清初拓本，原爲清汪鋆舊藏，有題款並鈐印。汪鋆（1816—？），字硯山，江蘇儀徵人，擅書畫，李馨弟子。

又，此本斷裂爲兩部分，上半部在第一批捐贈品中，下半部在第二批捐贈品中。兩次捐贈雖相隔十四年，但終成完璧。

汪鋆印："頤性老人"朱文方印，"汪硯山所得金石文字""恩享印信長壽"白文方印。

子部，藝術類，書畫。

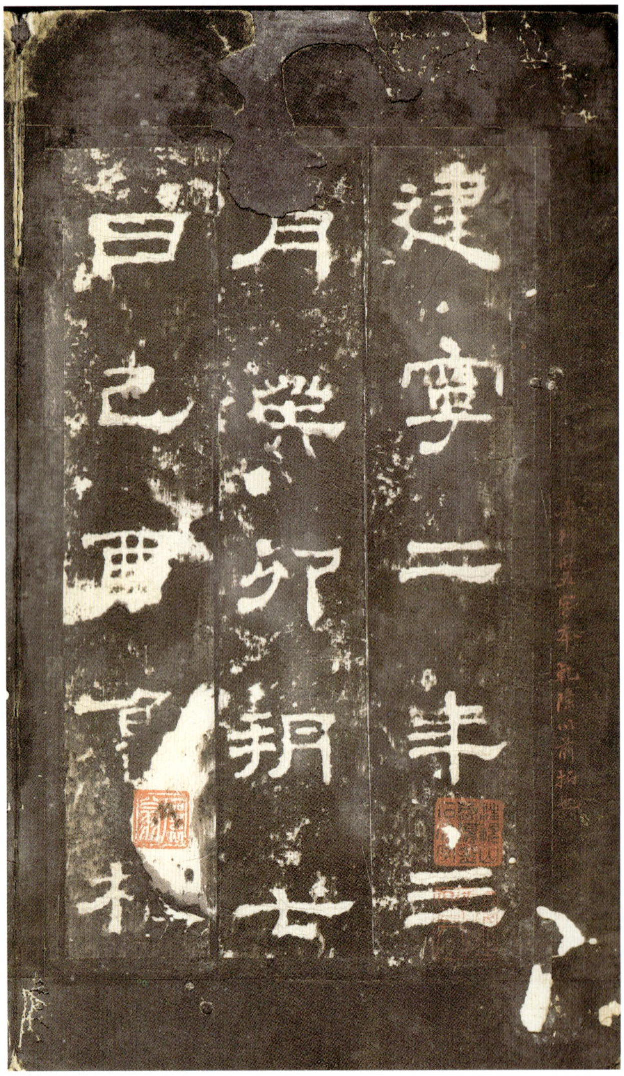

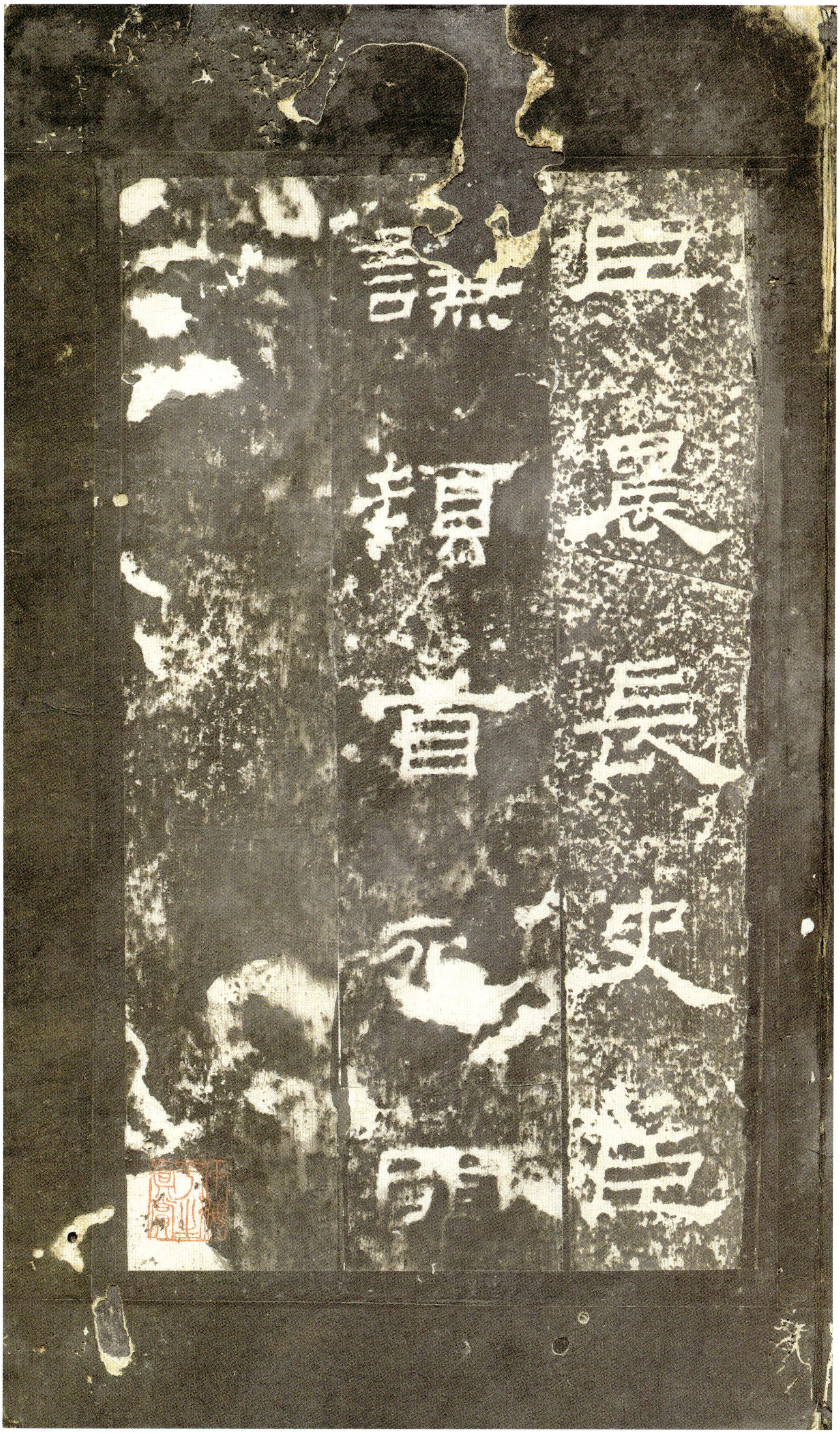
臣晨長史臣
謙頓首死罪

曹全碑　Asian Rare-4 no.76

清初拓本（約1644—1735）。

册葉裝，剪裱本，一册（二十六開），册高33釐米。

墨心23.9×11.9釐米，3行6字，隸書。

題名自擬，全稱《郃陽令曹全碑》,此碑明萬曆初在陝西合陽縣莘里村出土，後置於郃陽縣學，1956年移置西安碑林。

案：此本缺碑陰，碑陽亦無最後年款，“乾”字未穿，“因”字略損，約清初拓本。册後有清光緒八年（1882）盛昱（伯熙）題跋，封面題簽“舊搨漢曹全碑，北平秋水題簽”。

龐鏡塘印：“贏縮研齋”朱文方印，“鏡塘長物”白文方印。

子部，藝術類，書畫。

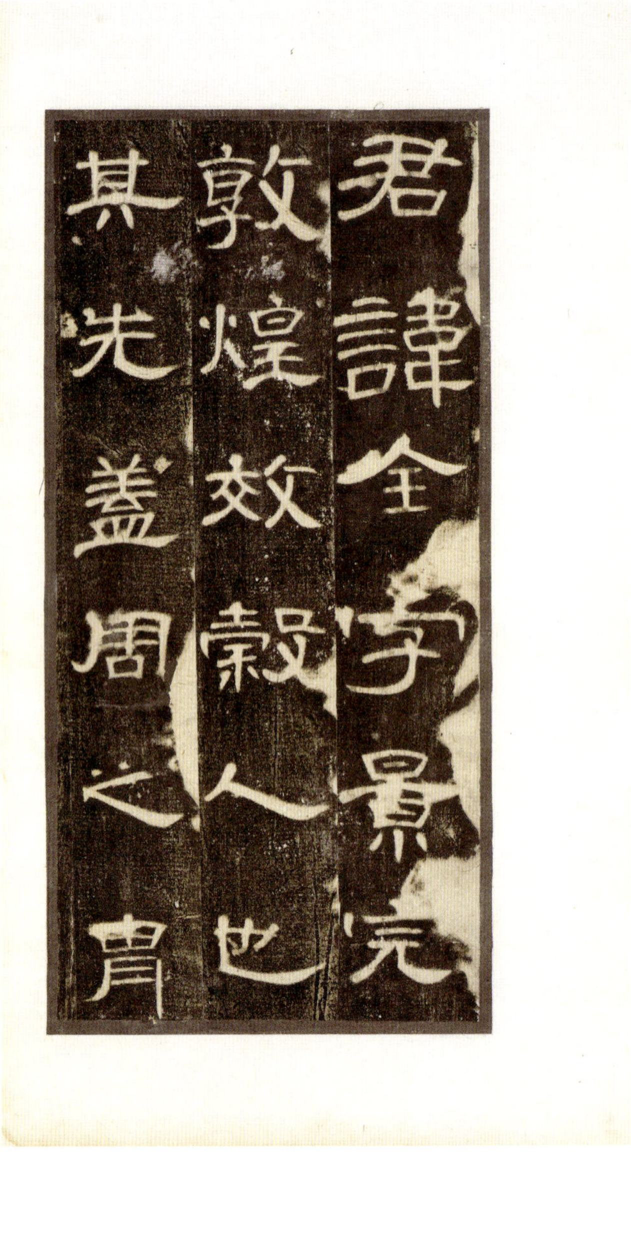

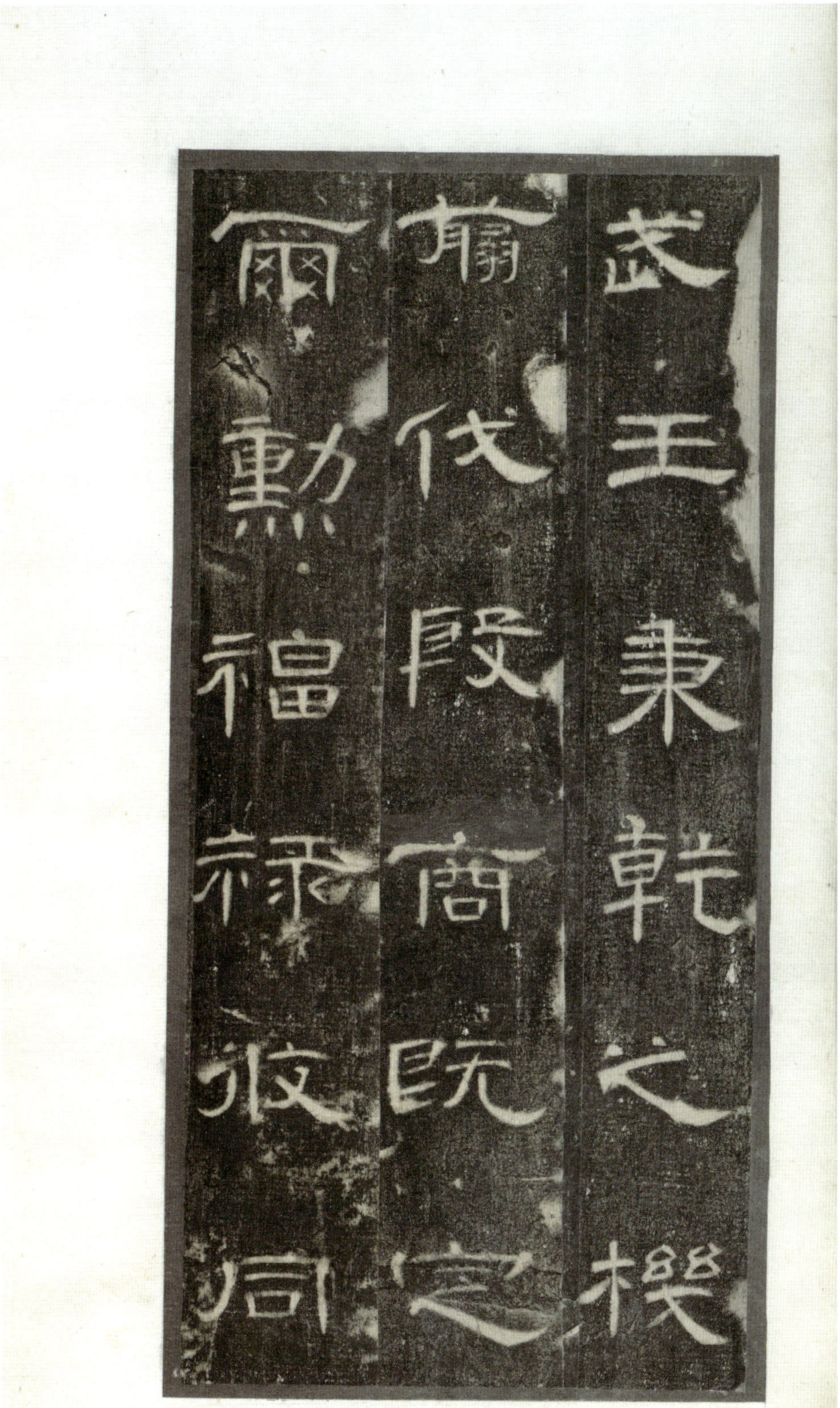

武王秉乾之機
翦伐殷商既定
爾勳福祿攸同

劉熊碑 Asian Rare-4 no.75

舊拓本。

册葉裝，剪裱本，一册（十五開），高31釐米。

墨心22.5×13.5釐米，3行5字，隸書。

題名自擬，全稱《漢酸棗令劉熊碑》，又稱《劉孟陽碑》，最早見於《水經注》中記載，但原碑南宋以後即斷裂爲上下兩塊，而且久已亡佚，直至1915年顧燮光在延津訪得碑陰殘石一塊，存8行60餘字，現藏延津縣文化館。

案：現存之拓本，皆爲碑斷後所拓，此本亦爲上下兩殘碑合拓，然風格略顯不一。册中有龐鏡塘題款，云得於民國二十年（1931），册後有民國三十四年（1945）陳子展、譚戒甫等人之觀款及圖章。

鈐印："歐陽鴻逵鑒藏""琳銀廬""木達摩庵""華齋鑒定書畫圖章""彝尊珍藏"朱文方印。

龐鏡塘印："嬴縮研齋""鏡塘所藏精品""竟唐""鏡塘心賞""鏡塘曾藏""竟唐借讀"朱文方印。

子部，藝術類，書畫。

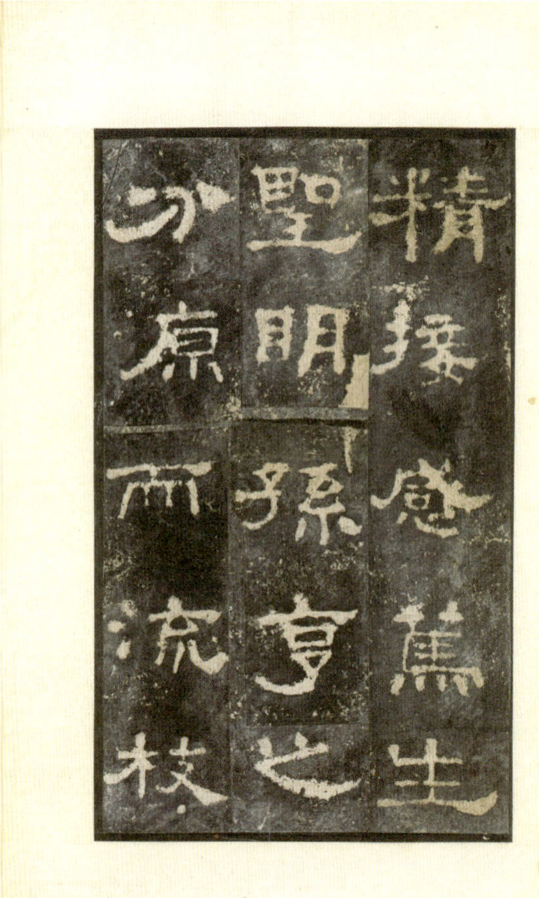

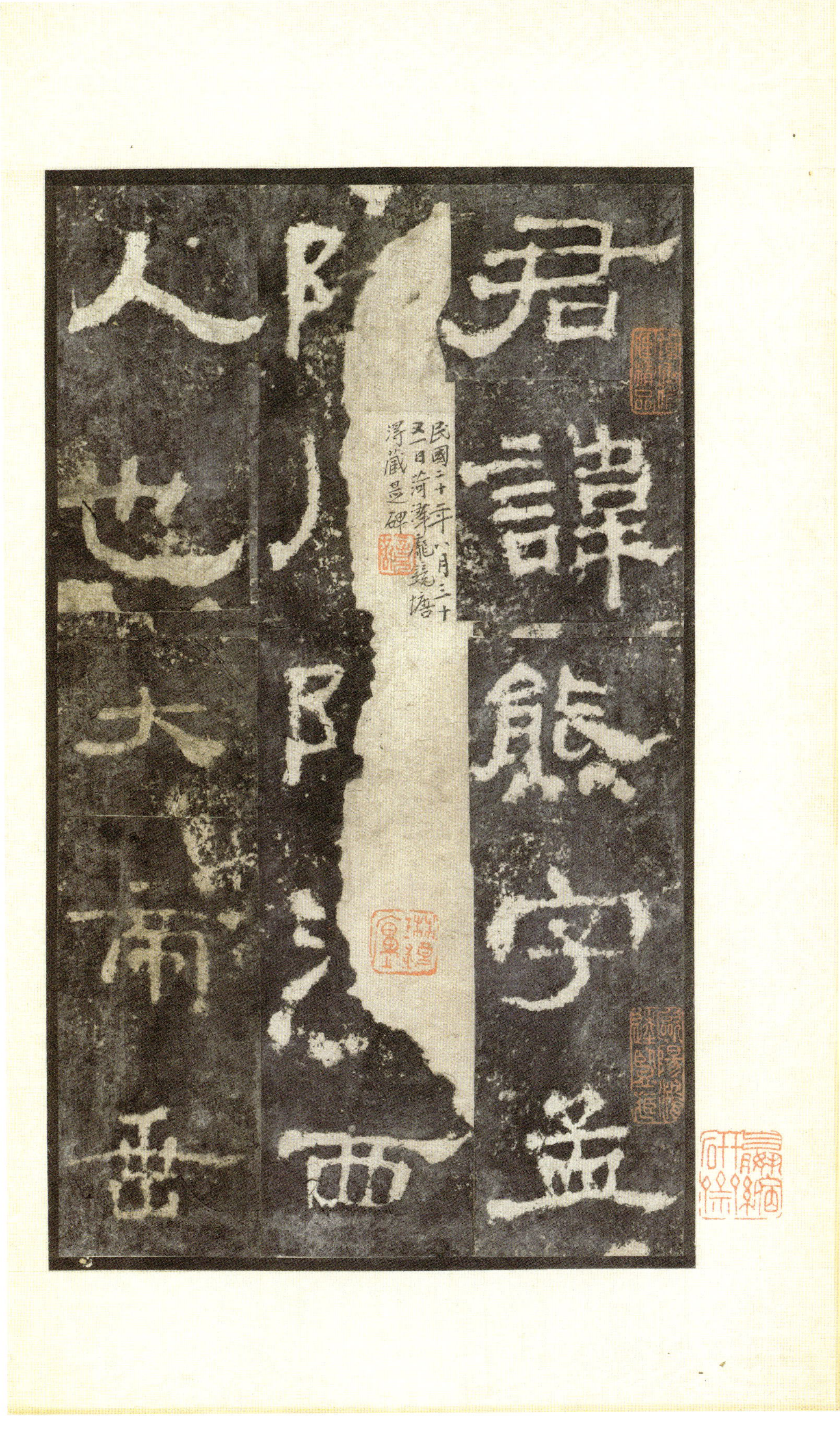
君諱熊字孟
陽陽人也大帝孟
民國二十年八月三十又二日菏澤龐鏡塘得藏是碑

爨寶子碑　Asian Rare-4 no.79

清末拓本（約1852—1911）。

册葉裝，剪裱本，一册（十三開），册高34釐米。

墨心27×16.1釐米，正文4行7字，隸書。

題名自擬，又稱《爨寶子墓碑》，清乾隆四十三年（1778）出土，現立於曲靖第一中學碑亭中。

案：此本經朱家寶經眼。朱家寶（1860—1923），字經田，號墨農，雲南華寧人，光緒十八年（1892）進士。

鈐印："長孺審定"白文方印，"民國二年"朱文方印。

朱家寶印："朱家寶""經田經眼"朱文方印。

龐鏡塘印："嬴縮研齋"朱文方印。

子部，藝術類，書畫。

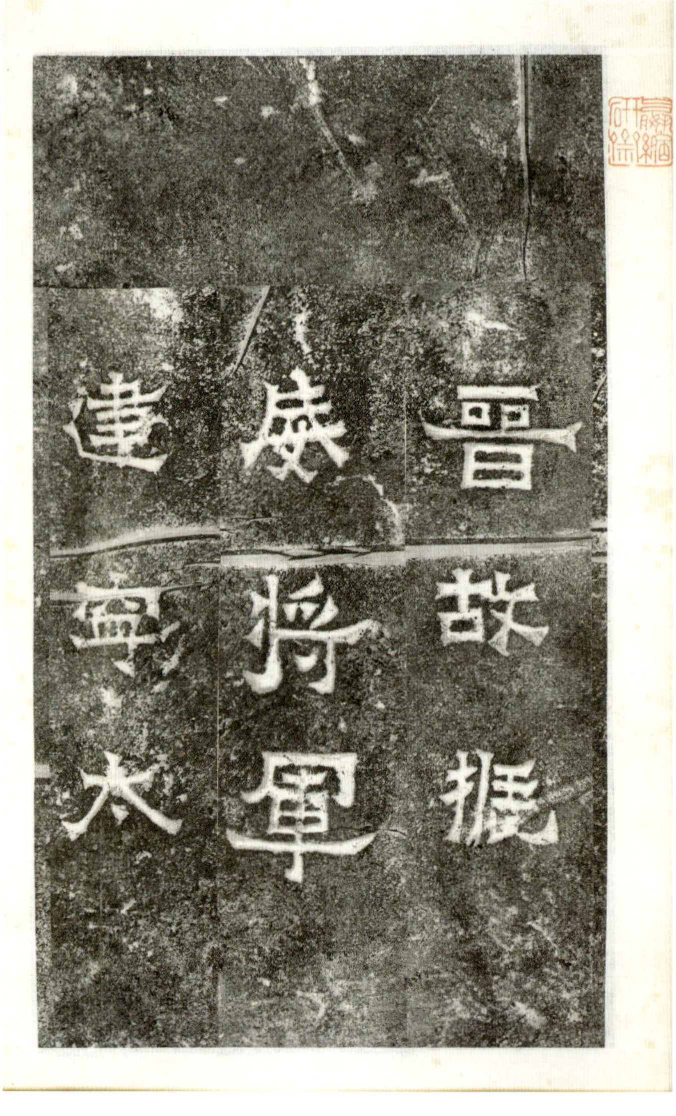

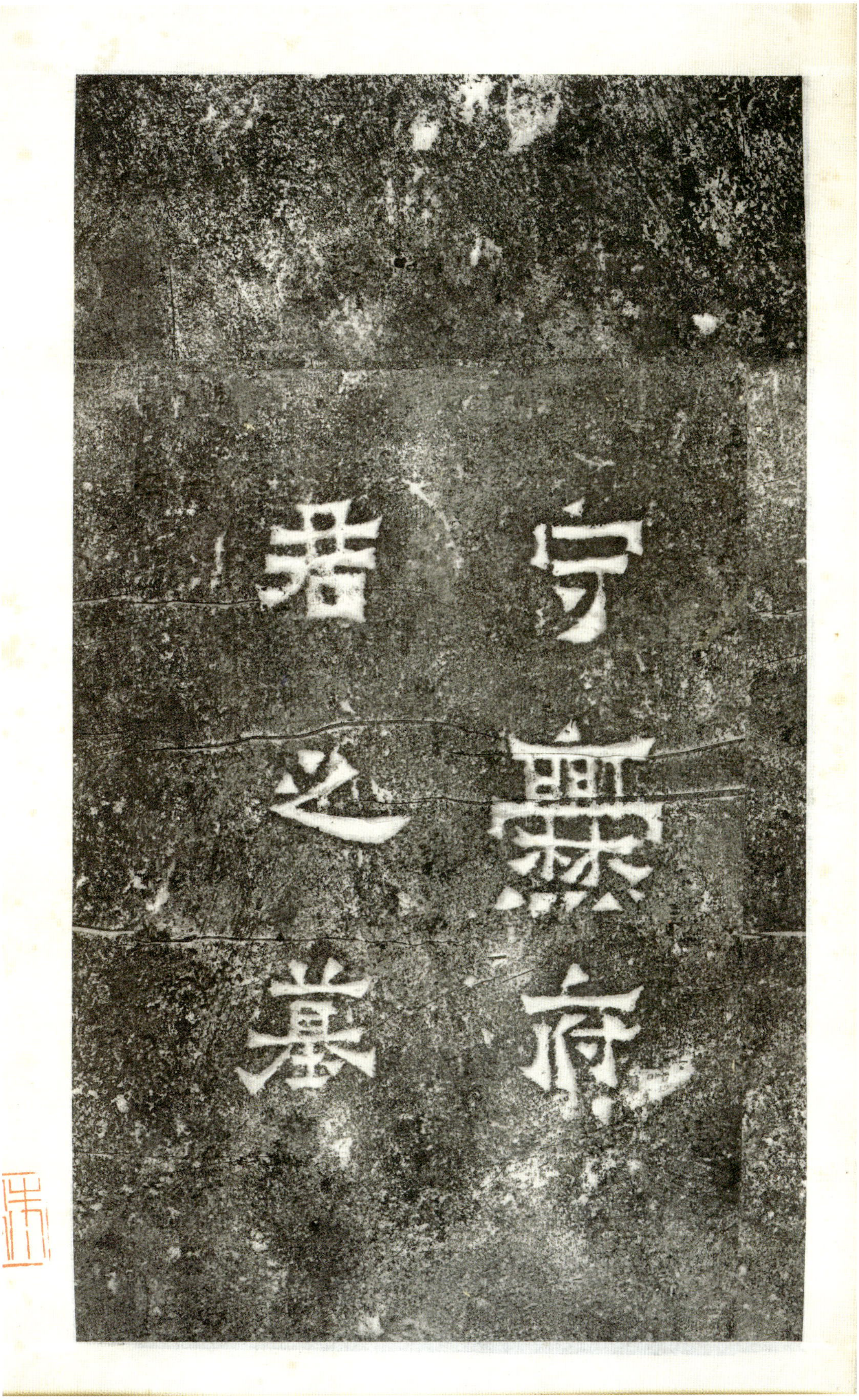
君之墓

張猛龍碑　Asian Rare-4 no.80

民國（1912—1948）拓片。

正文145×86釐米，碑額40×28釐米。

題名自擬，全稱《魏魯郡太守張府君清頌之碑》，又稱《北魏魯郡太守張猛龍碑》，碑石現在山東曲阜。

案：此爲整張拓片，未剪裱。

子部，藝術類，書畫。

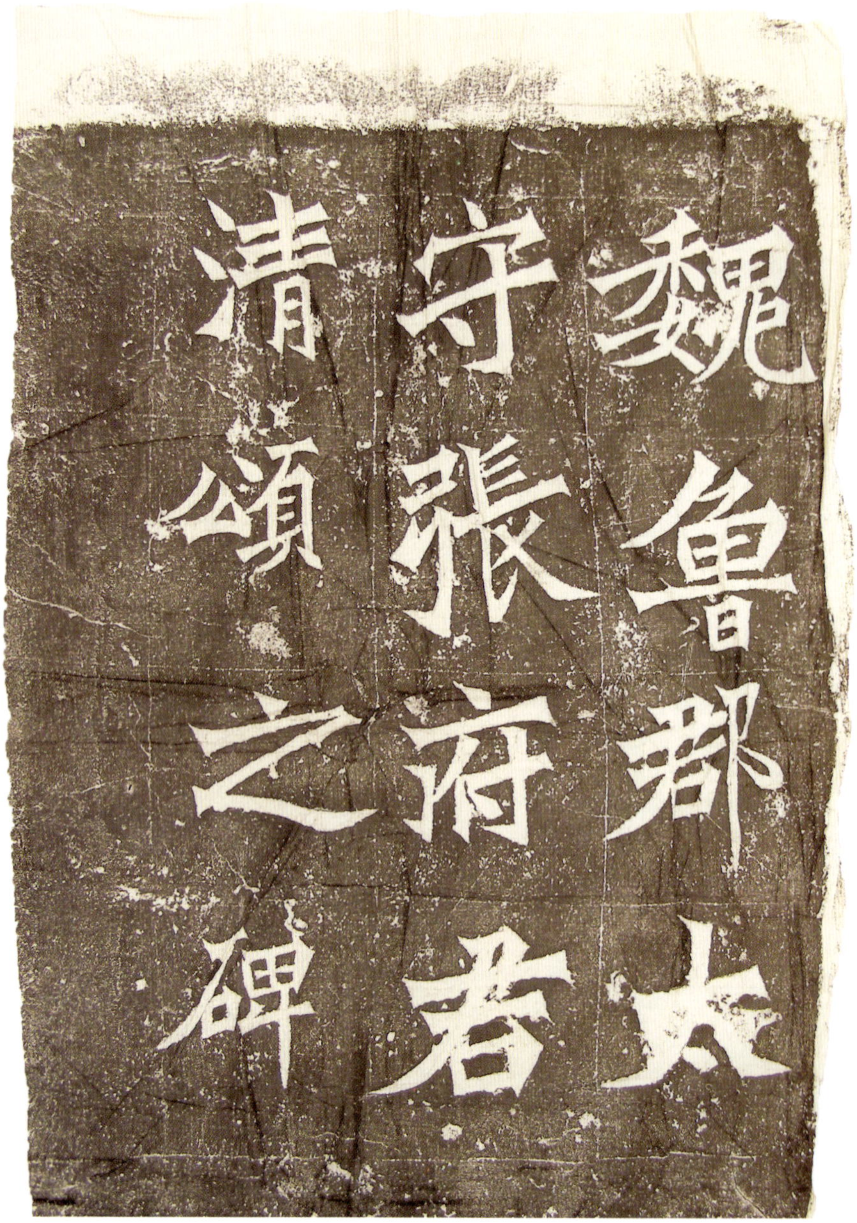

（局部）

諱蓋龍字神□南陽白水人也其氏族□文□其源流

崔□像於□之間淵方□壁之□塊嶺于茶之□景

中其是賴□大夫張先春秋嘉其聲績漢初封景

初中西□中涼將使持節將軍涼州刺史瓊之第

史西□七世祖素軌之第二子晉明帝□中

涼州武□主□宜涼時建威將軍武威□書

青衿□部□月林□興宗舊涼都督□護軍□將軍□

朝□□□直方□密者□寧河出□第邦間□名雖黃

新衡之當奉初哥之业□冰□父考□假使世□名異今

遺父憂□食遵禮泣西情詳假徒□朝馨才盡值

慈年世□中□難躬除春哀諸優遊□姜□男僑慕其

天紫以延丁母□□身□□優遊□美□□十□愛有

以禮移風於□□如惕之痛□□總□□□其

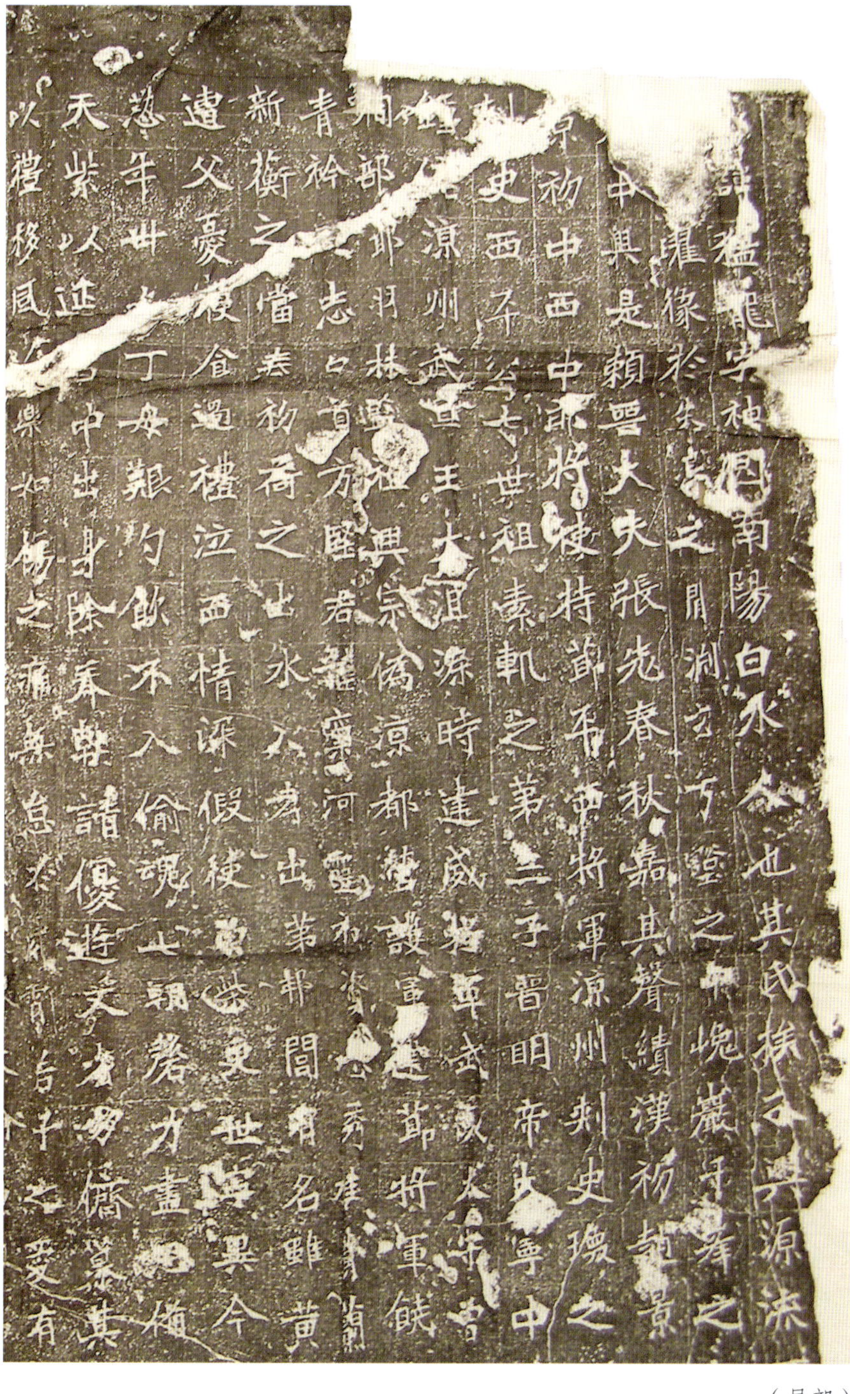

馬鳴寺碑 Asian Rare-4 no.81

清（1644—1911）拓本。

册葉裝，剪裱本，一册（十六開），册高33釐米。

墨心22 × 14.8釐米，正文4行6字，正書，額正書。

題名自擬，全稱《馬鳴寺根法師碑》，又稱《北魏根法師碑》。

案：此本碑文不全，至“自何能稱識非”止。有民國十七年（1928）仲兆麒題簽。

龐鏡塘印：“嬴縮研齋”朱文方印，“鏡塘讀過”白文方印。

子部，藝術類，書畫。

許長史舊館壇碑　Asian Rare-4 no.103

〔南朝梁〕陶弘景撰文

清末（1821—1911）拓本。

册葉裝，剪裱本（一開）。

墨心26.2×13.5釐米，6行14字，楷書。

案：此乃清末翻拓本，僅存一葉。

子部，藝術類，書畫。

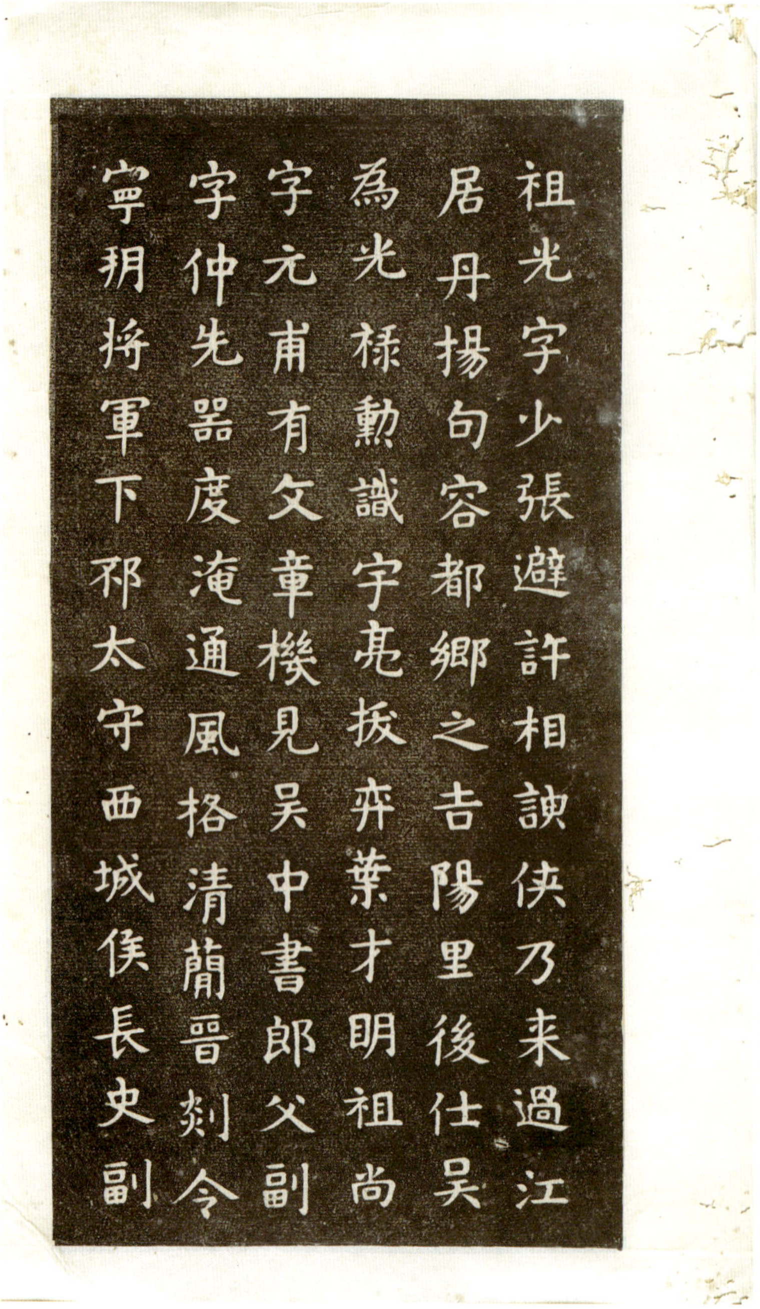

祖光字少張避許相讒佞乃来過江
居丹揚句容都鄉之吉陽里後仕吳
為光祿勳識字亮拔萃葉才明祖尚
字元甫有文章機見吳中書郎父副
字仲先器度淹通風格清蕑晉剡令
寧朔將軍下邳太守西城侯長史副

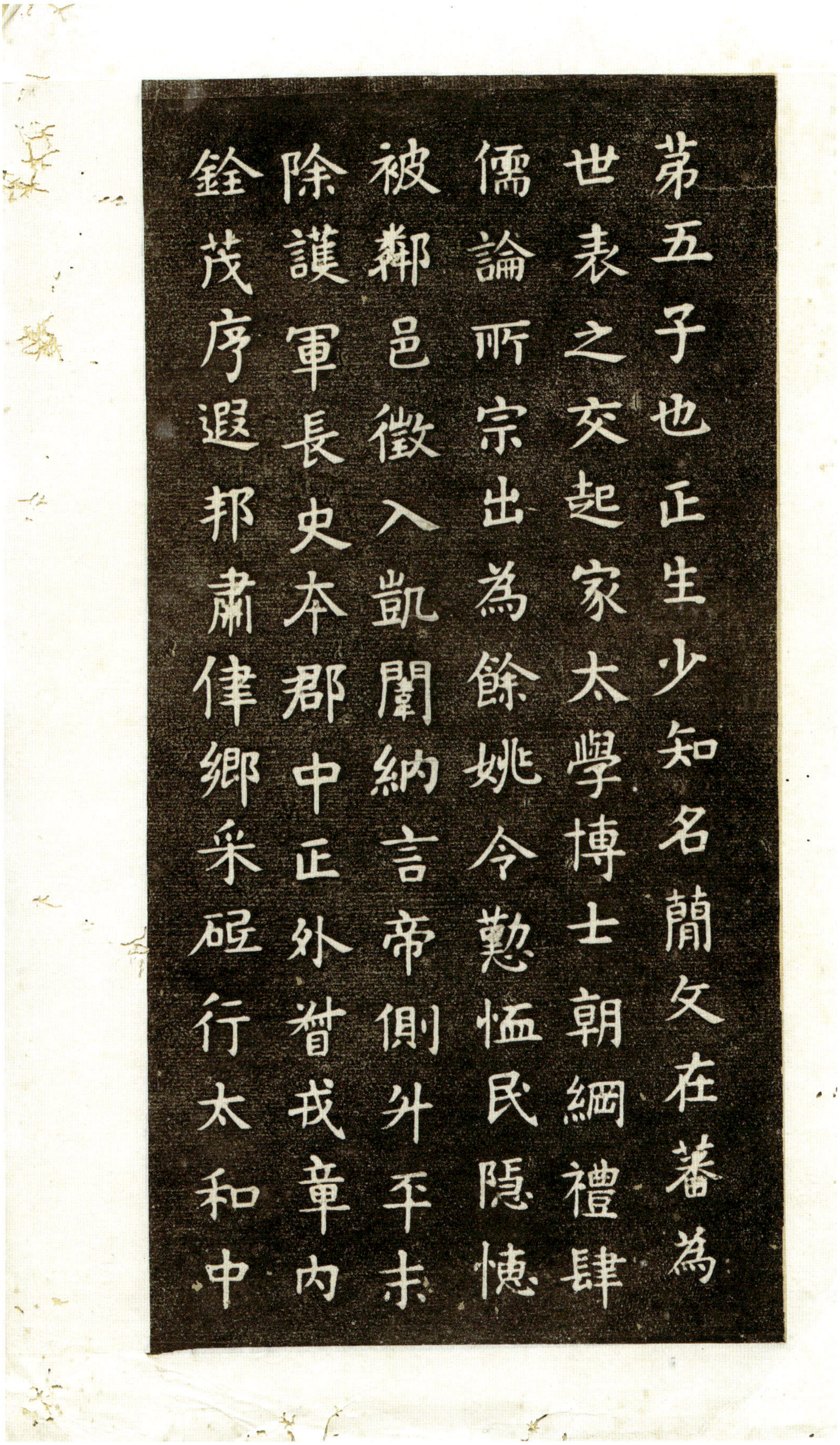
苐五子也正生少知名蕑文在蕃為
世表之交起家太學博士朝綱禮肆
儒論所宗出為餘姚令懃恤民隱懐
被鄰邑徵入凱闈納言帝側升平未
除護軍長史本郡中正外背戎章内
銓茂序遐邦肅律鄉采砥行太和中

大唐三藏聖教序　Asian Rare-4 no.86

〔唐〕太宗李世民撰文　〔唐〕釋懷仁集王羲之書

舊拓本（？—1521）

册葉裝，剪裱本，一册（二十六開），册高33釐米。

墨心24.9×14.2釐米，5行10字，行書。

全稱《懷仁集王羲之書聖教序》，簡稱《聖教序》，碑在今陝西省博物館。

册中明清藏家印章頗多，尤以沈熙爲最，每葉行間均鈐有沈氏印記多枚，當爲沈氏所鍾愛。卷末有雲水畸人及歷下小隱二跋，皆謂其爲元拓。封面書簽題“元搨聖教序，賦琴樓珍藏”。

案：雲水畸人跋落款云“丙辰三月廿九日識於城東之漚花館次，東吴雲水畸人正詣”，下鈐“正詣”朱文小方印。雲水畸人即邱正詣，字三進，明末清初蘇州人，入清後出家爲僧，此跋題於清康熙十五年（1676）。

歷下小隱跋首鈐“唫秋館”，尾鈐“何克明印”，落款云“歷下小隱識於紫薇精舍”，則歷下小隱本名何克明，山東濟南人。

賦琴樓，即長洲蔣氏藏書樓名。蔣重光（1708—1768），字子宣，號辛齋，康熙貢生，好讀書，富收藏，有《賦琴樓遺稿》。乾隆間開四庫館，其後人獻書百種，獲賜《佩文韻府》一部，築“賜書樓”儲之。

鈐印：“沈熙”“王世貞”“秀餘”“之碩”“彭行先印”“弼臣”“恒軒”“松桂讀書林”“溥”“紹庭審定”“吴門蔣氏賦琴樓珍藏”等。

邱正詣印：“正詣”朱文方印。

何克明印：“何克明印”白文回文方印，“唫秋館”朱文豎方印。

龐鏡塘印：“嬴縮研齋”“鏡塘乙酉後所得”“鏡唐審定”“嘿園眼福”朱文方印，“嬴縮研齋考藏金石書畫”白文方印。

子部，藝術類，書畫。

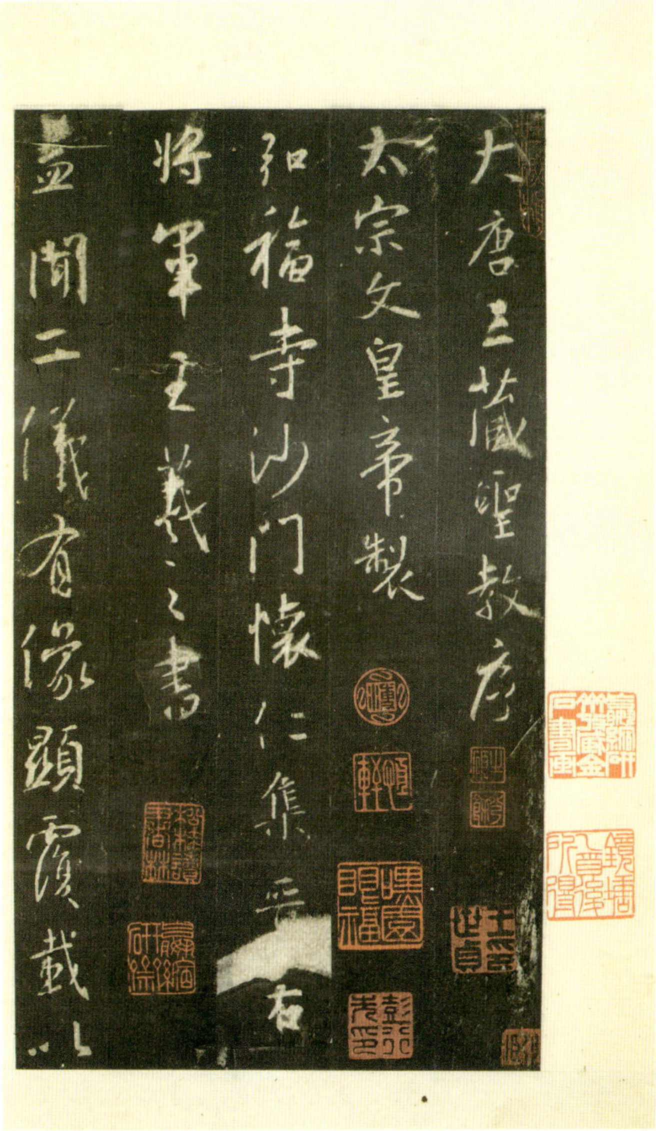
大唐三藏聖教序
太宗文皇帝製
弘福寺沙門懷仁集
將軍王羲之書
蓋聞二儀有像顯覆載以

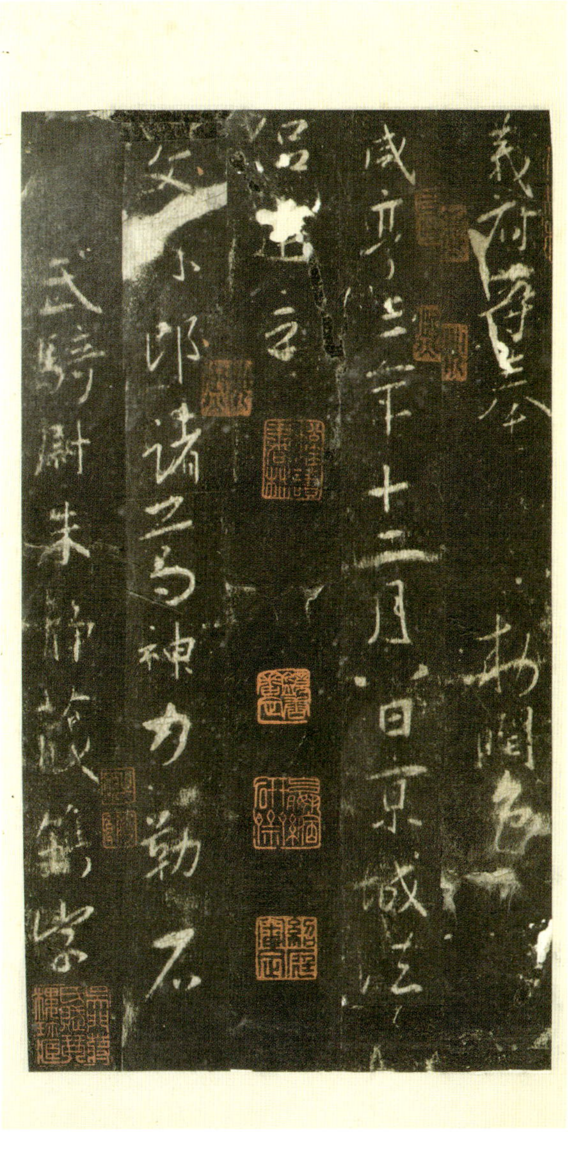
咸亨三年十二月八日京城法
侶建立
文林郎諸葛神力勒石
武騎尉朱靜藏鐫字

九成宮醴泉銘　Asian Rare-4 no.109

〔唐〕魏徵撰　〔唐〕歐陽詢書

清拓本（約1795—1911）。

册葉裝，剪裱本，一册（二十一開）。

册葉30.5×17.8釐米，二十一開；墨心23.8×13.8釐米，二十開，4行7字，楷書。

帖前有清嘉慶四年（1799）伊秉綬跋並鈐印。

伊秉綬印："墨卿墨緣"陰陽文方印，"墨卿"白文小方印。

茅雍熙印："歷下茅雍熙藏金石書畫之印"白文方印。

龐鏡塘印："蠃縮研齋""菏澤龐鏡塘所藏金石書畫記"朱文方印。

子部，藝術類，書畫。

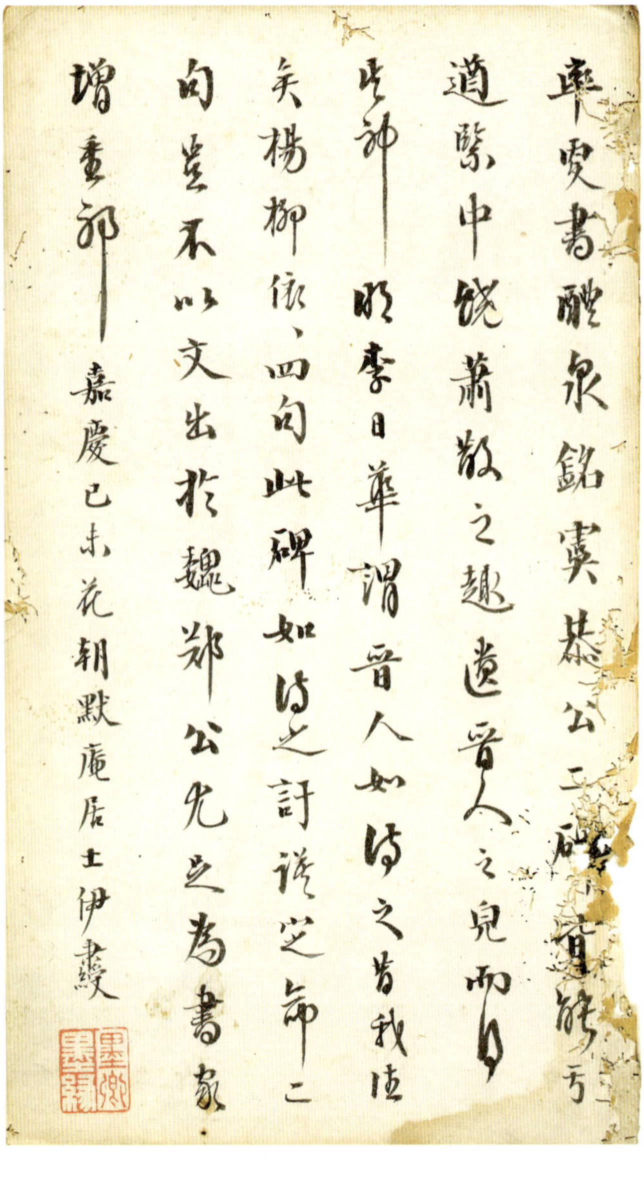

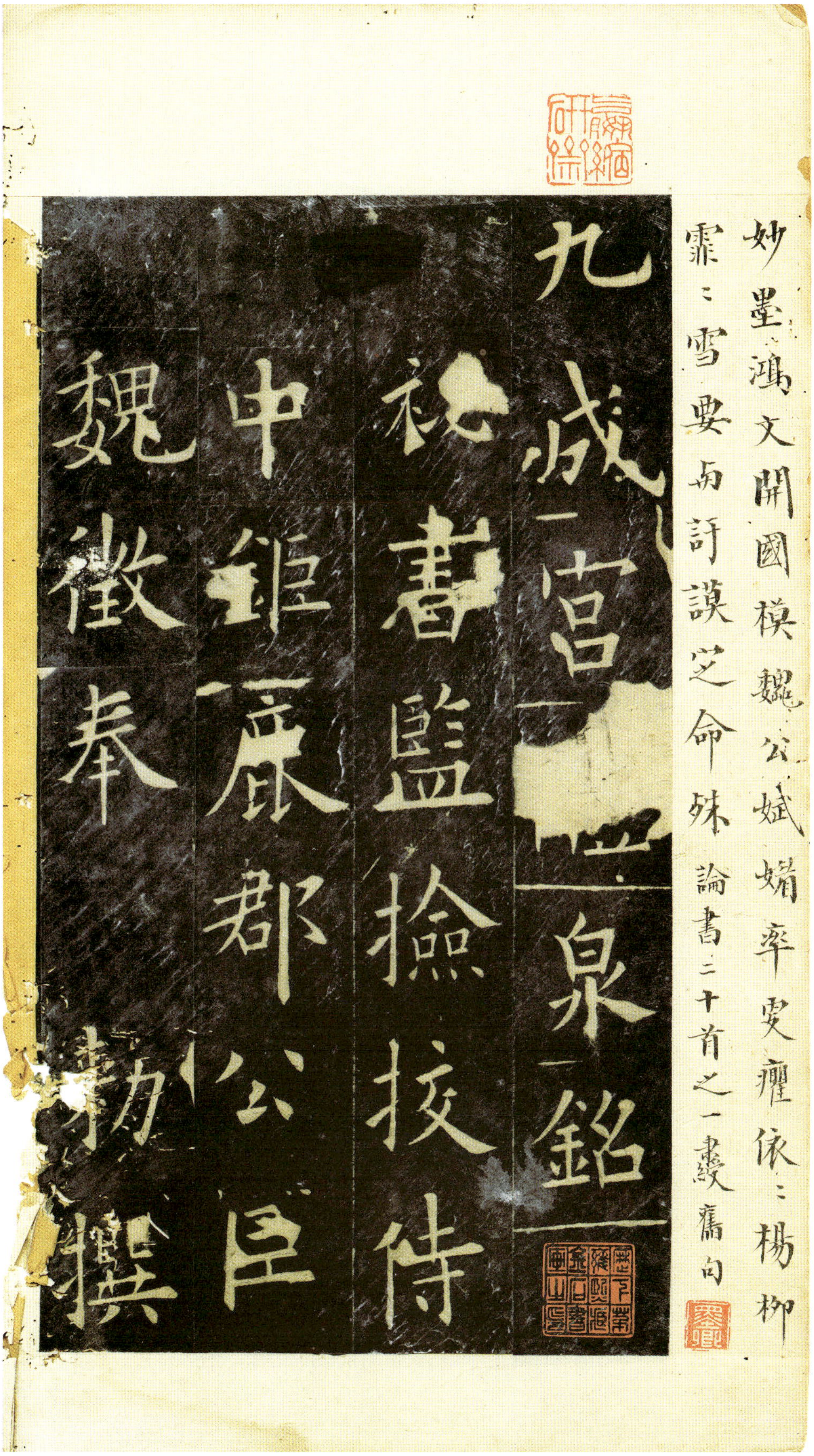
妙墨鴻文開國模魏公娬媚率更癯依依楊柳
霏霏雪要而訶謨乏命姝
論書二十首之一
九成宮醴泉銘
祕書監撿挍侍
中鉅鹿郡公臣
魏徵奉勅撰

唐大雅集右軍書吴將軍碑　Asian Rare-4 no.114

〔唐〕釋大雅集王羲之書

清乾隆（1736—1795）拓本。

册葉裝，剪裱本，一册（十一開）。

册葉27.4×14.2釐米，墨心22.5×11釐米，4行，7至9字不等，行書。

書册題簽云“唐大雅集右軍書吴將軍碑”。

案：此册剪裱方式略爲特殊，多爲四行八字一整片剪裱。又，書册破損嚴重，册葉多斷裂爲散葉，有殘缺。

蕭應椿印：“紹庭審定”“紫藤花館”白文方印，“生來情性不宜官”朱文橢圓印。

子部，藝術類，書畫。

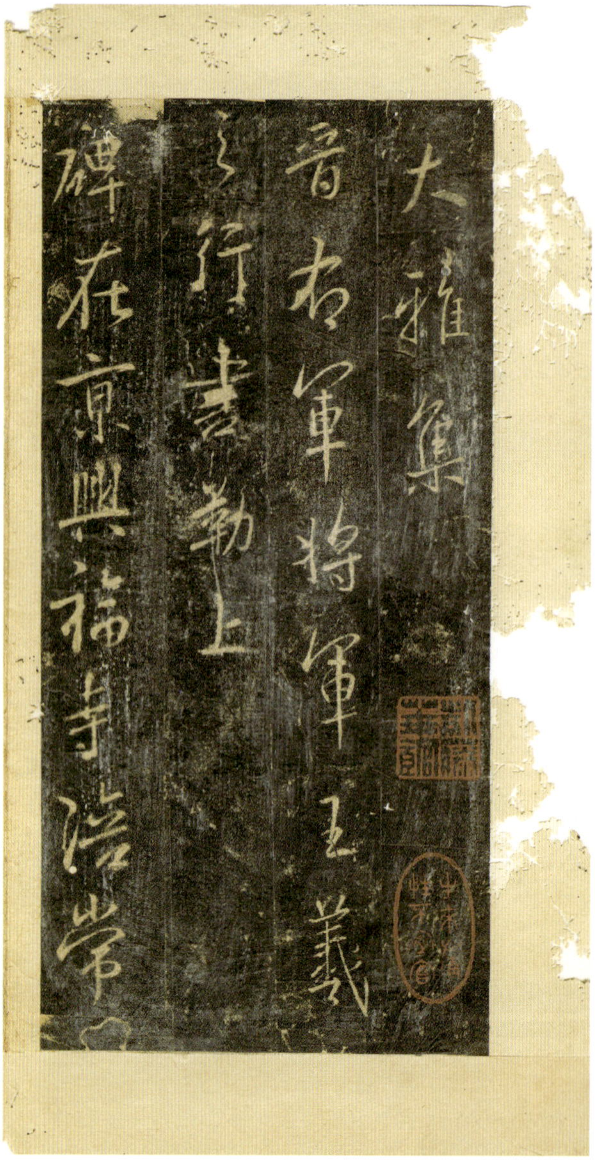

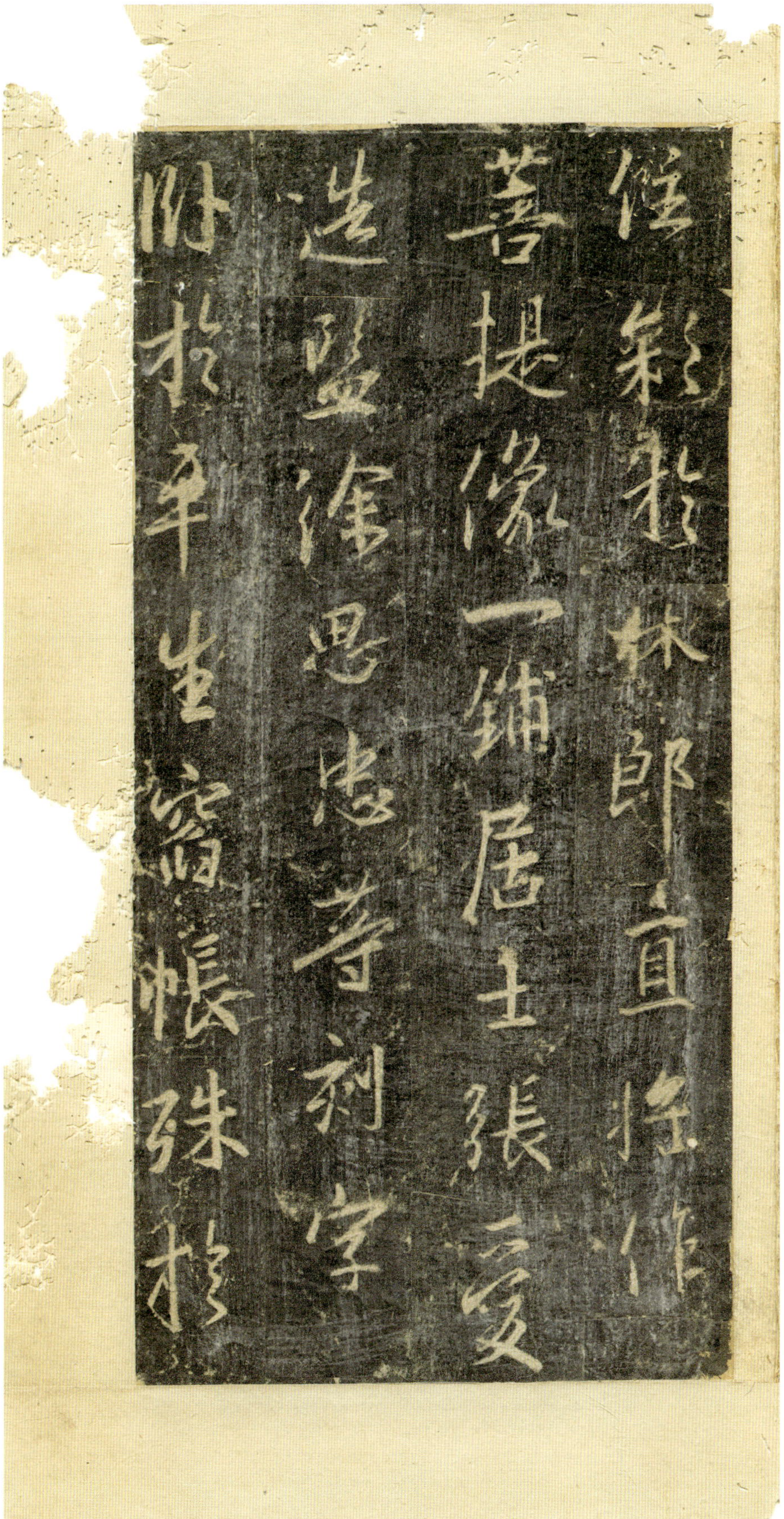
菩提像一鋪居士張愛

李思訓碑　Asian Rare-4 no.82

〔唐〕李邕撰並書

清（1644—1911）拓本。

册葉裝，剪裱本，一册（二十四開），册高32釐米。

墨心24×11.8釐米，3行6字，行書。

題名自擬，全稱《唐雲麾將軍李思訓碑》，又稱《李思訓神道碑》。

龐鏡塘印："贏縮研齋""鏡唐審定"朱文方印，"鏡塘長物"白文方印。

子部，藝術類，書畫。

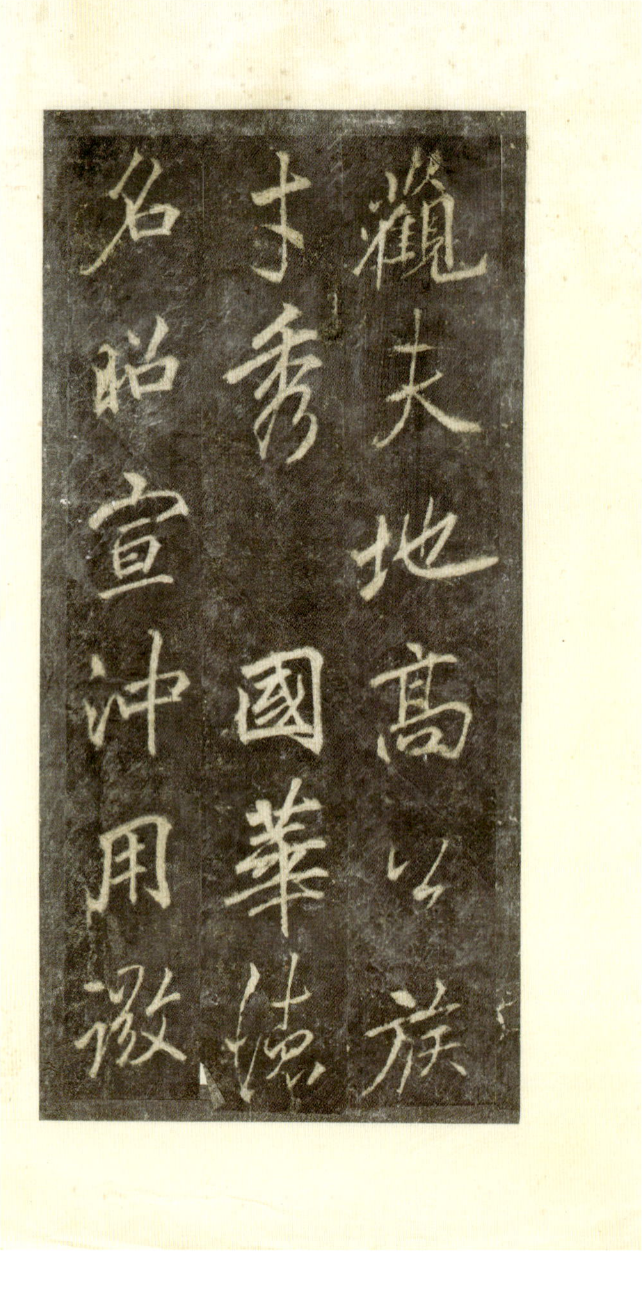

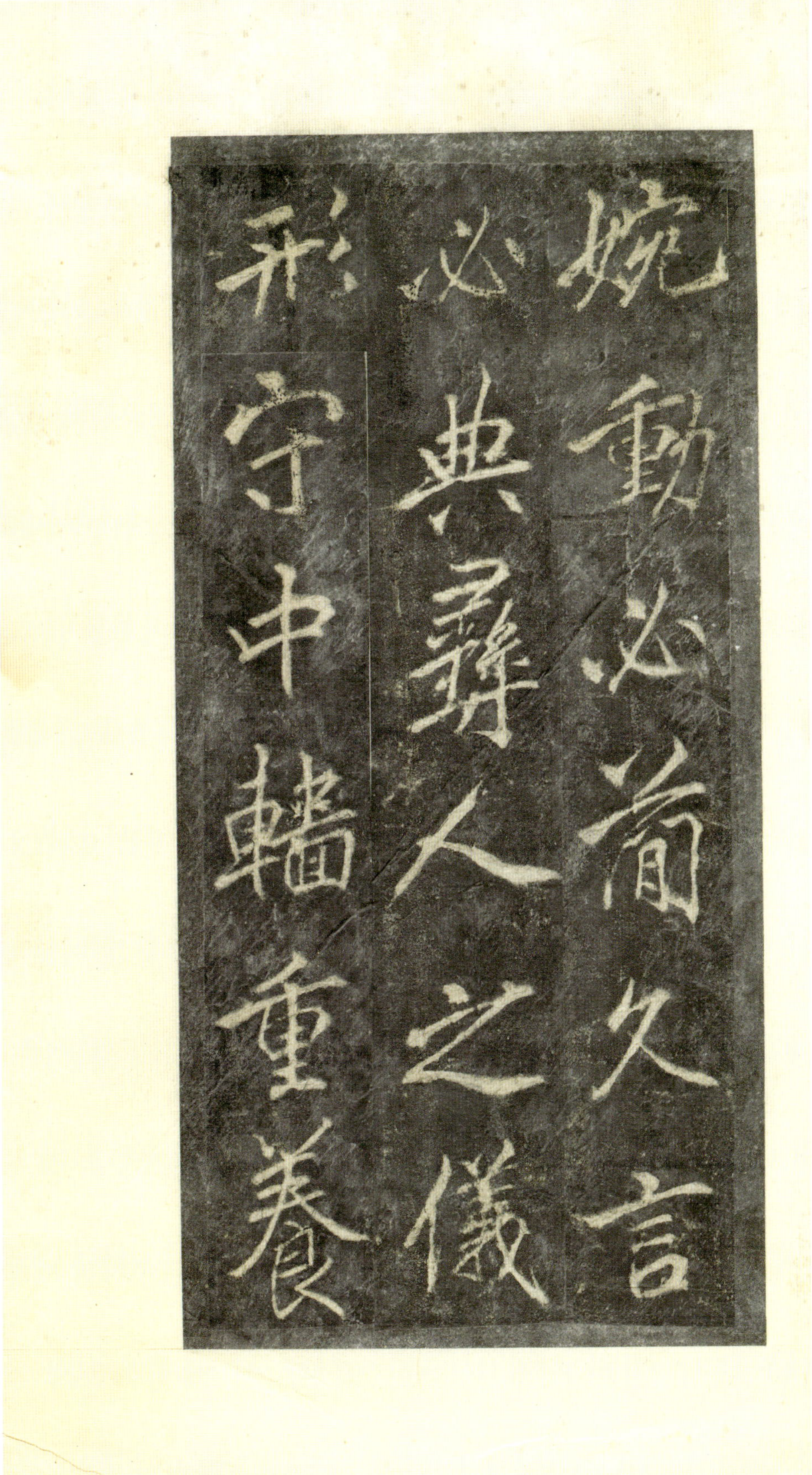
婉動必前久言
必典彝人之儀
彩守中輜重養

多寶塔感應碑　Asian Rare-4 no.87

〔唐〕岑勛撰　〔唐〕顏真卿書

明（1368—1644）拓本。

册葉裝，剪裱本，一册（二十三開），册高34釐米。

墨心28×14.3釐米，5行10字，正書，無額。

題名自擬，全稱《大唐西京千福寺多寶佛塔感應碑文》，簡稱《多寶塔碑》。碑陰題“楚金禪師碑”，碑兩側分别刻有“金大定四年蓮峰真逸題記”，及“金明昌五年二月八日劉仲游詩”。原碑現存西安碑林博物館。

案：此本碑陰及兩側失拓，碑文“歸我帝力”之“力”字，“鑿井見泥”之“鑿”字，“空王可託”之“託”字，皆已損泐，當爲宋元以後拓本。

鈐印：“祖孫父子兄弟進士之家”“曲江風度”“之江涼暈繁呆主人”，“張映璣印”回文印，“管領湖山”“老藤”“石經閣”。

蕭應椿印：“紹庭”朱文圓印，“紫藤花館”白文方印。

龐鏡塘印：“贏縮研齋”朱文方印，“鏡塘長物”白文方印。

子部，藝術類，書畫。

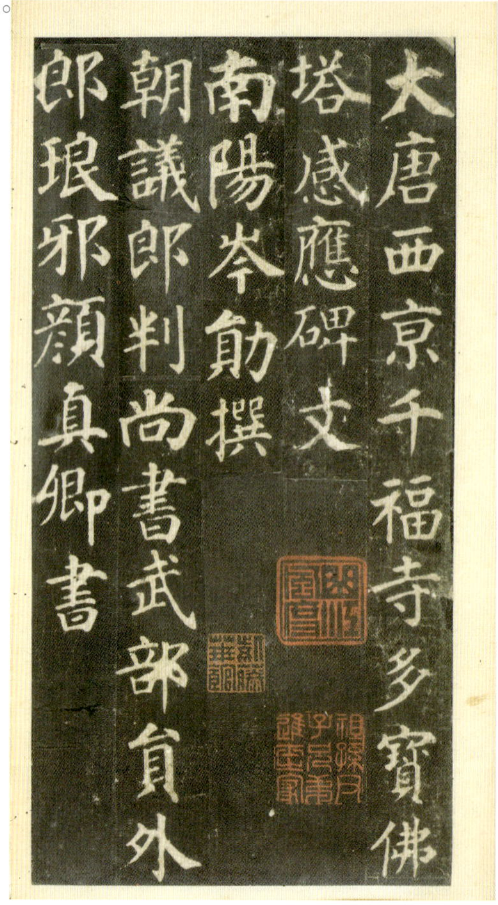
大唐西京千福寺多寶佛
塔感應碑文
南陽岑勛撰
朝議郎判尚書武部員外
郎琅邪顏真卿書

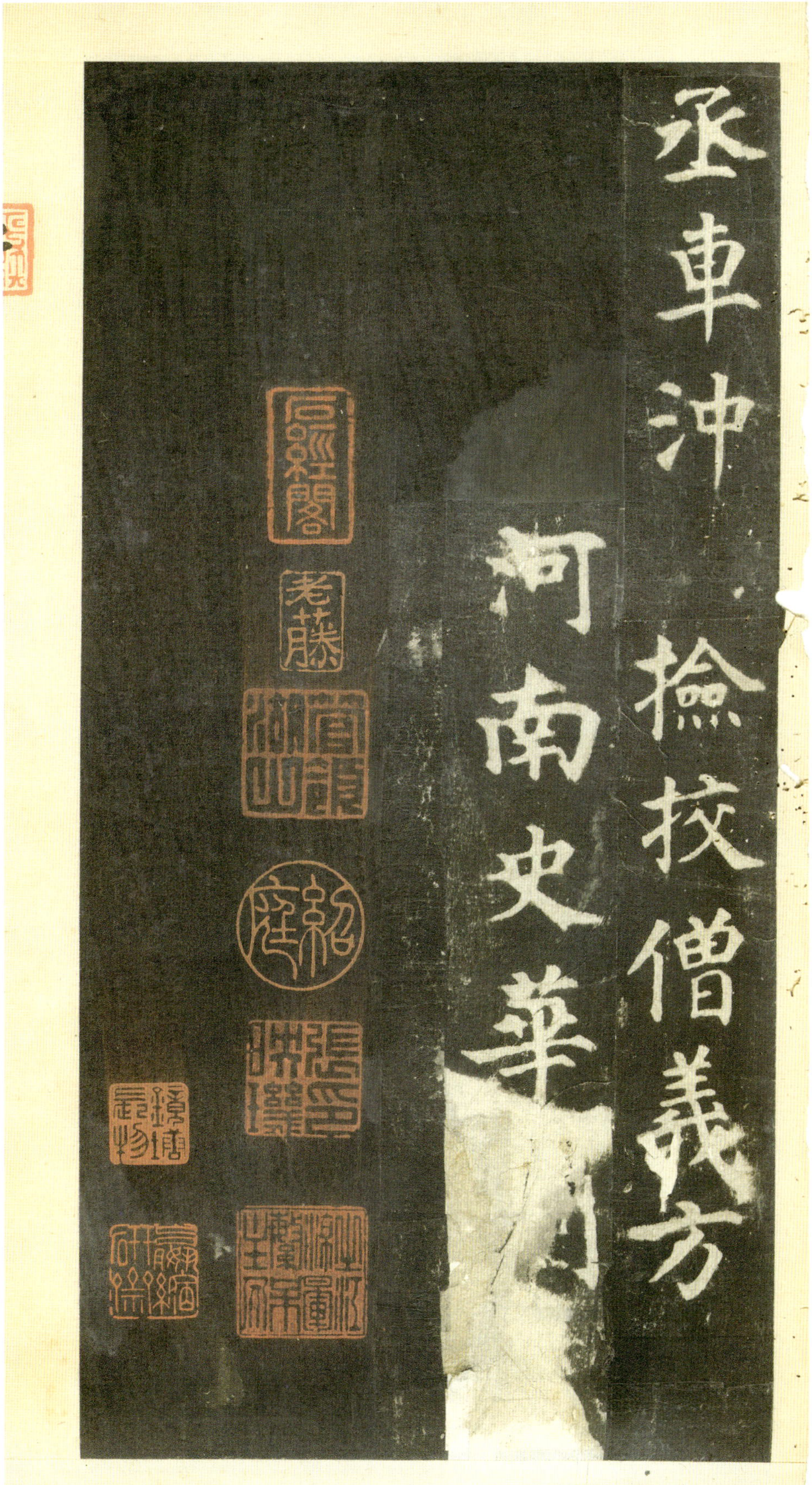
丞車沖撿挍僧義方
河南史華

玄秘塔碑　Asian Rare-4 no.110

〔唐〕裴休撰　〔唐〕柳公權書　〔唐〕邵建和、邵建初鐫

舊拓本（？—1644）。

册葉裝，剪裱本，一册（四十二開）。

册葉29×17.6釐米，墨心22.5×13釐米，3行5字，楷書。

全稱“唐故左街僧録内供奉三教談論引駕大德安國寺上座賜紫大達法師玄秘塔碑銘並序”。

案：此本無題跋，破損嚴重，册葉皆斷裂爲散葉。

龐鏡塘印：“嘿園眼福”“鏡唐審定”朱文方印。

子部，藝術類，書畫。

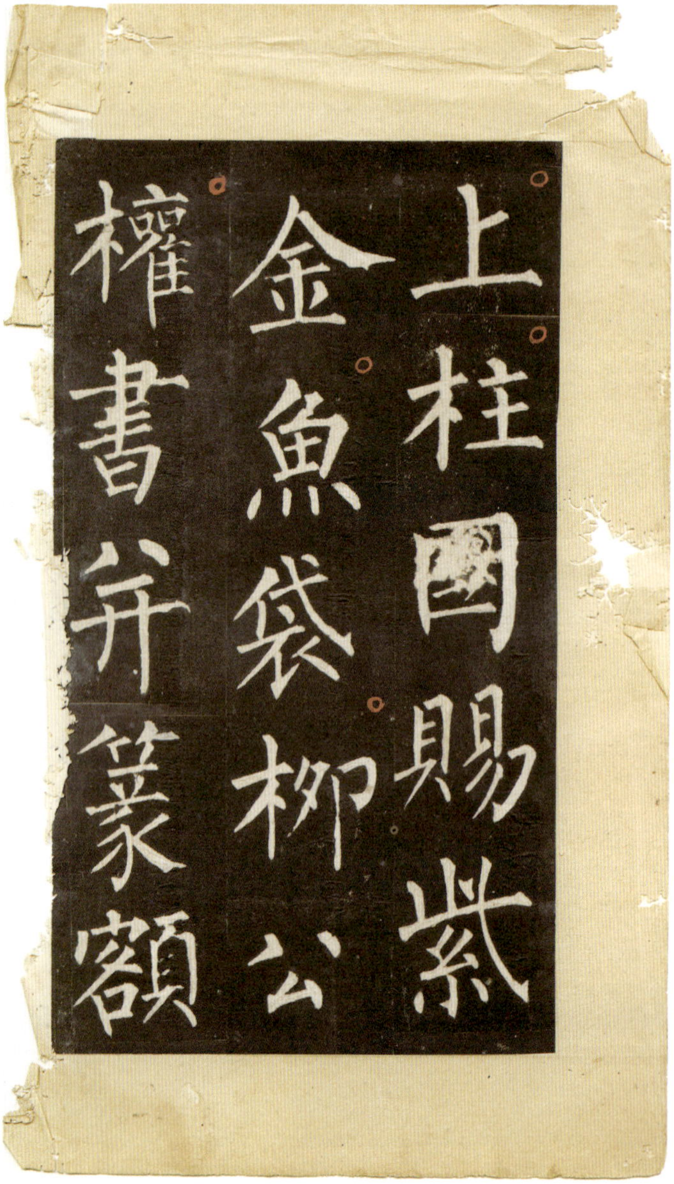

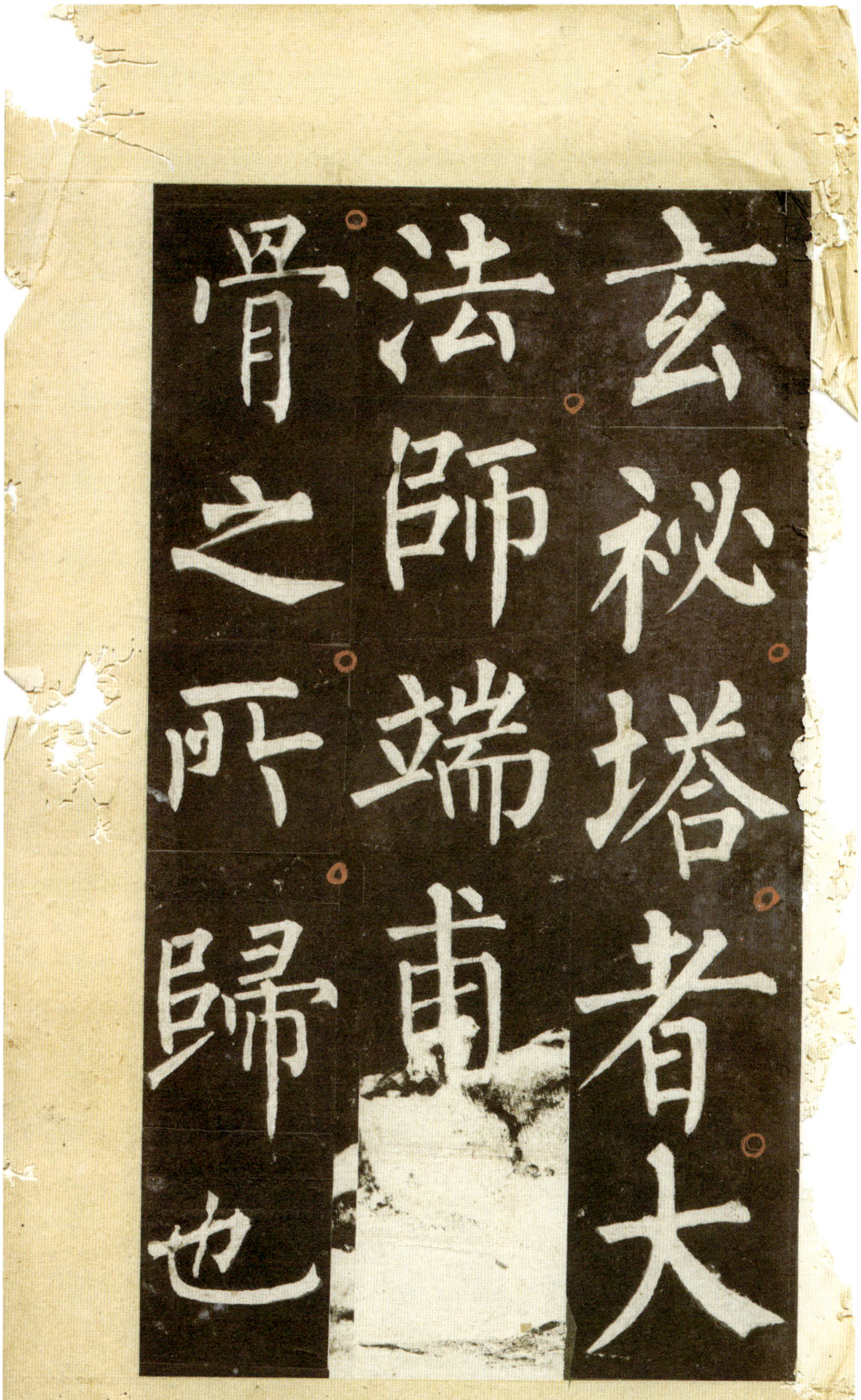
玄秘塔者大
法師端甫
骨之所歸也

宋拓蘭亭序照片二種 Asian Rare-4 no.65

清宣統二年（1910）蕭應椿收藏並拍攝。

册葉裝，一册（十五開），册高27釐米。

題名自擬，包括兩種宋拓本《蘭亭序》的照片，一是定武蘭亭序（五字損本），二是宋薛紹彭臨唐拓硬黄蘭亭序（缺正文最後二葉）。

案：蕭應椿（1856—1922），字紹庭，號紫藤花館主人，祖籍昆明，父親曾爲山東濟南知府，遂居山東多年，光緒十九年（1893）順天鄉試舉人，官至山東候補道，民國後不仕。喜收藏，精鑒别，著有《紫藤花館詩集》。

龐鏡塘印："羸縮研齋""句陽龐鏡塘鑒賞印"朱文方印，"嘿園"白文方印。

子部，藝術類，書畫。

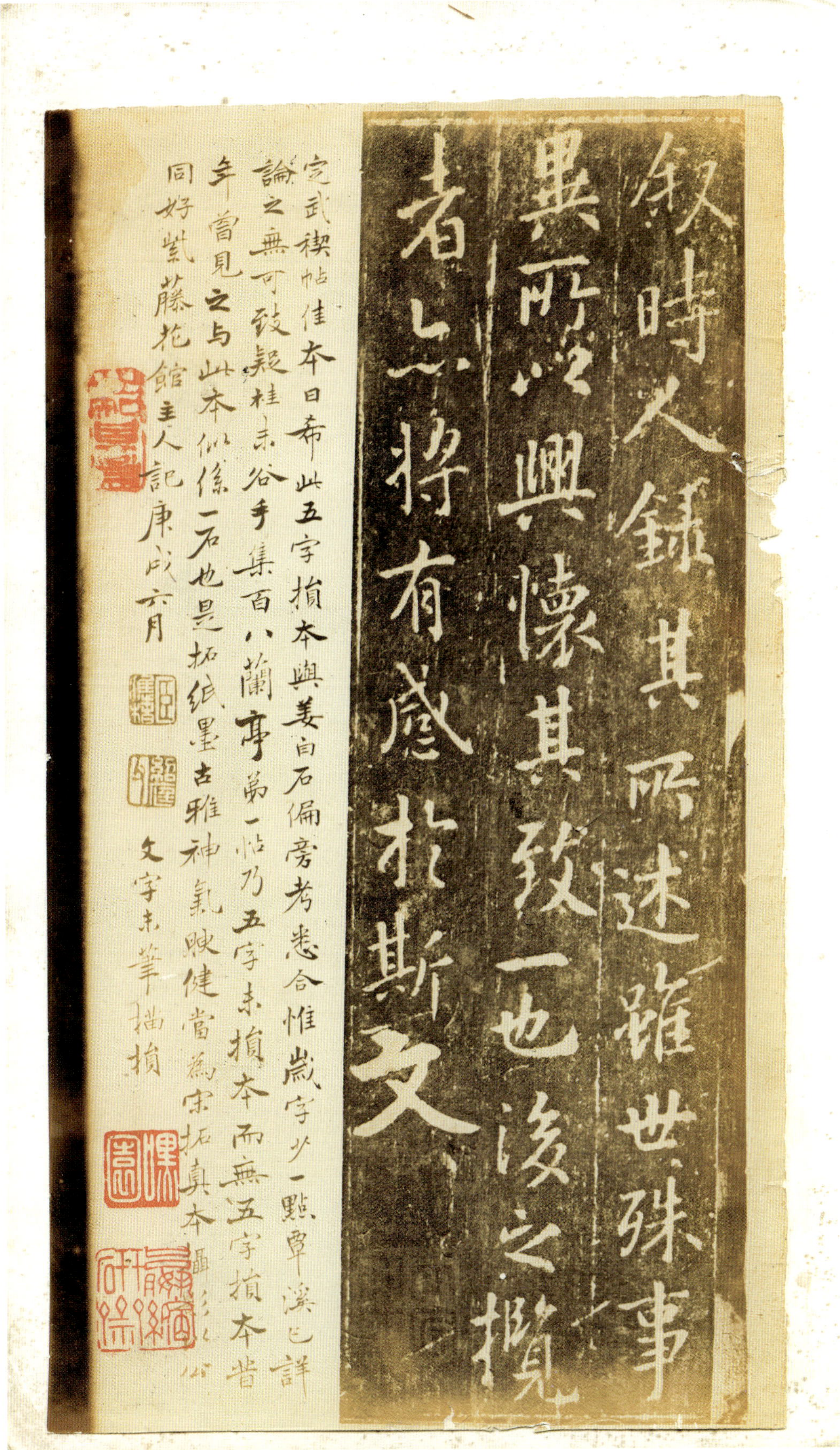
敘時人錄其所述雖世殊事
異所以興懷其致一也後之攬
者亦將有感於斯文
定武禊帖佳本日希此五字損本與姜白石偏旁考悉合惟崇字少一點覃溪已詳
論之無可致疑桂未谷手集百八蘭亭第一帖乃五字未損本而無五字損本昔
年曾見之與此本似係一石也是拓紙墨古雅神氣映健當爲宋拓真本
同好紫藤花館主人記庚戌六月
文字未筆描損

董其昌臨褚本蘭亭序　Asian Rare-4 no.66

清（1644—1911）泥金寫本。

册葉裝，一册（七開），册高32釐米。

墨心22.2×10.8釐米，4行11至13字不等。

題名自擬，無年代，卷末落款題“董其昌”。

案：此本近年在温哥華重新裝裱，本館謝琰先生題簽並鈐印。

鈐印：“椅園”陰陽文方印，“勃海”白文方印。

龐鏡塘印：“贏縮研齋”朱文方印。

謝琰印：“謝”“琰”陰陽文連珠小方印。

子部，藝術類，書畫。

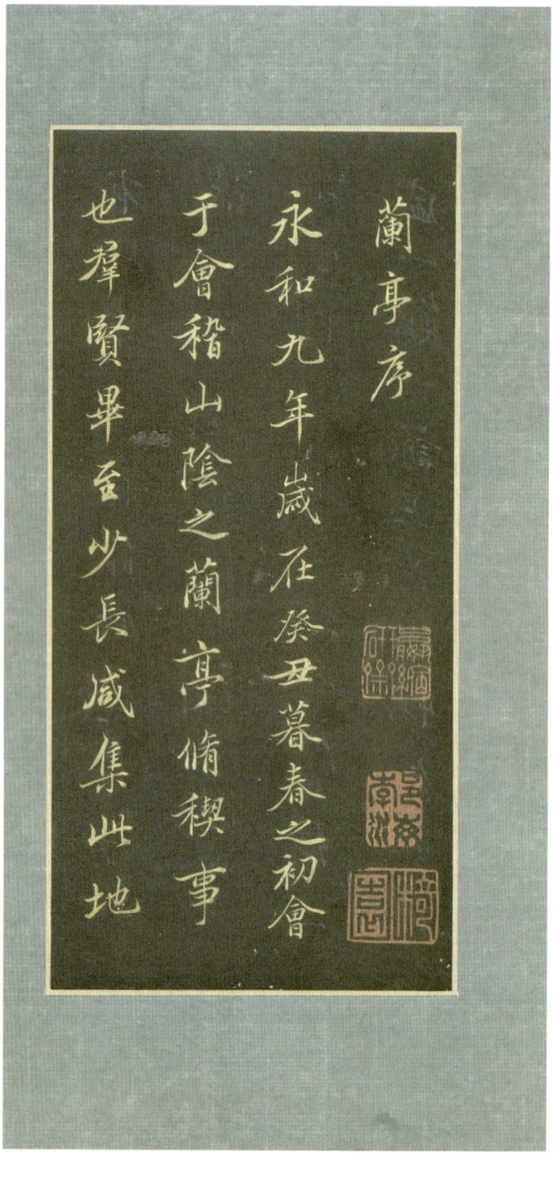
蘭亭序
永和九年歲在癸丑暮春之初會
于會稽山陰之蘭亭脩禊事
也羣賢畢至少長咸集此地

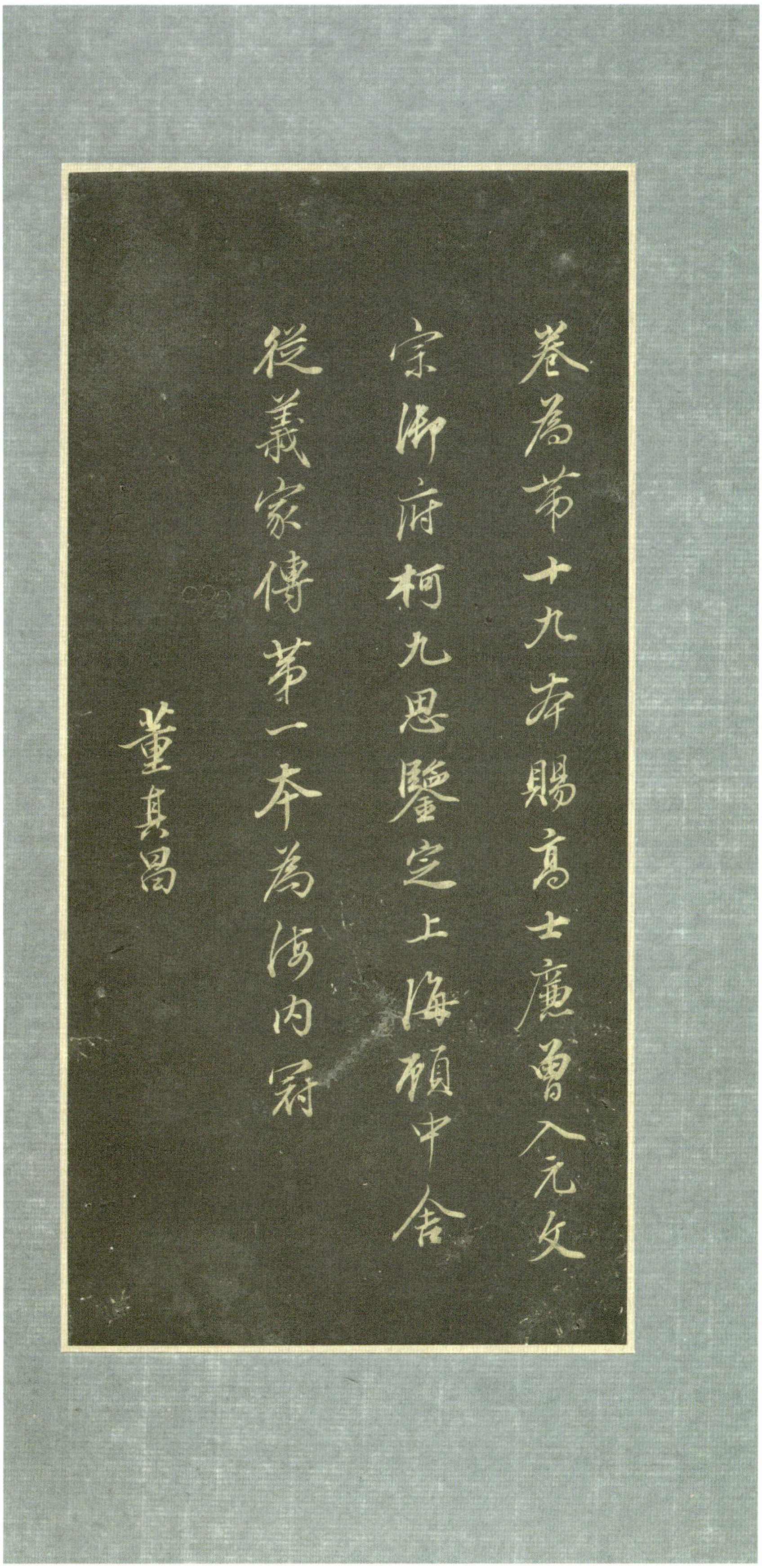
卷為第十九本賜高士廉曾入元文
宗御府柯九思鑒定上海顧中舍
從義家傳第一本為海內冠
董其昌

定武蘭亭序　Asian Rare-4 no.67

舊拓本（？—1585）。

册葉裝，剪裱本，一册（七開），册高32釐米。

墨心24.4×10.1釐米，4行11至12字不等，行書。

題名自擬，卷末有明詹景鳳題跋，云此乃定武五字損本，萬曆十三年（1585）得之長安。

案：詹景鳳（1532—1602），字東圖，號白嶽山人，安徽休寧人，明穆宗隆慶元年（1567）舉人，善書畫，尤精於草書。

另有其他二跋，但字迹殘損，模糊難辨。

此拓本近年在温哥華重新裝裱，本館謝琰先生題簽並鈐印。

詹景鳳印："詹景鳳""二如齋"白文方印，"詹氏文□"朱文方印。

鈐印："劉氏家藏"白文方印。

龐鏡塘印："鏡唐審定"朱文方印。

謝琰印："謝""琰"陰陽文連珠小方印。

子部，藝術類，書畫。

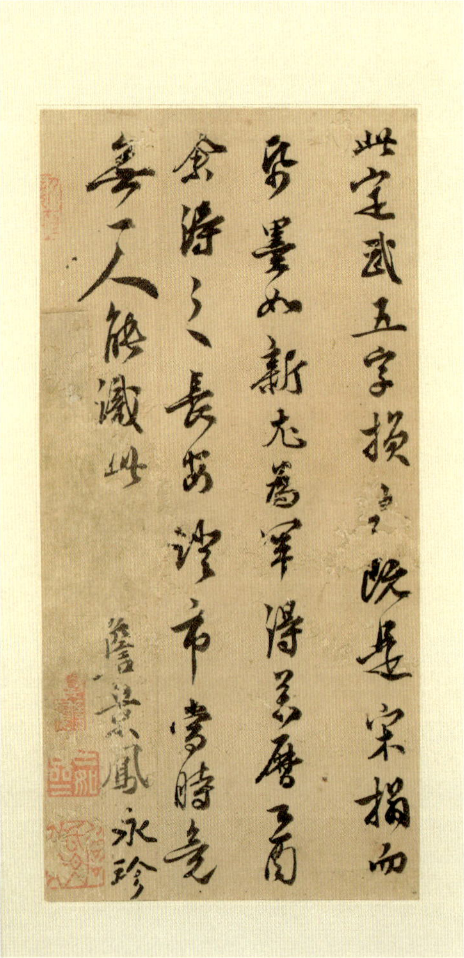

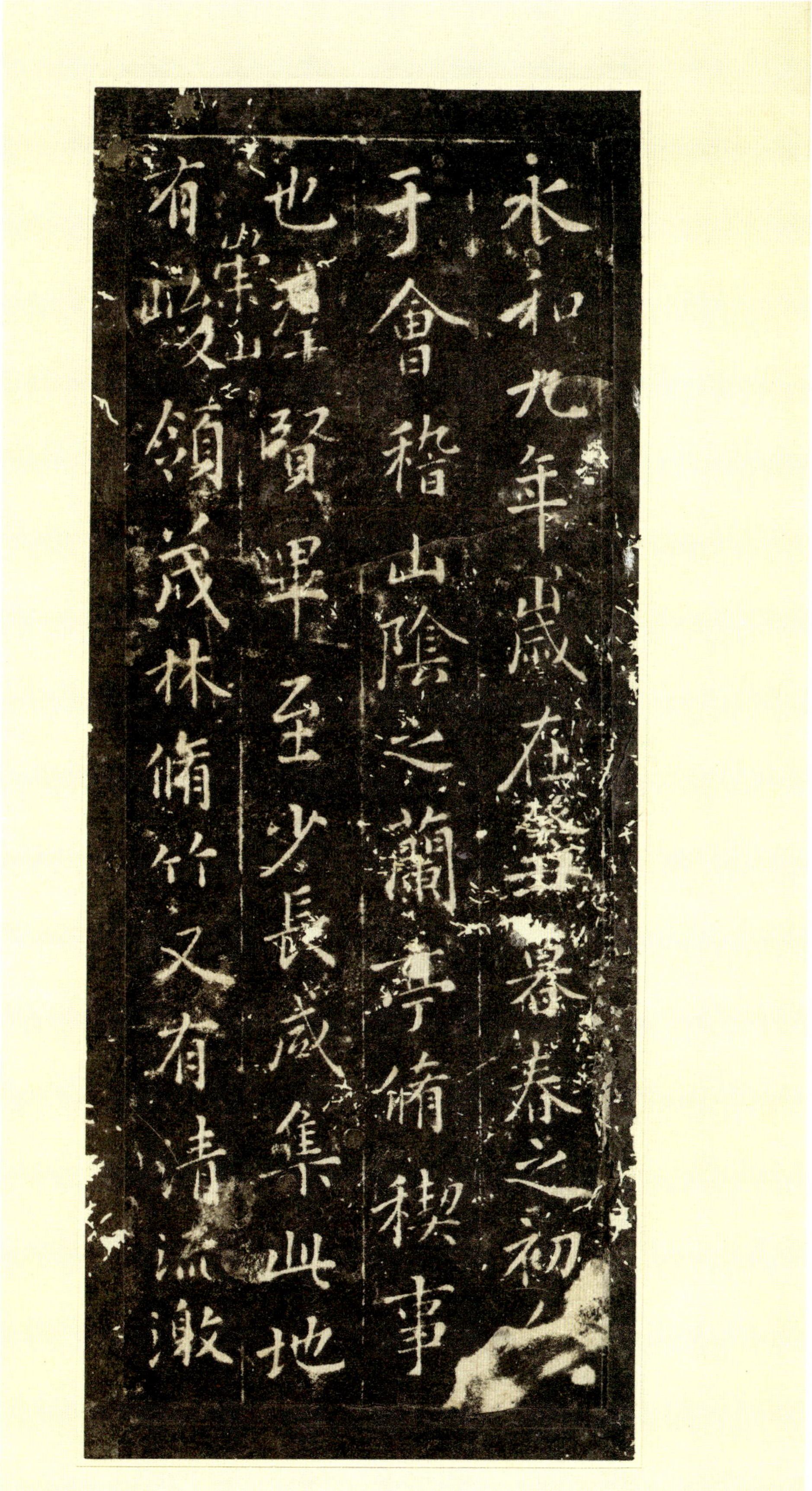
永和九年歲在癸丑暮春之初
于會稽山陰之蘭亭脩稧事
也羣賢畢至少長咸集此地
崇山
有峻領茂林脩竹又有清流激

蘭亭序 Asian Rare-4 no.68

清（1644—1911）拓本。

册葉裝，剪裱本，一册（五開），册高30釐米。

墨心22.9×11.4釐米，5行11至13字不等，行書。

題名自擬，册尾附張樞臣畫“臨黄子久秋林遠岫”圖一幅。

張樞臣印：“張氏家藏”朱文方印，“張氏樞臣賞玩”白文方印。

龐鏡塘印：“嬴縮研齋”“鏡塘乙酉後所得”“鏡唐審定”朱文方印。

子部，藝術類，書畫。

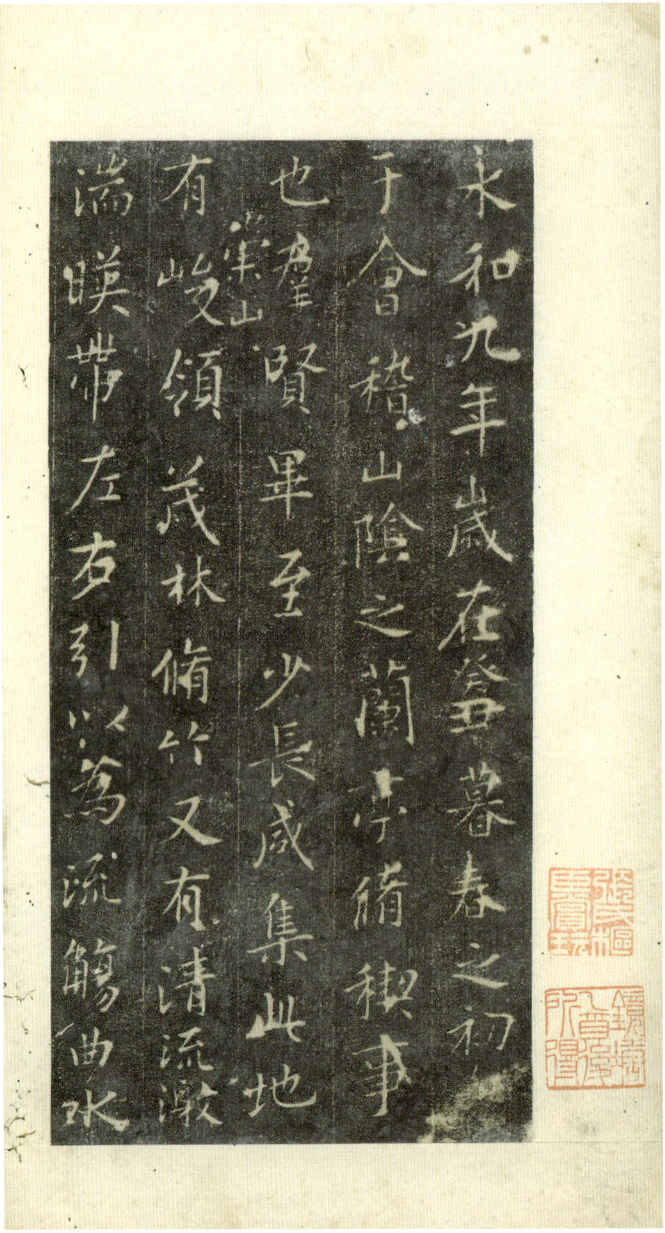

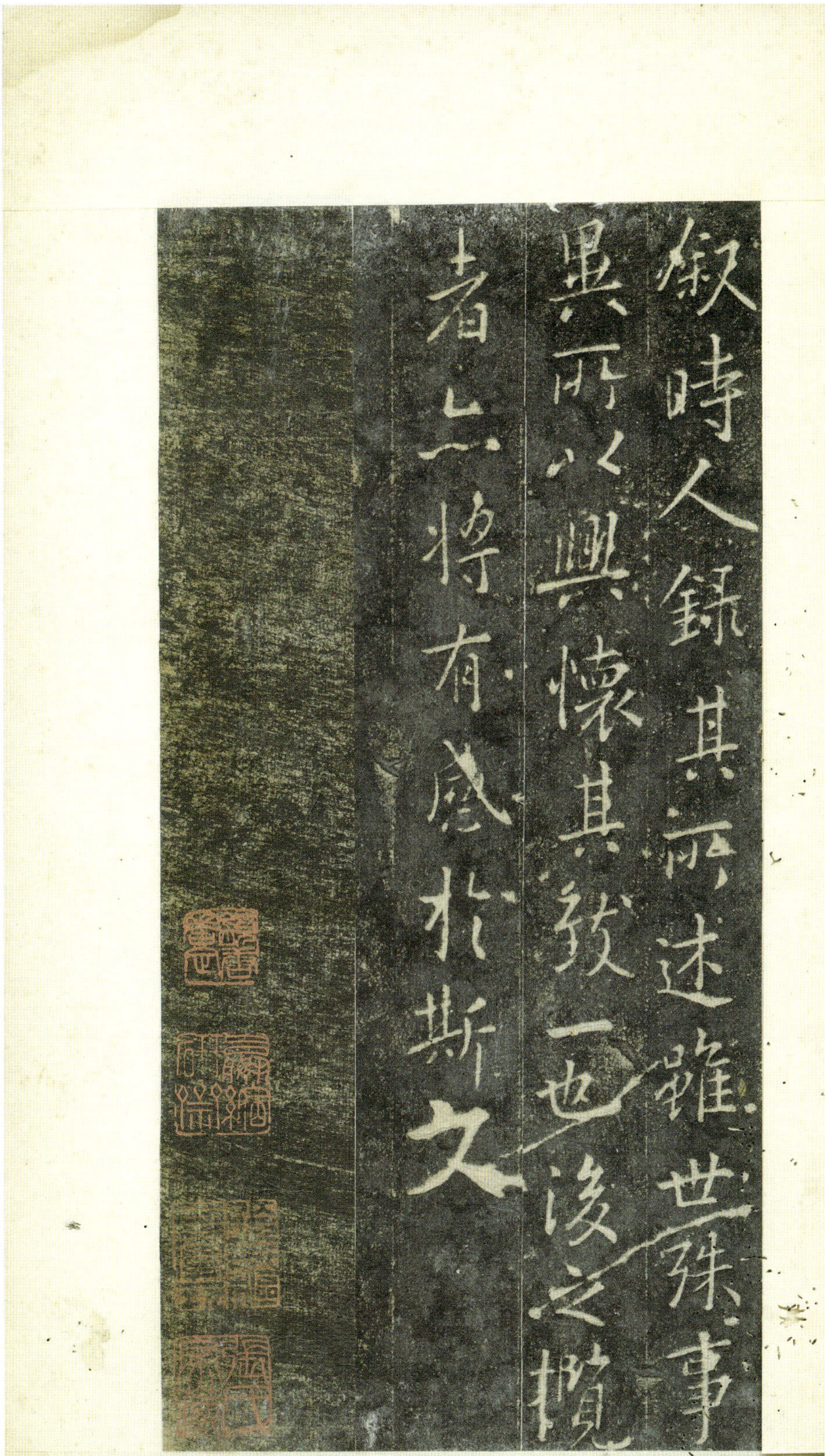
敘時人錄其所述雖世殊事
異所以興懷其致一也後之攬
者亦將有感於斯文

蘭亭序 Asian Rare-4 no.69

清（1644—1911）拓本。

册葉裝，剪裱本，一册（六開），册高32釐米。

墨心23.2×11.3釐米，5行11至13字不等，行書。

題名自擬。

龐鏡塘印："嬴縮研齋""鏡塘乙酉後所得"朱文方印。

子部，藝術類，書畫。

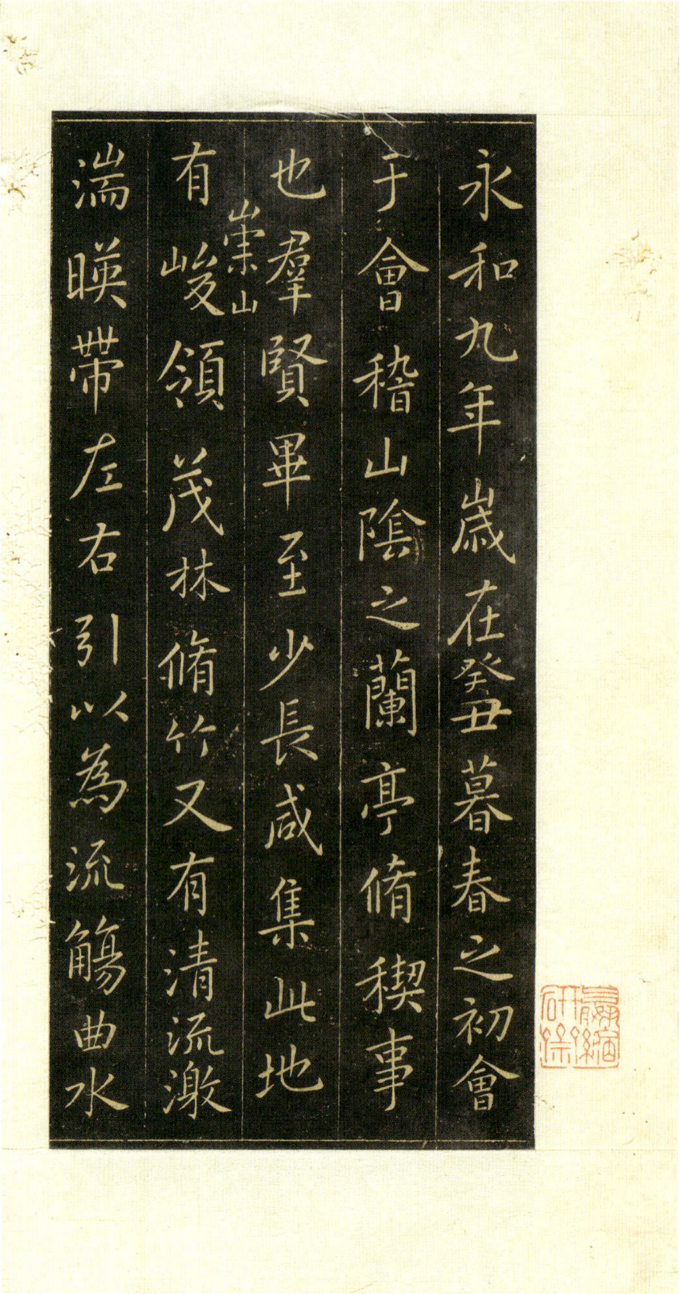

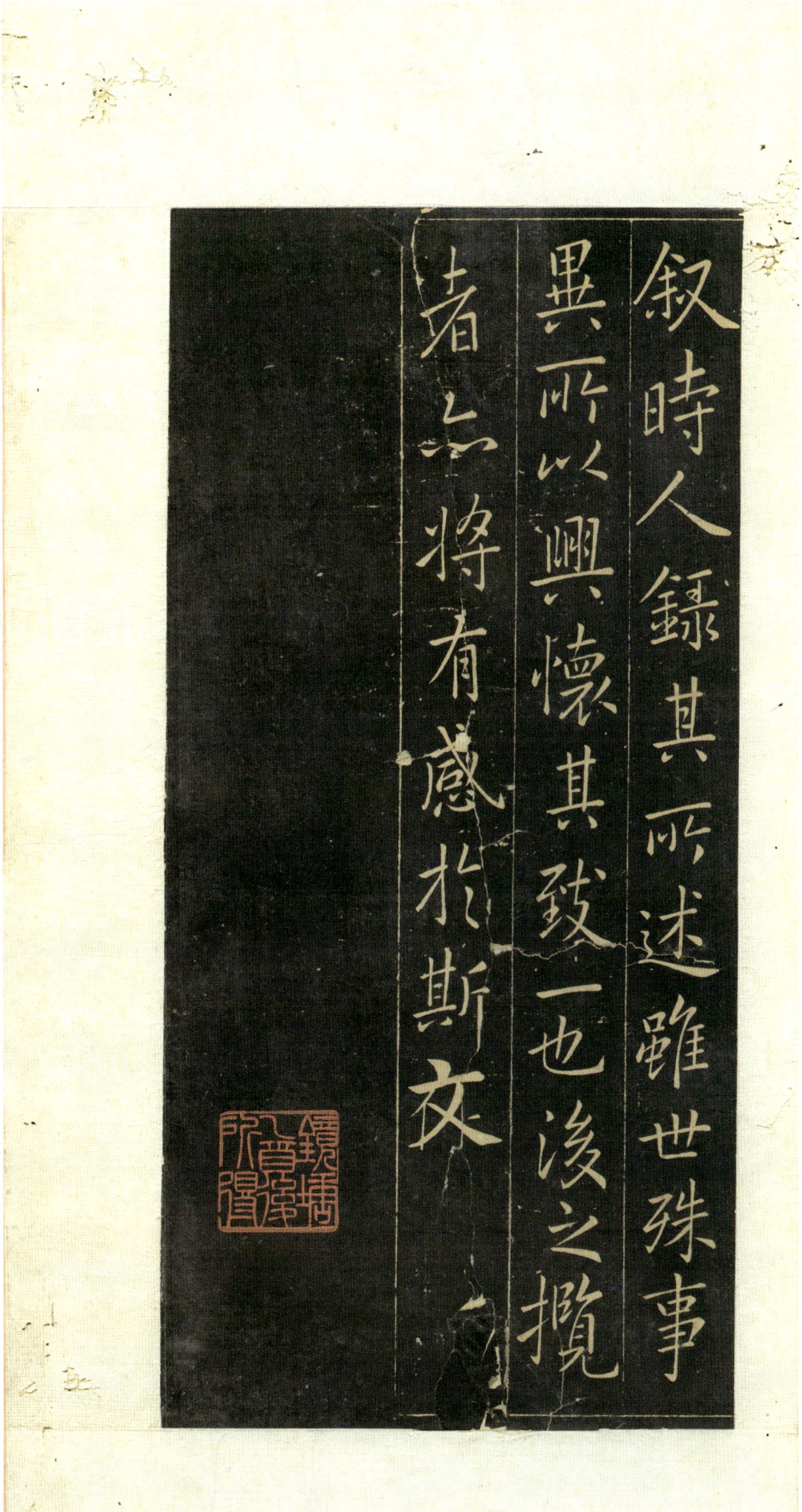
敘時人錄其所述雖世殊事
異所以興懷其致一也後之攬
者亦將有感於斯文

蘭亭序八種　Asian Rare-4 no.73

清（1644—1911）拓本。

册葉裝，剪裱本，一册（二十八開），册高32釐米。

墨心24.7×14.6釐米，6行11字不等，行書。

題名自擬，又稱《禊帖八種》，大多爲吴雲藏石，有同治三年（1864）吴雲跋。

案：吴雲（1811—1883），字少甫，號平齋，晚號退樓主人，浙江歸安人，官至蘇州知府，富收藏，精鑒定，好蘭亭，藏品愈二百，名其室曰“二百蘭亭齋”。

龐鏡塘題簽“舊搨禊帖八種，丁亥八月，嘿園”，並鈐印。

龐鏡塘印：“贏縮研齋”“緣勝齋”“鏡唐審定”“鏡塘乙酉後所得”朱文方印，“嘿園”“鏡塘書畫”“鏡塘讀過”“贏縮研齋考藏金石書畫”白文方印，“鏡”白文圓印。

子部，藝術類，書畫。

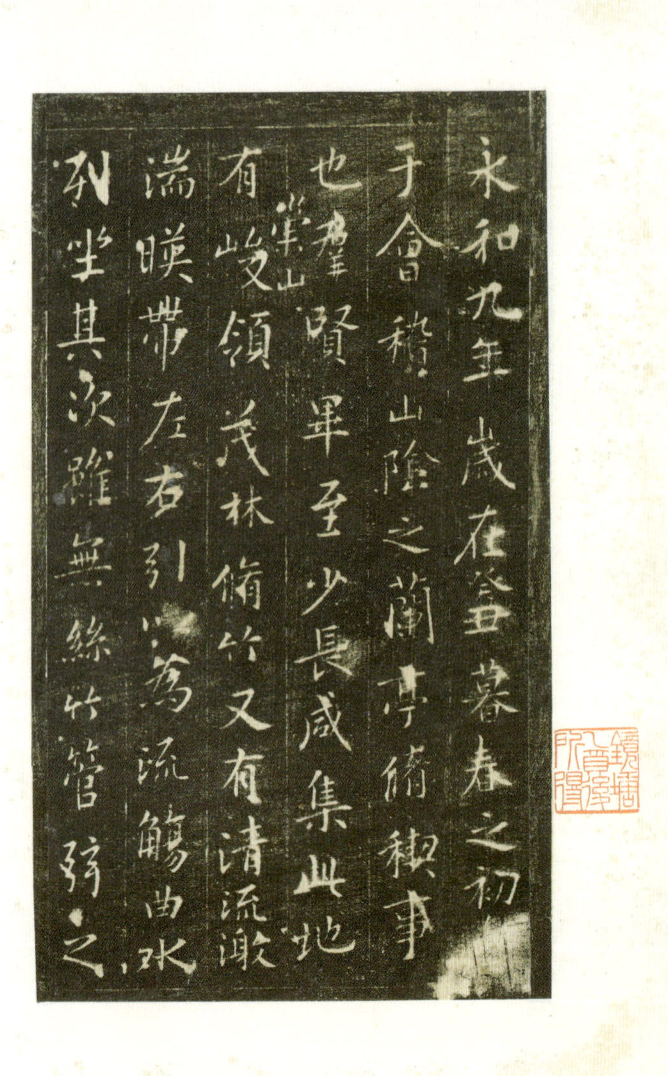

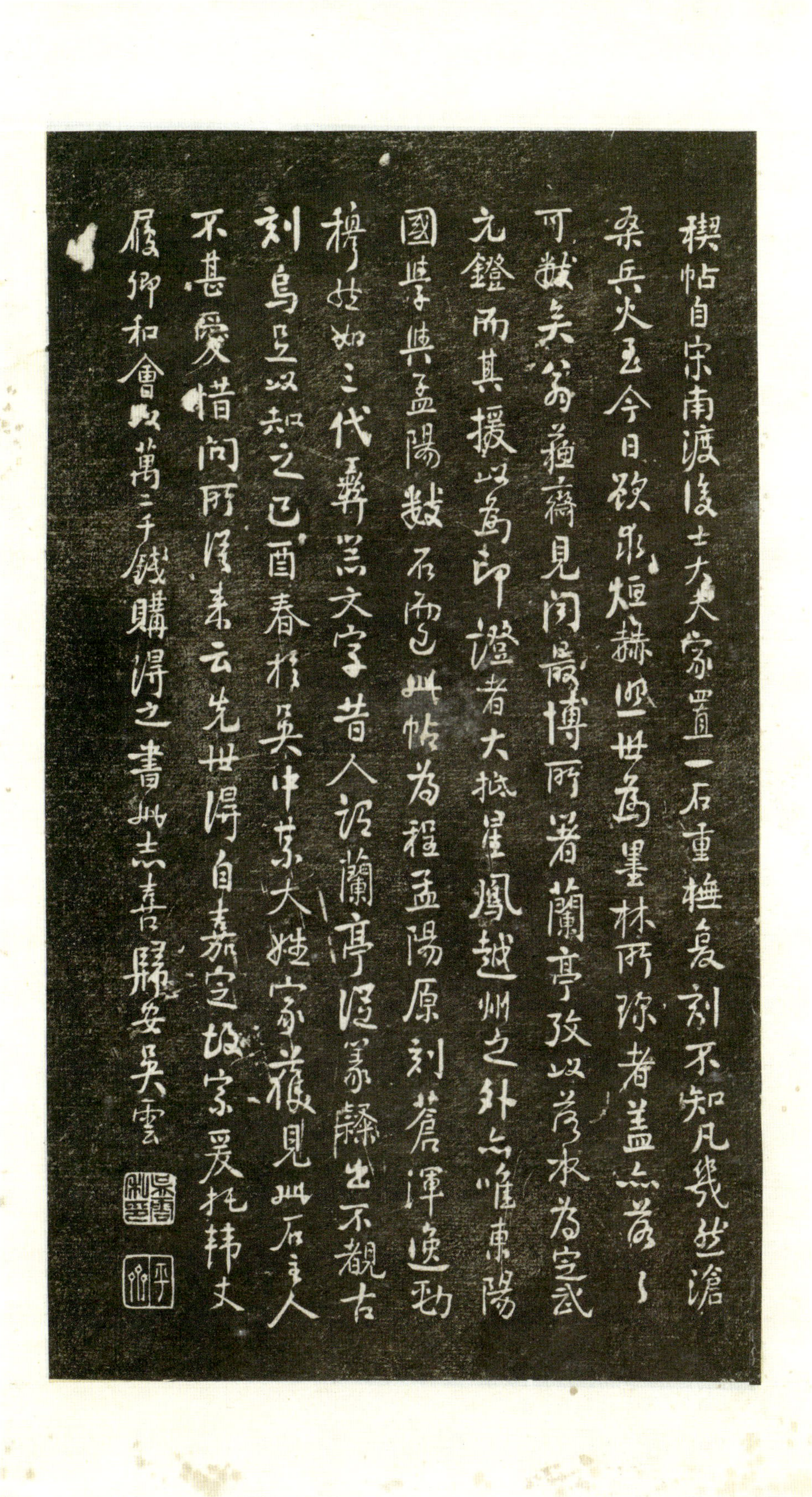
禊帖自宋南渡後士大夫家置一石重模覆刻不知凡幾並滄
桑兵火至今日欲求烜赫照世爲墨林所珍者蓋亦寥寥
可數矣翁覃溪閣學所著蘭亭攷以蘇米爲定武
元鐙而其援以爲印證者大抵星鳳越州之外亦唯東陽
國學與孟陽數石而已此帖爲程孟陽原刻蒼渾遒勁
穆然如三代彝器文字昔人評蘭亭謂篆籀生不觀古
刻烏足以知之己酉春於吳中某大姓家獲見此石主人
不甚愛惜問所從來云先世得自嘉定故家爰托韓丈
履卿和會以萬二千錢購得之書此志喜　歸安吳雲

蘭亭序　黄庭經　Asian Rare-4 no.70

清（1644—1911）朱拓本。

册葉裝，剪裱本，一册（八開），册高32釐米。

墨心25.6×12.1釐米，《蘭亭序》4行11至13字不等，《黄庭經》7行18至22字不等，行書。

題名自擬，《蘭亭序》卷末題“蘭亭叙，唐臨絹本”。

龐鏡塘印：“鏡塘乙酉後所得”朱文方印。

子部，藝術類，書畫。

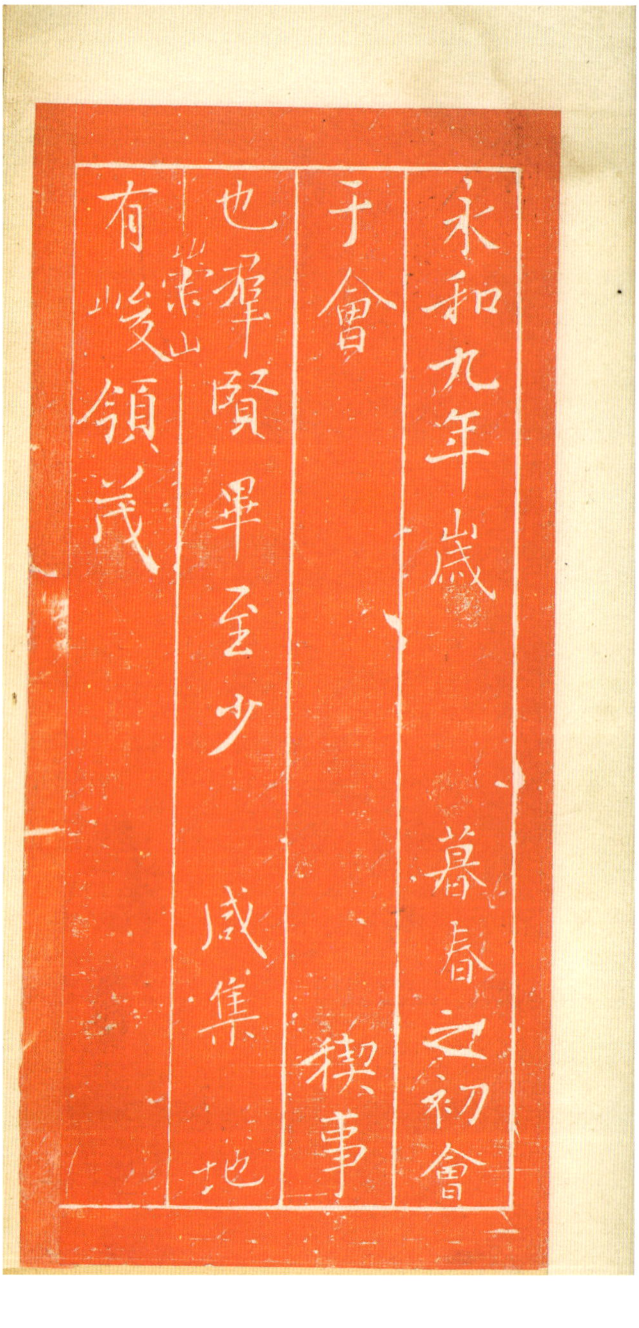

三關之閒精氣深子欲不死脩崐崘絳宫重樓十二級
宫室之中五采集赤神之子中池立下有長城玄谷邑長
生要眇房中急棄捐摇俗專子精寸田尺宅可治生繫
子長流心安寧觀志流神三奇靈閑暇無事脩太平
常存玉房視明達時念太倉不飢渴役使六丁神女
謁閉子精路可長活正室之中神所居洗心自治無敢
汙歷觀五藏視節度六府脩治潔如素虛無自然道

戲魚堂帖十卷　　Asian Rare-4 no.105

〔宋〕劉次莊摹

舊拓本（？—1722?）。

册葉裝，剪裱本，六册。

册葉31.4×16.4釐米，墨心26.4×13.3釐米，行字不等。

案：全帖十卷，此本僅存六卷，卷四至九。卷端分别題有“戲魚堂帖第四”至“戲魚堂帖第九”，卷末題有“元祐四年四月劉次莊摹于戲魚堂上石”。各卷帖首鈐印六枚，首行自下而上分别爲“袁氏珍玩子孫寶之”白文方印，龍虎紋朱文方印，“豐坊字存禮號道生”朱文方印，“采芝山人”白文方印，“華蓋殿大學士”朱文方印；次行爲“湯右曾西厓記”朱文方印。帖尾鈐印三枚，分别爲“停雲”朱文圓印，“横雲山人”及“儼齋秘玩”朱文方印。卷七、卷九帖尾另有近人龐鏡塘之“無味山民”朱文方印，卷九還有龐氏“嘿園”白文方印。卷五帖後有横雲山人王鴻緒跋並鈐印，王艮、費雄、王俊華同觀題款；卷六帖後有明正德二年（1507）唐寅題款並鈐印，嘉靖丙子文彭跋並鈐印。

考嘉靖並無“丙子”年，故文彭跋乃僞作，其餘各跋、款及印，真僞待考。

龐鏡塘印：“無味山民”朱文方印，“嘿園”白文方印。

子部，藝術類，書畫。

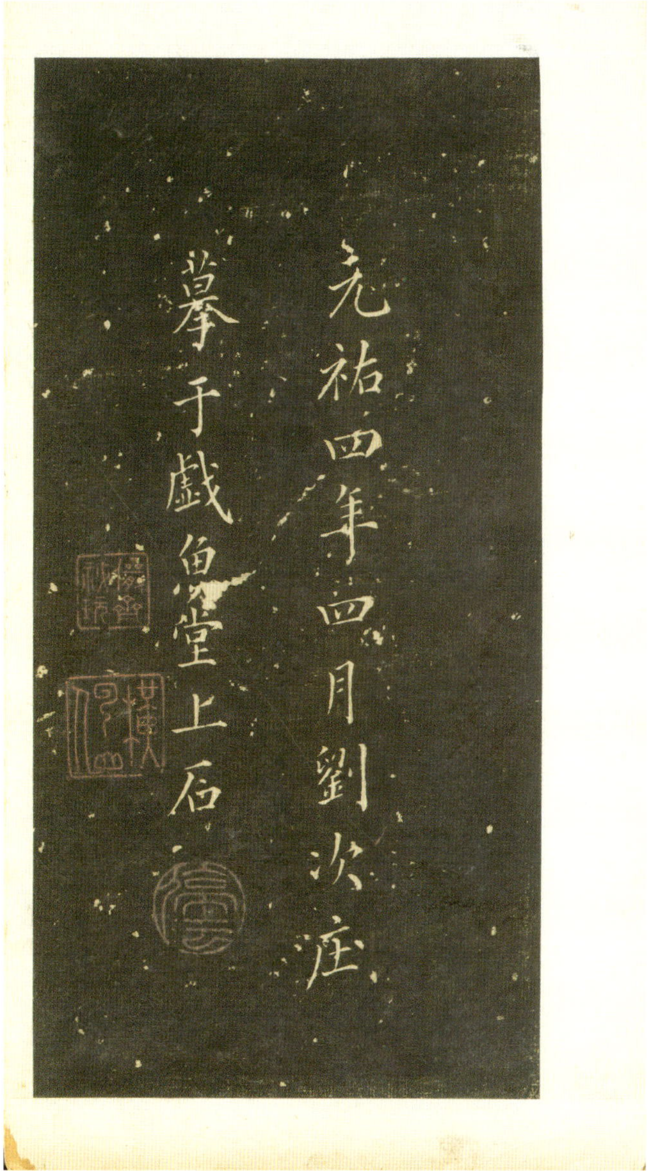
元祐四年四月劉次庄
摹于戲魚堂上石

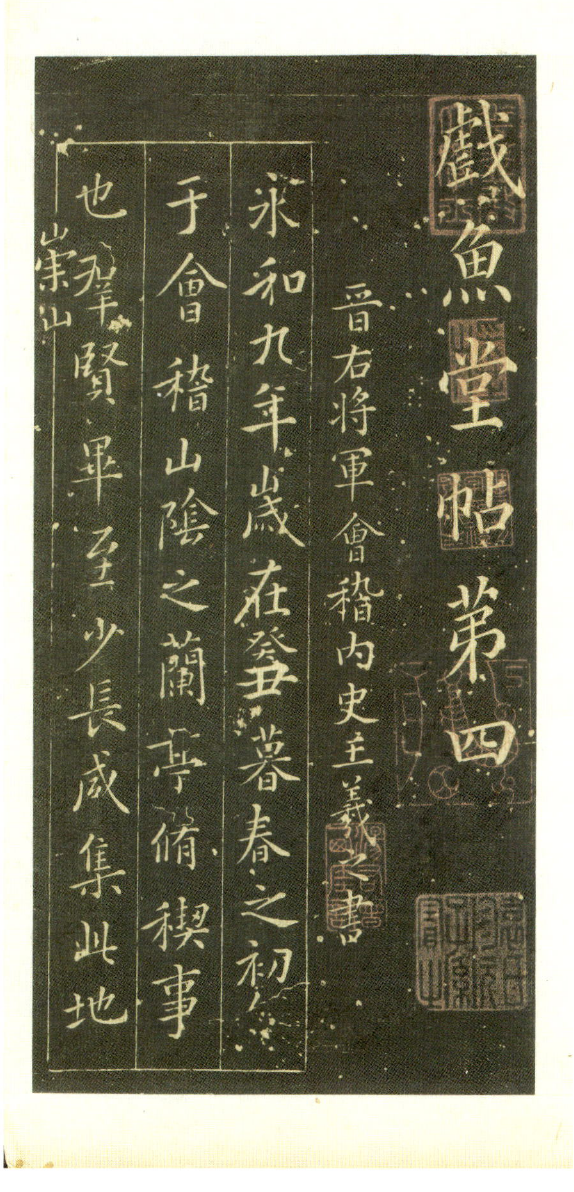
戲魚堂帖第四
晉右将軍會稽内史王羲之書
永和九年歲在癸丑暮春之初
于會稽山陰之蘭亭脩禊事
也羣賢畢至少長咸集此地
崇山

星鳳樓帖丑集　Asian Rare-4 no.71

清（1644—1911）拓本。

册葉裝，剪裱本，一册（六開），册高34釐米。

墨心24.6×13.4釐米，6行11至12字不等，行書。

案：存《蘭亭序》兩種，爲清代翻拓本。

龐鏡塘印："句陽龐鏡塘鑒賞印"朱文方印，"嘿園"白文方印。

子部，藝術類，書畫。

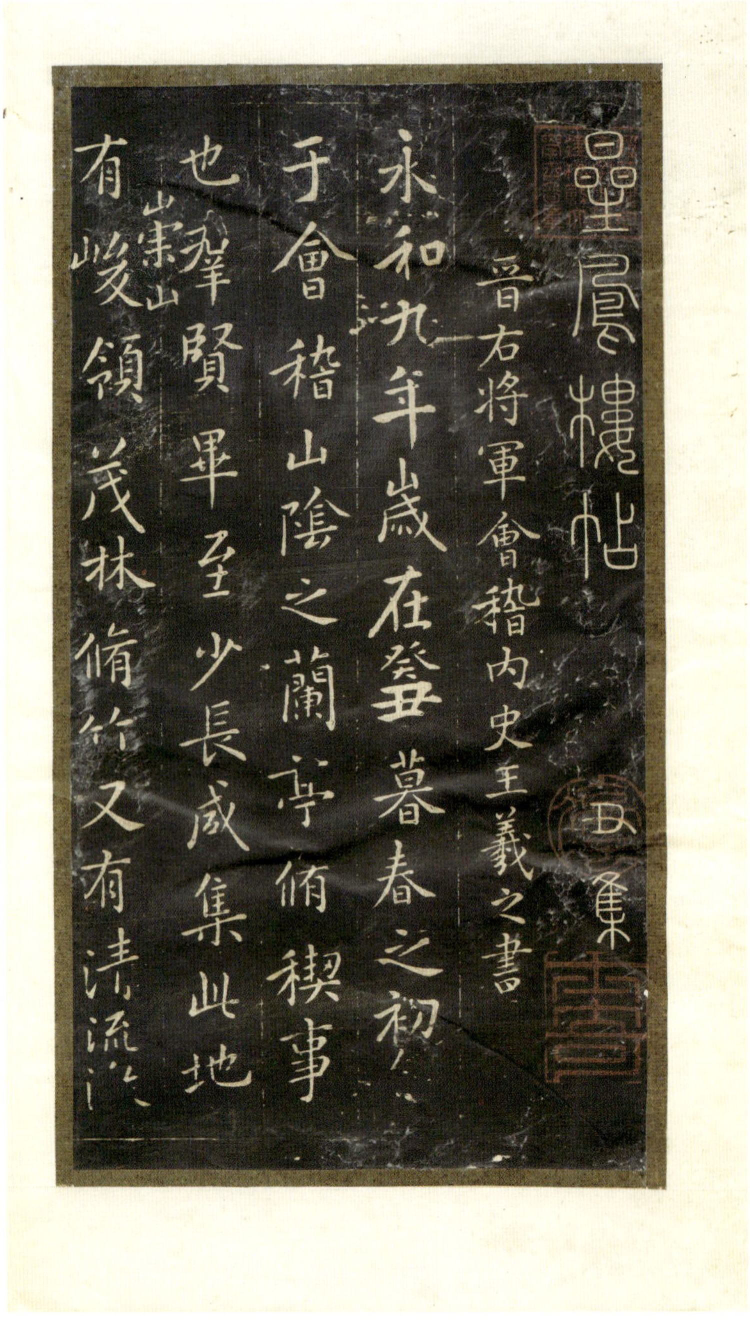

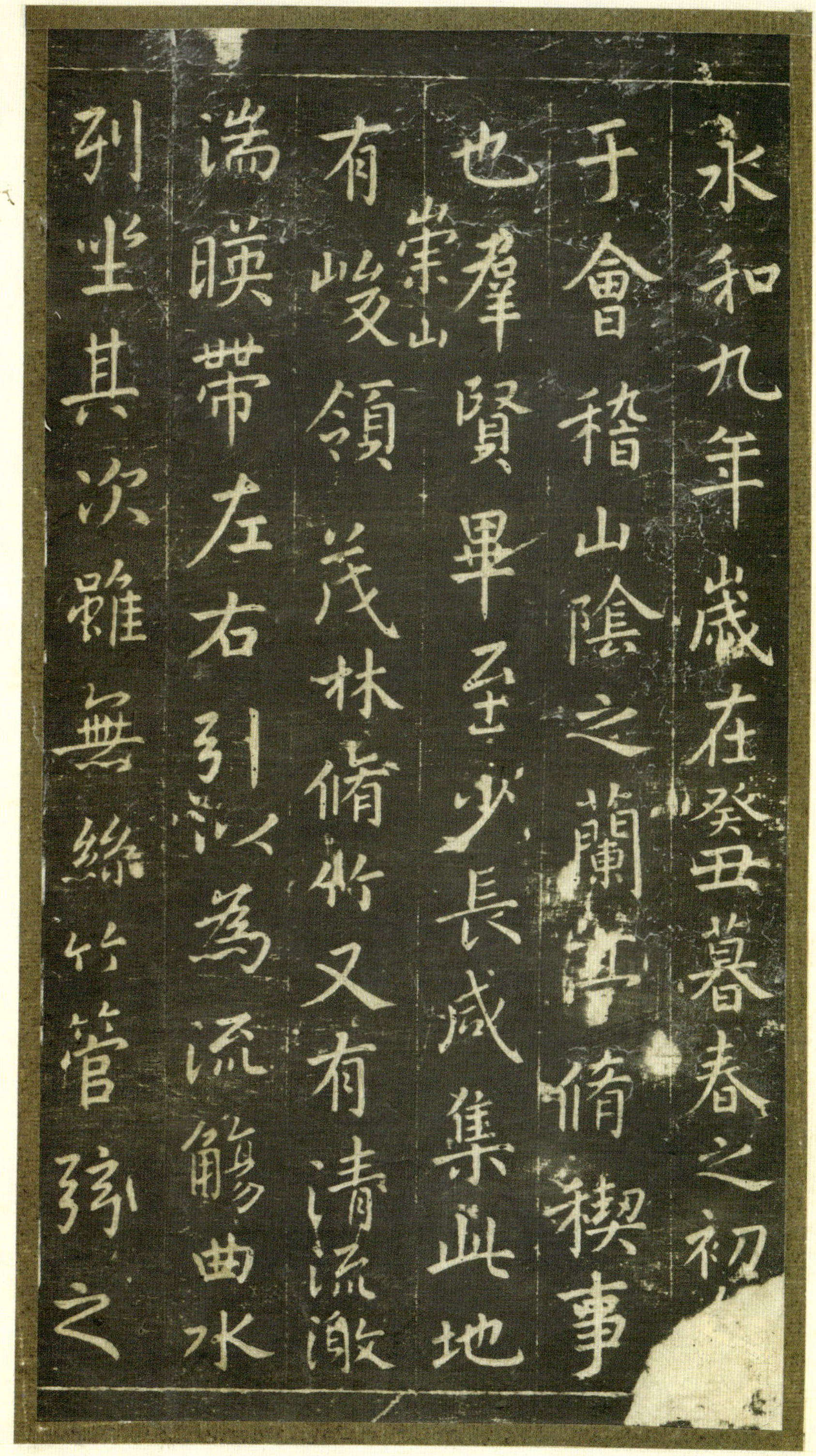

永和九年歲在癸丑暮春之初
于會稽山陰之蘭亭脩禊事
也羣賢畢至少長咸集此地
有崇山峻領茂林脩竹又有清流激
湍暎帶左右引以為流觴曲水
列坐其次雖無絲竹管弦之

星鳳樓帖　Asian Rare-4 no.83

清（1644—1911）拓本。

册葉裝，剪裱本，一册（六開），册高32釐米。

墨心26.2×14.5釐米，7行字不等，草書。

案：存晉代部分，包括王循、王敦、索靖、王恬等人書法，以索靖爲多，尾題“紹聖三年春王正月摹勒上石”篆書兩行。此本紙墨刻印均不佳，當爲清代之翻拓本。

龐鏡塘印：“嬴縮研齋”“緣勝齋”“鏡唐審定”朱文方印，“鏡塘讀過”白文方印。

子部，藝術類，書畫。

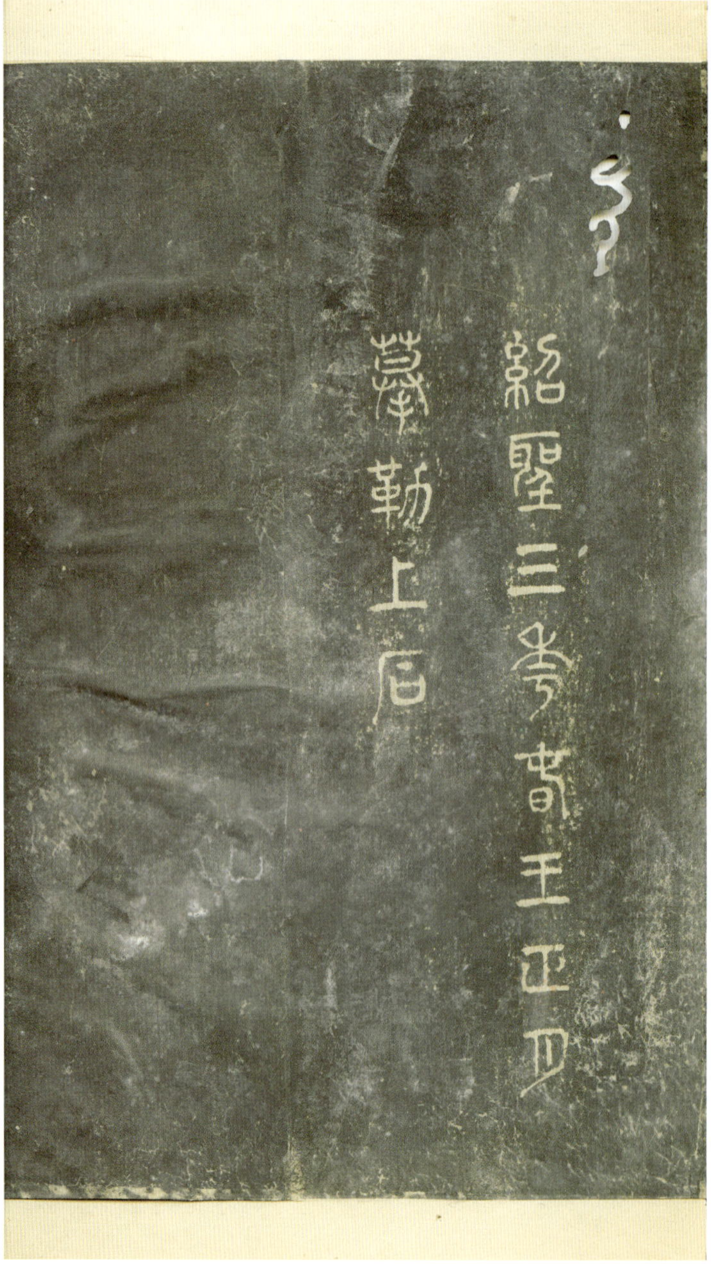

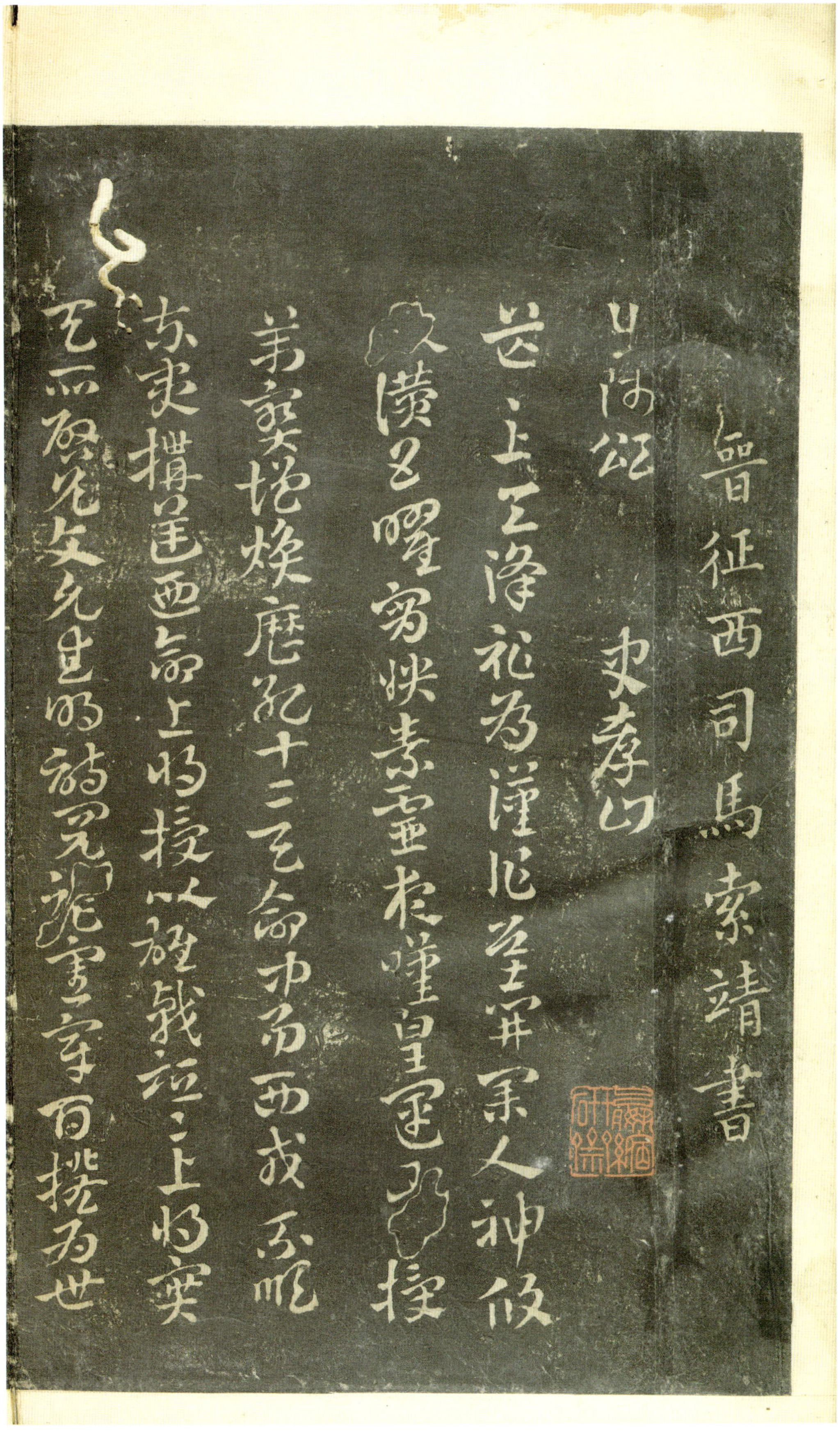

晉征西司馬索靖書

出師頌　史孝山

芒芒上天，降祚為漢，兆基開業，人神攸贊。五曜霄映，素靈夜嘆，皇運來授，萬寶增煥。歷紀十二，天命中易，西戎不順，東夷搆逆。乃命上將，授以雄戟，桓桓上將，實天所啟。允文允武，明詩閱禮，憲章百揆，為世

二王帖三卷　Asian Rare-4 no.74

〔晉〕王羲之、王獻之書

清（1644—1911）拓本。

册葉裝，剪裱本，三册，册高31釐米。

墨心24.5×13.5釐米，4行字不等，行書，草書。

案：此帖分爲上中下三卷，每卷又分一、二兩部分，釋文亦按上中下分爲三卷。帖石原爲明嘉靖、萬曆年間吴江董漢策所刻，至清朝時，帖石爲劉恕所得，已殘缺不全，劉恕便爲之增補缺石，此帖石今存蘇州留園。全帖上卷收王羲之書五十七帖，中卷收王羲之書五十帖，下卷收王獻之書四十四帖。

存八十三帖：上卷一（三十帖），中卷一（三十五帖），下卷一（十八帖）；卷首二王像僅存王獻之像及左邊之扶掖者；卷上、卷中首葉皆殘缺。

龐鏡塘印："羸縮研齋""緣勝齋""鏡唐審定""鏡塘乙酉後所得"朱文方印，"鏡塘讀過"白文方印。

子部，藝術類，書畫。

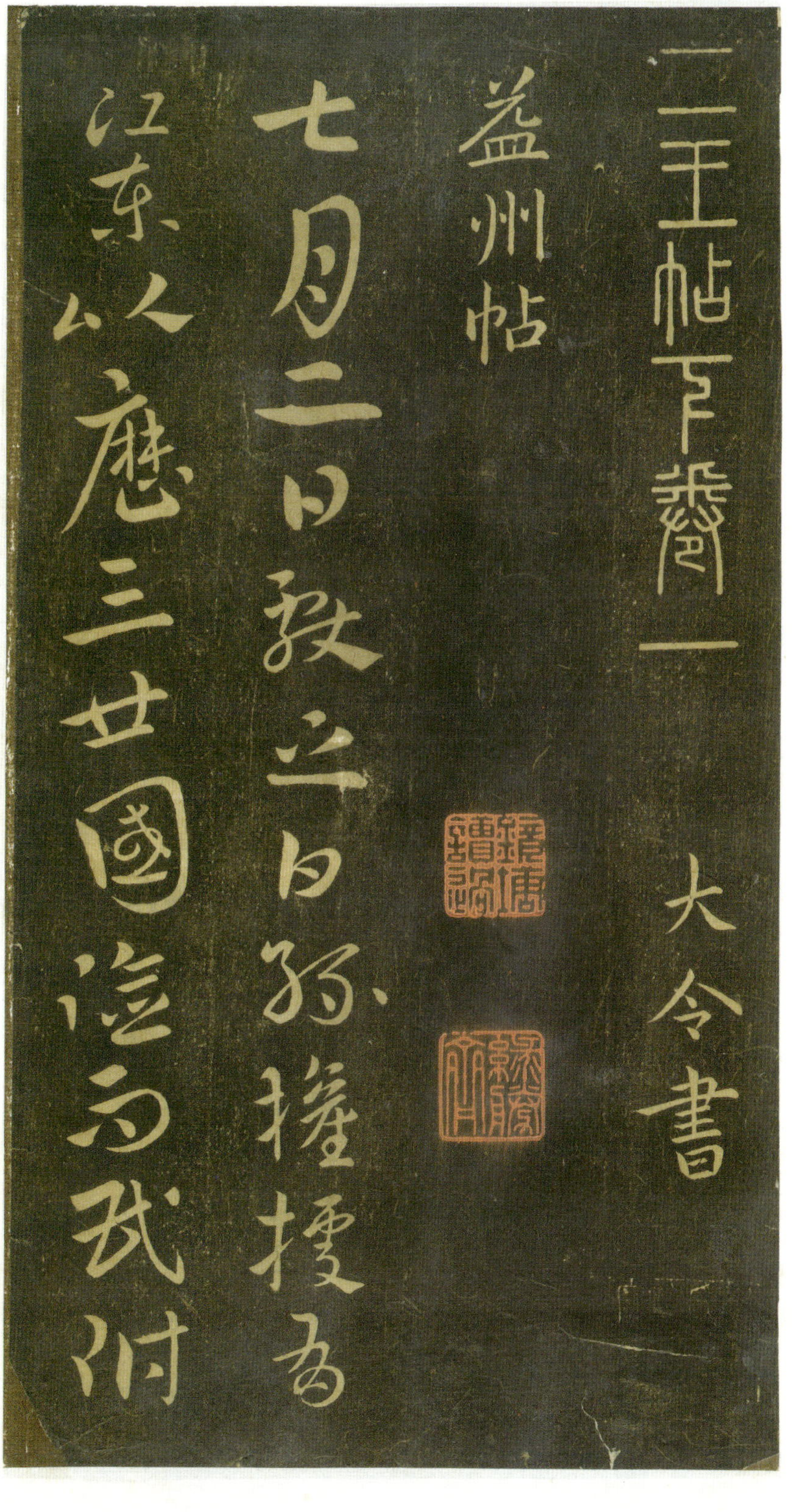
二王帖下卷一
大令書
益州帖

澂觀閣摹古帖　Asian Rare-4 no.72

〔清〕伍葆恒輯刻

清咸豐（1851—1861）南海伍葆恒刻石並拓本。

册葉裝，剪裱本，一册（三十開），册高37釐米。

墨心29.5×16.2釐米，《蘭亭序》5行11至12字不等，《黄庭經》8行20至22字不等，行書。

收録《蘭亭序》六種及《黄庭經》，每種帖前均有石刻印記“南海伍葆恒審定古刻善本重摹勒石”。

案：伍葆恒（1824—1865），字符蕙，號儷荃，廣東南海人，官至户部郎中。擅書法，富收藏，咸豐年間刻有《南雪齋藏真帖》及《澂觀閣摹古帖》，此本即其初刻初印本。

龐鏡塘題簽“蘭亭六種，天泉書屋藏，丁亥冬日，嘿園”，並鈐印。

龐鏡塘印：“鏡塘乙酉後所得”朱文方印，“鏡塘長物”“鏡塘之鉢”白文方印。

子部，藝術類，書畫。

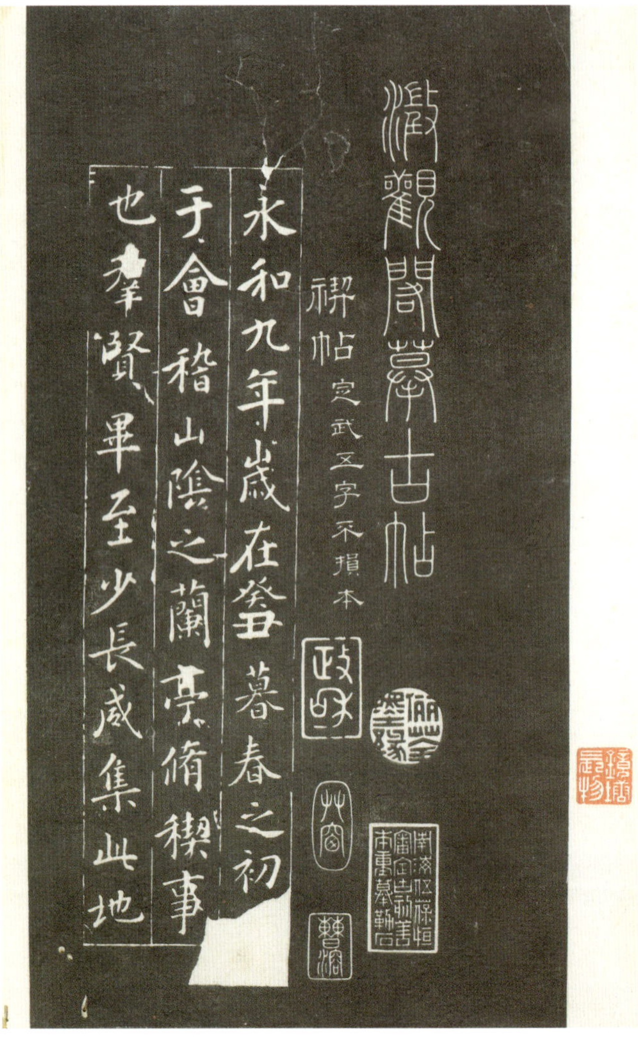

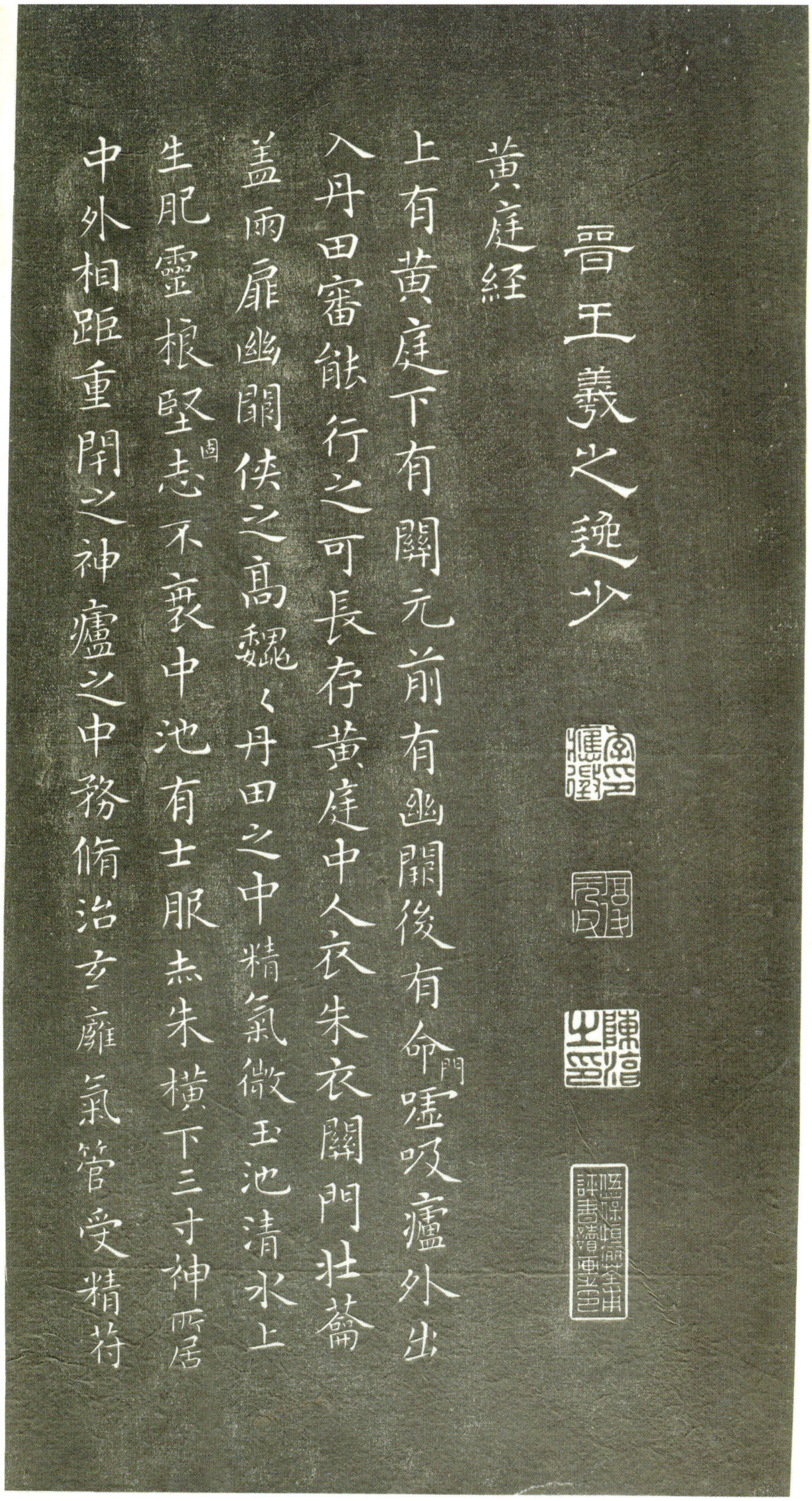
晉王羲之逸少
黄庭經
上有黄庭下有關元前有幽關後有命門噓吸廬外出
入丹田審能行之可長存黄庭中人衣朱衣關門壯籥
蓋兩扉幽闕俠之高巍巍丹田之中精氣微玉池清水上
生肥靈根堅固志不衰中池有士服赤朱横下三寸神所居
中外相距重閉之神廬之中務脩治玄雍氣管受精符

關中本智永真草千字文　Asian Rare-4 no.84

〔南朝梁〕周興嗣次韻　〔隋〕釋智永書

舊拓本（？—1644）。

册葉裝，剪裱本，一册（三十一開），册高29釐米。

墨心23.2×11.8釐米，4行10字，正書，草書。

題名自擬。

應健堂印：“應健堂印”朱文回文方印。

莊恩澤印：“莊恩澤章”“城陽莊氏收藏”朱文方印，“泉緣閣藏”白文方印，“泉緣”朱文橢圓印。

龐鏡塘印：“嬴縮研齋”“鏡塘乙酉後所得”朱文方印，“鏡塘讀過”白文方印。

子部，藝術類，書畫。

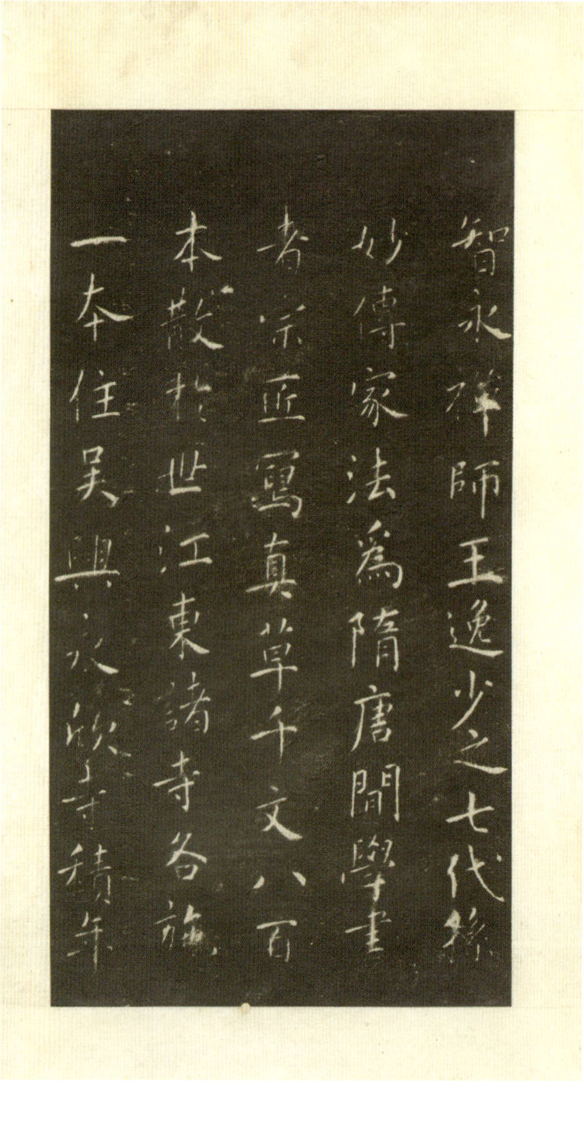

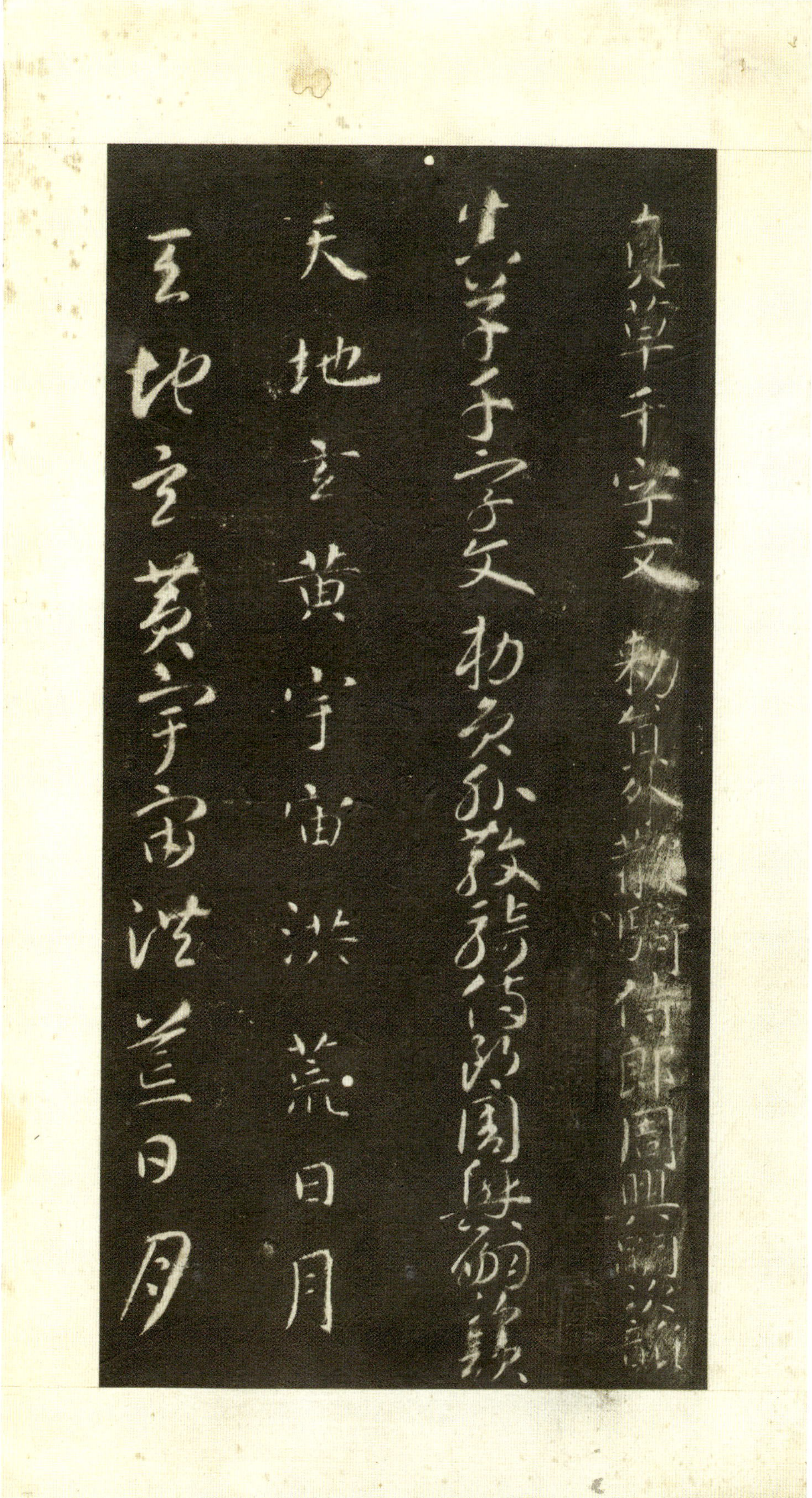
真草千字文　勅員外散騎侍郎周興嗣次韻
天地玄黃宇宙洪荒日月

關中本智永真草千字文　Asian Rare-4 no.85

〔南朝梁〕周興嗣次韻　〔隋〕釋智永書

舊拓本（？—1644）。

册葉裝，剪裱本，一册（三十開），册高31釐米。

墨心23.2×12.4釐米，4行10字，正書，草書。

題名自擬。

案：此本較館藏另一部（Asian Rare-4 no.84）略晚，且末尾缺“朗曜”至“愚蒙”一葉。

汪植青印：“蓮君”“花禪墨緣”“紫薇花伴”“楊柳風梧桐月芭蕉雨梅花雪”朱文方印，“汪氏補園”“植青之印”“直青私印”白文方印。

龐鏡塘印：“嬴縮研齋”“愛日樓”朱文方印，“鏡塘讀過”白文方印。

子部，藝術類，書畫。

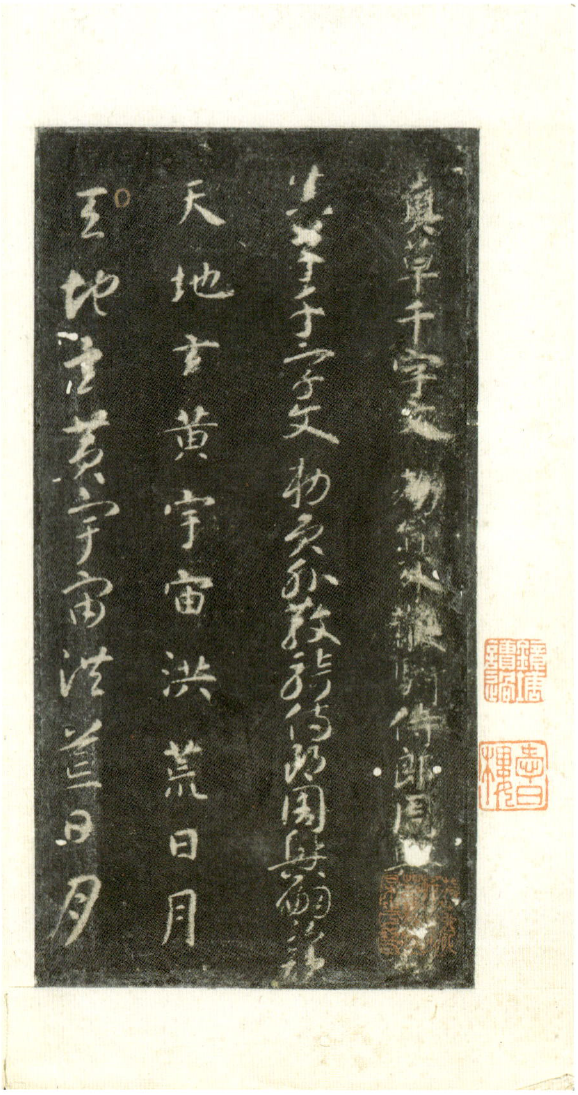

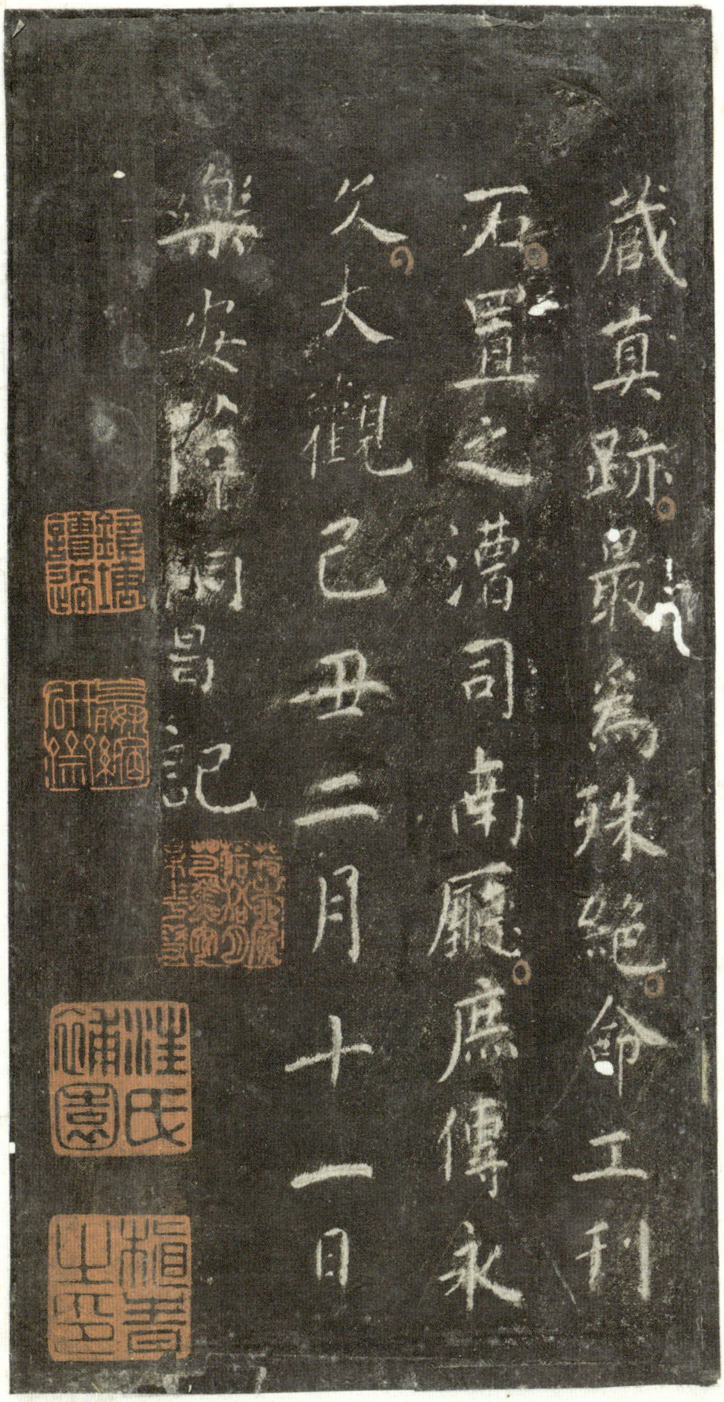
藏真跡最爲殊絶命工刊
石置之漕司南廳庶傳永
久大觀己丑三月十一日
樂安薛嗣昌記

太上玄元道德經　Asian Rare-4 no.89

〔元〕趙孟頫臨

舊拓本（？—1667）。

册葉裝，剪裱本，一册（二十五開），册高28釐米。

墨心22.9×12.2釐米，8行18至19字不等，楷書。

題名自擬，全稱《趙松雪書太上玄元道德經》，又稱《趙松雪臨道德經》。

卷末有康熙六年（1667）韓慕廬題識。

案：韓菼（1637—1704），字元少，號慕廬，長洲人，康熙十二年（1673）狀元，官至禮部尚書，謚文懿。

龐鏡塘印："贏縮研齋""鏡塘乙酉後所得"朱文方印。

子部，藝術類，書畫。

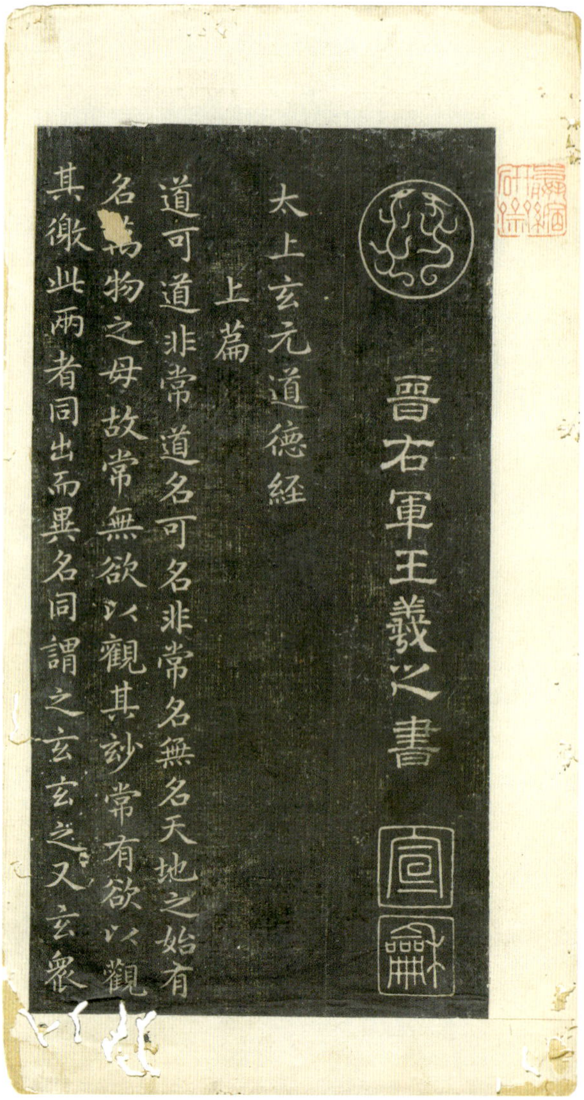

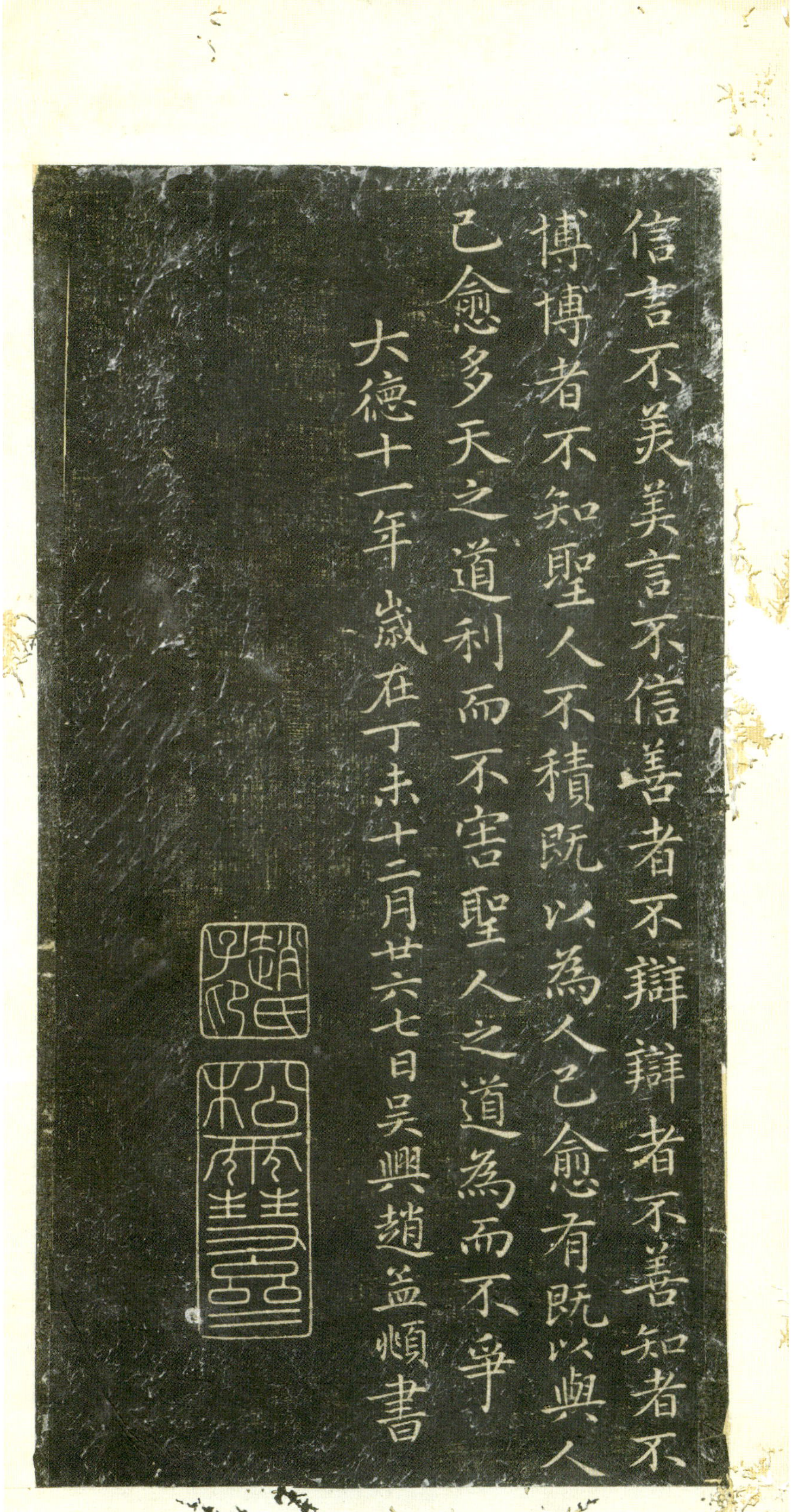
信言不美美言不信善者不辯辯者不善知者不
博博者不知聖人不積既以為人己愈有既以與人
己愈多天之道利而不害聖人之道為而不爭
大德十一年歲在丁未十二月廿六七日吳興趙孟頫書

靈飛經　Asian Rare-4 no.88

〔唐〕鍾紹京書

清（1644—1911）拓本。

册葉裝，剪裱本，一册（十九開），册高28釐米。

墨心22×11.7釐米，6行17字不等。

題名自擬，原刻卷末有明萬曆三十八年（1610）董其昌跋。

龐鏡塘印："贏縮研齋"朱文方印，"鏡塘長物"白文方印。

子部，藝術類，書畫。

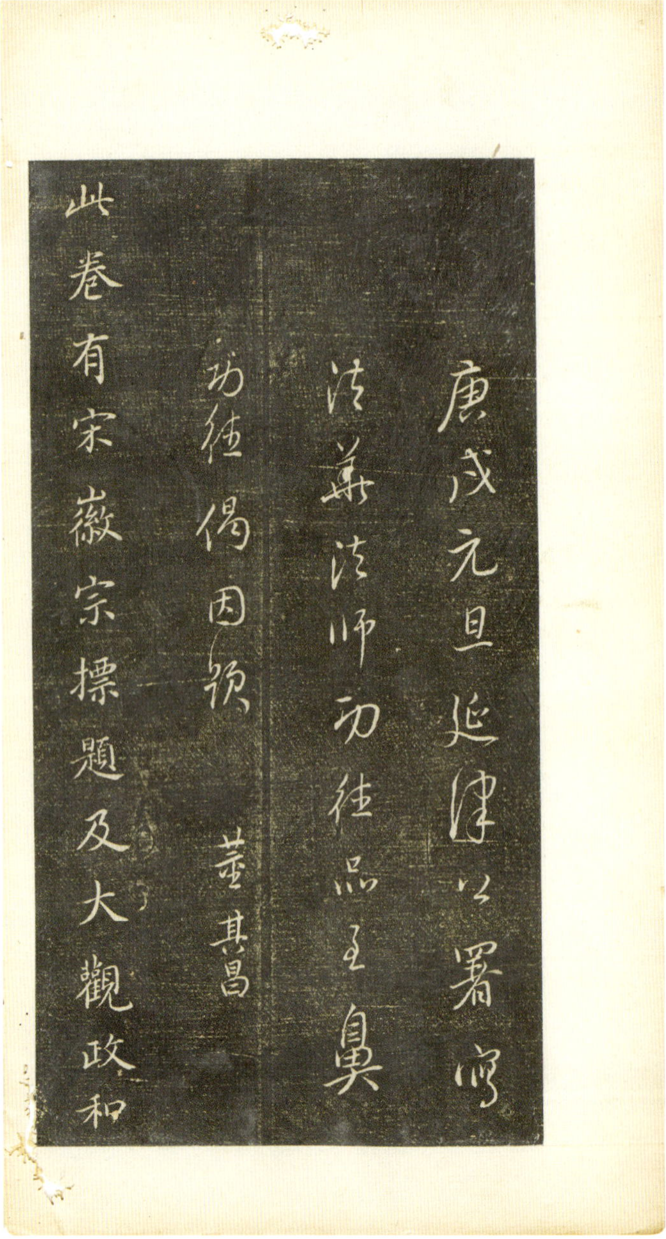

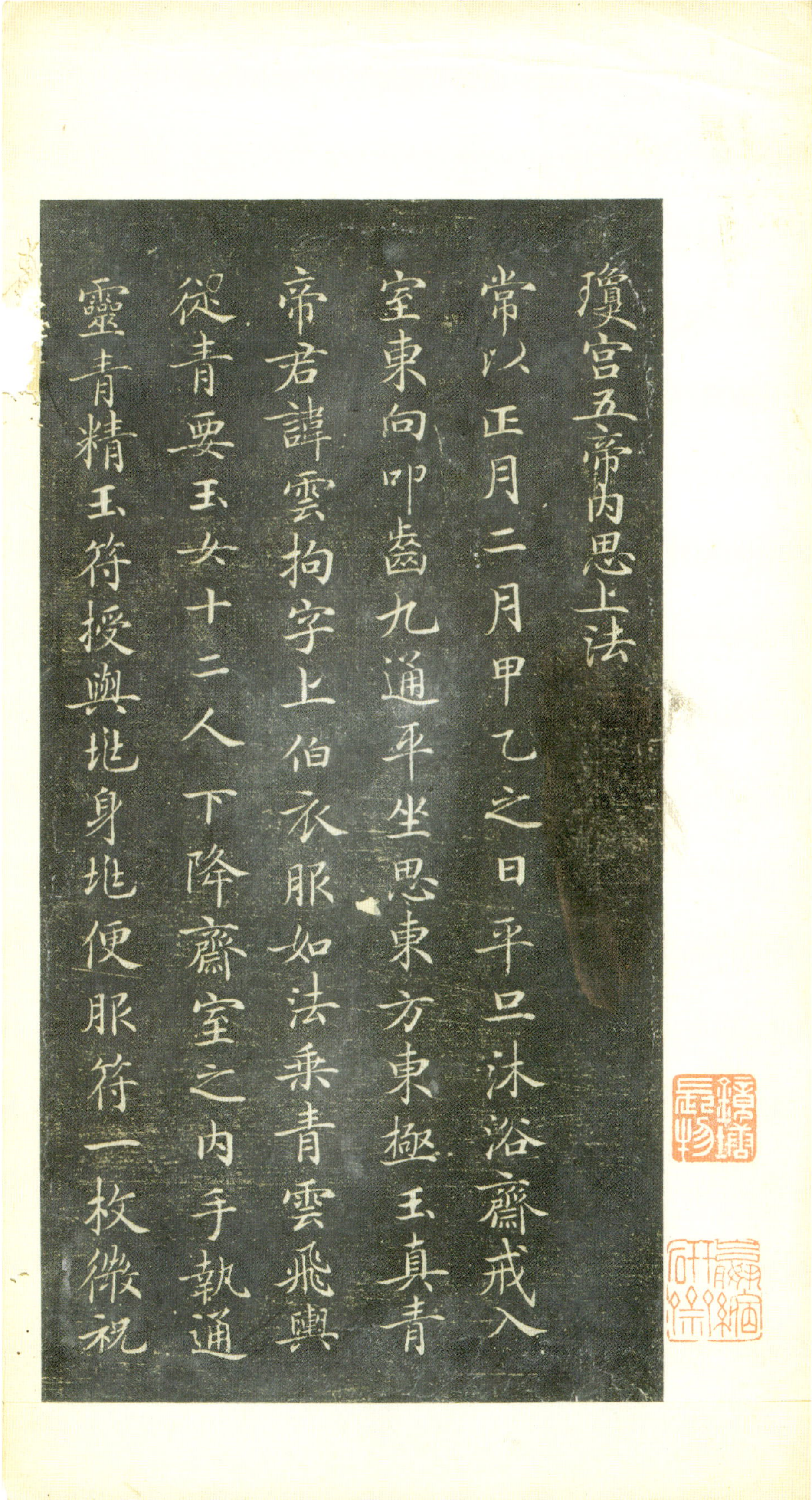

瓊宮五帝內思上法
常以正月二月甲乙之日平旦沐浴齋戒入
室東向叩齒九通平坐思東方東極玉真青
帝君諱雲拘字上伯衣服如法乘青雲飛輿
從青要玉女十二人下降齋室之內手執通
靈青精玉符授與兆身兆便服符一枚微祝

金剛般若波羅蜜經　Asian Rare-4 no.107

〔後秦〕釋鳩摩羅什譯

舊拓本（？—1644）。

册葉裝，剪裱本，一册（三十開）。

册葉29×14.5釐米，墨心22.5×9.5釐米，二十七開，6行15字，惟首葉左面後改爲7行，楷書。

案：帖首行篆字題“晉王右軍書”，上刻有雙龍紋圓形圖案，下刻有“宣和”二字。帖尾題“永和十二年六月旦日山陰王羲之書”，並刻有“右將軍會稽内史印”。據帖後王芑孫跋云，此首行篆題及末行款署皆用别本嵌入，字體風格及紙墨皆與正文不同。正文首行題“金剛般若波羅蜜經”，次行題“姚秦三藏法師鳩摩羅什譯”。帖後有清乾隆五十五年（1790）程瑶田跋並鈐印，乾隆五十八年（1793）王芑孫跋並鈐印。據程、王二跋云，此本乃拓自宋代刻石。

略有殘缺，册葉多斷裂爲散葉。

程瑶田印：“程氏瑶田”“易其田疇”朱文方印。

王芑孫印：“王芑孫”朱文竪條印，“鐵夫”朱文方印。

龐鏡塘印：“羸縮研齋”朱文方印。

龐禕印：“龐禕”白文方印。

子部，藝術類，書畫。

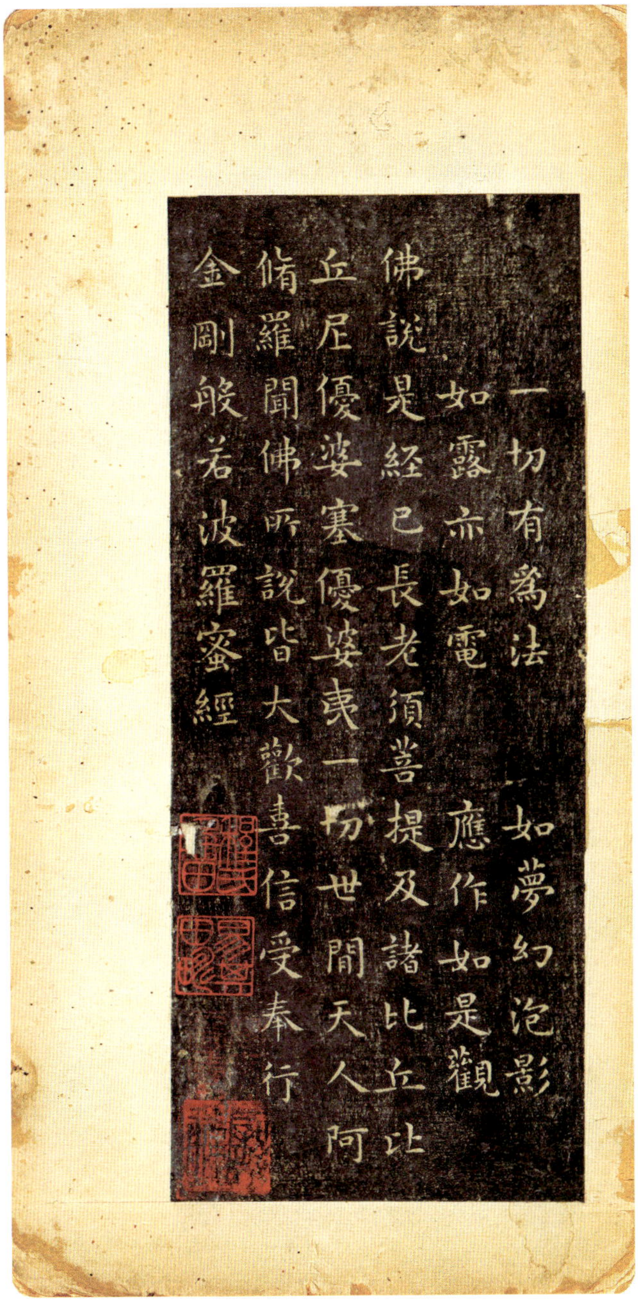
一切有為法　如夢幻泡影
如露亦如電　應作如是觀
佛說是經已長老須菩提及諸比丘比
丘尼優婆塞優婆夷一切世間天人阿
脩羅聞佛所說皆大歡喜信受奉行
金剛般若波羅蜜經

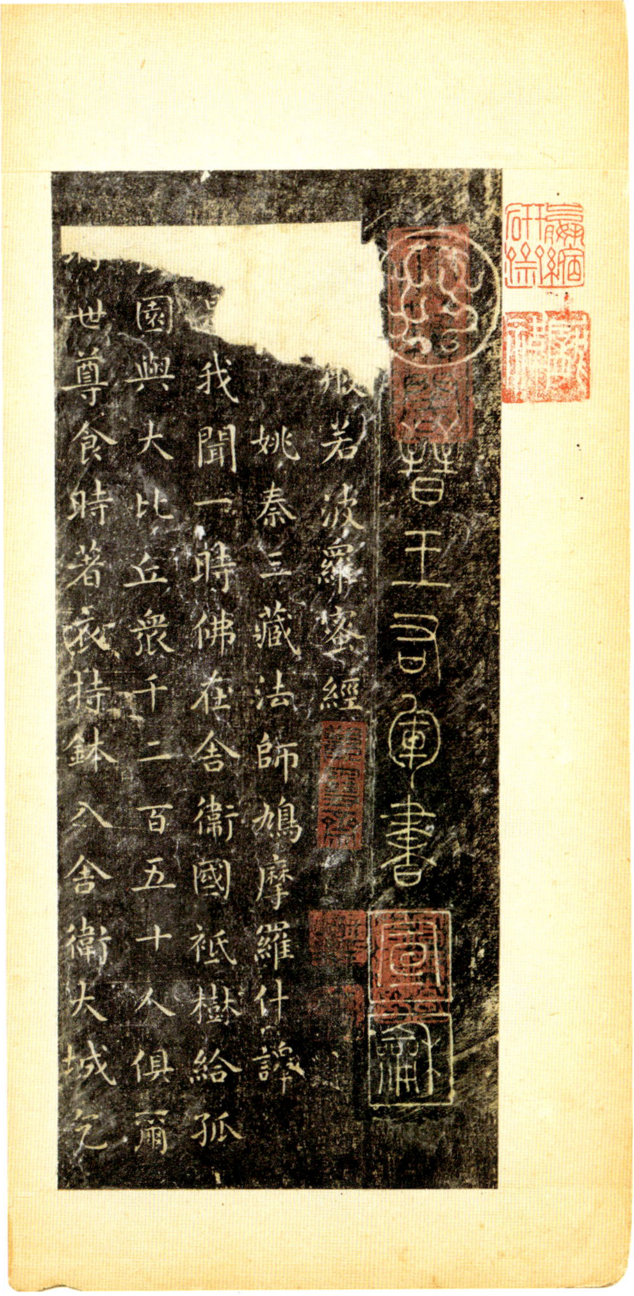
晉王右軍書
般若波羅蜜經
姚秦三藏法師鳩摩羅什譯
我聞一時佛在舍衛國祇樹給孤
園與大比丘衆千二百五十人俱爾
世尊食時著衣持鉢入舍衛大城乞

熊廷弼楊漣書札二通 Asian Rare-4 no.64

〔明〕熊廷弼、楊漣撰

明天啓手稿本（約1621—1625）。

册葉裝，一册（十三開），册高26釐米。

熊廷弼書信箋21.4×9.6釐米，3行字不等；楊漣書信箋16×6.5釐米，3行12字。

題名自擬，包括熊廷弼致楊漣書及楊漣答熊廷弼書各一通。清何紹基、吴大廷題跋。

案：熊廷弼（1569—1625），字飛百，號芝岡，江夏人，萬曆二十六年（1598）進士，數度經略遼東，並未能挽其大局，加之閹黨陷害，終被冤殺。

楊漣（1572—1625），字文孺，號大洪，應山人，萬曆三十五年（1607）進士，東林六君子之一，曾上疏保薦熊廷弼，後因上疏魏忠賢二十四大罪狀，被捕入獄，並冤死獄中。

楊漣印："楊漣私印"朱文方印。

何紹基印："蝯"朱文方印。

謝道承印："閩中謝又紹鑑藏經籍圖史之章"朱文長方印。

梁章鉅印："茝林收藏""茝林審定""古瓦硯齋"朱文方印。

鈐印："琴江翁氏珍藏""魏蓮從觀""桐雲敬觀"。

龐鏡塘印："嬴縮研齋""鏡塘乙酉後所得""鏡唐審定""緣勝齋"朱文方印，"鏡塘長物"白文方印。

史部，雜史類。

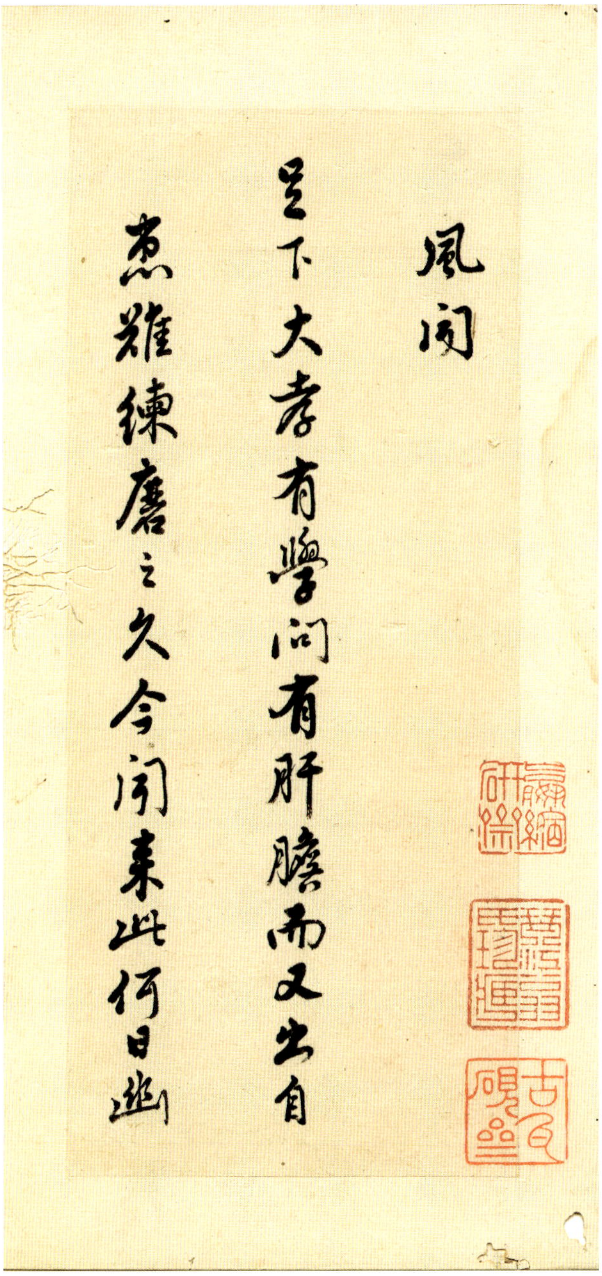
風閣
足下大孝有學問有肝膽而又出自
患難練磨之久今聞來此何日幽

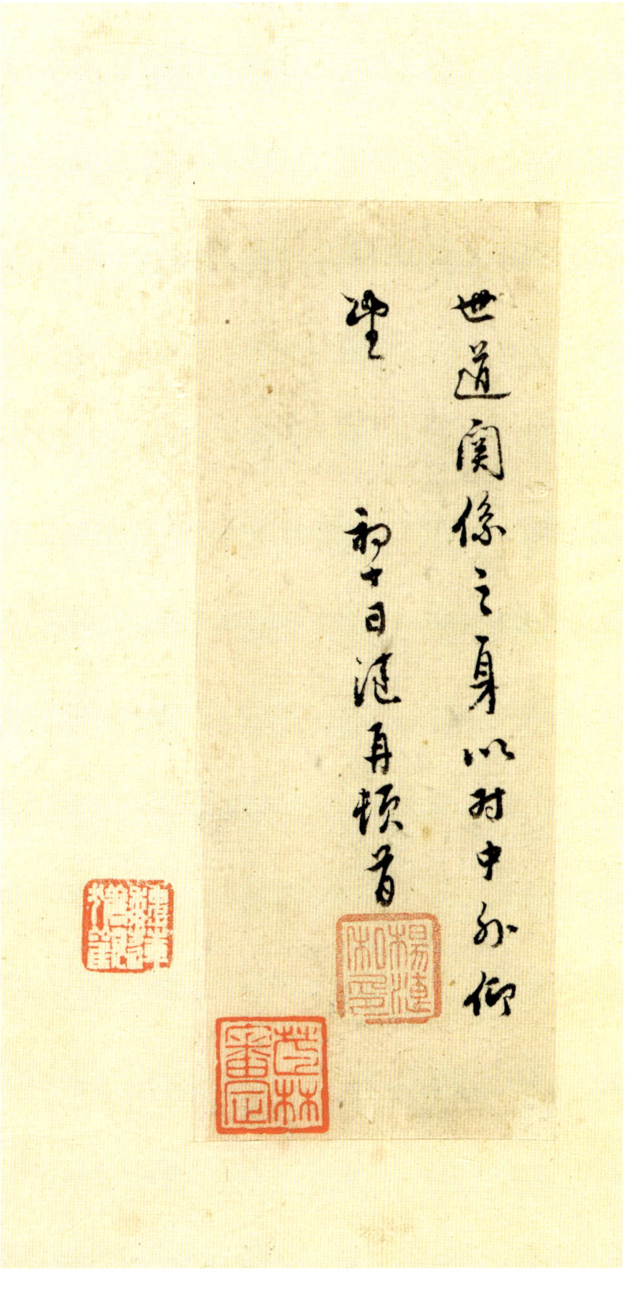
世道關係之身以樹中外仰
望
初十日漣再頓首

趙秋谷先生墨迹 Asian Rare-4 no.95

〔清〕趙執信撰並書

清雍正趙執信手稿（約1729—1732）。

册葉裝，一册（十一開），册葉24.4×10釐米。

信箋一：17.6×10釐米，三開，5行字不等，無欄框；信箋二：19.7×10釐米，四開，8行字不等，無欄框。

案：書簽題“趙秋谷先生墨迹”，收録趙執信晚年書信兩通，第一通信有落款“執信”並鈐印；第二通信有“入世五十年，年垂七十歲”之語。

趙執信印：“執”“信”白文連珠小方印。

龐鏡塘印：“鏡唐審定”“嬴縮研齋”朱文方印，“鏡塘讀過”白文方印。

子部，藝術類，書畫。

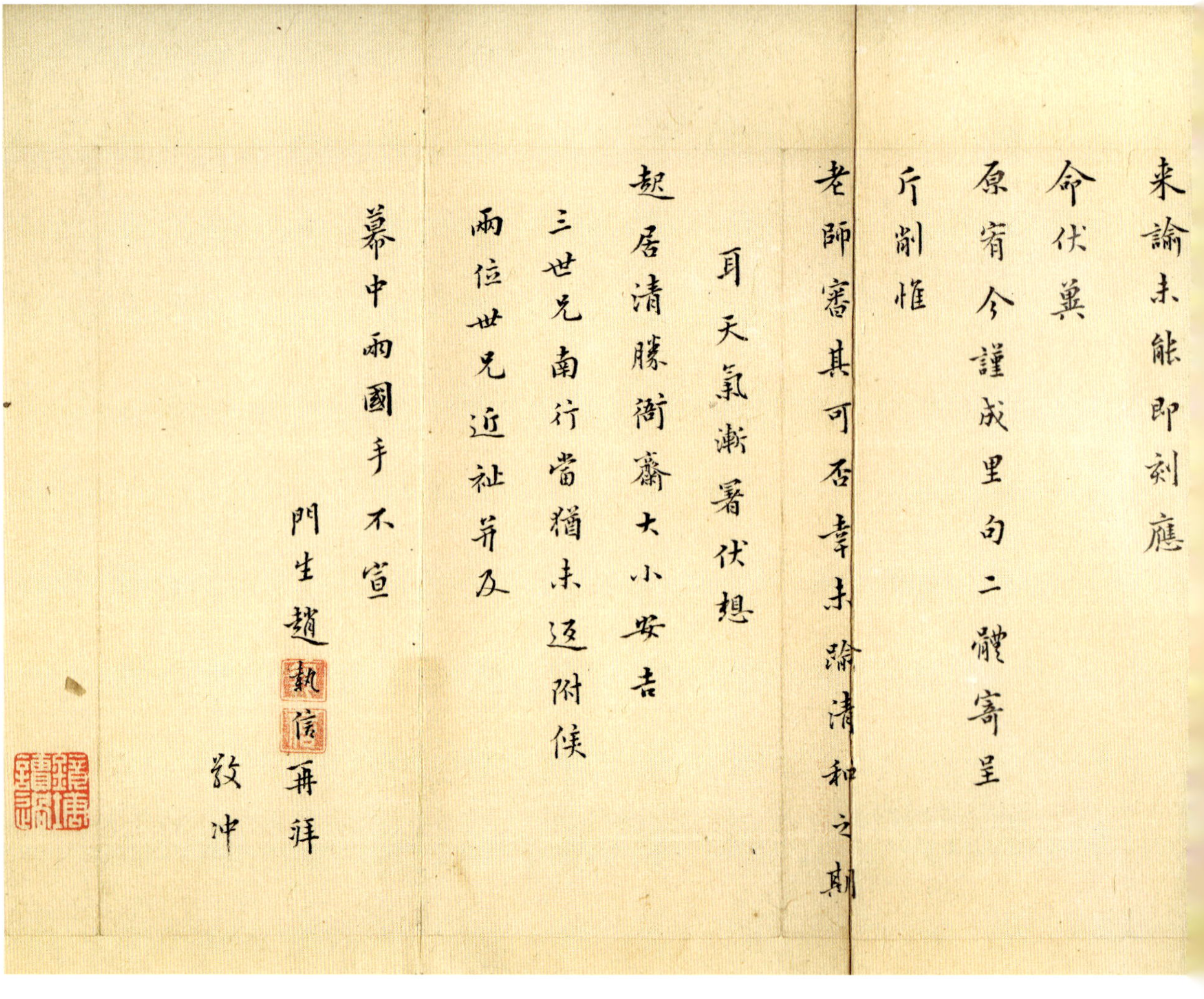
來諭未能即刻應
命伏冀
原宥今謹成里句二體寄呈
斤削惟
老師審其可否幸未踰清和之期
耳天氣漸暑伏想
起居清勝衙齋大小安吉
三世兄南行當猶未返附候
兩位世兄近祉并及
幕中兩國手不宣
門生趙執信再拜
敬沖

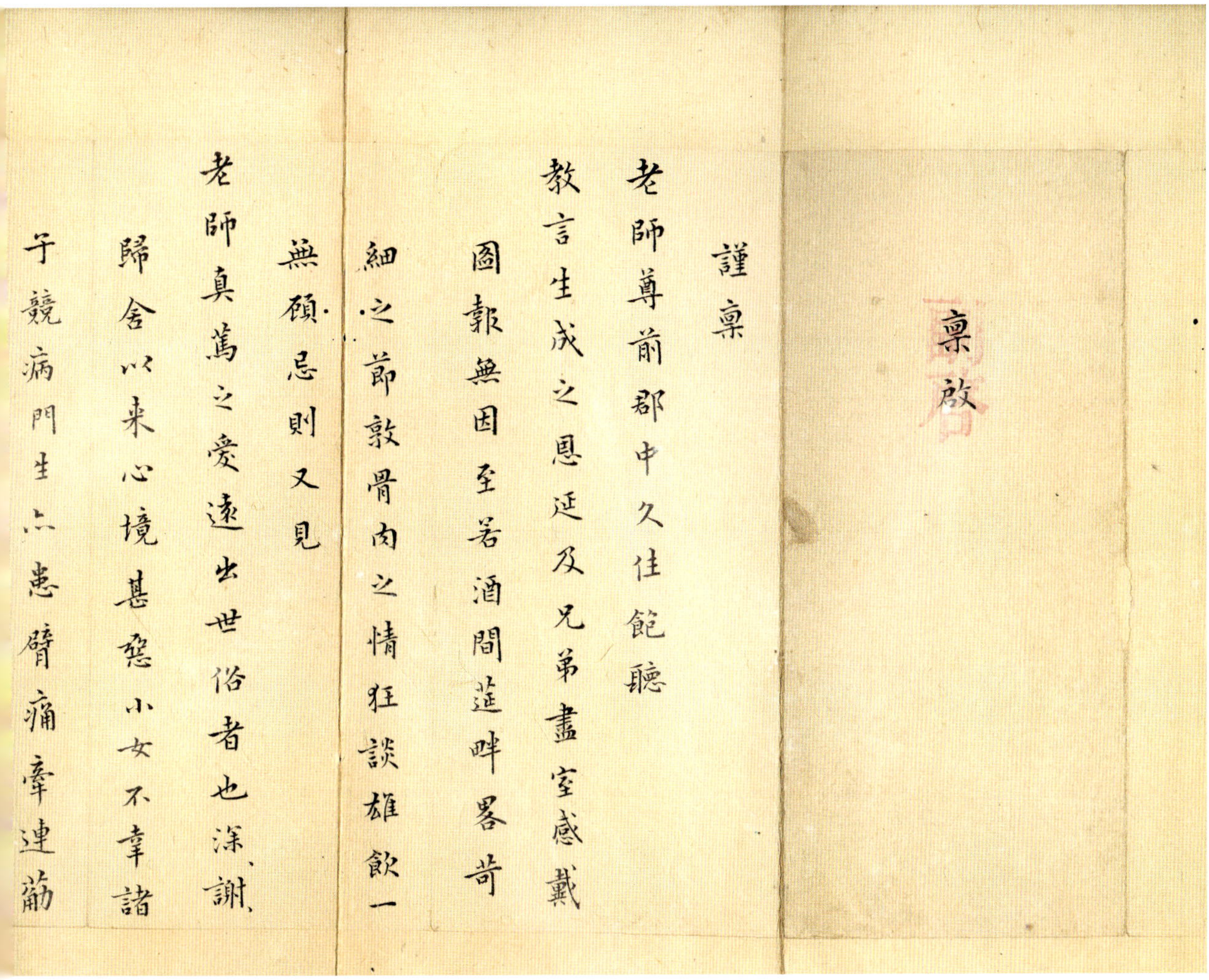

稟啓

謹稟

老師尊前郡中久住飽聽

教言生成之恩延及兄弟盡室感戴

罔報無因至若酒間莚畔畧苛細之節敦骨肉之情狂談雄飲一

無頗忌則又見

老師真篤之愛遠出世俗者也深、謝、

歸舍以來心境甚惡小女不幸諸

于兢病門生亦患臂痛牽連觔

劉文正公手札　Asian Rare-4 no.102

〔清〕劉統勛撰並書

清乾隆劉統勛手稿（約1772—1773）。

册葉裝，一册（四開），册葉30.8×18.5釐米。

信箋高21.2釐米，寬窄不等，二開，行字不等。

案：木夾板題簽云“劉文正公手札行書二十葉，光緒甲午孟夏，自求齋主人題檢”。册中僅存信札四葉，信中提及兒子劉墉在陝之事，其第三葉有劉統勛署名。

龐鏡塘印：“贏縮研齋”“鏡塘乙酉後所得”朱文方印。

集部，别集類，清。

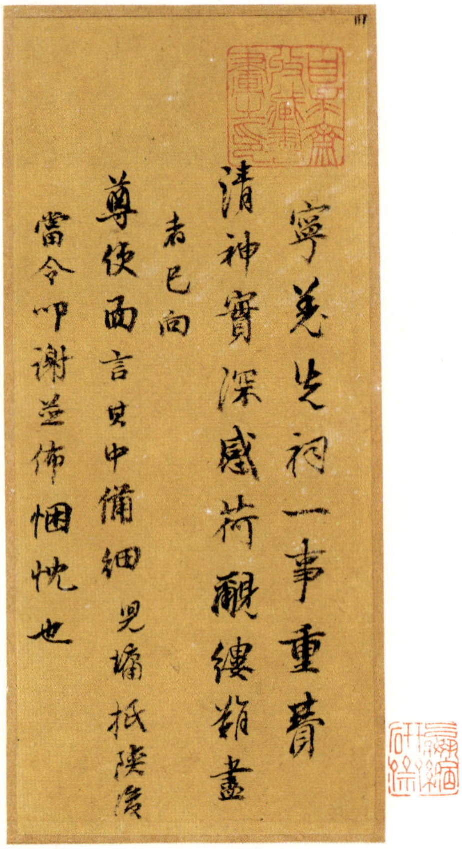
寧羌先祠一事重費
清神實深感荷覼縷難盡
來已向
尊使面言其中備細　兒墉抵陝後
當令叩謝並佈悃忱也

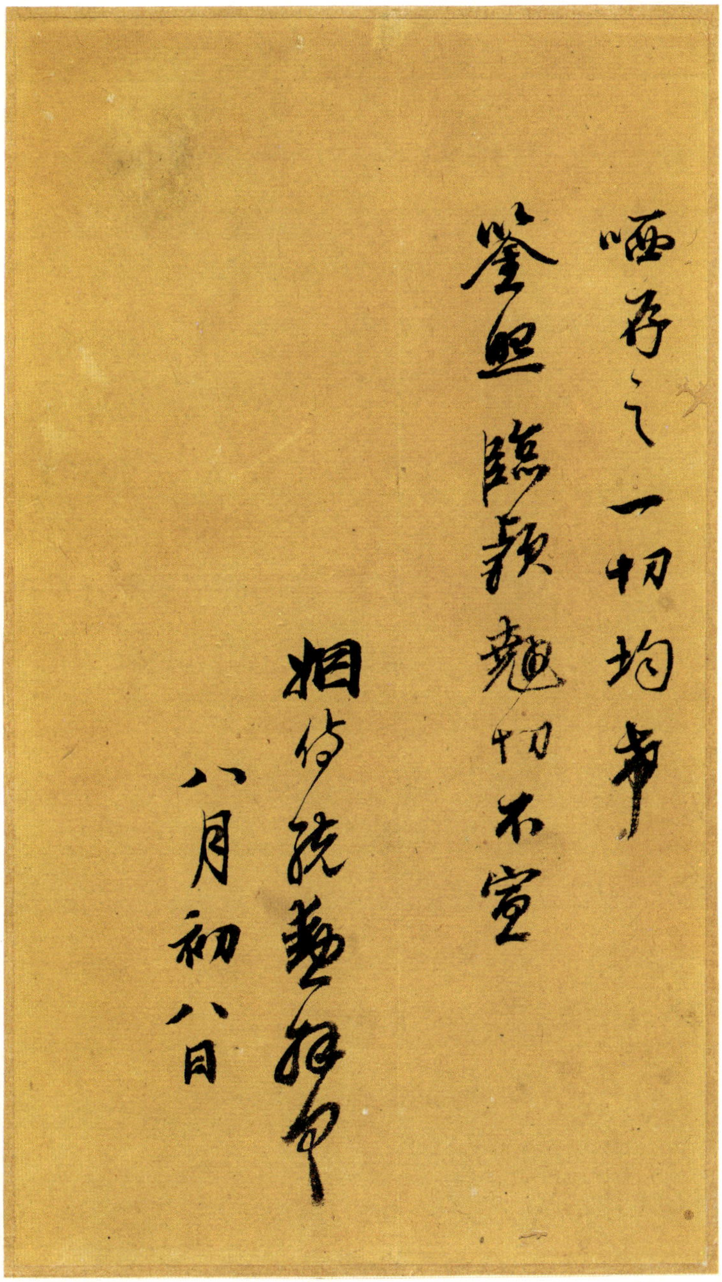
哂存之。一切均希
鑒照。臨穎翹切，不宣。
姻侍統藝頓首
八月初八日

劉石庵中年書册　　Asian Rare-4 no.96

〔清〕劉墉書

清乾隆九年十二月一日（1745年1月3日）劉墉寫本。

册葉裝，一册（十五開），册葉31.3×19.8釐米。

墨心25×17.2釐米，十一開，8行15字。

案：龐鏡塘題書簽云“劉石庵中年書册，嘿園”，並鈐“鏡塘書畫”白文小方印。册中内容爲屈原《離騷》全文，楷書，落款署“乾隆甲子冬十有二月朔書，東武劉墉”，並有跋文一篇，落款署“崇如又記”。

劉墉印：“劉墉之印”白文回文方印，“崇如”朱文方印，“御賜清愛堂”朱文圓印。

鈐印：“懷抱觀古今”“棣華書屋”白文方印，“壽卿珍賞”朱文方印。

龐鏡塘印：“鏡唐審定”“贏縮研齋”朱文方印，“贏縮研齋考藏金石書畫”白文方印，“鏡塘書畫”白文小方印。

子部，藝術類，書畫。

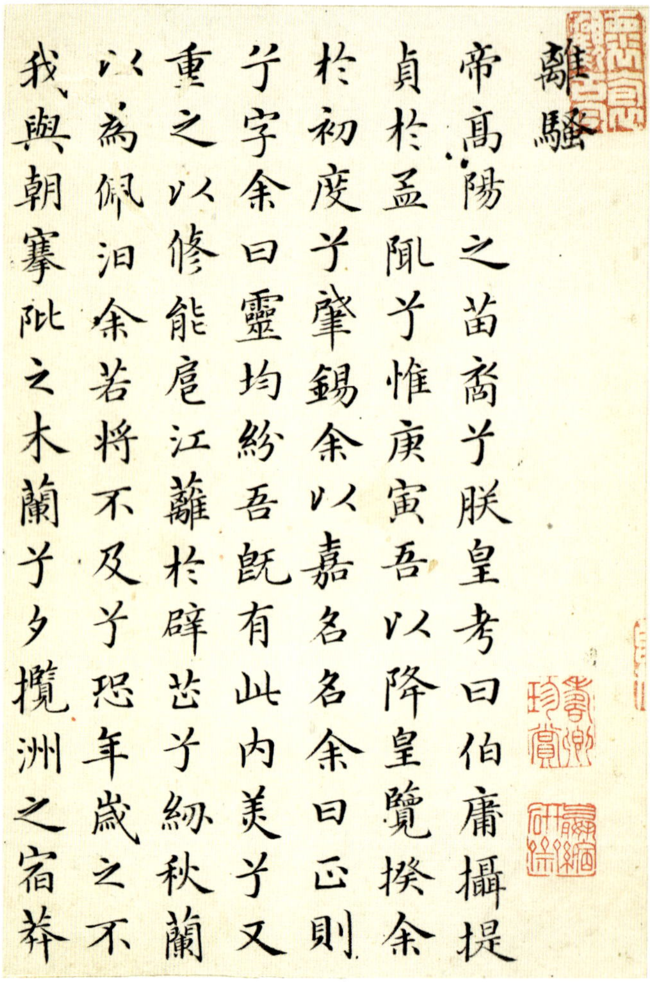
離騷
帝高陽之苗裔兮朕皇考曰伯庸攝提
貞於孟陬兮惟庚寅吾以降皇覽揆余
於初度兮肇錫余以嘉名名余曰正則
兮字余曰靈均紛吾既有此內美兮又
重之以修能扈江蘺於辟芷兮紉秋蘭
以為佩汩余若將不及兮恐年歲之不
我與朝搴阰之木蘭兮夕攬洲之宿莽

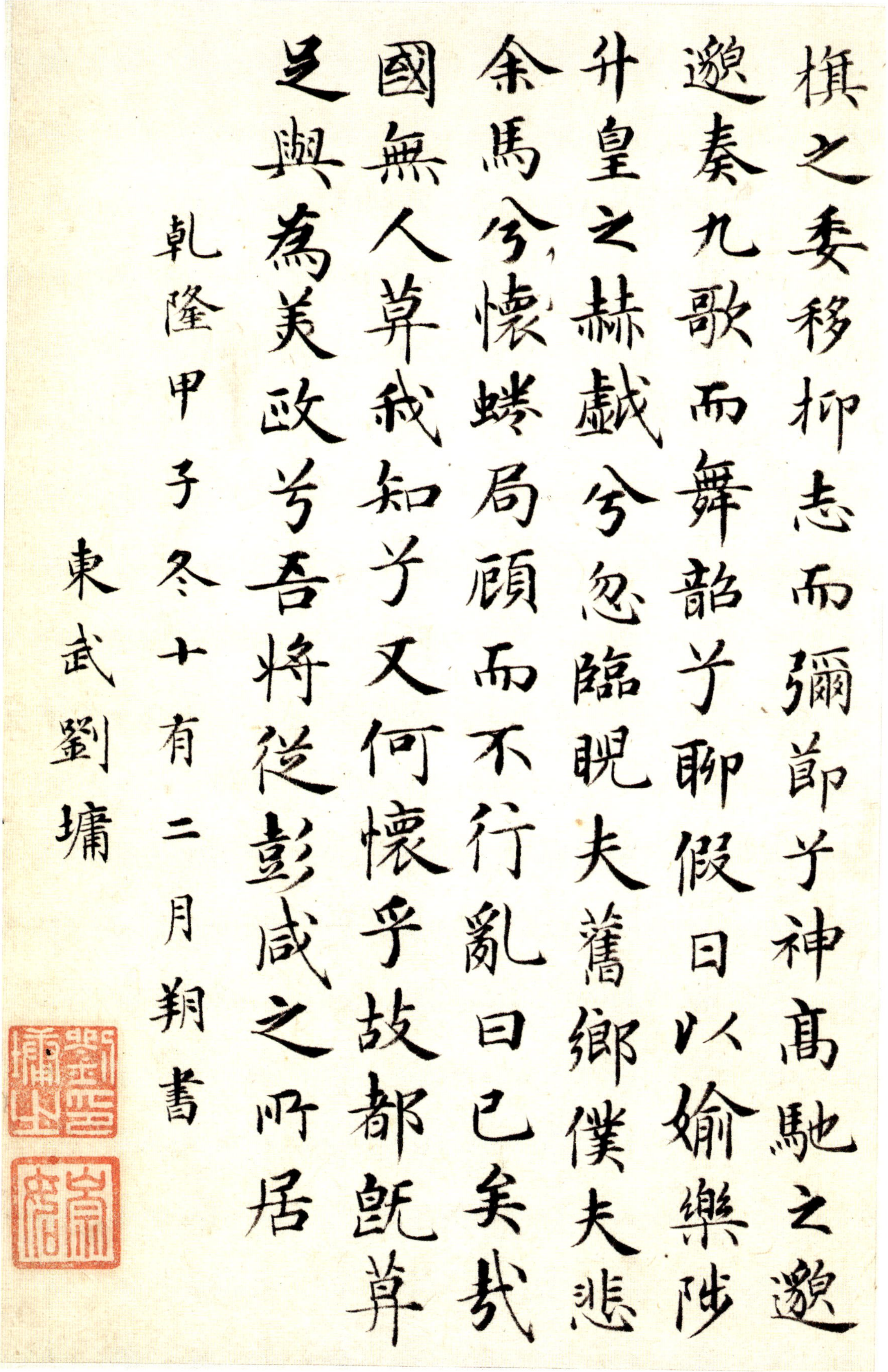
旗之委移抑志而彌節兮神高馳之邈
邈奏九歌而舞韶兮聊假日以媮樂陟
升皇之赫戲兮忽臨睨夫舊鄉僕夫悲
余馬兮懷蜷局顧而不行亂曰已矣哉
國無人莫我知兮又何懷乎故都既莫
足與為美政兮吾將從彭咸之所居
乾隆甲子冬十有二月朔書
東武劉墉

傅青主先生墨寶 Asian Rare-4 no.99

〔清〕傅山撰並書

清乾隆四十五年（1780）傅山手稿。

册葉裝，一册（七開），册葉32×15.3釐米。

墨心25.8×11.5釐米，三開，行字不等；題跋25.7×12釐米，朱絲欄，5行字不等。

案：書簽題“傅青主先生墨寶，海運樓珍藏，乙丑冬日洪陸東題”，並鈐“陸東”朱文小圓印；扉頁題“霜紅龕遺墨，鏡塘屬題，尹默”，並鈐“沈”朱文小方印；册尾有民國三十三年（1944）沈尹默跋及楊定襄、汪東、熊夢賓、觀民等人題跋或題款。另附有散葉四紙，一爲龐鏡塘手書册中傅青主詩目，白宣紙，凡“七絶六首，五律四首，五古一首”；一爲空白宣紙；另兩葉爲熊夢賓及觀民題跋底稿，鋼筆書寫。

洪陸東印：“陸東”朱文小圓印。

沈尹默印：“沈”朱文小方印，“沈尹默”白文方印。

楊定襄印：“佛士”朱文方印。

熊夢賓印：“熊夢賓”白文方印。

觀民印：“觀民”朱文小方印。

龐鏡塘印：“鏡塘心賞”“鏡唐審定”“贏縮研齋”“緣勝齋”朱文方印，“鏡塘曾藏”“句陽龐鏡塘鑑賞印”朱文豎方印，“鏡塘行篋中物”“鏡塘長物”白文方印。

子部，藝術類，書畫。

攙搶才交塵不來春楓童高束

倘瞰二千伊山鵲凌風松頂生
索柵陰之筆一夕暉下方鐘磬遠風之深高
民羅智術物小右生成仁者良足恤

攲平如水先皇日行樂時二帋戲傳江上建
尖道遺事斷腸如遇李龜年
龍語縱橫許入詩舍人侍讌栢梁睟武
皇没後并兼笑說著宮車只淚垂
劉雨連三日江雲擋花筆荷傾珠又續竹

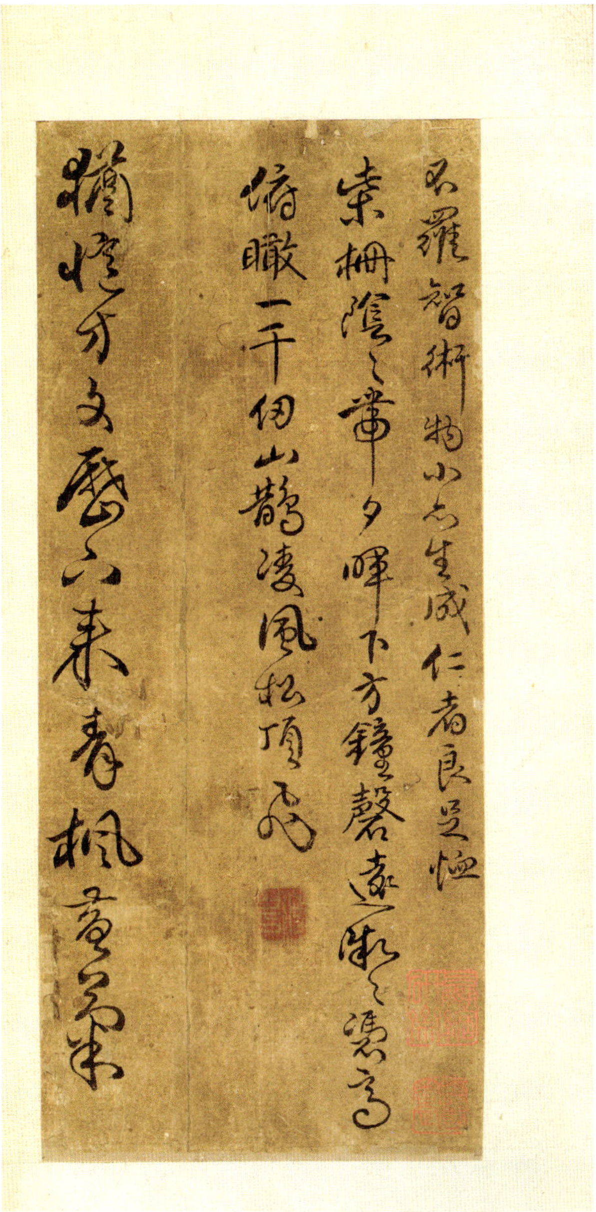

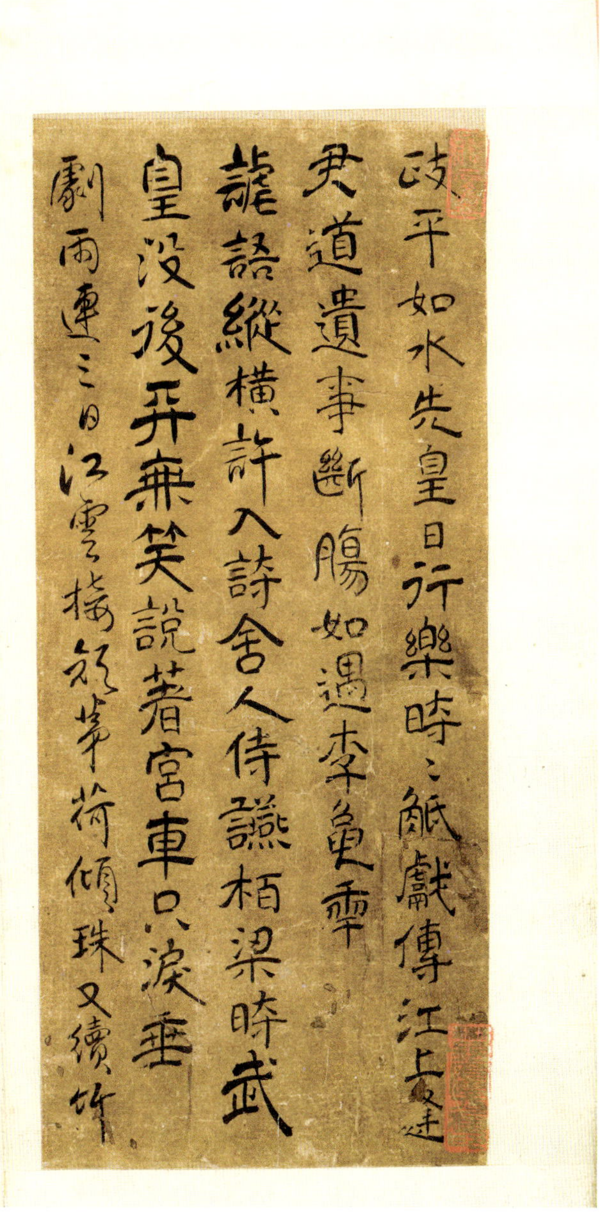

王文治臨古册子　　Asian Rare-4 no.98

〔清〕王文治書

清乾隆四十五年（1780）王文治寫本。

摺葉，散裝，十六開，摺葉27.2×20.3釐米。

墨心20×16.5釐米，十二開，行字不等。

案：題名自擬，有乾隆四十五年王文治跋及鈐印，皆爲臨帖作品。

王文治印："王氏禹卿""夢樓""文章太守"朱文方印，"文治私印"白文方印。

龐鏡塘印："鏡唐審定""嬴縮研齋""鏡塘乙酉後所得"朱文方印。

龐禕印："龐禕"白文方印。

子部，藝術類，書畫。

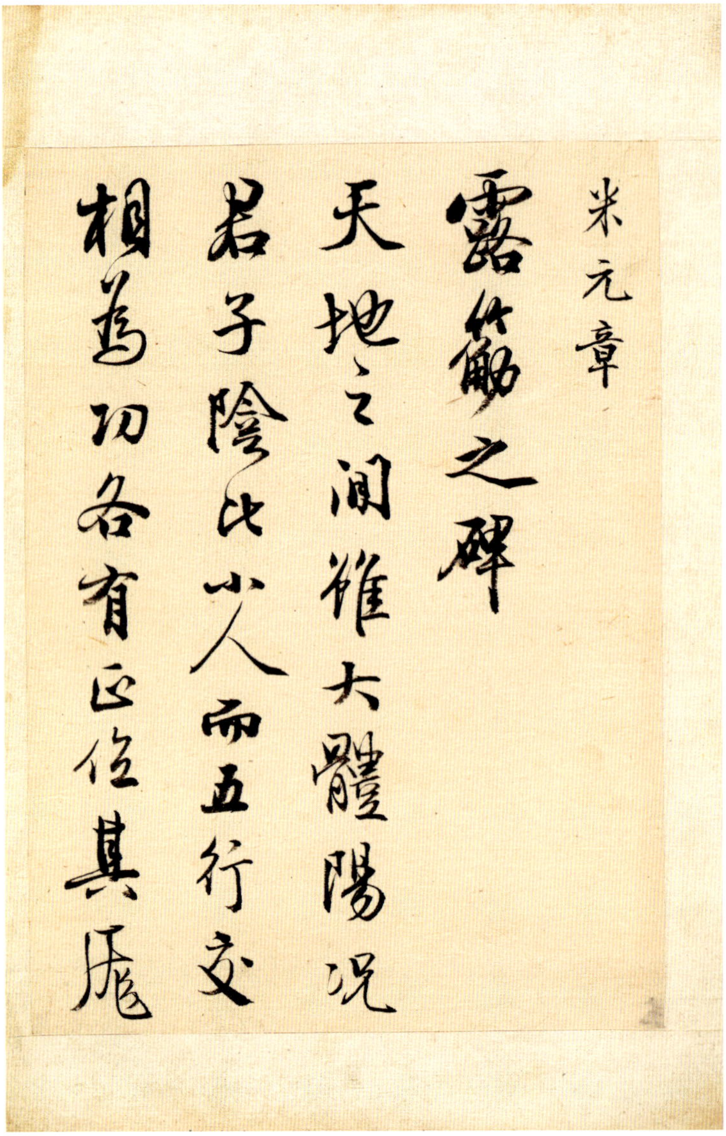

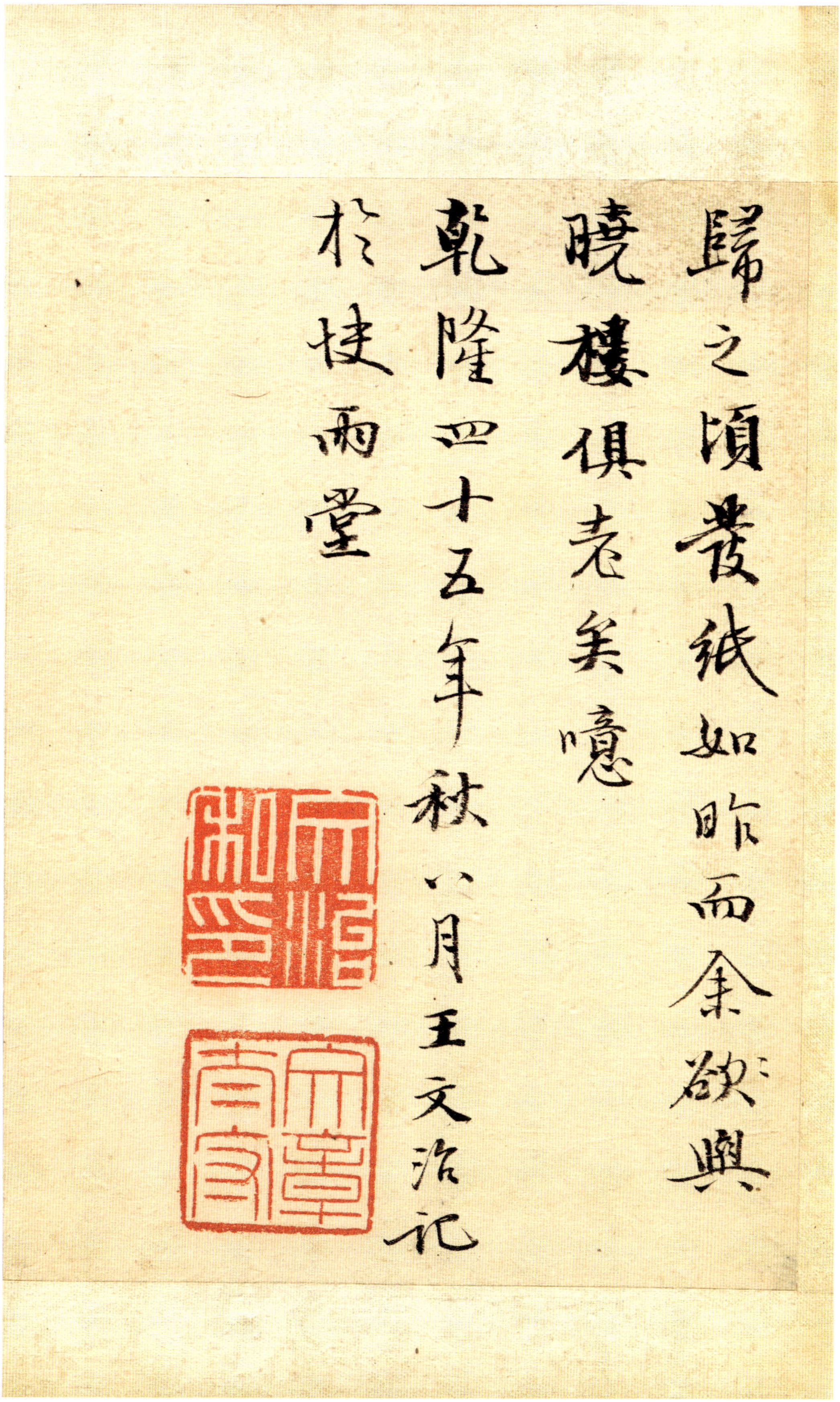

歸之頃費紙如昨而余欲與
曉樓俱老矣噫
乾隆四十五年秋八月王文治記
於快雨堂

劉鐶之遺墨　Asian Rare-4 no.108

〔清〕劉鐶之書

清乾隆嘉慶間劉鐶之寫本（約1763—1801）。

册葉裝，一册（十二開），册葉32.8×19.4釐米。

墨心大小不等，八開。

案：木夾板題簽云“先恭憲公遺墨，孫方煒珍藏”。册中收録劉鐶之於乾隆、嘉慶年間手書十六幀。

劉鐶之印：“鐶之”朱文方印。

龐鏡塘印：“贏縮研齋”“鏡塘乙酉後所得”朱文方印，“贏縮研齋考藏金石書畫”白文方印。

龐禕印：“龐禕”白文方印。

子部，藝術類，書畫。

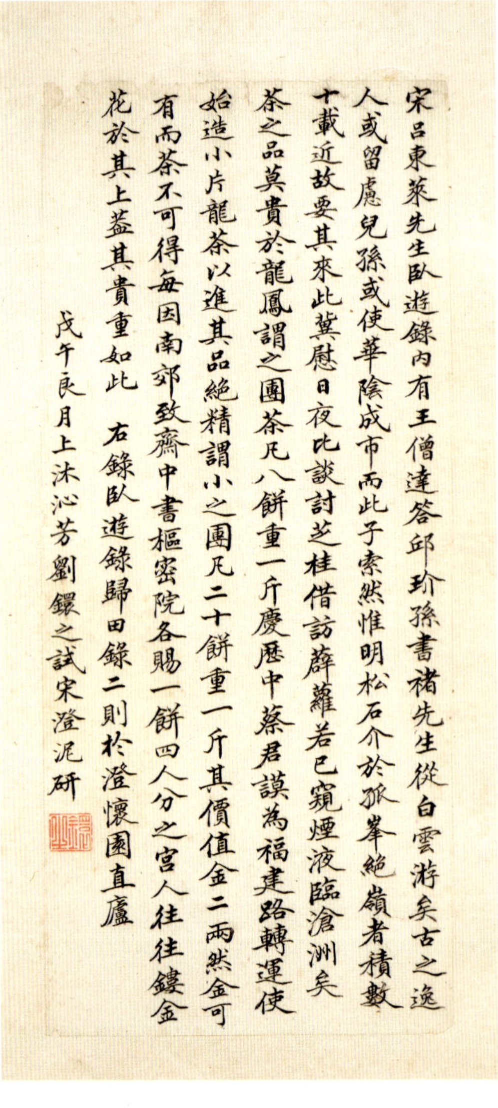
宋吕東萊先生臥遊録內有王僧達答邱珍孫書褚先生從白雲游矣古之逸人或留慮兒孫或使華陰成市而此子索然惟明松石介於孤峯絶嶺者積數十載近故要其來此莫慰日夜比談討芝桂借訪薜蘿若已窺煙液臨滄洲矣
茶之品莫貴於龍鳳謂之團茶凡八餅重一斤慶歷中蔡君謨為福建路轉運使始造小片龍茶以進其品絶精謂小之團凡二十餅重一斤其價值金二兩然金可有而茶不可得每因南郊致齋中書樞密院各賜一餅四人分之宮人往往鏤金花於其上蓋其貴重如此　右録臥遊録歸田録二則於澄懷園直廬
戊午良月上沐沁芳劉鐶之試宋澄泥研

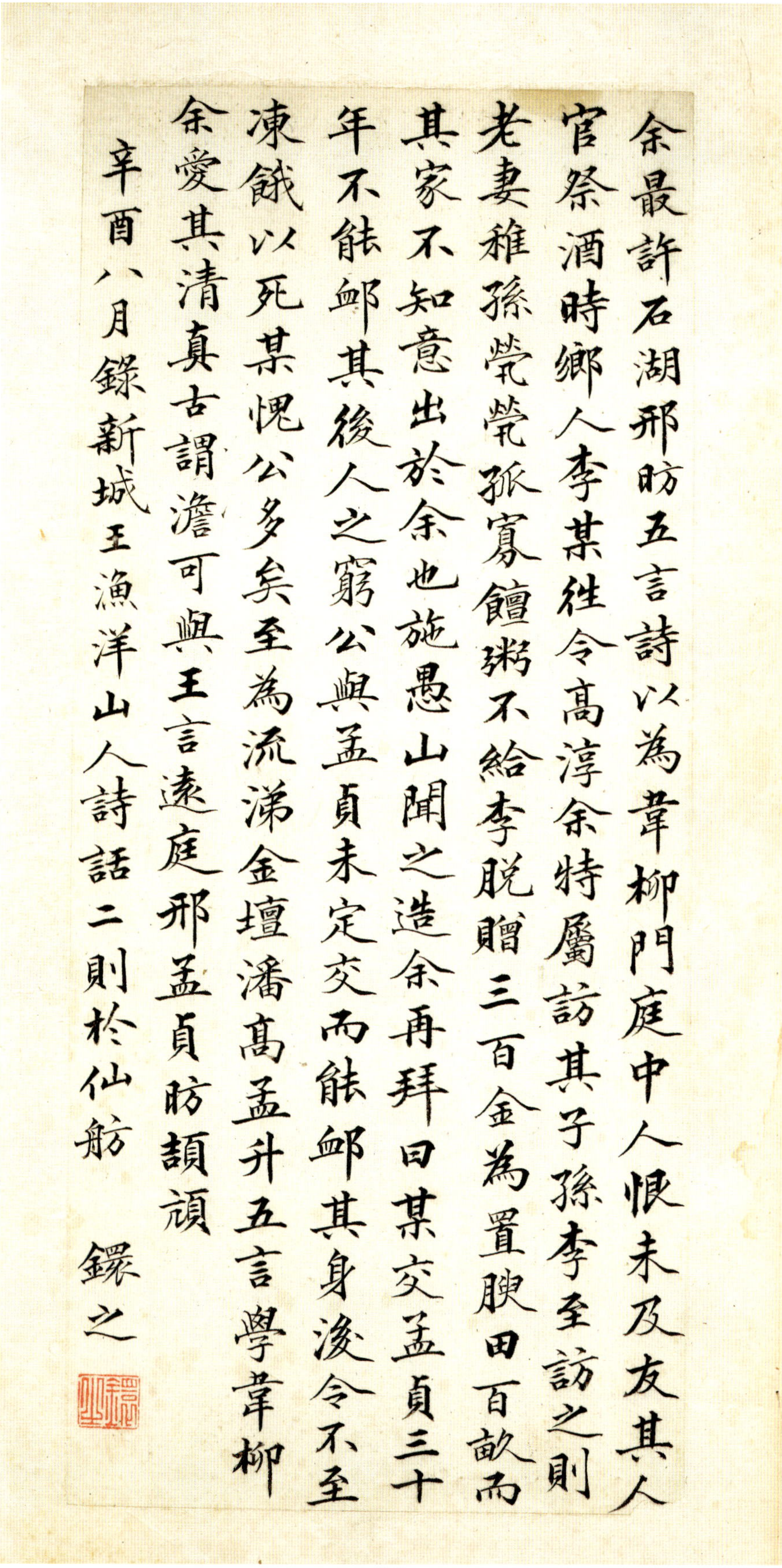
余最許石湖邢昉五言詩以為韋柳門庭中人恨未及友其人
官祭酒時鄉人李某往令高淳余特屬訪其子孫李至訪之則
老妻稚孫煢煢孤寡饘粥不給李脫贈三百金為置腴田百畝而
其家不知意出於余也施愚山聞之造余再拜曰某交孟貞三十
年不能卹其後人之窮公與孟貞未定交而能卹其身後令不至
凍餓以死某愧公多矣至為流涕金壇潘高孟升五言學韋柳
余愛其清真古謂澹可與王言遠庭邢孟貞昉頡頏
辛酉八月錄新城王漁洋山人詩話二則於仙舫　鐶之

陳玉方先生墨迹　　Asian Rare-4 no.97

題〔清〕陳希祖書

清末至民國間（1821—1945）寫本。

册葉裝，一册（十二開），册葉32.7×19.4釐米。

絹心26.4×15.6釐米，十開，3行7字，行書。

案：書簽題“陳玉方先生墨迹，己未孟冬百栞署簽”，内容爲宋歐陽修之《醉翁亭記》，行書，絹底，册尾落款“乾隆己未長至日，玉方陳希祖書于雲在軒”。此爲後人假託陳氏之名而作。

陳希祖印（存疑）：“陳希祖印”白文回文方印，“敦壹”朱文方印。

鈐印：“紅藥山房”朱文方印，“桐城姚氏蜕園所藏”朱文豎方印，“高苑張書船家藏圖書”白文方印。

龐鏡塘印：“鏡唐審定”“羸縮研齋”“鏡塘乙酉後所得”朱文方印，“羸縮研齋考藏金石書畫”白文方印。

龐禕印：“龐禕”白文方印。

子部，藝術類，書畫。

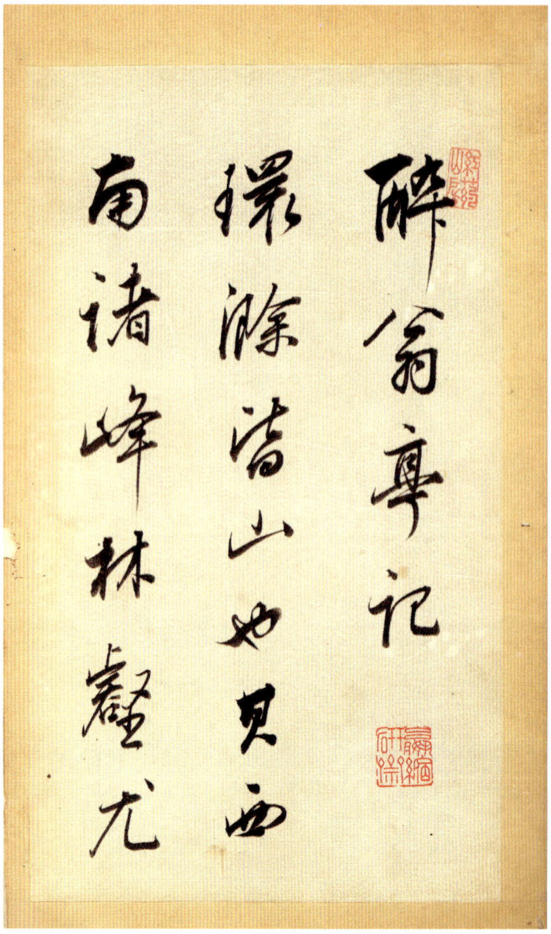

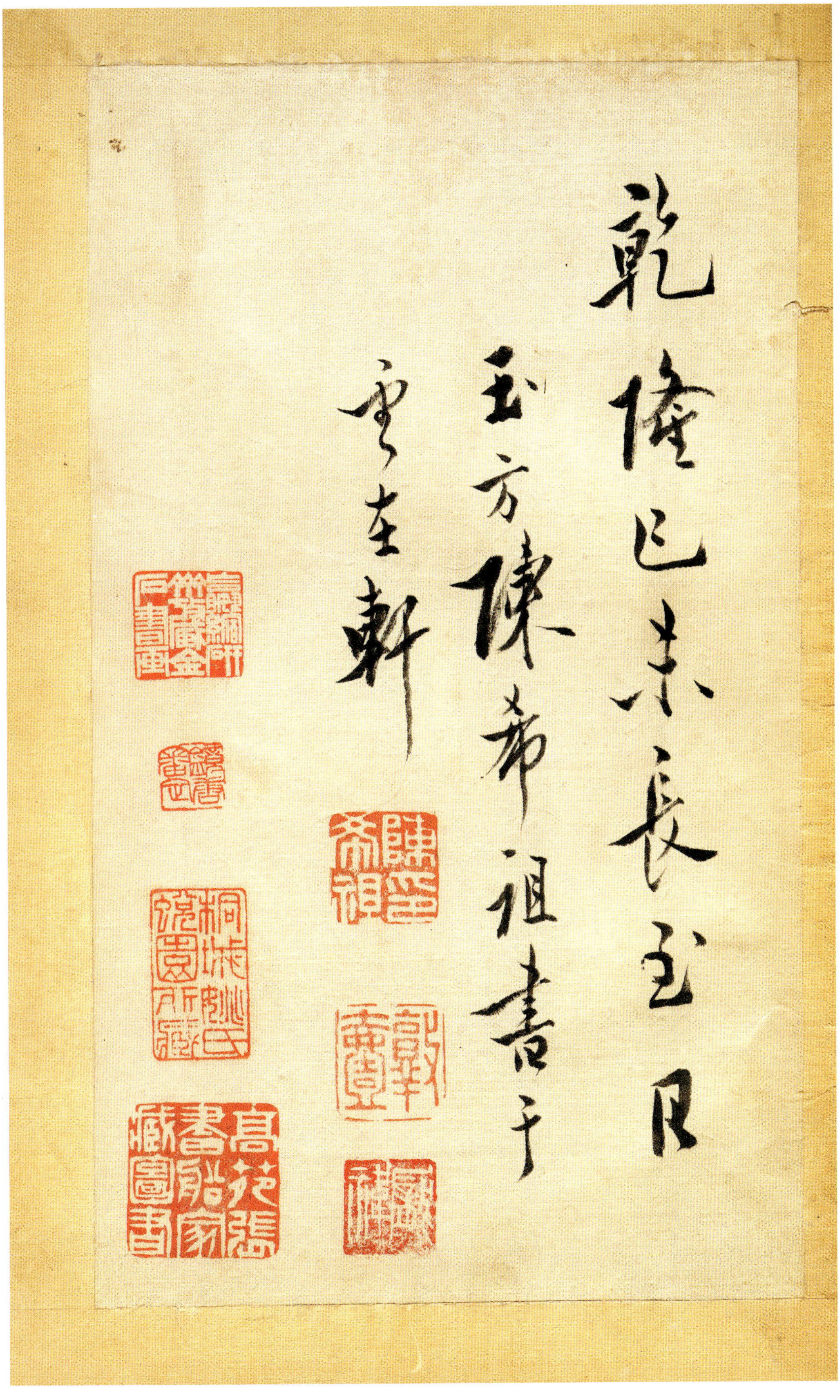
乾隆已未長至日
玉方陳希祖書于
雲在軒

龐鏡塘藏信札十通　Asian Rare-4 no.115

龐鏡塘收藏並整理

民國手稿（約1920—1948）。

摺葉，散裝，八開，外加散葉三張，摺葉33×45.6釐米。

此乃龐鏡塘收藏並裝裱之吴稚暉、柯璜、陳果夫（二通）、錢大鈞（二通）、胡漢民、張厲生、張繼等人給他的信函，另有一封飲冰室的便箋，内容多爲有關國民黨黨務的便函。其中對吴、陳及張繼三人的信，龐鏡塘均寫有便簽，記録信函背景。

史部，雜史類。

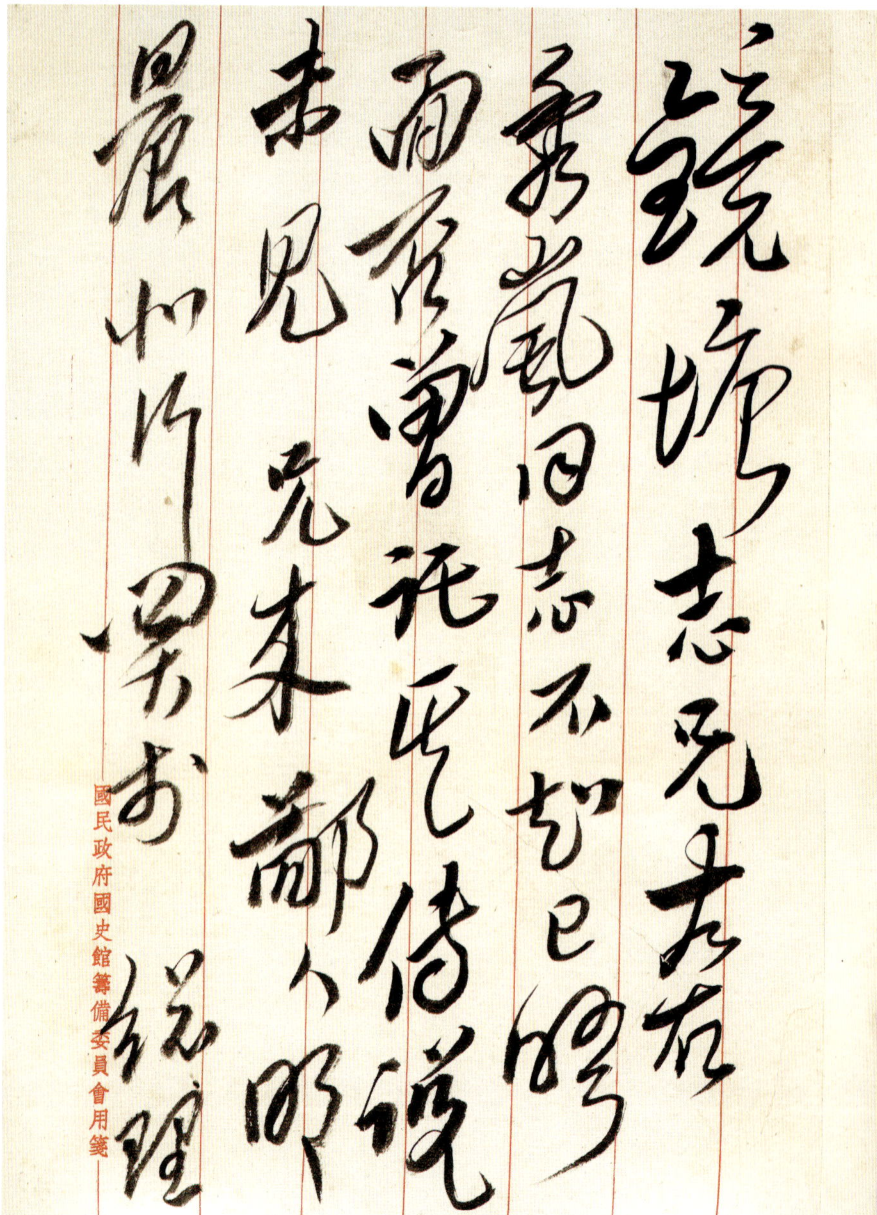
國民政府國史館籌備委員會用箋

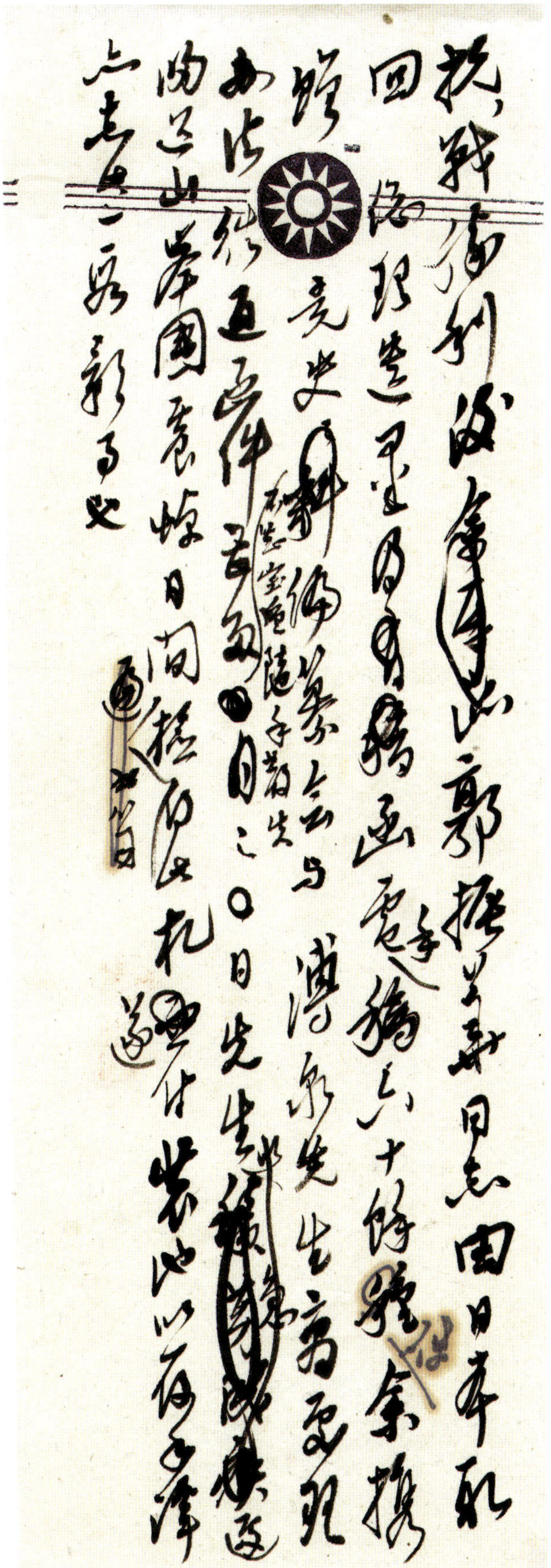

孟金煇山水册葉 Asian Rare-4 no.100

〔清〕孟金煇繪

清嘉慶道光間（1796—1850）孟金煇彩繪本，册葉裝，一册（十開）。

册葉26.9×14.5釐米，畫心20.5×11.4釐米。

案：無題名，收録山水册葉八幅，其第二幅有落款，云“玉簫生孟金煇”，並鈐“孟廿四”朱文小方印，其餘各畫均鈐有“玉生之印”或“廿四”印，册尾有郎允中、張翔珂跋。

孟金煇，字玉生，號玉簫生，後更名毓森，甘泉人。此册乃其早期所畫。

孟金煇印：“孟廿四”“廿四”朱文小方印，“玉生之印”白文小方印。

郎允中印：“心一”朱文小方印。

龐鏡塘印：“鏡唐審定”“鏡塘乙酉後所得”朱文方印。

子部，藝術類，書畫。

扇面集　Asian Rare-4 no.94

清中期至民國間彩繪及書寫本（約1796—1948）。

册葉裝，一册（三十九開），册高31×59釐米。

案：題名自擬，册中收録清中後期及民國年間繪製的扇面三十四幅，全部是從已經使用的真扇上拆下，裝裱成册，包括繪畫扇面二十五幅，書法扇面九幅。前半册多爲清中後期畫家戴鑑的畫扇，後半册則多題爲贈“纘之仁兄”的作品。除戴鑑外，落款署名的還有孫詒經、張學謙、洞庭山樵、程萬里、胡鈞、朱偁、金龢、沈疇，等等。

龐鏡塘印：“贏縮研齋考藏金石書畫”白文方印。

龐禕印：“龐禕”白文方印。

子部，藝術類，書畫。

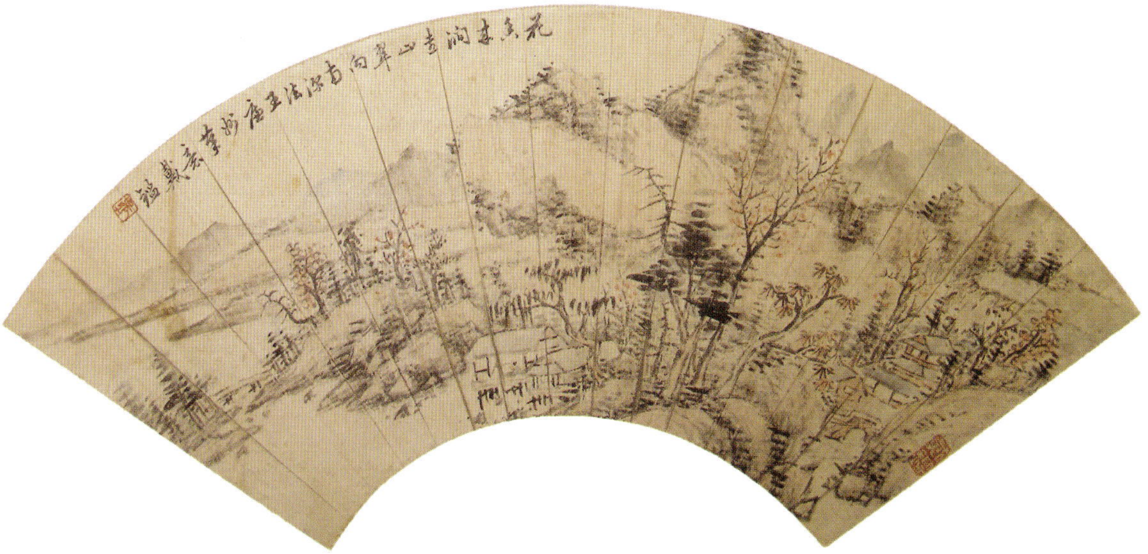

附録：龐鏡塘專藏整理小記

武亞民

UBC圖書館CLIR項目的工作重點之一，就是對龐鏡塘藏書進行全面系統的整理。這些藏品自入館以後，一直未被納入到館藏機讀目録之中，未能充分發揮其應有的作用。此次經過CLIR項目的系統整理，這些藏品的完整書目信息已經被輸入到館藏機讀目録之中，並加入到了OCLC WorldCat中，以及中國高等教育文獻保障系統（CALIS）的“高校古文獻資源庫”中，可供海内外專家學者查詢和使用。

基於這些藏品的多樣性，它們被正式命名爲“龐鏡塘中文善本資料專藏”（Pang Jingtang Collection of Rare Chinese Materials）。因爲這些藏品中除了有中文古籍善本書外，還包括碑帖拓片、名人手札、書畫卷軸，以及扇面等多種形式，但是習慣上仍可簡稱爲“龐鏡塘藏書”（Pang Jingtang Collection）。

龐鏡塘藏書雖然數量不是很多，但是類型多樣，情況複雜，整理的難度極大。此次項目所整理出來的共有115種，899册/件，尚待整理的還有78軸/件。其中，第一批捐贈是由當時的中文研究館員謝琰先生負責接收的，計93種，865册/件，現已全部整理完畢，包括古籍善本67種、碑帖拓片23種、碑帖照片1種、泥金寫本1種、名人手札1種。第二批捐贈由本人參與接收，其中的册葉式資料23種、35册/件，現已整理完畢，包括古籍善本4種、碑帖拓片7種、名人手札9種、繪畫册葉2種、扇面集1種，另有78軸/件卷軸式資料尚未整理。

龐鏡塘藏書是由龐鏡塘的外孫於2000年和2014年分兩批捐贈給UBC圖書館的，由於捐贈前没有系統整理過，因此其中的《史晨碑》拓本，因書册斷裂爲兩部分而分散在兩處，上半部在第一批捐贈之中，下半部在第二批捐贈之中，此次經過整理鑒定後，已將它們合歸一處。

總體而言，UBC圖書館龐鏡塘藏書的一個最爲顯著特點，就是版本價值極高，是龐鏡塘全部藏書中的精品。無論是善本還是碑帖拓片，許多都是珍本、稀見本，甚至是孤本。在全部71種古籍善本書中，明版書就佔了近一半（34種），最早的是明正德五年（1510）的《圖注八十一難經》和正德十二年（1517）的《盛世新聲》，兩書現今已知存世副本不超過五部。另外還有許多清初刻本、稿本、抄本、批校本、名家收藏本等。在碑帖拓片中，也不乏明代或更早的舊拓，其中幾軸青銅器和玉器的全形拓，更是彌足珍貴。書畫卷軸也多出自清代及近代名家之手。當然，這些藏品也有不足之處，内容上不成體系，書品狀况較差，少量藏品原鑒定不準確等。

龐鏡塘是一位文人政客，喜收藏而疏於鑒别，好詩書以附庸風雅，擅辭章並時有點評，嗜蘭亭乃旁及漢唐。其藏品多得自於重慶及山東等地。

龐鏡塘藏書可以説是近二十年來北美地區圖書館接收的數量最多、質量最高的一批中文善本資料捐贈品。這些藏品能够落户UBC圖書館，不僅是UBC圖書館的幸運，也是這些藏品本身的幸運，同時也反映出UBC圖書館在加拿大以及北美地區作爲中文資料收藏中心的重要地位。

自這些贈品到館後，UBC圖書館曾陸續聘請有關專家學者對其進行整理和鑒定。中文研究館員謝琰先生和劉静女士，以及學者沈迦、戴聯斌先生等都先後對其進行過不同程度的整理鑒定，並挑選出其中少量精品公諸於世，引起海内外學者的極大關注。此次在CLIR項目過程中，又聘請北京大學（PKU）圖書館古籍整理專家姚伯岳先生爲顧問，對這些藏品進行全面整理鑒定。

本人作爲CLIR項目的編目員以及UBC圖書館的中文善本編目員，有幸參與此項工作，並得以採諸家之長而集大成，在此一併表示感謝。

本册圖録收録了已整理的115種資料中的113種，包括一種重複的副本。其餘兩種因破損特别嚴重，没有包括在内。每種資料選録有特點的葉面圖像兩幅，並附有簡要的文字考證説明，詳於書而略於碑帖。總體上按照體裁進行分類編排，每一類别再根據成書年代排序。

古籍鑒定，愈辨愈明。錯謬之處，在所難免。彙而録之，以饗學者，以待方家。

2016年10月於温哥華

新録中文珍本目録

整理説明：

本目録收録CLIR項目所整理的一千兩百種中文圖書中選録的古籍善本、碑帖拓本以及珂羅版畫册。其中包括有景頤齋藏書、宋學鵬藏書、龐鏡塘藏書、部分蒲坂藏書以及其他一些零散的藏書。著録項目包括書名、卷數、著者時代、著者名、著作方式、出版年、出版者、出版地、版本形式、裝訂形式、册數、書高、分類以及典藏號。著録内容均以原書爲依據，書名取自卷端；凡書中未明確標識者，置於方括號内。編排次序按照本館典藏號由小到大排列。

需要特别説明的是，Asian Rare-2(Swann Collection)的一百種畫册，因爲多數都是很薄的册子，許多都已經破損成散葉，故而没有著録裝訂形式。

新刊校正音釋易經四卷
rbsc/Asian Rare-1 no.8
明嘉靖（1522—1566）刻本
綫裝
二册
書高32釐米
經部—易類

京氏易傳［三卷］ rbsc/Asian Rare-1 no.9
〔漢〕京房撰　〔漢〕陸績注
清同治十二年（1873）抄本
綫裝
一册
書高25釐米
經部—易類

詩經廣詁不分卷 rbsc/Asian Rare-1 no.109
〔清〕徐璈輯録
清道光十年（1830）徐璈浙江臨海縣刻本
綫裝
八册
書高27釐米
經部—詩類

穀梁大義述不分卷 rbsc/Asian Rare-1 no.212
〔清〕柳興恩撰
清道光二十年至二十六年（1840—1846）刻本
綫裝
一册
書高26釐米

經部—春秋類—穀梁傳

文公家禮儀節八卷 rbsc/Asian Rare-1 no.253

〔明〕丘濬輯

明嘉靖三十六年（1557）劉起宗夷陵刻本

綫裝

四册

書高30釐米

經部—禮類—雜禮

隸辨八卷 rbsc/Asian Rare-1 no.430

〔清〕顧藹吉撰集

清乾隆八年（1743）黄晟喻義堂刻本

綫裝

八册

書高28釐米

經部—小學類—字書

皇明從信録四十卷 rbsc/Asian Rare-1 no.572

〔明〕陳建輯 〔明〕沈國元訂

明末（1620—1644）刻本

綫裝

八册

書高27釐米

史部—編年類—斷代

廣東清代檔案録不分卷

rbsc/Asian Rare-1 no.694

清末民國間（1900—1949）抄本

綫裝

十册

書高24釐米

史部—雜史類

駐防廣州小志五卷 rbsc/Asian Rare-1 no.773

〔清〕樊屏纂輯

清道光二十二年（1842）稿本

綫裝

五册

書高23釐米

史部—政書類—軍政

崖山志不分卷 rbsc/Asian Rare-1 no.893

〔清〕黄淳纂修

清末（1821—1911）抄本

綫裝

五册

書高28釐米

史部—地理類—山川志

南來志一卷北歸志一卷廣州游覽小志一卷

rbsc/Asian Rare-1 no.972

〔清〕王士禛撰

清末民國間（1900—1949）抄本

綫裝

一册

書高28釐米

史部—地理類—雜志

碧琳琅館藏書目録四卷

rbsc/Asian Rare-1 no.979

〔清〕方功惠編

清末（1866—1911）稿本

綫裝

四册

書高24釐米

史部—目録類—家藏

有是樓書目四卷 rbsc/Asian Rare-1 no.994

〔清〕阮寬然編

清道光二十七年（1847）稿本

綫裝
四册
書高27釐米
史部—目録類—家藏

嶽雪樓藏書目初稿不分卷
rbsc/Asian Rare-1 no.1000
〔清〕孔廣陶編
清末（1821—1911）稿本
綫裝
一册
書高19釐米
史部—目録類—家藏

皇清經解分類編目一卷
rbsc/Asian Rare-1 no.1016
〔清〕王秉恩編
清光緒二十九年（1903）稿本
綫裝
一册
書高25釐米
經部—總類

三十有三萬卷堂書目略不分卷
rbsc/Asian Rare-1 no.1025
（清）孔廣陶編
清末（1890—1911）稿本
綫裝
十册
書高25釐米
史部—目録類—家藏

淵鑒齋御纂朱子全書六十六卷
rbsc/Asian Rare-1 no.1272
〔宋〕朱熹撰　〔清〕李光地等纂修
清末（1821—1911）刻本
綫裝
三十二册
書高26釐米
子部—儒家類

淵鑒齋御纂朱子全書六十六卷
rbsc/Asian Rare-1 no.1273
〔宋〕朱熹撰　〔清〕李光地等纂修
清康熙五十三年（1714）北京武英殿刻本
綫裝
二十五册
書高28釐米
子部—儒家類

古印藏真不分卷　rbsc/Asian Rare-1 no.1387
〔清〕居巢輯藏
清光緒五年（1879）鈐印本
綫裝
一册
書高20釐米
子部—藝術類—篆刻

錢幣考不分卷　rbsc/Asian Rare-1 no.1423
〔清〕嚴長明撰
清乾隆二十三年（1758）稿本
綫裝
二册
書高26釐米
史部—政書類—邦計

［朱九江先生遺墨］一卷
rbsc/Asian Rare-1 no.1552
〔清〕朱次琦書
清末（1855—1881）稿本
册葉裝
一册

書高33釐米
集部—總集類—斷代

朱九江先生遺墨一卷 rbsc/Asian Rare-1 no.1553
〔清〕朱次琦書
清同治光緒間（1862—1881）稿本
册葉裝
一册
書高24釐米
集部—别集類—清

［菊坡精舍課卷］一卷 rbsc/Asian Rare-1 no.1555
〔清〕劉已千撰
清同治光緒間（1867—1903）稿本
經摺裝
一册
書高25釐米
集部—别集類—清

［菊坡精舍課卷］一卷 rbsc/Asian Rare-1 no.1556
〔清〕金佑基撰
清同治光緒間（1867—1903）稿本
經摺裝
一册
書高25釐米
集部—别集類—清

朱子襄先生雜稿不分卷 rbsc/Asian Rare-1 no.1557
〔清〕朱次琦撰
清末民國間（1900—1949）抄本
綫裝
一册
書高25釐米
集部—别集類—清

粤游紀一卷 rbsc/Asian Rare-1 no.1568
〔明〕黎允儒著 〔明〕楊起元評
清末（1875—1911）抄本
綫裝
一册
書高28釐米
子部—儒家類

古今合璧事類備要前集六十九卷後集八十一卷續集五十六卷别集九十四卷外集六十六卷 rbsc/Asian Rare-1 no.1597
〔宋〕謝維新編 （别集外集）〔宋〕虞載編
明嘉靖三十一年至三十五年（1552—1556）夏相無錫刻本
綫裝
五十册
書高27釐米
子部—類書類
又一部： Asian Rare-1 no.1598

擬古樂府二卷 rbsc/Asian Rare-1 no.1686
〔明〕李東陽著 〔明〕陳建通考 〔清〕陳璋等重輯
清康熙五十七年（1718）陳璋刻本
綫裝
一册
書高28釐米
集部—别集類—明

明詩綜一百卷 rbsc/Asian Rare-1 no.1748
〔清〕朱彝尊編
清康熙（1705—1722）刻本
綫裝

三十册
書高28釐米
集部—總集類—斷代

寫均廔詞一卷　rbsc/Asian Rare-1 no.1807
〔清〕吴尚憙撰
清光緒二十一年至二十二年（1895—1896）徐乃昌刻本
綫裝
一册
書高28釐米
集部—詞類—别集—清

庾子山集十六卷庾子山年譜一卷庾集總釋一卷　rbsc/Asian Rare-1 no.1866
〔北周〕庾信撰　〔清〕倪璠注釋
清康熙二十六年（1687）崇岫堂刻本
綫裝
六册
書高27釐米
集部—别集類—漢魏六朝

昌黎先生詩集注十一卷昌黎先生年譜一卷　rbsc/Asian Rare-1 no.1968
〔唐〕韓愈撰　〔清〕顧嗣立删補
清光緒九年（1883）廣州翰墨園刻朱墨藍三色套印本
綫裝
四册
書高30釐米
集部—别集類—唐五代

王荆文公詩五十卷補遺一卷　rbsc/Asian Rare-1 no.2016
〔宋〕王安石撰　〔宋〕李壁箋注
清乾隆六年（1741）張宗松清綺齋刻本
綫裝
十册
書高28釐米
集部—别集類—宋
又一部：　Asian Rare-1 no.2017
十二册

蘇文忠詩合注五十卷首一卷　rbsc/Asian Rare-1 no.2043
〔宋〕蘇軾撰　〔清〕馮應榴輯訂
清乾隆五十八年（1793）馮應榴踵息齋刻本
綫裝
十六册
書高26釐米
集部—别集類—宋

楊龜山先生集四十二卷首一卷　rbsc/Asian Rare-1 no.2085
〔宋〕楊時撰
清康熙四十六年（1707）楊繩祖將樂縣刻本
綫裝
八册
書高30釐米
集部—别集類—宋

倪石陵書一卷　rbsc/Asian Rare-1 no.2096
〔宋〕倪朴撰　〔明〕毛鳳韶輯
民國（1912—1949）抄本
綫裝
一册
書高28釐米
集部—别集類—宋

白沙子八卷　rbsc/Asian Rare-1 no.2151
〔明〕陳獻章撰
明嘉靖十二年（1533）卞崍揚州刻本

綫裝
十六册
書高27釐米
集部—别集類—明

道援堂五律一卷七律一卷 rbsc/Asian Rare-1 no.2234
〔清〕屈大均撰
清末（1821—1911）抄本
綫裝
一册
書高23釐米
集部—别集類—清

崇禎宫詞一卷 rbsc/Asian Rare-1 no.2236
〔清〕王譽昌撰
清末（1851—1911）抄本
綫裝
一册
書高28釐米
集部—别集類—清

南枝堂稿一卷蒯緱館十一草一卷 rbsc/Asian Rare-1 no.2237
〔清〕薛始亨撰
清末民國（1900—1949）抄本
綫裝
二册
書高26釐米
集部—别集類—清

天然昰禪師語録十二卷 rbsc/Asian Rare-1 no.2241
〔清〕釋天然撰 〔清〕釋今辯重編
清末（1875—1911）抄本
綫裝
五册
書高27釐米
子部—釋家類

吕氏文鈔二卷 rbsc/Asian Rare-1 no.2248
〔清〕吕留良撰
清末（1821—1911）抄本
綫裝
一册
書高29釐米
集部—别集類—清

飴山詩集二十卷聲調譜三卷論例一卷談龍録一卷禮俗權衡二卷飴山文集十二卷附録一卷 rbsc/Asian Rare-1 no.2470
〔清〕趙執信撰
清乾隆十七年至三十九年（1752—1774）因園刻本
綫裝
十册
書高24釐米
集部—别集類—清

聽春樓詩鈔四卷 rbsc/Asian Rare-1 no.2929
〔清〕劉嘉謨撰
清道光二十七年（1847）稿本
綫裝
一册
書高27釐米
集部—别集類—清

吉羊溪館詩鈔三卷 rbsc/Asian Rare-1 no.2945
〔清〕熊景星撰
清同治三年至五年（1864—1866）清稿本
綫裝
二册

書高24釐米
集部—別集類—清

五百四峰草堂詩稿不分卷
rbsc/Asian Rare-1 no.2954
〔清〕黎簡撰
清乾隆嘉慶間（1785—1797）稿本
綫裝
三册
書高30釐米
集部—別集類—清

堯峰文鈔五十卷
rbsc/Asian Rare-1 no.2982
〔清〕汪琬撰　〔清〕林佶編
清康熙三十二年（1693）林佶寫刻後印本
綫裝
七册
書高26釐米
缺一卷：文鈔卷四十
集部—別集類—清

白石道人歌曲四卷別集一卷
rbsc/Asian Rare-1 no.3017
〔宋〕姜夔撰
清乾隆（1743—1795）鮑氏知不足齋刻本
綫裝
二册
書高27釐米
集部—詞類—別集—宋

倚銅琶館詞鈔一卷　rbsc/Asian Rare-1 no.3019
〔清〕温子顒撰
清末民初（1893—1915）稿本
綫裝
一册
書高24釐米
集部—詞類—別集—清

空谷香傳奇二卷
rbsc/Asian Rare-1 no.3066
〔清〕蔣士銓撰
清末（1821—1911）刻本
綫裝
二册
書高29釐米
集部—曲類—傳奇

碧琳瑯館叢書四十四種
rbsc/Asian Rare-1 no.3209
〔清〕方功惠編
清光緒七年至十年（1881—1884）方功惠廣州碧琳瑯館刻宣統元年（1909）印本
綫裝
一百二十册
書高20釐米
叢部—彙編
甲部
易經解不分卷　〔宋〕朱長文撰
金氏尚書注十二卷　〔宋〕金履祥撰
尚書注考一卷　〔明〕陳泰交撰
詩深二十六卷首二卷　〔清〕許伯政撰
詩經通義十二卷首一卷　〔清〕朱鶴齡撰
禮經奧旨一卷　〔宋〕鄭樵撰
月令七十二候集解一卷　〔元〕吴澂撰
古文論語二卷附録一卷　〔漢〕鄭玄注　〔宋〕王應麟輯
新集古文四聲韻五卷　〔宋〕夏竦撰
新編經史正音切韻指南一卷　〔元〕劉鑑撰
輪輿私箋二卷附圖一卷　〔清〕鄭珍撰　〔清〕鄭知同繪

春秋會義十二卷　〔宋〕杜諤撰
乙部
兩漢朔閏表二卷漢太初以前朔閏表一卷　〔清〕張其翻撰
全史日至源流三十卷首三卷　〔清〕許伯政撰
穆天子傳注疏六卷首一卷末一卷　〔晉〕郭璞注　〔清〕檀萃疏
靖炎兩朝見聞録二卷　〔宋〕陳東撰
宋朝南渡十將傳十卷　〔宋〕章穎撰
使金録一卷　〔宋〕程卓撰
金德運圖説一卷　（金）貞祐中官撰
岳陽風土記一卷　〔宋〕范致明撰
辛巳泣蘄録一卷附録一卷　〔宋〕趙興義撰
平宋録三卷　〔元〕劉敏中撰
今言四卷　〔明〕鄭曉撰
石渠紀餘六卷　〔清〕王慶雲撰
歷代宅京記二十卷　〔清〕顧炎武撰
岳陽紀勝彙編四卷　〔明〕梅淳輯
茗香堂史論四卷　〔清〕彭孫貽撰
丙部
養蒙大訓一卷　〔元〕熊大年輯
愽庵日録一卷　〔明〕王煒撰
羅氏識遺十卷　〔宋〕羅壁撰
過庭記餘三卷　〔清〕陶樾撰
素問入式運氣論奥三卷　〔宋〕劉温舒撰
黄帝内經素問遺篇一卷　〔宋〕劉温舒原本
天文精義賦五卷　〔元〕岳熙載撰
名畫獵精録三卷　（唐）張彦遠撰
童學書程一卷　〔明〕豐坊撰
膳夫經手録一卷　〔唐〕楊曄撰
雲林堂飲食制度集一卷　〔元〕倪瓚撰
徐氏筆精八卷　〔明〕徐㶿撰
同書四卷　〔清〕周亮工撰
明語林十四卷補遺一卷　〔清〕吴肅公撰
醉翁談録八卷　〔宋〕金盈之撰
丁部
文選紀聞三十卷　〔清〕余蕭客撰
堯山堂偶雋七卷　〔明〕蔣一葵撰
文選編珠二卷　〔清〕石藴玉撰

説文聲統十七卷目録一卷

rbsc/Asian Rare-1 no.3249

〔清〕陳澧編
清道光咸豐間（1821—1861）稿本
綫裝
十六册
書高22釐米
經部—小學類—字書

儀禮十七卷附校録一卷續校一卷

rbsc/Asian Rare-2 no.1

〔漢〕鄭玄注　（校録、續校）〔清〕黄丕烈撰
清同治九年（1870）楚北崇文書局刻本
綫裝
二册
書高29釐米
經部—禮類—儀禮

禮儀便覽四卷　　rbsc/Asian Rare-2 no.2

〔清〕周琅撰
清光緒九年（1883）羊城森寶閣金屬活字印本
綫裝
四册
書高26釐米
經部—禮類—雜禮

孝經集注述疏不分卷附讀書堂答問一卷
rbsc/Asian Rare-2 no.3
簡朝亮撰
民國七年（1918）簡氏讀書堂刻本
綫裝
二册
書高27釐米
經部—孝經類

四書疏注撮言大全三十七卷
rbsc/Asian Rare-2 no.4
〔清〕胡蓉芝輯
清末（1821—1911）刻本
綫裝
二十册
書高27釐米
經部—四書類—四書總義

四書經史摘證七卷　rbsc/Asian Rare-2 no.5
〔清〕宋繼穜輯著
清光緒元年（1875）拜經精舍刻本
綫裝
五册
書高26釐米
經部—四書類—四書總義

中庸衍義十七卷　rbsc/Asian Rare-2 no.6
〔明〕夏良勝撰
清同治十年（1871）曾國藩等刻本
綫裝
八册
書高30釐米
經部—四書類—中庸

小學彙函十四種　rbsc/Asian Rare-2 no.7
〔清〕鍾謙鈞等輯
清同治十二年（1873）廣州粤東書局刻本
綫裝
三十三册
書高25釐米
經部—小學類—彙編
輶軒使者絶代語釋别國方言十三卷校正補遺一卷　〔漢〕揚雄撰　〔晉〕郭璞注　〔清〕盧文弨校
釋名八卷　〔漢〕劉熙撰　〔清〕吴志忠校
廣雅十卷　〔漢〕張楫撰　〔隋〕曹憲音
匡謬正俗八卷　〔唐〕顏師古撰
急就篇四卷　〔漢〕史游撰　〔唐〕顏師古注　〔宋〕王應麟補注
説文解字十五卷　〔漢〕許慎撰　〔宋〕徐鉉等校定
説文解字繫傳四十卷附校勘記三卷　〔南唐〕徐鍇撰　（校勘記）〔清〕祁雋藻撰
説文解字篆韻譜五卷附録一卷　〔南唐〕徐鍇撰
大廣益會玉篇三十卷　〔宋〕陳彭年等重修
干禄字書一卷　〔唐〕顏元孫撰
五經文字三卷　〔唐〕張參撰
新加九經字樣一卷　〔唐〕唐玄度撰
大宋重修廣韻五卷　〔宋〕陳彭年等重修
廣韻五卷　〔宋〕陳彭年等重修

説文解字注三十卷六書音韻表二卷説文部目分韻不分卷説文通檢十四卷首一卷末一卷説文解字注匡謬八卷
rbsc/Asian Rare-2 no.8
〔清〕段玉裁注　（分韻）〔清〕陳奂編　（通檢）〔清〕黎永椿編　（匡謬）〔清〕徐承慶撰
清光緒三十四年（1908）上海錦章圖書局石印本
綫裝

八册
書高21釐米
經部—小學類—字書

康熙字典十二集三十六卷總目一卷檢字一卷辨似一卷等韻一卷補遺一卷備考一卷 rbsc/Asian Rare-2 no.9
〔清〕張玉書、凌紹雯等纂修
清康熙五十五年（1716）内府刻本
綫裝
四十册
書高27釐米
經部—小學類—字書

隸辨八卷 rbsc/Asian Rare-2 no.10
〔清〕顧藹吉撰集
清乾隆八年（1743）黄晟刻後印本
綫裝
八册
書高28釐米
經部—小學類—字書
又一部： Asian Rare-1 no.433
十六册
書高26釐米

三國志六十五卷 rbsc/Asian Rare-2 no.11
〔晉〕陳壽撰 〔南朝宋〕裴松之注
清末（1821—1911）刻本
綫裝
十册
書高27釐米
史部—紀傳類—斷代

資治通鑑二百九十四卷宋元通鑑一百五十七卷資治通鑑目録三十卷甲子會紀五卷通鑑釋文辯誤十二卷 rbsc/Asian Rare-2 no.12
〔宋〕司馬光編著 〔元〕胡三省音注（宋元通鑑）〔明〕薛應旂編著（目録）〔宋〕司馬光編著（甲子會紀）〔明〕薛應旂編著（釋文辯誤）〔元〕胡三省輯著
明天啓崇禎間（1625—1644）陳仁錫刻本
綫裝
一百五十册
書高26釐米
史部—編年類—通代

繹史一百六十卷世系圖一卷年表一卷 rbsc/Asian Rare-2 no.13
〔清〕馬驌撰
清同治七年（1868）姑蘇亦西齋重修本
綫裝
三十六册
書高29釐米
史部—紀事本末類

弇州史料前集三十卷後集七十卷 rbsc/Asian Rare-2 no.14
〔明〕王世貞撰 〔明〕董復表彙次
明萬曆四十二年（1614）楊鶴刻本
綫裝
三十册
書高25釐米
史部—雜史類

評注陸宣公集不分卷 rbsc/Asian Rare-2 no.15
〔唐〕陸贄著 〔宋〕郎曄注 〔清〕馬傳庚評點 劉鐵冷補正
民國十五年（1926）上海中原書局鉛印本
綫裝
四册
書高20釐米
史部—詔令奏議類—奏議

籌潦彙述不分卷茅館長粵潦平議一卷
rbsc/Asian Rare-2 no.16
廣東地方自治研究社編　茅謙撰
民國七年（1918）廣東地方自治研究社鉛印本
綫裝
一册
書高27釐米
史部—地理類—水利

徐巡按揭帖不分卷　rbsc/Asian Rare-2 no.17
〔明〕徐吉撰
民國九年（1920）趙詒琛又滿樓刻本
綫裝
一册
書高28釐米
史部—雜史類

龔安節先生年譜不分卷
rbsc/Asian Rare-2 no.17
〔明〕龔紱編
民國九年（1920）趙詒琛又滿樓刻本
綫裝
一册
書高28釐米
史部—傳記類—年譜

校正萬古愁不分卷　rbsc/Asian Rare-2 no.17
〔清〕歸莊撰
民國九年（1920）趙詒琛又滿樓刻本
綫裝
一册
書高28釐米
集部—曲類—彈詞

辛丑紀聞不分卷　rbsc/Asian Rare-2 no.17
無名氏撰
民國九年（1920）趙詒琛又滿樓刻本
綫裝
一册
書高28釐米
史部—雜史類

重刊宋名臣言行録前集十卷後集十四卷續集八卷别集二十六卷外集十七卷
rbsc/Asian Rare-2 no.18
〔宋〕朱熹纂集（續集、别集、外集）〔宋〕李幼武纂集
清道光元年（1821）洪瑩歙縣績學堂刻二十二年（1842）包良訓同治七年（1868）臨川桂氏重修本
綫裝
十二册
書高25釐米
史部—傳記類—總傳

新陽趙氏清芬録三卷　rbsc/Asian Rare-2 no.19
趙詒琛輯
民國六年（1917）新陽趙氏義莊刻本
綫裝
一册
書高25釐米
史部—傳記類—總録

［光緒］潮州府志四十二卷首一卷鈔存舊志一卷　rbsc/Asian Rare-2 no.20
〔清〕周碩勛纂修（舊志）〔清〕康基田輯
清光緒十九年（1893）潮郡保安總局刻本
綫裝
二十五册
書高27釐米
史部—地理類—方志

白雲洞志五卷 rbsc/Asian Rare-2 no.21
〔清〕黄亨纂輯
清光緒十三年（1887）刻本
綫裝
一册
書高25釐米
史部—地理類—山水

金石三例十五卷 rbsc/Asian Rare-2 no.22
〔清〕盧見曾輯
清乾隆二十年（1755）德州盧氏雅雨堂刻本
綫裝
四册
書高27釐米
史部—金石類—總類

張叔未解元所藏金石文字不分卷 rbsc/Asian Rare-2 no.23
〔清〕張廷濟藏並撰 〔清〕嚴荄輯
清光緒十一年（1885）四會嚴氏鶴緣齋石印本
綫裝
二册
書高31釐米
史部—金石類—總類
又二部： Asian Rare-1 no.1115，1116

周子全書二十二卷首一卷 rbsc/Asian Rare-2 no.24
〔宋〕周敦頤撰 〔清〕董榕輯
清乾隆（1756—1795）刻本
綫裝
八册
書高26釐米
子部—儒家類

淵鑒齋御纂朱子全書六十六卷 rbsc/Asian Rare-2 no.25
〔宋〕朱熹撰 〔清〕李光地等纂修
清康熙（1714—1722）刻本
綫裝
三十二册
書高27釐米
子部—儒家類

五種遺規 rbsc/Asian Rare-2 no.26
〔清〕陳宏謀輯
清道光十年至二十二年（1830-1842）羊城刻本
綫裝
八册
書高26釐米
子部—儒家類—禮教

弟子箴言十六卷 rbsc/Asian Rare-2 no.27
〔清〕胡達源撰 〔清〕吳大澂評
清光緒二十一年（1895）蒲圻但氏湖南糧儲道署刻本
綫裝
四册
書高27釐米
子部—儒家類—禮教

家庭寶筏不分卷 rbsc/Asian Rare-2 no.28
別樵居士編纂
民國（1923—1949）上海中華書局鉛印本
綫裝
一册
書高27釐米
子部—儒家類—禮教

管子二十四卷　rbsc/Asian Rare-2 no.29
〔春秋〕管仲撰　〔唐〕房玄齡注
明萬曆十年（1582）趙用賢刻本
綫裝
八册
書高26釐米
子部—法家類

芥子園畫傳四集芥子園圖章會纂
rbsc/Asian Rare-2 no.30
〔清〕丁皐著　〔清〕李漁纂輯
清嘉慶道光間（1818—1850）刻本
綫裝
四册
書高26釐米
子部—藝術類—書畫

嶽雪樓書畫録五卷　rbsc/Asian Rare-2 no.31
〔清〕孔廣陶編
清光緒十五年（1889）廣州三十有三萬卷堂刻本
綫裝
五册
書高32釐米
子部—藝術類—書畫
又一部：　Asian Rare-1 no.1455

銘雀硯齋印存五卷
rbsc/Asian Rare-2 no.32
〔清〕黄霖澤編
清光緒二十一年（1895）［黄霖澤潮州府海陽縣］鈐印本
綫裝
五册
書高22釐米
子部—藝術類—篆刻

甄古齋印譜不分卷　rbsc/Asian Rare-2 no.33
王石經刻並輯
民國十二年（1923）上海商務印書館影印本
綫裝
一册
書高27釐米
子部—藝術類—篆刻

困學紀聞二十卷　rbsc/Asian Rare-2 no.34
〔宋〕王應麟撰
明萬曆三十一年（1603）吴獻台浙江刻本
綫裝
十二册
書高29釐米
子部—雜家類—雜考

人代紀要三十卷　rbsc/Asian Rare-2 no.35
〔明〕顧應祥編集
明嘉靖三十七年（1558）黄㝷長興刻本
綫裝
十册
書高27釐米
史部—編年類—通代

古今合璧事類備要前集六十九卷後集八十一卷續集五十六卷别集九十四卷外集六十六卷　rbsc/Asian Rare-2 no.36
〔宋〕謝維新編　（别集、外集）〔宋〕虞載編
明嘉靖三十一年至三十五年（1552—1556）夏相無錫刻本
綫裝
三十册
書高26釐米
有抄補
子部—類書類

新增説文韻府群玉二十卷 rbsc/Asian Rare-2 no.37
〔元〕陰時夫編輯 〔元〕陰中夫編注
明末清初（1590—1661）刻本
綫裝
二十册
書高25釐米
子部—類書類

佩文韻府一百六卷韻府拾遺一百六卷 rbsc/Asian Rare-2 no.38
〔清〕張玉書等纂修 （拾遺）〔清〕汪灝等纂修
清雍正（1723—1735）刻本
綫裝
一百七十六册
書高25釐米
子部—類書類

淵鑑類函四百五十卷目録四卷 rbsc/Asian Rare-2 no.39
〔清〕張英等纂
清康熙四十九年（1710）内府刻本
綫裝
一百四十册
書高25釐米
子部—類書類

子史精華一百六十卷 rbsc/Asian Rare-2 no.40
〔清〕允禄等奉勒纂
清雍正五年（1727）武英殿刻本
綫裝
三十二册
書高28釐米
子部—類書類

御製揀魔辨異録八卷 rbsc/Asian Rare-2 no.41
〔清〕世宗胤禛撰
清雍正（1733—1735）内府刻本
綫裝
四册
書高24釐米
子部—釋家類

太上感應篇注講證案彙編四卷首一卷 rbsc/Asian Rare-2 no.42
釋印光法師編
民國十三年（1924）上海中華書局鉛印本
綫裝
二册
書高26釐米
子部—釋家類

四大家文集不分卷 rbsc/Asian Rare-2 no.43
〔明〕陳仁錫評選
民國十三年（1924）上海普益書局石印本
綫裝
六册
書高20釐米
集部—總集類—叢編
增評韓昌黎文集四卷 〔唐〕韓愈撰
增評柳柳州文集四卷 〔唐〕柳宗元撰
增評歐陽文忠公文集五卷 〔宋〕歐陽修撰
增評蘇文忠公文集九卷 〔宋〕蘇軾撰

評注昭明文選十五卷首一卷末一卷 rbsc/Asian Rare-2 no.44
〔南朝梁〕蕭統輯 〔清〕于光華編次
民國十五年（1926）上海掃葉山房石印本（再版）
綫裝
八册

書高20釐米
集部—總集類—通代

御選唐宋文醇五十八卷
rbsc/Asian Rare–2 no.45
〔清〕高宗弘曆選
清乾隆三年（1738）武英殿刻四色套印本
綫裝
二十册
書高27釐米
集部—總集類—通代
又一部：　Asian Rare–1 no.1655

近光集八卷　rbsc/Asian Rare–2 no.46
〔清〕吴鼎科選輯
清乾隆（1776—1795）吴鼎科邃經書塾刻本
綫裝
五册
書高25釐米
集部—總集類—斷代

玉臺新咏十卷　rbsc/Asian Rare–2 no.47
〔南朝陳〕徐陵編　〔清〕吴兆宜原注
〔清〕程琰删補
清光緒五年（1879）宏達堂刻本
綫裝
四册
書高26釐米
集部—總集類—通代

王荆公唐百家詩選二十卷
rbsc/Asian Rare–2 no.48
〔宋〕王安石輯
清康熙三十九年（1700）宋犖、丘迥淮郡刻四十三年（1704）補刻本
綫裝
四册
書高27釐米
集部—總集類—斷代
又一部：　Asian Rare–1 no.1706

唐詩紀一百七十卷目録三十四卷
rbsc/Asian Rare–2 no.49
〔明〕黄德水、吴琯編
明萬曆十三年（1585）吴琯刻本
綫裝
三十二册
書高26釐米
集部—總集類—斷代

御選唐詩三十二卷目録三卷
rbsc/Asian Rare–2 no.50
〔清〕陳廷敬等奉勑輯
清康熙五十二年（1713）武英殿刻朱墨套印本
綫裝
十八册
書高28釐米
集部—總集類—斷代
又一部：　Asian Rare–1 no.1701

明詩綜一百卷　rbsc/Asian Rare–2 no.51
〔清〕朱彝尊録　〔清〕汪森等輯評
清康熙（1705—1722）刻乾隆（1736—1795）吴氏清來堂印本
綫裝
三十二册
書高25釐米
集部—總集類—斷代

同人集十二卷　rbsc/Asian Rare–2 no.52
〔清〕冒襄輯

清咸豐九年（1859）冒溶木活字印本
綫裝
十二册
書高29釐米
集部—總集類—斷代
又一部： Asian Rare–1 no.1831

八家四六不分卷 rbsc/Asian Rare–2 no.53
〔清〕吴鼒輯
清末（1821—1911）刻本
綫裝
四册
書高25釐米
集部—總集類—斷代

歷代名人書札二卷 rbsc/Asian Rare–2 no.54
吴曾祺編輯
清宣統元年（1909）上海商務印書館鉛印本（第3版）
綫裝
二册
書高21釐米
集部—總集類—尺牘

名賢手札不分卷 rbsc/Asian Rare–2 no.55
〔清〕郭慶藩輯
清光緒十一年（1885）上海同文書局石印本
綫裝
四册
書高20釐米
集部—總集類—尺牘

國朝名人書札二卷 rbsc/Asian Rare–2 no.56
吴增祺編纂
清宣統元年（1909）上海商務印書館鉛印本（第3版）
綫裝
四册
書高21釐米
集部—總集類—尺牘

國朝名人小簡二卷 rbsc/Asian Rare–2 no.57
吴增祺編纂
清宣統元年（1909）上海商務印書館鉛印本（第4版）
綫裝
一册
書高21釐米
集部—總集類—尺牘

文學津梁不分卷 rbsc/Asian Rare–2 no.58
周鍾游輯
民國八年（1919）上海有正書局石印本
綫裝
八册
書高20釐米
集部—詩文評類

課餘彙鈔八卷 rbsc/Asian Rare–2 no.59
〔清〕何文綺編纂
清咸豐元年（1851）廣州同文堂刻本
綫裝
四册
書高23釐米
子部—雜家類—雜纂

庾子山集十六卷庾子山年譜一卷庾集總釋一卷 rbsc/Asian Rare–2 no.60
〔北周〕庾信撰 〔清〕倪璠注釋
清同治八年（1869）刻本
綫裝
十二册

書高26釐米
集部—別集類—漢魏六朝
又一部：　Asian Rare-1 no.1865

李太白文集三十六卷　rbsc/ Asian Rare-2no.61
〔唐〕李白撰　〔清〕王琦輯注
清（1759—1911）聚錦堂刻本
綫裝
十册
書高25釐米
集部—別集類—唐五代
又一部：　Asian Rare-5 no.15

新刊五百家注音辯昌黎先生文集四十卷外集十卷類譜十卷考異十卷
rbsc/Asian Rare-2 no.62
〔唐〕韓愈撰　〔宋〕魏仲舉輯注
民國元年（1912）上海商務印書館影印本
綫裝
四十册
書高27釐米
集部—別集類—唐五代

昌黎先生集四十卷外集十卷遺文一卷
rbsc/Asian Rare-2 no.63
〔唐〕韓愈撰
明萬曆（1573—1620）東吴徐氏東雅堂刻本
綫裝
二十册
書高25釐米
集部—別集類—唐五代

白氏長慶集七十一卷附録一卷目録二卷
rbsc/Asian Rare-2 no.64
〔唐〕白居易撰　〔明〕馬元調校
明萬曆三十四年（1606）馬元調刻本
綫裝
十六册
書高27釐米
集部—別集類—唐五代

歐陽文忠公全集一百五十三卷附録五卷年譜一卷　rbsc/Asian Rare-2 no.65
〔宋〕歐陽修撰
清乾隆十一年（1746）歐陽安世孝思堂刻本
綫裝
三十册
書高30釐米
集部—別集類—宋

蘇文忠詩合注五十卷首一卷
rbsc/Asian Rare-2 no.66
〔宋〕蘇軾撰　〔清〕馮應榴輯訂
清中期（1796—1850）刻本
綫裝
二十册
書高30釐米
集部—別集類—宋

楊龜山先生集四十二卷首一卷
rbsc/Asian Rare-2 no.67
〔宋〕楊時撰
清光緒九年（1883）張國正延平郡刻本
綫裝
十册
書高29釐米
集部—別集類—宋

陳同甫集三十卷　rbsc/Asian Rare-2 no.68
〔宋〕陳亮撰
清道光（1821—1850）嶺南壽經堂木活字印本

綫裝
八册
書高32釐米
集部—別集類—宋

白石道人四種　rbsc/Asian Rare–2 no.69
〔宋〕姜夔撰
清同治十年（1871）倪鴻野水閑鷗館刻本
綫裝
四册
書高24釐米
集部—別集類—宋
白石道人詩集二卷
白石道人詩説一卷
白石道人歌曲四卷
白石道人續書譜一卷
又一部：　Asian Rare–1 no.3016

練中丞金川集二卷附卷首遺事録雜録　rbsc/Asian Rare–2 no.70
〔明〕練子寧撰
清乾隆二十七年（1762）饒夢銘、練立江西新淦縣刻本
綫裝
四册
書高26釐米
集部—別集類—明

空同先生集六十三卷　rbsc/Asian Rare–2 no.71
〔明〕李夢陽撰
明萬曆六年（1578）高文薦刻本
綫裝
二十册
書高27釐米
集部—別集類—明

六如居士全集七卷補遺一卷外集六卷畫譜三卷制藝一卷　rbsc/Asian Rare–2 no.72
〔明〕唐寅撰　〔清〕唐仲冕編
民國（1912—1949）上海國學昌明社石印本
綫裝
四册
書高20釐米
集部—別集類—明

太史升庵全集八十一卷目録二卷　rbsc/Asian Rare–2 no.73:1
〔明〕楊慎撰
清乾隆六十年（1795）周參元刻本
綫裝
二十二册
書高25釐米
集部—別集類—明

升庵外集一百卷　rbsc/Asian Rare–2 no.73:2
〔明〕楊慎撰　〔明〕焦竑編　〔明〕顧起元校
清道光二十四年（1844）張奉書四川新都縣刻本
綫裝
二十二册
書高25釐米
集部—別集類—明

太史升庵遺集二十六卷　rbsc/Asian Rare–2 no.73:3
〔明〕楊慎撰
清道光二十八年（1848）香芸書屋刻本
綫裝
四册
書高25釐米
集部—別集類—明

又一部：　Asian Rare-1 no.2163

升庵外集一百卷　rbsc/Asian Rare-2 no.74
〔明〕楊慎撰　〔明〕焦竑編　〔明〕顧起元校
明萬曆四十五年（1617）顧起元、汪煇刻本
綫裝
二十册
書高26釐米
集部—別集類—明

吴詩集覽二十卷談藪二卷拾遺一卷補注二十卷　rbsc/Asian Rare-2 no.75
〔清〕吴偉業撰　〔清〕靳榮藩輯
清末（1821—1911）刻本
綫裝
十四册
書高24釐米
集部—別集類—清
又一部：　Asian Rare-1 no.2275

湯子遺書十卷潛庵先生年譜一卷附録一卷　rbsc/Asian Rare-2 no.76
〔清〕湯斌撰　（年譜）〔清〕王廷燦編
清康熙四十二年（1703）王廷燦刻本
綫裝
八册
書高28釐米
集部—別集類—清

堯峰文鈔五十卷　rbsc/Asian Rare-2 no.77
〔清〕汪琬撰　〔清〕林佶編
清康熙三十二年（1693）林佶寫刻本
綫裝
十六册
書高26釐米
集部—別集類—清

帶經堂集七編九十二卷　rbsc/Asian Rare-2 no.78
〔清〕王士禛撰　〔清〕程哲校編
清康熙五十年（1711）程哲七略書堂刻本
綫裝
三十二册
書高26釐米
集部—別集類—清

漁洋山人全集　rbsc/Asian Rare-2 no.79
〔清〕王士禛撰
清康熙（1669—1722）刻本
綫裝
六十册
書高25釐米
集部—別集類—清

漁洋山人精華録箋注十二卷補注一卷附録一卷年譜一卷　rbsc/Asian Rare-2 no.80
〔清〕王士禛撰　〔清〕金榮箋注　〔清〕徐淮纂輯
清乾隆（1735—1795）刻本
綫裝
六册
書高27釐米
集部—別集類—清

陳檢討集二十卷　rbsc/Asian Rare-2 no.81
〔清〕陳維崧撰　〔清〕程師恭注
清同治十三年（1874）大文堂刻本
綫裝
六册
書高26釐米
集部—別集類—清

曝書亭集詩注二十二卷年譜一卷 rbsc/Asian Rare-2 no.82
〔清〕朱彝尊撰 〔清〕楊謙注
清乾隆（1736—1795）楊氏木山閣刻本
綫裝
八册
書高25釐米
集部—别集類—清

嚴太僕先生集十二卷 rbsc/Asian Rare-2 no.83
〔清〕嚴虞惇撰
清光緒十年（1884）常熟刻本
綫裝
二册
書高30釐米
集部—别集類—清
又一部： Asian Rare-1 no.2798

孟塗文集十卷駢體文二卷 rbsc/Asian Rare-2 no.84
〔清〕劉開撰
清光緒十二年（1886）張壽榮蛟川花語樓刻本
綫裝
四册
書高30釐米
集部—别集類—清

紅杏山房詩鈔不分卷 rbsc/Asian Rare-2 no.85
〔清〕宋湘撰
清嘉慶道光間（1820—1850）刻本
綫裝
一册
書高26釐米
集部—别集類—清

紫荆吟館詩集四卷 rbsc/Asian Rare-2 no.86
〔清〕曹秉哲撰
清光緒二十五年（1899）曹受培番禺刻本
綫裝
二册
書高28釐米
集部—别集類—清

温藻裳先生制義不分卷附録一卷 rbsc/Asian Rare-2 no.87
〔清〕温肅輯
民國十三年（1924）温肅鉛印本
綫裝
一册
書高27釐米
集部—别集類—清

目耕齋讀本初集二集三集 rbsc/Asian Rare-2 no.88
〔清〕沈叔眉選 〔清〕徐楷評注
清光緒（1875—1908）刻本
綫裝
六册
書高22釐米
集部—總集類—課藝

清容外集十三卷 rbsc/Asian Rare-2 no.89
〔清〕蔣士銓填詞
清末（1821—1911）刻本
綫裝
十册
書高30釐米
集部—曲類—傳奇

增訂漢魏叢書八十六種 rbsc/Asian Rare-2 no.90

〔清〕王謨輯
清末（1862—1908）刻本
綫裝
九十册
書高24釐米
叢部—彙編
　經翼
　　焦氏易林四卷　〔漢〕焦贛撰
　　易傳三卷　〔漢〕京房撰　〔三國吴〕陸續注
　　關氏易傳一卷　〔北魏〕關朗撰
　　周易略例一卷　〔三國魏〕王弼撰　〔唐〕邢璹注
　　古三墳一卷　〔晉〕阮咸注
　　汲冢周書十卷　〔晉〕孔晁注
　　詩傳孔氏傳一卷　〔周〕端木賜撰
　　詩説一卷　〔漢〕申培撰
　　韓詩外傳十卷　〔漢〕韓嬰撰
　　毛詩草木鳥獸蟲魚疏二卷　〔三國吴〕陸璣撰
　　大戴禮記十三卷　〔漢〕戴德撰　〔北周〕盧辯注
　　春秋繁露十七卷　〔漢〕董仲舒撰
　　白虎通德論四卷　〔漢〕班固撰
　　獨斷一卷　〔漢〕蔡邕撰
　　忠經一卷　〔漢〕馬融撰
　　孝傳一卷　〔晉〕陶潛撰
　　小爾雅一卷　〔漢〕孔鮒撰
　　方言十三卷　〔漢〕楊雄撰　〔晉〕郭璞注
　　博雅十卷　〔三國魏〕張揖撰　〔隋〕曹憲音
　　釋名四卷　〔漢〕劉熙撰
　別史
　　竹書紀年二卷　〔南朝梁〕沈約注
　　穆天子傳六卷　〔晉〕郭璞注
　　越絶書十五卷　〔漢〕袁康撰
　　吴越春秋六卷　〔漢〕趙曄撰　〔宋〕徐天祐音注
　　西京雜記六卷　〔漢〕劉歆撰
　　漢武帝内傳一卷　〔漢〕班固撰
　　飛燕外傳一卷　〔漢〕伶玄撰
　　雜事秘辛一卷　〔漢〕佚名撰
　　華陽國志十四卷　〔晉〕常璩撰
　　十六國春秋十六卷　（北魏）崔鴻撰
　　元經薛氏傳十卷　〔隋〕王通撰　〔唐〕薛收傳　〔宋〕阮逸注
　　群輔録一卷　〔晉〕陶潛撰
　　英雄紀鈔一卷　〔漢〕王粲撰
　　高士傳三卷　〔晉〕皇甫謐撰
　　蓮社高賢傳一卷　〔晉〕佚名撰
　　神仙傳十卷　〔晉〕葛洪撰
　子餘
　　孔叢二卷附詰墨　〔漢〕孔鮒撰
　　新語二卷　〔漢〕陸賈撰
　　新書十卷　〔漢〕賈誼撰
　　新序十卷　〔漢〕劉向撰
　　説苑二十卷　〔漢〕劉向撰
　　淮南鴻烈解二十一卷　〔漢〕劉安撰　〔漢〕高誘注
　　鹽鐵論十二卷　〔漢〕桓寬撰　〔明〕張之象注
　　法言十卷　〔漢〕揚雄撰　〔宋〕宋咸注
　　申鑒五卷　〔漢〕荀悦撰　〔明〕黄省曾注
　　論衡三十卷　〔漢〕王充撰
　　潛夫論十卷　〔漢〕王符撰
　　中論二卷　〔漢〕徐幹撰
　　中説二卷　〔隋〕王通撰
　　風俗通義十卷　〔漢〕應劭撰
　　人物志三卷　〔三國魏〕劉邵撰　〔北魏〕劉昞注
　　新論十卷　〔北齊〕劉晝撰

顔氏家訓二卷 〔北齊〕顔之推撰
參同契一卷 〔漢〕魏伯陽撰
陰符經一卷 〔漢〕張良等注
風后握奇經一卷附握奇經續圖一卷八陣總述一卷 〔漢〕公孫宏解 （續圖）佚名撰 （八陣總述）〔晉〕馬隆述
素書一卷 〔漢〕黄石公撰 〔宋〕張商英注
心書一卷 〔三國蜀〕諸葛亮撰
載籍
古今注三卷 〔晉〕崔豹撰
博物志十卷 〔晉〕張華撰 〔宋〕周日用、盧□注
文心雕龍十卷 〔南朝梁〕劉勰撰
詩品三卷 〔南朝梁〕鍾嶸撰
書品一卷 〔南朝梁〕庾肩吾撰
尤射一卷 〔三國魏〕繆襲撰
拾遺記十卷 （前秦）王嘉撰 〔南朝梁〕蕭綺録
述異記二卷 〔南朝梁〕任昉撰
續齊諧記一卷 〔南朝梁〕吴均撰
搜神記八卷 〔晉〕干寶撰
搜神後記二卷 〔晉〕陶潜撰
還冤記一卷 〔北齊〕顔之推撰
神異經一卷 〔漢〕東方朔撰 〔晉〕張華注
海内十洲記一卷 〔漢〕東方朔撰
别國洞冥記四卷 〔漢〕郭憲撰
枕中書一卷 〔晉〕葛洪撰
佛國記一卷 〔晉〕釋法顯撰
伽藍記五卷 〔北魏〕楊衒之撰
三輔黄圖六卷 〔漢〕佚名撰
水經二卷 〔漢〕桑欽撰
星經二卷 〔漢〕甘公、石申撰
荆楚歲時記一卷 〔南朝梁〕宗懔撰
南方草木狀三卷 〔晉〕嵇含撰
竹譜一卷 〔晉〕戴凱之撰
禽經一卷 〔周〕師曠撰 〔晉〕張華注
古今刀劍録一卷 〔南朝梁〕陶弘景撰
鼎録一卷 〔南朝梁〕虞荔撰
天禄閣外史八卷 〔漢〕黄憲撰

尚書詳解五十卷 rbsc/Asian Rare–3 no.1
〔宋〕陳經撰
清光緒二十五年（1899）廣雅書局刻本
綫裝
十册
書高24釐米
經部—書類

寄傲山房塾課纂輯禮記全文備旨十一卷 rbsc/Asian Rare–3 no.2
〔元〕陳澔集説 〔清〕鄒聖脉纂輯 〔清〕鄒廷猷編次
清（1764—1911）善美堂刻本
綫裝
五册
書高25釐米
經部—禮類—禮記

春秋左傳五十卷 rbsc/Asian Rare–3 no.3
〔晉〕杜預集解 〔宋〕林堯叟注釋 〔唐〕陸德明音義 〔明〕鍾惺、孫鑛、韓范評點
民國四年（1915）上海商務印書館石印本
綫裝
十二册
書高20釐米
經部—春秋類—左傳

四書釋地一卷續一卷又續一卷三續一卷附孟

子生卒年月考一卷　rbsc/Asian Rare-3 no.4
〔清〕閻若璩撰
清乾隆五十二年至五十三年（1787—1788）吴照聽雨齋刻本
綫裝
六册
書高23釐米
經部—四書類—四書總義

尺木堂明鑑易知録十五卷　rbsc/Asian Rare-3 no.5
〔明〕朱國標鈔　〔清〕吴乘權、周之炯、周之燦同輯
民國六年（1917）上海掃葉山房石印本
綫裝
四册
書高21釐米
史部—編年類—斷代

先聖生卒年月日考二卷　rbsc/Asian Rare-3 no.6
〔清〕孔廣牧述
清光緒十五年（1889）廣州廣雅書局刻本
綫裝
一册
書高29釐米
史部—傳記類—别傳

歸玄恭先生年譜不分卷　rbsc/Asian Rare-3 no.7
趙經達編輯
民國十三年（1924）趙詒琛又滿樓刻本
綫裝
一册
書高29釐米
史部—傳記類—年譜

元和郡縣圖志四十卷闕卷逸文一卷　rbsc/Asian Rare-3 no.9
〔唐〕李吉甫撰　〔清〕孫星衍校
清光緒六年（1880）金陵書局刻本
綫裝
六册
書高29釐米
史部—地理類—總志

大明一統志九十卷　rbsc/Asian Rare-3 no.10
〔明〕李賢等總裁　〔明〕萬安等纂修
明嘉靖三十八年（1559）楊氏歸仁齋刻明末（1588—1644）繼賢堂重修本
綫裝
四十八册
書高25釐米
史部—地理類—總志

廣東新語二十八卷　rbsc/Asian Rare-3 no.11
〔清〕屈大均撰
清初（1700—1735）文匯堂刻本
綫裝
十册
書高26釐米
史部—地理類—雜志

［民國］順德縣志二十四卷順德縣郭志刊誤二卷　rbsc/Asian Rare-3 no.12
李彝坤、周廷幹等總裁　周朝槐、何藻翔等總纂
民國十八年（1929）順德鉛印本
綫裝
十册
書高29釐米
史部—方志類—地志

［乾隆］海豐縣志二卷［同治］海豐縣志續編 rbsc/Asian Rare-3 no.13
〔清〕于卜熊總裁 〔清〕史本編纂 （續）〔清〕蔡逢恩總裁 〔清〕林光斐等總纂
民國二十年（1931）海豐縣海聲書局鉛印本
綫裝
三册
書高26釐米
史部—方志類—地志

［乾隆］新興縣志三十卷 rbsc/Asian Rare-3 no.14
〔清〕劉芳纂
民國二十三年（1934）新興縣新州書局鉛印本
綫裝
八册
書高26釐米
史部—方志類—地志

居易録三十四卷 rbsc/Asian Rare-3 no.15
〔清〕王士禛撰
清康熙（1701—1722）刻雍正（1723—1735）印本
綫裝
十二册
書高26釐米
子部—雜家類—雜學雜説

人範五種 rbsc/Asian Rare-3 no.16
〔清〕宋廷桂纂輯
清咸豐十年（1860）稿本
綫裝
一册
書高25釐米
子部—儒家類—禮教

璇璣遺述六卷末一卷 rbsc/Asian Rare-3 no.17
〔清〕揭暄撰 〔清〕揭要編輯 〔清〕萬年茂訂
清乾隆三十年（1765）豫章會友堂刻本
綫裝
三册
書高26釐米
子部—天文算法—天文

御定歷代賦彙一百四十卷外集二十卷附逸句二卷補遺二十二卷 rbsc/Asian Rare-3 no.18
〔清〕陳元龍編輯
清康熙四十五年（1706）内府刻本
綫裝
四十八册
書高25釐米
集部—總集類—通代

前唐十二家詩二十四卷 rbsc/Asian Rare-3 no.19
〔明〕許自昌編
明萬曆三十一年（1603）許自昌霏玉軒刻本
綫裝
十册
書高27釐米
集部—總集類—叢編
王勃集二卷 〔唐〕王勃撰
楊炯集二卷 〔唐〕楊炯撰
盧照鄰集二卷 〔唐〕盧照鄰撰
駱賓王集二卷 〔唐〕駱賓王撰
陳子昂集二卷 〔唐〕陳子昂撰
杜審言集二卷 〔唐〕杜審言撰
沈佺期集二卷 〔唐〕沈佺期撰
宋之問集二卷 〔唐〕宋之問撰
孟浩然集二卷 〔唐〕孟浩然撰
王摩詰集二卷 〔唐〕王維撰

高常侍集二卷　〔唐〕高適撰
岑嘉州集二卷　〔唐〕岑參撰

明八大家集七十六卷　rbsc/Asian Rare-3 no.20
〔清〕張汝瑚評選
清康熙（1690—1722）温陵書林、郢雪書林刻視古堂印本
綫裝
二十四册
書高27釐米
集部—總集類—叢編
宋文憲集十一卷　〔明〕宋濂撰
劉文成集五卷　〔明〕劉基撰
方正學集十三卷　〔明〕方孝孺撰
王文成集十三卷　〔明〕王守仁撰
王遵巖集十卷　〔明〕王慎中撰
唐荆川集六卷　〔明〕唐順之撰
茅鹿門集八卷　〔明〕茅坤撰
歸震川集十卷　〔明〕歸有光撰

白石道人詩集二卷集外詩一卷附録諸賢酬贈詩一卷白石道人詩説一卷歌曲四卷别集一卷　rbsc/Asian Rare-3 no.21
〔宋〕姜夔撰
清乾隆八年（1743）陸鍾輝江都水雲漁屋刻本
綫裝
一册
書高28釐米
集部—别集類—宋

許文正公遺書十二卷首一卷末二卷　rbsc/Asian Rare-3 no.22
〔宋〕許衡撰
清乾隆五十五年（1790）刻本
綫裝
八册
書高27釐米
集部—别集類—元

剪桐載筆不分卷　rbsc/Asian Rare-3 no.23
〔明〕王象晉撰
明崇禎（1621—1644）常熟毛晉汲古閣刻本
綫裝
一册
書高28釐米
集部—别集類—明

詞譜四十卷　rbsc/Asian Rare-3 no.24
〔清〕王奕清等纂
清末民初（1901—1930）石印本
綫裝
二十册
書高20釐米
集部—詞類

隨園全集　rbsc/Asian Rare-3 no.25
〔清〕袁枚撰
民國七年（1918）上海文明書局石印本
綫裝
六十四册
書高20釐米
集部—别集類—清

佛説阿彌陀經直解正行不分卷　rbsc/Asian Rare-3 no.26
〔清〕釋了根纂注
清（1784—1911）杭州昭慶寺經房刻本
綫裝
一册
書高28釐米

子部—釋家類

佛説阿彌陀經疏鈔四卷佛説阿彌陀經 rbsc/Asian Rare-3 no.27
〔後秦〕釋鳩摩羅什譯 〔明〕釋袾宏述
清光緒二十五年（1899）南京金陵刻經處刻本
綫裝
四册
書高25釐米
子部—釋家類

萬法歸心録三卷 rbsc/Asian Rare-3 no.28
〔清〕祖源撰
清光緒三十四年（1908）揚州刻本
綫裝
一册
書高25釐米
子部—釋家類

重梓歸元直指集三卷 rbsc/Asian Rare-3 no.29
〔明〕釋一元編 〔清〕樸堂居士等重編
清同治十年（1871）古株杭州刻本
綫裝
三册
書高25釐米
子部—釋家類

釋氏稽古略四卷 rbsc/Asian Rare-3 no.30
〔元〕釋覺岸撰
民國二十二年（1933）揚州法藏寺刻經處刻本
綫裝
四册
書高28釐米
子部—釋家類

天台四教儀集注十卷 rbsc/Asian Rare-3 no.31
〔宋〕釋諦觀録 〔元〕蒙潤集注
清光緒三十四年（1908）揚州藏經院刻本
綫裝
四册
書高25釐米
子部—釋家類

御録宗鏡大綱二十卷 rbsc/Asian Rare-3 no.32
〔清〕世宗胤禛撰
民國九年（1920）揚州藏經院刻本
綫裝
四册
書高25釐米
子部—釋家類

文昌帝君陰騭文注證不分卷 rbsc/Asian Rare-3 no.33
潘成雲輯
民國十一年（1922）杭州佛學推行社鉛印本
綫裝
一册
書高26釐米
子部—釋家類

安士全書不分卷 rbsc/Asian Rare-3 no.34
〔清〕周夢顔撰
民國十七年（1928）上海佛學推行社鉛印本（第7版）
綫裝
四册
書高25釐米
子部—釋家類

大乘起信論不分卷 rbsc/Asian Rare-3 no.35
〔印度〕釋馬鳴撰 〔南朝梁〕釋真諦譯

民國二十四年（1935）香港佛學會鉛印本
綫裝
一册
書高27釐米
子部—釋家類

大乘起信論講義不分卷
rbsc/Asian Rare–3 no.36
釋圓瑛述
民國十七年（1928）上海商務印書館鉛印本（第4版）
綫裝
一册
書高27釐米
子部—釋家類

金剛般若波羅蜜經新疏不分卷
rbsc/Asian Rare–3 no.37
〔後秦〕釋鳩摩羅什譯　〔清〕釋諦閑述
民國十六年（1927）香港青山寺鉛印本
綫裝
一册
書高27釐米
子部—釋家類

淨土五經不分卷　rbsc/Asian Rare–3 no.38
釋印光編
民國二十二年（1933）蘇州弘化社鉛印本
綫裝
一册
書高26釐米
子部—釋家類

印光法師文鈔四卷　rbsc/Asian Rare–3 no.39
釋印光撰
民國十七年（1928）上海中華書局鉛印本（第3版）
綫裝
四册
書高25釐米
子部—釋家類

淨土輯要不分卷　rbsc/Asian Rare–3 no.40
潘慧純、邵慧圓輯述
釋印光鑑定
民國十八年（1929）上海太平寺、長沙佛經流通處鉛印本
綫裝
一册
書高25釐米
子部—釋家類

壇經不分卷　rbsc/Asian Rare–3 no.41
〔唐〕釋惠能撰
民國十八年（1929）金陵刻經處刻本
綫裝
一册
書高25釐米
子部—釋家類

無量壽經宗要不分卷　rbsc/Asian Rare–3 no.42
〔唐〕釋元曉撰
民國（1912—1929）刻本
綫裝
一册
書高24釐米
子部—釋家類

摩訶般若波羅蜜多心經不分卷
rbsc/Asian Rare–3 no.43
民國九年（1920）鼎湖山刻本
綫裝

一册
書高27釐米
子部—釋家類

心經七譯本不分卷 rbsc/Asian Rare-3 no.44
北京刻經處編
民國八年（1919）北京刻經處刻本
綫裝
一册
書高25釐米
子部—釋家類

彌陀略解圓中鈔不分卷
rbsc/Asian Rare-3 no.45
〔明〕釋大祐解 〔明〕釋傳燈鈔
民國（1929—1949）上海佛學書局石印本
綫裝
二册
書高26釐米
子部—釋家類

周易解不分卷 rbsc/Asian Rare-4 no.1
佚名編
清中後期（1750—1911）稿本
綫裝
六册
書高29釐米
經部—易類

書經集注六卷 rbsc/Asian Rare-4 no.2
〔宋〕蔡沈集注
明萬曆（1573—1620）福建書林新賢堂張閩岳刻本
綫裝
四册
書高25釐米
經部—書類
又一部： Asian Rare-4 no.3，存三卷：卷四至六

詩經八卷 rbsc/Asian Rare-4 no.4
〔宋〕朱熹集傳
清雍正（1723—1735）北京國子監刻本
綫裝
四册
書高27釐米
經部—詩類

詩經金丹便讀不分卷 rbsc/Asian Rare-4 no.5
〔清〕閻湘蓝纂
清咸豐十年（1860）稿本
綫裝
四册
書高25釐米
經部—詩類

禮記不分卷 rbsc/Asian Rare-4 no.6
明嘉靖（1522—1566）司禮監刻本
綫裝
十二册
書高38釐米
經部—禮類—禮記

隸韻十卷附碑目考證一卷隸韻考證二卷
rbsc/Asian Rare-4 no.7
〔宋〕劉球纂 （附）〔清〕翁方綱撰
清嘉慶十五年（1810）阿克當阿刻本
綫裝
六册
書高31釐米
有抄補
經部—小學類—字書

又一部：　Asian Rare-5 no.179

五代史七十四卷　rbsc/Asian Rare-4 no.8
〔宋〕歐陽修撰　〔宋〕徐無黨注
明萬曆二十八年（1600）北京國子監刻本
綫裝
十册
書高30釐米
史部—紀傳類—通代

資治通鑑二百九十四卷通鑑釋文辨誤十二卷　rbsc/Asian Rare-4 no.9
〔宋〕司馬光撰　〔元〕胡三省音注
明萬曆二十年（1592）吴勉學新安刻本
綫裝
一百一十二册
書高28釐米
存二百十三卷：卷一至四十七、六十四至一百二十七、一百四十四至一百七十六、一百九十三至二百二十一、二百三十七至二百五十二、二百六十七至二百九十。
史部—編年類—通代

續資治通鑑二百二十卷　rbsc/Asian Rare-4 no.10
〔清〕畢沅編集
清光緒二十九年（1903）廣州同馨書局刻本
綫裝
九十册
書高26釐米
缺二十五卷：卷二十二至四十六
史部—編年類—通代

戰國策十卷　rbsc/Asian Rare-4 no.11
〔宋〕鮑彪校注　〔元〕吴師道注　〔明〕穆文熙編纂
明萬曆十五年（1587）劉懷恕刻本
綫裝
八册
書高30釐米
史部—雜史類

貞觀政要十卷　rbsc/Asian Rare-4 no.12
〔唐〕吴兢撰　〔元〕戈直集論　〔清〕朱載震校閱
清康熙（1662—1722）潛江朱氏大易閣刻本
綫裝
四册
書高32釐米
史部—雜史類

史記近不分卷管子鈔不分卷　rbsc/Asian Rare-4 no.13
〔明〕楊於陛輯
清初（1644—1795）喬英抄本
綫裝
四册
書高26釐米
史部—史鈔類—通代

左國腴詞八卷　rbsc/Asian Rare-4 no.14
〔明〕凌迪知輯　〔明〕閔一寉校
明萬曆四年（1576）吴興凌迪知刻本
綫裝
四册
書高26釐米
史部—史鈔類—通代

太史華句八卷　rbsc/Asian Rare-4 no.15
〔明〕凌迪知輯　〔明〕凌稚隆校

明萬曆五年（1577）吴興凌迪知刻本
綫裝
四册
書高27釐米
史部—史鈔類—通代

兩漢雋言十六卷 rbsc/Asian Rare-4 no.16
〔明〕林越輯 〔明〕凌迪知校並增輯
明萬曆四年（1576）吴興凌迪知刻本
綫裝
十册
書高26釐米
史部—史鈔類—斷代

杜氏通典增入宋儒議論二百卷
rbsc/Asian Rare-4 no.17
〔唐〕杜佑纂
明嘉靖十五年至十八年（1536—1539）福州李元陽刻本
綫裝
九十册
書高28釐米
缺二十五卷：卷七至十一、十三至十六、一百一至一百一十五、一百二十至一百二十一、一百四十一至一百四十九
史部—政書類—通制

小學史斷二卷 rbsc/Asian Rare-4 no.18
〔宋〕南宫靖一撰 〔明〕晏彦文續撰
明嘉靖十七年（1538）張木北京刻本
綫裝
四册
書高28釐米
史部—史評類

菉竹堂書目不分卷 rbsc/Asian Rare-4 no.19
〔明〕葉盛編
清（1644—1911）抄本
綫裝
一册
書高26釐米
史部—目録類—家藏

朱文公小學六卷 rbsc/Asian Rare-4 no.20
〔宋〕朱熹撰
明嘉靖三十二年（1553）山西潞安府刻本
綫裝
四册
書高30釐米
子部—儒家類—禮教

陽明先生則言二卷
rbsc/Asian Rare-4 no.21
〔明〕王守仁撰 〔明〕薛侃輯
明嘉靖十六年（1537）薛侃刻本
綫裝
二册
書高29釐米
子部—儒家類—儒學

述學内篇三卷外篇一卷補遺一卷别録一卷
rbsc/Asian Rare-4 no.22
〔清〕汪中撰
清嘉慶二十年（1815）汪喜孫刻本
綫裝
二册
書高27釐米
子部—儒家類—儒學
又二部： Asian Rare-1 no.1282，1283

管子二十四卷 rbsc/Asian Rare-4 no.23
〔春秋〕管仲撰 〔明〕凌汝亨輯評

明萬曆四十八年（1620）吴興凌汝亨刻朱墨套印本
綫裝
十册
書高27釐米
子部—法家類

妝史二卷　rbsc/Asian Rare-4 no.24
〔清〕田霢編
清康熙（1662—1722）稿本
綫裝
二册
書高25釐米
子部—雜家類—雜纂

［草韻五種］　rbsc/Asian Rare-4 no.25
〔清〕佚名輯
清康熙（1662—1722）抄本
綫裝
七册
書高31釐米
子部—藝術類—書畫

汪氏鑑古齋墨藪四卷附録一卷附録補遺一卷　rbsc/Asian Rare-4 no.26
〔清〕汪近聖、汪爾臧、汪惟高製　〔清〕汪炳宇、汪君蔚、汪穗岐、汪天鳳輯
民國十七年（1928）陶湘彩色石印本
綫裝
三册
書高31釐米
子部—譜録類—器用

宣德彝器譜三卷　rbsc/Asian Rare-4 no.27
〔明〕吕棠編
清末民初（1875—1930）抄本
綫裝
三册
書高29釐米
子部—譜録類—器用

莊子南華真經四卷音義四卷　rbsc/Asian Rare-4 no.28
〔晉〕郭象注　〔唐〕陸德明音義
明天啓崇禎間（1621—1644）吴興閔齊伋刻朱墨套印本
綫裝
八册
書高33釐米
子部—道家類—先秦
又一部：　Asian Rare-1 no.1232，
六册
書高31釐米

六家文選六十卷　rbsc/Asian Rare-4 no.29
〔南朝梁〕蕭統輯　〔唐〕李善、吕延濟、劉良、張銑、吕向、李周翰注
明嘉靖十三年至二十八年（1534—1549）吴郡袁褧嘉趣堂刻本
綫裝
三十册
書高31釐米
存三十卷：卷十一至三十、四十一至五十
集部—總集類—通代

文選六十卷　rbsc/Asian Rare-4 no.30
〔南朝梁〕蕭統輯　〔唐〕李善注
明天啓崇禎間（1621—1644）常熟毛晉汲古閣刻清康熙二十五年（1686）錢士謐重修本
綫裝

二十四册
書高33釐米
集部—總集類—通代

六臣注文選六十卷　rbsc/Asian Rare-4 no.31
〔南朝梁〕蕭統輯　〔唐〕李善、吕延濟、劉良、張銑、李周翰、吕向注
明萬曆（1573—1620）刻本
綫裝
十五册
書高31釐米
存三十卷：卷十七至三十二、四十七至六十
集部—總集類—通代

梁昭明文選十二卷　rbsc/Asian Rare-4 no.32
〔南朝梁〕蕭統輯　〔明〕張鳳翼纂注　〔明〕惲紹龍参訂
明萬曆二十九年（1601）惲紹龍刻本
綫裝
六册
書高28釐米
集部—總集類—通代

文選集釋二十四卷　rbsc/Asian Rare-4 no.33
〔清〕朱珔撰
清光緒元年（1875）涇川朱氏梅村家塾刻本
綫裝
八册
書高26釐米
存十六卷：卷一至十六
集部—總集類—通代
又一部：　Asian Rare-1 no.1630，
十二册
書高29釐米

文選錦字録二十一卷　rbsc/Asian Rare-4 no.34
〔明〕凌迪知輯　〔明〕凌稚隆校
明萬曆五年（1577）吴興凌迪知桂芝館刻本
綫裝
十八册
書高25釐米
集部—總集類—通代
又一部：　Asian Rare-1 no.1639
十四册

才調集十卷　rbsc/Asian Rare-4 no.35
〔五代後蜀〕韋穀集　〔清〕馮舒、馮班評閲
清康熙四十三年（1704）汪文珍垂雲堂刻本
綫裝
四册
書高24釐米
集部—總集類—斷代
又一部：　Asian Rare-1 no.1736
八册

唐詩紀事八十一卷　rbsc/Asian Rare-4 no.36
〔宋〕計敏夫輯　〔明〕毛晉訂
明崇禎五年（1632）常熟毛晉汲古閣刻本
綫裝
十八册
書高26釐米
缺十九卷：卷十七至三十五
集部—詩文評類

唐詩鼓吹十卷　rbsc/Asian Rare-4 no.37
〔金〕元好問輯　〔元〕郝天挺注　〔明〕廖文炳解　〔清〕錢朝鼒、王俊臣校注　〔清〕王清臣、陸貽典參解
清順治末年（1659—1661）三樂齋刻本
綫裝

十册
書高30釐米
集部—總集類—斷代

唐詩鼓吹十卷　rbsc/Asian Rare-4 no.38
〔清〕趙執信評點　〔清〕趙念録
清乾隆二十二年（1757）稿本
綫裝
四册
書高27釐米
集部—總集類—斷代

箋注唐賢三體詩法二十卷
rbsc/Asian Rare-4 no.39
〔宋〕周弼選　〔元〕釋圓至注　〔明〕金鸞校訂
明末（1567—1644）火錢刻本
綫裝
一册
書高26釐米
集部—總集類—斷代

御選宋詩七十八卷姓名爵里二卷
rbsc/Asian Rare-4 no.40
〔清〕張豫章等輯
清康熙四十八年（1709）張豫章刻本
綫裝
十八册
書高26釐米
存四十七卷：卷十八至四十九、六十四至七十八
集部—總集類—斷代

御選金詩二十四卷首一卷姓名爵里一卷
rbsc/Asian Rare-4 no.41
〔清〕張豫章等輯
清康熙四十八年（1709）張豫章刻本
綫裝
十二册
書高26釐米
集部—總集類—斷代

御選元詩八十卷首一卷姓名爵里二卷
rbsc/Asian Rare-4 no.42
〔清〕張豫章等輯
清康熙四十八年（1709）張豫章刻本
綫裝
三十册
書高26釐米
集部—總集類—斷代

御選明詩一百二十卷姓名爵里八卷
rbsc/Asian Rare-4 no.43
〔清〕張豫章等輯
清康熙四十八年（1709）張豫章刻本
綫裝
三十六册
書高26釐米
殘二十一卷：卷五十七至七十一、一百零五至一百二十
集部—總集類—斷代

楚騒綺語六卷　rbsc/Asian Rare-4 no.44
〔明〕張之象輯　〔明〕凌迪知訂
明萬曆四年（1576）吴興凌迪知刻本
綫裝
四册
書高26釐米
集部—楚辭類

類箋唐王右丞詩集十卷文集四卷外編一卷年譜一卷唐諸家同咏集一卷唐諸家贈題集

一卷唐宋諸家評王右丞詩畫鈔一卷
rbsc/Asian Rare-4 no.45
〔唐〕王維撰　〔宋〕劉辰翁評　〔明〕顧起經注並編輯
明嘉靖三十四年至三十五年（1556）無錫顧起經奇字齋刻本
綫裝
六册
書高29釐米
詩集存卷一至二、四至五，文集存卷三及集外編、年譜等
集部—别集類—唐五代

集千家注杜工部詩集二十卷文集二卷詩集附録一卷　rbsc/Asian Rare-4 no.46
〔唐〕杜甫撰
明嘉靖十五年（1536）玉几山人刻本
綫裝
二十四册
書高32釐米
集部—别集類—唐五代

杜工部分類詩十一卷賦集一卷
rbsc/Asian Rare-4 no.47
〔唐〕杜甫撰　〔明〕李齊芳、李茂年、李茂材分類
明萬曆二年（1574）李齊芳刻本
綫裝
六册
書高27釐米
集部—别集類—唐五代
又一部：　Asian Rare-1 no.1942
十二册
書高26釐米

杜工部集二十卷附録一卷諸家詩話一卷唱酬題咏附録一卷少陵先生年譜一卷
rbsc/Asian Rare-4 no.48
〔唐〕杜甫撰　〔清〕錢謙益箋注
清康熙六年（1667）季振宜静思堂刻本
綫裝
十册
書高26釐米
集部—别集類—唐五代

朱文公校昌黎先生文集四十卷外集十卷遺文一卷集傳一卷　rbsc/Asian Rare-4 no.49
〔唐〕韓愈撰　〔唐〕李漢編　〔宋〕朱熹考異　〔宋〕王伯大音釋　〔明〕朱吾弼重編
明末（1605—1644）天德堂刻本
綫裝
四册
書高26釐米
存十八卷：卷一至十八
集部—别集類—唐五代
又一部：　Asian Rare-1 no.1973
十二册

昌黎先生詩集注十一卷年譜一卷
rbsc/Asian Rare-4 no.50
〔唐〕韓愈撰　〔清〕顧嗣立删補
清道光十六年（1836）穆彰阿吴中膺德堂刻朱墨套印本二十五年（1845）張芾江陰使署重印本
綫裝
十二册
書高29釐米
集部—别集類—唐五代
又一部：　Asian Rare-1 no.1967
六册

唐陸宣公翰苑集二十四卷
rbsc/Asian Rare-4 no.51
〔唐〕陸贄撰
明萬曆（1607—1620）彰賜堂刻本
綫裝
四册
書高26釐米
集部—別集類—唐五代

宋乾道永州本柳柳州外集一卷附録一卷
rbsc/Asian Rare-4 no.52
〔唐〕柳宗元撰
清光緒十三年（1887）寶章閣刻本
綫裝
一册
書高31釐米
集部—別集類—唐五代

宋濂溪周元公先生集十卷
rbsc/Asian Rare-4 no.53
〔宋〕周敦頤撰　〔明〕周與爵輯　〔明〕周沈珂、周之翰重輯
明萬曆四十二年（1614）吴郡周與爵刻清初（1644—1722）周沈珂補刻本
綫裝
二册
書高26釐米
集部—別集類—宋

蘇文忠公詩集五十卷目録二卷
rbsc/Asian Rare-4 no.54
〔宋〕蘇軾撰　〔清〕紀昀評點
清同治八年（1869）韞玉山房刻朱墨套印本
綫裝
十二册
書高30釐米
集部—別集類—宋
又一部：　Asian Rare-1 no.2052
六册
書高27釐米

王荆文公詩五十卷補遺一卷
rbsc/Asian Rare-4 no.55
〔宋〕王安石撰　〔宋〕李壁箋注
清乾隆六年（1741）張宗松清綺齋刻四十一年（1776）張燕昌增刻本
綫裝
十二册
書高29釐米
集部—別集類—宋

情話堂詩稿三卷　rbsc/Asian Rare-4 no.56
〔清〕閔鼎撰
清（1644—1911）抄本
綫裝
二册
書高27釐米
集部—別集類—清

漁洋山人精華録十卷　rbsc/Asian Rare-4 no.57
〔清〕王士禛撰　〔清〕林佶編
清康熙三十九年（1700）林佶寫刻本
綫裝
六册
書高26釐米
集部—別集類—清

漁洋山人精華録訓纂十卷目録二卷自撰年譜二卷金氏精華録箋注辯訛一卷
rbsc/Asian Rare-4 no.58
〔清〕王士禛撰　〔清〕惠棟訓纂
清光緒十七年（1891）南皮張氏刻本

綫裝
十二册
書高31釐米
集部—別集類—清

飴山詩集二十卷聲調譜三卷論例一卷談龍録一卷 rbsc/Asian Rare-4 no.59
〔清〕趙執信撰
清乾隆十七年至三十九年（1752—1774）趙氏因園刻本
綫裝
十册
書高24釐米
集部—別集類—清

馮舍人遺詩六卷 rbsc/Asian Rare-4 no.60
〔清〕馮廷櫆撰
清雍正十一年（1733）馮德培德州刻本
綫裝
四册
書高27釐米
集部—別集類—清

伏敔堂詩録十五卷首一卷附録一卷續録四卷 rbsc/Asian Rare-4 no.61
〔清〕江湜撰
清同治元年至五年（1862—1866）江湜、江澂福州刻本
綫裝
四册
書高25釐米
集部—別集類—清

新刻旁注四六類函十二卷 rbsc/Asian Rare-4 no.62
〔明〕朱錦類選 〔明〕徐榛校閲 〔明〕閔師孔旁注 〔明〕許以忠編正
明末（1608—1644）刻本
綫裝
四册
書高28釐米
集部—總集類—斷代

盛世新聲十二卷 rbsc/Asian Rare-4 no.63
〔明〕佚名編
明正德十二年（1517）刻本
綫裝
八册
書高30釐米
存九卷：卷一至九
集部—曲類—散曲

熊廷弼楊漣書札二通 rbsc/Asian Rare-4 no.64
〔明〕熊廷弼、楊漣撰
明天啓（1621—1625）手稿本
册葉裝
一册（十三開）
書高26釐米
史部—雜史類

宋拓蘭亭序照片二種 rbsc/Asian Rare-4 no.65
清宣統二年（1910）蕭應椿收藏並拍攝
册葉裝
一册（十五開）
書高27釐米
子部—藝術類—書畫

董其昌臨褚本蘭亭序 rbsc/Asian Rare-4 no.66
清（1644—1911）泥金寫本

册葉裝
一册（七開）
書高32釐米
子部—藝術類—書畫

定武蘭亭序　rbsc/Asian Rare–4 no.67
舊拓本（？—1585）
册葉裝，剪裱本
一册（七開）
書高32釐米
子部—藝術類—書畫

蘭亭序　rbsc/Asian Rare–4 no.68
清（1644—1911）拓本
册葉裝，剪裱本
一册（五開）
書高30釐米
子部—藝術類—書畫

蘭亭序　rbsc/Asian Rare–4 no.69
清（1644—1911）拓本
册葉裝，剪裱本
一册（六開）
書高32釐米
子部—藝術類—書畫

蘭亭序　黄庭經　rbsc/Asian Rare–4 no.70
清（1644—1911）朱拓本
册葉裝，剪裱本
一册（八開）
書高32釐米
子部—藝術類—書畫

星鳳樓帖丑集　rbsc/Asian Rare–4 no.71
清（1644—1911）拓本
册葉裝，剪裱本
一册（六開）
書高34釐米
子部—藝術類—書畫

澂觀閣摹古帖　rbsc/Asian Rare–4 no.72
〔清〕伍葆恒輯刻
清咸豐（1851—1861）南海伍葆恒刻石並拓本
册葉裝，剪裱本
一册（三十開）
書高37釐米
子部—藝術類—書畫

蘭亭序八種　rbsc/Asian Rare–4 no.73
清（1644—1911）拓本
册葉裝，剪裱本
一册（二十八開）
書高32釐米
子部—藝術類—書畫

二王帖三卷　rbsc/Asian Rare–4 no.74
〔晉〕王羲之、王獻之書
清（1644—1911）拓本
册葉裝，剪裱本
三册
書高31釐米
存八十三帖：上卷一（三十帖）、中卷一（三十五帖）、下卷一（十八帖），卷首二王像僅存王獻之像及左邊之扶掖者，卷上、卷中首葉皆殘缺
子部—藝術類—書畫

劉熊碑　rbsc/Asian Rare–4 no.75
舊拓本
册葉裝，剪裱本
一册（十五開）
書高31釐米

子部—藝術類—書畫

曹全碑 rbsc/Asian Rare-4 no.76
清初（1644—1735）拓本
册葉裝，剪裱本
一册（二十六開）
書高33釐米
子部—藝術類—書畫

史晨碑 rbsc/Asian Rare-4 no.77
清初（1644—1795）拓本
册葉裝，剪裱本
一册（十九開）
書高30釐米
子部—藝術類—書畫

鄭固碑 rbsc/Asian Rare-4 no.78
清（1644—1911）拓本
册葉裝，剪裱本
一册（十開）
書高31釐米
子部—藝術類—書畫

爨寶子碑 rbsc/Asian Rare-4 no.79
清末（1852—1911）拓本
册葉裝，剪裱本
一册（十三開）
書高34釐米
子部—藝術類—書畫

張猛龍碑 rbsc/Asian Rare-4 no.80
民國（1912—1948）拓本
一摺葉
墨紙145×86釐米，額40×28釐米
子部—藝術類—書畫

馬鳴寺碑 rbsc/Asian Rare-4 no.81
清（1644—1911）拓本
册葉裝，剪裱本
一册（十六開）
書高33釐米
子部—藝術類—書畫

李思訓碑 rbsc/Asian Rare-4 no.82
〔唐〕李邕撰並書
清（1644—1911）拓本
册葉裝，剪裱本
一册（二十四開）
書高32釐米
子部—藝術類—書畫

星鳳樓帖 rbsc/Asian Rare-4 no.83
清（1644—1911）拓本
册葉裝，剪裱本
一册（六開）
書高32釐米
子部—藝術類—書畫

關中本智永真草千字文
rbsc/Asian Rare-4 no.84
〔南朝梁〕周興嗣次韻 〔隋〕釋智永書
舊拓本（？—1644）
册葉裝，剪裱本
一册（三十一開）
書高29釐米
子部—藝術類—書畫

關中本智永真草千字文
rbsc/Asian Rare-4 no.85
〔南朝梁〕周興嗣次韻 〔隋〕釋智永書
舊拓本（？—1644）
册葉裝，剪裱本

一册（三十開）
書高31釐米
子部—藝術類—書畫

大唐三藏聖教序　　rbsc/Asian Rare–4 no.86
〔唐〕太宗李世民撰文　〔唐〕釋懷仁集
　　王羲之書
舊拓本（？—1521）
册葉裝，剪裱本
一册（二十六開）
書高33釐米
子部—藝術類—書畫

大唐西京千福寺多寶佛塔感應碑文
rbsc/Asian Rare–4 no.87
〔唐〕岑勛撰　〔唐〕顔真卿書
明（1368—1644）拓本
册葉裝，剪裱本
一册（二十三開）
書高34釐米
子部—藝術類—書畫

靈飛經　　rbsc/Asian Rare–4 no.88
〔唐〕鍾紹京書
清（1644—1911）拓本
册葉裝，剪裱本
一册（十九開）
書高28釐米
子部—藝術類—書畫

太上玄元道德經　　rbsc/Asian Rare–4 no.89
〔元〕趙孟頫臨
舊拓本（？—1667）
册葉裝，剪裱本
一册（二十五開）
書高28釐米
子部—藝術類—書畫

周易管窺八卷　　rbsc/Asian Rare–4 no.90
〔清〕李寅賓撰
清乾隆六年（1741）稿本
綫裝
六册
書高24釐米
經部—易類

杜工部詩八卷附録一卷
rbsc/Asian Rare–4 no.91
〔唐〕杜甫著　〔明〕許宗魯編
明嘉靖五年（1526）許宗魯淨芳亭刻本
綫裝
四册
書高24釐米
集部—别集類—唐五代

圖注八十一難經八卷　rbsc/Asian Rare–4 no.92
〔戰國〕秦越人述　〔明〕張世賢圖注
明正德五年（1510）吕邦佑揚州刻本
綫裝
四册
書高30釐米
子部—醫家類—醫經

極樂世界傳奇八卷　rbsc/Asian Rare–4 no.93
觀劇道人原稿　試香女史參評
清末民初（1841—1930）抄本
毛裝
四册
書高24釐米
集部—曲類—傳奇

扇面集　　rbsc/Asian Rare–4 no.94

清中期至民國間（1796—1948）彩繪及書寫本
冊葉裝
一冊（三十九開）
冊31×59釐米
子部—藝術類—書畫

趙秋谷先生墨迹 rbsc/Asian Rare-4 no.95
〔清〕趙執信撰並書
清雍正（1729—1732）趙執信手稿
冊葉裝
一冊（十一開）
冊24.4×10釐米
子部—藝術類—書畫

劉石庵中年書冊 rbsc/Asian Rare-4 no.96
〔清〕劉墉書
清乾隆九年十二月一日（1745年1月3日）劉墉寫本
冊葉裝
一冊（十五開）
冊31.3×19.8釐米
子部—藝術類—書畫

陳玉方先生墨迹 rbsc/Asian Rare-4 no.97
題〔清〕陳希祖書
清末民初（1821—1945）寫本
冊葉裝
一冊（十二開）
冊32.7×19.4釐米
子部—藝術類—書畫

王文治臨古冊子 rbsc/Asian Rare-4 no.98
〔清〕王文治書
清乾隆四十五年（1780）王文治寫本
冊葉裝，散葉
［一冊］（十六開）
葉27.2×20.3釐米
子部—藝術類—書畫

傅青主先生墨寶 rbsc/Asian Rare-4 no.99
〔清〕傅山撰並書
清乾隆四十五年（1780）傅山手稿
冊葉裝
一冊（七開）
冊32×15.3釐米
子部—藝術類—書畫

孟金煇山水冊葉 rbsc/Asian Rare-4 no.100
〔清〕孟金煇繪
清嘉慶道光間（1796—1850）孟金煇彩繪本
冊葉裝
一冊（十開）
冊26.9×14.5釐米
子部—藝術類—書畫

草色一卷 rbsc/Asian Rare-4 no.101
〔清〕鮑廷博輯並書
清乾隆六十年十二月三十一日（1796年2月9日）稿本
冊葉裝
一冊（八開）
冊18.2×13.5釐米
集部—總集類

劉文正公手札 rbsc/Asian Rare-4 no.102
〔清〕劉統勛撰並書
清乾隆（1772—1773）劉統勛手稿
冊葉裝
一冊（四開）
冊30.8×18.5釐米
集部—別集類—清

許長史舊館壇碑　　rbsc/Asian Rare-4 no.103
〔南朝梁〕陶弘景撰文
清末（1821—1911）拓本
册葉裝，剪裱本（一開）
墨心26.2×13.5釐米
子部—藝術類—書畫

花卉山水册殘葉　　rbsc/Asian Rare-4 no.104
清（1644—1911）彩繪
繪畫殘葉（七張碎片）
子部—藝術類—書畫

戲魚堂帖十卷　　rbsc/Asian Rare-4 no.105
〔宋〕劉次莊摹
舊拓本（？—1722?）
册葉裝，剪裱本
六册
册31.4×16.4釐米
存六卷：卷四至九
子部—藝術類—書畫

古文八大家公暇録二十四篇
rbsc/Asian Rare-4 no.106
〔清〕劉鸞翔輯並評
清末（1821—1875）劉鸞翔稿本
綫裝
二册
書高28釐米
集部—總集類

金剛般若波羅蜜經　　rbsc/Asian Rare-4 no.107
〔後秦〕釋鳩摩羅什譯
舊拓本（？—1644）
册葉裝，剪裱本
一册（三十開）
册29×14.5釐米
子部—藝術類—書畫

劉鐶之遺墨　　rbsc/Asian Rare-4 no.108
〔清〕劉鐶之書
清乾隆嘉慶間（1763—1801）劉鐶之寫本
册葉裝
一册（十二開）
册32.8×19.4釐米
子部—藝術類—書畫

九成宮醴泉銘　　rbsc/Asian Rare-4 no.109
〔唐〕魏徵撰　〔唐〕歐陽詢書
清（1795—1911）拓本
册葉裝，剪裱本
一册（二十一開）
册30.5×17.8釐米
子部—藝術類—書畫

玄秘塔碑　　rbsc/Asian Rare-4 no.110
〔唐〕裴休撰　〔唐〕柳公權書　〔唐〕邵建和、邵建初鐫
舊拓本（？—1644）
册葉裝，剪裱本
一册（四十二開）
册29×17.6釐米
子部—藝術類—書畫

監本蘭亭序拓本跋　　rbsc/Asian Rare-4 no.111
〔清〕劉祚遠撰並書
清康熙九年（1670）劉祚遠手稿
一對摺葉
葉28.5×30釐米
子部—藝術類—書畫

蕪史小草二十三卷　　rbsc/Asian Rare-4 no.112
〔明〕劉若愚撰

清末（1821—1911）抄本
綫裝
四册
框18.4 × 12.4釐米
史部—雜史類

雪庵清史五卷　　rbsc/Asian Rare-4 no.113
〔明〕樂純著　〔明〕余應虬訂
明萬曆（1614—1620）金陵李少泉刻本
綫裝
四册
框20.5 × 13.8釐米
子部—雜家類—雜學雜説

唐大雅集右軍書吴將軍碑
rbsc/Asian Rare-4 no.114
〔唐〕釋大雅集　〔東晉〕王羲之書
清乾隆（1736—1795）拓本
册葉裝，剪裱本
一册（十一開）
册27.4 × 14.2釐米
子部—藝術類—書畫

龐鏡塘藏信札十通　rbsc/Asian Rare-4 no.115
民國（1920—1948）手稿
散葉
葉高33釐米
史部—雜史類

衛氏家譜不分卷　　rbsc/Asian Rare-5 no.2
衛世鎮撰
民國二十五年（1936）稿本
毛裝
一册
書高29釐米
史部—傳記類—家譜

紫玉山房遺稿不分卷　rbsc/Asian Rare-5 no.3
〔清〕衛瞻淇撰
民國二十年（1931）抄本
綫裝
一册
書高29釐米
集部—别集類—清

周易函書約存十五卷首三卷約注十八卷别集十六卷　　rbsc/Asian Rare-5 no.4
〔清〕胡煦撰　〔清〕胡季堂重校
清乾隆五十九年（1794）葆璞堂刻本
綫裝
十册
書高27釐米
存周易函書約存十五卷、首三卷
經部—易類

帝範四卷　　rbsc/Asian Rare-5 no.5
〔唐〕太宗李世民撰
清光緒（1875—1900）刻本
綫裝
一册
書高20釐米
子部—儒家類—儒學

山海經十八卷附圖讃訂僞
rbsc/Asian Rare-5 no.7
〔晉〕郭璞傳　〔清〕郝懿行箋疏
清光緒二十年（1894）上海書局石印本（第3版）
綫裝
五册
書高15釐米
子部—小説家類—異聞

西域水道記五卷新疆賦一卷
rbsc/Asian Rare-5 no.8
〔清〕徐松撰
清光緒十九年（1893）上海寶善書局石印本
綫裝
六册
書高16釐米
史部—地理類—雜志

古籀彙編不分卷　rbsc/Asian Rare-5 no.9
徐文鏡編纂
民國二十六年（1937）上海商務印書館石印本（第3版）
綫裝
十四册
書高20釐米
經部—小學類—字書

文選六十卷文選考異十卷
rbsc/Asian Rare-5 no.10
〔南朝梁〕蕭統編　〔唐〕李善注　（考異）〔清〕胡克家撰
民國（1912—1949）著易堂書局、大中華圖書公司石印本
綫裝
八册
書高20釐米
存文選三十四卷：一至三十四
集部—總集類—通代
又一部：　Asian Rare-A3 no.6
十册
存文選四十五卷：卷二十三至五十七，考異十卷

三十家詩鈔六卷　rbsc/Asian Rare-5 no.11
〔清〕曾國藩纂　〔清〕王定安增輯
清宣統元年（1909）上海崇善堂石印本
綫裝
六册
書高20釐米
集部—總集類—通代

全唐詩九百卷目録十二卷
rbsc/Asian Rare-5 no.12
〔清〕曹寅等輯
清康熙（1707—1722）刻本
綫裝
二十册
書高25釐米
存二十册
集部—總集類—斷代

曹子建詩注二卷　rbsc/Asian Rare-5 no.14
〔三國魏〕曹植撰　〔清〕黄節注
民國十九年（1930）上海商務印書館鉛印本
綫裝
一册
書高27釐米
集部—别集類—漢魏六朝

重訂李義山詩集箋注三卷重訂李義山集外詩箋注一卷重訂李義山年譜一卷詩話一卷
rbsc/Asian Rare-5 no.16a
〔唐〕李商隱撰　〔清〕朱鶴齡箋注　〔清〕程夢星删補
清乾隆八年至十一年（1743—1746）汪增寧刻本
綫裝
四册
書高25釐米
集部—别集類—唐五代
又一部：　Asian Rare-1 no.2094

李長吉歌詩四卷外集一卷首卷一卷
rbsc/Asian Rare-5 no.16b
〔唐〕李賀撰 〔清〕王琦彙解
清乾隆二十五年（1760）王琦寶笏樓刻本
綫裝
二册
書高25釐米
集部—别集類—唐五代

板橋集六卷 rbsc/Asian Rare-5 no.17
〔清〕鄭燮撰
清同治七年（1868）大文堂刻本
綫裝
二册
書高24釐米
集部—别集類—清

止吾止齋詩集八卷 rbsc/Asian Rare-5 no.18
〔清〕王謙著
清道光二十七年（1847）湖北棗陽衛瞻淇紫玉山房刻本
綫裝
四册
書高21釐米
集部—别集類—清

清代帝后像四輯 rbsc/Asian Rare-5 no.20
北平故宫博物院編輯
民國十八年至二十年（1929—1931）北平故宫博物院影印本
綫裝
四册
書高42釐米
史部—傳記類—總傳

清代學者像傳不分卷 rbsc/Asian Rare-5 no.21
〔清〕葉衍蘭編
民國十九年（1930）上海商務印書館影印本（初版）
綫裝
四册
書高39釐米
史部—傳記類—總傳

曾文正公詩文集四卷
rbsc/Asian Rare-5 no.24
〔清〕曾國藩撰
民國八年（1919）上海掃葉山房石印本
綫裝
四册
書高21釐米
集部—别集類—清

段氏説文解字注三十二卷附刻四種
rbsc/Asian Rare-5 no.25
〔清〕段玉裁注
民國十二年（1923）上海掃葉山房石印本（第3版）
綫裝
十三册
書高20釐米
經部—小學類—字書

古詩評注讀本三卷附教授法一卷
rbsc/Asian Rare-5 no.26
王文濡評選 金熙、汪處廬注釋
民國十三年（1924）上海文明書局鉛印本（第13版）
綫裝
二册
書高20釐米
集部—總集類—通代

詹繩甫先生墨迹　rbsc/Asian Rare-5 no.30
〔明〕詹昌胤書
明崇禎十五年（1642）寫本
册葉裝，剪裱本
一册（十二開）
書高27釐米
子部—藝術類—書畫

分甘餘話四卷　rbsc/Asian Rare-5 no.31
〔清〕王士禛撰
清康熙四十九年（1710）黄又刻本
綫裝
二册
書高24釐米
子部—雜家類—雜學雜説

讀書録十一卷續録十二卷
rbsc/Asian Rare-5 no.32
〔明〕薛瑄撰
清康熙雍正間（1662—1735）天蓋樓刻本
綫裝
三册
書高26釐米
子部—儒家類—儒學

大清中外壹統輿圖中卷一卷南十卷北二十卷首卷一卷　rbsc/Asian Rare-5 no.33
〔清〕胡林翼修　〔清〕鄒世詒、晏啓鎮編繪　〔清〕嚴樹森、官文續修　〔清〕李廷簫、汪士鐸增補
清同治二年（1863）湖北撫署景桓樓刻本
綫裝
八册
書高30釐米
史部—地理類—總志

九州分野輿圖古今人物事迹
rbsc/Asian Rare-5 no.35
〔明〕季名臺選録
明崇禎十六年（1643）季名臺南京刻本
一葉
142 × 121釐米
史部—地理類—總志

［中醫藥方］不分卷　rbsc/Asian Rare-5 no.53
佚名輯
民國（1912—1949）抄本
綫裝
一册
書高17釐米
子部—醫家類—方論

搜神記二十卷　rbsc/Asian Rare-5 no.54a
〔晉〕干寶撰
明崇禎（1630—1644）常熟毛晉汲古閣刻本
綫裝
二册
書高24釐米
子部—小説家類—異聞

搜神後記十卷　rbsc/Asian Rare-5 no.54b
〔晉〕陶潛撰
明崇禎（1630—1644）常熟毛晉汲古閣刻本
綫裝
一册
書高24釐米
子部—小説家類—異聞

全唐詞選二卷　rbsc/Asian Rare-5 no.55
佚名編
民國十五年（1926）上海掃葉山房石印本
綫裝

一册
書高20釐米
集部—詞類—總集

金剛三昧經通宗記十二卷首一卷末一卷
rbsc/Asian Rare-5 no.56
〔清〕誅震述
清光緒十三年（1887）昭慶寺慧空經房杭州刻本
綫裝
三册
書高29釐米
子部—釋家類

金剛經注解四卷 rbsc/Asian Rare-5 no.57
〔後秦〕釋鳩摩羅什譯
清末（1821—1911）刻本
綫裝
四册
書高27釐米
子部—釋家類

金剛經纂要刊定記七卷科文一卷
rbsc/Asian Rare-5 no.58
〔宋〕釋子璿録
民國十九年（1930）北平刻經處刻本
綫裝
四册
書高24釐米
子部—釋家類

金剛般若波羅蜜經宗通九卷
rbsc/Asian Rare-5 no.59
〔後秦〕釋鳩摩羅什譯 〔明〕曾鳳儀宗通
清光緒十一年（1885）南京金陵刻經處刻本
綫裝
二册
書高25釐米
子部—釋家類

金剛般若波羅蜜經破空論不分卷
rbsc/Asian Rare-5 no.60
〔後秦〕釋鳩摩羅什譯 〔明〕釋智旭造論
清同治十年（1871）如皋刻經處刻本
綫裝
一册
書高25釐米
子部—釋家類

釋門章服儀應法記不分卷
rbsc/Asian Rare-5 no.61
〔宋〕釋元照述
民國（1912—1949）刻本
綫裝
一册
書高24釐米
子部—釋家類

百喻經二卷 rbsc/Asian Rare-5 no.62
〔印度〕僧伽斯那撰 〔南朝齊〕求那毗地譯
民國三年（1914）南京金陵刻經處刻本
綫裝
一册
書高27釐米
子部—釋家類

發菩提心論二卷 rbsc/Asian Rare-5 no.63
〔後秦〕釋鳩摩羅什譯
清光緒十四年（1888）揚州江北刻經處

刻本
綫裝
一册
書高23釐米
子部—釋家類

在家必讀内典十五種　rbsc/Asian Rare–5 no.64
歐陽漸編輯
民國二十年（1931）南京支那内學院刻本
綫裝
二册
書高25釐米
子部—釋家類

金剛能斷般若波羅蜜經論三卷
rbsc/Asian Rare–5 no.65
〔隋〕達摩笈多譯
民國十一年（1922）南京金陵刻經處刻本
綫裝
一册
書高24釐米
子部—釋家類

牧牛圖頌淨修指要合刊
rbsc/Asian Rare–5 no.66
〔□〕釋普明［等］撰
清光緒二十五年（1899）刻本
綫裝
一册
書高26釐米
子部—釋家類

千手千眼觀世音菩薩廣大圓滿無礙大悲心陀羅尼經不分卷　rbsc/Asian Rare–5 no.67
〔唐〕伽梵達摩譯
民國八年（1919）覺微草堂版二十年（1931）石印本
綫裝
一册
書高28釐米
子部—釋家類

彌陀寶懺法三卷　rbsc/Asian Rare–5 no.68
石印本
綫裝
一册
書高35釐米
子部—釋家類

淨土五經不分卷　rbsc/Asian Rare–5 no.69
釋印光編
民國二十一年（1932）潮陽郭泰棣雙百鹿齋刻本
綫裝
一册
書高33釐米
子部—釋家類

金剛般若波羅蜜經
rbsc/Asian Rare–5 no.70
〔後秦〕釋鳩摩羅什譯　弘一大師書寫　豐子愷、徐悲鴻繪圖
民國（1936—1949）影印本
綫裝
一册
書高33釐米
子部—釋家類

王洪緒先生外科證治全生集二卷
rbsc/Asian Rare–5 no.71
〔清〕王維德撰
清同治七年（1868）味閑主人刻本

綫裝
一册
書高25釐米
子部—醫家類—方論

資治通鑑二百九十四卷通鑑釋文辨誤十二卷 rbsc/Asian Rare-5 no.72
〔宋〕司馬光撰 〔元〕胡三省音注考訂
清嘉慶二十一年（1816）胡克家江寧刻同治八年（1869）蘇州江蘇書局補刻本
綫裝
九十八册
書高31釐米
存正文二百九十四卷
史部—編年類—通代

史記一百三十卷 rbsc/Asian Rare-5 no.73
〔漢〕司馬遷撰 〔南朝宋〕裴駰集解 〔唐〕司馬貞索隱 〔唐〕張守節正義
民國十九年（1930）上海中華書局石印本
綫裝
三十册
書高16釐米
史部—紀傳類—通代

毛詩二十卷 rbsc/Asian Rare-5 no.74
〔漢〕鄭玄箋
民國十九年（1930）上海中華書局石印本
綫裝
四册
書高16釐米
經部—詩類

文心雕龍十卷 rbsc/Asian Rare-5 no.75
〔南朝梁〕劉勰撰 〔清〕黄叔琳注 〔清〕紀昀評
民國十九年（1930）上海中華書局石印本
綫裝
四册
書高16釐米
集部—詩文評類

三國志六十五卷附考證 rbsc/Asian Rare-5 no.76
〔晉〕陳壽撰 〔南朝宋〕裴松之注
民國二十五年（1936）上海中華書局鉛印本
綫裝
十六册
書高21釐米
史部—紀傳類—斷代

史通通釋二十卷 rbsc/Asian Rare-5 no.77
〔唐〕劉知幾撰 〔清〕浦起龍釋 〔清〕方懋福、蔡焯、蔡龍孫參釋
民國二十五年（1936）上海中華書局鉛印本
綫裝
八册
書高21釐米
史部—史評類

唐陸宣公集二十四卷 rbsc/Asian Rare-5 no.78
〔唐〕陸贄撰 〔清〕耆英重訂並增輯
民國二十五年（1936）上海中華書局鉛印本
綫裝
四册
書高21釐米
史部—詔令奏議類—奏議

聰訓齋語二卷附録一卷 rbsc/Asian Rare-5 no.79
〔清〕張英撰 周藹如評注

民國十八年（1929）周藹如鉛印本
綫裝
一册
書高17釐米
子部—儒家類—儒學

論語十卷附録一卷　rbsc/Asian Rare-5 no.80
〔漢〕何晏集解　（附録）〔清〕黎庶昌撰
清光緒十五年（1889）傅雲龍日本東京刻本
綫裝
二册
書高34釐米
經部—四書類—論語

耕織圖詩二卷　rbsc/Asian Rare-5 no.81
〔清〕焦秉貞畫
民國十八年（1929）陶氏涉園石印本
綫裝
一册
書高31釐米
子部—藝術類—書畫

太上感應篇不分卷　rbsc/Asian Rare-5 no.82
〔清〕惠棟箋注
民國十九年（1930）石印本
綫裝
二册
書高30釐米
子部—道家類—道教

鶴舫中年政論不分卷　rbsc/Asian Rare-5 no.89
金天羽撰
民國三十七年（1948）王大隆鉛印本
綫裝
一册
書高27釐米
集部—別集類—民國

天放樓遺集不分卷　rbsc/Asian Rare-5 no.90
金天羽撰
民國三十六年（1947）王大隆鉛印本
綫裝
一册
書高27釐米
集部—別集類—民國

樂毅論　rbsc/Asian Rare-5 no.92
〔唐〕褚遂良書
清末民初（1900—1920）上海藝苑真賞社影印本
綫裝
一册
書高33釐米
子部—藝術類—書畫

重修大禹廟碑　rbsc/Asian Rare-5 no.93
〔清〕熊起磻撰並書　〔清〕程鵬篆額　〔清〕崔介志鐫字
清末（1900—1911）拓本
册葉裝，剪裱本
一册（十二開）
書高31釐米
子部—藝術類—書畫

張猛龍碑　rbsc/Asian Rare-5 no.94
民國（1912—1948）拓本
册葉裝，剪裱本
一册（二十三開）
書高29釐米
子部—藝術類—書畫

斯密亞丹原富不分卷　rbsc/Asian Rare-5 no.95

〔英〕斯密亞丹撰　嚴復譯
清光緒二十八年（1902）上海南洋公學譯書院鉛印本
八册
書高27釐米
子部—新學類

天演論二卷　rbsc/Asian Rare-5 no.96
〔英〕赫胥黎撰　嚴復譯
清末（1901—1911）刻本
一册
書高27釐米
子部—新學類

群學肄言不分卷　rbsc/Asian Rare-5 no.97
〔英〕斯賓塞爾撰　嚴復譯
清光緒二十九年（1903）上海文明書局鉛印本
四册
書高26釐米
子部—新學類

寒泉章草不分卷　rbsc/Asian Rare-5 no.99
民國五年（1916）上海朵雲軒影印本
綫裝
一册
書高29釐米
子部—藝術類—書畫

醫貫輯要十二卷　rbsc/Asian Rare-5 no.100
〔清〕秦大任編輯
清嘉慶十六年（1811）金閶書業堂刻本
綫裝
六册
書高25釐米
子部—醫家類—醫話醫案

理瀹駢文不分卷　rbsc/Asian Rare-5 no.101
〔清〕吴師機撰
清光緒七年（1881）廣州愛育堂刻本
綫裝
五册
書高28釐米
子部—醫家類—針灸推拿

增注類證活人書二十二卷
rbsc/Asian Rare-5 no.102
〔宋〕朱肱撰　〔明〕吴勉學校
清光緒（1897—1908）廣州儒雅堂刻本
綫裝
四册
書高26釐米
子部—醫家類—針灸推拿

吕祖醫道還元九卷附吕祖奇症新方一卷
rbsc/Asian Rare-5 no.103
佚名編
民國八年（1919）廣州華聯仙館刻本
綫裝
四册
書高27釐米
子部—醫家類—總論
又一部：　Asian Rare-1 no.1322

讀過傷寒論十八卷首一卷
rbsc/Asian Rare-5 no.104
陳伯壇著
民國十九年（1930）新會陳養福堂刻本
綫裝
十一册
書高29釐米
子部—醫家類—方論

張氏醫通十六卷　rbsc/Asian Rare-5 no.105
〔清〕張璐纂述　〔清〕張登、張倬參訂　〔日本〕前田安宅、前田典再訂
日本文化元年（1804）日本思得堂刻清末（1862—1898）蘇州亦西齋印本
綫裝
十六册
書高29釐米
子部—醫家類—總論

本經逢原四卷　rbsc/Asian Rare-5 no.106
〔清〕張璐纂述　〔清〕張登、張倬參訂　〔日本〕前田安宅、前田典再訂
日本文化元年（1804）日本思得堂刻清末（1862—1898）蘇州亦西齋印本
綫裝
四册
書高29釐米
子部—醫家類—本草

石頑老人診宗三昧不分卷
rbsc/Asian Rare-5 no.107
〔清〕張璐撰　〔清〕張登、張倬、張以柔編次　〔清〕鄒岐較訂　〔日本〕前田安宅、前田典再訂
日本文化元年（1804）日本思得堂刻清末（1862—1898）蘇州亦西齋印本
綫裝
一册
書高29釐米
子部—醫家類—診法

傷寒大成不分卷　rbsc/Asian Rare-5 no.108
佚名編
日本文化元年（1804）日本思得堂刻清末（1862—1898）蘇州亦西齋印本
綫裝
五册
書高29釐米
子部—醫家類—方論

本經疏證十二卷續疏六卷序疏要八卷
rbsc/Asian Rare-5 no.109
〔清〕鄒澍學撰
清光緒（1875—1908）常州長年醫局刻本
綫裝
三册
書高25釐米
子部—醫家類—本草

本草三家合注六卷神農本草經百種録不分卷
rbsc/Asian Rare-5 no.110
〔清〕郭汝聰集注　〔清〕袁浩閱定　〔清〕李佐堯校勘　（神農本草經百種録）〔清〕徐大椿撰
清光緒（1875—1908）刻本
綫裝
四册
書高24釐米
子部—醫家類—本草

理瀹駢文摘要二卷附録應驗諸方一卷
rbsc/Asian Rare-5 no.111
〔清〕吴尚先撰
清光緒十三年（1887）紹興徐友蘭融經館刻本
綫裝
一册
書高25釐米
子部—醫家類—針灸推拿

温病條辨六卷首一卷 rbsc/Asian Rare-5 no.112

〔清〕吴瑭撰
清末（1836—1908）粤東惠濟倉刻本
綫裝
四册
書高26釐米
存五卷：卷二至六
子部—醫家類—方論

醫貫砭二卷 rbsc/Asian Rare-5 no.113
〔清〕徐大椿撰
清咸豐七年（1857）海昌蔣氏衍芬草堂刻光緒十六年（1890）嶺南小嫏嬛閣印本
綫裝
一册
書高25釐米
子部—醫家類—總論

醫學源流論二卷 rbsc/Asian Rare-5 no.114
〔清〕徐大椿撰
清咸豐七年（1857）海昌蔣氏衍芬草堂刻光緒十六年（1890）嶺南小嫏嬛閣印本
綫裝
一册
書高25釐米
子部—醫家類—總論

傷寒論類方不分卷 rbsc/Asian Rare-5 no.115
〔清〕徐大椿撰
清咸豐七年（1857）海昌蔣氏衍芬草堂刻光緒十六年（1890）嶺南小嫏嬛閣印本
綫裝
一册
書高25釐米
子部—醫家類—方論

蘭臺軌範八卷 rbsc/Asian Rare-5 no.116
〔清〕徐大椿撰
清咸豐七年（1857）海昌蔣氏衍芬草堂刻光緒十六年（1890）嶺南小嫏嬛閣印本
綫裝
三册
書高25釐米
殘二卷：卷三至四
子部—醫家類—方論

洄溪醫案不分卷 rbsc/Asian Rare-5 no.117
〔清〕徐大椿撰 〔清〕王士雄輯
清咸豐七年（1857）海昌蔣氏衍芬草堂刻光緒十六年（1890）嶺南小嫏嬛閣印本
綫裝
一册
書高25釐米
子部—醫家類—醫話醫案

痳痘蠡言不分卷 rbsc/Asian Rare-5 no.118
陳伯壇撰
民國二十二年（1933）蘇群周順德石印本
綫裝
一册
有圖
書高27釐米
子部—醫家類—方論

編注醫學入門七卷首一卷 rbsc/Asian Rare-5 no.120
〔明〕李梴撰
清末民初（1900—1920）上海校經山房石印本
綫裝
二册

書高26釐米
子部—醫家類—綜論

古今醫案按十卷　rbsc/Asian Rare-5 no.121
〔清〕俞震纂輯　〔清〕李壽齡重校輯
清宣統元年（1909）上海會文堂書局石印本
綫裝
十册
書高20釐米
子部—醫家類—醫話醫案

鍼灸大成十二卷　rbsc/Asian Rare-5 no.122
〔明〕楊繼洲撰　〔清〕章廷珪重修
清末民初（1900—1949）上海中原書局石印本
綫裝
二册
書高21釐米
子部—醫家類—針灸推拿

御纂醫宗金鑑九十卷　rbsc/Asian Rare-5 no.123
〔清〕吴謙、劉裕德總修
清末民初（1890—1930）上海啓新書局石印本
綫裝
二十册
書高21釐米
子部—醫家類—綜論

御纂醫宗金鑑九十卷　rbsc/Asian Rare-5 no.124
〔清〕吴謙、劉裕德總修
清末民初（1890—1930）上海錦章書局石印本
綫裝
一册
書高21釐米
存二十二卷：内科六十九至七十四，外科一至十六
子部—醫家類—綜論

景岳全書發揮四卷　rbsc/Asian Rare-5 no.125
〔清〕葉桂撰
民國六年（1917）上海競進書局石印本
綫裝
四册
書高20釐米
子部—醫家類—綜論

醫學全書十六種　rbsc/Asian Rare-5 no.126
〔清〕徐大椿撰
清光緒三十三年（1907）上海六藝書局石印本
綫裝
四册
書高21釐米
子部—醫家類—叢編
難經經釋
醫學源流論
神農本草經百種録
醫貫砭
傷寒論類方
蘭臺軌範
洄溪醫案
慎疾芻言
内經詮釋
洄溪脈學
脈訣起悟注釋
六經病解
舌鑑總論
雜病源

女科醫案
傷寒約論

丹溪心法附餘二十四卷首一卷
rbsc/Asian Rare-5 no.127
〔明〕方廣輯
民國十四年（1925）上海海左書局石印本
綫裝
二册
書高21釐米
子部—醫家類—方論

增補百病辨證録十四卷
rbsc/Asian Rare-5 no.128
〔清〕陳敬之著述　〔清〕陶式玉参訂
民國（1912—1949）上海千頃堂書局石印本
綫裝
二册
書高21釐米
子部—醫家類—綜論

王氏醫案二卷續編八卷三編二卷
rbsc/Asian Rare-5 no.129
〔清〕王士雄撰　周鎔等輯
民國七年（1918）上海集古閣石印本
綫裝
三册
書高21釐米
子部—醫家類—醫話醫案

分類王孟英醫案不分卷
rbsc/Asian Rare-5 no.130
〔清〕王士雄撰　陸士諤編校
民國十年（1921）上海世界書局石印本
綫裝
一册
書高20釐米
子部—醫家類—醫話醫案

古今醫案按選四卷　rbsc/Asian Rare-5 no.131
〔清〕俞震輯　〔清〕楊照藜評　〔清〕王士雄選
民國七年（1918）上海集古閣石印本
綫裝
一册
書高21釐米
子部—醫家類—醫話醫案

廣温熱論四卷廣温熱論方一卷
rbsc/Asian Rare-5 no.132
〔清〕戴天章撰　〔清〕陸懋修校訂
民國（1912—1930）上海千頃堂書局石印本
綫裝
一册
書高21釐米
子部—醫家類—方論

新增疔瘡要訣不分卷附太上感應篇
rbsc/Asian Rare-5 no.133
〔清〕應遵誨撰
民國七年（1918）上海千頃堂書局石印本
綫裝
一册
書高21釐米
子部—醫家類—方論

大字斷句湯頭歌訣不分卷藥性歌括共四百味一卷　rbsc/Asian Rare-5 no.134
〔明〕汪昂編輯　（藥性歌括）〔明〕龔廷賢撰
民國二十二年（1933）上海錦章圖書局石印本
綫裝

一册
書高21釐米
子部—醫家類—方論

增補本草備要八卷　rbsc/Asian Rare-5 no.135
〔明〕汪昂撰
民國（1912—1914）上海錦章圖書局石印本
綫裝
一册
書高20釐米
子部—醫家類—本草

筆花醫鏡四卷　rbsc/Asian Rare-5 no.136
〔清〕江涵暾撰
民國（1912—1949）上海錦章圖書局石印本
綫裝
一册
書高21釐米
子部—醫家類—綜論

傷寒來蘇集不分卷　rbsc/Asian Rare-5 no.137
〔清〕柯琴編　〔清〕葉天士評
民國（1912—1949）上海錦章圖書局石印本
綫裝
一册
書高21釐米
子部—醫家類—方論

［陳修園醫書四十八種］　rbsc/Asian Rare-5 no.138
〔清〕陳念祖撰
清末民初（1900—1930）石印本
綫裝
十册
書高20釐米
子部—醫家類—叢編
神農本草經讀四卷
醫學三字經四卷
時方妙用四卷
時方歌括二卷
景岳新方砭四卷
女科要旨四卷
醫學實在易八卷
醫學從衆録八卷
金匱要略淺注十卷
金匱方歌括六卷
張仲景傷寒論原文淺注六卷
長沙方歌括六卷
靈素集注節要十二卷
傷寒醫訣串解六卷
傷寒真方歌括六卷
十藥神書注解一卷
急救異痧奇方一卷　〔清〕佚名輯
洞主仙師白喉治法忌表抉微一卷　〔清〕耐修子録並注
福幼編一卷　〔清〕莊一夔撰
咽喉脈證通論一卷
救迷良方一卷　〔清〕何其偉撰
太乙神針方一卷　〔清〕范培蘭撰　〔清〕杜文瀾訂定
霍亂論二卷　〔清〕王士雄撰
吊腳痧方論一卷　〔清〕徐子默撰
爛喉丹痧輯要一卷　〔清〕金德鑒撰
急治喉症要法一卷　〔清〕佚名輯
瘧疾論一卷　〔清〕韓善徵撰
喉痧正的一卷　〔清〕曹心怡撰
傷寒舌鑒一卷　〔清〕張登撰
眼科捷徑一卷
達生編一卷　〔清〕亟齋居士撰
春温三字訣一卷　〔清〕張子培撰

痢症三字訣一卷 〔清〕唐宗海撰
引痘略一卷 〔清〕丘熺撰
濕熱條辨一卷 〔清〕薛雪撰
本經便讀一卷 〔清〕黄鈺輯
温熱贅言一卷 （清）寄瓢子撰
神農本草經百種録一卷 〔清〕徐大椿撰
婦科雜症一卷 〔清〕文晟輯
醫壘元戎一卷 〔元〕王好古撰
名醫别録一卷 〔清〕黄鈺編
平辨脈法歌括一卷 〔清〕黄鈺編
局方發揮一卷 〔元〕朱彦修撰
醫法心傳一卷 〔清〕程芝田撰
增補食物秘書一卷
古今醫論一卷 〔清〕佚名輯
刺疔捷法一卷 〔清〕張鏡撰
救急經驗良方一卷 〔清〕竹梅居士輯

瘟疫論補注二卷 rbsc/Asian Rare-5 no.139
〔清〕吴有性撰 〔清〕鄭重光補注
民國（1912—1930）上海錦章圖書局石印本
綫裝
一册
書高21釐米
子部—醫家類—方論

醫林改錯二卷 rbsc/Asian Rare-5 no.140
〔清〕王清任撰
清末民初（1900—1930）上海鴻文書局石印本
綫裝
一册
書高21釐米
子部—醫家類—臟象

醫林改錯不分卷 rbsc/Asian Rare-5 no.141
〔清〕王清任撰
民國三年（1914）上海錦章圖書局石印本
綫裝
一册
書高21釐米
子部—醫家類—臟象

内經知要二卷 rbsc/Asian Rare-5 no.142
〔明〕李念莪輯 〔清〕薛生白校正
清末民初（1900—1930）石印本
綫裝
一册
書高21釐米
子部—醫家類—醫經

醫案類録不分卷 rbsc/Asian Rare-5 no.143
〔清〕茂亭氏撰 〔清〕唐宗海校正
民國六年（1917）上海千頃堂書局石印本
綫裝
一册
書高20釐米
子部—醫家類—醫話醫案

傷寒三字經不分卷 rbsc/Asian Rare-5 no.144
劉楙勛編撰
民國二十一年（1932）上海千頃堂書局石印本（第3版）
綫裝
一册
書高20釐米
子部—醫家類—方論

醫學白話四卷 rbsc/Asian Rare-5 no.145
〔清〕洪壽曼編
清末民初（1907—1930）上海廣益書局石印本
綫裝

一册
書高20釐米
子部—醫家類—綜論

素問靈樞類纂約注三卷
rbsc/Asian Rare-5 no.146
〔明〕汪昂輯注　謝觀重訂
民國（1912—1930）上海商務印書館鉛印本
綫裝
一册
書高20釐米
子部—醫家類—醫經

幼科推拿秘書四卷　rbsc/Asian Rare-5 no.147
〔清〕駱如龍撰
民國二十七年（1938）上海商務印書館鉛印本（國難後第3版）
綫裝
一册
書高20釐米
子部—醫家類—針灸推拿

雷公炮製藥性賦解不分卷
rbsc/Asian Rare-5 no.148
佚名編
民國（1912—1949）上海商務印書館鉛印本
綫裝
一册
書高20釐米
子部—醫家類—本草

驗方宣秘二卷　rbsc/Asian Rare-5 no.149
賴鳳韶撰　林巽權編訂
民國二十二年（1933）廣州賴家瑞石印本
綫裝
二册
書高19釐米
子部—醫家類—方論

十二經穴病候撮要不分卷
rbsc/Asian Rare-5 no.150
惲鐵樵輯　章巨膺参校
民國三十年（1941）章巨膺上海鉛印本
綫裝
一册
書高20釐米
子部—醫家類—針灸推拿

傅氏眼科審視瑶函六卷首一卷
rbsc/Asian Rare-5 no.151
〔清〕傅仁宇纂輯
清宣統元年（1909）上海會文堂書局石印本
綫裝
一册
書高20釐米
子部—醫家類—方論

臨證指南醫案八卷　rbsc/Asian Rare-5 no.152
〔清〕葉桂撰
民國（1912—1930）上海文益書局石印本
綫裝
一册
書高21釐米
子部—醫家類—醫話醫案

難經集注五卷　rbsc/Asian Rare-5 no.153
〔明〕王九思、石友諒、王鼎象、王惟一輯　〔清〕錢熙祚校
民國（1927—1936）上海中華書局鉛印本
綫裝
二册
書高21釐米

子部—醫家類—醫經

腧穴摺中二卷 rbsc/Asian Rare-5 no.154
〔日本〕安井元越撰
民國二十六年（1937）上海醫界春秋社影印本
綫裝
一册
書高20釐米
子部—醫家類—針灸推拿

鍼法穴道記不分卷 rbsc/Asian Rare-5 no.155
王崇一編輯
民國二十五年（1936）上海中醫書局影印本
綫裝
一册
書高20釐米
子部—醫家類—針灸推拿

三版增補單方大全不分卷
rbsc/Asian Rare-5 no.156
廣文書局編輯　顧鳴盛重訂
民國十三年（1924）上海世界書局石印本（第8版）
綫裝
一册
書高21釐米
子部—醫家類—方論

醫學南針不分卷 rbsc/Asian Rare-5 no.157
陸士諤編輯
民國十三年（1924）上海世界書局石印本
綫裝
一册
書高21釐米
子部—醫家類—綜論

中西匯通醫經精義二卷
rbsc/Asian Rare-5 no.158
〔清〕唐宗海撰　〔清〕鄧其章參校
清光緒三十四年（1908）上海千頃堂書局石印本
綫裝
一册
書高18釐米
子部—醫家類—綜論

本草問答二卷 rbsc/Asian Rare-5 no.159
〔清〕唐宗海撰
清光緒三十四年（1908）上海千頃堂書局石印本
綫裝
一册
書高18釐米
子部—醫家類—本草

金匱要略淺注補正九卷
rbsc/Asian Rare-5 no.160
〔漢〕張仲景撰　〔清〕陳念祖注　〔清〕唐宗海補正
清光緒三十四年（1908）上海千頃堂書局石印本
綫裝
一册
書高18釐米
子部—醫家類—方論

傷寒論淺注補正七卷首一卷
rbsc/Asian Rare-5 no.161
〔漢〕張仲景撰　〔清〕陳念祖注　〔清〕唐宗海補正
清光緒三十四年（1908）上海千頃堂書局石印本

綫裝
二册
書高18釐米
子部—醫家類—方論

血證論八卷　rbsc/Asian Rare-5 no.162
〔清〕唐宗海撰　〔清〕鄧其章參校
清光緒三十四年（1908）上海千頃堂書局石印本
綫裝
一册
書高18釐米
子部—醫家類—方論

醫門法律六卷　rbsc/Asian Rare-5 no.163
〔清〕喻昌撰
清末（1862—1911）奎壁堂刻本
綫裝
五册
書高17釐米
子部—醫家類—綜論

尚論張仲景傷寒論重編三百九十七法二卷首一卷後四卷　rbsc/Asian Rare-5 no.164
〔清〕喻昌撰
清末（1862—1911）奎壁堂刻本
綫裝
四册
書高17釐米
子部—醫家類—方論

寓意草不分卷　rbsc/Asian Rare-5 no.165
〔清〕喻昌撰
清末（1862—1911）奎壁堂刻本
綫裝
一册
書高17釐米
子部—醫家類—醫話醫案

臨證指南醫案十卷　rbsc/Asian Rare-5 no.166
〔清〕葉桂撰
清末（1821—1911）聚益堂刻本
綫裝
八册
書高17釐米
殘二卷：三、十
子部—醫家類—醫話醫案

種福堂續選臨證指南四卷　rbsc/Asian Rare-5 no.167
清末（1821—1911）聚益堂刻本
綫裝
二册
書高17釐米
子部—醫家類—醫話醫案

喉證雜治經驗良方合璧不分卷　rbsc/Asian Rare-5 no.168
〔清〕蔡鈞編
民國六年（1917）上海掃葉山房石印本
綫裝
一册
書高17釐米
子部—醫家類—方論

急救方不分卷　rbsc/Asian Rare-5 no.169
佚名編
清末民國（1900—1949）石印本
綫裝
一册

書高16釐米
子部—醫家類—方論

［藥方］不分卷　rbsc/Asian Rare-5 no.170
佚名輯
民國（1912—1949）抄本
綫裝
一册
書高14釐米
子部—醫家類—方論

伏邪新書不分卷　rbsc/Asian Rare-5 no.177
〔清〕劉吉人撰
民國十九年（1930）上海國醫書局鉛印本
綫裝
一册
書高18釐米
子部—醫家類—方論

大清畿輔書徵四十一卷附勘誤表
rbsc/Asian Rare-5 no.180
徐世昌纂
民國（1917—1939）徐世昌鉛印本
綫裝
十七册
書高28釐米
史部—目録類—郡邑

欽定蒙古源流八卷　rbsc/Asian Rare-5 no.181
〔清〕小徹辰薩囊台吉撰
清末（1821—1911）刻本
綫裝
四册
書高27釐米
史部—雜史類

蘇州織造李煦奏摺不分卷
rbsc/Asian Rare-5 no.182
（清）李煦撰　國立北平故宫博物院文獻館編
民國二十六年（1937）國立北平故宫博物院鉛印本
綫裝
一册
書高27釐米
史部—詔令奏議類—奏議

釋名八卷　rbsc/Asian Rare-5 no.183
〔漢〕劉熙撰　〔清〕吴志忠校
清同治十二年（1873）廣州粤東書局刻本
綫裝
一册
書高27釐米
經部—小學類—訓詁

棲窗雜記四卷　rbsc/Asian Rare-5 no.185
汪兆鏞撰
民國三十二年（1943）汪希文鉛印本
綫裝
一册
書高26釐米
子部—雜家類—雜學雜説

小萬柳堂叢刊　rbsc/Asian Rare-5 no.186
吴芝瑛輯
民國七年（1918）吴芝瑛鉛印本
綫裝
三册
書高26釐米
缺一種：南湖東游草
集部—總集類—叢編

安定書院課藝不分卷　rbsc/Asian Rare-5 no.187
〔清〕周縵雲選定
清光緒（1875—1908）刻本
綫裝
六册
書高25釐米
集部—總集類—課藝

關中三李年譜八卷　rbsc/Asian Rare-5 no.188
吴懷清編
民國十七年（1928）京師默存齋刻本
綫裝
四册
書高26釐米
史部—傳記類—年譜

顧氏醫鏡十六卷　rbsc/Asian Rare-5 no.190
〔清〕顧靖遠著
民國十三年（1924）上海掃葉山房石印本
綫裝
三册
書高20釐米
子部—醫家類—綜論

增補事類統編九十三卷　rbsc/Asian Rare-5 no.191
〔清〕黄葆真增輯
民國十年（1921）上海錦章圖書局石印本
綫裝
六册
書高21釐米
存五十一卷：卷四十三至九十三
子部—類書類

蔣士銓九種曲　rbsc/Asian Rare-5 no.192
〔清〕蔣士銓編
民國十二年（1923）上海朝記書莊石印本
綫裝
十六册
書高20釐米
集部—曲類—傳奇

中外時務策府統宗四十四卷附讀西學書法一卷西學書目表四卷　rbsc/Asian Rare-5 no.193
文盛書局纂　（附）梁啓超撰
清光緒二十三年（1897）上海文盛堂石印本
綫裝
二十册
書高15釐米
子部—類書類

王仲初仿宋元山水真迹　rbsc/Asian Rare-5 no.194
〔清〕王建章繪
日本大正四年（1915）小林忠次郎日本京都影印本
册葉裝
一册（十六開）
書高32釐米
子部—藝術類—書畫

後赤壁賦　rbsc/Asian Rare-5 no.195
清末（1875—1911）拓本
册葉裝，剪裱本
一册（三十一開）
書高34釐米
子部—藝術類—書畫

花蘂夫人宫詞　rbsc/Asian Rare-5 no.196
清末民初（1875—1930）拓本

冊葉裝，剪裱本
一册（二十四開）
書高30釐米
子部—藝術類—書畫

曹全碑 rbsc/Asian Rare-5 no.197
清初（1644—1735）拓本
冊葉裝，剪裱本
一册（二十五開）
書高32釐米
子部—藝術類—書畫

皇甫誕碑 rbsc/Asian Rare-5 no.198
〔唐〕歐陽詢書
清（1644—1911）拓本
冊葉裝，剪裱本
一册（二十四開）
書高30釐米
子部—藝術類—書畫

海山仙館藏真三刻十六卷
rbsc/Asian Rare-5 no.199
〔清〕潘仕成輯
清咸豐七年（1857）番禺潘氏海山仙館拓本
綫裝
二册
書高30釐米
子部—藝術類—書畫

［尺素遺芬］四卷 rbsc/Asian Rare-5 no.200
〔清〕潘桂、潘國榮編
清同治三年（1864）番禺潘氏海山仙館拓本
冊葉裝
一册
書高30釐米
子部—藝術類—書畫

小倉山房詩集三十七卷補遺二卷
rbsc/Asian Rare-5 no.202
〔清〕袁枚撰
民國十年（1921）上海中華圖書館鉛印本
綫裝
十册
書高20釐米
集部—別集類—清

詳注曾文正公詩集不分卷文集不分卷
rbsc/Asian Rare-5 no.203
〔清〕曾國藩撰 章琢其編注
民國十五年（1926）上海會文堂書局石印本
綫裝
二册
書高21釐米
集部—別集類—清

五百家香艷詩十卷 rbsc/Asian Rare-5 no.204
雷瑨選
民國十四年（1925）上海掃葉山房石印本
綫裝
六册
書高20釐米
集部—總集類—通代

增廣詩韻全璧不分卷
rbsc/Asian Rare-5 no.205
佚名編
民國六年（1917）石印本
綫裝
六册
書高21釐米
集部—詩文評類

詞學全書不分卷 rbsc/Asian Rare-5 no.206

〔清〕查繼超輯
民國（1912—1930?）上海文寶公司石印本
綫裝
六册
書高20釐米
集部—詞類

詞學全書不分卷　rbsc/Asian Rare-5 no.207
〔清〕查繼超輯
民國（1912—1930）石印本
綫裝
六册
書高20釐米
集部—詞類

淮南鴻烈解二十一卷
rbsc/Asian Rare-5 no.208
〔漢〕劉安撰　〔漢〕許慎注
民國（1919—1929）上海商務印書館影印本
綫裝
四册
書高20釐米
子部—雜家類—雜學雜説

潛夫論十卷　rbsc/Asian Rare-5 no.209
〔漢〕王符撰
民國八年（1919）上海商務印書館影印本
綫裝
二册
書高20釐米
子部—儒家類—儒學

增廣注釋音辯唐柳先生集四十三卷别集二卷外集二卷附録一卷
rbsc/Asian Rare-5 no.210
〔唐〕柳宗元撰　〔宋〕童宗説注釋
〔宋〕張敦頤音辯　〔宋〕潘緯音義
民國八年（1919）上海商務印書館影印本
綫裝
八册
書高20釐米
集部—别集類—唐五代

國朝宋學淵源記二卷附記一卷
rbsc/Asian Rare-5 no.211
〔清〕江藩輯
清末（1862—1911）掃葉山房刻本
綫裝
一册
書高18釐米
史部—傳記類—總傳

校本正粵謳不分卷　rbsc/Asian Rare-5 no.212
〔清〕招子庸撰
清末民國（1900—1949）廣州以文堂石印本
綫裝
一册
書高21釐米
集部—曲類—俗曲

金剛鑽全編不分卷　rbsc/Asian Rare-5 no.213
余好辯、伍憤時撰
民國四年（1915）寧城醒群社、羊城萃華閣重版鉛印本
綫裝
一册
書高22釐米
集部—曲類—俗曲

學詩初步三卷　rbsc/Asian Rare-5 no.214
張廷華、吴玉編
民國十五年（1926）上海文明書局鉛印本

（第16版）
一册
書高20釐米
集部—詩文評類

學詞初步不分卷 rbsc/Asian Rare–5 no.215
傅紹先編輯
民國二十年（1931）上海文明書局鉛印本（第5版）
綫裝
一册
書高20釐米
集部—詞類

詩法菁華二卷 rbsc/Asian Rare–5 no.216
章士超輯注　王大錯監定
民國十四年（1925）上海遠東圖書館石印本
綫裝
一册
書高21釐米
集部—詩文評類

改良學而時韻聯新讀本二卷 rbsc/Asian Rare–5 no.217
張鐵任撰
民國九年（1920）廣州易簡書室石印本（第13版）
綫裝
二册
書高20釐米
子部—類書類

聲律啓蒙撮要不分卷 rbsc/Asian Rare–5 no.218
〔清〕車萬育撰
民國八年（1919）上海錦章圖書局石印本
綫裝
一册
書高21釐米
子部—藝術類—游藝

新國音讀本不分卷 rbsc/Asian Rare–5 no.219
陸衣言撰
民國二十六年（1937）上海商務印書館石印本（國難後第3版）
綫裝
一册
書高20釐米
經部—小學類—韻書

同音字彙不分卷 rbsc/Asian Rare–5 no.220
〔清〕江學海撰
清末民初（1911—1930）石印本
綫裝
一册
書高21釐米
經部—小學類—韻書

同音字彙不分卷 rbsc/Asian Rare–5 no.221
〔清〕江學海撰
民國（1912—1930）上海廣益書局石印本
綫裝
一册
書高20釐米
經部—小學類—韻書

考正同音字彙不分卷增附草訣百韻歌 rbsc/Asian Rare–5 no.222
〔清〕江學海撰
民國（1935—1948）上海錦章圖書局石印本
綫裝
一册

書高21釐米
經部—小學類—韻書

私塾改良捷訣不分卷
rbsc/Asian Rare-5 no.225
商務印書館編譯所編纂
民國九年（1920）上海商務印書館鉛印本（第4版）
綫裝
一册
書高20釐米
史部—政書類—通制

詳注最新商業日用尺牘四卷
rbsc/Asian Rare-5 no.227
偶陽散人著
民國（1919—1949）上海會文堂書局石印本
綫裝
二册
書高21釐米
集部—總集類—尺牘

增廣尺牘句解附百千音義不分卷
rbsc/Asian Rare-5 no.228
〔清〕海昌少湲氏編
清末民初（1900—1930）上海錦章圖書局石印本
綫裝
四册
書高20釐米
集部—總集類—尺牘

趙松雪全集十卷外集一卷續集一卷
rbsc/Asian Rare-5 no.229
〔元〕趙孟頫撰　〔清〕曹培廉校
清末民初（1900—1930）上海海左書局石印本
綫裝
一册
書高20釐米
存二卷：外集一卷、續集一卷
集部—别集類—金元

補注洗冤録集證五卷
rbsc/Asian Rare-5 no.230
〔清〕王又槐增輯　〔清〕李觀瀾補輯　〔清〕阮其新補注
清光緒三十三年（1907）上海書局石印本
綫裝
一册
書高21釐米
存二卷：卷四至五
史部—政書類—刑罰

連元閣詳訂古文評注全集十卷
rbsc/Asian Rare-5 no.231
〔清〕劉豫庵鑒定　〔清〕過珙、黄越選評
民國四年（1915）上海廣益書局石印本
綫裝
一册
書高20釐米
存五卷：卷一至五
集部—總集類—通代

春吟回文不分卷　rbsc/Asian Rare-5 no.232
〔清〕李暘撰
民國十六年（1927）上海掃葉山房石印本
綫裝
一册
書高20釐米
集部—别集類—清

詩韻集成附詞林典腋不分卷
rbsc/Asian Rare-5 no.233
〔清〕余照輯
民國三十七年（1948）上海錦章圖書局石印本
綫裝
四册
書高18釐米
集部—詩文評類

窮通寶鑑攔江網二卷附增補月談賦
rbsc/Asian Rare-5 no.234
〔明〕余星堂鑑定 〔清〕余春臺編輯 〔清〕曾寄廛校閲
清末民初（1900—1930）上海廣益書局石印本
綫裝
二册
書高20釐米
子部—術數類—命相

太乙照神經三卷神相證驗百條二卷
rbsc/Asian Rare-5 no.235
〔清〕劉學誠輯
清末（1879—1911）廣州登雲閣刻本
綫裝
一册
書高21釐米
存卷一
子部—術數類—命相

精校星命新萬年書不分卷
rbsc/Asian Rare-5 no.236
民國（1912—1949）石印本
綫裝
一册
書高20釐米
子部—術數類—命相

趙松雪小楷金剛經 rbsc/Asian Rare-5 no.237
〔元〕趙孟頫書
民國十五年（1926）上海世界書局石印本（第3版）
一册
書高21釐米
子部—藝術類

藥師七佛供養儀軌如意王經不分卷
rbsc/Asian Rare-5 no.238
達賴喇嘛造
民國二十二年（1933）南京護國濟民弘法利生藥師七佛法會鉛印本
綫裝
一册
書高21釐米
子部—釋家類

蓮池大師戒殺放生文不分卷附樂生集
rbsc/Asian Rare-5 no.243
〔明〕釋袾宏撰並注
民國（1915—1949）廣州開智書局鉛印本
綫裝
一册
書高25釐米
子部—釋家類

新增繪圖一萬字文不分卷
rbsc/Asian Rare-5 no.244
清末民國（1900—1949）上海文盛書局石印本
綫裝

二册
書高27釐米
經部—小學類—字書

新訂四書補注備旨十卷
rbsc/Asian Rare-5 no.245
〔明〕鄧林著　〔清〕祁文友重校　〔清〕鄧煜編次　〔清〕杜定基增訂
清末民初（1907—1949）粵東編譯公司鉛印本
綫裝
三册
書高27釐米
存論語卷三至四、孟子卷一至三
經部—四書類—四書總義

歷代名人年譜十卷附存疑及生卒年月無考一卷　rbsc/Asian Rare-5 no.246
〔清〕吴榮光撰
清光緒（1876—1908）萬忍堂刻本
綫裝
十册
書高25釐米
史部—傳記類—年譜

東坡志林五卷　rbsc/Asian Rare-5 no.247
〔宋〕蘇軾撰
民國八年（1919）上海商務印書館鉛印本
綫裝
一册
書高27釐米
子部—雜家類—雜學雜説

精拓徐浩不空和尚碑
rbsc/Asian Rare-5 no.248
〔唐〕徐浩書
清末民初（1900—1930）上海彪蒙書室石印本
綫裝
一册
書高26釐米
子部—藝術類—書畫

蘇澤珊草書表聖詩品
rbsc/Asian Rare-5 no.249
清末民初（1900—1930）上海彪蒙書室石印本
綫裝
一册
書高27釐米
子部—藝術類—書畫

漢郃陽令曹全碑　rbsc/Asian Rare-5 no.250
民國八年（1919）上海有正書局石印本（第8版）
綫裝
一册
書高27釐米
子部—藝術類—書畫

張廉卿墨迹　rbsc/Asian Rare-5 no.251
〔清〕張裕釗書
民國九年（1920）上海有正書局石印本（第5版）
綫裝
一册
書高27釐米
子部—藝術類—書畫

龍門二十品　rbsc/Asian Rare-5 no.252
民國五年（1916）上海有正書局石印本（第3版）

綫裝
二册
書高27釐米
存一册：下册
子部—藝術類—書畫

漢孔宙碑婁壽碑合刊
rbsc/Asian Rare-5 no.253
民國（1926—1949）上海碧梧山莊石印本
綫裝
一册
書高26釐米
子部—藝術類—書畫

岳武穆草書習字帖 rbsc/Asian Rare-5 no.254
民國四年（1915）上海文明書局石印本（再版）
綫裝
一册
書高26釐米
子部—藝術類—書畫

李北海行書麓山寺碑
rbsc/Asian Rare-5 no.255
〔唐〕李邕撰並書
民國（1926—1949）上海求古齋石印本
綫裝
一册
書高26釐米
子部—藝術類—書畫

柳公權遠游 rbsc/Asian Rare-5 no.256
〔唐〕柳公權書
民國（1912—1930）上海尚古山房石印本
册葉裝
一册（四開）
書高26釐米
子部—藝術類—書畫

［藥方雜抄］不分卷
rbsc/Asian Rare-5 no.268
佚名輯
民國（1912—1949）稿本
毛裝
十六册
書册19—27釐米
子部—醫家類—方論

御纂醫宗金鑑九十卷
rbsc/Asian Rare-5 no.269
〔清〕吴謙、劉裕德總修
清末（1862—1900）刻本
綫裝
二十五册
書高17釐米
存二十五卷：卷六至三十
子部—醫家類—綜論

御纂醫宗金鑑九十卷
rbsc/Asian Rare-5 no.270
〔清〕吴謙、劉裕德總修
清末民初（1890—1930）上海簡青齋書局石印本
綫裝
四册
書高21釐米
存七十四卷：内科十七至七十四、外科一至十六
子部—醫家類—綜論

醫宗金鑑九十卷 rbsc/Asian Rare-5 no.271
〔清〕吴謙、劉裕德總修

清末民初（1890—1930）上海文華書局、廣益書局石印本
綫裝
一册
書高20釐米
存外科十六卷
醫家類—綜論
又一部：　典藏號同上
三册
存外科卷一至十

新刊增補萬病回春原本八卷　rbsc/Asian Rare-5 no.272
〔明〕龔廷賢編
清末（1862—1908）粵東翰文堂刻本
綫裝
八册
書高17釐米
子部—醫家類—方論

外科大成四卷　rbsc/Asian Rare-5 no.273
〔清〕祁坤輯著
清末民初（1900—1930）江東茂記書局石印本
綫裝
一册
書高21釐米
子部—醫家類—方論

瘡瘍經驗全書六卷　rbsc/Asian Rare-5 no.274
〔宋〕竇漢卿輯著
清末民初（1900—1930）上海錦章圖書局石印本
綫裝
一册
書高21釐米
子部—醫家類—方論

温病條辨六卷首一卷　rbsc/Asian Rare-5 no.275
〔清〕吴瑭著　〔清〕汪廷珍等參訂
清末民初（1900—1930）上海錦章圖書局石印本
綫裝
一册
書高21釐米
子部—醫家類—方論

傅青主男科二卷女科二卷女科産後編二卷　rbsc/Asian Rare-5 no.276
〔清〕傅山撰
清末民初（1900—1930）上海錦章圖書局石印本
綫裝
一册
書高21釐米
子部—醫家類—方論

辨證奇聞十卷　rbsc/Asian Rare-5 no.277
〔清〕錢松著
清末民初（1900—1930）上海錦章圖書局石印本
綫裝
一册
書高21釐米
子部—醫家類—方論

軒轅碑記醫學祝由十三科不分卷　rbsc/Asian Rare-5 no.278
佚名編
民國三年（1914）上海錦章圖書局石印本
綫裝
一册

書高21釐米
子部—醫家類—方論

四診抉微八卷 rbsc/Asian Rare-5 no.279
〔清〕林之翰纂述
清末民初（1900—1930）上海廣益書局石印本
綫裝
三册
書高21釐米
存六卷：卷一至六
醫家類—診法

筆花醫鏡四卷 rbsc/Asian Rare-5 no.280
〔清〕江涵暾著
民國三年（1914）石印本
綫裝
二册
書高20釐米
子部—醫家類—綜論

重校舊本湯頭歌訣不分卷
rbsc/Asian Rare-5 no.281
〔明〕汪昂編輯
民國元年（1912）上海江東書局石印本
綫裝
一册
書高21釐米
子部—醫家類—方論

全圖驗方新編華佗祖師秘傳不分卷
rbsc/Asian Rare-5 no.282
送元室主人繪圖編輯
民國十四年（1925）上海中國第一書局石印本（第3版）
綫裝
一册
書高20釐米
子部—醫家類—方論

少林寺存下班中跌打婦科萬應良方不分卷
rbsc/Asian Rare-5 no.283
馮潤田撰
慧真禪師藏本
清末民初（1900—1949）廣州守經堂刻本
綫裝
二册
書高21釐米
子部—醫家類—方論

神農本草經讀四卷 rbsc/Asian Rare-5 no.284
〔清〕陳念祖著
清末民初（1900—1930）上海錦章圖書局石印本
綫裝
一册
書高21釐米
子部—醫家類—本草

生草藥性備要二卷附刻草藥應驗方
rbsc/Asian Rare-5 no.285
〔明〕何克諫撰
清末民初（1900—1949）廣州守經堂刻本
綫裝
二册
書高21釐米
子部—醫家類—本草

校正圖注難經脈訣不分卷
rbsc/Asian Rare-5 no.286
清末民初（1903—1930）上海會文堂石印本
綫裝

一册
書高20釐米
子部—醫家類—醫經

醫壘元戎不分卷　rbsc/Asian Rare-5 no.287:1
〔元〕王好古撰
清光緒三十一年（1905）上海商務印書館鉛印本
綫裝
一册
書高20釐米
子部—醫家類—方論

名醫别録不分卷　rbsc/Asian Rare-5 no.287:2
〔清〕黄鈺編
清光緒三十一年（1905）上海商務印書館鉛印本
綫裝
一册
書高20釐米
子部—醫家類—本草

平辨脈法歌括不分卷
rbsc/Asian Rare-5 no.287:3
〔清〕黄鈺編
清光緒三十一年（1905）上海商務印書館鉛印本
綫裝
一册
書高20釐米
子部—醫家類—診法

局方發揮不分卷　rbsc/Asian Rare-5 no.287:4
〔元〕朱彦脩撰
清光緒三十一年（1905）上海商務印書館鉛印本
綫裝
一册
書高20釐米
子部—醫家類—方論

醫法心傳不分卷　rbsc/Asian Rare-5 no.287:5
〔清〕程芝田撰
清光緒三十一年（1905）上海商務印書館鉛印本
綫裝
一册
書高20釐米
子部—醫家類—方論

增補食物秘書不分卷
rbsc/Asian Rare-5 no.287:6
佚名編
清光緒三十一年（1905）上海商務印書館鉛印本
綫裝
一册
書高20釐米
子部—醫家類—本草

增廣正續驗方新編十八卷
rbsc/Asian Rare-5 no.288
佚名編
清末民初（1900—1930）石印本
綫裝
二册
書高21釐米
子部—醫家類—方論

素女經一卷　rbsc/Asian Rare-5 no.290:1
〔清〕葉德輝輯
清光緒二十九年（1903）長沙葉氏觀古堂

刻本
綫裝
一册
書高21釐米
子部—醫家類—養生

素女方一卷 rbsc/Asian Rare-5 no.290:2
〔清〕葉德輝輯
清光緒三十四年（1908）長沙葉氏觀古堂刻本
綫裝
一册
書高21釐米
子部—醫家類—養生

玉房秘訣一卷附玉房指要一卷
rbsc/Asian Rare-5 no.290:3
〔清〕葉德輝輯
清光緒二十九年（1903）長沙葉氏觀古堂刻本
綫裝
一册
書高21釐米
子部—醫家類—養生

洞玄子一卷 rbsc/Asian Rare-5 no.290:4
〔清〕葉德輝輯
清光緒二十九年（1903）長沙葉氏觀古堂刻本
綫裝
一册
書高21釐米
子部—醫家類—養生

天地陰陽交歡大樂賦一卷
rbsc/Asian Rare-5 no.290:5
〔唐〕白行簡撰 〔清〕葉德輝輯
民國三年（1914）長沙葉氏郎園刻本
綫裝
一册
書高21釐米
子部—醫家類—養生

校正真草隸篆四體百家姓不分卷
rbsc/Asian Rare-5 no.292
佚名編
民國（1915—1930）上海錦章圖書局石印本
綫裝
一册
書高21釐米
史部—傳記類—姓名

繪圖增注朱子治家格言不分卷
rbsc/Asian Rare-5 no.293
〔清〕朱用純撰
民初（1915—1930）上海錦章圖書局石印本
綫裝
一册
書高21釐米
子部—儒家類—禮教

繪圖日用雜字不分卷
rbsc/Asian Rare-5 no.294
佚名編
民初（1915—1930）上海錦章圖書局石印本
綫裝
一册
書高21釐米
經部—小學類—字書

學校刺繡用花鳥畫範
rbsc/Asian Rare-A2 no.1

秦絅孫選印
民國四年（1915）上海真賞社影印本
一册
有圖
書册27×30釐米
子部—藝術類—書畫

董文敏秋興八景畫册　rbsc/Asian Rare-A2 no.2
〔明〕董其昌繪　〔清〕吴榮光題詞
清宣統元年（1909）上海文明書局影印本（再版）
一册
有圖
書高39釐米
子部—藝術類—書畫

戴醇士爲何子貞畫山水册　rbsc/Asian Rare-A2 no.4
〔清〕戴熙繪
民國二十三年（1934）上海商務印書館影印本
一册
有圖
書高40釐米
子部—藝術類—書畫

戴文節茭蘆庵圖卷　rbsc/Asian Rare-A2 no.5
〔清〕戴熙繪
民國八年（1919）上海中華書局石印本
一册
有圖
書高42釐米
子部—藝術類—書畫

戴文節公山水册　rbsc/Asian Rare-A2 no.6
〔清〕戴熙繪
民國七年（1918）上海中華書局石印本
一册
有圖
書高42釐米
子部—藝術類—書畫

石濤老人杜陵詩意圖　rbsc/Asian Rare-A2 no.7
〔清〕石濤繪
日本昭和五年（1930）日本京都芸草堂影印本
十四幅
書高41釐米
子部—藝術類—書畫

石濤墨筆山水袖珍册　rbsc/Asian Rare-A2 no.8
〔清〕石濤繪
民國九年（1920）上海神州國光社石印本
一册
有圖
書册22×32釐米
子部—藝術類—書畫

陳白陽花卉册　rbsc/Asian Rare-A2 no.9
〔明〕陳淳繪
民國十一年（1922）上海中華書局影印本
一册
有圖
書高42釐米
子部—藝術類—書畫

［南田擬宋元諸家］　rbsc/Asian Rare-A2 no.10
〔清〕惲壽平繪
照片
八幅

冊高41釐米
子部—藝術類—書畫

宋李營丘山水真迹　rbsc/Asian Rare–A2 no.11
〔宋〕李成繪
民國十一年（1922）無錫理工製版所影印本
一册
有圖
書高38釐米
子部—藝術類—書畫

松江派山水十二幀　rbsc/Asian Rare–A2 no.12
民國十六年（1927）上海商務印書館影印本
一册
有圖
書高39釐米
子部—藝術類—書畫

翁松禪遺畫　rbsc/Asian Rare–A2 no.13
〔清〕翁同龢繪
民國二十四年（1935）上海商務印書館影印本
一册
有圖
書册30×38釐米
子部—藝術類—書畫

張子青工筆山水　rbsc/Asian Rare–A2 no.14
〔清〕張之萬繪
民國（1912—1949）上海有正書局影印本
一册
有圖
書册26×38釐米
子部—藝術類—書畫

内府藏李龍眠蜀川勝概圖
rbsc/Asian Rare–A2 no.15
〔宋〕李公麟繪
民國九年（1920）上海有正書局珂羅版精印本（再版）
一册
有圖
書册27×37釐米
子部—藝術類—書畫

陸廉夫人物山水册　rbsc/Asian Rare–A2 no.16
陸恢繪
民國六年（1917）上海有正書局珂羅版精印本（再版）
一册
有圖
書册26×38釐米
子部—藝術類—書畫

釋漸江山水卷　rbsc/Asian Rare–A2 no.17
〔清〕釋弘仁繪
民國二十年（1931）上海神州國光社影印本
一册
有圖
書高39釐米
子部—藝術類—書畫

蔣鐵琴地支十二屬圖
rbsc/Asian Rare–A2 no.18
〔清〕蔣璋繪
民國十三年（1924）上海文明書局影印本（第3版）
一册
有圖
書高37釐米
子部—藝術類—書畫

王石谷谿山霽雪圖卷

rbsc/Asian Rare–A2 no.19

〔清〕王翬繪

民國六年（1917）上海有正書局影印本

一册

有圖

書册27×39釐米

子部—藝術類—書畫

王石谷仿古山水册　rbsc/Asian Rare–A2 no.20

〔清〕王翬繪

民國十一年（1922）無錫理工製版所影印本

一册

有圖

書高38釐米

子部—藝術類—書畫

王奉常仿古山水册　rbsc/Asian Rare–A2 no.21

〔清〕王時敏繪

民國十四年（1925）上海有正書局珂羅版精印本（第7版）

一册

有圖

書高38釐米

子部—藝術類—書畫

西廬老人仿大癡設色卷

rbsc/Asian Rare–A2 no.22

〔清〕王時敏繪

民國十四年（1925）上海有正書局珂羅版精印本（再版）

一册

有圖

書册27×39釐米

子部—藝術類—書畫

清宫藏王時敏仿大癡晴嵐暖翠圖長卷

rbsc/Asian Rare–A2 no.23

〔清〕王時敏繪

民國（1912—1949）上海有正書局影印本

一册

有圖

書册27×38釐米

子部—藝術類—書畫

［李公麟五馬圖］　rbsc/Asian Rare–A2 no.24

〔宋〕李公麟繪

照片

八幅

高29釐米

子部—藝術類—書畫

［梁楷十六應真圖］rbsc/Asian Rare–A2 no.25

〔宋〕梁楷繪

照片

十六幅

28×38釐米

子部—藝術類—書畫

［宋元名畫］　rbsc/Asian Rare–A2 no.26

照片

六幅

高39釐米

子部—藝術類—書畫

清宫藏龍眠五馬圖　rbsc/Asian Rare–A2 no.27

〔宋〕李公麟繪

民國十四年（1925）上海有正書局珂羅版精印本（再版）

一册

有圖

書册29×44釐米

子部—藝術類—書畫

耕烟散人擬宋元遺意山水
rbsc/Asian Rare-A2 no.28
〔清〕王翬繪
民國十五年（1926）上海有正書局珂羅版精印本（再版）
一册
有圖
書册26×46釐米
子部—藝術類—書畫

臨宋元十二景 rbsc/Asian Rare-A2 no.29
〔清〕王翬繪
民國十五年（1926）上海有正書局珂羅版精印本（第9版）
一册
有圖
書册33×48釐米
子部—藝術類—書畫

仿宋元各家册 rbsc/Asian Rare-A2 no.30
〔明〕沈周繪
民國五年（1916）上海有正書局珂羅版精印本
一册
有圖
書册36×53釐米
子部—藝術類—書畫

靈峰探梅補梅圖 rbsc/Asian Rare-A2 no.31
靈峰補　梅翁輯印
民國三年（1914）上海文明書局影印本
二册
有圖
書册30×37釐米
子部—藝術類—書畫

戴文節山水册 rbsc/Asian Rare-A2 no.32
〔清〕戴熙繪
民國九年（1920）上海中華書局石印本
一册
有圖
書高42釐米
子部—藝術類—書畫

惲南田花卉王石谷山水合璧
rbsc/Asian Rare-A2 no.33
〔清〕惲壽平、王翬繪
民國七年（1918）上海文明書局影印本（再版）
一册
有圖
書高37釐米
子部—藝術類—書畫

任伯年人物花卉册 rbsc/Asian Rare-A2 no.34
〔清〕任伯年繪
民國十八年（1929）上海神州國光社影印本
一册
有圖
書册27×38釐米
子部—藝術類—書畫

吴伯滔先生山水精品
rbsc/Asian Rare-A2 no.35
〔清〕吴滔繪
民國十年（1921）西泠印社影印本
一册
有圖
書册32×47釐米
子部—藝術類—書畫

錢廉江陳南樓書畫合册
rbsc/Asian Rare–A2 no.36
〔清〕陳書繪　〔清〕錢綸光書
民國十二年（1923）上海商務印書館影印本（再版）
一册
有圖
書册28×39釐米
子部—藝術類—書畫

南樓老人花鳥山水册
rbsc/Asian Rare–A2 no.37
〔清〕陳書繪
民國十年（1921）上海有正書局影印本（再版）
一册
有圖
書册25×38釐米
子部—藝術類—書畫

吴遠度人物山水册　rbsc/Asian Rare–A2 no.38
〔清〕吴宏繪
民國十八年（1929）上海神州國光社影印本
一册
有圖
書高37釐米
子部—藝術類—書畫

吴秋農任伯年山水花鳥合册
rbsc/Asian Rare–A2 no.39
〔清〕吴穀祥、任伯年繪
民國（1912—1927?）上海有正書局石印本
一册
有圖
書高38釐米
子部—藝術類—書畫

錢罄室山水卷　rbsc/Asian Rare–A2 no.40
〔明〕錢穀繪
民國二十年（1931）上海神州國光社影印本
一册
有圖
書高39釐米
子部—藝術類—書畫

項易庵仿右丞藍田山莊圖卷
rbsc/Asian Rare–A2 no.41
〔明〕項聖謨繪
民國十年（1921）上海中華書局石印本
一册
有圖
書高42釐米
子部—藝術類—書畫

胡元清墨蘭　rbsc/Asian Rare–A2 no.42
〔清〕胡士昆繪
民國十九年（1930）上海神州國光社影印本
一册
有圖
書册28×39釐米
子部—藝術類—書畫

龔半千山水册　rbsc/Asian Rare–A2 no.43
〔清〕龔賢繪
民國十七年（1928）上海文明書局石印本（第5版）
一册
有圖
書高41釐米
子部—藝術類—書畫

李穀齋山水册　rbsc/Asian Rare–A2 no.44
〔清〕李世倬繪

民國十二年（1923）上海中華書局石印本（再版）
一册
有圖
書高42釐米
子部—藝術類—書畫

黄鶴山樵淮陽送别圖
rbsc/Asian Rare–A2 no.45
〔元〕王蒙繪
民國十三年（1924）無錫理工製版所影印本
一册
有圖
書高38釐米
子部—藝術類—書畫

海上近人花卉册　rbsc/Asian Rare–A2 no.46
西泠印社製
民國十六年（1927）西泠印社影印本
一册
有圖
書高37釐米
子部—藝術類—書畫

惲正叔山水花卉十四幅
rbsc/Asian Rare–A2 no.47
〔清〕惲壽平繪
民國七年（1918）上海有正書局石印本
一册
有圖
書册29×35釐米
子部—藝術類—書畫

吴漁山仿古山水　rbsc/Asian Rare–A2 no.48
〔清〕吴歷繪
民國十一年（1922）上海文明書局影印本（再版）
一册
有圖
書高38釐米
子部—藝術類—書畫

郎世寧畫乾隆帝春郊試馬圖小照
rbsc/Asian Rare–A2 no.49
〔清〕郎世寧繪
民國七年（1918）上海有正書局網目版精印本（再版）
一册
有圖
書册28×39釐米
子部—藝術類—書畫

戴醇士爲魏稼孫寫山水册
rbsc/Asian Rare–A2 no.50
〔清〕戴熙繪
民國十一年（1922）上海神州國光社石印本
一册
有圖
書高32釐米
子部—藝術類—書畫

戴醇士山水花卉　rbsc/Asian Rare–A2 no.51
〔清〕戴熙繪
民國（1912—1930?）上海有正書局影印本
一册
有圖
書高24釐米
子部—藝術類—書畫

明蕭尺木山水卷　rbsc/Asian Rare–A2 no.52
〔清〕蕭雲從繪
民國十年（1921）上海神州國光社石印本

一册
有圖
書册22×32釐米
子部—藝術類—書畫

名畫集册精品　rbsc/Asian Rare–A2 no.53
民國九年（1920）上海文達書社石印本
一册
有圖
書高26釐米
子部—藝術類—書畫

吴清卿臨黄小松訪碑圖
rbsc/Asian Rare–A2 no.54
〔清〕吴大澂繪
民國四年（1915）上海神州國光社石印本
一册
有圖
書册23×35釐米
子部—藝術類—書畫

翁松禪人物山水册　rbsc/Asian Rare–A2 no.55
〔清〕翁同龢作
民國（1912—1930?）上海有正書局影印本
一册
有圖
書册25×33釐米
子部—藝術類—書畫

文五峰山水册　rbsc/Asian Rare–A2 no.56
〔明〕文伯仁繪
民國八年（1919）上海神州國光社影印本
一册
有圖
書册23×32釐米
子部—藝術類—書畫

杏芬老人遺墨　rbsc/Asian Rare–A2 no.57
吴淑娟繪
民國二十年（1931）上海影印本
一册
有圖
書高35釐米
子部—藝術類—書畫

春水草堂遺墨　rbsc/Asian Rare–A2 no.58
俞原繪　吕萬編次　錢瘦鐵集印
民國十二年（1923）上海停雲書畫社影印本
一册
有圖
書高33釐米
子部—藝術類—書畫

清朝六大畫家展圖録
rbsc/Asian Rare–A2 no.59
影印本
一册
有圖
書高31釐米
子部—藝術類—書畫

柳如是山水册　rbsc/Asian Rare–A2 no.60
〔清〕柳如是繪
清宣統元年（1909）上海神州國光社影印本
一册
有圖
書册23×32釐米
子部—藝術類—書畫

清湘老人山水册　rbsc/Asian Rare–A2 no.61
〔清〕石濤繪
清宣統元年（1909）上海神州國光社影印本（第2版）

一册
有圖
書高31釐米
子部—藝術類—書畫

惲南田工筆花卉蔣南沙草花蟲蝶合册
rbsc/Asian Rare–A2 no.62
〔清〕惲壽平、蔣廷錫繪
民國十三年（1924）上海文明書局影印本（第3版）
一册
有圖
書高27釐米
子部—藝術類—書畫

阮芸臺珠湖草堂圖 rbsc/Asian Rare–A2 no.64
〔清〕阮元繪
清宣統元年（1909）上海神州國光社石印本
一册
有圖
書册23×31釐米
子部—藝術類—書畫

王石谷溪山晴靄圖卷
rbsc/Asian Rare–A2 no.65
〔清〕王翬繪
民國四年（1915）上海神州國光社影印本
一册
有圖
書册22×34釐米
子部—藝術類—書畫

王石谷山水册葉 rbsc/Asian Rare–A2 no.66
〔清〕王翬繪
民國十年（1921）上海美術工藝製版社影印本
一册
有圖
書高33釐米
子部—藝術類—書畫

汪退谷書曹太學傳 rbsc/Asian Rare–A2 no.67
〔清〕汪士鋐書
清宣統元年（1909）上海神州國光社鉛印本
一册
有圖
書册23×31釐米
子部—藝術類—書畫

陸廉夫山水花卉蔬果禽獸合册
rbsc/Asian Rare–A2 no.68
陸恢繪
民國十七年（1928）上海慎修書社影印本（再版）
一册
有圖
書高33釐米
子部—藝術類—書畫

宋林椿花鳥 rbsc/Asian Rare–A2 no.69
〔宋〕林椿繪
民國二十一年（1932）北平古物陳列所影印本
一册
有圖
書册24×36釐米
子部—藝術類—書畫

漸江上人山水册 rbsc/Asian Rare–A2 no.70
〔清〕釋弘仁繪
民國九年（1920）上海神州國光社石印本
一册

有圖
書册22 × 32釐米
子部—藝術類—書畫

邵瓜疇東南名勝圖册　rbsc/Asian Rare–A2 no.71
〔清〕邵彌繪
民國五年（1916）上海神州國光社石印本
一册
有圖
書册23 × 35釐米
子部—藝術類—書畫

明沈子居仿古山水十幀　rbsc/Asian Rare–A2 no.72
〔明〕沈士充繪
民國十一年（1922）上海神州國光社石印本
一册
有圖
書高31釐米
子部—藝術類—書畫

［石谿道人墨妙］　rbsc/Asian Rare–A2 no.73
〔清〕髡殘繪
影印本
一册
有圖
書高27釐米
子部—藝術類—書畫

張南華山水册　rbsc/Asian Rare–A2 no.74
〔清〕張鵬翀繪
民國（1920—1929）上海有正書局影印本
一册
有圖
書册19×27釐米
子部—藝術類—書畫

沈石天山水真迹　rbsc/Asian Rare–A2 no.75
〔清〕沈顥繪
民國九年（1920）上海國華書局石印本
一册
有圖
書册19 × 27釐米
子部—藝術類—書畫

張若靄有鳥二十章詩意册　rbsc/Asian Rare–A2 no.76
〔清〕張若靄繪
民國二十年（1931）北平古物陳列所影印本
一册
有圖
書高29釐米
子部—藝術類—書畫

徐青藤山水花鳥蟲魚合册　rbsc/Asian Rare–A2 no.77
〔明〕徐渭繪
清宣統元年（1909）上海神州國光社石印本
一册
有圖
書册23 × 31釐米
子部—藝術類—書畫

仇十洲移居圖卷　rbsc/Asian Rare–A2 no.78
〔明〕仇英繪
民國（1912—1930?）上海有正書局影印本
一册
有圖
書册20 × 26釐米
子部—藝術類—書畫

湯雨生全家夫婦子女畫山水花鳥仕女草蟲合册 rbsc/Asian Rare-A2 no.79
〔清〕湯貽汾繪
民國九年（1920）上海有正書局珂羅版精印本（第4版）
一册
有圖
書册25×32釐米
子部—藝術類—書畫

藍田叔畫石册 rbsc/Asian Rare-A2 no.80
〔明〕藍瑛繪
民國十年（1921）上海美術工藝製版社影印本
一册
有圖
書高33釐米
子部—藝術類—書畫

錢叔美山水人物册 rbsc/Asian Rare-A2 no.81
〔清〕錢杜繪
民國八年（1919）上海有正書局珂羅版精印本（再版）
一册
有圖
書册24×36釐米
子部—藝術類—書畫

藍田叔山水卷 rbsc/Asian Rare-A2 no.82
〔明〕藍瑛繪
影印本
一册
有圖
書高34釐米
子部—藝術類—書畫

陶錐庵仿古各名家山水册 rbsc/Asian Rare-A2 no.83
〔清〕陶紹源繪
民國十年（1921）上海神州國光社石印本
一册
有圖
書册23×32釐米
子部—藝術類—書畫

繪林集妙 rbsc/Asian Rare-A2 no.84
風雨樓藏　鄧實輯印
民國元年（1912）上海神州國光社石印本
二册
有圖
書册23×35釐米
子部—藝術類—書畫

黄穀原仿古山水精品 rbsc/Asian Rare-A2 no.85
〔清〕黄均繪
民國（1920—1949）上海天繪閣影印本
一册
有圖
書高32釐米
子部—藝術類—書畫

秦鄰煙姑蘇十景册 rbsc/Asian Rare-A2 no.86
〔清〕秦祖永繪
民國四年（1915）上海真賞社影印本
一册
有圖
書册23×32釐米
子部—藝術類—書畫

秦誼庭山水册 rbsc/Asian Rare-A2 no.87
〔清〕秦炳文繪

民國十九年（1930）秦聲潔無錫影印本
四册
有圖
書册22×33釐米
子部—藝術類—書畫

隨園女弟子廖織雲女士畫蛺蝶花草册
rbsc/Asian Rare-A2 no.88
〔清〕廖雲錦繪
民國五年（1916）上海有正書局五彩精印本
一册
有圖
書册34×36釐米
子部—藝術類—書畫

愙齋臨黄小松司馬嵩洛訪碑廿四圖
rbsc/Asian Rare-A2 no.89
〔清〕吴大澂繪
民國六年（1917）上海有正書局珂羅版精印本
一册
有圖
書册26×38釐米
子部—藝術類—書畫

龔半千細筆畫册　rbsc/Asian Rare-A2 no.90
〔清〕龔賢繪
民國十三年（1924）上海有正書局網目版精印本（第3版）
一册
有圖
書册25×35釐米
子部—藝術類—書畫

清内府藏東坡居士養生論墨寶
rbsc/Asian Rare-A2 no.91
〔宋〕蘇軾書
民國十二年（1923）上海有正書局石印本
一册
有圖
書册27×35釐米
子部—藝術類—書畫

新羅山人山水册　rbsc/Asian Rare-A2 no.92
〔清〕華嵒繪
影印本
一册
有圖
書高34釐米
子部—藝術類—書畫

黄勤敏公山水長卷　rbsc/Asian Rare-A2 no.93
〔清〕黄鉞繪
民國九年（1920）上海文達書社石印本
一册
有圖
書册27×34釐米
子部—藝術類—書畫

徐俟齋吴山名勝十二圖
rbsc/Asian Rare-A2 no.94
〔清〕徐枋繪
民國八年（1919）上海有正書局石印本
一册
有圖
書高27釐米
子部—藝術類—書畫

八大山人真迹　rbsc/Asian Rare-A2 no.95
〔清〕朱耷繪
民國八年（1919）上海美術製版社影印本
一册

有圖
書高37釐米
子部—藝術類—書畫

潘蓮巢寫唐賢詩意册 rbsc/Asian Rare–A2 no.96
〔清〕潘恭壽繪
影印本
一册
有圖
書高33釐米
子部—藝術類—書畫

吴山濤山水册 rbsc/Asian Rare–A2 no.97
〔清〕吴山濤繪
影印本
一册
有圖
書高33釐米
子部—藝術類—書畫

吴昌碩先生畫帖 rbsc/Asian Rare–A2 no.98
吴昌碩繪 林源吉編
日本大正九年（1920）長崎雙樹園影印本
一册
有圖
書高35釐米
子部—藝術類—書畫

錢玉魚畫册 rbsc/Asian Rare–A2 no.99
〔清〕錢東繪
民國八年（1919）上海有正書局珂羅版精印本（再版）
一册
有圖
書册24 × 36釐米
子部—藝術類—書畫

惲壽平山水畫册 rbsc/Asian Rarc–A2 no.100
〔清〕惲壽平繪
北平故宫博物院編
民國二十年（1931）北平故宫博物院出版物發售室石印本
一册
有圖
書高42釐米
子部—藝術類—書畫

詩經八卷 rbsc/Asian Rare–A3 no.1
〔宋〕朱熹集傳
清末民初（1900—1930）上海錦章圖書局石印本
綫裝
三册
書高21釐米
殘二卷：三至四
經部—詩類

新訂四書補注備旨十卷 rbsc/Asian Rare–A3 no.2
〔明〕鄧林著 〔清〕杜定基增訂
民國六年（1917）上海錦章圖書局石印本
綫裝
二册
書高21釐米
經部—四書類—四書總義

趙注孫子五卷 rbsc/Asian Rare–A3 no.3
〔明〕趙本學解
清末民初（1900—1930）石印本
綫裝

四册
書高20釐米
子部—兵家類

東周列國全志八卷一百八回
rbsc/Asian Rare-A3 no.12
〔清〕蔡奡評點
清末民初（1900—1930）上海章福記書莊石印本
綫裝
一册
書高21釐米
集部—小説類

繪圖西漢演義八卷一百回
rbsc/Asian Rare-A3 no.13:1
〔明〕甄偉撰
民國十八年（1929）上海中原書局石印本
綫裝
八册
書高21釐米
集部—小説類

繪圖東漢演義四卷一百二十六回
rbsc/Asian Rare-A3 no.13:2
〔明〕甄偉撰
民國十八年（1929）上海中原書局石印本
綫裝
四册
書高21釐米
集部—小説類

小石山房印譜四卷歸去來辭一卷
as/CD6172.K8 1828
〔清〕顧湘、顧浩輯
清道光八年（1828）海虞顧氏小石山房鈐印本同治八年（1869）續補本
綫裝
五册
書高20釐米
子部—藝術類—篆刻

十竹齋書畫譜八卷　as/ND1260.H8 1879
〔清〕胡正言繪　〔清〕張學畊重校
清光緒五年（1879）彩色套印本
蝴蝶裝
八册
書高27釐米
子部—藝術類—書畫

夢晉齋鑑藏歷代真迹不分卷
as/NK3634.A2 L84 1891
〔清〕盧子中審定著録
清光緒十七年（1891）稿本
精裝
一册
書高25釐米
子部—藝術類—書畫

經字辨體八卷首一卷　as/PL1171.C6 1843
〔清〕邱家煒撰
清道光二十三年（1843）北京寶文齋書畫處刻本
綫裝
四册
書高24釐米
經部—群經總義類

小爾雅疏八卷　as/PL1465.H86 W36 1885
〔清〕王煦撰集
清光緒十一年（1885）刻本
綫裝

二册
書高25釐米
經部—小學類—訓詁

詞苑叢談十二卷 as/PL2336.H878 1847
〔清〕徐釚輯
清道光二十七年（1847）海山仙館刻本
綫裝
四册
書高20釐米
集部—詞類

劍南詩鈔不分卷 as/PL2687.L8 C5 1882
〔宋〕陸游著 〔清〕楊大鶴選
清光緒八年（1882）文苑山房刻本
綫裝
七册
書高25釐米
集部—別集類—宋

書名音序索引

索引編製説明：

1. 此爲正文書名條目索引，序言、介紹、附録等行文中涉及書名未列入索引範圍。

2. 本索引以書名條目首字音序爲序排列。如首字音同，則筆畫較少者在前。

3. 索引中條目有“〔〕”“（）”“［］”者，不計入排序條件。例如：

（澳門）閩省晉江梅塘蔡氏遷粤家譜不分卷

按首字“澳”音確定排序。

4. 索引中書名後數字代表條目所在頁碼，不同頁碼以“/”區分。某條目若在某頁多次出現則在相應頁碼後括注在該頁出現的次數。例如：

呆佬拜壽 299/304（2）。

5. 條目首字爲缺字符，則列入索引最後“其他”中。

A

B

D

E

F

G

H

J

M

O

P

Q

T

W

X

Y

Z

其他